Uni-Taschenbücher 2010

W0058991

UTB
FÜR WISSEN
SCHAFT

Eine Arbeitsgemeinschaft der Verlage

Wilhelm Fink Verlag München
A. Francke Verlag Tübingen und Basel
Paul Haupt Verlag Bern · Stuttgart · Wien
Hüthig Fachverlage Heidelberg
Verlag Leske + Budrich GmbH Opladen
Lucius & Lucius Verlagsgesellschaft Stuttgart
Mohr Siebeck Tübingen
Quelle & Meyer Verlag Wiesbaden
Ernst Reinhardt Verlag München und Basel
Schäffer-Poeschel Verlag Stuttgart
Ferdinand Schöningh Verlag Paderborn · München · Wien · Zürich
Eugen Ulmer Verlag Stuttgart
Vandenhoeck & Ruprecht in Göttingen und Zürich

Erika Fischer-Lichte / Friedemann Kreuder /
Isabel Pflug (Hrsg.)

Theater seit den 60er Jahren

Grenzgänge der Neo-Avantgarde

A. Francke Verlag Tübingen und Basel

Mitarbeit: Alexander Kuba

Die Deutsche Bibliothek – CIP-Einheitsaufnahme

Theater seit den 60er Jahren: Grenzgänge der Neo-Avantgarde /
Erika Fischer-Lichte ... (Hrsg.). – Tübingen; Basel: Francke, 1998
    (UTB für Wissenschaft: Uni-Taschenbücher; 2010)
    ISBN 3–8252–2010–9 (UTB)
    ISBN 3–7720–2260–X (Francke)

© 1998 · A. Francke Verlag Tübingen und Basel
Postfach 25 60 · D-72015 Tübingen
ISBN 3–7720–2260–X

Einbandgestaltung: Alfred Krugmann, Stuttgart
Satz: Nagel, Reutlingen
Druck und Bindung: Presse-Druck, Augsburg
Printed in Germany

ISBN 3–8252–2010–9 (UTB-Bestellnummer)

Inhalt

Grenzgänge und Tauschhandel

Auf dem Wege zu einer performativen Kultur

Die "Entdeckung" des Performativen

Im Jahre 1952 fand während der Sommerschule des Black Mountain Colleges ein sogenanntes "untitled event" statt. Es ging auf eine Initiative von John Cage zurück. An ihm waren außer Cage der Pianist David Tudor, der Komponist Jay Watts, der Maler Robert Rauschenberg, der Tänzer Merce Cunningham und die Dichter Charles Olsen und Mary Caroline Richards beteiligt. Uns liegen eine Reihe von Beschreibungen des Ereignisses vor, die von Teilnehmern stammen. Meine Beschreibung geht auf sie zurück; ich liefere sie jedoch aus heutiger Perspektive, d.h. ich stelle die Elemente in den Vordergrund, die mir für eine künftige Theorie des Performativen wichtig erscheinen. Die gemeinsamen Vorbereitungen für das "Ereignis" waren minimal: Jeder Akteur erhielt eine Art Partitur ausgehändigt, in der lediglich "time brackets" eingetragen waren. Sie gaben die Zeiten für Aktionen, Pausen und Stille an und waren von jedem Teilnehmer individuell auszufüllen. Auf diese Weise sollte sichergestellt werden, daß zwischen den verschiedenen Aktionen keine kausale Beziehung bestehen würde und daß "anything that happened after that happened in the observer himself"[1]. Die Zuschauer setzten sich aus den übrigen Teilnehmern der Sommerschule, Mitarbeitern des Colleges und ihren Familien sowie aus der Landbevölkerung der Umgebung zusammen.

Das "Ereignis" fand im Speisesaal des Colleges statt. An seinen Längs- und Schmalseiten waren die Stühle für die Zuschauer jeweils in vier Dreiecken angeordnet, deren eine Spitze in die Mitte des Raumes wies, ohne eine andere zu berühren. In der Mitte blieb so ein großer Raum frei, auf dem sich allerdings nur sehr wenige Aktionen abspielten. Er fungierte eher als eine Art Durchgangsraum. Zwischen den Dreiecken waren breite Gänge freigelassen, die als zwei einander in der Mitte kreuzende Diagonalen den ganzen Raum durchmaßen. Auf jedem Stuhl war eine weiße Tasse plaziert. Den Zuschauern wurde jegliche Erläuterung zu ihrem möglichen Gebrauch vorenthalten; sie verwendeten sie zum Teil als Aschenbecher. An der Decke hingen Gemälde von Robert Rauschenberg – seine "white paintings".

---

[1] Cage, zit. nach Goldberg 1988, S. 126.

Cage, im schwarzen Anzug mit Krawatte, stand auf einer Trittleiter und verlas einen Text über die Beziehung zwischen Musik und Zen Buddhismus sowie Auszüge aus Meister Eckharts Schriften. Anschließend führte er eine "Komposition mit einem Radio" auf. Zur selben Zeit spielte Rauschenberg alte Schallplatten auf einem handbetriebenen Grammophon mit Schalltrichter ab, neben dem ein Hund saß. David Tudor bearbeitete ein "prepared piano"; später fing er an, Wasser aus einem Eimer in einen anderen zu gießen, während Olsen und Richards eigene Dichtungen vortrugen – zum Teil inmitten der Zuschauer, zum Teil von einer Leiter aus, die an eine der Schmalwände gelehnt war. Cunningham tanzte mit anderen Tänzern durch die Gänge und zwischen den Zuschauern hindurch, verfolgt von dem inzwischen vollkommen durchgedrehten Hund. Rauschenberg projizierte auf die Decke und eine Längswand abstrakte Dias (die durch das Zerreiben von farbiger Gelatine zwischen zwei Glasplatten entstanden waren) und Filmausschnitte, die zunächst den Koch des Colleges zeigten und später, als sie allmählich von der Decke auf die andere Längswand wanderten, die untergehende Sonne. In einer Ecke des Raumes spielte der Komponist Jay Watts auf verschiedenen Musikinstrumenten. Die Aufführung endete damit, daß vier in Weiß gekleidete Jungen den Zuschauern Kaffee in die Tassen einschenkten – ganz gleich, ob sie sie als Aschenbecher benutzt hatten oder nicht.

Aus heutiger Sicht erscheint das "untitled event" als ein bemerkenswertes Ereignis in der Theatergeschichte der westlichen Kultur – und dies in verschiedener Hinsicht. Meine These lautet, daß es nicht nur das Verhältnis von Akteuren und Zuschauern bei einer Aufführung neu bestimmt hat, sondern auch die Beteiligung verschiedener Künste in einer Aufführung sowie das Verhältnis von Theater zu anderen kulturellen Veranstaltungen. Meiner Ansicht nach hat es damit zugleich auch den geltenden Theater-, Kunst- und Kulturbegriff in Frage gestellt und Perspektiven für ein anderes Verständnis von Theater, Kunst und Kultur eröffnet. Zur Erläuterung und Veranschaulichung dieser Thesen werde ich immer wieder auf das "untitled event" zurückgreifen.

1.   Das Verhältnis von Akteuren und Zuschauern

Theater erfüllt immer zugleich eine referentielle und eine performative Funktion.[2] Während die referentielle Funktion auf die *Darstellung* von Figuren, Handlungen, Beziehungen, Situationen etc. bezogen ist, richtet sich die

---

2   Vgl. Alter 1990.

performative auf den *Vollzug* von Handlungen – durch die Akteure und zum Teil auch durch die Zuschauer – sowie auf ihre unmittelbare Wirkung. Die europäische Theatergeschichte läßt sich in gewisser Weise als Geschichte von Umstrukturierungen und Neubestimmungen des Verhältnisses zwischen beiden Funktionen begreifen und schreiben. In den fünfziger Jahren dominierte im Theater der westlichen Kultur seine referentielle Funktion – und das in einem Ausmaß, daß seine performative Funktion nahezu völlig aus dem Blickfeld geriet. Im "untitled event" dagegen trat die performative Funktion in den Vordergrund und damit überhaupt erst wieder in Erscheinung. Das "untitled event" konstituierte sich insofern in einem bzw. als ein unübersehbaren/r Gegensatz zum zeitgenössischen Theater.

Während die Bühne des zeitgenössischen Theaters stets einen anderen Raum bedeutete – Willy Lomans Wohnzimmer, die Landstraße, auf der Didi und Gogo auf Godot warten etc. –, bedeutete der Speisesaal des Colleges keinen bestimmten anderen Raum. Es war zunächst einmal ein Raum, in dem man alles mögliche tun konnte. Er war der Speisesaal, auf den sowohl die Tasse als auch der Film mit dem Koch anspielte, und zugleich umfunktioniert, d.h. für die Zeit der Aufführung ein anderer Raum: d.h. weder Speisesaal noch eindeutig fiktiver Ort. Das mußte jedoch den Zuschauer keineswegs daran hindern, ihn gegebenenfalls als einen bestimmten fiktiven Raum wahrzunehmen, wenn ihm eine entsprechende Assoziation einfiel, noch überhaupt die Frage zu stellen: Was soll dieser Raum bedeuten? In diesem Fall mag er vielleicht am Ende der Aufführung zu dem Schluß gekommen sein, daß er keinen bestimmten anderen Raum bedeuten sollte. Ähnlich wird die Suche nach möglichen Bedeutungen für einzelne Raumelemente wie die leere Mitte, die Gänge und die Stufenleiter verlaufen sein. Es hat insofern den Anschein, als wenn hier bewußt eine oszillierende Rezeption provoziert wurde, die zwar immer wieder den Raum als Speisesaal wahrnehmen ließ, ihn zugleich aber auch als einen Treffpunkt der verschiedenen Künstler und Künste in den Blick brachte.

Entsprechendes gilt für die Zeit der Aufführung und für die Akteure. Die Zeit, in der sich die Aufführung vollzog, deckte sich vollständig mit der aufgeführten Zeit. Sie bedeutete weder eine bestimmte andere Tages- oder Jahreszeit noch die einer anderen historischen Epoche noch die Zeit, in der eine fiktive Figur eine Handlung vollbringt oder eine Reflexion vollzieht. Es war die Zeit, welche die Partitur mit den "time brackets" für den Vollzug beliebiger Handlungen sowie für Pausen vorgesehen hatte – eine wohl strukturierte, jedoch nicht notwendigerweise eine fiktive Zeit.

Während im zeitgenössischen Theater die Akteure ihre Körper verwendeten, um die Körper fiktiver Figuren zu bedeuten, mit ihnen Handlungen vollzogen, die deren Handlungen bedeuten sollten, und Worte sprachen, welche die Reden dieser fiktiven Rollenfiguren bedeuteten, setzten die Akteure des "untitled event" ihren Körper ein, um *in propria persona* bestimmte Handlungen zu vollziehen, bestimmte Aktionen durchführen zu können: ein Grammophon zu betätigen, verschiedene Musikinstrumente zu spielen, ein "prepared piano" zu bearbeiten, durch die Gänge zu tanzen, Wasser aus einem Eimer in einen anderen zu gießen und so weiter. Wenn die Akteure sprachen, dann trugen sie entweder ihre eigenen Texte vor oder zitierten aus fremden. Daraus läßt sich der Schluß ziehen, daß es nicht um die Konstitution fiktiver Figuren, ihrer Geschichten, Handlungen etc. ging, sondern um den Vollzug von Sprech- und anderen Handlungen durch reale Personen in einem realen Raum. Der Vollzug der Handlungen stand im Mittelpunkt des Interesses – nicht ihr möglicher Bezug auf eine fiktive Rollenfigur und ihre fiktive Geschichte in einer fiktiven Welt noch auch eine Relationierung der Handlungen untereinander, die sie zu einem "sinnvollen Ganzen" zusammenschließen würde. Es war vielmehr der Zufall, der bestimmte, welche Handlungen gleichzeitig und welche nacheinander vollzogen wurden. Es blieb also dem Zuschauer überlassen, sie nach seinen eigenen "Spielregeln" zueinander in ein Verhältnis zu setzen. Die referentielle Funktion trat hier in dem Sinn hinter die performative zurück, als sie von ihr abhängig wurde: Es entstand ein neues, spannungsvolles Verhältnis zwischen beiden Funktionen.

Damit waren neue Bedingungen für das Zuschauen geschaffen. Denn der Zuschauer sah sich wohl kaum aufgefordert, nach vorgegebenen Bedeutungen zu suchen und sich abzumühen, in der Aufführung formulierte Botschaften zu entschlüsseln. Statt dessen eröffnete sich ihm die Möglichkeit, die vor seinen Augen und Ohren ablaufenden Aktionen als Material zu betrachten und die Art ihres Vollzuges zu beobachten oder auch den einzelnen Handlungen irgendwelche Bedeutungen beizulegen, die ihm aufgrund seiner spezifischen Wahrnehmungsmuster, Assoziationsregeln, Erinnerungen, Diskurse u.a. einfielen. Zuschauen wurde so seinerseits als Tätigkeit, als ein Handeln bestimmt und in den Blick gebracht.

Diese "neue" Art des Zuschauens wurde durch zwei weitere Faktoren nicht nur unterstützt, sondern geradezu radikalisiert: durch die räumliche Anordnung von Zuschauern und Akteuren und durch die Tasse. Der Zuschauer, der seinen Platz gewählt hatte und sich auf dem Stuhl niederlassen wollte, wurde daran durch die Tasse gehindert. Er erkannte in ihr ganz zweifellos einen alltäglichen Gegenstand wieder, der durchaus in einen Speisesaal paßt. Zugleich mochte er im Weiß der Tasse eine Korrespondenz zu den "white paintings" annehmen. Zugleich war er jedoch zu einer Aufführung eingeladen. Nun sind wir durchaus gewohnt, bei Theateraufführungen und Konzerten auf den Stühlen Zettel vorzufinden, die Informationen über die Aufführung enthalten, zu der wir gekommen sind. Wir sehen für gewöhnlich den Zettel nicht als ein Hindernis an, sondern nehmen ihn vielmehr auf, setzen uns und fangen an, ihn zu studieren. Mit einer Tasse dagegen rechnen wir zwar in einem Speisesaal, im Theater allerdings nur im Foyer bzw. im Erfrischungsraum – oder als Requisit auf der Bühne. Auf dem Stuhl im Zuschauerraum erscheint sie jedoch deplaziert. Sie verweist auf eine Handlung, die hier nicht erwartet und zunächst auch nicht vollzogen wird: das Einschenken von Kaffee, Tee, Kakao o.ä. Wenn der Zuschauer sich setzen wollte, mußte er mit der Tasse eine Handlung vollziehen, auf die sie nicht verwies. Die Tasse veranlaßte ihn also zu einer Handlung, ohne ihm jedoch eine bestimmte Handlung vorzuschreiben. Er konnte sie in die Hand nehmen, auf den Boden stellen, in die Tasche stecken, sie als Aschenbecher benutzen, einem anderen Zuschauer zuwerfen usw. Am Ende der Aufführung wurde dann – wie in einem Speisesaal zu erwarten – tatsächlich Kaffee in die Tassen geschenkt, allerdings auch, wenn sie als Aschenbecher benutzt worden und daher als Trinkgefäße nicht mehr zu gebrauchen waren. Auch hier mußte der Zuschauer entscheiden, was er mit ihr tun wollte: sie austrinken, ausgießen, auf den Boden oder wieder auf den Stuhl stellen usw. In jedem Fall verlangte die Tasse dem Zuschauer am Beginn und am Ende der Aufführung eine Handlung ab, über die er selbst entscheiden konnte. Die Tasse machte ihm insofern bewußt, daß von ihm, dem Zuschauer, eine Handlung erwartet wurde.

Auch die Verteilung von Akteuren und Zuschauern im Raum war in einer Weise gestaltet, daß ihr ein bestimmter Aufforderungscharakter eignete. Denn sie machte es dem Zuschauer schwer, sich lediglich auf Ereignisse an einem Brennpunkt – wie der Bühne – zu konzentrieren; sie eröffnete ihm vielmehr ein weites und diffuses Gesichts- und Gehörfeld. Zwar mag es auf den ersten Blick den Anschein haben, als habe die räumliche Anordnung eine Fokussierung auf die Mitte begünstigt. Im Verlauf der Aufführung wurde jedoch offenkundig, daß es einen solchen zentralen Fokus nicht gab. Der Zuschauer konnte seine Wahrnehmung auf unterschiedliche gleichzeitig im Raum ablaufende Aktionen richten, die sich außerdem noch zufällig überschneiden mochten. Dabei befand er sich in einer Position, daß er, wohin er auch blickte, immer zugleich auch andere Zuschauer in ihrer Wahrnehmung beobachten konnte. Er konnte also die Aktionen weder strikt isoliert voneinander noch ohne Bezug auf andere Zuschauer wahrnehmen, ohne daß doch die einzelnen Aktionen kausal aufeinander bezogen, noch auch die Perspektiven auf andere Zuschauer vorgegeben bzw. gesteuert worden wären. Zuschauen wurde also hier dem Zuschauer in zweifachem Sinne als Tätigkeit buchstäblich in den Blick gebracht: Es wurde ihm bewußt gemacht, daß seine

Wahrnehmung zwischen verschiedenen gleichzeitig präsentierten Elementen
wählen sowie beliebige Relationen zwischen ihnen herstellen konnte, und er
erfuhr sich als Beobachter von Beobachtern. Beide Tätigkeiten sind nun nicht
notwendigerweise als im strengen Sinne zielgerichtete Handlungen zu verstehen. D.h. der einzelne Zuschauer wird sich kaum sagen: Jetzt will ich für
einige Zeit dem Akteur a in seinen Aktionen folgen, um zu erkennen, was er
tut, worauf er hinaus will und was das bedeuten soll; dann werde ich meine
Aufmerksamkeit auf den Zuschauer Y heften, um herauszufinden, auf welche
Weise er die Aktionen wahrnimmt usf. Vielmehr handelt es sich um Tätig-
keiten, bei denen der Zufall eine wichtige Rolle spielt. Der frei durch den
Raum schweifende Blick des Zuschauers trifft zufällig nacheinander auf die
Akteure a und b bzw. gleichzeitig auf den Akteur a und den Zuschauer X.
Und dieses zufällige Zusammentreffen mag in ihm die unterschiedlichsten
Assoziationen und Reflexionen hervorrufen oder auch plötzlich eine völlig
neue Idee entspringen lassen. Zuschauen wird also durch die räumliche
Anordnung im "untitled event" als eine kreative Handlung ermöglicht und
qualifiziert: Jeder Zuschauer erschafft sich seine eigene Aufführung.

Eine solche Vorstellung vom Zuschauen war nun in den fünfziger Jahren
nicht völlig neu. Richard Wagner hatte bereits hundert Jahre vorher in seiner
Schrift *Oper und Drama* (1851) die Forderung nach einem kreativen Zuschauer erhoben. Er verlangt hier ganz ausdrücklich einen aktiven Zuschauer,
der nicht nur zum "organisch mitwirkenden Zeugen"[3] werden soll, sondern
zum "notwendigen Mitschöpfer des Kunstwerks"[4]. Diese Forderung wird
nach der Jahrhundertwende von Meyerhold und anderen Theaterreformern
aufgegriffen und weiter radikalisiert. Meyerhold definiert bereits 1907 den
Zuschauer als "vierten Schöpfer"[5] neben dem Autor, dem Schauspieler und
dem Regisseur. In seinen Inszenierungen sollte "der Zuschauer mit seiner
Vorstellungskraft schöpferisch beenden, was die Bühne nur andeutet"[6].

Die Futuristen und Dadaisten gingen da entschieden radikaler vor. Sie
wollten die Zuschauer zu körperlichen Handlungen provozieren. Um die
Zuschauer in Aktivität zu versetzen, sahen sie nur ein Mittel: "ständig neue
Möglichkeiten zu ersinnen, um die Zuschauer zu schockieren."[7] In seinem
Manifest *Das Varietétheater* (1913) macht Filippo Tommaso Marinetti hierzu
folgende Vorschläge:

---

3   Wagner 1887/88, S. 192.
4   Ebd., S. 186.
5   Meyerhold 1979, Bd. 1, S. 135.
6   Ebd.
7   Appolonio 1972, S. 170.

Man muß die Überraschung und die Notwendigkeit zu handeln unter die Zuschauer des Parketts, der Logen und der Galerie tragen. Hier nur ein paar Vorschläge: auf ein paar Sessel wird Leim geschmiert, damit die Zuschauer – Herr oder Dame – kleben bleiben und so die allgemeine Heiterkeit erregen. [...] Ein und derselbe Platz wird an zehn Personen verkauft, was Gedrängel, Gezänk und Streit zur Folge hat. – Herren und Damen, von denen man weiß, daß sie leicht verrückt, reizbar oder exzentrisch sind, erhalten kostenlose Plätze, damit sie mit obszönen Gesten, Kneifen der Damen oder anderem Unfug Durcheinander verursachen. – Die Sessel werden mit Juck-, Niespulver usw. bestreut.[8]

In diesem Manifest wird der Zuschauer geradezu als Akteur konzipiert. Die Entdeckung des Zuschauers hat also ganz offensichtlich bereits in den ersten Dekaden des 20. Jahrhunderts stattgefunden. Der Paradigmenwechsel von der internen zur externen theatralen Kommunikation war als Aktivierung des Zuschauers geplant und vollzogen. Zuschauen war insofern bereits von den Theaterreformern der Jahrhundertwende und von der historischen Theateravantgarde als ein Handeln entworfen und postuliert.

Von ihren Vorstellungen weicht das vom "untitled event" vorgeschlagene bzw. ermöglichte Zuschauerverhalten allerdings insofern ab, als es eine andere Schwerpunktsetzung vornimmt. Zum einen wurde der Zuschauer nicht zu ganz speziellen Handlungen provoziert – auch nicht von der Tasse. Zum anderen wurden ihm vielmehr Spiel- und Freiräume eröffnet, um auf seine eigene Weise mit dem angebotenen Material umgehen zu können. Und nicht zuletzt endlich erhielt er die Möglichkeit, wahrnehmend über die Bedingungen seiner Wahrnehmung zu reflektieren. D.h. der Zuschauer war hier nicht das "Hauptmaterial des Theaters" – wie Eisenstein es 1923 in seiner programmatischen Schrift *Die Montage der Attraktionen* forderte –, das in bestimmter Weise geformt werden soll, sondern ein individuelles Subjekt, dem die Möglichkeit eröffnet wird, auf dem Wege über seine Wahrnehmung des von den Akteuren präsentierten Materials ebenso wie der anderen Zuschauer seine je eigene und in diesem Sinne subjektiven Erfahrungen zu machen, seine eigene Aufführung zu schaffen. Im Mittelpunkt des Interesses stand hier nicht Zuschauen als Handeln schlechthin, sondern als eine spezifische Form von kreativem Handeln. Die Betonung des Performativen im "untitled event", das aus ihr resultierende neue Spannungsverhältnis zwischen referentieller und performativer Funktion eröffnete also dem Zuschauer Spiel- und Freiräume, um völlig neue Arten der Wahrnehmung zu erproben.

---

8   Ebd., S. 174.

2. Grenzgänge zwischen den Künsten

An der Aufführung waren die verschiedensten Künste beteiligt: Musik, Malerei, Film, Tanz, Dichtung. Sie vereinigten sich hier allerdings nicht zum Wagnerschen Gesamtkunstwerk – eher scheint ihr Nebeneinander Wagners Horrorvision nahegekommen zu sein, "daß z.B. in einer Gemäldegalerie und zwischen aufgestellten Statuen ein Goethescher Roman vorgelesen und dazu noch eine Beethovensche Symphonie gespielt würde"[9]. Auch war ihr Einsatz weder durch den Bezug auf eine Geschichte noch auf die Psychologie von Figuren oder Personen motiviert bzw. legitimiert – er war lediglich durch die "time brackets" koordiniert. Dennoch wiesen die beteiligten Künste in ihrer Erscheinungsform eine auffallende Übereinstimmung auf. Sie privilegierten alle einen performativen Modus. Es wurde getanzt, Dichtung wurde vorgetragen, Malerei im "Übermalen" der "white paintings" durch Farbdias *in actu* vollzogen, Musik wurde gespielt, der Film vorgeführt. Die "Vereinigung der Künste" – d.h. ihre Grenzüberschreitungen oder auch die Auflösung der Gattungsgrenzen zwischen den Künsten – erfolgte hier dadurch, daß sie übereinstimmend die performative Funktion dominant setzten – sei es durch die besondere Abhängigkeit der referentiellen Funktion von der performativen, sei es durch emphatische Hervorhebung der performativen Funktion (z.B. durch die Strukturierung in Aktionen und Phasen des Nichtagierens oder durch die Betonung, daß es sich um ein "untitled *event*" handelte).

Für die verschiedenen Künste war zu Beginn der fünfziger Jahre – wie traditionell im bürgerlichen Kunstverständnis – der Bezug auf ein Artefakt konstitutiv: für das Theater, insofern es von Dramen- oder Librettotexten und Partituren ausging, für die Musik, indem Partituren geschaffen oder umgesetzt wurden, für die Dichtung, indem sie Texte, und für die bildende Kunst, indem sie Werke hervorbrachte. Auf diese Artefakte stützten sich die Interpretationen – auf sie wurde zur Rechtfertigung dieser oder jener Deutung rekurriert. Die Existenz der Artefakte schien solcherart die Dominanz der referentiellen Funktion in den Künsten zu garantieren; sie ließ den performativen Prozeß ihrer Herstellung oder Transformation in eine Aufführung, der Aufführung selbst oder auch ihrer Rezeption aus dem Blickfeld verschwinden.

Das "untitled event" löste die Artefakte in Handlungsvollzüge auf. Texte wurden vorgetragen, Bilder übermalt, Musik gespielt – die Artefakte verschwanden in den Aktionen. Damit trat es zum traditionellen bürgerlichen Kunstverständnis in einen radikalen Widerspruch, der mir in vieler Hinsicht

---

9   Wagner 1887/88, S. 3.

als Entwurf einer Utopie erscheint. Es wurde nicht nur ein alltäglicher Raum zum Treffpunkt für die verschiedensten Künstler und Künste umfunktioniert – und damit über Wagners Forderung nach einer exklusiven Gemeinschaft der Künstler hinausgegangen. Es wurde zugleich auf das kreative Potential von alltäglichen Handlungen hingewiesen, die sich nicht einer bestimmten Gattung oder Sparte zuordnen lassen, sondern in übergreifenden Lebens- und Handlungszusammenhängen hervorgebracht werden, wie es später auch Michel de Certeau[10] getan hat. Es war die Betonung des Performativen, welche diese utopische Dimension in den Blick brachte.

Indem die Artefakte in Handlungsvollzüge aufgelöst wurden, verschoben sich zugleich die Grenzen zwischen den verschiedenen Künsten: ganz gleich, ob es sich um Dichtung, bildende Kunst oder Musik handelte, waren sie hier alle zugleich auch Performance-Kunst. In dieser Hinsicht bestand zwischen ihnen und Theater keinerlei Differenz mehr.

Indem das "untitled event" die Grenzen zwischen Theater und den anderen Künsten verwischte, wies es einerseits auf Performances der Futuristen, Dadaisten und Surrealisten zurück, in denen vergleichbare Tendenzen wirksam waren. Andererseits nahm es eine Entwicklung in den Künsten voraus, die sich seit Beginn der sechziger Jahre immer deutlicher abgezeichnet hat. Während in den vierziger und fünfziger Jahren der Aufführungscharakter bzw. der performative Prozeß als Differenzierungskriterium galt, um Theater von Literatur und bildender Kunst abzugrenzen, läßt sich seit den sechziger Jahren zunehmend dasselbe Merkmal auch in anderen Künsten ausmachen – wo es häufig ebenfalls eine konstitutive Funktion erfüllt.

So versammelt sich z.B. heute ein Publikum in großer Zahl für Lesungen zeitgenössischer Schriftsteller bzw. Rezitationen von Dichtungen gestorbener Autoren – ein nachgerade schlagender Beweis für die zunehmende Beliebtheit von Dichter*lesungen*. Besonders herausragende Beispiele waren Martin Benraths Lesungen aus Thomas Manns *Zauberberg* "Fülle des Wohllauts", Edith Clevers Vortrag der *Marquise von O.*, Bernhard Minettis Lesung von Märchen der Gebrüder Grimm oder auch die Veranstaltung *Homer lesen*, welche die Gruppe Angelus Novus 1986 im Wiener Künstlerhaus durchführte. Die Mitglieder der Gruppe lasen abwechselnd die 18.000 Verse der *Ilias* innerhalb von 22 Stunden ohne Unterbrechung vor. In anderen Räumen waren weitere Exemplare der *Ilias* ausgelegt; sie luden den beim Klang der vorlesenden Stimmen herumwandernden Zuhörer zum eigenen Lesen ein. Die besondere Differenz zwischen Lesen und Zuhören beim Vorlesen von

---

10 Vgl. de Certeau 1988.

Literatur wurde so deutlich markiert. Zugleich wurden beide als performative
Prozesse ins Bewußtsein gehoben. Nicht zuletzt endlich wurde die Aufmerksamkeit der Zuhörer auf die spezifische Materialität der jeweils vortragenden
Stimmen gelenkt, die bei jedem Wechsel der Lesenden unüberhörbar hervortrat. Hier wurde Literatur ganz emphatisch als eine Performance realisiert.
Diese gewann Leben durch die Stimmen der physisch anwesenden Vorlesenden und bahnte sich den Weg in die Einbildungskraft der physisch anwesenden Hörer durch verschiedene sinnliche Kanäle. Vor allem aber spielte sie den
Zeitfaktor aus: Die lange Zeitspanne von 22 Stunden veränderte nicht nur die
Wahrnehmung der Teilnehmer, sie machte ihnen auch diese Veränderung
bewußt. Das Verstreichen von Zeit – eines der Merkmale des Performativen
– wurde als Bedingung von Wahrnehmung spürbar; es mag insofern die
Teilnehmer veranlaßt haben, auf die Bedingungen ihrer Wahrnehmung – und
in diesem Fall speziell auf den Zeitfaktor – zu reflektieren.

Zwischen derartigen Lesungen und Theateraufführungen von beispielsweise Heiner Müllers *Mauser* in seiner eigenen Inszenierung am Deutschen
Theater Berlin (1991) oder von Shakespeares *Antonius und Cleopatra* in
einer Inszenierung der Needcompany (1992) bestehen signifikante Affinitä-
ten: so wenn in *Mauser* zwei Schauspieler rechts und links vorne auf der
Bühne an einem Tisch sitzen und den Text mit vielen Wiederholungen
vorlesen oder wenn in *Antonius und Cleopatra* die Schauspieler in Straßen-
anzügen nebeneinander an der Rampe auf Stühlen sitzen, jeweils aufstehen
und sich zum rechts plazierten Mikrophon begeben, um den Text einer Figur
zu sprechen oder ihre Geschichte zu erzählen. Die Grenzen zwischen Literatur und Theater, zwischen Dichterlesung und Theateraufführung beginnen
hier zu verschwimmen und sich aufzulösen.

Eine ähnliche Entwicklung ist in der bildenden Kunst zu beobachten. Bei
action painting, body art, landscape art, in Lichtskulpturen und Videoinstalla-
tionen überwiegt der Aufführungscharakter. Ähnliches gilt für Ausstellungen
wie die von Karl-Ernst Herrmann und Erich Wonder mit dem Titel *Inszenierte Räume* 1979 in Hamburg oder Robert Wilsons *Mr. Bojangle* im Centre
Pompidou 1991. In ihnen geht es zum einen um die Wahrnehmung ihrer
spezifischen Atmosphäre, die in jedem Raum anders ist. Hier läßt sich mit
Gernot Böhme nach den Verfahren fragen, d.h. nach der je spezifischen
Auswahl von Elementen, ihrer Kombination und Verteilung im Raum, welche
eine solche Atmosphäre erzeugen, sowie nach den besonderen Möglichkeiten, sie wahrzunehmen, d.h. sie leiblich zu erspüren.[11] Zum anderen läßt

---

11 Vgl. Böhme 1995.

sich auch hier eine Neuverteilung bzw. -bestimmung der Rollen von Akteur und Zuschauer beobachten. Entweder präsentiert sich der Künstler selbst als Darsteller vor einem Publikum – nämlich in der Aktion des Malens oder in der Zurschaustellung seines in spezifischer Weise hergerichteten oder agierenden Körpers –, oder der Zuschauer ist aufgefordert, sich um die Exponate herumzubewegen und mit ihnen zu interagieren, während andere Besucher zuschauen. Entsprechend wechseln die Rollen von Darsteller und Zuschauer, so daß der Besuch einer Ausstellung heute häufig Teilnahme an einer Aufführung bedeutet – teilweise als Darsteller, teilweise als Zuschauer. Dies gilt in besonderem Maße für Aktionen bildender Künstler wie Joseph Beuys, Wolf Vostell, Yvonne Rainer, Ann Halprin oder der in der Gruppe "Fluxus" versammelten oder der Wiener Aktionisten. Sie haben in den sechziger Jahren zur Herausbildung eines neuen Genres geführt, der sogenannten Performance-Kunst.

Ich vertrete die These, daß diese Entwicklung vom "untitled event" in gewisser Weise vorweggenommen wurde. Es verwischte die Grenzen zwischen den Künsten, indem es für alle den performativen Modus nicht nur dominant setzte, sondern als geradezu konstitutiv auswies. Das Verhältnis zwischen Theater und den anderen Künsten wurde so grundsätzlich neu bestimmt. Da alle als Performance vollzogen und beschrieben werden, läßt sich die These formulieren, daß sie sich – zwar nicht in einem Wagnerschen Gesamtkunstwerk, jedoch – im Theater bzw. als Theater vereinigen. Damit sind sowohl Theater als auch die anderen Künste neu definiert: Theater ist als performative Kunst *par excellence* ausgewiesen. Denn es konstituiert sich durch das Zusammenspiel eben jener Faktoren, die aus meiner Sicht heute die Performance als modellbildend und den Begriff des Performativen als einen Schlüsselbegriff erscheinen lassen: eine spezifische Art der Raumwahrnehmung, ein besonderes Körperempfinden, eine bestimmte Form von Zeiterlebnis sowie eine neue Wertigkeit von Materialien und Gegenständen. Es konstituiert und manifestiert sich hier eine bestimmte Weise des In-der-Welt-Seins, das schöpferische Prozesse der Gestaltung und Umgestaltung fokussiert, in denen es die Performanz ist, über die man zur Referenz gelangt. D.h. die Generierung von Bedeutungen erfolgt in Abhängigkeit von den Veränderungen, die durch Handlungen – Sich-Bewegen, Sprechen, Wahrnehmen – hervorgebracht werden. Die Kreativität des Handelns, wie Joas[12] es in seiner Handlungstheorie genannt hat, tritt hier in den Vordergrund.

---

12   Vgl. Joas 1996.

3. Theater und andere Genres von "cultural performances"

Das "untitled event" verwischte nicht nur die Grenzen zwischen Theater und den anderen Künsten; es ließ auch die Grenzen zwischen Theater und anderen Arten von *cultural performances* verschwimmen. Der Begriff "cultural performance" wurde vom amerikanischen Ethnologen Milton Singer geprägt – und zwar ebenfalls in den fünfziger Jahren. Er verwendete ihn zur Beschreibung von "particular instances of cultural organization, e.g. weddings, temple festivals, recitations, plays, dances, musical concerts etc." Nach Singer formuliert eine Kultur in *cultural performances* ihr Selbstverständnis und Selbstbild, das sie so vor ihren Mitgliedern und Fremden dar- und ausstellt.

> For the outsider, these can conveniently be taken as the most concrete observable units of the cultural structure, for each performance has a definitely limited time span, a beginning and end, an organized programme of activity, a set of performers, an audience and a place and occasion of performance.[13]

Während bis weit in die fünfziger Jahre unter westlichen Geisteswissenschaftlern Konsens bestand, daß Kultur geschaffen wird durch Artefakte, in denen sie sich zugleich manifestiert – d.h. in Texten und Monumenten, die folglich als einzig angemessener Gegenstand der Geisteswissenschaften galten –, lenkte Singer die Aufmerksamkeit auf die Tatsache, daß Kultur auch in *performances* hervorgebracht und manifestiert wird. D.h. auch er entdeckte das Performative als konstitutive Funktion von Kultur.

Eine Theateraufführung ist entsprechend als eine besondere Art von *cultural performance* zu begreifen, die sich durch eine spezifische Verwirklichung der von Singer aufgelisteten Merkmale von anderen Arten von *cultural performances* – wie Ritualen, politischen Zeremonien, Festen, Spielen, Wettkämpfen, Vorträgen, Konzerten, Dichterlesungen, Filmvorführungen etc. – sowohl unterscheidet als auch mit ihnen überschneidet. Das "untitled event" war eine Theateraufführung, in deren Verlauf es einen Vortrag, Dichterlesungen, eine Filmvorführung, eine Dia-Show, Konzerte, *tableaux vivants* (Hund und Grammophon: "His master's voice"), Tänze und eine Art Ritual oder Fest (in Form des gemeinsamen Kaffeetrinkens) gab. Diese *cultural performances* wurden in der Theateraufführung nicht *dargestellt* – wie im dramatischen Theater, in der Oper, im klassischen Ballett –, sondern die Aufführung war

---

13   Singer 1959, S. XIIf.

zugleich ihr *Vollzug*. Die Grenzen zwischen Theater und anderen Arten von *cultural performances* wurden hier durchlässig, ja hinfällig, die Differenzen zwischen ihnen im Vollzug aufgehoben.

In den fünfziger Jahren wurde Performativität also nicht nur von den Künsten neu entdeckt. Die Ethnologie machte auf das Phänomen der *cultural performance* aufmerksam; in der Literaturtheorie verschob Roland Barthes den Schwerpunkt vom statischen Text bzw. Textbegriff hin zur *écriture* (wie in *Le degré zéro de l'écriture*, publiziert 1953). Und in der Philosophie begründete John L. Austin die Sprechaktphilosophie. In einer Reihe von Vorlesungen, die er 1955 an der Harvard Universität unter dem Titel *How To Do Things With Words* hielt, führte er den bahnbrechenden Gedanken aus, daß sprachliche Äußerungen keineswegs nur dem Zweck dienen, einen Sachverhalt zu beschreiben oder eine Tatsache zu behaupten, sondern daß mit ihnen stets Handlungen vollzogen werden. Was Sprecher von Sprachen intuitiv immer schon gewußt und praktiziert haben, wurde hier von der Sprachphilosophie zum ersten Mal formuliert: daß Sprache nicht nur eine referentielle Funktion erfüllt, sondern immer auch eine performative.

Was Austins Sprechakttheorie für die Erkenntnis von Sprache leistete, vollbrachte das "untitled event" im Hinblick auf Theater. Es ließ schlagartig deutlich werden, was Theatermacher und Zuschauer immer schon intuitiv gewußt und praktiziert haben: daß Theater sich nicht in einer referentiellen Funktion erschöpft, sondern immer auch eine performative wahrnimmt. Mit dem besonderen Verhältnis der performativen Funktion zur referentiellen definierte es Theater neu als die performative Kunst schlechthin.

Aufgrund dieses neuen Theaterbegriffs konnte Theater nun als ein kulturelles Modell begriffen werden. Dies gilt insbesondere im Hinblick auf Prozesse der Theatralisierung: Unsere zeitgenössische Kultur läßt sich als eine Kultur der Inszenierung beschreiben oder auch als eine Inszenierung von Kultur. In allen gesellschaftlichen Bereichen wetteifern einzelne und gesellschaftliche Gruppen in der Kunst, sich selbst und ihre Lebenswelt wirkungsvoll in Szene zu setzen. Stadtplanung, Architektur und Design inszenieren unsere Umwelt als kulissenartige "Environments", in denen mit wechselnden "Outfits" kostümierte Individuen und Gruppen sich selbst und ihren eigenen "Lifestyle" mit Effekt zur Schau stellen. Einkaufen wird hier zum "Shopping"-Erlebnis, bei dem der Käufer sich als Akteur durch die verschiedenen Szenerien bewegt, die geschickte Marketing-Strategen entworfen haben. Man konsumiert nicht nur, sondern stellt den Konsum zugleich aus und dar. Eine schier endlose Abfolge von inszenierten Ereignissen weist darauf hin, daß sich eine "Erlebnis- und Spektakelkultur" gebildet hat, die sich mit der Inszenierung von Ereignissen selbst hervorbringt und reproduziert. In ihr wird Wirklichkeit mehr und mehr als Darstellung und als Inszenierung erlebt.

Diese Art der Wirklichkeitserfahrung läßt sich prägnant unter Bezug auf ein Modell beschreiben, wie es das Theater bereithält: Als Wirklichkeit (Theater) wird eine Situation erfahren, in der ein Akteur an einem bestimmten Ort zu einer bestimmten Zeit vor den Blicken anderer (Zuschauer) etwas tut. Wirklichkeit erscheint in diesem Sinne prinzipiell als theatrale Wirklichkeit.

Auf den ersten Blick mag es daher den Anschein haben, als wenn die Theatralisierung unserer heutigen Lebenswelt als moderne Version des barocken Welttheaters zu verstehen sei. Aber dieser Eindruck täuscht. Das Bild vom *Theatrum mundi* – oder auch vom *Theatrum vitae humanae* – intendiert das menschliche Leben als ein Schauspiel, welches der Mensch vor Gott, dem Autor, Spielleiter und Zuschauer, aufführt. Alles, was Teil des menschlichen Lebens ist, jede Regung, jedes Gefühl, jeder Gedanke, jedes Wort, jedes Verhalten und jede Tat, ist daher auch als Teil dieses Schauspiels zu begreifen. Gott allein ist imstande, den Schein, welcher der Rolle zugehört, vom wahren Sein ihres Schauspielers, seiner Seele, zu unterscheiden und daher sein Spiel angemessen und gerecht zu beurteilen. Die Rede von der Theatralisierung unserer heutigen Lebenswelt zielt dagegen auf Prozesse der Inszenierung von Wirklichkeit durch einzelne und gesellschaftliche Gruppen, vor allem auf Prozesse ihrer Selbstinszenierung. Als Teil der Inszenierung gilt dabei nur, was in/mit ihr zur Erscheinung gebracht und von anderen wahrgenommen wird, sowie das Ensemble von Techniken und Praktiken, das eingesetzt wurde, um es zur Erscheinung zu bringen.

Die barocke Theatermetapher und die heutige Rede von der Theatralisierung der Lebenswelt sind allerdings insofern vergleichbar, als sie beide auf die Prozessualität des Vorgangs und seine Flüchtigkeit abheben: auf seine Performativität. Während im siebzehnten Jahrhundert jedoch der Vergänglichkeit des Scheins menschlichen Lebens die Überzeugung vom ewigen Sein der Seele entgegengesetzt wurde – und insofern die referentielle Funktion des Theaters, das darauf verwies, seine performative überwog –, kann heute zum anderen die künstlerische Performance gerade deswegen als Paradigma der zeitgenössischen Kultur gelten, weil in ihr referentielle und performative Funktion in ein neues Spannungsverhältnis zueinander treten. Während lange Zeit der Textbegriff modellhaft für unsere Kultur war, hat es den Anschein, als wenn jetzt diese Funktion von der Performance wahrgenommen würde – oder besser, als wenn ein spezifisches Verhältnis von Text und Performance Modellcharakter für unsere Kultur annimmt. Wie der Ethnologe Dwight Conquergood es zu Beginn der neunziger Jahre formulierte, wird die lange

Zeit vorherrschende Vorstellung von der "Welt als Text" zunehmend und zunehmend radikaler von der Vorstellung der "Welt als Performance" abgelöst.[14]

4. Performativität und das Theater der historischen Avantgarde

Nun läßt sich zwar in den fünfziger Jahren eine Entdeckung des Performativen nachweisen, wie ich es in den obigen Ausführungen versucht habe. Aber diese Entdeckung müßte präziser als Neuentdeckung bezeichnet werden. Denn die Schwerpunktverlagerung vom Textmodell zum Performance-Modell hat nicht erst in den fünfziger und sechziger Jahren mit der Entwicklung von Performance Kultur und Performance-Kunst eingesetzt. Sie läßt sich vielmehr bis zur letzten Jahrhundertwende, ja bis zu Nietzsche zurückverfolgen. Was heute als dominantes Paradigma gilt, hat in der Kulturkrise um die Jahrhundertwende, die sich auch als Krise von Sprache, Wahrnehmung und Erkenntnis bzw. als Krise der Repräsentation begreifen läßt[15], seinen Ausgang genommen.

Während heute der Begriff der Performance/des Performativen zum kulturellen Leitbegriff avanciert, wurde um die Jahrhundertwende der Begriff der Theatralität geprägt, um eben diese Funktion zu übernehmen. Der russische Theatermann Nikolaj Evreinov, der den Begriff *teatral'nost'/*Theatralität zum ersten Mal in einem Aufsatz aus dem Jahre 1908 verwendete, verstand und bestimmte Theatralität als das "allgemein verbindliche Gesetz der schöpferischen Transformation der von uns wahrgenommenen Welt"[16]. Er definierte sie als "prä-ästhetischen Instinkt" des Menschen, der als Kultur erzeugendes und die Kulturgeschichte vorantreibendes Prinzip nicht nur der Kunst, sondern auch Religion, Recht, Sitte und Politik als Bedingung ihrer Möglichkeit zugrundeliegt.[17] Evreinov führte also den Begriff der Theatralität als eine anthropologische Kategorie ein, die auf die Fähigkeit des Menschen zur kreativen Verwandlung "der von uns wahrgenommenen Welt" zielt und damit sein Tun, seine Tätigkeit, sein Handeln – kurz: Performativität – in den Mittelpunkt des Interesses rückt.

---

14 Conquergood 1991, S. 190.
15 Vgl. hierzu Fischer-Lichte 1995b sowie Fischer-Lichte 1995a.
16 Evreinov 1915.
17 Vgl. Evreinov 1912.

Mit der Neuprägung des Begriffs "Theatralität" ging zugleich eine Veränderung des Theaterbegriffs sowie eine signifikante Theatralisierung anderer Genres von *cultural performances* einher. Dem bereits genannten Ziel entsprechend, den Zuschauer zu – wenn auch jeweils anders konzipierten – Aktivitäten zu provozieren, wurde die Dominante von der referentiellen Funktion des Theaters hin zur performativen verschoben. Diese Dominantenverschiebung sollte durch einen spezifischen Bezug auf andere Gattungen von *cultural performances* geleistet werden. In Manifesten und Programmschriften ebenso wie in ihren eigenen Inszenierungen und anderen Arten von Veranstaltungen (wie z.B. der Umfunktionierung eines Gottesdienstes im Berliner Dom 1918 und einer Parlamentssitzung in Weimar 1919 durch den Oberdada Johannes Baader oder der Besichtigung von Kulturdenkmälern durch die Surrealisten) forderten die Vertreter der historischen Avantgarde-Bewegungen, Theater in verschiedene andere Arten von *cultural performances* zu transformieren: in ein Fest (z.B. Peter Behrens, Adolphe Appia, Emile Jaques-Dalcroze, Max Reinhardt, Nikolaj Evreinov), ein Ritual (z.B. Georg Fuchs, Antonin Artaud), eine Zirkus- oder Varieté-Vorstellung (z.B. Filippo Tommasso Marinetti, Boris Arvatov, Sergej Eisenstein), eine politische Versammlung (z.B. Vsevolod Meyerhold, Platon Keržencev, Erwin Piscator) oder auch in "Happenings" – wenn auch solche avant la lettre – (z.B. Dadaisten, Futuristen, Surrealisten). Mit der postulierten Transformation war der Theaterbegriff grundlegend neu definiert. Der Schwerpunkt wurde nun auf die "Einheit" von Darstellern und Zuschauern gelegt, und damit auf den Vollzug von Handlungen durch beide Gruppen sowie auf die Wirkung der Teilnahme an der Veranstaltung auf die Zuschauer. Die performative Funktion von Theater wurde so eindeutig fokussiert.

Daneben ist eine enorme Theatralisierung anderer Gattungen von *cultural performances* zu beobachten. Sie läßt sich bereits für politische Zeremonien seit den zwanziger Jahren feststellen, besonders ausgeprägt dann bei den Nationalsozialisten in den dreißiger Jahren – beispielsweise bei den Reichsparteitagen. Sie prägt auch den Charakter von Sportwettkämpfen, so zum Beispiel den der Olympischen Spiele, vor allem in der Eröffnungszeremonie und in der Schlußfeier.

Die "Entdeckung" bzw. grundlegende Neubewertung des Performativen ist also bereits auf die Jahrhundertwende zu datieren. Sie stand zweifellos in einem unmittelbaren Zusammenhang mit dem radikalen kulturellen Wandel, der sich im ausgehenden neunzehnten und in den ersten Dekaden des zwanzigsten Jahrhunderts in Europa vollzog und "im alltäglichen häuslichen Leben wie in der Arbeitswelt, in der Freizeitgestaltung wie in Wissenschaft und Kunst überkommene Wahrnehmungs-, Denk- und Handlungsmuster nachhaltig erschütterte und zur Herausbildung völlig neuer Verhaltensmodelle führte"[18].

Die "Entdeckung" des Performativen durch die historischen Avantgardebewegungen hat demnach bereits in den ersten Dekaden unseres Jahrhunderts den damals geltenden Theater-, Kunst- und Kulturbegriff in Frage gestellt und Perspektiven für ein anderes Verständnis von Theater, Kunst und Kultur eröffnet, d.h. bereits das geleistet, was ich in meiner einleitenden These dem "untitled event" zugeschrieben habe. Wenn mich diese Erkenntnis auch nicht veranlaßt, meine These als unhaltbar zurückzuziehen, so ergeben sich zumindest eine Reihe von Fragen:

1. Handelt es sich bei der Neuentdeckung des Performativen in den fünfziger Jahren um eine Fortführung von Tendenzen der Avantgarde, die durch Faschismus und Stalinismus abrupt und brutal abgebrochen wurden, oder um einen prinzipiellen Neuansatz?[19]

2. Im Falle, daß wir trotz des Bruches in den dreißiger Jahren von einer Fortsetzung sprechen können, besteht dann die Leistung der Neoavantgarde lediglich darin, die Errungenschaften der Avantgarde noch einmal zu wiederholen und so in die Gegenwartskultur einzubringen und für sie fruchtbar zu machen, oder kommen hier auch qualitativ neue Tendenzen und Entwicklungen zum Zuge?

3. Sind die Begriffe Theatralität und Performativität austauschbar, oder meinen sie jeweils etwas anderes, setzen zumindest den Akzent anders? Und wenn sie nicht austauschbar sind, worauf zielt dann ihre Verschiedenheit?

Diese Fragen bedürfen einer grundsätzlichen Klärung, wenn über die Bedeutung der performativen Funktion im Theater und über Rolle und Funktion des Performativen in der Kultur des zwanzigsten Jahrhunderts ernsthaft gehandelt werden soll. Da hier von der Annahme ausgegangen wird, daß die Neuentdeckung des Performativen in den fünfziger Jahren nicht lediglich als eine Wiederholung zu werten ist, beziehen sich die nachfolgenden Aufsätze, um die angenommenen Differenzen schärfer markieren zu können, sowohl auf das experimentelle Theater der sechziger und siebziger Jahre – insbesondere auf Brook, die Schaubühne und Mnouchkine –, als auch auf die neu entstehende Performance-Kunst sowie andere Grenzgänge des Theatralen in Musik, bildender Kunst, Literatur und anderen *cultural performances*.

---

18 Vgl. Fischer-Lichte 1995a, S. 1.
19 Vgl. dazu auch den Beitrag von Willmar Sauter im vorliegenden Band.

Sicherlich "entdeckten" sowohl die historische Theateravantgarde als auch die Performance-Künstler der sechziger/siebziger Jahre das Performative in einer programmatischen Abgrenzung von dem ihnen unmittelbar zeitgenössischen Theater. Während die Avantgardisten im ersten Drittel unseres Jahrhunderts das Performative jedoch durch Neudefinition bzw. Neuprägung der Begriffe Theater/Theatralität umwerteten, wandten sich die Performance-Künstler ganz dezidiert gegen das Theater überhaupt. Dabei gingen sie allerdings von einem Theaterbegriff aus, der zwar in den fünfziger und frühen sechziger Jahren in der westlichen Kultur gängig war, den die historische Theateravantgarde jedoch bereits heftig attackiert und destruiert hatte.[20] Gegen die Fiktionalität von Theater setzten sie die Qualitäten von Realraum und Realzeit der Performance, gegen das Rollenspiel des Schauspielers die "Real-Präsenz" des Performers und die Authentizität seiner Handlungen. Dabei darf man allerdings nicht übersehen, daß auf eben diese Qualität bereits Boris Arvatovs Gegenüberstellung von Theateraufführung und Zirkusvorstellung zielte:

> Während im Theater der Schauspieler nur den Anschein erweckt, daß er kühn, geschickt, scharfsinnig, findig, tapfer usw. ist – dort ist er es tatsächlich. Und wenn Eisenstein, Meyerhold, Radlov, Foregger und andere, jeder auf seine Art für die Nützlichkeit von Zirkus und Kabarett im Theater plädieren, erfüllen sie praktisch ein und dieselbe Aufgabe: sie führen das Leben in das Theater ein.[21]

Die allenthalben postulierte Transformation von Theater in andere Arten von *cultural performances* sollte eben diesen Unterschied zunichtemachen. Es erscheint daher auch kaum erfolgversprechend, zur Klärung der anstehenden Fragen von ihm auszugehen. Die hier versammelten Beiträge verfolgen entsprechend zu ihrer Diskussion andere, je unterschiedliche Ansätze und Argumentationen.

Der Band *Theater seit den sechziger Jahren* ist als Fortsetzung zum Band *TheaterAvantgarde* konzipiert, diskutiert und geschrieben worden. Wie bereits bei der Ausarbeitung von *TheaterAvantgarde* hat uns auch in diesem Fall die Werner Reimers-Stiftung wieder großzügige Gastfreundschaft gewährt und die denkbar günstigsten Rahmenbedingungen für die gemeinsame Planung, Diskussion und Durchführung unseres Projektes geschaffen. Dafür sei ihr sehr herzlich gedankt.

---

20 Zur These einer grundsätzlichen Opposition zwischen Theater und Performance vgl. Féral 1982 sowie zu ihrer Widerlegung Carlson 1996, S. 136ff.
21 Arvatov 1972, S. 91.

Grundlegend für das Unternehmen ist wiederum der Gedanke, daß Theatergeschichte sich als Kulturgeschichte verstehen und (be)schreiben läßt. Während in *TheaterAvantgarde* mit dieser Zielsetzung am spannungsvollen Wechselverhältnis von Wahrnehmung, Körper und Sprache angesetzt wird, gehen die im hier vorgelegten Band versammelten Beiträge von der Beobachtung aus, daß die lange Zeit als Leitmetapher fungierende Vorstellung von "Kultur als Text" seit den fünfziger/sechziger Jahren zunehmend und zunehmend radikaler von der Leitmetapher "Kultur als Performance" abgelöst wird. Dabei stehen zwei Probleme im Mittelpunkt des Interesses:

1. Wie lassen sich die neuen performativen Ästhetiken beschreiben, analysieren und verstehen, die sich durch/in Grenzgänge(n) zwischen Theater, Musik, bildender Kunst, Literatur, anderen *cultural performances* herausbilden?

2. Welche Konsequenzen ergeben sich für den Umgang des Theaters mit Geschichte, wenn der Schwerpunkt theatraler Inszenierung und Darstellung sich von der referentiellen zur performativen Funktion verlagert? Denn im Unterschied zu manchen Theoretikern der Postmoderne gehen wir nicht davon aus, daß eine Dominanz der performativen Funktion zum Verschwinden von Geschichte führen muß. Wir fragen vielmehr danach, welche neuen Modi des Erinnerns – und damit von Geschichtlichkeit – sie ermöglicht und generiert.

Während der erste Teil, "Die Entdeckung des Performativen", der ersten Frage gilt, setzt sich der zweite, "Inszenierungen von Geschichte", mit der zweiten auseinander. Daß sich dabei gewisse Überschneidungen bzw. "Grenzgänge" zwischen den Beiträgen der beiden Teile ergeben, versteht sich fast von selbst. Sind doch beide Fragestellungen eng aufeinander bezogen.

Ein Blick in die Inhaltsübersicht wird davon überzeugen, daß der vorliegende Band – ebenso wie *TheaterAvantgarde* – wiederum ein breites und unseres Erachtens repräsentatives Spektrum an Perspektiven, Problemstellungen, Methoden abdeckt. Er eignet sich für Vorlesungen und Seminare zur Neo-Avantgarde auf dem Theater seit den fünfziger/sechziger Jahren wie auch zu Problemen von Theater- und Kulturgeschichtsschreibung.

Mit diesem Band schließen wir unsere europäische Theatergeschichte des zwanzigsten Jahrhunderts ab. Zum gegenwärtigen Zeitpunkt ist noch ungewiß, ob wir unser Unternehmen auf die vorausliegenden Jahrhunderte ausweiten werden.

Berlin, im Februar 1998 *Erika Fischer-Lichte*

Literatur

Alter, Jean (1990). *A Socio-semiotic Theory of Theatre.* Philadelphia 1990.

Appolonio, Umbro (1972). *Der Futurismus. Manifeste und Dokumente einer künstlerischen Revolution 1909–1918.* Köln 1972.

Arvatov, Boris (1972). *Kunst und Produktion* (1928). München 1972.

Böhme, Gernot (1995). *Atmosphäre. Essays zur neuen Ästhetik.* Frankfurt/M. 1995.

Carlson, Marvin (1996). *Performance. A critical Introduction.* London 1996.

Conquergood, Dwight (1991). "Rethinking Ethnography: Towards a Critical Cultural Politics". In: *Speech Monographs* 58.2 (Juni 1991). S. 179–194.

de Certeau, Michel (1988). *Kunst des Handelns.* Berlin 1988.

Evreinov, Nikolaj (1912). "Apologija teatral'nosti" (1908). In: Ders. *Teatr kak takovoj* [Theater als solches]. St. Petersburg 1912. S. 15–24.

– (1915). *Teatr dla sebja* [Theater für sich selbst]. T. 1. St. Petersburg 1915.

Féral, Josette (1982). "Performance and Theatricality: The Subject Demystified". In: *Modern Drama* 25.1 (1982). S. 167–183.

Fischer-Lichte, E. (1995a). "Wahrnehmung – Körper – Sprache. Kultureller Wandel und Theateravantgarde". In: Dies., Hg. *TheaterAvantgarde. Wahrnehmung – Körper – Sprache.* Tübingen, Basel 1995. S. 1–14.

Fischer-Lichte, Erika (1995b). "Inszenierung des Fremden. (De-)Konstruktion semiotischer Systeme". In: Fischer-Lichte, E., Hg. *TheaterAvantgarde. Wahrnehmung – Körper – Sprache.* Tübingen, Basel 1995. S. 156–241.

Goldberg, Roselee (1988). *Performance Art. From Futurism to the Present.* New York 1988.

Joas, Hans (1996). *Die Kreativität des Handelns.* Frankfurt/M. 1996.

Meyerhold, Vsevolod E. (1979). "Zur Geschichte und Technik des Theaters". In: Ders. *Schriften.* 2 Bde. Berlin 1979.

Singer, Milton, Hg. (1959). *Traditional India. Structure and Change.* Philadelphia 1959.

Wagner, Richard (1887/88). *Gesammelte Schriften und Dichtungen.* Bd. 4: *Oper und Drama, zweiter und dritter Teil. Eine Mitteilung an meine Freunde.* 10 Bde. 2. Aufl. Leipzig 1887/88.

I Die Entdeckung des Performativen

Verwandlung als ästhetische Kategorie

Zur Entwicklung einer neuen Ästhetik des Performativen

Erika Fischer-Lichte

Wolle die Wandlung
Rainer Maria Rilke, *Sonette an Orpheus*

1. Performance-Kunst und andere Arten von *cultural performances*

Bereits im Theater der historischen Avantgarde galt Verwandlung unter
Berufung auf Nietzsche als zentrale Kategorie. Georg Fuchs strebte eine
Verwandlung des Zuschauers durch den Rausch an, Meyerhold wollte ihn in
den Schöpfer neuen Sinns verwandeln, Artaud suchte in der Aufführung
seinen spirituellen Tod und seine Wiedergeburt zu bewirken. Das Theater
sollte fähig werden, den Zuschauer zu verwandeln, indem es sich selbst in
verschiedene andere Gattungen von *cultural performances* verwandelte[1],
in denen – im Gegensatz zum damals zeitgenössischen Theater – die performative Funktion eindeutig die referentielle überwog wie zum Beispiel beim
Fest, beim Ritual oder bei einer Zirkusvorführung. Die Entwicklung einer
performativen Theaterästhetik wurde entsprechend unter Neuordnung des
Verhältnisses von Theateraufführung und anderen Gattungen von *cultural
performances* eingeleitet.

  Ich gehe von der These aus, daß im Theater der westlichen Kultur seit
den sechziger Jahren Verwandlung erneut zur zentralen Kategorie seiner

---

1 Zum Begriff der *cultural performance* vgl. die Einleitung.

Rezeptionsästhetik geworden ist. In der Performance-Kunst – und in experimentellen Theateraufführungen – wurde eine Ästhetik des Performativen
entwickelt, für die der Vorgang der Verwandlung grundlegend ist. Ich nehme
allerdings an, daß es sich hier nicht einfach um eine Fortsetzung oder Wiederholung entsprechender Tendenzen in den historischen Avantgardebewegungen handelt, sondern daß sowohl die Kategorie der Verwandlung als auch
das zugrundeliegende Konzept einer zu entwickelnden Ästhetik des Performativen in wesentlichen Aspekten von den Vorstellungen der historischen
Avantgarde abweicht.

Um diese These zu plausibilisieren, scheint es mir sinnvoll und aussichts-
reich zu sein, als *tertium comparationis* den Bezug auf andere Genres von
cultural performances zu wählen. In der Performance-Kunst lassen sich, grob
gesagt, zwei Arten von Performances voneinander unterscheiden: Die eine
wird im Vollzug alltäglicher Handlungen realisiert, und die andere konstituiert
sich unter Rekurs auf verschiedene Gattungen von *cultural performances.* Zur
ersten Art gehörte beispielsweise Tomas Schmits *Zyklus für Wassereimer,* den
der FLUXUS Künstler 1962 zum ersten Mal aufführte. Er kniete in der Mitte
eines Kreises nieder, den dreißig Eimer – bzw. bei späteren Aufführungen
Flaschen – bildeten, von denen einer mit Wasser gefüllt war. Er ergriff diesen
Eimer und goß seinen Inhalt in den im Uhrzeigersinn nächsten und so fort,
bis das Wasser verschüttet oder verdampft war. Da der Kontext fehlte, in dem
eine solche Handlung im Alltag vollzogen wird und der sie näher qualifiziert
– zum Beispiel als Vorbereitung für eine Reinigungsaktion oder zum Feuer-
löschen, als Füllen einer Tränke für das Vieh oder als Reinigung eines
Eimers –, war es für die Zuschauer ebenso wie beim "untitled event" schwierig, ihr eine bestimmte Bedeutung beizulegen. Sie konnte alles dieses und
noch manches andere bedeuten oder einfach als das genommen werden, was
sie vollzog: Wasser von einem Eimer in einen anderen gießen. Performances,
die sich wie Schmits *Zyklus für Wassereimer* im Vollzug dekontextualisierter
alltäglicher Handlungen realisieren – und in dieser Hinsicht mit Duchamps
"Fountain" oder Warhols "Brillo-Boxes" vergleichbar sind – lassen sich vor
allem im Hinblick auf die Kreativität von Alltagshandeln denken und verstehen.

Zu den Performance-Künstlern, die ihre Performances dagegen unter
Rekurs auf verschiedene Arten von *cultural performances* konstituieren,
gehören zum Beispiel die britische Performance Gruppe "The Welfare State",
die sich auf Karneval und Straßenfeste bezieht, die beiden Solo-Clowns Bill
Irwin und Avner the Excentric, die mit ihren Clownsnummern auf Zirkusvor-
stellungen anspielen, Joseph Beuys, der Heilungs- und Exorzismusrituale
transformiert, Hermann Nitsch und Marina Abramović, die sich auf Opfer-

rituale beziehen, Rachel Rosenthal, Laurie Anderson und Spalding Grey, die auf das Genre des Geschichtenerzählens zurückgreifen, Karen Finley, die mit dem Muster der Striptease-Show arbeitet, Asta Groeting, die Eiskunstlauf-Wettkämpfe zum Ausgangspunkt für eine Performance macht, oder Coco Fusco und Guillermo Gómez-Peña, die das Genre der Völkerausstellung in spezifischer Weise transformieren. Die Performances dieser Künstler sind in unserem Zusammenhang von besonderem Interesse. Denn ich gehe davon aus, daß die Untersuchung der je spezifischen Transformation einer bestimmten Gattung von *cultural performances* durch eine(n) Performance-Künstler(in) wichtige Aufschlüsse über die jeweilige Eigenart sowie die jeweiligen Funktionen und Bedeutungen des Performativen erlaubt und so zur Klärung der anstehenden Fragen beitragen wird.

Dabei gilt es, einen grundlegenden Unterschied im Blick zu behalten: Während die historische Theateravantgarde Theater in andere Genres von *cultural performances* transformieren wollte, gehen die genannten Performance-Künstler von anderen Genres von *cultural performances* aus, die sie in eine künstlerische Performance transformieren.

Bei meiner Untersuchung werde ich sowohl Performances berücksichtigen, die auf Genres von *cultural performances* zurückgreifen, wie sie vor allem in oralen bzw. überwiegend oralen Kulturen anzutreffen sind, als auch auf solche, die in unserer Kultur bis heute funktionieren bzw. bis weit in unser Jahrhundert funktioniert haben. Ein solches Vorgehen soll sicherstellen, daß der vergleichende Bezug einerseits auf performative Kulturen und andererseits auf Inseln des Performativen innerhalb einer Textkultur nicht aus dem Blickfeld gerät. Dabei habe ich die Beispiele so gewählt, daß jeweils einer der drei kulturellen Faktoren Körper (2. Abschnitt), Sprache (3. Abschnitt) und Wahrnehmung (4. Abschnitt) fokussiert wird, die den Leitfaden für die Untersuchungen des Bandes *TheaterAvantgarde* bildeten. Denn ich gehe davon aus, daß damit mein Vorhaben erleichtert wird, Kontinuitäten und Diskontinuitäten hinsichtlich des Performativen zwischen den historischen Avantgardebewegungen und der Neoavantgarde festzustellen und zu beschreiben.

2. Zirkulation sozialer Energie

In den sechziger und siebziger Jahren beziehen Performance-Künstler sich auffallend häufig auf Rituale. Im Unterschied zu anderen Genres von *cultural performances* sind für Rituale die verwandelnden Auswirkungen konstitutiv, die sie auf Individuen und soziale Gruppen ausüben, und zwar bei Statusänderungen, Lebenskrisen oder jahreszeitlichen Zyklen. Geburt, Pubertät,

Hochzeit, Schwangerschaft, Krankheit, Hungersnot, Krieg und Tod stellen
entsprechende Schwellenereignisse dar. Diese Übergangsriten, wie Arnold
van Gennep sie genannt hat[2], sind mit einer im höchsten Maße symbolisch
aufgeladenen Grenz- und Übergangserfahrung verknüpft: mit sogenannter
"Liminalität". Sie gliedern sich in drei Phasen:

1. die Trennungsphase, in der der/die zu Transformierende(n) aus ihrem
   Alltagsleben herausgelöst und ihrem sozialen Milieu entfremdet werden;

2. die Schwellen- oder Transformationsphase. In ihr wird/werden der/die
   zu Transformierende(n) in einen Zustand "zwischen" allen möglichen
   Bereichen versetzt, der ihnen völlig neue, zum Teil verstörende Erfahrungen ermöglicht;

3. die Inkorporationsphase, in der die nun Transformierten wieder in die
   Gesellschaft aufgenommen und in ihrem neuen Status akzeptiert werden.

Diese Struktur ist bei Übergangsritualen in den verschiedensten Kulturen zu
beobachten. Sie wird erst in den Inhalten kulturspezifisch ausdifferenziert.
    Übergangsriten lassen sich entsprechend als Prozesse beschreiben, in
denen soziale Energie in besonderer Verdichtung unter den Mitgliedern einer
Gemeinschaft zirkuliert und ausgetauscht wird.[3] Dies gilt in besonderem
Maße für Opferrituale, aber auch für Heilungs-, Exorzismus- und Initiationsrituale. In den sechziger und siebziger Jahren haben Performance-Künstler
besonders häufig auf eben diese Rituale – d.h. auf Opfer-, Heilungs-,
Exorzismus- oder Initiationsrituale – zurückgegriffen. Wenn man die Funktion
dieser Rituale bedenkt – nämlich in Zeiten individueller und sozialer Krisen
einen sicheren Übergang vom gegebenen Zustand in einen anderen zu ge-
währleisten –, mag der Bezug der Performance-Künstler auf sie auf den ersten
Blick zunächst einmal einleuchten. Denn die sechziger und siebziger Jahre
lassen sich als eine Epoche tiefgreifender individueller, kultureller und gesellschaftlicher Krisenerfahrung beschreiben; Vietnamkrieg, 68er Bewegung,
Terrorismus sowie in Deutschland die Verfolgung der RAF stellen ihre be-
kanntesten Wegmarken dar. Um entsprechende Hypothesen formulieren zu
können, muß vorher jedoch die Frage geklärt werden, was aus der in den
Ritualen virulenten sozialen Energie in den künstlerischen Performances wird,
die auf dem Wege ihrer Transformation geschaffen wurden. Dieser Frage soll

---

2   Gennep 1986.
3   Zum Begriff der sozialen Energie vgl. das Kapitel "Die Zirkulation sozialer Energie" in: Green-
    blatt 1990, S. 7–24.

am Beispiel von Performances, die sich auf Opferrituale beziehen, und einer Performance, die auf Heilungsrituale zurückgreift, nachgegangen werden: Hermann Nitschs Lammzerreißungsaktionen (seit 1963), Marina Abramovićs *Lips of Thomas* (1975) und Joseph Beuys' *Coyote: I like America and America likes me* (1974).

2.1 Das Opfer

Am 16. März 1963 führte der Graphiker Hermann Nitsch in der Galerie Dvorak in Wien seine zweite Aktion durch (vgl. Abb. 1). Ihre Partitur, die später zusammen mit den Partituren aller zwischen 1960 und 1979 aufgeführten Aktionen veröffentlicht wurde, enthält folgende Anweisungen bzw. Beschreibungen:

> die wände des hauptraumes sind mit weiß grundierter jute bespannt, welche mit farbe, blut, blutwasser beschüttet ist. an einem von der decke des raumes herabhängenden seil, an dessen ende ein fleischerhaken befestigt ist, hängt ein geschlachtetes, abgehäutetes, blutiges lamm (kopf nach unten). am boden der galerie, unterhalb des lammes, ist ein weißes tuch aufgebreitet, worauf blutig-feuchte eingeweide liegen. das lamm wird von einem akteur mit blut beschüttet (das blut tropft auf die eingeweide und das weiße tuch). das blutige lamm wird durch den raum geschaukelt. wände, boden und zuschauer werden mit blut bespritzt. blut wird aus kübeln auf die eingeweide und den boden der galerie geschüttet. der akteur wirft rohe eier gegen die wände und auf den boden und kaut eine teerose. an der mit blut beschütteter jute bespannten wand hängt das blutige fell des lammes. es wird mit blut beschüttet.[4]

Nitschs zweite Aktion – ebenso wie seine übrigen Aktionen – weist deutlich die dreiteilige Struktur der Übergangsriten auf. Vor bzw. zu Beginn kleidet Nitsch sich in ein weißes Hemd; er vollzieht damit die Trennung vom Alltagsleben. (Und die Zuschauer vollziehen sie, indem sie sich aus ihrer Wohnung bzw. von ihrem Arbeitsplatz an den Ort der Aktion begeben.) Die anschließend vom Künstler und von den Zuschauern vollzogenen Handlungen bilden die Schwellenphase. Und im gemeinsamen Mahl am Ende der Aktion realisiert sich die Inkorporationsphase.

In der Aktion kommen Elemente zum Einsatz, die vor allem über zwei Qualitäten verfügen: Sie sind für Mitglieder der europäischen Kultur – und in ganz besonderem Maße für Katholiken – hochgradig symbolisch aufgeladen,

---

4   Nitsch 1979, S. 50.

und der unmittelbare Umgang mit ihnen ermöglicht starke sinnliche Eindrücke. Nitsch hat selbst eine Liste von möglichen "symbolischen Assoziationen" sowie "sinnlichen Eindrücken" aufgestellt, die ihm offensichtlich besonders wichtig waren. So führt er als mögliche "Symbol-Assoziationen" von "Blut" auf: "rotwein, eucharistie, christi blut, opfer, menschenopfer, tieropfer, schlachtung, frühzeitopfer, sakrale tötung, lebenssaft". Dem Element Fleisch ordnet er als mögliche "Symbol-Assoziationen" zu: "brot, eucharistie, verwandlung von brot in den leib christi (fleisch), opfer, tieropfer, menschenopfer, sakrale tötung, schlachtung, verletzung, tötung, krieg, jagd". Und als mögliche symbolische Bedeutungen der "Gedärme" gibt er an: "schlachthaus, sakrale tötung, schlachtung, tieropfer, menschenopfer, frühzeitopfer, jagd, krieg, operation."[5]

Es fällt auf, daß die meisten der symbolischen Assoziationen, die Nitsch den Elementen seiner Aktionen zuspricht, sich einem semantischen Feld zuordnen lassen, das auf archaisch-mythische oder christlich-katholische Rituale verweist. D.h. die Elemente der Aktionen sollen die Performance, die hier und heute (d.h. in den frühen sechziger Jahren) stattfindet, mit Ritualen in Verbindung bringen, die entweder noch in der westlichen Kultur – genauer gesagt, in der Wiener Kultur der frühen sechziger Jahre – funktionieren bzw. als funktionierend gelten, wie die Rituale der katholischen Kirche – vor allem Eucharistie und Kommunion –, oder mit Ritualen, die unserer Vorstellung nach im antiken Griechenland vollzogen wurden. Damit ist nicht gesagt, daß die Zuschauer die symbolischen Bedeutungen, die Nitsch vorgeschlagen hat, in jedem Fall geteilt haben. Wir können jedoch annehmen, daß Mitglieder der Wiener Kultur der frühen sechziger Jahre über ein *universe of discourse* verfügten, welches durchaus die Möglichkeit zu derartigen Assoziationen eröffnete.[6]

Welche Assoziationen auch immer die genannten Elemente im Zuschauer hervorgerufen haben mögen, sie wurden in jedem Fall durch ihren Bezug auf ein dominierendes Element relationiert und strukturiert: durch ihren Bezug auf das Lamm, das alttestamentarische Opfertier. In der christlichen Kultur symbolisiert das Lamm "das Lamm Gottes", Jesus Christus, und seine Opferung. Das Lamm stellt in dieser wie nahezu in allen Aktionen, die Nitsch durchgeführt hat, das zentrale Element dar. Die Relation der übrigen Elemente zum Lamm fokussiert insofern die Verbindung zur "kreuzigung von jesus

---

5   Nitsch 1990, S. 103f.
6   Es ist hier nicht der Raum, der Frage nach den Traditionen, aus denen Nitsch hier schöpft, im einzelnen nachzugehen – speziell der Wiener Tradition. Vgl. hierzu die Studie von Ekkehard Stärk (Stärk 1987).

christus" sowie zu den christlich-katholischen Ritualen, vor allem zur Kommunion, worauf Nitsch auch selbst ganz ausdrücklich abhebt:

> Kommunion: NEHMET; ESSET: DAS IST MEIN LEIB; DER FÜR EUCH GEBROCHEN WIRD ZUR VERGEBUNG DER SÜNDEN ...
> TRINKET DARAUS ALLE; DIES IST MEIN BLUT DES NEUEN BUNDES, DAS FÜR EUCH UND FÜR VIELE VERGOSSEN WIRD.[7]

Nitsch fährt allerdings mit weiteren Assoziationen fort, die für ihn die Aktion mit dem Lamm auslösen kann:

> die zerreißung des dionysos
> die blendung des ödipus
> die rituelle kastration
> die tötung des orpheus
> die tötung des adonis
> die entmannung des attis
> der rituelle königsmord
> totemtiertötung und totemtiermahlzeit
> der sado-masochistische urexzess
> zu sich nehmen von speisen:
> fleisch und wein in üppigem maße.[8]

D.h. die Bedeutungen, die hier aufgerufen werden, konstituieren eine symbolische Ordnung, die auf die Fundamente unserer Kultur verweist: das Christentum und den antiken Mythos.

Die Rituale, auf die Nitsch sowohl in seinen Aktionen als auch in seinen Kommentaren Bezug nimmt, sind Opferrituale. Im Mittelpunkt steht die Zerreißung des Opfertiers, des Lammes.

In seinem monumentalen Werk *Das Heilige und die Gewalt* hat René Girard eine Anthropologie des Opfers entwickelt. Er vertritt hier die These, daß das Opfer "die ganze Gemeinschaft vor *ihrer* eigenen Gewalt" schützt; "es lenkt die ganze Gemeinschaft auf andere Opfer außerhalb ihrer selbst. Die Opferung zieht die überall vorhandenen Ansätze zu Zwistigkeiten auf das Opfer und zerstreut sie zugleich, indem sie sie zeitweise beschwichtigt."[9] Gestützt auf reiches ethnologisches Material weist Girard nach, wie in Zeiten äußerer Krisen, wie sie durch Krankheit und Hungersnot entstehen, die in einer Gesellschaft immer mehr oder weniger latent vorhandenen Gewalt-

---

7   Nitsch 1979, S. 87.
8   Ebd.
9   Girard 1992, S. 18.

potentiale sich vervielfältigen, bis ein kritischer Punkt erreicht ist. Dann setzt ein merkwürdiger Mechanismus ein: Ein Opfer wird bestimmt. Damit schlägt die Gewalt aller gegen alle um in gemeinsame Gewalt gegen das Opfer. Es erscheint als schuldig und muß vernichtet werden. Durch den "Lynchmord" am angeblich schuldigen Opfer entsteht Einigkeit, und der soziale Frieden ist wieder hergestellt. Diese von Girard als "kathartisch" bezeichnete Gewalt verhindert die "unreine" Gewalt von Mitgliedern der Gemeinschaft gegeneinander. In Opferritualen, in denen ein Tier – zum Beispiel das Lamm – als Ersatz für das ursprüngliche versöhnende Opfer eintritt, wird jene Urszene der Gründungsgewalt wiederholt und erneut durchgespielt. Nicht nur dem ursprünglichen Opfer, sondern auch dem es symbolisch nachvollziehenden Opfer eignet daher eine eminent gemeinschaftsstiftende bzw. -erhaltende Funktion.

In Zeiten einer Opferkultkrise vermag das symbolische Opfer diese Funktion allerdings nicht mehr befriedigend wahrzunehmen. An seine Stelle können vorübergehend andere Phänomene oder Institutionen treten. So erklärt Girard die Entstehung des tragischen Theaters der Griechen aus einer solchen Opferkultkrise. Es versuchte, sie zu überwinden, indem es den Mechanismus symbolisch darstellte, der dem versöhnenden Opfer zugrundeliegt, wie es vor allem am *König Ödipus* und an den *Bakchen* nachweisbar sei. Mit einer solchen symbolischen Darstellung sei es dem Theater gelungen, wenigstens zeitweilig die Funktion des versöhnenden Opfers zu übernehmen, den Rückfall in die gegenseitige Gewalt zu verhindern.

In Nitschs Aktion wird nun das Opfer nicht nur symbolisch dargestellt, sondern tatsächlich vollzogen: Das Lamm ist getötet und wird buchstäblich zerrissen. Es hat daher den Anschein, als würde hier direkt auf das symbolische Tieropfer zurückgegangen. Dennoch ist kaum anzunehmen, daß es sich hier um den Versuch handelt, die archaische Institution des Opfers wiederzubeleben. Aber welche Funktion erfüllt dann hier der Rückgriff auf das Opfer?

Die Elemente, die Nitsch in seinen Aktionen verwendet, sind nicht nur hochgradig symbolisch aufgeladen. Sie ermöglichen auch für Gesichts-, Geruchs-, Geschmacks- und Tastsinn starke "sinnliche Eindrücke", die Nitsch ebenfalls in einer Liste zusammengestellt hat. Dem Element "Blut" spricht er die sinnlichen Eindrücke zu: "leibwarm, schlachtwarm, blutfeucht, nass, stark farbige grellrote flüssigkeit, kann verspritzt, verschüttet, verplanscht werden, salziger geschmack, verletzung, tötung, ein mit blut besudeltes weißes kleid, menstruationsblut, geruch des blutes". Als sinnliche Eindrücke, welche das Element "Fleisch" zu vermitteln vermag, führt er auf: "leibwarm, schlachtwarm, blutfeucht, nass, roh, stark farbig rot, knetbar, betastbar, geschmack des rohen fleisches, verletzung, tötung, geruch des rohen fleisches". Dem Element "Gedärme" ordnet er als mögliche "sinnliche Eindrücke" zu: "blutwarm, blutfeucht, knetbar, betastbar, prall gefüllt, aufstechen, zerquetschen, kot quillt heraus, intensiver geruch nach rohem fleisch und kot."[10]

Diese sinnlichen Eindrücke sind nun nicht nur dem Akteur zugänglich, sondern auch den Zuschauern. Denn immer wieder in Nitschs Aktionen werden die Zuschauer auch körperlich involviert, ja werden selbst zu Akteuren. Sie werden mit Blut, Kot, Spülwasser und anderen Flüssigkeiten bespritzt, erhalten Gelegenheit, selbst mit ihnen zu planschen, das Lamm selbst auszuweiden, Fleisch zu essen, Wein zu trinken.

Die Elemente, mit denen Nitsch in seinen Aktionen arbeitet, sind innerhalb der westlichen Kultur der frühen sechziger Jahre einem Tabubereich zuzurechnen: Blut, rohes Fleisch, Gedärme gehören zum einen zum normalerweise, d.h. bei körperlicher Unversehrtheit, unzugänglichen Binnenbezirk des menschlichen Körpers; sie sind entsprechend nur durch innerphysische Vorgänge wie Schmerzen oder auch durch Betasten der Haut spürbar. Nur im Falle von Krankheit, Menstruation, Gewalt, Verletzung treten sie an die Oberfläche und sind vom Gesichts-, Geruchs-, Tast- und Geschmackssinn unmittelbar erfahrbar. Handelt es sich zum anderen um Blut, rohes Fleisch und Gedärme von Tierkörpern, so sind sie roh, d.h. im unverarbeiteten Zustand, in bestimmte Bezirke wie Schlachthäuser, Metzgereien und Küchen verbannt. Erst wenn sie gekocht, gepökelt, gebraten oder sonstwie verarbeitet sind, kann man sicher sein, daß sie keinen öffentlichen Anstoß mehr erregen werden, d.h. die Mitglieder der Gesellschaft nicht mit Gewalt infizieren.

Nitschs Aktionen eröffneten den Zuschauern die Möglichkeit, die Grenzen zu dieser sorgsam bewachten und gehüteten Tabuzone öffentlich zu überschreiten, sich sinnlichen Eindrücken hinzugeben und körperliche Erfahrungen zu machen, die ihnen in der Regel verschlossen und verboten waren.

In unserer Kultur haben sich die Bedeutungen, die ihre symbolische Ordnung konstituieren, längst von den konkreten Gegenständen und den an bzw. mit ihnen gemachten körperlichen Erfahrungen abgelöst, von denen die entsprechenden Symbolbildungsprozesse ihren Ausgang genommen haben. Nitschs Aktionen suchten ihren Teilnehmern die Möglichkeit zu eröffnen, sie wieder an körperliche Erfahrungen des einzelnen zurückzubinden. Anders als im Akt der Blasphemie oder der Revolte wurde hier die überlieferte symbolische Ordnung nicht einfach negiert bzw. gesprengt, sondern durch eigene sinnliche Erfahrung überprüft und so am bzw. vom eigenen Leibe auf ihre

---

10 Nitsch 1990, S. 103f.

Gültigkeit hin befragt. Die Zerreißung des Lammes brach zwar mit vielen Tabus und wies damit implizit auf die Gewalt hin, welche die Gesellschaft durch Aufstellung von Tabus ausübt; sie stellte jedoch die symbolische Ordnung unserer Kultur damit nicht prinzipiell in Frage. Man könnte sogar sagen, daß die gemeinsame – ob nun als lustvoll oder als ekelhaft empfundene – Gewalt gegen das Opfer, das Lamm, die Gewalt des einzelnen von der symbolischen Ordnung abgelenkt hat, auf die sie zunächst gerichtet gewesen sein mag. Die destruktive Energie wurde so von der Aktion in eine andere Art von Energie umgewandelt. Die Frage erhebt sich: in welche Energie?

Im Anschluß an seinen oben zitierten Kommentar zu seinen Lammzerreißungsaktionen bezeichnet Nitsch in Anlehnung an die Eucharistie als das "mythische leitmotiv des o.m. theaters die wandlung"[11]. Der Bezug auf das Opferritual erklärt insofern die Verwandlung als konstitutiv für die Performance.

Eine solche Deklaration ist nicht ganz unproblematisch. Denn die vom Opferritual hervorgerufene Verwandlung – sowohl des Opfertieres als auch der Teilnehmer am Opfer – ist auf eine Reihe von Bedingungen zurückzuführen, die in Nitschs Aktion – und generell in einer künstlerischen Performance – nicht gegeben sind. Sie setzt zum einen die Gültigkeit kollektiver Konstruktionen – wie Mythen, Legenden, Überlieferungen – voraus, die von den Mitgliedern der Gemeinschaft geglaubt und insofern durch den Vollzug des Rituals jedesmal erneut substantiiert und von seiner Wirkung bestätigt werden. Von einer solchen kollektiven Konstruktion kann hier nicht die Rede sein. Es handelt sich vielmehr um die subjektive Konstruktion eines einzelnen Künstlers, welche die in der Galerie versammelten Zuschauer bestenfalls nachzuvollziehen vermögen, an die sie jedoch nicht glauben.

Zum anderen setzt das Glücken eines Rituals voraus, daß eine dazu autorisierte Person die Handlungen in einem bestimmten Kontext und unter bestimmten Voraussetzungen vollzieht und daß die Gemeinschaft von ihrer Autorisierung überzeugt ist. Beim Ritual verhält es sich insofern ganz ähnlich wie beim Sprechakt: Es kann nur glücken/wirken, wenn es an einem bestimmten Ort zu einer bestimmten Zeit in einer bestimmten Weise von einer Person vollzogen wird, die zu seinem Vollzug ausdrücklich autorisiert ist. Wenn ein anderer als der Priester die Stirn eines Menschen mit Wasser besprengt und die Worte spricht: "Ich taufe dich im Namen des Vaters, des Sohnes und des Heiligen Geistes ...", ist damit keineswegs eine Taufe vollzogen. Denn da diese Aussage "aufgrund der fehlenden Autorität keine

---

11 Nitsch 1979, S. 87.

Handlung sein kann, ist sie bloße Rede; sie beschränkt sich auf nichtiges Geschrei, Kinderei oder Verrücktheit"[12], wie Benveniste anmerkt.

Um glücken zu können, bedarf auch das Ritual – ganz ähnlich wie der Sprechakt – eines bestimmten Rahmens.[13] Zum Rahmen mag ein bestimmter Anlaß gehören, ein besonderer Ort, eine besondere Zeit, eine bestimmte Anzahl spezifischer Handlungen; in jedem Fall aber wird er durch die Person/en gesetzt, die autorisiert ist/sind, diese Handlungen zu vollziehen. Was ist es nun, das den Künstler zum Vollzug eines "Rituals" autorisiert, in seinen eigenen Augen und in denen der übrigen Teilnehmer/Zuschauer?

Zum dritten endlich wird die Wirkung – d.h. die Verwandlung – in den Ritualen, auf die Nitsch anspielt, durch göttliche oder kosmisch-magische Kräfte bewirkt, welche das Ritual beschwört und freisetzt. Sie garantieren die Gültigkeit des Prinzips "significando causare", nach dem das Ritual eben die Wirkung hervorruft, die es bedeutet. Was fungiert in Nitschs Aktion als Stellvertreter für derartige Kräfte? Was soll hier imstande sein, eine Verwandlung zu bewirken? Woher sollen die symbolischen Bedeutungen die Kraft zur Wirkung, d.h. zur Verwandlung beziehen? Wie sind Zeichen, Bedeutung und Wirkung aufeinander bezogen?

An die Stelle der unsichtbaren, nämlich göttlichen oder magischen Kräfte, mit denen in den Ritualen, auf die Nitschs Aktionen anspielen, die Verwandlung bewirkt wird, treten hier die körperlichen Erfahrungen von Akteur und Zuschauern. Während dort die Gewalt aller gegen alle gebannt und aus der Gemeinschaft ausgetrieben wird, eröffnen hier die Aktionen dem einzelnen – Akteur und Zuschauern – die Möglichkeit, bisher unbekannte und verbotene körperliche Erfahrungen zu machen, die jeder auf seine Weise mit den symbolischen Bedeutungen, welche unsere Kultur den betreffenden Elementen zuschreibt, in Verbindung bringen wird. D.h. die Aktion bietet dem einzelnen Teilnehmer die Möglichkeit und Gelegenheit, die Kluft, die unsere Kultur zwischen den symbolischen Bedeutungen bestimmter Elemente und ihrer sinnlichen Erfahrung aufgerissen hat, für sich selbst auf je andere, subjektive Weise zu schließen. Die Handlungen, die er selbst an diesen Elementen vollzieht, rufen in ihm körperliche Erfahrungen hervor, die einerseits als Grundlage von neuen Prozessen der Bedeutungskonstitution zu fungieren vermögen, die jedoch andererseits in ihrer besonderen Qualität durch eben die Bedeutungen bedingt und bestimmt sind, die er den Elementen zuspricht. Zwischen der spezifischen Materialität der Zeichen (Elemente), den sinn-

---

12 Benveniste 1947, S. 304.
13 Zum Rahmen-Begriff, wie er hier verwendet wird, vgl. Bateson 1985.

lichen Erfahrungen, die sie ermöglichen, und den Bedeutungen, die ihnen beigelegt werden, besteht also ein Wechselverhältnis, das sich je anders realisieren läßt.

Insofern läßt sich die These vertreten, daß mit den bisher unbekannten und verbotenen sinnlichen Eindrücken und körperlichen Erfahrungen Akteure und Zuschauer eine Schwellenzone betreten, wie sie in einem Übergangsritual für die Phase der Transformation typisch und charakteristisch ist. Die körperlichen Erfahrungen, welche die Zuschauer in Nitschs Aktionen mit Blut, rohem Fleisch, Gedärmen und anderen Elementen machen konnten, vermochten sie also durchaus in den Zustand von Liminalität zu versetzen. Die destruktive Energie wurde so in eine Energie umgewandelt, die den einzelnen zu transformieren vermochte.

Der Zustand der Liminalität wurde für den einzelnen Zuschauer durch die Handlungen herbeigeführt, die er selbst vollzog, sowie durch die besondere Qualität der von ihnen ausgelösten körperlichen Erfahrungen. Entsprechend wurde Liminalität je anders erfahren, Verwandlung je anders vollzogen.

Für Nitschs Aktionen mag das so zutreffen. Wie aber verhält es sich bei Performances, die ebenfalls nach dem Muster von Opfer-Ritualen modelliert sind, ohne dem Zuschauer Gelegenheit zu geben, ähnliche körperliche Erfahrungen wie der Akteur zu machen?

Um einen solchen Fall handelt es sich bei Marina Abramovićs Performance *Die Lippen des Hl. Thomas* (Abb. 2). Sie fand 1975 in der Galerie Krinzinger in Innsbruck statt und dauerte zwei Stunden. Während dieser Zeit mißhandelte die Performerin ihren Körper auf ganz unterschiedliche Weise.

Zu Beginn der Performance entkleidete Marina Abramović sich vollständig. An die Rückwand der Galerie pinnte sie eine Photographie von sich und umrahmte sie mit einem fünfzackigen Stern. Sie nahm dann an einem Tisch Platz, der mit einer weißen Tischdecke, einer Flasche Rotwein, einem Glas Honig, einem Kristallglas, einem Silberlöffel und einer Peitsche gedeckt war. Sie leerte langsam mit dem Silberlöffel das Honigglas, bis sie das Kilo Honig aufgegessen hatte. Sie goß sich den Rotwein in das Kristallglas und trank es in langsamen Zügen aus. Nachdem sie den Wein getrunken hatte, zerbrach sie das Kristall mit der rechten Hand. Die Hand fing an zu bluten. Sie stand auf und begab sich zu der Wand, an der ihre Photographie befestigt war. Mit dem Rücken zur Wand ritzte sie sich mit einer Rasierklinge einen fünfzackigen Stern in den Bauch ein. Dann ergriff sie die Peitsche, kniete unter dem Bild bzw. dem es umrahmenden fünfzackigen Stern mit dem Rücken zum Publikum nieder und peitschte sich heftig den Rücken. Anschließend legte sie sich mit weit ausgebreiteten Armen auf ein Kreuz von

Eisblöcken. Die Wärme eines von der Decke hängenden Heizstrahlers, der auf ihren Bauch gerichtet war, brachte den eingeritzten Stern erneut stark zum Bluten. Abramović blieb dreißig Minuten auf dem Kreuz aus Eis liegen, bis das Publikum anfing, die Eisblöcke wegzuschaffen, und so der Performance ein Ende setzte.

Zwischen Performerin und Zuschauern sind hier die Rollen deutlich anders verteilt als in Nitschs Aktionen. Aber ähnlich wie bei Nitsch ist auch hier der rituelle Charakter der Performance offensichtlich. Die Performance folgt der Struktur eines Übergangsritus: Mit der vollständigen Entkleidung vollzieht Abramović die Trennungsphase. Die nachfolgenden Aktionen bzw. Selbstmißhandlungen machen die Transformationsphase aus, in der die Performerin sich und die Zuschauer neuen, verstörenden Erfahrungen aussetzt. Die Inkorporationsphase endlich wird von den Zuschauern vollzogen, welche die Eisblöcke wegräumen und der Performance ein Ende setzen.

Die einzelnen Elemente, welche Marina Abramović bei ihren bzw. für ihre Selbstmißhandlungen und -verletzungen verwendete, sind wie bei Nitsch hochgradig symbolisch aufgeladen, allerdings sehr viel ambiguer und zum Teil sogar mit widersprüchlichen Bedeutungen. Insofern ist das semantische Feld, das sie bilden, hier von Anfang an weit offener. Der fünfzackige Stern zum Beispiel kann höchst unterschiedliche und ihn in unterschiedlicher Weise fixierende mythische, metaphysische, kulturhistorische und politische Kontexte aufrufen – sogar als feststehendes Symbol für ein sozialistisches Jugoslawien fungieren. Vergleichbares gilt für die anderen Objekte: die Peitsche kann auf christliche Flagellanten verweisen, auf Auspeitschen als Straf- und Folteraktion oder auch auf sadistische Sexualpraktiken; das Kreuz aus Eis kann mit der Kreuzigung Jesu Christi in Verbindung gebracht werden – aber ebenso mit eiskalten Gefängniszellen, Verließen, Folterkammern, Winter und Tod. An einem gedeckten Tisch mit einem Silberlöffel essen und aus einem Kristallglas trinken, kann als eine alltägliche Handlung in einer bürgerlichen Umgebung wahrgenommen werden – aber ebenso auch als Anspielung auf das Abendmahl usw.

Welche symbolischen Assoziationen auch immer die Objekte beim einzelnen Zuschauer ausgelöst haben mögen, haben sie sie doch nicht als isolierte Objekte, als diese Gegenstände "an sich" hervorgerufen, sondern durch ihre besondere Verwendung als Werkzeuge zu einer Selbstmißhandlung und -verletzung. Die Handlungen, welche Marina Abramović mit ihnen vollzog, strukturierten die Performance in einer Weise, daß auch hier bestimmte rituelle Modelle durchschienen: zum einen das bereits von Nitsch aufgerufene Modell eines Opferrituals, in dem die Performerin sich jedoch nicht als Priesterin oder Schamane, sondern als Opfer inszenierte, zum anderen das Modell

eines Initiationsritus. Indem die Performerin eine Reihe von deutlich wahrnehmbaren körperlichen Transformationen durchlief – wie sie durch die
exzessive Aufnahme von an sich als stärkend geltenden Substanzen hervorgerufen werden, das buchstäbliche Einschreiben des Staatssymbols in die
Haut, die durch das Peitschen verursachten Striemen, das Bluten und Frieren,
kurz: durch ihr "Martyrium" –, inszenierte sie sich sowohl als das Opfer, das
in Stellvertretung für andere und zu ihrer Erlösung die Leiden von Gewalt
und Verletzung auf sich nimmt, als auch als eine Art von "Initiandin", die im
Erleiden verschiedener Qual und Schmerz verursachender Prozeduren eine
neue Identität erwirbt. Während jedoch bei den Opfer- und Initiationsritualen
der meisten Kulturen derartige Prozeduren dem Opfer bzw. den Initianden
überwiegend von anderen Mitgliedern der Gesellschaft – häufig dem Priester,
Schamanen und anderen dazu autorisierten Personen – zugefügt werden, war
es hier das Opfer/die Initiandin selbst, die sich zum Opfer/zur Initiandin
machte. Und es waren die Zuschauer, welche die Prozeduren beendeten und
damit das "Ritual" abbrachen.

In den Mittelpunkt des Interesses rückt damit der besondere Umgang der
Performerin mit ihrem Körper. Abramović mißhandelte ihren Körper, schnitt
sich buchstäblich ins eigene Fleisch und fügte sich Verletzungen zu, die
Schmerzen verursachten und bleibende Spuren hinterließen. Sie artikulierte
ihren Schmerz jedoch nicht – zum Beispiel durch Schreien. Sie führte lediglich die Handlungen aus, mit denen sie sich verletzte, und präsentierte den
Zuschauern ihren blutenden, geschundenen, am Schmerz leidenden Körper.
Sie stellte den Vorgang des Verletzens aus und zeigte seine sichtbaren Spuren,
nicht jedoch den Schmerz. Den vermochten die Zuschauer bloß zu erahnen;
aber diese Ahnung wurde offensichtlich so unerträglich, daß sie eingriffen, um
ihrerseits die Performerin von ihren Qualen zu erlösen.

Abramović setzte in ihrer Performance also ihren eigenen Körper, ihr
physisches Wohlergehen, ihre körperliche Integrität buchstäblich aufs Spiel.
Wenn ich hier die Frage wieder aufgreife, was den Künstler/die Künstlerin in
ihren eigenen Augen und in denen der Zuschauer legitimierte, mit ihrer
Performance eine Art von "Ritual" zu vollziehen, so würde ich jetzt antworten: Es ist der mißhandelte und verletzte Körper, es sind seine Gefährdungen und Veränderungen, welche die subjektive Konstruktion der Performerin, ihre "Fiktion", ein Opfer zu sein bzw. eine neue Identität zu erwerben, in den Augen der Zuschauer substantiierte und damit ihre Handlungen
legitimierte. Dem Zeugnis, welches die Performerin mit ihrem handelnden
und leidenden Körper ablegte, mag in diesem Sinne auch in den Augen der
Zuschauer die Kraft eines Evidenzbeweises eignen: die Performerin hat sich
vor den Augen der Zuschauer tatsächlich verwandelt.

Dennoch nehmen sie an der Performance nicht wie an einem Ritual teil – wie die Mitglieder einer katholischen Gemeinde an der Kommunion oder die Teilnehmer an einer griechischen Opferhandlung. Denn auch wenn der besondere Körpereinsatz der Performerin ihre subjektive Konstruktion für die Zuschauer substantiieren mag, folgt daraus noch keineswegs, daß auch sie jetzt an diese Konstruktion "glauben", d.h. davon überzeugt sind, an einem Opferritual teilzunehmen – ebensowenig wie sie bei Nitschs Aktion geglaubt haben mögen, an der Zerreißung eines Gottes zu partizipieren. Die Verwandlung, welche die Performerin vor den Augen der Zuschauer vollzieht, wird von den Zuschauern wohl kaum als die von ihrer subjektiven Konstruktion implizierte Verwandlung anerkannt werden: nämlich als eine Verwandlung, die zur Verwandlung der anderen, zu ihrer Erlösung führen wird.

Zwar ist durchaus einsichtig geworden, inwiefern die Handlungen der Performerin für sie eine Wandlung auslösen. Wieso sie jedoch eine auch die Zuschauer transformierende Kraft entfalten sollen, bleibt bis jetzt unklar. Denn im Unterschied zu einem "wirklichen" Opferritual glauben die Zuschauer nicht an die zugrundeliegende subjektive Konstruktion.

Während Nitsch sich auf das symbolische Tieropfer bezog, spielte Abramović auf das ursprüngliche versöhnende Opfer an. Indem sie dabei staatliche und religiöse Symbole – wie den fünfzackigen Stern oder das Kreuz – ihrem Körper im Schmerz erfahrbar machte, enthüllte sie zugleich das Gewaltpotential, das diesen Symbolen innewohnt und jederzeit auf den Körper des einzelnen gelenkt werden kann. Auch hier wurde also eine Überprüfung der überlieferten Ordnung am eigenen Leibe – dem der Performerin – vollzogen. Damit schuf die Performerin für die relativ kleine Zahl von Zuschauern eine merkwürdig oszillierende Rezeptionssituation, die von der besonderen Wahrnehmung ausging, die ein gefährdeter, gequälter, verletzter Körper herausfordert. Wie Elaine Scarry gezeigt hat, läßt Schmerz sich nicht kommunizieren:

> Für einen Menschen, der Schmerzen hat, ist der Schmerz fraglos und unbestreitbar gegenwärtig, so daß man sagen kann, "Schmerz haben" sei das plausibelste Indiz dafür, was es heißt, "Gewißheit zu haben". Für den anderen indes ist dieselbe Erfahrung so schwer faßbar, daß "von Schmerzen zu hören" als Paradebeispiel für zweifeln gelten kann. So präsentiert der Schmerz sich uns als etwas Nichtkommunizierbares, das einerseits nicht zu leugnen, andererseits nicht zu beweisen ist.[14]

---

14   Scarry 1992, S. 12.

Schmerz wahrnehmen, heißt also immer, den eigenen Schmerz wahrnehmen, nicht den des anderen. Der Zuschauer nimmt nur die Handlung wahr, mit der die Performerin sich eine Verletzung zufügt, nicht jedoch den Schmerz, den sie dabei empfindet. Er kann lediglich annehmen, daß sie dabei Schmerz empfindet. Und so entsteht eine in gewissem Sinne paradoxe Situation. Der flüchtige Augenblick, in dem die Handlung vollzogen wird, welche zugleich die Wunde und den Schmerz verursacht und in diesem Sinne Zeichen und Bezeichnetes zusammenfallen läßt, wird vom Zuschauer als eben der Augenblick erfahren, in dem Wahrnehmung und Bedeutungskonstitution unwiderruflich auseinandertreten und das Bezeichnete sich uneinholbar vom Zeichen entfernt. Während die Handlung der Selbstverletzung wahrgenommen wird, läßt sich der gleichzeitig von ihr hervorgerufene Schmerz nur imaginieren. Für den Zuschauer tut sich hier eine Kluft auf zwischen dem, was *am* Körper der Performerin, d.h. an seiner Oberfläche, vollzogen wird, und dem, was sich *in* ihrem Körper ereignet,– eine Kluft, die anscheinend nur durch die Einbildungskraft überbrückt werden kann. Während die Performerin ihren Körper zum Schauplatz für ihre gewalttätigen Handlungen macht, wird der Zuschauer den Schauplatz in seine Imagination verlagern müssen.

Damit nähert sich die Performance nun wieder in einer anderen Hinsicht einem Opferritual. Denn die Performerin setzt ihren Körper Gefährdungen und Verletzungen aus, vor denen die Zuschauer ihren Körper zu schützen suchen, sie verursacht sich die Schmerzen, welche die Zuschauer zu vermeiden trachten. Die Performerin leidet in diesem Sinne in Stellvertretung für die Zuschauer. Sie erspart ihnen eigenes körperliches Leid. Während bei Folter und Tod eines Märtyrers oder auch bei der Hinrichtung von reumütigen, bekehrten Christen noch bis ins 18. Jahrhundert hinein "das dargebotene Blutopfer [...] eine 'magische' Kraft" besaß und das zuschauende Volk vom gemarterten und getöteten Armen Sünder, "seinem Blut, seinen Gliedern oder dem Strick [...] Heilung bestimmter Krankheiten und ähnliche Wunder" erhoffte[15], der geschundene und gequälte Körper des Armen Sünders also dem Zuschauer körperliche Unversehrtheit zu versprechen und zu garantieren schien, tritt hier an die Stelle der Magie die Einbildungskraft des Zuschauers. Sie "erlöst" ihn von seinen auf den eigenen Körper gerichteten Ängsten vor Gewalt und Schmerz, indem sie sich die Schmerzen der Performerin zu vergegenwärtigen und (mit)zuempfinden sucht.

Die Rezeption, die auf solche Weise initiiert, ausgelöst und provoziert wurde, war also von ganz besonderer Qualität. Denn einerseits fühlten sich

---

15   Dülmen 1988, S. 163.

die Zuschauer schockiert und wollten nicht wahrhaben, was sie sahen; anderseits jedoch waren sie fasziniert – fasziniert, weil jemand sich freiwillig verletzte, fasziniert, weil es sie an Strafe, Folter und andere Tabus erinnerte. Und sie waren sowohl schockiert als auch fasziniert von ihrer eigenen Neugierde, die von einer Situation hervorgerufen wurde, in der sie den geltenden kulturellen Normen entsprechend Ekel und Abscheu empfinden sollten. Es ist diese Ambiguität, welche für den Zuschauer einen Zustand der Liminalität herstellte, in dem auch er seine eigenen Wahrnehmungen mit der symbolischen Ordnung unserer Kultur konfrontieren mußte – was bei einigen zum Eingreifen führte, so daß die Performance abgebrochen wurde.

Auf diesen Schwellenzustand hebt die Performance-Künstlerin Rachel Rosenthal ab, wenn sie schreibt:

> In performance art, the audience, from its role as sadist, subtly becomes the victim. It is forced to endure the artist's plight emphatically, or examine its own responses of voyeurism and pleasure, or smugness and superiority. [...] In any case, the performer holds the reins. [...] The audience usually 'gives up' before the artist.[16]

Insofern kann die Rezeption als eine besondere Art von Wahrnehmung beschrieben werden, welche die Zuschauer in den Zustand der Liminalität versetzt.

Zugleich transformiert sie sie in Teilnehmer und in diesem Sinn selbst in Handelnde, indem sie die Bühne des Körpers auf die Bühne der Einbildungskraft projiziert – einer Einbildungskraft jedoch, die an den Körper gebunden bzw. Teil des Körpers ist, d.h. einer körperlichen Einbildungskraft, welche körperliche Empfindungen hervorruft. Das ist der Grund, weshalb in der Tat der Zuschauer in der Regel vor dem/der Performer(in) aufgibt; seine Einbildungskraft hat seinen Körper an die Stelle ihres Körpers gesetzt und ist so zum absoluten Unkommunizierbaren vorgedrungen: zum Schmerz des anderen, der nun in einer körperlichen Empfindung, einem körperlichen Impuls, einer körperlichen Reaktion, einer Handlung des Zuschauers manifest wird. Wenn die Zuschauer die Eisblöcke wegräumen und so der Performance ein Ende setzen, ist dies auf die Intensität ihrer Einbildungskraft zurückzuführen, mit der diese ihnen den Schmerz der Performerin körperlich zu vergegenwärtigen vermag. Es ist die Einbildungskraft des Zuschauers, die ihn hier in einen körperlich Handelnden transformiert. Die Handlungen selbst verweisen ihrerseits auf mythische Modelle – so auf die Rettung Isaacs vom

---

16 Rosenthal 1981, S. 24.

Opferaltar durch Gottes Stimme oder auf die Rettung Iphigenies durch Arte-
mis' Eingreifen. Auch hier erfolgte also ein Austausch und eine Umwandlung
von Energie.

Im Opfer entsteht eine symbolische Ordnung durch Verwandlung:
Die Gewalt, die dem Körper des Opfers von den Opfernden angetan wird, die
Tötung des Opfers, verwandelt seinen Körper in ein Symbol. Dieses Symbol
vermag der Gewalt eine Grenze zu setzen; es ermöglicht den Opfernden,
innerhalb der Grenzen der neu entstandenen symbolischen Ordnung gewalt-
frei zu agieren. In diesem Sinne verdankt Kultur ihre Entstehung einem
Gewaltakt, der als ein Akt ultimativer Verwandlung vollzogen wird.

Die hier besprochenen künstlerischen Performances greifen höchst ambivalent auf diesen Vorgang zurück. Zum einen bejahen, ja feiern sie die Verwandlung, indem sie Bedingungen herstellen, unter denen Liminalität entstehen kann. Zum anderen aber suchen sie die vom ursprünglichen Opfer
vollzogene Verwandlung des Körpers in ein Symbol in gewisser Weise wieder
rückgängig zu machen und so das Verhältnis zwischen Körper und Bedeutung
neu zu bestimmen. Während im Opfer der tote Körper die Bedingung dafür
darstellt, daß er Symbol werden, daß er Bedeutung annehmen kann, wird in
Abramovićs Performance gerade auf das Lebendige des Körpers verwiesen, auf
seine Bewegung, Sinnlichkeit, Verletzlichkeit – seine Wandelbarkeit. Damit
wird nicht die Möglichkeit einer symbolischen Ordnung geleugnet, Bedeutung nicht negiert. Es wird also keineswegs in den Zustand der Entdifferenzie-
rung, des Irrationalen und des Chaotischen als des schlechthin Nicht-Bedeu-
tenden zurückgefallen, der vor dem ursprünglichen Opfer bestand und es
ausgelöst hat. Vielmehr werden fixierte stabile Bedeutungen in Frage gestellt,
die als Signifikanten toter Körper bedürfen. Die Bedeutungen, die einerseits
am bzw. vom lebendigen Körper des/der Performers/rin, andererseits von
den Zuschauern hervorgebracht werden, sind ihrerseits flüchtig, in dauern-
dem Wandel, einem permanenten Flux begriffen. Die Verwandlung, welche
die künstlerischen Performances, die auf Opferrituale zurückgehen, initiieren
und vollbringen, geschieht also als ein ununterbrochener Prozeß, in dem sich
sowohl die Körper als auch die Bedeutungen unaufhörlich ändern. Sie wird in
Gang gesetzt und gehalten im Austausch der Energie, welche die besonderen
körperlichen Erfahrungen nicht nur des Performers, sondern auch des Zuschauers im Laufe der Performance freisetzen und zirkulieren lassen.

2.2 Die Heilung

Die Aktion *Coyote: I like America and America likes me* fand vom 23. bis
zum 25. Mai 1974 in der René Block Galerie in New York jeweils von 10.00

bis 18.00 Uhr statt[17] (Abb. 3). Beuys ließ sich am Kennedy Airport in Filz einwickeln und mit einem Krankenwagen zur Galerie fahren. Auf demselben Weg verließ er Amerika wieder: Während der fünf Tage seines Aufenthaltes in Amerika sah er nichts von Amerika als den langen hellen Raum mit drei Fenstern in der René Block Galerie, in dem er drei Tage lang zusammen mit einem Kojoten lebte.

Der Raum war durch ein Gitter geteilt, welches Beuys und den Kojoten von den Zuschauern trennte. In der äußersten hinteren Ecke des Raumes lag das Stroh, das mit dem Kojoten herbeigeschafft worden war. Beuys brachte als weitere "Einrichtungsgegenstände" zwei lange Filzbahnen, einen Spazierstock, Handschuhe, eine Taschenlampe und fünfzig Exemplare des *Wall Street Journal* mit (täglich wurde die aktuelle Ausgabe geliefert und hinzugefügt). Er zeigte sie dem Kojoten, der an ihnen schnüffelte und auf sie pißte.

Beuys legte die beiden Filzbahnen in die Mitte des Raumes; die eine ordnete er zu einem Haufen an, aus dem er die Taschenlampe herausleuchten ließ. Die Exemplare des *Wall Street Journal* schichtete er in zwei Stapeln vorne im Raum. Den braunen Spazierstock über den Arm gehängt, ging Beuys zu der zweiten Filzbahn, zog die braunen Handschuhe an und hüllte sich ganz und gar in den Filz ein; er ließ nur den nach oben gestreckten Spazierstock herausgucken. Die so geschaffene (Hirten-)Gestalt durchlief eine Reihe von Veränderungen: vertikal, die Krücke nach oben gereckt; rechtwinklig gebogen, die Krücke zum Boden gewandt; aufrecht niederkauernd, dann erneutes Kauern, den Stock gegen den Boden geneigt. Dabei bewegte sich die Gestalt stetig um ihre eigene Achse, den Bewegungen und Laufrichtungen des Kojoten entsprechend. Dann wieder ließ sich die Gestalt abrupt seitwärts auf den Boden fallen, wo sie ausgestreckt liegen blieb. Plötzlich sprang die Gestalt vom Boden auf, ließ die Filzhülle heruntergleiten und schlug dreimal die um ihren Hals gehängte Triangel. Wenn es wieder still wurde, ließ Beuys für zwanzig Sekunden von einem Tonband hinter der Barriere das Geräusch laufender Turbinen ertönen. Wenn erneut Stille eintrat, zog er seine Handschuhe aus, warf sie dem Kojoten zu, der sie sich ums Maul schlug. Dann ging Beuys zu den *Wall Street Journal*-Exemplaren, die der Kojote zerstreut und zerfetzt hatte, und ordnete sie wieder zu zwei Stapeln. Anschließend ließ

---

17 Auf der Einladung heißt es: "One Week's Performance on the Occasion of the Opening of the René Block Gallery Ltd. [...] Tuesday, May 21, 10 a.m. till Saturday 25th, 6 p.m." Da Beuys nach seinem Eintreffen jedoch noch nicht alles im gewünschten Zustand antraf, konnte die Performance erst am 23. Mai beginnen.

er sich auf dem Stroh nieder, um eine Zigarette zu rauchen. Bei dieser Gelegenheit pflegte der Kojote sich ihm zuzugesellen.

Ansonsten bevorzugte der Kojote einen Platz auf dem Filzhaufen. In
dieselbe Richtung blickend, in die das Licht der Taschenlampe fiel, kehrte er
niemals den Zuschauern den Rücken zu. Häufig streifte er ruhelos durch den
Raum, lief zu einem der Fenster und starrte hinaus. Dann wieder wandte er
sich den Zeitungen zu, um sie zu zerkauen, durch den Raum zu zerren oder
auf ihnen sein Geschäft zu verrichten.

Zur Filzgestalt hielt er Abstand, dann wieder umkreiste er sie witternd
und aufgeregt, sprang den Stock an, biß in den Filz und zerfetzte ihn in kleine
Flocken. Wenn die Gestalt ausgestreckt am Boden lag, schnupperte er an ihr,
stupste sie, scharrte oder ließ sich auch einmal neben ihr nieder und versuchte, unter den Filz zu kriechen. Meist hielt er sich jedoch abseits, die Augen
nicht von der starren Gestalt lassend. Nur wenn Beuys seine Zigarette auf
dem Stroh rauchte, suchte er regelmäßig seine Nähe. War die Zigarette zu
Ende geraucht, stand Beuys wieder auf, ordnete die Filzbahnen und verhüllte
sich erneut.

Im Laufe der drei Tage und Nächte rückten der Mensch und der Kojote
immer mehr zusammen. Als diese Zeit verstrichen war, verstreute Beuys
langsam das Stroh im ganzen Raum, drückte den Kojoten zum Abschied fest
an sich und verließ die Galerie auf dieselbe Weise, wie er gekommen war.

Im Gegensatz zu Nitsch und teilweise auch zu Abramović verwendete
Beuys hauptsächlich Gegenstände des alltäglichen Lebens – wie Zeitungen,
Zigaretten, Taschenlampe, Stroh, Filz, Spazierstock, Handschuhe – und führte
alltägliche Handlungen aus – er ordnete die Zeitungen, rauchte, stellte den
Kassettenrecorder an. Weder die Objekte noch die Handlungen beinhalteten
irgendetwas, das auf einen rituellen Gebrauch hindeuten würde. Darüber
hinaus erscheint es schwierig, wenn nicht gar unmöglich, ihnen symbolische
Bedeutungen – wenigstens als Assoziation – zuzuschreiben, die mit großer
Wahrscheinlichkeit zum gemeinsamen *universe of discourse* von Künstler
und Zuschauern gehörten. Dennoch sprach Beuys ihnen einen symbolischen
Wert zu, wenn auch nicht im Sinne von festgelegten Symbolen, sondern eher
als "Vehikel für die Erfahrung, Übermittler und Kommunikatoren [...]. Sie
stehen stellvertretend für verdeckte Wirkungen und sind mittels solcher
vorstellbar und durchsichtig zu machen."[18]

---

18 Zit. nach Tisdall 1988, S. 13. Die Beschreibung folgt im wesentlichen ihrer Dokumentation
    sowie dem Bericht von Uwe M. Schneede (Schneede 1994, S. 330–353), berücksichtigt
    allerdings auch den Film von Helmuth Wietz: *Joseph Beuys: "I like America and America likes
    me"*.

Dies gilt vor allem für die einzelnen Materialien und Gegenstände. So bezog Beuys mögliche Bedeutungen des Filzes auf seine früheren Aktionen: "[...] und wie der Filz in meinen Aktionen mit doppelter Bedeutung eingesetzt ist, als Isolator und als Wärmehülle, so wurde er auch hier genommen. Isolation von Amerika und Wärmeübermittlung für den Kojoten."[19] Die Taschenlampe setzte er als "Bild für Energie" ein: "Zuerst beherbergt sie diese Energie gesammelt, dann nach und nach schwindet die Energie im Laufe des Tages, bis die Batterie erneuert werden muß."[20] Die Taschenlampe war im Filz verborgen, weil sie nicht als technischer Gegenstand gezeigt werden sollte: "Sie sollte eine Lichtquelle sein, eine Feuerstätte, das Glühen einer schwindenden Sonne aus diesem grauen Haufen."[21] Die braunen Handschuhe, die Beuys am Ende jedes Umlaufs dem Kojoten zuwarf, stellten "meine Hände dar, die Bewegungsfreiheit, die der Mensch mit seinen Händen hat. Sie haben ja die Freiheit, die verschiedensten Dinge zu tun, eine große Auswahl von Werkzeugen steht ihnen zur Verfügung [...]. Die Hände sind universal."[22] Die vielschichtigen Bedeutungen des gebogenen Spazierstocks hatte Beuys zum ersten Mal mit seiner Aktion *Eurasia* (1965) manifest werden lassen: Er soll die Energieströme darstellen, die über EURASIA von Osten nach Westen und zurück verlaufen. Das *Wall Street Journal* dagegen verkörpert "die verknöcherte Totenstarre des Denkens über KAPITAL (im Sinne des Gezwungenseins in Geld- und Machtherrschaft) [...]. Ein Symptom unserer Zeit, in der KAPITAL längst der KUNSTBEGRIFF geworden sein müßte. Auch das ist ein Aspekt der Vereinigten Staaten."[23] Auch die beiden einzigen Laute, das Schlagen der Triangel und die heulenden Turbinen, waren ähnlich bedeutungsvoll eingesetzt. Der Turbinenlärm war "das Echo herrschender Technologie: Energie, die nicht verwendet wird", während der Klang der Triangel "an die Einheit und das Eine" mahnt und "als auf den Kojoten gerichteter Bewußtseinsstoß gedacht"[24] war.

Vergleicht man die hier angeführten symbolischen Assoziationen mit denen, die Nitsch für seine Aktion aufgelistet hat, so ist im Falle von Beuys' Aktionen kaum anzunehmen, daß die Zuschauer – sofern sie sich nicht mit Beuys' Werk und seiner Philosophie der sozialen Plastik vertraut gemacht

---

19 Tisdall 1988, S. 14. Die persönliche Bedeutung des Materials Filz für Beuys, die bereits häufig erörtert worden ist, kann hier ausgeklammert werden.

20 Ebd.

21 Ebd., S. 15.

22 Ebd., S. 15f.

23 Ebd., S. 16.

24 Ebd., S. 15.

hatten – in der Lage waren, sie nachzuvollziehen. Es ist eher wahrscheinlich, daß die amerikanischen Galerie-Besucher völlig andere Assoziationen mit den Gegenständen und Handlungen verknüpften als Beuys. Das Verhältnis zwischen Akteur und Zuschauern war insofern hier ebenfalls völlig anders als bei Nitsch oder Abramović.

Dabei gilt es jedoch zwei Aspekte zu berücksichtigen, die auf den besonderen Status der Aktion verweisen. Zum einen waren die Bedeutungen, welche Beuys den Objekten zusprach, nicht im Sinne feststehender Symbole zu verstehen. Es wurde eher davon ausgegangen, daß sie ihre potentiellen Bedeutungen und Wirkungen erst im Kontext des Ereignisses zu entfalten vermochten, welches die Aktion konstituierte: des Zusammentreffens von Beuys mit dem Kojoten.

Zum anderen wurde beiden Partnern dieses Treffens eine bestimmte mythische Dimension zugeschrieben. Beuys entwarf und inszenierte sich als eine Hirtengestalt, womit er sowohl auf den Guten Hirten als auch auf einen Schamanen anspielte – als eine Gestalt also, die über göttliche und/oder kosmisch/magische Kräfte verfügt. Er spielte nicht nur mit dem Hut, dem weiten Umhang, dem Stückchen Hasenfell an der Weste und der – anstelle der bei den Navajos üblichen Trommel und Trommelschlegel – um den Hals gehängten Triangel ausdrücklich auf die Kleidung eines Navajo-Schamanen an, sondern er verstand sich auch als ein Schamane: "Ich habe ja die Figur des Schamanen wirklich angenommen während der Aktion. [...] Allerdings nicht um zurückzuweisen, in dem Sinne, daß wir wieder dahin zurückmüssen, wo der Schamane seine Berechtigung hatte [...]. Sondern ich benutze diese alte Figur, um etwas Zukünftiges auszudrücken, indem ich sage, daß der Schamane für etwas gestanden hat, was in der Lage war, sowohl materielle wie spirituelle Zusammenhänge in eine Einheit zu bekommen."[25] Als Partner in dieser Aktion wählte Beuys sich einen Kojoten – das Tier also, das indianischen Mythen und Legenden zufolge für die Indianer eine der mächtigsten Gottheiten darstellte.[26] Der Kojote verkörperte für sie geradezu die Kraft der Verwandlung und konnte seinen Zustand von einem körperlichen in einen geistigen verwandeln und umgekehrt. Er verstand alle Sprachen, ja vermochte sogar mit den Zäunen zu reden, daß sie ihn durchließen. Wurde sein Zorn erregt, so konnte er Unheil über die Menschen bringen; ließ er sich beschwichtigen, so vermochte er gegen Krankheiten zu helfen. Die Schamanen der Navajos legten in ihren Heilungsritualen, die neun Nächte dauerten,

---

25 Beuys, zit. nach Billeker in Schneede 1994, S. 336.
26 Beuys folgte hier weitgehend dem Buch von Frank J. Doble (Doble 1949).

Kojotenmasken an, um so die Kräfte des Kojoten zu beschwören und für die Heilung des Kranken einzusetzen.[27] Die Ankunft der Weißen veränderte den Status des Kojoten. Seine Erfindungskraft und Anpassungsfähigkeit, die von den Indianern als subversive Kraft bewundert und verehrt wurde, galt nun als Verschlagenheit. Aus ihm wurde der "mean coyote", den man als eine Art Sündenbock jagen und töten durfte. Nach Beuys' Worten zielte seine Aktion auf diesen "traumatischen Punkt" in der amerikanischen Geschichte: "Man könnte sagen, wir sollten die Rechnung mit dem Kojoten begleichen. Erst dann kann diese Wunde geheilt werden."[28] Diesem Ziel diente der "Energie-dialog"[29] zwischen Mensch und Tier, in dem alltägliche Objekte und Handlungen, die vielschichtige Bedeutungen und Erfahrungen ermöglichen, zum Zwecke eines Energie-Transfers eingesetzt wurden.

Beuys' Aktion enthält deutliche Anspielungen auf ein schamanistisches Heilungsritual. Auch in einem Heilungs- bzw. Exorzismusritual geht es um die Übertragung von Energie: der Schamane/Priester vollzieht eine Abfolge von symbolischen Handlungen, die in ihm bestimmte Kräfte freisetzen sollen. Häufig wird er dabei durch die Anwesenheit weiterer Mitglieder der Gemeinschaft – oder auch der gesamten Gemeinschaft – unterstützt. Mit diesen Kräften wirkt er nun auf den Körper des Kranken ein, vor allem auf das Element, welches die Krankheit verursacht hat – sei dies nun ein Gegenstand wie ein Haarbüschel oder ein Knochen oder ein dämonisches Wesen, ein Teufel –, und zwingt es, den Körper des Kranken zu verlassen. Da die Krankheit eines einzelnen die ganze Gemeinschaft bedroht – der Dämon, der in ihn gefahren ist, kann zum Beispiel auch andere Mitglieder der Gemeinschaft heimsuchen oder der Gemeinschaft anderen schweren Schaden zufügen –, ist das Heilungsritual stets für die gesamte Gemeinschaft von Bedeutung. Mit ihm wird nicht nur der Körper des Kranken, sondern auch der "Körper" der Gemeinschaft von einem lebensbedrohenden Übel befreit.

Beuys agierte in mancher Hinsicht wie ein Schamane. Durch permanenten Wechsel der Position und Verhältnisse suchte er eine liminale Situation herzustellen, in der die Verwandlung des Kojoten, die Wiederherstellung seines "ursprünglichen" Status sich vollziehen könnte. Er selbst ließ sich auf dem Stroh nieder, das mit dem Kojoten gekommen war, während der Kojote sich als Ruheplatz den Filz wählte, den Beuys mitgebracht, in besonderer Form angeordnet und mit einer Energiequelle – der Taschenlampe – ausge-

---

27 Vgl. hierzu Luckert 1979.
28 Zitiert nach Tisdall 1988, S. 10.
29 Ebd., S. 13.

stattet hatte. Beuys ließ den Kojoten einerseits das *Wall Street Journal*, in dem er "die verknöcherte Totenstarre des KAPITALS" verkörpert sah, zerreißen und auf ihm sein Geschäft verrichten, andererseits an den Handschuhen, dem symbolischen Verweis auf die menschlichen Hände und ihr gestaltendes, verwandelndes kreatives Potential, schnüffeln und sie sich ums Maul schlagen. Er setzte ihn sowohl dem Turbinenlärm aus, dem "Echo herrschender Technologie", als auch dem Klang der Triangel, der unmittelbar auf das Bewußtsein des Kojoten zielte. Mit diesen Prozeduren beschwor Beuys die in den verwendeten Objekten verborgenen Bedeutungen und Wirkungen und setzte so "die heilenden Kräfte" in sich selbst frei, d.h. jene spirituellen Kräfte, die es ihm ermöglichten, mit dem Tier in einen "Energiedialog" einzutreten und so eine Verwandlung von Mensch und Tier herbeizuführen. Der alte Status des Kojoten und die durch die Ankunft des weißen Mannes zerstörte natürliche/kosmische Ordnung wurde so wiederhergestellt.

Dabei beglaubigte Beuys seine "rituelle" Handlung – darin Marina Abramović vergleichbar – mit dem Einsatz seines eigenen Körpers. Beuys lebte drei Tage mit einem wilden Kojoten zusammen. Er setzte seinen Körper der Gefahr aus, vom Kojoten angegriffen, gebissen und möglicherweise lebensgefährlich verletzt zu werden. Und er verwendete seinen Körper, um mit dem Kojoten zu kommunizieren. Die Energie dieses "Dialoges" ging von seinem Körper aus bzw. wurde von seinem Körper aufgenommen. Die spirituellen Kräfte, die zur "Heilung", d.h. zur Wiederherstellung des alten Status des Kojoten, zu seiner Verwandlung führen könnten, mußten in bzw. von seinem Körper freigesetzt werden. Und dieser Körper blieb – im Unterschied zu dem der Abramović – inmitten aller Gefahren unversehrt, wenn auch nicht unverändert. Die drei Tage mit dem Kojoten hinterließen ihre wahrnehmbaren Spuren.

Auch wenn Beuys solcherart sich selbst als Schamanen und seine Aktion als ein Heilungsritual inszenierte, sind doch die Unterschiede zu diesem Genre einer *cultural performance* unübersehbar. Sie betreffen vor allem Position, Rolle und Funktion der Zuschauer. Beuys und der Kojote waren von den Zuschauern durch ein Drahtgitter getrennt – wie bei einer Raubtiernummer im Zirkus oder Zoo, bei einer Monster- oder Freak-Schau oder auch wie bei einer Völkerausstellung, auf der eine schamanistische Behandlung vorgeführt wurde[30]. Diese Trennung wurde von Beuys immer dann – zumindest partiell – aufgehoben, wenn einer seiner Freunde oder Bekannten die Galerie besuchte und Beuys ans Gitter trat, um ihn zu begrüßen. Im ganzen

---

30   Vgl. hier Abschnitt 4.

jedoch stellte die Trennung ein konstitutives Element der Aktion dar – auch wenn man sie ganz pragmatisch als Schutzvorrichtung für die Zuschauer interpretieren mag. Damit war den Zuschauern die Position von Voyeuren zugewiesen, die aus sicherer Entfernung andere – in diesem Fall Beuys – bei einer für ihn gefährlichen und risikoreichen Unternehmung beobachteten. Das symbolische Potential der Gegenstände, welche die Aktion entband, blieb ihnen verschlossen; die Energieströme, die von ihr freigesetzt wurden und zwischen Beuys und dem Kojoten zirkulierten, erreichten sie nicht. (Oder doch?) Die Fremdheit zwischen dem aus Europa eingeflogenen Beuys, der wie ein einheimischer indianischer Schamane agierte, und dem amerikanischen Publikum wurde nicht nur nicht aufgehoben, sondern durch diese räumliche Anordnung eher noch vertieft und markiert. Das Publikum "glaubte" also nicht nur nicht seiner subjektiven Konstruktion – wie das Publikum bei Nitsch oder Abramović –, sondern es ist sogar fraglich, ob es diese Konstruktion überhaupt verstand.

Zugleich rief Beuys' Aktion ein anderes kulturelles Muster auf: das christliche Muster des Stellvertreters, der durch seine Handlungen die anderen, die ihn nicht verstehen, erlöst. So zielte Beuys Aktion auf den "traumatischen Punkt in der amerikanischen Geschichte"; sie sollte die Wunde, die damals geschlagen wurde, heilen und so die amerikanische Gesellschaft wieder in Übereinstimmung mit der natürlichen/kosmischen Ordnung bringen. Insofern vollzog Beuys seine Aktion *für* die amerikanischen Galerie-Besucher, für die Zuschauer seiner Aktion. Für ihn war es daher unwesentlich, ob sie daran glaubten oder nicht: Er proklamierte, daß die künstlerische Performance ihre Wirkung durch ihren Vollzug zeitigt. Sie setzt Energien frei, die sich im Raum ergießen, dabei auch in die Körper der Zuschauer eindringen und so letztendlich auch sie "verwandeln" mögen.

2.3 Körper in Performance

In den hier untersuchten künstlerischen Performances, die auf höchst unterschiedliche Weise auf Opfer- und Heilungsrituale zurückgreifen, wird ein anderer Aspekt des Körpers in den Blickpunkt gerückt als von den historischen Avantgardebewegungen; sie formulieren und realisieren ein durchaus neues Körperkonzept. Während im Theater der historischen Avantgarde der motorische Körper fokussiert wurde, der in Bewegung gesetzte Körper, wie auch der phänomenale Körper, der als Material für unterschiedliche Zeichenprozesse verwendet werden kann, und in diesem Sinne der semiotische Körper, tritt in den Performances von Nitsch, Abramović und Beuys der energetische Körper in den Vordergrund – der Körper, der durch seine Handlungen Kräfte entbindet und Wirkungen hervorruft. Dieser Aspekt wurde zwar auch bereits von einzelnen Vertretern der historischen Avantgarde hervorgehoben – so zum Beispiel von Georg Fuchs oder Antonin Artaud –, gewann dort jedoch keineswegs den Stellenwert, den er hier einnimmt. In dieser Hinsicht hat also eine deutliche Schwerpunktverlagerung stattgefunden.

Mit dem Konzept des energetischen Körpers ist eng das Konzept der Verwandlung verknüpft. Der bisherige Gang der Untersuchung hat den Prozeß der Verwandlung als geradezu konstitutiv für die auf Rituale rekurrierenden künstlerischen Performances ausgewiesen. Es sollte daher jetzt die Frage geklärt werden, um welche Art von Verwandlung es sich hier handelt. In den Übergangsriten, die van Gennep beschreibt, bedeutet Verwandlung den Übergang von einem festgeschriebenen Status in einen anderen: von der Kindheit ins Erwachsenendasein, von der Krankheit in die Gesundheit, von der Verunreinigung in die Reinheit, von der Unfruchtbarkeit in die Fruchtbarkeit usf. Von einer solchen Verwandlung kann in den künstlerischen Performances offensichtlich nicht die Rede sein. Ihre Eigenart läßt sich vielleicht genauer ermitteln und beschreiben, wenn man von einigen grundlegenden Differenzen zwischen Ritual und künstlerischer Performance ausgeht.

Das Ritual wird innerhalb einer auf Dauer bestehenden Gemeinschaft vollzogen, deren Mitglieder den Glauben an die für die Gemeinschaft konstitutiven kollektiven Konstruktionen teilen. Eine künstlerische Performance dagegen stellt eine Gemeinschaft nur für die begrenzte Zeitdauer ihres Vollzuges her. Diese Gemeinschaft rekrutiert ihre Mitglieder nach einer Art Zufallsprinzip; sie übt daher auch kaum einen besonderen Druck auf ihre Mitglieder aus, noch fordert sie mit Nachdruck konformes Verhalten ein. Sie erlaubt vielmehr ihren Mitgliedern, frei ihre subjektiven Eindrücke, Gefühle, Erfahrungen, Deutungen zu äußern und auszutauschen, Sprechakte und körperliche Handlungen zu vollziehen.

Das Ritual operiert nicht nur auf der Grundlage bestimmter kollektiver Konstruktionen, sondern auch unter Rekurs auf ein gemeinsames semantisches Universum. Den Elementen, die in seinem Verlauf verwendet, sowie den Handlungen, die an bzw. mit ihnen vollzogen werden, sind bestimmte, von allen Mitgliedern der Gemeinschaft oder zumindest von allen Eingeweihten geteilte symbolische Bedeutungen zugeschrieben, welche eine der fundamentalen Voraussetzungen für das Gelingen des Rituals darstellen. Die künstlerische Performance dagegen gründet in einer subjektiven Konstruktion eines/r Künstlers/rin. Sie appelliert zwar – zumindest in den beiden ersten untersuchten Fällen – an ein gemeinsames *universe of discourse* ihrer Zuschauer, ohne sie allerdings auf bestimmte Bedeutungskonstitutionen festzulegen. Sie erlaubt vielmehr jedem einzelnen Zuschauer, die Relation zwischen der Materialität der Zeichen, den körperlichen Erfahrungen, die sie verursachen, und den Bedeutungen, die ihnen zugeschrieben werden können, als ein subjektiv bedingtes und bestimmtes Wechselverhältnis je anders bzw. immer wieder anders zu aktualisieren, ohne den Semioseprozeß je zu Ende zu bringen.

Aus diesen grundlegenden Differenzen ergibt sich auch ein wesentlicher Unterschied, die Funktion der Schwellen- oder Transformationsphase betreffend. Der Zustand der Liminalität, in den das Ritual den einzelnen versetzt, läßt sich mit Turner als Zustand einer labilen Zwischenexistenz beschreiben und bestimmen, "betwixt and between the positions assigned and arrayed by law, custom, convention and ceremonial"[31]. Insofern "in liminality, new ways of acting, new combinations of symbols, are tried out, to be discarded or accepted"[32], eröffnet die Schwellenphase kulturelle Spielräume für Experimente und Innovationen. In dieser Hinsicht ist die Ermöglichung neuer Sinneseindrücke in Nitschs Aktion oder die Konfrontation der Zuschauer mit dem tabuisierten Vorgang der Selbstverletzung der Performerin bei Abramović oder Beuys' Treffen mit dem Kojoten durchaus mit Praktiken überlieferter Übergangsrituale zu vergleichen wie dem Essen sonst tabuisierter Speisen, dem Einreiben des Körpers mit unbekannten Substanzen, Tätowierungen und Verstümmelungen, der Konfrontation mit Geistern, Monstern, überdimensionierten Körperteilen und wilden Tieren. Während im Ritual diese Phase mit dem Erwerb eines neuen von der Gesellschaft allgemein anerkannten Status endet und insofern tatsächlich nur einen Übergang von einem Status zu einem anderen bzw. einer Identität zu einer anderen darstellt, d.h. den – durchaus gefährlichen – Weg zu einem vorher anvisierten Ziel, ist in der künstlerischen Performance der Weg selbst, also der Zustand der Liminalität, das Ziel. Mit der Herstellung von Liminalität eröffnet die künstlerische Performance dem einzelnen Spielräume, um sich selbst permanent neu und anders wahrzunehmen, um ein immer anderes, neues Selbst entwerfen zu können.

Die Verwandlung, welche die künstlerische Performance bewirkt, meint daher auch nicht den Übergang von einem fixierten Status zu einem anderen, sondern die Negation eines jeden fixierten Status; sie intendiert ein Selbst, das sozusagen ständig im Fluß ist, das sich immer wieder neu konstituiert und so permanent wandelt. Die künstlerische Performance, die auf Übergangsrituale

---

31 Turner 1969, S. 95.
32 Turner 1977, S. 40.

anspielt und sie auf je spezifische Weise transformiert, proklamiert Liminalität als Dauerzustand.

In dieser Besonderheit sehe ich eine weitere wichtige Differenz zwischen dem Theater der historischen Avantgarde und den hier untersuchten künstlerischen Performances. Zwar zielte die Transformation von Theater in andere Arten von *cultural performances* dort durchaus auch auf eine Verwandlung des Zuschauers, der ausdrücklich als "Hauptmaterial des Theaters" konzipiert war. Aber diese Verwandlung intendierte – ähnlich wie die der Übergangsriten – den Übergang von einem Status in einen anderen: vom Stande des bürgerlichen psychologisch ausdifferenzierten Individuums in den eines transindividuellen Subjektes, das nach ideologischem oder weltanschaulichem Standort jeweils anders begriffen und definiert wurde.[33] In den hier untersuchten künstlerischen Performances dagegen handelt es sich um den Prozeß einer Verwandlung, der sozusagen auf Dauer gestellt wird und nicht in eine neue, klar abgrenzbare Identität überführt.

Wenn man diese These akzeptiert, kann man die künstlerische Performance nun ihrerseits in einem anderen Sinn durchaus als eine Art von Übergangsritual begreifen und beschreiben. Dies gilt zum einen im Hinblick auf die aktuellen kulturellen, gesellschaftlichen und individuellen Krisenerfahrungen in den ausgehenden sechziger und in den siebziger Jahren, von denen einleitend die Rede war. Die künstlerischen Performances setzen sich nicht inhaltlich mit ihnen auseinander, sie analysieren nicht ihre Ursachen, auch wenn sie auf Vorgänge verweisen, die zweifellos mit zur Entstehung der Krise beigetragen haben, wie die verschiedenen Tabus, gegen die Nitsch mit seiner Aktion angeht, oder die Gewalt, die dem einzelnen im Namen staatlicher oder religiöser Symbole angetan wird, worauf Abramović anspielt, oder die Vorherrschaft des Kapitals und der Technologie, auf die Beuys Bezug nimmt. Sie reagieren vielmehr auf die Krise, indem sie ein neues kulturelles Paradigma formulieren und realisieren. Dies gilt vor allem für das Konzept des energetischen Körpers, welches den menschlichen Leib mit Werten ausstattet, die in der westlichen Kultur lange Zeit übersehen und vergessen waren – Werten, die in anderen Epochen und Kulturen (d.h. in performativen Kulturen) immer dann realisiert wurden, wenn die Rituale vollzogen wurden, auf die in den sechziger und siebziger Jahren Künstler mit ihren Performances anspielen. Die von ihnen vorgenommene je individuelle Transformation des Genres "Ritual" hat insofern eine Verschiebung des kulturellen Schwerpunkts zur Folge. Sie bringt erneut eine Einsicht in den Blick, die in der westlichen Kultur lange

---

33 Vgl. hierzu Fischer-Lichte 1990, Kap. 5, "Theater des 'neuen' Menschen", S. 163–289.

Zeit verdrängt war, wenn auch nie vollständig: daß der menschliche Körper die Basis für jede kulturelle Produktion darstellt und daß der Körper Kultur durch den Vollzug von Handlungen schafft. Nicht die Artefakte stehen hier im Mittelpunkt des Interesses, die durch solche Handlungen hervorgebracht werden können – und auf die sich unsere Kultur und unsere Geisteswissenschaften bis weit in die siebziger, ja zum Teil noch bis in die achtziger Jahre konzentriert haben; die Aufmerksamkeit wird vielmehr auf den energetischen Körper und auf den flüchtigen Augenblick gelenkt, in dem er Handlungen durchführt und damit Wirkungen auslöst, als Kräfte ausstrahlender, sich selbst wandelnder Verwandlungen hervorruft. Insofern lassen sich die künstlerischen Performances durchaus als Übergangsrituale begreifen, die einen Ausweg aus der Krise der sechziger/siebziger Jahre nicht nur weisen, sondern bereits beschreiten.

Als Übergangsrituale sind sie allerdings nicht nur auf die damals aktuellen kulturellen, gesellschaftlichen und individuellen Krisen zu beziehen, sondern auch auf einen generellen Wandel in der westlichen Kultur, der sich im zwanzigsten Jahrhundert vollzieht. Die westliche Kultur der Moderne privilegiert nicht nur die materielle Kultur, d.h. Texte und Monumente gegenüber performativen Prozessen, sondern auch Konzepte eines stabilen, mit sich selbst identischen Selbst. Der Text erscheint ihr folgerichtig als Paradigma der Kultur. Die künstlerische Performance dagegen anerkennt materielle Kultur nur als Bestandteil von performativen Prozessen und leugnet fixierte Bedeutungen ebenso wie stabile Identitäten. Sie kann als Vorschein und Paradigma einer neuen performativen Kultur gelten, zu der die westliche Kultur gegenwärtig gerade den Übergang zu vollziehen scheint. So wie die traditionellen Übergangsrituale in Lebenskrisen des einzelnen und in gesellschaftlichen Krisen eingesetzt werden, um den Übergang vom gegenwärtigen Status in einen neuen sicher und ungefährdet vollziehen zu können, suchen die von individuellen Künstlern geschaffenen, auf Übergangsrituale anspielenden Performances den Übergang unserer Kultur von einer überwiegend materiellen in eine neue performative Kultur sowohl zu sichern, als auch zugleich entscheidend voranzutreiben. Dieser Übergang läßt sich auch als Übergang zu einer neuen Wissensordnung, zu neuen Arten von semiotischen Prozessen, neuen Konzepten von Ich und Selbst begreifen, die heute noch kaum hinlänglich beschrieben und definiert, sondern lediglich erahnt werden können. Wendet man auf die künstlerischen Performances das alte Textparadigma an, so lassen sie sich in diesem Sinn als Signaturen einer Übergangszeit lesen.

3.   "Am I really here or is it only art?"[34]

Die Performances, die durch Transformation von Ritualen geschaffen werden, stellen den Körper des Performers in den Mittelpunkt. Alles, was geschieht, wird durch den körperlichen Vollzug von Handlungen bewirkt. Sprache spielt hier – wenn sie überhaupt Verwendung findet – nur eine untergeordnete Rolle. Dieser Befund hat manchen Historiker und Theoretiker der Performance-Kunst dazu verleitet, eine Opposition zwischen Theater und Performance zu konstruieren, die dem Theater Sprache sowie das Erzählen einer Geschichte zuordnet und Performance-Kunst gerade durch das Fehlen dieser beiden Elemente zu definieren sucht.[35] Für viele Performances ist Sprache jedoch konstitutiv – so wenn Spalding Grey mit ein paar Notizen und einem Glas Wasser an einem Tisch sitzt und über seine Träume, Erinnerungen, Gedanken spricht, oder wenn Laurie Anderson in ihren Performances immer wieder Anekdoten und Geschichten einflicht. Der/die Performer(in) sitzt oder steht einem Publikum gegenüber, das ihm/ihr zuhört, während er/sie eine Geschichte erzählt. Hier scheint die Performance das alte Genre des *Geschichtenerzählens* wiederzubeleben, das in allen oralen Kulturen eine herausragende Stellung einnimmt.

Die neue Popularität dieser Gattung zeigt sich auch in Veranstaltungen wie "Edith Clever spricht Kleists *Marquise von O.*" (1989), in der die Clever in einem aus wenigen Versatzstücken aufgebauten Environment – darunter eine Nachbildung von Schadows Skulptur der preußischen Prinzessinnen – Kleists Novelle erzählt und dabei sämtliche Rollen spielt, oder "Bernhard Minetti erzählt Märchen" (1990), in der Minetti, mit einem phantasievollen Umhang angetan, Märchen aus der Sammlung der Gebrüder Grimm erzählt. Der Erzähler, der in lebendigem Kontakt mit seinen Zuhörern eine Geschichte erzählt, vermittelt auf diese Weise seinem an Lektüre, Film, Fernsehen, Video und Computer gewöhnten Publikum eine völlig neue – uralte – Erfahrung.

Während Minetti und Clever insofern den Spuren der alten Geschichtenerzähler folgten, als sie ihre Geschichten aus der kulturellen Überlieferung auswählten, fällt bei vielen Performance-Künstlern wie Spalding Grey, Laurie Anderson, Tim Miller, Holly Hughes, Karen Finley, Rachel Rosenthal u.a. auf, daß sie das Material für ihre Geschichten aus ihrer eigenen Biographie beziehen. Sie scheinen also nicht nur auf das alte Genre des Geschichtenerzählens

---

34 Laurie Anderson in der Performance *Four Instants* (1976), zit. nach Goldberg 1988, S. 172. Vgl. zu Abschnitt 3 auch den Beitrag von Gabriele Brandstetter im vorliegenden Band.

35 Vgl. Féral 1982 sowie 1992.

zurückzugreifen, sondern auch auf eine spezifische literarische Gattung – die Autobiographie. Dies mag zunächst überraschen. Denn die *cultural performance* "Geschichtenerzählen" und die literarische Gattung "Autobiographie" unterscheiden sich fundamental voneinander gerade im Hinblick auf die für sie konstitutiven Aspekte und Merkmale.

Während das Geschichtenerzählen in einer Situation der Mündlichkeit anzusiedeln ist, gehört die literarische Gattung "Autobiographie" dem Bereich der Schriftlichkeit zu. Zumthor zählt fünf distinkte Operationen auf, die er als die Phasen der Existenz einer Geschichte bzw. eines Gedichts bestimmt: "1. Produktion, 2. Übermittlung, 3. Rezeption, 4. Aufbewahrung, 5. (im allgemeinen) Wiederholung."[36]

"Eine Situation der Mündlichkeit ist dann gegeben, wenn zumindest Übermittlung *und* Rezeption über die Stimme und das Gehör gehen"[37]; im Falle der Improvisation umfaßt die Performance außerdem die Phase der Produktion. Die Performance des Geschichtenerzählens erscheint als eine

> komplexe Handlung, durch die eine poetische Botschaft gleichzeitig übertragen und wahrgenommen wird, hier und heute. Der Sprecher, der (oder die) Empfänger, die Umstände (ob der Text sie übrigens mit Hilfe sprachlicher Mittel darstellt oder nicht) sind konkret miteinander konfrontiert, unbestreitbar vorhanden. In der performance überschneiden sich die beiden Achsen der gesellschaftlichen Kommunikation: diejenige, die den Sprecher mit dem Hörer verbindet; und diejenige, auf der sich Situation und Tradition vereinigen.[38]

Bei Schriftlichkeit dagegen laufen die Phasen 1, 2 und 3 deutlich getrennt voneinander ab. Die Übermittlung erfolgt auf dem Wege geschriebener bzw. gedruckter Texte (die in Archiven und Bibliotheken aufbewahrt werden können); die Rezeption wird als Lektüre dieser Texte vollzogen. Während Mündlichkeit Öffentlichkeit herstellt, geschieht die Rezeption schriftlicher Texte als persönlicher Akt eines einzelnen Individuums in einer Situation der Privatheit.

Der zweite wichtige Unterschied zwischen der *cultural performance* "Geschichtenerzählen" und der literarischen Gattung "Autobiographie" betrifft die Gegenstände der Dichtung. Die Gattungen der mündlichen Dichtung umfassen Mythen, Märchen, Legenden, Sagen, Anekdoten, Epen, Balladen, Kampf-, Beschwörungs- und Liebesgesänge. Ihre Helden sind stets Figuren, die in irgendeiner Hinsicht für das Kollektiv exemplarische Bedeu-

---

36 Zumthor 1990, S. 29.
37 Ebd.
38 Ebd.

tung gewonnen haben. Besonders repräsentativ erscheinen in dieser Hinsicht die großen epischen Gesänge der verschiedenen Völker.

> In der Tradition eines Volkes stellt das Epos oft ein großes narratives Ganzes dar, das ziemlich streng formalisiert ist, das aber von jedem Erzähler bei jeder Gelegenheit immer nur in einer einzigen Episode vorgetragen wird. [...] Das Publikum, für das es bestimmt ist (das es sich bestimmt), empfindet es als Autobiographie, als sein eigenes kollektives Leben, das es sich erzählt im Grenzbereich zum Schlaf und zur Neurose. In diesem Sinne schafft das Epos eine Fiktion, auch wenn es durch das zeitlich nächste und am sichersten erinnerliche Ereignis angeregt worden ist; und diese Fiktion als solche bildet sogleich ein kollektives Gut, eine Bezugsebene und die Rechtfertigung eines Verhaltens. Es gibt kein "Heldenzeitalter", und die "Zeit der Mythen" ist nicht die des Epos: es gibt nur das unaufhörliche Fließen der erlebten Erfahrung, eine natürliche Aufnahme der Vergangenheit in die Gegenwart. Die im Gedicht übermittelte Information kann sich so im Laufe der Überlieferung mit den Umständen modifizieren. Im Gedächtnis bleibt nur, was gesellschaftlich nützlich ist.[39]

Während man also das mündlich vorgetragene Epos als – wenn auch "fiktive" – Autobiographie des Publikums beschreiben und begreifen kann, bezieht sich die literarische Gattung der Autobiographie auf die Lebensgeschichte eines Individuums. Im 18. Jahrhundert entwickelte sie sich als bekenntnishafte Bildungs- und Entwicklungsgeschichte der eigenen Subjektivität. Auf dem Wege über bestimmte Schreibstrategien, durch Auswahl und Reflexion der Ereignisse aus der eigenen Lebensgeschichte stellt sich der/die Schreibende in der Autobiographie selbst dar und konstituiert so sein/ihr eigenes Selbst. Der Akt des Schreibens wird zum Akt der Konstitution des Selbst. Dabei gilt es, das merkwürdige Verhältnis zu bedenken, das hier zwischen Privatheit und Öffentlichkeit hergestellt wird. Sowohl der Akt des Schreibens als auch der Akt des Lesens werden als ganz private vollzogen. Dennoch sind beide in signifikanter Weise auf Veröffentlichung bzw. Öffentlichkeit gerichtet: das Schreiben, indem der/die Schreibende ein Bild von sich mit Blick auf die potentiellen Leser entwirft, die dieses Bild anerkennen und so die hier vollzogene Konstitution des Selbst im Lesen beglaubigen sollen – d.h. indem der/die Schreibende sich im Akt des Schreibens bereits imaginativ im Spiegel des anderen erblickt, der ihm sein eigenes Bild als das eines anderen zurückwirft –, und das Lesen, da die Teilhabe am Leben des Autors/der Autorin nur auf der Grundlage eines veröffentlichten Textes möglich ist. Die beim Schrei-

---

39 Ebd., S. 98.

ben und Lesen ausgeschlossene Öffentlichkeit stellt insofern gerade die Bedingung der Möglichkeit dafür dar, daß beide Handlungen in privaten Räumen als intime und zugleich als Akte der Konstitution eines Selbst bzw. ihrer Beglaubigung vollzogen werden können.

Ein weiterer wichtiger Unterschied scheint in dem Gegensatz zwischen "Fiktion" und "Wahrheit" begründet. Während die großen epischen Gesänge der verschiedenen Völker von Zumthor als "Fiktion" bezeichnet werden, die sich die Zuhörer nichtsdestoweniger als ihre kollektive Autobiographie aneignen, ist mit der Autobiographie der Anspruch auf "Wahrheit" verknüpft. Dieser Anspruch ist allerdings spätestens seit den siebziger Jahren unseres Jahrhunderts immer wieder infrage gestellt worden. Paul de Man bestreitet, daß die Autobiographie über einen Referenten in der außerliterarischen Wirklichkeit verfügt und stellt die Frage: "[...] is the illusion of reference not a correlation of the structure of the figure, that is to say no longer clearly and simply a referent at all but something more akin to a fiction which then, however, in its own turn, acquires a degree of referential productivity?"[40] Bei der Klärung dieser Frage kommt er zu dem Schluß, daß Autobiographie "as a figure of reading or of understanding"[41] zu verstehen und daher "the interest of autobiography" nicht sei, "that it reveals reliable self-knowledge – it does not – but that it demonstrates in a striking way the impossibility of closure and of totalization (that is the impossibility of coming into being) of all textual systems made up of tropological substitutions."[42] Eine Autobiographie wäre insofern ebenso als eine Fiktion zu lesen wie die Epen, welche die Geschichtenerzähler oraler Kulturen ihrem Publikum vortragen. Ich werde auf dieses Argument bei der Analyse von Rachel Rosenthals *My Brazil* (1979) wieder zurückkommen.

Eine andere Gemeinsamkeit zwischen der *cultural performance* "Geschichtenerzählen" und der literarischen Gattung "Autobiographie" liegt in ihrer Bezogenheit auf Geschichte. Dabei ist die Doppeldeutigkeit des deutschen Wortes "Geschichte" für mich wichtig, das sowohl "Erzählung" (story) als auch "die Abfolge von Ereignissen aus der Vergangenheit" (history) bezeichnet. Während das Epos die Ereignisse erzählt, die sich in mythischer Zeit zugetragen haben und auf die gegenwärtige Identität des Kollektivs bezogen sind, dem sie erzählt werden, erzählt die Autobiographie Ereignisse aus dem Leben eines individuellen Subjektes, die in ihrer Gesamtheit seine Lebensgeschichte ausmachen und seine spezifische Identität konstituieren sollen.

---

40 de Man 1979, S. 920f. De Mans Aufsatz erschien im selben Jahr, in dem Rachel Rosenthal zum ersten Mal ihre Performance *My Brazil* präsentierte, die weiter unten genauer analysiert wird.
41 Ebd., S. 921.
42 Ebd., S. 922.

Sowohl beim Geschichtenerzählen als auch bei der Autobiographie handelt es sich also um Modi des Erinnerns, die auf eine kollektive oder individuelle Identität bezogen sind. In dieser Hinsicht stehen beide in einem gewissen Gegensatz zu Übergangsritualen, die durch die Schwellen- oder Transformationsphase die Ausbildung einer neuen Identität bewirken.

Die sogenannten autobiographischen Performances der siebziger und achtziger Jahre greifen in der Tat sowohl auf das Genre des Geschichtenerzählens als auch auf die Gattung der Autobiographie zurück – wenn auch jeweils in ganz spezifischer Weise. Wie beim Geschichtenerzählen tritt der/die Performer(in) einem Publikum gegenüber und erzählt ihm eine Geschichte. Und wie bei einer Autobiographie erzählt er/sie seine/ihre Geschichte. Zugleich unterscheidet sich die künstlerische Performance signifikant sowohl vom Geschichtenerzählen als auch von der Autobiographie. Während beim traditionellen Erzählen ein homogenes Publikum versammelt ist – das deswegen auch den Vortrag "seines" Epos als seine kollektive Autobiographie begreifen kann –, setzt sich das Publikum der Performance aus zufällig hier versammelten Individuen zusammen. Die Gemeinschaft, die sie bilden, besteht nur für die begrenzte Zeitdauer der Performance und nur im Hinblick auf die Teilnahme an der Performance. Es ist insofern kaum eine Geschichte denkbar, die ein solches heterogenes Publikum als seine kollektive Autobiographie verstehen und akzeptieren würde.

Der/die Performer(in) reagiert auf diese Situation, indem er/sie an die Stelle einer wie auch immer gearteten kollektiven Autobiographie seine/ihre eigene individuelle Lebensgeschichte setzt. Zwar hat er/sie, wie der/die Autor(in) einer literarischen Autobiographie, den Text zunächst geschrieben. Aber er/sie veröffentlicht ihn, indem sie ihn – wie der Erzähler eines Epos – vor einem Publikum vorträgt. D.h. wenn es sich hier um einen Akt der Konstitution eines Selbst handelt, wird er ausdrücklich 1) als ein performativer Akt und 2) als ein öffentlicher Akt vollzogen und definiert. Beide Aspekte haben tiefgreifende Folgen für das Konzept von Selbst und Identität.

Sowohl in der Situation des Geschichtenerzählens als auch in der literarischen Autobiographie scheint Identität – die kollektive des Publikums und die individuelle des/der Autors/in – prinzipiell möglich zu sein. Ihre Stabilität wird im einen Fall durch die in der gemeinsamen Überlieferung begründete Homogenität der Gruppe garantiert und im anderen durch den Akt der Selbstdarstellung, der im schriftlichen Text fixiert wird.

Damit erhebt sich die Frage, ob auch in der autobiographischen Performance, die das kulturelle Muster des Geschichtenerzählens aufruft, eine solche stabile Identität konstituiert wird, bzw., wie das Selbst, das hier durch performative Akte, d.h. durch Sprechakte, Stimm- und Körper-Akte, konstituiert wird, konzipiert ist. Ich will dieser Frage am Beispiel von Rachel Rosenthals Performance *My Brazil* nachgehen (Abb. 4).

Rosenthal führte sie erstmals 1979 am I.D.E.A. in Santa Monica, Kalifornien, auf. In ihr verarbeitete sie Material, das auf ihren siebenmonatigen Aufenthalt in Brasilien in den Jahren 1940/41 zurückgeht. Auf der Flucht vor den Nazis hatte ihre Familie 1940 Paris verlassen, als sie dreizehn Jahre alt war, und sich zunächst eine Existenz in Brasilien aufzubauen gesucht, ehe sie endgültig in den Vereinigten Staaten Exil fand.

Bei dieser Performance trat Rosenthal zusammen mit dem schwarzen Drummer Anthony Canty auf. Sie war in ein türkisfarbenes Gewand in griechischem Stil gekleidet, er in weiße Hosen. Canty trat mit bloßem Oberkörper und barfüßig auf; er trug eine große Conga-Trommel. Beide verbeugten sich voreinander und wie vor einem Konzert vor dem Publikum. Sie wiesen so darauf hin, daß sie das Publikum als einen konstitutiven Faktor für ihre Performance begriffen. Dann eröffnete Rosenthal die Performance mit einem brasilianischen Lied, das sie unbegleitet am Mikrophon rechts hinten auf der an einer Wand errichteten Plattform sang, während Canty auf einem Stuhl auf der linken Seite Platz nahm. Sie ging dann nach vorne und fing an, begleitet vom Drummer, ihre Geschichte zu erzählen, sich dabei zunächst nur leicht in den Hüften wiegend, später dann in heftigere Tanzbewegungen übergehend, zwischenzeitlich Samba tanzend. Bewegungsrhythmus und Sprechrhythmus waren deutlich voneinander abgekoppelt. Die Erzählung wurde gegliedert durch brasilianische Lieder, die Rosenthal quasi als Einleitung zu einem neuen Abschnitt jeweils unbegleitet am Mikrophon sang (die Lieder hatte sie während des Karnevals 1941 gelernt).

Rosenthals Erzählung setzt sich zusammen aus Erinnerungen an Ereignisse, Gefühle, Phantasien, Träume und Gedanken. So erzählt sie von einem kleinen Vorfall:

> When I lived in Tarzana, just before the events that led to my leaving home, I was swimming in our pool one day, when I happened to look up at the sky. Way up there, very high and very small, was what I later recognized to be a white sheet of paper, waltzing and zigzagging in air currents, ascending, descending, dancing its gradual approach to earth. For some reason, I couldn't take my eyes off it, and it became a kite, with my gaze the string it was attached to. And I reeled it in, slowly but surely, until that piece of paper fluttered down into the pool beside me, within two feet of where I was standing! I felt singled out somehow, and vaguely heard a call, but didn't recognize the voice.[43]

---

43 Rosenthal 1990, S. 79.

Oder Rosenthal hängt ihren Erinnerungen an ihre Gefühle für ihren Bruder Pierre nach:

> I was in love with my brother Pierre. In Brazil, I spent hours on my bed, eyes closed, drowning in nostalgia and making Proustian efforts to recapture the feel, the smell, the exact taste of love and lust lost. At night, macumba drums wafted from the many jungle-covered little sugar loaf hills of the city, I slept in a hammook, a lion of lights glided across Botafogo Bay advertising Lyons Tea. "When the war is over, Pierrot!" I would whisper like Scarlett O'Hara to Ashley. Pierre was killed in North Africa, a great hero and posthumous Croix de Guerre and Legion d'Honneur, in the Sahara Campaign of 1943.[44]

Oder Rosenthal stellt Überlegungen über die Quantentheorie an:

> There is an awesome theory of quantum physics called the Many Worlds Theory. It states that all possibilities in the wave function of an observed system actualize, but in different worlds that coexist with ours. Who is in these worlds? We are. In other words, the choices between various possibilities are illusion. With each and every choice we make, the world splits into separate and mutually inaccessible branches, each of which contains different editions of the same actors performing different acts at the same time, on different stages that are somehow located in the same place.[45]

An diese Überlegungen schließt Rosenthal folgende Phantasien an:

> In 1940, there is a Rachel who sailed across the Atlantic. There is another Rachel who remained in France. The Rachel who stayed splits into a heroine who fought the Germans in the Resistance, and another who hid like a coward in some remote country side with secret cellars filled with hams and sausages hanging from the rafters. Either Rachel or both split again, into one who survives and one who is caught by the Nazis and tortured. That one divides into she who tells all, causing the death of many, and she who dies in a concentration camp, having allowed the abject desecration of her body in order to save her soul. The Rachels who survive become, one, "a grande bourgeoise" married to a snob, two, an artist, whose modernist tastes are shaken in 1948 with the arrival in Paris of John Cage and Merce Cunningham, whom she meets, befriends, and follows to New York. But wait a minute [...]. That wave function must have joined with another and merged, for I met Merce and John [...].[46]

---

44   Ebd., S. 82f.
45   Ebd., S. 81.
46   Ebd.

Rosenthal wählt aus der Zeit ihres Brasilienaufenthaltes die Ereignisse, Gefühle, Träume, Phantasien etc. so aus, daß der Eindruck entsteht, als ob alles, was sie erlebt hat, für die Konstitution ihres Selbst bedeutsam geworden sei: das Fallen eines Blattes nicht weniger als der Zweite Weltkrieg, die Flucht aus der Heimat ebenso wie die Phantasien über mögliche Identitäten und Handlungen, die Beziehungen zu ihrem Bruder und ihren Eltern ebenso wie die Tiergeschenke eines Geschäftspartners ihres Vaters oder die Warnungen des amerikanischen Konsuls, die Quantentheorie nicht weniger als der Traum vom Teufel, der mit seinen Augen einen Mann in vier Teile zergliedert, die in der Form eines Hakenkreuzes auf den Boden fallen.

Bei der Wiedergabe ihrer Erinnerungen bedient Rosenthal sich bekannter literarischer Topoi und Muster. So stellt sie im ersten hier zitierten Abschnitt das zufällige Geschehen, daß das weiße Blatt Papier, welches sie mit ihren Augen verfolgt hat – das sie mit ihrem Blick wie mit "einer Drachenschnur" zu sich herunterziehen wollte –, tatsächlich zwei Fuß von ihr entfernt zu Boden fällt, als eine Art Erweckungs- und Berufungserlebnis dar: Sie hat die magische Kraft ihres eigenen Blicks – und Willens – erfahren, die auf äußere Objekte in der Welt einzuwirken vermag, und erfährt sich so als etwas Besonderes: "I felt singled out somehow, and vaguely heard a call, but didn't recognize the voice." In ihrer Darstellung setzt Rosenthal die sprachlichen Mittel so ein, daß sie sich als eine Erwählte in Szene setzt, an die der Ruf einer unbekannten Macht ergangen ist.

Im zweiten hier zitierten Abschnitt, der von Rosenthals Liebe zu ihrem Bruder Pierre handelt, entwirft sie zunächst die Umgebung, in der sich ihre Gefühle entfalten: "At night, macumba drums wafted from the many jungle-covered little sugar loaf hills of the city, I slept in a hammock, a line of lights glided across Botafago Bay advertising Lyons Tea." Sie beschreibt also eine Szenerie, die von Symbolen einerseits des Wilden und Dunklen (macumba-drums, jungle), andererseits von Glamour und Kommerz gebildet wird. In ihr agiert sie ihre Gefühle nach offen eingestandenen literarischen Mustern aus – nach Proust und Margaret Mitchell. Ihre Sprache inszeniert die Erinnerung an ihre eigenen Gefühle als ein bekannten Mustern folgendes Melodram.

Im dritten Abschnitt spricht Rosenthal von der Quantentheorie. Sie bringt sie ganz ausdrücklich mit der Problematik von Identität und Selbst in Verbindung, indem sie sie auf die alte Theatermetapher, den Topos vom *Theatrum mundi* bzw. vom *Theatrum vitae humanae* bezieht: "With each and every choice we make, the world splits into separate and mutually inaccessible branches, each of which contains different editions of the same actors performing different acts at the same time, on different stages that are somehow

located in the same place." Sie stellt so ein Szenario her, das die Frage nach
Identität als eigentlich unsinnig erscheinen läßt.

Im vierten Abschnitt wendet Rosenthal dieses Szenario unmittelbar auf
sich selber an. Sie stellt sich als eine Art "multiple Persönlichkeit" dar, die sich
in viele verschiedene Rachels aufspaltet, für die sie jeweils eine eigene Lebensgeschichte entwirft. "Dichtung und Wahrheit", Fiktion und Wirklichkeit
stoßen hier unmittelbar aneinander, gehen ineinander über und lassen kaum
eine Entscheidung darüber zu, wer Rachel "wirklich" ist. Die Erzählerin
spricht in der dritten Person über die verschiedenen Rachels und scheint an
keiner mehr Anteil zu nehmen als an den anderen. Aber dann geht sie zur
ersten Person Singular über: "But wait a minute ... That wave function must
have joined with another and merged, for I met Merce and John ..." Wer ist
dieses Ich, das hier "ich" sagt? Offensichtlich ist es ein anderes als diejenigen,
über welche die Erzählerin in der dritten Person spricht – aber auch ein
anderes als das der "Erwählten" oder der "jungen Liebenden", auf die sie sich
ebenfalls mit dem Pronomen "I" bezieht. Und meint es die Erzählerin der
Geschichte, die Protagonistin der Geschichte oder die Performerin Rachel
Rosenthal?

Der ganz unverhüllte Bezug auf unterschiedliche literarische Topoi bei
der Darstellung einer Episode aus der eigenen Lebensgeschichte deutet darauf
hin, daß es hier nicht um die Konstruktion eines mit sich identischen Selbst
geht. Es werden so unterschiedliche Muster zitiert, daß man allenfalls davon
sprechen könnte, daß die Erzählerin im Erzählen jeweils ein anderes Selbst
aufruft: das Selbst der "Erwählten", das Selbst der Liebenden à la Proust oder
à la Mitchell, das Selbst der verschiedenen Rachels, von denen im letzten
zitierten Abschnitt die Rede ist. Ihre Lebensgeschichte bzw. die hier angesprochenen sieben Monate aus ihrer Lebensgeschichte würden so als
Wechsel unterschiedlicher Selbsts erscheinen.

Rosenthal erzählt also ihre Lebensgeschichte nicht, um für sich eine
stabile Identität zu reklamieren bzw. aufzubauen. Identität erscheint entsprechend hier weder als Resultat eines Wechselspiels zwischen Anlagen und
Umwelteinflüssen, das mit dem Eintritt ins Erwachsenenalter erreicht ist,
noch auch als Ergebnis einer langen Entwicklung, in der die in der Geburt
bereits keimhaft angelegte Identität sich allmählich entfaltet, noch gar als der
feste Kern der Persönlichkeit, der sich in allen Wandlungen der Lebensgeschichte stets gleich bleibt. Sie erscheint vielmehr als das flüchtige, nur mo-
mentan gültige Ergebnis performativer Akte. Nun handelt es sich beim Erzählen der Performerin ebenfalls um einen performativen Akt bzw. eine Abfolge
von performativen Akten, in denen sie Elemente ihrer Lebensgeschichte
ihrem gegenwärtigen Selbst integriert – sozusagen als "natürliche Aufnahme

der Vergangenheit in die Gegenwart" wie beim Geschichtenerzählen. In diesem Sinne könnte man davon sprechen, daß die Performerin mit Ablauf ihrer Erzählung ein immer neues Selbst konstituiert. Die Zuschauer/Zuhörer, so könnte man schließen, werden hier zu Zeugen, wie die Performerin im Akt des Erzählens nicht nur einzelne Sprechakte wie Behaupten, Fragen, Beschreiben etc. vollzieht, sondern auf dem Weg über diese auf ihre Lebensgeschichte bezogenen Sprechakte die Konstitution ihres Selbst. Auch dieses Selbst wäre nicht im Sinne einer stabilen Identität zu denken. Denn da die Performerin es durch eine Reihe von performativen Akten konstituiert, gilt die solcherart erworbene Identität auch nur für die Dauer dieser Akte. Identität und Selbst erscheinen so als flüchtig und in ständigem Wandel begriffen. Ein Selbst zu konstituieren, heißt hier deshalb gerade, nicht mit sich identisch zu sein, sich als ein jeweils anderer zu konstituieren.

Dabei bleibt allerdings durchaus fraglich, ob die Performerin mit ihren performativen Akten des Erzählens hier nicht nur die Problematik von Identität und Selbst zur Sprache bringt, sondern zugleich auch tatsächlich ihr Selbst konstituiert. Bringt sie in der Performance-Situation tatsächlich ihr Selbst hervor oder tut sie nur so, "als ob"? Was vollzieht sie, wenn sie die performativen Akte des Erzählens vollzieht? Konstituiert sie ihr Selbst oder führt sie einfach nur die Mechanismen, Strukturen und Abläufe eines Prozesses vor, in denen ein Selbst konstituiert werden kann? Die Performance provoziert geradezu diese Fragen, ohne klare Antworten auf sie zu ermöglichen.

Nun legen der Bezug auf literarische Topoi ebenso wie ihre spezifische Verwendung darüber hinaus noch einen ganz anderen Gedanken nahe – den Gedanken nämlich, daß es hier überhaupt nicht um die Konstitution eines Selbst geht, sondern um den Vorgang einer Inszenierung eines Selbst. Ebensowenig wie nach Paul de Man die Autobiographie über einen Referenten in der außerliterarischen Wirklichkeit verfügt, auf den der/die Schreibende mit seiner/ihrer Sprache verweisen würde, enthüllt Rosenthals Erzählung "reliable self-knowledge". Im Unterschied zu de Mans Schlußfolgerungen interessiert mich dabei allerdings weniger die Frage nach der Möglichkeit von Referenten in der außerliterarischen Wirklichkeit, als vielmehr das Verfahren der Inszenierung: Die Erzählerin entwirft jeweils ein anderes, an einem anderen literarischen Muster orientiertes Bild von sich, das sie sprachlich, stimmlich und gestisch in Szene setzt. Die jeweilige Konstitution eines Selbst erscheint insofern als Produkt und Resultat eines Inszenierungsprozesses.

Dabei wird Inszenierung als ein Vorgang begriffen und bestimmt, der durch eine spezifische Auswahl, Organisation und Strukturierung von Materialien/Personen – hier: von sprachlichem, stimmlichem, gestischem Material – etwas zur Erscheinung bringt, das "seiner Natur nach nicht gegen-

ständlich zu werden vermag".[47] Diese Definition impliziert, daß der Inszenierung "etwas vorausliegen muß, welches durch sie zur Erscheinung kommt.
Dieses Vorausliegende vermag niemals vollkommen in Inszenierung einzugehen, weil sonst dieses selbst das ihr Vorausliegende wäre. Anders gewendet, ließe sich auch sagen, daß jede Inszenierung aus dem lebt, was sie nicht
ist. Denn alles, was sich in ihr materialisiert, steht im Dienste eines Abwesen-
den, das durch Anwesendes zwar vergegenwärtigt wird, nicht aber selbst zur
Gegenwart kommen darf."[48] Entsprechend bestimmt Iser Inszenierung als
"Institution menschlicher Selbstauslegung"[49] bzw. als den "unablässigen
Versuch, sich selbst zu stellen"[50]: "In den Inszenierungen verselbständigt sich
die eigene Andersheit des Menschen [...]. Nur inszeniert kann der Mensch
mit sich selbst zusammengeschlossen sein; Inszenierung wird damit zur
Gegenfigur aller transzendentaler Bestimmungen der Menschen."[51]

Indem Rosenthal ihr Selbst als ein je anderes je anders sprachlich inszeniert, stellt sie die Kategorie des Selbst in Frage. Wenn das Selbst nur
durch eine bzw. in einer Inszenierung zur Erscheinung kommt, ist es als ein
spezifisches Konstrukt zu begreifen, dem nichts außerhalb der Inszenierung
entspricht, auch wenn ihm etwas vorausliegt. Der Bezug, den Rosenthal hier
zur literarischen Gattung der Autobiographie herstellt, dementiert die über-
kommenen Vorstellungen von Ich und Selbst. Und es ist gerade ihre besondere Verwendung von Sprache, die sie obsolet erscheinen läßt.

Rosenthal schließt an die sprachkritischen Tendenzen der historischen
Avantgardebewegungen insofern an, als auch sie Sprache zuvörderst als ein
Material begreift. Während bei der historischen Avantgarde diese Auffassung
jedoch zu einer weitgehenden Desemantisierung der Sprache geführt hat, die
ihren Lautcharakter fokussiert und sie von jeglicher Bedeutung zu befreien
sucht, verwendet Rosenthal in ihrer Performance Sprache als Material für eine
Inszenierung, für die gerade die semantische Dimension der Sprache in ihrer
Polyvalenz und Ambiguität von Belang ist. Die Sprache erscheint hier also
nicht nur in ihrer Lautlichkeit als Material, sondern auch und gerade in ihren
Bedeutungen. D.h. Rosenthal verwendet die Sprache nicht als Instrument der
Darstellung, sondern als Material für eine Inszenierung. Sie erhebt daher auch
nicht den Anspruch, den de Man im Hinblick auf Forschungen zur Autobio-
graphie kritisiert, nämlich "authentische" Selbstdarstellung zu liefern. Sie

---

47   Iser 1991, S. 504.
48   Ebd., S. 511.
49   Ebd., S. 512.
50   Ebd., S. 525.
51   Ebd., S. 514f.

zieht damit die Konsequenzen aus der Krise der Repräsentation, die um die Jahrhundertwende virulent wurde. Und wenn die Künstlerin in ihrer Inszenierung "ich" sagt, so ist dies Teil der Inszenierung, außerhalb derer von "Ich" und "Selbst" sinnvollerweise kaum die Rede sein kann. "Am I really here or is it only art?" Diese Frage, die Laurie Anderson in ihrer Performance *Four Instants* (1976) in einem Lied formuliert, läßt sich daher eigentlich nur dahingehend beantworten, daß "Ich" und "Selbst" nur in bzw. durch Inszenierung zur Erscheinung kommen können – sie sind in diesem Sinne immer "only art".

Nun verwendet Rosenthal für ihre Inszenierung von "Ich" und "Selbst" ja keineswegs nur sprachliches Material, sondern auch stimmliches, körperliches, musikalisches. Welche Rolle fällt vor allem der Stimme in diesen Inszenierungen zu?

Die Stimme vermag ganz allgemein das Gesagte zu verstärken, abzuschwächen, es zu kommentieren, in andere Bereiche hinüberzuspielen, ihm zu widersprechen[52]. "Jede Silbe ist Atem, dessen Rhythmus der Herzschlag bestimmt, und die Energie dieses Atems, mit dem Optimismus der Materie, verwandelt die Frage in eine Ankündigung, die Erinnerung in Prophezeiung, verwischt die Zeichen dessen, was verloren und unwiederbringlich mit Sprache und Zeit verwirkt ist. Daher ist die Stimme Wort ohne Worte", schreibt Zumthor[53]. Der Stimme eignet jedoch auch ohne jeden Bezug auf das Gesagte – die Worte – eine ganz besondere Qualität. Die Stimme verweist unüberhörbar auf den Körper des Sprechenden, Singenden, Schreienden, "die Stimme sagt sich, während sie sagt; an sich ist sie reines Verlangen"[54]. Wie Zumthor unter Rekurs auf reiches ethnologisches Material überzeugend dargelegt hat, gilt die Stimme in vielen Kulturen als mit besonderen Kräften begabt; sie eröffnet kosmische, mythische und magische Dimensionen. Sie ist reine *energeia*.

Ohne Zweifel stellt die Stimme im Unbewußten des Menschen eine archetypische Form dar: ein schöpferisches Urbild, gleichzeitig Energie und Konfiguration von Zügen, die in jedem von uns die ersten Erfahrungen, die Gefühle, die Gedanken vorherbestimmen, aktivieren und strukturieren. Keineswegs mythischer Inhalt, sondern *facultas*, symbolische Möglichkeit, die zur Darstellung angeboten wird und im Lauf der Jahrhunderte ein Kulturerbe darstellt [...]. Das Bild der Stimme wurzelt in einer Zone des Erlebten, die den begrifflichen

---

52   Vgl. hierzu den Abschnitt "Paralinguistische Zeichen" in Fischer-Lichte 1994, S. 36–47.
53   Zumthor 1990, S. 13.
54   Ebd., S. 12.

Formulierungen entgeht, die man nur ahnen kann: es führt ein geheimes, geschlechtlich differenziertes Leben mit Implikationen von solcher Komplexität, daß es über all seine Einzelerscheinungen hinausgeht.[55]

Rachel Rosenthal setzt in ihren Performances ihre Stimme auf unterschiedliche Weise ein: Sie spricht, sie rezitiert, sie singt, sie schreit, sie lacht. Am besonderen Gebrauch, den sie von ihrer Stimme macht, fällt zunächst auf, daß sich ihr nur schwer eine bestimmte Geschlechtsidentität zusprechen läßt. Sie changiert zwischen Timbres, die dem in der amerikanischen Kultur gültigen Kode entsprechend als Indikatoren einerseits für "Weiblichkeit", andererseits für "Männlichkeit" begriffen und gedeutet werden können. Rosenthal inszeniert sich durch die spezifische Klangfarbe, die sie ihrer Stimme verleiht, als eine Art androgynes Wesen, das zwischen den Geschlechtern hin und her wechselt, sich auf keine Geschlechtsidentität festlegen läßt. Die jeweiligen performativen Akte, welche die Künstlerin mit ihrer Stimme vollzieht – ihre Stimm-Akte –, lassen es unmöglich erscheinen, ihr eine bestimmte Geschlechtsidentität zuzuschreiben; sie veranlassen vielmehr die Zuschauer/Zuhörer, einen permanenten Wechsel zwischen den Geschlechtsidentitäten mit- bzw. nachzuvollziehen. Mehr noch, sie bringen einen Zustand hervor, den Victor Turner, wie bereits zitiert, als "between and betwixt the positions assigned and arrayed by law, custom, ceremonial"[56] bezeichnet hat – einen Zustand der Liminalität.

Dies gilt auch für Rosenthals Lachen. Es ist mit dem Lachen des indianischen Schamanen vergleichbar, mit dem dieser sich auf seine "Reisen begibt" (auf die Rosenthal mit dem Untertitel ihrer Performance *Pangaean Dreams* (1990) anspielt: "A Shamanistic Journey"), oder auch mit dem prophetischen Lachen Merlins. Es ist ein Lachen, das – ähnlich wie die Trennungsphase eines Übergangsrituals – die Zuschauer/Zuhörer ihrem alltäglichen Milieu entfremdet, sie zugleich – wie in der Schwellen- oder liminalen Phase – verstörenden Erfahrungen aussetzt und ihnen so die Möglichkeit eröffnet, Transformationen zu vollziehen. Rosenthal bringt im Akt des Lachens ihre Stimme in einer solchen Gestalt hervor, daß sie fähig zu werden scheint, den Zuschauer/Zuhörer in einen Zustand der Liminalität zu versetzen.

Um Mißverständnissen vorzubeugen: Ebensowenig wie bei den künstlerischen Transformationen von Opfer-, Initiations- und Heilungsritualen durch Nitsch, Abramović und Beuys gehe ich hier davon aus, daß mit der

---

55   Ebd., S. 12.
56   Turner 1969, S. 95.

künstlerischen Performance ein Übergangsritual vollzogen wird. Die Unterschiede zwischen beiden habe ich im vorigen Kapitel deutlich herausgestellt. Ich behaupte jedoch, daß der Zustand der Liminalität, der von den Übergangsritualen erzeugt werden soll, nicht auf Übergangsrituale beschränkt ist, sondern auch von anderen Arten von *cultural performances* hervorgebracht werden kann – so zum Beispiel von künstlerischen Performances. Dabei gilt es allerdings zu berücksichtigen, daß beispielsweise in Rosenthals Performance ihr Lachen oder allgemeiner ihre Stimme den/die Zuschauer(in)/Zuhörer(in) A in einen Zustand der Liminalität zu versetzen vermag, während der/die Zuschauer(in)/Zuhörer(in) B von ihr nicht affiziert wird.

Rosenthal inszeniert also nicht nur eine Abfolge heterogener Selbsts (nach unterschiedlichen literarischen Mustern), sondern sie inszeniert eine Potentialität, die höchst unterschiedliche Selbsts hervorzubringen und zwischen ihnen beständig hin- und herzuwechseln vermag. Durch den besonderen Einsatz bzw. die spezifische Organisation des Materials – vor allem der Stimme – kann eine solche Inszenierung auch für die Zuschauer/Zuhörer die Möglichkeit eines liminalen Feldes eröffnen, die sie im Sinne kultureller Frei- und Spielräume zur Ausbildung neuer Konzepte von Ich und Selbst zu nutzen vermögen.

Eine solche Wahrnehmung der Performance wird durch die Etablierung verschiedener, zum Teil durchaus miteinander konfligierender Rahmen unterstützt. So befolgt Rosenthal bestimmte Konventionen, welche das Genre "Geschichtenerzählen" zu anderen Kunstgattungen und *cultural performances* in Beziehung setzen: Die anfängliche Verbeugung vor dem Publikum sowie das Singen am Mikrophon verweisen auf Konzerte, das Agieren auf einer bühnenartigen Plattform sowohl auf ein Konzertpodium als auch auf eine Theaterbühne, die gleichzeitige Anwesenheit von Performerin und Drummer auf der Plattform nicht nur auf einen Liederabend (obwohl Rosenthal ihre Lieder gerade unbegleitet singt), sondern auch auf eine Solo-Tanzveranstaltung.

Mit ihrem Geschichtenerzählen spielt Rosenthal also einerseits auf die entsprechende *cultural performance* an, die in der "fiktiven" Erzählung durch den Sänger/Erzähler/Rezitator die kollektive Identität der Zuhörer bestätigt. Indem sie Konzert- und Tanzveranstaltungen zitiert – oder auch Rezitationsabende – verweist sie andererseits aber auch auf die individuellen Künstler, die mit der Ausübung ihrer Kunst sich als einzelne, aus der Menge herausragende Individuen zur Geltung bringen und damit zugleich eine bestimmte kulturelle Identität ihrer Zuschauer/Zuhörer bekräftigen oder auch in Frage stellen. Die Grenzgänge, welche die Performerin hier zwischen verschiedenen Kunstgattungen ebenso wie zwischen verschiedenen Genres von *cultural performances* vornimmt, vollzieht sie also als Prozesse von Rahmungen, deren Verhältnis zueinander keineswegs widerspruchsfrei ist, die aber durchgehend zueinander in ein Verhältnis treten.

Wenn der Zuschauer die Inszenierungen von Selbst, welche Rosenthal im Laufe ihrer Performance hervorbringt und präsentiert, auf diese unterschiedlichen Rahmen bezieht, so entsteht für ihn eine verwirrende Situation. Mit Blick auf das Verhältnis der verschiedenen Künste zueinander wird er wahrnehmen, daß der sprachliche Vortrag und der gleichzeitige Tanz nicht demselben Rhythmus folgen. Der Tanz steht insofern nicht in einer erkennbaren Beziehung zur Rezitation, wohl aber zum Rhythmus des Drummers. Tanz und sprachlicher Vortrag erscheinen so als zwei selbständige künstlerische Hervorbringungen; sie werden zwar gleichzeitig von derselben Performerin präsentiert, stehen jedoch in keiner erkennbaren Beziehung zueinander. Da der Zuschauer entsprechend wahrnehmen wird, daß die körperlichen Bewegungen der Performerin von ihrer Sprache abgekoppelt sind, mag es ihm leichter fallen, beide nicht – zumindest nicht ausschließlich oder auch vorrangig – auf die Person der Performerin zu beziehen. Er ist insofern in der Lage, die sprachlichen Inszenierungen von Selbst ebenso wie die vom Modus der Inszenierung implizierte Infragestellung der Kategorie des Selbst als "only art", d.h. als eine spezifische ästhetische Differenz zu rezipieren.

Der Rahmen dagegen, den der Bezug auf die *cultural performance* "Geschichtenerzählung" setzt, verlangt ein anderes Rezeptionsverhalten; er fordert, die Performance im Hinblick auf das eigene kulturelle Selbstverständnis zu befragen. D.h. der Zuschauer wird sich innerhalb dieses Rahmens weigern, die Demontage der Kategorie des Selbst als "only art" zu begreifen, und sie vielmehr als Angriff auf eine Kategorie verstehen, die fundamental für die westliche Kultur ist. Er wird daher zu dem Schluß kommen, daß es in der Performance nicht nur um die Problematisierung der Vorstellung eines stabilen, mit sich identischen Selbst geht, sondern um die Infragestellung des abendländischen Konzepts von Selbst überhaupt.

Es mag insofern nicht überraschen, daß die Form der autobiographischen Performance seit den siebziger Jahren vor allem – wenn auch nicht ausschließlich – von Künstlern entwickelt wurde, die Gruppen angehören, welche aufgrund der in unserer Kultur vorherrschenden Vorstellungen von Ich und Selbst eher marginalisiert sind: von Frauen und homosexuellen Männern. Und wie Rosenthal geht es ihnen nicht um "a recording of (his) [their] life, rather a deliberate displacement of this life through performance"[57]. Für den Zuschauer wird

---

57 David Roman über Tim Miller, Roman 1992, S. 215.

so die autobiographische Performance zum Ort, an dem nicht einfach über Möglichkeiten und Bedingungen von Selbstkonstitution reflektiert, sondern die Kategorie des Selbst grundsätzlich in Frage gestellt wird: Wenn sich ein Selbst konstituiert, dann als eine Frage, die immer nur auf andere Fragen, andere Handlungen, andere Geschichten verweist, jedoch nicht auf eine reale Person. Wenn von einem Selbst die Rede sein kann, dann nur vom Selbst als einem Rätsel.

Die autobiographische Performance nötigt so den Zuschauer, über ein kulturelles Konstrukt nachzudenken, das jahrhundertelang konstitutiv für unsere Kultur gewesen ist, und es vielleicht aufzugeben. Während die alte Form der *cultural performance* "Geschichtenerzählen" in oralen Kulturen die kollektive Identität der Zuhörer bestätigt, destabilisiert die autobiographische Performance ihre Zuschauer, ja entzieht ihrem individuellen und kulturellen Selbstverständnis den Boden. Das Selbst, von dem sie sprechen und an dessen Existenz sie glauben mögen, wird nicht anders als in/durch Inszenierung gegenwärtig. So wird die autobiographische Performance für die Zuschauer zum Ort eines radikalen "displacement" ihres Selbst.

4. Die Erwiderung des Blicks

Künstlerische Performances, die Rituale und Geschichtenerzählen transformieren, greifen auf Gattungen von *cultural performances* zurück, die im allgemeinen nicht als konstitutiver Bestandteil der bürgerlichen Kultur anerkannt sind – sei es, daß sie oralen Kulturen, sei es, daß sie der europäischen Volkskultur zugerechnet werden. Ihr kulturkritischer Impuls geht entsprechend in zwei Richtungen: Zum einen kritisieren sie die bürgerliche Kultur als artefakt- und produktorientiert; sie lasse Kunst zur Ware und zum Fetisch verkommen. D.h. sie greifen eine Kritik auf, die spätestens seit Richard Wagner kontinuierlich gegen die bürgerliche Kultur artikuliert worden ist. Zum anderen entwickeln sie unter Bezug auf Kulturen, die als dominant performativ gelten, neue Modelle von Kultur, für die eben der performative Modus konstitutiv ist. Es mag daher der Eindruck einer grundsätzlichen Opposition entstehen: Die bürgerliche Kultur wird als produktorientiert bestimmt und das Produkt als Voraussetzung für Reifizierung und Vermarktung kritisiert. Dagegen erscheinen performative Kulturen – orale Kulturen und europäische Volkskultur – gegen derartige Tendenzen gefeit, und zwar gerade, weil sie eine Dominanz des Performativen praktizieren und verwirklichen.

Seit Mitte der achtziger Jahre werden nun zunehmend künstlerische Performances geschaffen, die sich auf Gattungen von *cultural performances*

beziehen, welche innerhalb der bürgerlichen Kultur funktionieren wie Völkerausstellungen, Striptease-Shows, Eiskunstlauf-Wettkämpfe, Boxkämpfe und
andere Arten sportlicher Wettkämpfe. Auch für sie gilt eine klare Dominanz
des Performativen. Dennoch schützen sie keineswegs vor Reifizierung und
Vermarktung; ganz im Gegenteil leisten sie derartigen Tendenzen Vorschub,
indem sie in der bürgerlichen Gesellschaft bestehende Stereotypen, z.B. über
Geschlechtsidentitäten oder über das Verhältnis zwischen Europäern/Weißen
und Nicht-Europäern/Farbigen, reproduzieren und so stabilisieren. Diese
Gattungen von *cultural performances* funktionieren eben deshalb, weil sie in
Diskurse eingebettet sind, welche den Blick des Zuschauers mit der Macht
ausstatten, die Performer zu kontrollieren, ihre Identität zu fixieren und sie zu
zwingen, die für diese Identität als konstitutiv geltenden Verhaltenswei-
sen/performativen Akte ständig zu wiederholen. Zwar bringen auch diese
Performances als Produkte keine Artefakte hervor; nichtsdestoweniger stehen
sie keineswegs den Mechanismen der Vermarktung entgegen. Denn sie
produzieren insofern vermarktbare Objekte/Güter, als diese durch die kontrollierenden, fixierenden und damit verdinglichenden Blicke der Zuschauer
entstehen.

    Dies gilt ganz besonders für solche *cultural performances*, in denen die
Verteilung der Akteurs- und Zuschauerrolle rigide festgeschrieben und ein
Austausch zwischen beiden Gruppen unmöglich ist – für die "traditionelle"
Striptease-Show[58] und für die Völkerausstellung. Bei beiden handelt es sich
um Genres, die sich – nach vereinzelten Vorläufern – in ihrer bis heute bzw.
bis zum Zweiten Weltkrieg gültigen Form im 19. Jahrhundert herausgebildet
haben. Beim Striptease ist die Akteurin stets eine Frau, während die Zuschauerrolle nahezu ausschließlich von Männern übernommen wird. Während die
Frau stumm tanzt und dabei allmählich mehr und mehr von ihrem Körper
enthüllt, ist sie bei diesem zutiefst privaten Akt des Sich-Entkleidens nicht nur
den Blicken der männlichen Zuschauer ausgesetzt, sondern auch ihren Zuru-
fen und Kommentaren, den unmißverständlichen Äußerungen ihrer Urteile,
Phantasien, Begierden. Eine Umkehr der Positionen ist ausgeschlossen, eine
Erwiderung des männlichen Blicks durch die Tänzerin nicht vorgesehen.

    Bei Völkerausstellungen sind nicht-westliche Akteure den Blicken westli-
cher Zuschauer ausgesetzt. Dabei sind nicht nur die Rollen von Akteuren und

---

58 Die folgenden Überlegungen beziehen sich allein auf die "traditionelle" Form des Striptease, bei
    dem sich eine Frau auf der Bühne vor den Augen eines überwiegend männlichen Publikums
    entkleidet. Dennoch sei an dieser Stelle auf die wachsende Popularität von Striptease-Shows
    hingewiesen, in denen sich männliche Akteure vor einem ausschließlich weiblichen Publikum
    enthüllen.

Zuschauern vorab festgelegt; die Ausstellungssituation ist auch so beschaffen, daß sie das Verhältnis zwischen Akteuren und Zuschauern als prinzipiell irreversibel strukturiert und zwar als Verhältnis zwischen zivilisierten Zuschauern (Beobachtern) und "wilden" Akteuren (den Objekten der Beobachtung).

Für beide Gattungen ist die spezifische Verteilung der Rollen von Akteuren und Zuschauern konstitutiv, für beide der besondere Blick des Zuschauers auf den Akteur. Dieser besondere Blick läßt sich genauer als der Blick des weißen Mannes auf das ihm andere beschreiben: auf die Frau und auf den Nicht-Europäer. Er bedarf des kontrollierenden Blicks, um dem anderen seine Identität vorschreiben, um sie sistieren, fixieren und ihre Einhaltung überwachen zu können, weil es ihm nur so möglich erscheint, sich selbst als ein Subjekt zu konstituieren, selbst eine stabile, konsistente und verläßliche Identität auszubilden. Wird die Verteilung der Rollen in Frage gestellt, ist einer solchen Identitätsbildung der Boden entzogen. Denn es ist die auf ihr beruhende spezifische Wahrnehmung des anderen, welche sie zu garantieren scheint. An dieser Eigenart setzen die beiden Performances an, die ich abschließend untersuchen will: Karen Finleys Performance *The Constant State of Desire*, die 1986 in "The Kitchen" in New York uraufgeführt und später in Nachtclubs gezeigt wurde, sowie die Performance *Two Undiscovered Amerindians Visit...* der beiden amerikanischen Performance-Künstler Coco Fusco und Guillermo Gómez-Peña, die nach einem "Probelauf" in der Art Gallery der Universität von Kalifornien, Irvine, im Mai 1992 auf der Plaza Cristobal Colón in Madrid im Rahmen der Fünfhundertjahrfeier der sogenannten Entdeckung zum ersten Mal gezeigt wurde und anschließend an höchst unterschiedlichen Aufführungsorten: in Covent Garden in London, im Walker Art Center in Minneapolis, im Smithsonian National Museum of Natural History in Washington, im Australian Museum of Natural History in Sidney, im Field Museum in Chicago und im Whitney Museum in New York.

4.1 Striptease[59]

Karen Finley bezog sich mit ihrer Performance *The Constant State of Desire* auf das Genre der Striptease-Show. Sie arbeitete dabei mit Verfahren, die zwar

---

59 Vgl. zu diesem Abschnitt die von einer Vorstudie zur vorliegenden Untersuchung angeregte Magisterarbeit von Isabel Pflug (Pflug 1997), der ich wichtige Hinweise und Anregungen verdanke.

unmißverständlich auf das zugrundeliegende Genre anspielten, seine konstitutiven Regeln jedoch außer Kraft setzten.[60]

Auf der Bühne stand links ein Tisch, auf dem Osternester mit bunt bemal-
ten rohen Eiern lagen sowie Stofftiere, die mit Eiern ausgestopft waren. Karen
Finley, die ein pastellgelbes Rüschenkleid mit Puffärmeln, weiße Söckchen
und rote Ballerinaschuhe trug, trat lächelnd an das in der Mitte der Bühne
plazierte Mikrophon, in das sie den Text "Hate Yellow"[61] in einem stark
durchrhythmisierten Singsang sprach. Nach ihrem Vortrag trat sie vom Mikrophon zurück neben den Tisch, wo sie sich völlig unspektakulär bis auf einen
weißen Tanga auszog. Sie warf die rohen Eier aus den Nestern und den
Stofftieren in eine große durchsichtige Plastiktüte, die sie so lange auf den
Boden und auf den Tisch schlug, bis der Inhalt ganz gelb war. Dann ergriff sie
eines der Stofftiere, tauchte es in die gelbe Mixtur und trug sie mit ihm auf
ihren Körper auf. Sie bestreute sich – und das Publikum – anschließend mit
Goldglitter und Konfetti und schlang sich Papiergirlanden wie Federboas um.
D.h. einerseits richtete sie so ihren Körper zum "Verzehr" her und an, andererseits verhüllte sie ihn damit wieder und entzog ihn so den Blicken der
Zuschauer. In dieser Aufmachung begab sie sich zum Mikrophon und redete
die Zuschauer – wiederum im selben rhythmischen Singsang – ganz direkt in
aggressivem Tonfall an. Die Texte, die sie sprach: "Nothing happened", "Tie
You up & Steal Your BMW" und "Cut off Balls" waren von sexuellen Per-
versitäten, Obszönitäten und skatologischen Ausdrücken nicht nur durch-
setzt, sondern strotzten nur so von ihnen:

> I drive down to Wall Street and break into Exchange. I go up to all the traders
> and cut off their balls. They don't bleed, only dollar signs come out. They
> don't miss their balls 'cause they're too busy fucking you with everything else
> they've got.
>
> So, I gather all their balls, scrotum, testicles and stick 'em in my mouth.
> I roll 'em around my mouth and I feel like a squirrel in heat. I love the sound
> of the scrotum. I take the balls home and boil them. 'Cause they're small balls
> and need to be plumped up. After I boil the balls I roll them in my own dung,
> my manure. 'Cause I'm the Queen of the Dung Dynasty. Then I roll the Dung
> eggs in melted Hershey's Kisses. Then I roll the scrotum, manure, chocolate-
> coated balls into fancy foiled papers from found Eurotrash cigarette boxes.
> Now I've got gourmet Easter eggs candy to sell. I sell these Easter eggs to
> gourmet chocolate shops. And I love to see nine-year-old boys who only

---

60 Ich beschränke mich in meiner Analyse vor allem auf den II. Akt, für den eine Videoauf-
    zeichnung vorliegt.
61 Vgl. Finley 1990, S. 61.

communicate with their computers eat their daddies' balls. I love to watch all
of you Park Avenue, Madison Avenue know-it-alls eating your own chocolate-
covered balls for twenty-five dollars a pound.[62]

Mit dieser Strategie kehrte Finley in ihrer Performance die für den Striptease
konstitutiven Positionen um: Statt die Entkleidung als Akt einer allmählichen
Enthüllung zu vollziehen, entledigte sie sich schnell und unspektakulär ihres
hellen Kleinmädchenkleides und verhüllte anschließend ihren Körper wieder
mit Eimasse, Goldglitzer und Papiergirlanden. Statt schweigend zu tanzen,
stand sie fast bewegungslos vor dem Mikrophon, in das sie ununterbrochen
hineinsprach. Zwar war sie dabei durchaus den Blicken und Kommentaren
der männlichen Zuschauer ausgesetzt – die allerdings untypisch für eine
Striptease Show waren. Wie Maria Pramaggiore und Cindy Carr berichten,
warfen Zuschauer während der Performance brennende Zigaretten auf die
Bühne, ließen ihre Hosen herunter oder beschimpften Finley als "Hure".[63]
Aber umgekehrt waren auch sie den Kommentaren und Beschimpfungen der
Performerin ausgesetzt, die sie ihnen immer wieder aggressiv entgegenschleu-
derte.

Wenn man davon ausgeht, "daß sich im Striptease das Selbstbild einer
bürgerlich-patriarchalischen Kultur formuliert, in welcher der Frau die Ausbildung einer gesellschaftlich anerkannten bzw. akzeptierten Geschlechtsidentität zum einen nur über ihren Körper und zum anderen allein in Abhängigkeit vom männlichen Blick ermöglicht wird"[64], so läßt sich Finleys Transformation der Striptease-Show als Verweigerung der in ihr formulierten
"weiblichen" Geschlechtsidentität und zugleich als Entwurf einer ganz eigenen, "selbstbestimmten", subjektiven Identität begreifen.

Die Verweigerung artikuliert sich vor allem im Parodieren der konstitutiven Merkmale der Striptease-Show; die Performerin verfehlt bewußt die im
Striptease inszenierten, dar- und ausgestellten kulturellen Bestimmungen von
"Weiblichkeit" und streitet damit ganz ausdrücklich dem männlichen Zuschauer die kontrollierende Macht seines Blickes ab, die ihm die *cultural
performance* Striptease verleiht.[65]

---

62   Finley 1990, S. 62f.
63   Vgl. Carr 1993, S. 144 sowie Pramaggiore 1992, S. 272.
64   Pflug 1997, S. 24f.
65   Kulturgeschichtlich besonders interessant scheint neben der Strategie einer die Striptease-Show
     parodierenden Körperinszenierung auch die Anspielung auf die Hysterie zu sein, die sich in
     ihrem Anfall dem kontrollierenden männlichen Blick des Arztes bzw. Therapeuten entzieht.
     Vgl. hierzu Pflug 1997, S. 70–78.

In besonders augen-, oder besser: ohrenfälligem Gegensatz zur Striptease-Show steht in Finleys Performance die unbestreitbare Dominanz von Sprache. Während in der Striptease-Show die Transformation des weiblichen Körpers in ein männliches Kulturprodukt, nämlich in das männliche Konstrukt der "schönen Frau", nur unter der Bedingung gelingt, daß die Striptease-Tänzerin schweigend tanzt – sich also ausschließlich auf ihren Körper reduziert, der vom männlichen Zuschauerblick kontrolliert und taxiert wird –, nimmt Finley sich in ihrer Performance das Recht auf Sprache.

Sie versucht allerdings nicht, sprechend ein stabiles Selbst zu konstituieren bzw. eine konsistente Identität auszubilden. Wie in den autobiographischen Performances deuten ihre sprachlichen/stimmlichen Inszenierungen eher auf ein neues Konzept von Ich und Selbst, wenn nicht gar auf die Auflösung dieser Kategorie. Im Mittelpunkt steht allerdings hier die Kategorie der Geschlechtsidentität. So wechselt Finley in ihren Reden immer wieder zwischen den Geschlechtern, nimmt immer wieder eine männliche Perspektive ein:

> And my mama is still watching the stories [...] *Dallas, Dynasty, The World Turns* too. She's sprawled out on the avocado-green shag carpeting wearing her washed-out plaid house-coat. Safety pins pinned altogether. [...] So I'll roll my mama's belly onto the shag carpeting. She still not looking at me as I roll up her dress to the small of her back. She still not looking at me. She still watching that show on incest. And I look at her fat thighs and ass. Liked uncooked bacon my hands soothe her rumpled dimpled flesh. My mama! My mama, sweet mama. And I pull down her cotton Carters all pee stained. Elastic gone. Then I mount my own mama in the ass. That's right. I fuck my own mama in the ass. 'Cause I'd never fuck my own mama in her snatch. She's my mama. I cum real quick. Cuz I'm a quick working man. Work real fast. After I cum, I come outta my mama. She don't look at me. Just sucking her Pall Mall. So I go down on my mama and suck my own cum outta my own mama's ass, outta her butthole. Her coconut Hershey juice. Suck it out. Suck it. Pucker. Pucker.[66]

Der "weibliche" Körper und die "männliche" Rede lassen sich hier kaum einander integrieren. Körper-Inszenierung und Sprach-Inszenierung fallen rettungslos auseinander. Von einer wie auch immer gearteten Identität kann nicht die Rede sein. Dies gilt allerdings auch, wenn Finley unterschiedliche weibliche Perspektiven einnimmt – unterschiedliche "weibliche" Rollen "spielt", wie man fälschlicherweise zu sagen versucht sein könnte. Denn um

---

66   Finley 1990, S. 66f.

ein Rollenspiel handelt es sich ganz sicher nicht, wie auch von der Forschung bereits verschiedentlich bemerkt wurde (auch wenn der Terminus "character" verwendet wird). So weist Cindy Carr ausdrücklich darauf hin, "Finley's characters have no boundaries. They flow into each other over the course of a monologue as it moves from one emotional peak to the next, the dislocated genders and narratives held together by a feverish dreamlike logic."[67] Die verschiedenen sprachlichen Inszenierungen ebenso wie die Konfrontation von Körperinszenierung und sprachlicher Inszenierung legen den Schluß nahe, daß hier nicht nur jegliche vorgegebene Geschlechtsidentität negiert, sondern daß die Kategorie der Geschlechtsidentität als solche infrage gestellt wird. Wenn die Künstlerin für sich als Performerin das Recht auf eine metamorphotische, zwischen den Geschlechtern hin- und herwechselnde, nicht festzulegende "Identität" einfordert, dann ist damit die Vorstellung von "Geschlechtsidentität" obsolet geworden.

Finleys Performance stellt so in mehrfachem Sinn eine Herausforderung für die männlichen Zuschauer dar. Denn sie negiert nicht nur den Machtanspruch des männlichen Blicks, nimmt nicht nur für sich das Recht auf Sprache in Anspruch. Sie bricht damit zugleich die für Striptease – ebenso wie für die bürgerlich-patriarchalische Gesellschaft – typische Rollenverteilung auf: Die Performerin erwiderte die Blicke der Männer, sie wandte sich ihnen unmittelbar zu, nahm ihre Reden in den Mund, die sie ihnen aggressiv entgegenschleuderte. Wie Pramaggiore ausführt, schien sie "to enjoy the audiences' discomfort with her deconstruction of the traditional viewer position. [...] Finley's body is not an object – she employs particular techniques to turn back the objectifying gaze of the audience".[68] Nicht nur wurde dadurch die Position des Zuschauers als die eines Voyeurs entlarvt, sondern diese Position wurde dem Zuschauer zugleich unmöglich gemacht. Die Erwiderung des Blicks zwang ihn, eine andere einzunehmen.

Finley brachte also die männlichen Zuschauer dazu,

> to be passive in the face of her rage, and she desecrates herself as the object of their desire, thereby mocking their sexuality. Her refusal to play the game leaves the male spectator nowhere to place himself in relation to her performance. He can no longer maintain the position of the sexual subject who views the performance[69],

---

67 Carr 1993, S. 149.
68 Pramaggiore 1992, S. 282 u. 287.
69 Dolan 1987, S. 162f.

wie Jill Dolan bemerkt. Die Position des unbeteiligten und anonymen Beobachters ist damit unterminiert. Die Performerin provozierte einzelne Zuschauer,
brennende Zigaretten auf die Bühne zu werfen und die Hosen herunterzulassen
– also selbst die Rolle von Akteuren zu übernehmen, die den Blicken der Performerin und des übrigen Publikums ausgesetzt sind. Die Rollen von Akteur(in)
und Zuschauer(in) wurden so ständig neu definiert. Da der kontrollierende Blick
des männlichen Zuschauers außer Kraft gesetzt war, geriet auch seine Wahrnehmung der Frau als des von ihm festgelegten "Weiblichen"/anderen außer
Kontrolle. Sie verlor die Fähigkeit, seine eigene Geschlechtsidentität zu garantieren, die Konstitution seines Selbst zu bewerkstelligen. Die Performerin forderte
also nicht nur für sich das Recht auf eine metamorphotische, geschlechtlich
nicht zu fixierende Identität. Durch die Erwiderung des männlichen Zuschauer-
blicks bestritt sie zugleich auch dem Mann seinen Anspruch auf seine spezifische
Geschlechtsidentität: Die Wahrnehmung des anderen/des "Weiblichen" war
unfähig geworden, eine bestimmte Selbstwahrnehmung des "Männlichen"
sicherzustellen. Die Anerkennung jener neuen Identität der Performerin jenseits
des "Weiblichen" implizierte so für den männlichen Zuschauer die Aufgabe
seiner eigenen, gerade durch die Macht des kontrollierenden Blicks als "männlich" bestimmten Identität. Die veränderte Wahrnehmung des anderen, des
"Weiblichen" verlangte folgerichtig nach einer Veränderung der "männlichen"
Selbstwahrnehmung.

Nun ist die Annahme einer derartigen Wirkung einer künstlerischen
Performance zweifellos unrealistisch. Es läßt sich jedoch durchaus vorstellen,
daß sie zumindest Reflexionen über die traditionellen Geschlechtsidentitäten
ausgelöst haben mag – dies allerdings nur, solange die Performance an Orten
gezeigt wurde, die als Aufführungsorte avantgardistischer Performances
bekannt waren, wie "The Kitchen" in New York oder "Seven Stages" in
Atlanta, und damit für die Wahrnehmung und Rezeption der Performance
einen entsprechenden Rahmen setzten. Als Finley eine gewisse Berühmtheit
erlangte – nicht zuletzt, weil das National Endowment of the Arts ihr wegen
der "Obszönität" ihrer Performances (und das heißt hier nichts anderes als
wegen ihres Angriffs auf die männliche, also qua Geschlecht privilegierte
Beobachter- und Subjektposition) die finanzielle Unterstützung entzog – und
anfing, in Nachtclubs aufzutreten, bewies der dem Striptease zugrundeliegende Diskurs seine Macht: Selbst ihre schockierendsten Arbeiten "became
reinscribed in the fetishistic process associated with striptease or live sex, and
not at all the feminist or subversive strategy that theory might endorse".[70] In

---

70   Forte 1990, S. 268.

diesem Rahmen war es Finley unmöglich, den Zuschauer aus seiner Position als kontrollierender Beobachter und begehrendes Subjekt zu verdrängen und seinem Blick die Macht zu nehmen, sie als ein von ihm konstruiertes Modell von Weiblichkeit zu fixieren und als Objekt seiner Begierde zu imaginieren. D.h. die mit der Gattung "Striptease" gesetzten Rahmenbedingungen ermöglichten es den männlichen Zuschauern, die Herausforderung von Finleys Performance zu ignorieren, ihr subversives Potential zu entschärfen und die Performance als eine Striptease-Show wahrzunehmen und zu rezipieren. Die alte Rollenverteilung war wieder hergestellt: Zwar attackierte die Performerin die männlichen Zuschauer mit ihren Reden ebenso wie in "The Kitchen" oder "Seven Stages". Die Zuschauer weigerten sich jedoch, dies als Provokation zu verstehen, die sie "aus der Rolle" fallen ließe, oder gar als eine Erwiderung ihres Blicks durch die Performerin wahrzunehmen. Sie behielten ihre Position des externen Beobachters bzw. des anonymen Voyeurs bei. Angesichts der realen Macht- und Geschlechterverhältnisse, wie sie sich im Funktionieren der *cultural performance* Striptease manifestieren, erwies sich die von der Performance geforderte – aber unter diesen Rahmenbedingungen nicht mehr auszuagierende – Neudefinition der Geschlechterverhältnisse bzw. ihre radikale Infragestellung der Kategorie "Geschlechtsidentität" als völlig utopisch. Finleys Versuch, ein Selbst jenseits des männlichen Blicks und jenseits ihres biologischen Geschlechts zu konstituieren, das ihren Körper als "weiblich" markiert, war hier zum Scheitern verurteilt. Die männlichen Zuschauer rezipierten die künstlerische Performance, die als Transformation des Genres "Striptease" geschaffen und vollzogen wurde, als ein Exempel eben dieses Genres. Ihre Wahrnehmung des anderen, des "Weiblichen", wurde von ihr nicht irritiert, geschweige denn außer Kraft gesetzt oder destruiert. Auf dem von ihnen beherrschten Terrain – in der Nachtbar und ähnlichen Lokalitäten – brachten die männlichen Zuschauer es fertig, die Performance so zu rezipieren, daß sie ihre "männliche" Identität bestätigte. Die Erwiderung des Blicks, die beiden – der Performerin und den Zuschauern – einen Wandel ihrer Geschlechtsidentität ermöglicht hätte, mißlang.

4.2 Völkerausstellung

Vergleichbare Schlußfolgerungen lassen sich in mancher Hinsicht auch für die Performance von Coco Fusco und Guillermo Gómez-Peña *Two Undiscovered Amerindians Visit...* ziehen (Abb. 5). Auch in diesem Fall wurde die künstlerische Performance als Exemplar eben der Gattung rezipiert, die sie transformierte: als eine Völkerausstellung. Und dies *unabhängig* vom jeweiligen

Aufführungsort. Zwar experimentierten die Performer durchaus mit den Rahmenbedingungen, die der jeweilige Aufführungsort – öffentlicher Platz in einer Metropole, Kunstmuseum oder Galerie und Naturkundemuseum – setzte. Anders als bei Finleys Performance scheinen die Publikumsreaktionen hier jedoch nicht oder zumindest nur insignifikant von den jeweiligen Rahmenbedingungen beeinflußt worden zu sein. Die Performance wurde insgesamt von einer großen Zahl von Zuschauern gesehen: In Washington wurden 120.000 Besucher gezählt, in Minneapolis 15.000, in Sidney und Chicago jeweils 5.000 und in Irvine 1.000. Für London und Madrid liegen keine genauen Zahlen vor. Da es sich bei der Plaza Cristobal Colón ebenso wie bei Covent Garden um belebte öffentliche Plätze handelt, ist von entsprechend hohen Zahlen auszugehen.

An jedem Aufführungsort "lebten" Fusco und Gómez-Peña als unentdeckte Amerindianer, die von einer kleinen Insel im Golf von Mexico stammen, welche die Europäer aus unerklärlichen Gründen fünfhundert Jahre lang zu entdecken vergessen haben, für drei Tage in einem goldenen Käfig. Sie nannten ihre Heimat Guatinau und sich selbst Guatinaui. Beide waren als phantastische Amerindianer gekleidet: Fusco trug ein Baströckchen und einen BH aus "Tigerfell", um den Hals eine Kette aus riesigen Klauen, im Gesicht eine Sonnenbrille und an den Füßen Turnschuhe. Gómez-Peñas Gesicht war zu einer Art Tigermaske geschminkt – in ironischer Anspielung auf das Stereotyp des "fierce Mexican wrestler" –, die Augen waren hinter einer Sonnenbrille verborgen. Er trug einen riesigen Kopfputz, der mit Ornamenten geschmückt war und an der Spitze ebenso wie über der Stirn das Bild eines Indianerhäuptlings zeigte. Um den Hals trug er einen ausladenden Schmuck, der auch die Brust bedeckte; er wiederholte teilweise die Ornamente des Kopfputzes und war mit hängenden Perlschnüren dekoriert. Um die Hüften hatte er einen Lendenschurz geschlungen, an dem ebenfalls Perlschnüre hingen; als eine Art Gürtelschnalle wies er ein Gesicht auf. Seine Füße steckten in Slippern, seine Unterschenkel waren mit Perlschnüren geschmückt. Fusco und Gómez-Peña trugen beide außerdem ein Halsband. Die beiden Wächter neben dem Käfig führten sie an Leinen zur Toilette.

Beide vollzogen, was sie ihre "traditionellen Aufgaben" nannten: Sie reichten vom Gewichtheben über das Nähen von Voodoo-Puppen bis zum Fernsehen und zur Arbeit an einem Laptop. Am Käfig war eine Sammelbüchse angebracht mit einer Aufschrift, welche Besucher darüber informierte, daß für eine kleine Gebühr Fusco tanzen würde (und zwar, wie sich herausstellte, zu Rap-Musik), Gómez-Peña authentische amerindianische Geschichten erzählen (wobei er sich einer Phantasiesprache bediente) und daß beide mit Besuchern für Photos posieren würden.

Da die beiden Amerindianer weder westliche Sprachen verstehen noch sich für Nicht-Amerindianer verständlich machen können, hatten die beiden Wächter die Aufgabe, für sie zu sprechen. Außerdem fütterten sie sie mit Sandwiches und Früchten.

Vor dem Käfig waren große Informationstafeln aufgestellt. Die erste zeigte eine Chronologie der Höhepunkte aus der Geschichte von Ausstellungen, auf denen Mitglieder nicht-westlicher Kulturen zu besichtigen waren; die zweite einen gefälschten Eintrag "Amerindians" aus der *Encyclopedia Britannica* sowie eine entsprechend manipulierte Karte vom Golf von Mexico.

Aufbau und Stil dieses Eintrags imitierten ironisch die *Encyclopedia Britannica.* Er begann mit zwei Erläuterungen des Begriffs "Amerindian": 1) "A mythical people of the Far East, connected in legendary history with Seneca and Amerigo Vespucci", und 2) "One of the many English terms for the people of Guatinau". Die erste Erläuterung wurde durch unsinnige etymologische Kommentare ergänzt sowie durch die Zeichnung eines Gorilla-Skeletts. Die zweite wurde von einigen allgemeinen Anmerkungen über die Leute aus Guatinau konkretisiert:

> They are a jovial and playful race, with a genuine affection for the debris of Western industrialised popular culture. In former times, however, they committed frequent raids on Spanish ships, disguised as British pirates, whence comes their familiarity with European culture.[71]

Die allgemeinen Anmerkungen wurden von einer detaillierten Beschreibung der "male and female specimens here on display" vervollständigt, die in pseudowissenschaftlicher Sprache die "Bedeutungen" ihrer einzelnen Kleidungsstücke bzw. Ornamente sowie ihre Gesten, Handlungen und Verhaltensweisen erklärte.

Die Performance bezog sich also auf eine Gattung von *cultural performances,* die bei Europäern und Amerikanern vor allem im ausgehenden neunzehnten und im ersten Drittel des zwanzigsten Jahrhunderts besonders beliebt war: die Völkerausstellung. Das Genre wurde 1493 begründet, als Columbus aus der Karibik einen Aravak an den spanischen Hof brachte, der dort für zwei Jahre ausgestellt war, bis er starb. Sie entwickelte sich dann auf Jahrmärkten, in öffentlichen Gärten und Schenken im Rahmen von Kuriositäten- und Monsterschauen weiter. Im Laufe des neunzehnten Jahrhunderts siedelte die Gattung bevorzugt in zoologische Gärten über, wobei sie sich auch in anderer Hinsicht veränderte. Sie erhob nun den Anspruch, wissenschaftlichen

---

71 Fusco 1994, S. 165f. Dieser Aufsatz samt Abbildungen sowie der Film der Autorin über die Performance stellen meine wichtigsten Quellen dar.

und pädagogischen Zielen zu dienen. Informationstafeln und einführende Vorträge, welche körperliche Merkmale ebenso kommentierten wie Verhaltensweisen, Symbole u.ä., sollten den didaktischen Wert der Ausstellungen garantieren. Häufig waren die Ausstellungen von Darbietungen begleitet, in denen Tänze, Gesänge, Prozessionen, Wettkämpfe u.ä. gezeigt wurden, wobei mit großem Nachdruck auf die Authentizität dieser Aufführungen hingewiesen wurde. D.h. das Programm der Ausstellung bestand zum einen im Vollzug alltäglicher Tätigkeiten und zum anderen in der Vorführung besonders "spektakulärer" Aktivitäten, die verschiedenen Gattungen von *cultural performances* entstammten. So wurden beispielsweise in Hagenbecks Kalmücken-Ausstellung (1883) "Gebete, Gesänge, Tänze, Hochzeitszüge und Fechten vorgeführt"[72]. Die Bella-Coola-Indianer von der Nordwestküste Amerikas (1885/86) führten Tänze, Gesänge, Spiele, eine schamanistische Behandlung und den sogenannten 'Hametzen' oder Menschenfressertanz, die Initiation in den Geheimbund der Bella-Coola, vor. Und bei der Ceylon-Ausstellung (1884–1886) trat gar eine Tamil-Schauspieltruppe auf, welche "die Sagen aus der alten Heldensage spielte".[73]

Das Publikum der Völkerausstellungen entstammte allen gesellschaftlichen Klassen und Schichten. Sonntags galten besonders niedrige Eintrittspreise, um es auch den Angehörigen weniger bemittelter Kreise zu ermöglichen, zu den fremden Welten eines Ashanti-Dorfes und einer indischen Stadt zu reisen. Entsprechend hoch lagen die Besucherzahlen. Hagenbecks Ceylon-Ausstellung, die von Hamburg nach Düsseldorf, Frankfurt, Wien, Berlin, London und Paris wanderte, brachte es an Sonntagen durchschnittlich auf 50.000–60.000 Zuschauer.

Das Selbstbild, welches die westliche Kultur in den Völkerausstellungen formulierte und vor ihren eigenen Mitgliedern ausstellte, war das einer Kultur, die jeder anderen überlegen ist. Durch den "inszenierten und geschauten Vergleich zwischen den 'Naturmenschen' und den 'Kulturmenschen'"[74] schien die Völkerausstellung bestens geeignet, den westlichen Zuschauern ihre eigene Überlegenheit als "Kulturmenschen" über die ausgestellten "Naturmenschen" zu suggerieren und zu demonstrieren. Zugleich verkörperten die ausgestellten "Naturmenschen" für das westliche Publikum das zweideutige Bild des "wilden anderen", den es verachtet, unterdrückt und kontrolliert und zugleich fürchtet und begehrt. Die Völkerausstellungen

---

72 Lehmann 1955, S. 35.
73 Ebd., S. 36. Vgl. außerdem Hagenbeck 1909.
74 Goldman 1985, S. 264.

dienten so nicht nur der Affirmation einer kolonialistischen Mentalität beim Publikum, wie sie der Diskurs des Kolonialismus hervorbrachte und nährte, sondern auch der Ausbildung und Bestätigung seiner eigenen Identität. Der Blick des Europäers auf den "Wilden", der den anderen auf alles das festlegte, was der Europäer aus sich ausgegrenzt hatte, ermöglichte ihm so, eine stabile, kohärente Identität zu behaupten, sein Subjekt zu konstituieren. Das kulturelle Konstrukt des "Wilden" war die Bedingung für die Ausbildung der eigenen Identität als der des überlegenen, rationalen zivilisierten Kulturmenschen. Im Blick auf den ausgestellten "Wilden", der diesen als "Wilden" fixierte und kontrollierte, vergewisserte sich der Europäer so seiner eigenen Identität.

Die Performance *Two Amerindians Visit...* experimentierte mit den Rahmenbedingungen, welche der jeweilige Aufführungsort für die Rezeption dieser Transformation des Genres "Völkerausstellung" setzte. Sie wurde zum einen auf belebten öffentlichen Plätzen in Metropolen gezeigt, d.h. an Orten, die keine besondere Markierung tragen. Dies gilt allerdings nur eingeschränkt für die Plaza Cristobal Colón in Madrid. Sie wird von einem gewaltigen Monument dominiert, welches an die sogenannte Entdeckung erinnert. Da hier die Performance außerdem als Teil des Programms der Fünfhundert-jahrfeier gezeigt wurde, war ein Rahmen gesetzt, der sie unmittelbar mit der Geschichte des Kolonialismus in Verbindung brachte.

Die zweite Art von Aufführungsorten bestand in Kunstgalerien und Kunstmuseen; d.h., hier sollte die Performance im Rahmen von "Kunst" rezipiert werden. Dieser Rahmen wurde in New York noch zusätzlich verstärkt, indem die Performance zur Eröffnung der Biennale gezeigt wurde.

Die dritte Art von Ausstellungsorten rekrutierte sich aus Naturkundemuseen, in denen die einzelnen Ausstellungsgegenstände bzw. nachgestellten Szenen aus dem täglichen Leben fremder Völker mit ähnlichen Informationstafeln erläutert werden, wie sie vor dem Käfig der beiden Performer plaziert waren. Diese Rahmung verwies auf eine "wissenschaftliche" Rezeption, bei der das Publikum etwas Wissenswertes über fremde Völker und Kulturen erfährt.

Man könnte daher annehmen, daß die Zuschauer an jedem dieser drei Typen von Aufführungsorten die Performance dem mit dem jeweiligen Ort gesetzten Rahmen entsprechend jeweils anders rezipierten. Dies scheint jedoch – mit Ausnahme von New York – nicht der Fall gewesen zu sein. Nach Beobachtung und Aussage der Performance-Künstler[75] rezipierte mehr

---

75 Da allein die Künstler das Publikum an allen Vorstellungsorten beobachten konnten, stellen – bei aller gebotenen Vorsicht hinsichtlich der Aussagen der beteiligten Künstler, die verständlicherweise dazu neigen, die Publikumsreaktionen im Lichte der Voraussetzungen ihres Experi-

als die Hälfte der Besucher an allen übrigen Orten die Performance als ein
Exemplar der Gattung "Völkerausstellung", völlig unabhängig von den mit
dem Ort – oder auch dem Anlaß – gesetzten Rahmenbedingungen. Der
kolonialistische Diskurs erwies sich in diesen Fällen nicht nur als stärker als
die künstlerische Transformation der Gattung, sondern auch als die mit
Kunstgalerien oder auch der Fünfhundertjahrfeier gesetzten Rahmen. Dieser
Teil des Publikums schien die Zurschaustellung nicht-westlicher Völker in
einem Käfig auch heute noch für durchaus "normale" Praxis der westlichen
Kultur zu halten, auch wenn sie zum Teil gegen diese Praxis protestierten
oder sie zu rationalisieren suchten – z.B. mit dem Argument, daß die "Wilden" sich erschrecken und dann angreifen könnten.

Dies mag insofern überraschen, als hier nicht nur der mit einigen Aufführungsorten gesetzte Rahmen eine solche Rezeption konterkarierte, sondern
auch die spezifische Art der Transformation, welche die Künstler vornahmen.
Auf der einen Seite inszenierten sie in ihrer Performance den kolonialistischen
Diskurs: Die äußere Erscheinung der Performer, ihre Handlungen und Verhaltensweisen verkörperten Stereotypen des "stummen unzivilisierten anderen",
den Angehörige der westlichen Kultur zivilisieren und interpretieren, für
den sie sprechen müssen. Zugleich war diese Inszenierung des kolonialistischen Diskurses so strukturiert, daß sie wie ein zersprungener Spiegel die
inszenierten Stereotypen in Splittern und Verzerrungen zurückwarf. So
präsentierte sie offen Elemente, welche sowohl die Stereotypen als auch
jeglichen Anspruch auf Authentizität radikal in Frage stellten. Zu diesen
Elementen gehörte Fuscos Tanz zu Rap-Musik, Gómez-Peñas Maske oder die
Arbeit am Laptop.

Diese die Inszenierung der Stereotypen ironisch brechende Spiegelung
löste bei den Zuschauern höchst unterschiedliche Reaktionen aus, je nachdem, ob sie die Performance als eine Völkerausstellung oder als Performance-
Kunst rezipierten. Im ersten Fall stellten sie vor dem Käfig tiefsinnige Überlegungen an, wieso "die Wilden" dazu in der Lage seien, einen Computer in
Gang zu setzen, Sonnenbrillen zu tragen und Zigaretten zu rauchen. Wie
Fusco berichtet, fragte keiner der amerikanischen Zuschauer jemals nach
Gómez-Peñas Phantasiesprache, in der er seine amerindianischen Geschichten
erzählte, noch nach der Korrektheit der Landkarte.

Die Zuschauer, welche die Performance als Kunst rezipierten, reagierten
sehr unterschiedlich. Einige schienen das Schauspiel zu genießen und ver-

---

mentes zu deuten – neben den jeweiligen lokalen Presseberichten ihre eigenen Aussagen die
wichtigste Quelle für die Untersuchung dar. Aus ihnen lassen sich eine Reihe von Befunden
gewinnen, die sie so berichten, daß auch eine andere Deutung als ihre eigene möglich ist.

suchten "mitzuspielen": In London und Madrid näherten sich Geschäftsleute dem Käfig und gaben Raubtierlaute von sich. In New York wollte ein gutgekleideter Herr in den besten Jahren unbedingt Fusco mit einer Banane füttern. Als die Wächter ihm bedeuteten, daß er erst eine Gebühr von zehn Dollar zu entrichten habe, zahlte er ohne Widerrede und fütterte dann Fusco – nicht ohne sich dabei photographieren zu lassen.

Künstlerkollegen und Vertreter der Kulturverwaltungen reagierten häufig mit Unmut. Fusco berichtet, "they sometimes have expressed a desire to rupture the fiction publicly by naming us, or they arrive armed with scepticism as they search for the 'believers', or parody believers in order to join in the performance."[76] Einige jüngere Künstler kritisierten die Performance, weil sie nicht besonders experimentell und daher nicht wirklich gute Performance-Kunst sei, oder aber auch "nicht kritisch" genug – so z.B., weil Fusco ihnen zu passiv, d.h. den gängigen Stereotypen entsprechend, agierte.

Andere Besucher, die erkannten, daß es sich bei den ausgestellten Leuten um Künstler handelte, tadelten sie für ihr unmoralisches Verhalten, auf diese Weise das Publikum hinters Licht zu führen und zu betrügen. Diese Reaktion scheinen die Performer besonders häufig in London ausgelöst zu haben; sie wurde jedoch auch von Intellektuellen und Vertretern der Kulturverwaltungen in den Vereinigten Staaten formuliert.

Unabhängig von ihrer Überzeugung, in der Performance eine Völkerausstellung oder Kunst zu rezipieren, nahmen viele weiße Zuschauer den Performern gegenüber die Haltung von Voyeuren ein und konfrontierten sie mit sexuellen Belästigungen, und zwar Männer wie Frauen. Während die Männer ihre Annäherungen an Fusco auf spöttische, schmutzige und obszöne Bemerkungen bzw. entsprechende Gesten beschränkten, suchten Frauen eine direkte Berührung mit Gómez-Peña. Eine ergriff seinen Kopf und küßte ihn, eine andere fragte nach Gummihandschuhen, um "antiseptisch" seine Beine ganz langsam von unten nach oben zu streicheln. Die erotische Anziehungskraft des Paares im Käfig – seien sie nun "Wilde" oder nicht – scheint für einige unwiderstehlich gewesen zu sein.

Ich habe die Reaktionen der weißen Zuschauer in Europa, Amerika und Australien[77] nicht deshalb so ausführlich beschrieben, um das in ihnen mani-

---

76 Fusco 1994, S. 158.
77 Andere Zuschauer reagierten deutlich anders. Wenn sie glaubten, es mit einer Völkerausstellung zu tun zu haben, brachten sie ihr eigenes Unbehagen zum Ausdruck ebenso wie ihre Identifikation mit der Situation, die sie mit der Sklaverei und anderen Mißhandlungen eingeborener Völker durch die Weißen in Beziehung brachten. Wer die Performance als Kunst betrachtete, versicherte häufig die Performer seiner Solidarität, z.B. indem er/sie ihre Hand ergriff. Keiner von ihnen belästigte sie sexuell.

fest werdende Fortdauern einer kolonialistischen Mentalität mit Erstaunen zu konstatieren und an den Pranger zu stellen. Auch wenn mich überrascht hat, daß die Macht des kolonialistischen Diskurses bei einem großen Teil des Publikums sogar den mit Kunstmuseen und -galerien gesetzten Rahmen aus ihrem Blickfeld hat verschwinden lassen, war doch das "Outen" einer kolonialistischen Mentalität als Reaktion auf die Performance erwartbar. Interessant erscheint in diesem Zusammenhang vielmehr die besondere Beziehung zwischen Performern und Zuschauern, die ein solches "Outen" ermöglicht hat.

Bei den Völkerausstellungen setzten die Organisatoren, wie beschrieben, die nicht-westlichen "Performer" dem Blick der westlichen Zuschauer aus. Welche Haltung auch immer die Zuschauer in dieser Situation einnahmen, ihr Blick verdinglichte stets die ausgestellten Menschen. Nicht nur wurden die Rollen von Akteuren und Zuschauern vorab festgelegt; auch das Verhältnis zwischen Akteuren und Zuschauern konstituierte und strukturierte die Ausstellungssituation als ein irreversibles Verhältnis zwischen überlegenen Zuschauern (Beobachtern) und unterlegenen, verdinglichten Performern (den Objekten der Beobachtung).

Auf den ersten Blick mag die Situation, welche die Performance *Two Undiscovered Amerindians Visit...* schuf, ähnlich erscheinen. Die Performer agierten hinter dem Gitter des Käfigs, waren dem Blick der Zuschauer – wenn auch freiwillig – ausgesetzt. Aber diese Ähnlichkeit täuscht. Denn die Performer stellten eine Spielsituation her; sie agierten, "als ob" sie Guatinaui wären, sie spielten die Rollen von "unzivilisierten Wilden". Zugleich strukturierten sie die Performance so, daß sich je nach Maßgabe des Zuschauerverhaltens eine andere Relation zwischen Akteuren und Zuschauern ergab. Fusco berichtet ausdrücklich von drei Arten von Zuschauerverhalten:

1. das von Künstlerkollegen und Kulturadministratoren, welche die Performance als eine künstlerische (an)erkannten, sie jedoch aus artistischen, moralischen o.a. Gründen kritisierten;

2. das von Zuschauern, die sich ebenfalls über den Charakter des "Rollenspiels" im Klaren waren und das Spiel mitspielen wollten, wie z.B. die Geschäftsleute in Madrid und London oder die Galeriebesucher in New York, und

3. das von Zuschauern, welche die Performance als eine Art Völkerausstellung rezipierten.

Wir erfahren nichts über Zuschauer, welche die Performance als eine künstlerische rezipierten und damit als Erwiderung ihres eigenen Blicks und in diesem Prozeß den kontrollierenden Blick durch ein "anschauendes Denken" ersetzten.[78] Denn eine solche Rezeption würde sich kaum in beobachtbaren Handlungen und Verhaltensweisen niederschlagen, über die Bericht erstattet werden kann.

Dies ist aber eben das Merkmal, das alle drei von Fusco aufgeführten Zuschauergruppen teilen. Einige dieser Handlungen wurden von der Struktur der Performance geradezu provoziert. So waren die Zuschauer aufgefordert, selbst zu agieren, wenn sie mehr sehen wollten als die sogenannten Alltagsaktivitäten. Sie mußten buchstäblich einen bestimmten Preis dafür bezahlen. Und dieser Preis belief sich nicht nur auf die Gebühr, die sie zu entrichten hatten. Indem sie nämlich die Wächter fragten, ob sie Fusco füttern durften, oder nach Gummihandschuhen verlangten, um Gómez-Peña zu streicheln, oder sich erkundigten, ob die ausgestellten Menschen sich öffentlich im Käfig paaren würden, oder die vorgeschriebene Gebühr bezahlten, um Fusco tanzen zu sehen und Gómez-Peña seine Geschichte erzählen zu hören, vollzogen die Zuschauer selbst Handlungen. Dabei setzten sie sich dem Blick sowohl der beiden Künstler als auch der anderen Zuschauer aus. Dies gilt auch für sämtliche anderen Publikumsreaktionen, die entweder untereinander (wie die Spekulation über die Fähigkeit der "Wilden", mit einem Computer umzugehen) oder an die Performer gerichtet (wie die moralischen Anschuldigungen, die Anreden der Performer mit ihren Namen, die spielerischen Dschungelgeräusche oder auch die sexuellen Belästigungen) öffentlich geäußert wurden.

Was immer die Zuschauer taten, wie immer sie auf die Performance reagierten, sie wurden selbst zu Akteuren, die vor den Augen der Künstler und anderer Zuschauer sich selbst in Szene setzten, indem sie körperliche und/oder sprachliche Handlungen vollzogen, die ihr Begehren, ihre Ängste, ihre Mentalität offenbarten. Da es sich um wenigstens drei, wenn nicht gar vier unterschiedliche Gruppen von westlichen Zuschauern handelte (und nicht wie bei Hagenbecks Völkerausstellungen um ein eher homogenes Publikum, das durchaus auch seine Kommentare machte, die Hagenbeck aufgezeichnet hat), mußte das Verhalten der jeweils anderen Gruppen als unangemessen erscheinen und so erst recht die Aufmerksamkeit auf sich ziehen. Die Rollen der Akteure und der Zuschauer wurden auf diese Weise ständig gewechselt und permanent neu definiert. Die beiden Performer

---

78 Vgl. hierzu Wulf 1984, S. 25.

nahmen dabei ihrerseits die Position von distanzierten Beobachtern ein, die eine bestimmte Versuchsanordnung geschaffen haben, ihre Einhaltung kontrollieren und beobachten, wie sich die "Probanden" unter den Bedingungen des Experiments verhalten, um anschließend ihre Beobachtungen aufzuzeichnen und zu veröffentlichen. Indem die Performer die Bedingungen schufen und überwachten, welche eine Gruppe von Zuschauern zum Objekt der Beobachtung anderer Zuschauer machten, kehrten sie die Positionen um, welche die Völkerausstellung festgeschrieben hatte: Die Zuschauer übernahmen, wenn auch zum Teil gegen ihren Willen, die Position von "Wilden", die von anderen beobachtet, fixiert, kontrolliert und gedeutet werden.

Die Performer inszenierten so ein Spiel der Blicke und einen Wechsel der Positionen: die Verweigerung des kolonialistischen Blicks auf die Performer, die dennoch mit einem sie kontrollierenden Blick einherging (Künstlerkollegen und Kulturbeamte); den Wechsel der Blicke zwischen Performern und Zuschauern auf der Ebene des Spiels, des "Als ob" (die mitspielenden Geschäftsleute); den verdinglichenden und kontrollierenden, zum Teil durchaus mitleidigen Blick auf die Performer als auf die "unzivilisierten Wilden", welche die Zuschauer in ihrer Identität als Mitglieder einer überlegenen zivilisierten Kultur bestätigte (die "believers"); den kontrollierenden und zugleich begehrenden Blick (die sexuellen Belästigungen); den überwachenden und kontrollierenden Blick einer Gruppe von Zuschauern auf eine andere (der "non believers" auf die "believers") und den beobachtenden, distanzierten und kontrollierenden Blick der Performer auf die Zuschauer, welcher die Künstler in ihrer Überzeugung von einer fortdauernden Virulenz der kolonialistischen Mentalität in der westlichen Kultur und damit zugleich sie selbst in ihrer eigenen Identität als "andere" bestätigte.

Die Transformation der Gattung "Völkerausstellung", die Fusco und Gómez-Peña vollzogen, leistete so eine permanente Neukonstitution der Beziehungen zwischen Performern und Zuschauern sowie zwischen verschiedenen Zuschauern. Sie wies diese Beziehungen als höchst instabil aus und führte entsprechend zu einer unablässigen Umkehr der Positionen und einer Erwiderung des Blicks. Indem die Performance eine experimentelle Situation schuf, funktionierte sie als ein kritischer Diskurs über den Blick, der den anderen beobachtet, überwacht, kontrolliert, in seiner Identität fixiert und verdinglicht. Denn sie reflektierte zugleich, daß in einer postmodernen, postkolonialistischen, multikulturellen Gesellschaft die Beziehungen zwischen ihren Mitgliedern nicht gemäß Ideologien, welche Positionen ein für allemal festschreiben, strukturiert und geordnet werden können. Wer jetzt als Akteur auftritt, wird im nächsten Moment Zuschauer sein, und umgekehrt. Der Blick auf den anderen wird vom anderen erwidert. Und der verdinglichende kontrollierende Blick kann jeden, auf den er gerichtet wird, in einen "Wilden" verwandeln.

4.3 Wahrnehmung des anderen: Liminalität des Blicks?

Den beiden Genres von *cultural performances,* auf die sich zum einen Karen Finley, zum anderen Coco Fusco und Guillermo Gómez-Peña beziehen – Striptease-Show und Völkerausstellung –, liegt ein klar abgegrenztes und definiertes Konzept vom anderen, von der Frau und vom "Wilden", zugrunde. Für dieses Konzept, das in beiden Fällen biologistisch fundiert ist, wird eine bestimmte Vorstellung von Geschlechtsidentität bzw. von kultureller/ethnischer Identität konstitutiv. Die Funktion der Performance besteht darin, diese Identität in Szene zu setzen, sie dar- und auszustellen und zugleich ihre Einhaltung zu überwachen, sie zu stabilisieren und zu fixieren. Wie Judith Butler gezeigt hat, ist Geschlechtsidentität – und, so könnte man hinzufügen, ebenso kulturelle/ethnische Identität – das Resultat einer "*stylized repetition of acts* [...] which are internally discontinuous [...] [so that] *the appearance of substance* is precisely that, a constructed identity, a performative accomplishment which the mundane social audience, including the actors themselves, come to believe and to perform in the mode of belief."[79] Eine solche Wiederholung wird eben in der Striptease-Show und in der Völkerausstellung vollzogen; der Zuschauer kontrolliert die auf diesem Wege hervorgebrachte Identität der Frau und des "Wilden" mit seinem Blick und bestätigt damit seine eigene Identität als Mann und als Mitglied einer überlegenen zivilisierten Kultur. Striptease-Show und Völkerausstellung tragen so dazu bei, die in der westlichen Kultur einerseits zwischen den Geschlechtern, andererseits zwischen den Mitgliedern verschiedener Kulturen (der westlichen und nicht-westlichen) bestehenden Machtverhältnisse zu stabilisieren und aufrechtzuerhalten.

Die künstlerischen Performances, die sie transformieren, suchen das jeweils zugrunde liegende Konzept vom anderen aufzubrechen und offenzulegen, wie der Mechanismus der Identitätszusprechung und -kontrolle, der mit ihm verbunden ist, funktioniert. Der unmißverständliche Bezug auf das entsprechende Genre von *cultural performances* stellt sicher, daß die realen Machtverhältnisse in der westlichen Kultur nicht aus dem Blickfeld verschwinden: Wenn über eine neue Identität des anderen verhandelt werden soll – oder auch über die Auflösung der Kategorie "Geschlechteridentität",

---

79 Butler 1990, S. 278.

"kulturelle Identität" –, so verlangt dies die Möglichkeit einer Erwiderung des Blicks und eines Wechsels der Positionen – d.h. einer Änderung der bestehenden Machtverhältnisse. In diesem Sinne ist den beiden künstlerischen Performances *The Constant State of Desire* und *Two Undiscovered Amerindians Visit...* eine utopische Dimension inhärent.

Zugleich greifen beide auf ein anthropologisches Modell zurück, das sie auf je spezifische Weise in Szene setzen und zur Darstellung bringen. Wie Hellmuth Plessner gezeigt hat, definiert die Abständigkeit des Menschen von sich selbst, seine exzentrische Position, die *conditio humana.* Der Mensch vermag zu sich selbst in ein distanzierendes und distanziertes Verhältnis zu treten und sich selbst beim Handeln und Verhalten wie einen anderen zu beobachten bzw. wie einem anderen zuzuschauen. Er tritt sich selbst oder einem anderen gegenüber, um ein Bild von sich als einem anderen zu entwerfen, das er mit den Augen eines anderen reflektiert bzw. in den Augen eines anderen reflektiert sieht. Oder anders gewendet: Der Mensch setzt sich zu sich selbst auf dem Umwege über einen anderen in ein Verhältnis. Es ist in diesem Sinn sein Blick auf den anderen bzw. der Blick des anderen auf ihn, der sowohl seine eigene Identität als auch die des anderen hervorbringt. D.h. jeder Blick auf den anderen bzw. jeder Blick des anderen vermag insofern Identität zu konstituieren und zu verwandeln.

In Striptease-Show und Völkerausstellung wird dieses anthropologische Grundverhältnis durch die bestehenden gesellschaftlichen Verhältnisse seiner prinzipiellen Dynamik beraubt; seine grundsätzliche und grundlegende Umkehrbarkeit wird in Irreversibilität verkehrt und so Identität von einer dynamischen, metamorphotischen Kategorie in eine ein für allemal fixierte, feststehende und stabile Größe. Die künstlerischen Performances, die sie transformieren, machen diese Perversion rückgängig. Statt daß der Blick auf den anderen/des anderen eine vorgegebene Identität bestätigt bzw. kontrolliert, schafft er hier Frei- und Spielräume, in denen es möglich wird, wechselnde Identitäten zuzusprechen bzw. anzunehmen. Der Blick des anderen/auf den anderen hat hier seine Dynamik zurückgewonnen. Die performativen Akte, welche die einen vollziehen, und die Blicke, mit denen die anderen sie wahrnehmen, eröffnen in ihrem Wechselspiel die Möglichkeit zu einer permanenten Metamorphose. Der Blick des anderen/auf den anderen eröffnet hier ein liminales Feld, in dem Performer und Zuschauer spielerisch neue Identitäten anzunehmen und zuzusprechen vermögen.

Damit reflektieren die künstlerischen Performances zugleich auf die theatrale Grundsituation. Im Theater erscheinen ganz allgemein die Akteure vor bzw. für die Zuschauenden als eine Art magischer Spiegel, der ihnen ihr Bild als das eines anderen bzw. das Bild eines anderen als ihr eigenes zurückwirft. Indem der Zuschauer seinerseits dies Bild reflektiert, tritt er zu sich selbst in ein Verhältnis. Mit den performativen Akten, welche die Schauspieler mit Körper und Sprache vollziehen, mit den Rollen, die sie spielen, setzen sie Aspekte und Faktoren in Szene, die nicht nur ihr eigenes Selbst konstituieren mögen, sondern zugleich vom Zuschauer im Hinblick auf sein eigenes Selbst wahrgenommen werden können. Der Blick des Zuschauers auf die agierenden Schauspieler ermöglicht ihm die Ablösung von seiner alten und die probeweise Übernahme neuer Identitäten. Das Wechselspiel von bestimmten performativen Akten, welche der Akteur vollbringt, um eine besondere Identität – z.B. einer Rollenfigur – zu konstituieren, mit dem Blick des Zuschauers, welcher unter Bezug auf die wahrgenommenen performativen Akte dem Konstrukt Rollenfigur oder auch dem Performer selbst eine bestimmte Identität zuschreibt, die er zugleich probeweise für sich selbst annimmt, läßt Theater als einen liminalen Raum par excellence erscheinen. In ihm vermögen Akteure und Zuschauer sich zu verwandeln, ihre Identität zu wechseln. Es ist hier die "magische", transformierende Kraft des Blickes, die nicht nur den, auf den er trifft, sondern auch den, der ihn auf den anderen richtet, in einen/den anderen zu verwandeln vermag. Man könnte sagen, daß im Theater im Wechsel der Blicke ein *rite de passage* vollzogen wird.

Die künstlerischen Performances von Karen Finley, Coco Fusco und Guillermo Gómez-Peña reflektieren eben diese besondere Qualität des theatralen Blicks, die es ermöglicht, im Theater die Wahrnehmung des anderen als eine Verwandlung sowohl des wahrgenommenen anderen als auch des Wahrnehmenden zu vollziehen. In bzw. durch diese künstlerischen Performances wird zur Erscheinung gebracht, daß und wie Theater die exzentrische Position des Menschen symbolisiert und zugleich in ihr sein Fundament und die Bedingung seiner Möglichkeit findet.

5. Performativität und Theatralität

Auch wenn Performance-Kunst in den sechziger Jahren aus einer radikalen Negation nicht nur des kommerziellen, produktorientierten Kunstbetriebs, sondern auch des damals zeitgenössischen Theaters entstanden ist, läßt sich aus dieser historischen Besonderheit kein grundsätzlicher Gegensatz zwischen Theater und Performance-Kunst ableiten. Die von der Performance-Kunst geleistete Dominantenverschiebung von der referentiellen zur performativen Funktion – welche bereits die Vertreter der historischen Theateravantgarde im ersten Drittel unseres Jahrhunderts proklamiert hatten – haben Theatergruppen und Theatermacher überall in Europa und Nordamerika längst vollzogen. Dabei bedienten sie sich häufig Verfahren, wie sie hier beschrieben sind: einer Art der Körperverwendung, in der Schauspieler/Performer die körperlichen Handlungen tatsächlich ausführen, die ihre Gesten bedeuten sollen, und so ihre Körper Gefährdungen und Verletzungen aussetzen (wie Stoßen, Stürzen, endlose Wiederholungen anstrengender Übungen, mit denen dem Körper der Akteure Gewalt angetan wird, bei Jan Fabre, Einar Schleef, Reza Abdoh, Lalala Human Steps, La Fura dels Baus oder auch in Inszenierungen von Kupfer, Castorf, Haußmann u.a.); der Verwendung autobiographischen Materials durch die Darsteller[80]; einer Form der theatralen Kommunikation, die eine Vertauschung der Position und eine Erwiderung des Blicks ermöglicht und dem Zuschauer Gelegenheit gibt, sich selbst in Szene zu setzen.[81]

Darüber hinaus wurde in vielen Fällen die performative Funktion dadurch betont, daß auf die rituelle Grundstruktur einer Theateraufführung abgehoben und die einzelnen Phasen – Trennungs-, Transformations- und Inkorporationsphase – jeweils in spezifischer Weise markiert wurden, wie dies zum Beispiel Ariane Mnouchkines Théâtre du Soleil bei allen seinen Aufführungen praktiziert. Oder Aufführungen wurden als besondere Arten von Ritualen vollzogen. Ich denke dabei nicht nur an Inszenierungen wie *Dionysus in 69*, bei der Schechner ausdrücklich den Anspruch erhob, generell mit jeder Aufführung und ganz speziell in den Partien, die zur Zuschauerpartizipation herausforderten, wie dem Geburtsritual des Dionysus, dem Tanz zur Feier seiner Geburt oder dem Todesritual des Pentheus, ein gemeinsames Ritual zu vollziehen. Ich habe vielmehr auch Klassiker-Inszenierungen von Zadek, Grüber, Heyme, Peymann u.a. in den ausgehenden sechzigern und in den siebziger Jahren im Blick. Sie wurden, so meine These, als ein Sparagmos und eine Omophagie vollzogen, d.h. als Ritual der Zerreißung und Einverleibung der Textkörper, in denen wir unsere kulturelle Tradition symbolisiert, ja geradezu verkörpert sehen. Beim Sparagmos, den diese Inszenierungen vollzogen, trat der Textkörper an die Stelle des Opfertieres. Dabei wurde genau wie bei einer griechischen Opfermahlzeit verfahren, wie Walter Bur-

---

80 Vgl. Richard Schechners *Dionysos in 69*, Performance Garage, New York 1967, Spalding Greys und Elizabeth Le Comtes *Trilogy*, Performance Garage, New York 1971ff., Augusto Fernandes' *Atlantis*, Schauspielhaus Bochum, 8.10.1976.

81 Vgl.Claus Peymanns Inszenierung von Handkes *Publikumsbeschimpfung*, Theater am Turm, Frankfurt am Main 1966, *Paradise Now*, Living Theatre, Berkeley 1968, oder auch in jüngerer Zeit unterschiedliche Inszenierungen von Frank Castorf, in denen die Schauspieler mit den Zuschauern eine direkte Konfrontation suchen.

kert sie in seiner Anthropologie des religiösen Opfers[82] beschrieben hat: Die von Regisseur und Schauspielern als "eßbar" deklarierten Teile wurden der Inszenierung lustvoll einverleibt; was ihnen als "Knochen", nicht genießbare "Innereien" oder gar als "Fettdampf" galt, wurde "den Göttern" überlassen. Nicht um die Auslegung des klassischen Textes ging es hier mehr, nicht um die Entdeckung und Vermittlung einer neuen Lesart, wie es die Dominanz der referentiellen Funktion verlangt. Im Mittelpunkt stand vielmehr der performative Akt seiner "Zerreißung", d.h. die Auseinandersetzung mit ihm und der von ihm verkörperten bzw. in ihm fixierten kulturellen Tradition, die ihn in Material verwandelte, welches im performativen Akt seiner "Einverleibung" zum Entwurf neuer, die Kultur überschreitender Identitäten verwendet wurde.

Wie in den oben untersuchten künstlerischen Performances lassen sich auch hier im Hinblick auf die historische Theateravantgarde gewisse Verschiebungen und Schwerpunktverlagerungen feststellen:

1. Das Konzept eines energetischen Körpers tritt in den Vordergrund.

2. Sprache und Körper werden als Materialien begriffen und verwendet, um neue Konzepte von Ich und Selbst in Szene zu setzen.

3. Wahrnehmung wird als eine besondere Form einer kreativen Handlung vollzogen, nämlich als ein performativer Akt, in dem der Blick eine transformierende Kraft entfaltet.

Es liegt daher – wie sich ohnehin im Gang der Untersuchung bereits abgezeichnet hat – die Schlußfolgerung nahe, daß Theater (inklusive Performance-Kunst!) seit den sechziger und siebziger Jahren zwar die von der historischen Avantgarde vollzogene Dominantenverschiebung von der referentiellen hin zur performativen Funktion weiterführt, jedoch andere Akzent- und Schwerpunktsetzungen vornimmt, die es durchaus gerechtfertigt erscheinen lassen, von einer Neuentdeckung des Performativen zu sprechen.

Interessanterweise stimmt der Begriff der Performativität hinsichtlich wesentlicher Aspekte mit dem Begriff der Theatralität überein, wie Evreinov ihn zu Beginn unserers Jahrhunderts entwickelt hat. Denn wenn Evreinov Theatralität als das kulturerzeugende und die Kulturgeschichte vorantreibende Prinzip sowie das "allgemein verbindliche Gesetz der schöpferischen Transformation der von uns wahrgenommenen Welt" definiert, so deckt sich diese Bestimmung weitgehend mit der heute von der neueren kulturwissen-

---

82 *Homo Necans*, Berlin 1972.

schaftlichen Forschung vertretenen Auffassung, daß Kultur sich generell maßgeblich in und durch performative Prozesse konstituiert. D.h. Evreinovs Begriff der Theatralität zielt auf eben das, was auch der heutige Begriff der Performativität fassen soll.[83]

Bezieht man sich dagegen auf heutige Verwendungen des Begriffs Theatralität, so ergeben sich durchaus Unterschiede. Unter Rekurs auf verschiedene Theorien der Theatralität[84] läßt sich der Begriff in vier Aspekte ausdifferenzieren, die ihn in ihrer Gesamtheit und in je wechselnden Konstellationen bestimmen:

1. den der *Performance*, die als Vorgang einer Darstellung durch Körper und Stimme vor körperlich anwesenden Zuschauern gefaßt wird und das ambivalente Zusammenspiel aller beteiligten Faktoren beinhaltet;

2. den der *Inszenierung*, der als spezifischer Modus der Zeichenverwendung in der Produktion zu beschreiben ist;

3. den der *Korporalität*, der sich aus dem Faktor der Darstellung bzw. des Materials ergibt;

4. den der *Wahrnehmung*, der sich auf den Zuschauer, seine Beobachtungsfunktion und -perspektive bezieht.

Theatralität wird also unter Rekurs auf allgemeine kulturgeschichtlich relevante Faktoren bestimmt, die durchaus auch unter den Begriff der Performativität zu fassen wären. Während sie allerdings den Begriff der Theatralität nur in ihrer Gesamtheit definieren – d.h. keiner der vier Aspekte darf fehlen, wenn von Theatralität die Rede sein soll –, läßt sich der Begriff der Performativität durchaus sinnvoll auf jeden einzelnen Aspekt anwenden – wie nicht zuletzt meine Untersuchung gezeigt hat. Theatralität und Performativität sind durchaus aufeinander bezogen, ohne jedoch vollständig zur Deckung zu gelangen.

Die Neuentdeckung des Performativen in den fünfziger Jahren hat – von heute aus gesehen – zu einem neuen Verständnis von Theater, Kunst und Kultur geführt, das zwar Entwicklungen der historischen Avantgarde wieder aufgreift, sich jedoch in anderer Hinsicht wesentlich von ihnen unterscheidet. Diese Differenz, die nicht als eine substantielle, sondern lediglich als eine

---

83 Beide Begriffsverwendungen stimmen auch insofern überein, als es sich jeweils um weite, vage Begriffe handelt, die an den Rändern ausfransen, und nicht um klar abgegrenzte Konzepte. Darin liegt aber eben vielleicht gerade ihre Produktivität zu Beginn unseres Jahrhunderts und heute.

84 Vgl. Burns 1972, Fiebach 1978, Fischer-Lichte 1994, Fischer-Lichte 1995, Schramm 1996.

tendenzielle zu begreifen ist, läßt sich vielleicht am angemessensten unter Rekurs auf die beiden Begriffe Theatralität und Performativität in ihrem heutigen Verständnis beschreiben und bestimmen. Während die historischen Avantgardebewegungen versuchten, auf dem Wege über eine Transformation des Theaters in andere, stärker performative Genres von *cultural performances* sowie über eine Theatralisierung anderer Kunstgattungen und anderer Arten von *cultural performances* zu einer performativen Kultur zu gelangen, also die Theatralität einer künftigen performativen Kultur fokussierten, versucht die sogenannte Neo-Avantgarde seit den sechziger Jahren dies Ziel zu verwirklichen, indem sie nicht nur Theater in andere stärker performative Genres von *cultural performances* verwandelt (was sie durchaus wiederum praktiziert), sondern auch unterschiedliche Arten von *cultural performances* in künstlerische Performances transformiert – welche theatrale Mittel einsetzen, um ihren Grad an Performativität zu erhöhen –, den performativen Modus der Hervorbringung gegenüber seinen Resultaten privilegiert und im Theater alltägliche performative Akte endlos wiederholt und ausstellt – d.h. die Performativität einer künftigen performativen Kultur in den Vordergrund rückt. In beiden Fällen sind Theatralität und Performativität untrennbar miteinander verbunden. Im ersten Fall – dem der historischen Avantgardebewegung – erscheint Performativität als Weg und Theatralität als Ziel, im zweiten – dem der Neoavantgarde – fungiert eher Theatralität als Weg, der zur Performativität führen soll. Wie auch immer, die Konstellation von Theatralität und Performativität enthüllt sich als eine per se metamorphotische Konstellation: Sie setzt voraus und begründet zugleich Verwandlung als eine grundlegende theatrale und ästhetische Kategorie.

Literatur

Bateson, Gregory (1985). "Eine Theorie des Spiels und der Phantasie". In: Ders. *Ökologie des Geistes. Anthropologische, psychologische, biologische und epistemologische Perspektiven.* Frankfurt/M. 1985. S. 241–262.

Benveniste, Emile (1947). *Probleme der allgemeinen Sprachwissenschaft.* Frankfurt/M. 1947.

Burns, Elizabeth (1972). *Theatricality. A Study in Convention in Theatre and Everyday Life.* London 1972.

Butler, Judith (1990). "Performative Acts and Gender Constitution. An Essay in Phenomenology and Feminist Theory". In: Sue-Ellen Case, Hg. *Performing Feminism.* Baltimore 1990. S. 270–282.

Carr, Cindy (1993). "Unspeakable Practices, Unnatured Acts: The Taboe Art of Karen Finley". In: Lynda Hart, Peggy Phelan, Hg. *Acting Out. Feminist Performances.* Ann Arbor 1993. S. 141–152.

de Man, Paul (1979). "Autobiography as De-facement". In: *Modern Language Notes* 94.5 (December 1979). S. 919–930.

Doble, Frank J (1949). *The Voice of the Coyote.* Boston 1949.

Dolan, Jill (1987). "The Dynamics of Desire: Sexuality and Gender in Pornography and Performance". In: *Theatre Journal* 39.2 (May 1987). S. 156–174.

Dülmen, Richard van (1988). *Theater des Schreckens. Gerichtspraxis und Strafrituale in der frühen Neuzeit.* 3. Aufl. München 1988.

Féral, Josette (1982). "Performance and Theatricality: The Subject Demystified". In: *Modern Drama* 25.1 (1982). S. 167–183.

– (1992). "What is Left of Performance Art? Autopsy of a Function, Birth of a Genre". In: *Discourse* 14.2 (Spring 1992). S. 142–162.

Fiebach, Joachim (1978). "Brechts 'Straßenszene'. Versuch über die Reichweite eines Theatermodells". In: *Weimarer Beiträge* 24.2 (1978). S. 123–147.

Finley, Karen (1990). *The Constant State of Desire.* In: Lenora Champagne, Hg. *Out From Under. Texts by Woman Performance Artists.* New York 1990. S. 59–70.

Fischer-Lichte, Erika (1990). *Geschichte des Dramas.* Bd. 2: *Von der Romantik bis zur Gegenwart.* Tübingen 1990.

– (1994). *Semiotik des Theaters.* Bd. 1: *Das System der theatralischen Zeichen.* 1. Aufl. 1983; 3. Aufl. Tübingen 1994.

– (1995). "Theater als kulturelles Modell". In: Ludwig Jäger Hg. *Germanistik: Disziplinäre Identität und kulturelle Leistung.* Weinheim 1995. S. 164–184.

Forte, Jeanie (1990). "Woman's Performance Art: Feminism and Postmodernism". In: Sue-Ellen Case, Hg. *Performing Feminism: Feminist Critical Theory and Theatre.* Baltimore 1990.

Fusco, Coco (1994). "The Other History of Intercultural Performance". In: *The Drama Review* 38.1 (Spring 1994). S. 145–167.

Gennep, Arnold van (1986). *Übergangsriten.* Frankfurt/M., New York 1986.

Girard, René (1992). *Das Heilige und die Gewalt* (1972). Frankfurt/M. 1992.

Goldberg, RoseLee (1988). *Performance art: From Futurism to the Present.* New York u.a. 1988.

Goldman, Stefan (1985). "Wilde in Europa. Aspekte und Orte ihrer Zurschaustellung". In: Thomas Theye, Hg. *Wir und die Wilden. Einblicke in eine kannibalische Beziehung.* Reinbek bei Hamburg 1985.

Greenblatt, Stephen (1990). *Verhandlungen mit Shakespeare. Innenansichten der englischen Renaissance.* Berlin 1990.

Hagenbeck, Carl (1909). *Von Tieren und Menschen. Erlebnisse und Erfahrungen.* Berlin 1909.

Iser, Wolfgang (1991). *Das Fiktive und das Imaginäre. Perspektiven einer literarischen Anthropologie.* Frankfurt/M. 1991.

Lehmann, A. (1955). "Zeitgenössische Bilder der ersten Völkerschauen". In: W. Lang, W. Lippold, G. Spannaus, Hg. *Von fremden Völkern und Kulturen. Beitrag zur Völkerkunde. Hans Plischke zum 68. Geburtstag.* Düsseldorf 1955. S. 31–38.

Luckert, Karl W. (1979). *Coyoteway. A Navajo Holyway Healing Ceremonial.* Tucson, Flagstaff 1979.

Nitsch, Hermann (1979). *Das Orgien Mysterien Theater. Die Partituren aller aufgeführten Aktionen 1960–1979.* Bd. 1: 1.–32. Aktion. Neapel, München, Wien 1979.

– (1990). "Die Realisation des O.M. Theaters" (1973). In: Ders. *Das Orgien Mysterien Theater. Manifeste. Aufsätze. Vorträge.* Salzburg, Wien 1990. S. 69–109.

Pflug, Isabel (1997). *Enthüllungen: Untersuchung der Cultural Performance "Striptease" und Analyse ihrer Transformation durch die Performance-Künstlerin Karen Finley.* Mainz 1997 (M.).

Pramaggiore, Maria T. (1992). "Resisting/Performing/Femininity: Words, Flesh, and Feminism in Karen Finley's *The Constant State of Desire*". In: *Theatre Journal* 44.3 (October 1992). S. 269–290.

Roman, David (1992). "Performing All Our Lifes: AIDS, Performance, Community". In: Joseph R. Roach, Janelle G. Reinelt, Hg. *Critical Theory and Performance.* Ann Arbor 1992. S. 208–221.

Rosenthal, Rachel (1981). "Performance and the Masochist Tradition". In: *High Performance* (Winter 1981/2).

– (1990). "My Brazil. A Recital". In: Lenora Champagne, Hg. *Out From Under. Texts by woman performance artists.* New York 1990. S. 77–87.

Scarry, Elaine (1992). *Der Körper im Schmerz. Die Chiffren der Verletzlichkeit und die Erfindung der Kultur.* Frankfurt/M. 1992.

Schneede, Uwe M. (1994). *Joseph Beuys. Die Aktionen. Kommentiertes Werkverzeichnis mit fotografischen Dokumentationen.* Ostfildern-Ruit bei Stuttgart 1994.

Schramm, Helmar (1996). *Karneval des Denkens. Theatralität im Spiegel philosophischer Texte des 16. und 17. Jahrhunderts.* Berlin 1996.

Stärk, Ekkehard (1987). *Hermann Nitsch – Orgien Mysterien Theater und die Hysterie der Griechen. Quellen und Traditionen im Wiener Antikenbild seit 1950.* München 1987.

Tisdall, Carolin (1988). *Joseph Beuys Coyote*, 3. Aufl. München 1988.

Turner, Victor (1969). *The Ritual Process. Structure and Anti-Structure.* London 1969.

– (1977). "Variations on a Theme of Liminality". In: Sally F. Moore, Barbara G. Myerhoff, Hg. *Secular Ritual.* Assen 1977. S. 36–52.

Wulf, Christoph (1984). "Das gefährliche Auge. Ein Kaleidoskop der Geschichte des Sehens". In: Dietmar Kamper, Christoph Wulf. *Das Schwinden der Sinne.* Frankfurt/M. 1984. S. 21–45.

Zumthor, Paul (1990). *Einführung in die mündliche Dichtung.* Berlin 1990.

Selbst-Beschreibung

Performance im Bild

Gabriele Brandstetter

Ich bin ein Ich
Jean Paul: "Selberlebensbeschreibung"

In der Serie ihrer "Performances II" aus dem Jahr 1972 zeigt Rebecca Horn eine Aktion mit dem Titel "Bleistiftmaske":[1] Anlaß und Ausgangspunkt für die folgenden Überlegungen zum Thema "Selbst-Beschreibung", zu einem Thema, das ebenso in der Literatur wie in der darstellenden Kunst in den 70er Jahren eine wichtige Rolle spielt.

Es handelt sich um eine Konstruktion, in der das Gesicht der Künstlerin in ein Gitter aus schmalen dunklen Bandagen eingebunden ist. An jedem Kreuzungspunkt der Stoffstreifen ist senkrecht ein mit der Spitze nach außen weisender Bleistift befestigt, – eine stachelige Konstruktion, die bedrohlich wirkt, wehrhaft; ein bizarres Visier. Und zugleich ein Schreibapparat. – Wer schreibt wo welche Schrift, welche Zeichen ein?

Der Schreibapparat ist eng, ja scheinbar unlösbar "verknüpft" mit dem schreibenden Subjekt, das nicht anders kann, als mit jeder Bewegung sich selbst zu schreiben. Die Performance dieses skripturalen Aktes besteht in einem "Schreiben", Zeichnen, Kritzeln auf Wände des umgebenden Raumes.[2] Nicht die distanzierende Hand[3] ist das Medium dieser Gravuren, sondern der

---

1 Siehe Abb. 6, "Bleistiftmaske".

2 Vgl. *Rebecca Horn* 1994. Zur Arbeit Rebecca Horns siehe auch Curiger 1987. Es ist hier – nicht zuletzt als Reflexion des Verfahrens in den folgenden Ausführungen – auf eine grundlegende Voraussetzung der gesamten Argumentation hinzuweisen: Die Basis der Untersuchung besteht in Bild-Material, das wiederum zumeist in Katalogen – und damit nach den Vorgaben der jeweiligen Ausstellungen – dokumentiert und reproduziert ist. Dabei handelt es sich um Fotografien und Foto-Dokumentationen, die entweder als schwacher und notwendig zufälliger Bild-Rest auf Aktionen, Installationen, Inszenierungen, Performances zurückweisen oder – wie in den Fotos von Cindy Sherman – selbst schon als Fotografien – als Performance im Bild – gegeben sind. Vgl. dazu auch Anmerkung 8.

3 Die Verbindung von Hand und Schrift, von Schreibbewegung und distanzierendem Blick in dem Sinn, wie André Leroi-Gourhan dies als "Evolution von Technik, Sprache und Kunst" in seiner anthropologischen Studie zu "Le geste et la parole" entwickelt; vgl. Leroi-Gourhan 1984.

instrumentierte, der mit Schreibstacheln bewehrte Kopf. Die Schreib-Bewegungen unmittelbar aus dem Zentrum des Denkens erscheinen freilich eingeschränkt, ja gehemmt, wenn nicht unmöglich: Die fehlende Distanz 'verrät' das Ich. Wenn das Gesicht schreibt, fehlt das Gesichtsfeld der Einschreibung. Das Ich, das sich selbst schreibt, kann sich und seine Schreibbewegung nicht sehen. Die Selbst-(be)schreibung ist – sehenden Auges – blind.

Mit der Konstruktion dieser "Bleistift-Maske" installiert Rebecca Horn gleichsam eine Allegorie des Schreibens, in der die Aporien der Selbst-Darstellung zur Anschauung gebracht sind. Schreiben und Zeichnen – als kulturelle Praxis – sind untrennbar gebunden an die Mechanismen der Disziplinierung des Körpers. Die Einschreibung der Strukturen des symbolischen Systems ist die Bedingung der Möglichkeit von (Selbst)Darstellung. Die Bandagen des eingerüsteten Kopfes, die Zurichtungen und Zurechtbindungen des Körpers, die in Rebecca Horns Arbeiten immer wieder auftauchen, geben davon Zeugnis. Das Abbinden von Partien des Körpers, ihre Markierung und Ausstellung evoziert und markiert den medizinischen Diskurs des Überwachens. Zur Kontrolle hinzu gesellt sich die Ausstattung mit Prothesen. Rebecca Horns Schreib-Prothesen (neben der "Bleistift-Maske" auch etwa noch die "Handschuhfinger" und "Das Einhorn") erscheinen gleichermaßen als Hilfsinstrumente und als Hindernisse der Selbstdarstellung des Ich. Diese prothetischen Körper-Extensionen ermöglichen eine neue Performanz der Beschriftung: das Kratzen der "Handschuhfinger", das Kritzeln und Krakeln[4] der "Bleistift-Maske". Der Kopf als Schreibmaschine bringt das Subjekt der Darstellung in eine andere Schreib-Bewegung. Eine fremde Be-Schreibung des Umraums ist die Folge: die prothetische Re-Konstruktion einer Topographie, deren Charakteristikum (wie noch zu zeigen ist) in der Doppelheit von Transparenz und Opazität besteht. Darin beschreibt das Ich sich selbst. Welchen Text gibt diese Inskription zu lesen? Und welches "Selbst" beschreibt sich da? – Bevor ich mich diesen Fragen von einer anderen Seite wieder zuwende, ist noch ein anderer Schlüsselbegriff aus dem Diskurs von "Selbstdarstellung" und dem damit verbundenen (freilich auch ablösbaren) Gedanken der Identität zu betrachten: der Begriff der Authentizität, – ein Begriff, der hier nicht aus der Programmatik des "Authentischen", wie sie für die Performance Kunst der 60er/70er Jahre typisch war[5], betrachtet werden soll, sondern unter der Perspektive der *Darstellung von Authentizität*. Im Bereich von

---

4 Der Kritzel-Vorgang erinnert auch an Jan Fabres "Bic-blau" gekritzelte Bilder und Skulpturen: Auch diese werden als "performance" (Fabre, der sich 72 Stunden lang einschließt und nackt die Flächen bekritzelt) inszeniert. Vgl. Hoet/de Greef 1994; Odenthal 1995.

5 Vgl. dazu Schröder 1990.

Performance und Performance Art ist damit die Auseinandersetzung mit jenen Konstrukten von Geschlechtsidentität bezeichnet, die in der gender-Forschung unter dem Begriff der "Maskerade" diskutiert werden.[6]

Bevor ich diesen Zusammenhang wieder aufgreife, sei ein anderes Bild einer "Selbst-Beschreibung" jenem von Rebecca Horn gegenübergestellt, – ein Foto aus einer Performance von Natascha Fiala mit dem Titel "Perfo 3" (Amsterdam 1985 (Abb. 7)).[7] Die Performerin ist (auf dem Foto, das die Inszenierung dokumentiert[8]) in Seitansicht zu sehen, nackt ausgestreckt, aufrecht mit weit gespreizten Beinen stehend, mit Hand- und Fußgelenken an zwei kreuzförmig aufgerichtete Holzbalken gefesselt. Vor ihr steht eine Staffelei mit Bildrahmen – so nahe, daß sie die Leinwand mit einem im Mund geführten Stift eben erreicht. Auch hier werden die Bewegungen des Kopfes zur Aktion einer Be-Schreibung. Die Konnotationen der Fesselung (zusätzlich akzentuiert durch Lederriemen über Hüften und Oberschenkel der Darstellerin) und der Kreuzigung rücken freilich diese Schreib-Inszenierung in einen völlig anderen Bedeutungszusammenhang. Der "Akt" – im doppelten Wortsinn – des Schreibens ist assoziiert mit der Pathosformel des Opfers, mit Bildmustern, die sich hier in einer zweifachen kulturellen Codierung überlagern; zum einen die Ikonographie des Opferrituals in der Passion Christi und zum anderen die Exponierung der Frau als Opfer eines Gewaltakts. Dabei weist diese 'Performance der Schrift' als Aussetzung und Entblößung des Selbst aber auf die traditionelle Opposition von Körper und Schrift, von Selbstentäußerung und technischem Apparat zurück. Man könnte diesen Akt als Reflex auf jene Suche nach einem 'weiblichen Schreiben' – als Modus einer Selbst-Beschreibung weiblicher Identität – verstehen, die in den 70er und 80er Jahren ein wichtiges Thema feministischer Ästhetik war. Die Fesselung, das Maß der extremen Exponiertheit und die Geste einer 'uneigentlichen' Schreibbewegung übersetzen die Erfahrung der Unmöglichkeit einer Erstellung eines Selbst-Porträts in Schrift oder Bild: Aus welcher Perspektive,

---

6   Vgl. dazu Weissberg 1994; Bettinger/Funk 1996 sowie Bußmann/Hof 1995.

7   Vgl. Lischka 1988, S. 187.

8   Vgl. auch hier die Ausführungen zur Situation der Dokumentation von Performance in Anmerkung 1. Die Reflexion dieser Position einer nachträglichen Betrachtung und 'Analyse' eines szenischen Ereignisses (ein Problem, das grundsätzlich für die Analyse von Inszenierung und Aufführung im Theater gilt, und in spezifischer Weise zugespitzt für die Archäologie von Performance, die per definitionem sich als singuläre Aktion präsentiert) ist deshalb hier von besonderer Wichtigkeit, weil hier gewissermaßen schon die Dokumentations-Situation selbst, nämlich der für die nachträgliche Lektüre einzig mögliche Bezug auf Fotografien aus den jeweiligen Performances, die Thematik der "Selbst-Beschreibung" (sowohl der szenischen autobiographischen Aktion als auch der [Selbst]Porträts im Foto) nicht anders denn als Bild und als "Performance im Bild" zu fassen ist.

wenn nicht aus dem Reservoir der kulturell geprägten Bilder des Weiblichen, als [dem männlich codierten] Blick auf das Andere wäre da zu schreiben? Und mit welchem Instrumentarium, mit welchem Abstand zum Körper, in welchem Habitus von Eigentlichkeit wäre da zu schreiben – vor dem Hintergrund einer Gattungs-Tradition von Selbstporträt und Autobiographie, die als Paradigma, ja als Konstitutionsmodelle männlicher Selbst-Konzepte Geschichte geschrieben haben? Feministisch orientierte Kunsthistorikerinnen[9] haben darauf aufmerksam gemacht, daß das Selbstporträt als jenes Genre, in dem der Künstler seine Autorität und Autorschaft repräsentiert, von Künstlerinnen nicht ohne Bruch usurpiert werden könne:

> Zeitgenössische Künstlerinnen sind dazu übergegangen, die offenbar gewordene Unmöglichkeit des Selbstporträts selbst zu inszenieren, und zwar in einem dreifachen Sinn: den Anachronismus einer Autoritätsfigur der traditionellen Kunstgeschichte, die konstitutionelle Verfehlung eines 'autonomen' Blicks des Subjekts auf sich selbst und die besondere Unmöglichkeit einer Behauptung weiblicher Identität. Sie versagen sich den Spiegel; der Spiegel versagt, der nicht mehr antworten kann auf die Frage, wer denn die Schönste im Lande sei, weil er sich von der Seite oder der Rückseite zeigt.[10]

Künstlerinnen wie etwa Maria Lassnig, die sich immer wieder mit dem Genre des Selbstporträts auseinandergesetzt haben, befassen sich gerade mit dieser Unmöglichkeit einer Selbst-Beschreibung im Bild. Die "Selbstporträts" von Maria Lassnig verweigern den Blick in den Spiegel, richten sich auf das Konzept eines fragmentierten Körpers ohne Gesicht, auf die 'Be-Schreibung' einer Körper-Erfahrung, in der die Grenzen zwischen Selbst und Umwelt situativ und verwandelbar erscheinen.

Auch Natascha Fialas Schreib-Performance inszeniert "Körpergefühlsformen" (Maria Lassnig), und auch hier geben die Gravuren keineswegs ein Porträt, weder als Bild noch als Schrift. Dies signalisiert schon die extreme Hemmung und Begrenzung der Schreib-Bewegung. Anders als bei Rebecca Horn, deren bleistift-bandagierter Kopf-Schreibapparat zugleich noch als Maske und Raumvermessungsinstrument erscheint, gibt es in Natascha Fialas graphischer Aktion nur einen einzigen (instrumentalisierten) Ort der 'Äußerung' des Schreibens: den Mund. Schrift wird dem Verschließen des Mundes, mit zusammengebissenen Zähnen, abgezwungen. Autorschaft – als Beglaubigung dieses schreibenden Ich – ist gebunden an den Wechsel zwischen Verstummen der Rede und stockender Bewegung des Schreibakts: Produktion

---

9 Vgl. Schade/Wenk 1995.
10 Schade 1992, S. 142.

unter den Zwängen der Expositions-Rituale von Kunst als 'Opfer' an die
Gattung 'Selbst-Beschreibung'. Während Fialas Performance das Thema der
Unmöglichkeit des sich selbst be-schreibenden und er-schreibenden Ich direkt
in die Aktion übersetzt – und damit in die Reihe jener Performance-Spielarten
rückt, die als "Body Art" und "Autobiographical Performance"[11] in den 70er
und 80er Jahren bekannt wurden – nähert sich Rebecca Horn der Problematik
von "Selbst-Beschreibung" in anderer Weise: über das Spiel der Masken und
Maskeraden.

Auch der Selbst-Beschreibungs-Apparat in Rebecca Horns Konstruktion ist
eine "Maske". Die "Bleistift-Maske" – Larve einer Kopfschreibmaschine – ist
die 'härtere' Verwandte einer anderen Maske, nämlich der "Federmaske".
Und auch diese erscheint als ein Instrument der Verwandlung des Kopfes in
ein Zeichengerät, als Einrüstung und Ausrüstung, denn in der Feder-Maske
("Kakadumaske", 1972) verschränken sich gleichsam durch einen linguistischen 'Dreh' – nämlich durch die Doppel-Bedeutung von "Feder" – zwei
Medien der Darstellung: der *Körper* (in der mit der Vogelmaske symbolisier-
ten Metamorphose) und die *Schrift* (in der Feder als Schreibgerät). Giuliana
Bruno schreibt in ihren Überlegungen "Die Brautmaschine: Berühren ist
Schreiben" dazu:

> Ein paradigmatischer Wechsel findet immer dann statt, wenn sich Flügel in
> Pinsel oder Federn in Schreibinstrumente verwandeln: Die Federmaske wird
> dann zur 'Bleistiftmaske': mit einem Bleistiftapparat bewegt sich Horn hin und
> her und beschriftet so die Wand, markiert sie. Immerhin: das berührende
> Objekt, *la plume* stand einst wörtlich für den Federkiel, für ein sinnliches
> Schreibinstrument. Indem sie die Frau 'schreibt', macht sich Horn zu einer
> veritablen *femme de plume.*[12]

Schreiben, die Selbst-Darstellung des schreibenden Subjekts, ist – darauf
weisen die Installationen und Konstruktionen Rebecca Horns hin – immer
schon Maskerade. Diesen Gedanken gilt es – im Rahmen der genannten
Fragestellung – zu berücksichtigen. Ich werde ihn später wieder aufgreifen.

Das Feld des Themas ist abgesteckt. Es geht um die Frage von Selbst-
Darstellung[13] – freilich in einem noch einzugrenzenden Sinn – zwischen den
Genres von *Autobiographie* und *Selbstporträt*. Für die Autobiographie gilt in

---

11   Vgl. Goldberg 1990, S. 172f.
12   Bruno 1994, S. 95.
13   Teile dieser Studie waren Thema meines Diplomanden-Kolloquiums im Sommersemester 1995.
     Aus den Gesprächen habe ich viele Anregungen empfangen; ich danke namentlich Stefanie
     Diekmann, Caroline Ernst, Lisa Lucassen, Anja von Steht.

ähnlicher Weise wie für das Selbstporträt, daß es sich um eine "unmögliche" Gattung handelt;[14] und mit eben dieser Unmöglichkeit einer "Selber(lebens)beschreibung" (Jean Paul[15]) setzen sich Autoren in der Literatur und im Theater seit den 70er Jahren (im Schreiben jener Generation, das mit dem Etikett einer "Neuen Innerlichkeit" sehr unzureichend bezeichnet worden ist) auseinander. Jene Gewißheit einer Darstellbarkeit des Lebensganzen aus dem Augenblick der Rückschau, die Wilhelm Dilthey noch hervorhob, ist verloren. Gegen Diltheys Gedanken – "Die Selbstbiographie ist die höchste und am meisten instruktive Form, in welcher uns das Verstehen des Lebens entgegentritt"[16] – steht die Einsicht in die Ausschnitthaftigkeit und Konstruiertheit solcher Selbst-Beschreibung und berichteter Lebensläufe. Die Auswahl des Erzählten, das Erzählen selbst – die Praxis des Schreibens erst – stellt dieses Bild des Sprechers, der hier 'Ich' sagt, her. Das beschreibende und das beschriebene Ich entfaltet sich erst als Text und im Text: als das erschriebene Ich. Autoren wie Günter de Bruyn, die sich die Frage nach der "Wahrheit" ihres autobiographischen Schreibens (noch) stellen, sind skeptisch in der Beantwortung jener Frage, die der Autobiographie als Gattung der Rechtfertigung so lange Jahrhunderte ihre Dignität bewahrt hatte: in der Frage ihrer Referentialität, ihrer historiographischen Dimension, ihrer "Wahrheit", die sich doch stets nur als Suggestion des Nicht-Fiktiven erweise:

> Mit der Wahrheit der Autobiographie verhält es sich ähnlich wie mit der Geschichte. Deren Inhalt ist nicht unbedingt das, was geschah, sondern das, was wir durch die Geschichtsschreibung von ihr wissen. Die Geschichtsschreiber aber erzählen immer das, was ihre Gegenwart braucht. Nicht die Wirklichkeit der Vergangenheit können wir von ihnen erfahren, sondern die Vorstellung von Vergangenheit, die sie sich gemacht haben – auf der Grundlage schriftlicher Quellen, die manchmal auch Autobiographien sind.[17]

Schon Goethe hatte in seiner autobiographischen Darstellung die Unentscheidbarkeit von "Dichtung und Wahrheit" reflektiert, eine Problematik, die in der Theorie der Autobiographie erst im 20. Jahrhundert wieder aufgegriffen wurde. Paul de Man führt das Dilemma, daß es sich bei der Frage einer "Unterscheidung zwischen Fiktion und Autobiographie" nicht um ein

---

14 Zu Autobiographie vgl. Lejeune 1994; de Man 1993; einen sehr guten Überblick über Geschichte und Theorie der Autobiographie sowie zur Frage der Möglichkeit/Unmöglichkeit weiblicher Autobiographie gibt Fink 1995.

15 So der Titel von Jean Pauls Autobiographie; vgl. "Selberlebensbeschreibung". In: Jean Paul 1963, S. 1037.

16 Dilthey 1980, S. XXX.

17 de Bruyn 1995, S. 66.

"Entweder-Oder" handele, zu dem Gedanken eines rhetorischen Modus weiter, in dem die autobiographische Rede als Figur im Bereich der Tropen anzusiedeln sei:

> Autobiographie ist damit keine Gattung oder Textsorte, sondern eine Lese- oder Verstehensfigur, die in gewissem Maße in allen Texten auftritt. Das autobiographische Moment ist der Prozeß einer wechselseitigen Angleichung der beiden am Leseprozeß beteiligten Subjekte, bei der sie einander gegensei- tig durch gemeinsame reflexive Substitution bestimmen.[18]

Für unseren Fragezusammenhang ist erst in zweiter Linie von Bedeutung, daß damit – so Paul de Man – schließlich alle Texte autobiographisch seien (auf diesen Zusammenhang werde ich in den abschließenden Überlegungen dieses Textes noch einmal zurückkommen). Für die Problematik von "Selbst- beschreibung" als 'Akt', als Performance des Schreibens aber ist es von größ- ter Bedeutung, daß mit diesem Gedanken der autobiographischen Darstellung als Lese-Figur die unlösbare und konstitutive Verbindung von Schreibendem und (schon Sich-Selbst)-Lesendem, von Selbst-Darsteller und Zuschauer gegeben ist. Philippe Lejeune hat mit seinem Konzept des "autobiographi- schen Paktes" diese Übereinkunft zwischen Leser und Autor hervorgehoben: als Prozeß von unterschiedlichen Akten der Indizierung und Instanzierung jener Erzählungen, die durch Eigenname und Unterschrift gezeichnet als "Autobiographie" beglaubigt und akzeptiert werden. Während Lejeune diesen "Pakt" als Praxis des Diskurses erforschte, sucht de Man die Komplexität dieses Genres in der Verwendung der Tropen des Authentischen und der figuralen Konstitution dieses Selbst zu verstehen. Die Problematik der "Echt- heitsprüfung" – mit den Worten von de Bruyn[19] – ist freilich weder mit der Theorie des Paktes noch mit dem Hinweis auf die Rhetorik der Wahr- haftigkeit zu lösen.[20] Die unauflösbare Komplikation der autobiographischen Fiktion hat Roland Barthes in seiner Selbst-Beschreibung aus dem Jahre 1975 pointiert. Er gibt dem Titel "Roland Barthes par Roland Barthes" einen Unter- titel auf dem Vorsatzblatt des Buches mit: "Tout ceci doit être considéré comme dit par un personnage de roman."[21] Diese Zeile, die die Fiktion des

---

18   de Man 1993, S. 134.

19   de Bruyn 1995, S. 41.

20   Vgl. de Mans Kritik an Lejeune: "Der Leser wird von einer Figur, in der sich der Autor spiegelt, zu einem mit Polizeigewalt versehenen Richter, der die *Authentizität* der Unterschrift verifiziert und beurteilt, wie es mit der Konsequenz im Verhalten des Unterzeichners bestellt ist, inwie- fern er die von ihm unterschriebene vertragliche Übereinkunft respektiert oder verletzt." (de Man 1993, S. 135)

21   Barthes 1995, Bd. 3, S. 77f.

Selbst (wie im Roman, ähnlich dem Verfahren eines Karl Philipp Moritz im "Anton Reiser") beruft, ist handschriftlich dem Text vorangestellt; als Faksimile der Handschrift, versteht sich, in den Druck gebracht; doch welcher Handschrift? Das Dilemma der Beglaubigung der Authentizität ist noch einmal wiederholt, spielerisch ausgestellt und damit zugleich als Effekt des Mediums markiert.

Das Thema von Authentizität und Fiktion – nicht nur im autobiographischen Pakt, sondern ebenso im *theatralen Pakt des "als ob"* – spielt auch im Bereich der "szenischen Autobiographie" eine zentrale Rolle. Dabei ist im erweiterten Feld der performing arts insbesondere seit den 60er Jahren die Inszenierung von "Selbstdarstellung" überwiegend an die Idee der Performance gekoppelt. In den 70er Jahren bringen insbesondere Performerinnen, die sich des schmalen Randes zwischen Kunst und Leben bewußt sind und damit der Unmöglichkeit, diese Differenz ganz aufzulösen – wiewohl diese Auflösung der Grenzen von Kunst und Leben seit den Happenings der Dada-Bewegung ein erklärtes Anliegen der Künstler im Feld von Performance und Performance Art ist – die Arbeit an und mit diesem 'Rand' als Untersuchung dieser Differenz in ihre Aktionen ein. Autobiographisches Material und die Formen seiner Bearbeitung werden zum Thema von Performances, beispielsweise bei Meredith Monk ("Education of a Girl Child", 1972) oder Laurie Anderson, die in ihrem Stück "Four Instants" (1976 auf dem Performance Festival im Whitney Museum gezeigt) in der Erzählung – als einer permanenten Kommentierung – der Planung, Konzeption, Ideen-Verwerfung und Vorbereitung die Auswahl und die Frage der Präsentation des autobiographischen Materials zum Gegenstand der Performance macht und zuletzt in ein Lied überführt: "Art and illusion, illusion and art/are you really here or is it only art? Am I really here or is it only art?"[22] Damit ist die Frage nach der "Authentizität", nach der Identität beziehungsweise der Konstitution von Identität im Rahmen der szenischen autobiographischen Aktion gestellt.[23] Und damit eng verbunden ist die Frage nach der Präsenz und der (beglaubigenden) Funktion der Zuschauer in diesem Pakt der Inszenierung. Denn um einen Pakt handelt es sich auch in der Performance immer noch: wenn nicht mehr um den theatralen Pakt des "als ob"-Spiels, so doch um einen Inszenierungs-Pakt um Zeigen und Zuschauen. Diese Staffelung des Rahmens zum einen im autobiographischen Pakt und zum anderen im Pakt des 'Zeigen-Schauens' der Performance gilt es hier zu unterstreichen und in den folgenden Ausführungen zu differen-

---

22 Zit. nach Goldberg 1990, S. 172.
23 Siehe hierzu den Beitrag von Erika Fischer-Lichte.

zieren, um die (meines Wissens so noch nicht bearbeitete) Problematik der "szenischen Autobiographie" und der damit verbundenen theoretischen Implikationen von Darstellung, Rahmen, 'Pakt' und Subversion der Übereinkünfte herauszuarbeiten.

Zunächst aber soll, wie schon im Rahmenbereich von Autobiographie und Selbstporträt, noch eine thematische und terminologische Eingrenzung im Hinblick auf die weiteren Überlegungen zu (Selbst)-Beschreibung und Bild-Erzählung stattfinden: Nicht um jene Formen von Selbst-Darstellung im weiten Sinn soll es hier gehen, wie sie immer wieder als charakteristische Merkmale der Performance hervorgehoben worden sind – so insbesondere der Gedanke einer "Authentizität" der Darstellung, beglaubigt durch den Körper des/der Performer/in, durch die Einmaligkeit der Inszenierung, die Einbeziehung der Zuschauer.[24]

Die hier angestellten Überlegungen suchen vielmehr die im kulturellen Umfeld neuer Technologien und vor allem der Simulations-Medien virulente Problematik der Repräsentation und – damit verbunden – der Präsentation im Blick auf "Selbst-Beschreibungen" zu betrachten; und zwar als "Performance im Bild". Damit ist eine spezifische Bestimmung des 'Ortes', an dem dieser Gedanke von Performance angesiedelt ist, vorausgesetzt: nämlich ein Ort (das Bild), der üblicherweise nicht mit einer Aktion, mit der Inszenierung einer Performance in Beziehung gebracht wird. Gerade diese Performance 'im Bild' aber weist zwei Merkmale auf, die für die Frage von Darstellung in der 2. Hälfte des 20. Jahrhunderts insgesamt grundlegend erscheinen: Die Krise der Repräsentation ist zum einen gekoppelt mit einer Krise der Präsentation; damit wird die Reflexion der Frage von Ausstellung und Ausstellbarkeit selbst zum Gegenstand von Darstellung.[25] Und zum anderen – und ebenfalls mit diesen beiden Problemfeldern verknüpft – gehen mit der Krise der Repräsentation die Fragen von (anderen) Möglichkeiten von Inszenierung einher. Bezogen auf die "Performance im Bild" ist damit ein spezifischer Modus der Darstellung markiert, in dem – im Bild selbst – eine Reflexion der Darstellung und des Rahmens von Präsentation geschieht, ein Modus, der den Gestus der "Selbst-Beschreibung" transportiert und zugleich überlagert.

Mit dem Thema der "Performance im Bild" ist ein weiterer, hier interessierender Gesichtspunkt benannt, nämlich die Erweiterung, Umbesetzung und Suspendierung von Darstellungs-Konventionen im Sinne von Genres und (Kunst-)Sparten. Grenzüberschreitung oder Grenzverwischung gehört zum

---

24 Vgl. die Darstellungen zur Performance bei Bronson/Gale 1979; Goldberg 1990; Phelan 1993; Jappe 1993.
25 Vgl. Loers 1994.

Programm der Performance Kunst. Für ihre Geschichte seit den 60er Jahren, seit den Happenings und Events des Kreises um John Cage und später der Judson-Church, seit der Fluxus-Bewegung und den Inszenierungen der Wiener Aktionisten ist gerade auch die Trennlinie zwischen "bildender Kunst" und "darstellender Kunst" (Theater, Tanz, Musik) nicht mehr auszumachen.[26] "Performance im Bild" soll deshalb im folgenden nicht in jenem weiteren Sinn verstanden sein, der sich auf Aktionen bezieht, in denen der *Prozeß* der Entstehung von Gemälden selbst "das Bild" repräsentiert beziehungsweise in denen das "Ergebnis" als Artefakt durch das transitorische "Ereignis" substituiert ist: ob nun die Malaktionen Jackson Pollocks oder die Schüttbilder Hermann Nitschs, die "Anthropometrien" (1960) von Yves Klein (in denen nackte [Frauen]-Körper als 'Pinsel' für den Auftrag der blauen Farbe verwendet werden) oder die "Kitchen-performance"-'Gemälde' von Bobby Baker, deren 'Farben' aus verschiedensten Lebensmitteln der Alltagsküche bestehen.

Gegenstand meines Fragens sind vielmehr "Performances im Bild", deren Aktion in einer paradoxen Struktur von Bewegung und Fixierung *im* Bild – festgestellt, stillgelegt – stattfindet; oder einer Aktion, die in das Bild transportiert wurde und – im Akt des betrachtenden Blicks – performativ wird. "Selbst-Beschreibung" also, in der nicht die performative Aktion des Schreibens als 'Ereignis' inszeniert wird, sondern in der der Bild-Text selbst sich als Material, Medium und performative Instanz der Selbstbeschreibung gleichsam 'aufspielt'. In gewisser Weise kann man hier von "Bild-Erzählung" sprechen, und zwar in jener Weise, wie dieser Begriff in der Kunstgeschichte verwendet wird, nämlich als eine Markierung von Fiktionalität, die im Bild gegeben ist.[27] Nicht die Fiktion selbst ist dabei jedoch das Entscheidende, sondern vielmehr, daß ihre Möglichkeit im Bild zur Erzählung wird. Die Chronotopie[28] der Bilderzählung ist dabei – und dies wird für die folgende Argumentation einer "Performance im Bild" entscheidend – durch eine spezifische Verknüpfung von räumlichen und zeitlichen Merkmalen geprägt: Weder eine Verschmelzung noch eine Trennung von Raum-Zeit-Ebenen, sondern vielmehr eine permanente Verschiebung ihrer Korrelation bringt ein erzählendes, ein romanhaftes Moment ins Bild. Ein Nebeneinander erscheint dann wie ein 'Davor' oder 'Danach', die Folge kann sich auch vertauschen, so daß in diesem chronotopischen Feld eine Supplementierung von Fiktion stattfindet: ein nicht

---

26 Siehe hierzu die Beiträge von Erika Fischer-Lichte, Petra Maria Meyer und Willmar Sauter.
27 Vgl. Kemp 1996.
28 Der Begriff der "Chronotopie" ist – für das Konzept der Bilderzählung – von Michail Bachtin entlehnt; vgl. Kemp 1996, S. 31.

abschließbarer Prozeß der erzählten Geschichten. "Selbst-Beschreibung" im Bild verläuft in vergleichbarer Weise.

Nach der Eingrenzung der Begriffe – bezogen auf Autobiographie in Schrift, Bild und Szene, auf Performance, und auf Bild-Erzählung – und ihrer Perspektivierung für diesen Fragezusammenhang bleibt noch eine freilich heikle Stelle offen: die Stelle der Identitäts-Formel des "Selbst" und die Frage nach den Prozessen ihrer Dezentrierung und Fragmentierung. Welches "Selbst" also stellt sich in diesen "Beschreibungen" aus? Und welche Funktion erhält in diesem Zusammenhang der Modus der Präsentation? Als Ausstellung – Vorstellung – Darstellung.

Ich befrage im folgenden drei KünstlerInnen und ihre Arbeiten unter den genannten Gesichtspunkten: Rebecca Horn und ihre Installationen als Maskeraden von "Selbstbeschreibung"; Cindy Shermans Fotografien im Hinblick auf den Zusammenhang von Serialisierung und Performance des Selbstporträts in ihren "Film Stills" und "History portraits"; und schließlich Yasumasa Morimuras Performance- und Foto-Arbeiten unter dem Gesichtspunkt von Selbst-Simulation und gender-crossing im Bild.

Ausgangspunkt dieser Fragen ist zunächst aber die Problematik dieses "Selbst" als Schreiber und Gegenstand der Darstellungen; seine Dezentrierung, das Rutschen aus dem Bildfeld – eine Bewegung, die zugleich auch eine der Deteriorisierung von Kunst selbst ist. Dies soll im Blick auf Marcel Duchamps "Großes Glas" untersucht werden, ein Werk oder eher 'Nicht-Werk', das den Ausgangspunkt und Endpunkt von Kunst im Sinn der Avantgarde signalisiert und als Bezugspunkt für die weiteren hier genannte KünstlerInnen und Arbeiten gelten kann.

Die Auflösung des Begriffs der Repräsentation im Bild und dezentrierte Bewegung des "Selbst": Duchamp und die Folgen

Mit Marcel Duchamps Arbeit "Das Große Glas" (Abb. 8) – er arbeitete daran von 1915 bis 1922 und erklärte es 1923 offiziell für "definitiv unvollendet"[29] – rückt der Gedanke des "Werks" in seiner Abschließbarkeit aus dem Zentrum der Repräsentations-Konvention. Duchamp formuliert mit dieser Arbeit

---

29 Das Aufgeben des Gedankens des (vollendbaren) Werks führt zu einem anderen Konzept des "Künstlers", wenngleich immer noch in der romantischen Dichotomie von Kunst und Leben: "Ab diesem Zeitpunkt bildet sich der Mythos von Duchamps Aufgabe der Kunst zugunsten des Schachspiels oder des 'Atmens', wie er selbst es ausdrückte." Vgl. Daniels 1992, S. 82.
In Daniels' Darstellung der Wirkungsgeschichte – die sich ausschließlich auf den ja schon nicht mehr eingrenzbaren Bereich der 'bildenden Kunst' beschränkt – erscheinen leider die performativen (choreographischen, theatralen) Um-Schreibungen des "Großen Glases" nicht.

die Frage, ob es zwischen den Markierungen von Kunst und Antikunst noch ein Drittes gebe, einen Indifferenz-Ort der ästhetischen Fixierung. An diesem Ort einer Indetermination, also aus dem Grenzwert einer Nicht-Entscheidung, beginnt die Arbeit des Künstlers: als Bewegung; als eine Bewegung, die – "als Kritik der Malerei"[30] – zu einer unabschließbaren Passage vom Zentrum an den Rand des Bestimmungsfeldes von Kunst wird. Duchamp spricht von einer "großen Verlangsamung".[31] Ein Prozeß, der sich aber in keiner Weise auf die Produktion bezieht. Es geht nicht um die Zeit oder das Tempo des Schaffens-prozesses, sondern um die *Bewegung selbst als Dispositiv von Darstellung.* "Verlangsamung", als unendlich verzögerte Bewegung, *ersetzt* die Vorstellung des Bildes. Bewegung wird zum Bild. Duchamp in den Notizen der "Grünen Schachtel": "'Verlangsamung' gebrauchen anstelle von Bild oder Gemälde; Bild auf Glas wird zu Verlangsamung aus Glas – Verlangsamung aus Glas will nicht heißen Bild auf Glas …".[32] Daraus folgt, daß weder die Kategorie der Darstellung selbst (Kunst als Form der Repräsentation) noch das Genre (Bild, Gemälde, Skulptur) benennbar sind: Allein der – in keiner Relation zu ande-ren Parametern fixierbare – Faktor der Zeit tritt in die Lücke der Indetermina-tion, "Eine Verspätung aus Glas".[33] Verspätung, bezogen worauf? Referenz-größen des Ortes, der Vergleichs-Zeit, fixe Koordinaten sind nicht auszuma-chen. Im Blick auf Konnotationen des Starren und Statischen von 'Glas' wirkt die Formel der Retardation wie eine ironische Umkehrung des Dynamismus der Avantgarde, – der unendlich verzögerte Prozeß bis zum Erreichen des Schmelzpunktes. Mit dieser Ersetzungsformel – der Performanz des Bildes durch die an Zeit und Bewegung gebundene "performance" – gibt Duchamp ein neues Paradigma für Darstellung vor, dessen Bedeutung für die Kunst mit allen performativen Spielarten und in all ihren Experimenten mit der Auflö-sung – Fluxus – von Grenzen gar nicht überschätzt werden kann.

Der eigentliche Titel der Arbeit, die meist als "Das Große Glas" zitiert wird, lautet: "La Mariée mise à nu par ses Célibataires, même", übersetzt zumeist als "Die Braut von ihren Junggesellen nackt entblößt, sogar". Dieses "Glas" und seine Einschlüsse – und auch der Betrachter ist hier eingeschlos-sen, da er diese "Skulptur" aus Glas nicht wahrnehmen kann, ohne sich selbst in ihr zu sehen – wurde in der Kunstgeschichte als "eines der hermetischsten Werke unseres Jahrhunderts" (Octavio Paz[34]) gewürdigt. Nicht um eine

---

30 Zit. nach Paz 1991, S. 9.
31 Duchamp, zit. nach Paz 1991, S. 9.
32 Ebd.
33 Vgl. Daniels 1992, S. 73.
34 Vgl. Paz 1991, S. 31.

Auseinandersetzung mit der vielfachen Folge der Deutungen des "Großen Glases", der "Machines Célibataires"[35], soll es aber hier gehen, sondern um eine Betrachtung des Akts der Inszenierung – als Inszenierung des Vorgangs des Aktes: "mise à nu"[36] der Aktdarstellung selbst, – ein In-Szene-Setzen (mise en scène) des Aktes, als Akt des Aktes und als Inszenierung von Inszenierung, "même".

Die Bewegung des Verzögerns erscheint auch im Titel "La Mariée mise à nu par ses Célibataires, même ...". Die Überschrift inszeniert eine Figur der Dezentrierung. In der "schlingernden" Bewegung (O. Paz) dieses Satzes gibt es einen Zug zur Peripherie. An den Rand und über den Rand hinausgleitend in der Pünktchen-Serie[37] einer abgerissenen Linie, als undefinierbares rallentando. Das Adverb "même", an den Rand hinter das Komma geschoben, wurde von Duchamp später hinzugefügt,[38] – eine Verspätung auch dies. Adjektivisch gebraucht signalisiert das Wort "même" eine geradezu emphatische Betonung von Identität. Même steht als "adjectif 'indéfini' et variable" für jene Instanz, die "nicht das Andere" sei ("qui n'est pas autre").[39] "Même", dessen Etymologie auf lateinisch "egomet ipse" ("moi-même en personne")[40] zurückgeht, markiert in mehrfachem Sinn eine Formel für Identität. "Le Grand Robert"[41] verzeichnet für "même" folgende Verwendungen: "l'identité absolue" des ein- und desselben; sodann die Gleichzeitigkeit ("la simultanéité"), die Ähnlichkeit ("la similitude") und die Gleichheit ("l'égalité"): das schlechthin Homogene, affirmiert durch die Formel "même" als Figur der Einheit.

---

35 Vgl. Carrouges 1954; vgl. auch den Katalog der Ausstellung "Junggesellenmaschinen" (Szeemann 1975).

36 Octavio Paz gibt in seiner schönen Studie den Hinweis, daß "mise à nu" mit "entblößt", "entkleidet" nur sehr unzureichend übersetzt sei: "Der Ausdruck ist viel stärker als unser Partizip: puesta al desnudo, expuesta. Man assoziiert einen öffentlichen Akt oder Ritus: Inszenierung ('Mise en scène'), Hinrichtung ('mise à mort')." Paz 1991, S. 31.

37 Der Titel des "Großen Glases" wird in manchen Schreibweisen mit Pünktchen ins Offene notiert (siehe z.B. Paz 1991, S. 31; oder Golding 1973: "The Bride stripped bare by her Bachelors, even ..."); manchmal auch nur mit dem Partikel "même" nach dem Komma. In dieser Weise erschien der vollständige Titel zum ersten Mal im Druck im Jahr 1928, in dem Buch "Arts" von Amedée Ozenfant; vgl. Daniels 1992, S. 98f.

38 Vgl. Paz 1991, S. 32; Daniels 1992, S. 97f.

39 Vgl. Grevisse 1980, S. 514.

40 Ebd.: "meesme" (afrz.) und "medisme, meisme" (11. Jh.) geht auf "metipsimus" – von lat. "metipse" (dasselbe) zurück –, das nach dem Vorbild von Superlativen wie "maximus, minimus" gebildet wurde.

41 Vgl. Le Grand Robert. Bd. VI. S. 353ff.

Verrutscht nun "même" als 'Figur' der Identität aus dem Zentrum des "Großen Glases", jenem Zentrum, das die Liebe – "m'aime"[42] – ausstellt, an die Peripherie? Als Adverb rückt même, "selbst/sogar", dem Satz nachklappend ("Ha-Ha"[43]), an den Rand, in eine randständige Position, in der nicht Identität sondern Unbestimmtheit angezeigt ist. Als Adverb wird 'même' zur Partikel für Indeterminiertheit, als das Beistell-Wort, von dem Duchamp in seinen Gesprächen mit Pierre Cabanne sagt, er habe es gerade deshalb hinzugefügt, weil es ohne Sinn sei und weder mit dem Titel noch mit dem Bild etwas zu tun habe: "Es ist ein Adverb, das seine Adverbialität aufs schönste demonstriert: es bedeutet nichts."[44] Diese freigestellte Position der Partikel – als Figur der Unbestimmtheit – am Rand des Satzes ermöglicht die Bewegung; den Zug vom Zentrum – jenem Punkt, der chororeographisch betrachtet den Mittelpunkt (des Kreises) als Ort von Identität der Figur markiert – ins Offene, das einen eigentümlichen Sog entwickelt. Diese Bewegung ist – immer nur verzögert, gewiß – in fortgesetzten Schüben zu betrachten. Etwa in den vielfachen, verzettelten Nachträgen, jenen Texten aus der sogenannten "Grünen Schachtel", die das "Große Glas" zum Buch[45] und zum Ausstellungsraum (en miniature)[46] werden lassen.

Diese Bewegung von Nachträgen zum Text des "Großen Glases", die den "Akt" inszenieren, findet eine Fortsetzung auf der Bühne: in der Choreographie von Merce Cunningham mit dem Titel "Walkaround Time" (1968) (Abb. 9). Duchamps "La Mariée mise à nu par ses Célibataires, même" wird von Jasper Johns für die Bühne reproduziert und umgebaut. Das "Große Glas", parzelliert und übertragen auf einzelne mobile Kunststoffkissen, die als transparente Kuben – 'Parcels' – im Raum verstreut sind.[47] In einem 'Rund-

---

42 Diese Homophonie (même/m'aime) ist für den Titel von Duchamps "Großem Glas" des öfteren als "Deutung" vorgeschlagen worden. Selbstverständlich verneinte Duchamp – dies berichtet Paz 1991, S. 32 – solche Interpretationsvorschläge. Dennoch spielt er auch damit. – Die gleiche Homophonie erscheint übrigens auch in den Texten Jacques Derridas: immer wieder in "La Carte Postale"; und an herausgehobener Stelle – "sogar" – am Rand von "Parergon". Vgl. Derrida 1992, S. 104.

43 Duchamp sagte in einem Interview, daß "même" ihn "an den berühmten doppelten Einsilber von Bosse-de-Nage, den Affen von Faustroll, erinnerte". Paz 1991, S. 32.

44 Zit. nach Paz 1991, S. 32.

45 Nach der ersten Ausstellung des "Großen Glases" (1926, New York) gibt Duchamp die Notizen aus der Entstehungszeit, die mühsam als Faksimiles reproduziert wurden, heraus. Die sogenannte "Grüne Schachtel" erscheint 1934 unter demselben ("même") Titel wie das "Große Glas": "La Mariée mise à nu par ses Célibataires, même". Vgl. Daniels 1992, S. 102ff.

46 Später stellte Duchamp in numerierten Auflagen das, was er "tragbare Museen" nannte, her: Pappschachteln mit Miniaturrepliken, Fotografien und Farbreproduktionen einzelner Bilder, ready mades und des "Großen Glases", unter dem Titel "La Boîte-en-Valise" (1935–1941).

47 Vgl. d'Offay 1991, S. 30f.

gang der Zeit' tritt das "Große Glas" (das bereits 1931 beim Transport zu Bruch gegangen war) zerstreut aus dem Zentrum seiner 'selbst' als 'Original'. In der Bewegung der neun[48] Tänzerinnen und Tänzer zwischen den transparenten 'Glas'-Kuben ist gleichzeitig das Nebeneinander und Nacheinander der Figuren in Szene gesetzt. Ihre Körper scheinen durch das Glas hindurch, in einem beständigen Vertauschen der Positionen geschieht eine Vervielfältigung der Figuren: Sie sind abwechselnd vor oder hinter die transparenten geometrischen Körper plaziert, erscheinen wie in Ausstellungskästen eingelassen. Entsprechend Cunnighams choreographischem Prinzip, jeden Ort, jede Figur im Raum als gleichwertig und gleichberechtigt anzunehmen, die Körper als "Points in Space and Time" mithilfe des Zufalls zu situieren und grundsätzlich jede Betrachterperspektive in diese Beschriftung des Raumes einzulassen, wird das multiplizierte Glas zu einem gestaffelten Rahmen der Bewegung. Eine Rahmung, die aber – als mise en scène der Figuren – an der Bewegung selbst teilhat. Die ausgestellte Transparenz des Glases läßt die Körper der Tänzer ebenfalls körperlos, transparent erscheinen, vergleichbar dem Spiegel-Effekt von Schaufenstern: die Ausstellung – als Bewegung, performance, im Bild.[49] Der Blick durch die bloßgelegten Figuren – "Verhör der Schaufenster" und "Koitus durch die Glasscheibe" (M. Duchamp)[50] – wird zur mise en scène der "Mise à nu". Merce Cunningham setzt die zerstückelte Liebesmaschine Duchamps in getrennten geometrischen Figuren innerhalb seiner Choreographie stets von neuem um. Zum Scharnier der Teile ohne Zentrum wird die Bewegung der Tänzer im Zwischenraum.[51]

"Die Logik des Scharniers", so schreibt Oktavio Paz, regiere die Welt von Duchamps Arbeit:

> Das, was verbindet, trennt; indem die Transparenz enthüllt, schiebt sie sich zwischen meinen Blick und den Gegenstand [...]. Es ist das Glas, das uns von dem ersehnten Gegenstand trennt und ihn zugleich sichtbar macht. Das Glas der Andersheit und der Identität: Wir können es weder zerbrechen noch ihm

---

48   In Analogie zu den neun "Célibataires" in Duchamps "Großem Glas" (und als Travestie der neun Musen).

49   Duchamp notierte in Bezug auf diesen Effekt des "Großen Glases" in den Aufzeichnungen der "Weißen Schachtel" 1913: "I. Schaukasten mit verschiebbaren Glasscheiben – einige ZER-BRECHLICHE Objekte hineinstellen. – Unbequemlichkeit – Enge – Raumreduzierung, d.h. die Möglichkeit, in drei Dimensionen zu experimentieren, wie man in der Flächengeometrie auf Flächen arbeitet"; und weiter, ebd.: "Keine Versessenheit ad absurdum, indem man den Koitus durch eine Glasscheibe hindurch mit einem oder mehreren Objekten des Schaufensters zu verbergen sucht." Paz 1991, S. 150.

50   Ebd.

51   Zu Cunninghams choreographischem Konzept des Raums/der Zeit als "Zwischen-Raum" vgl. Brandstetter 1991, S. 243–256.

ausweichen, denn das Bild, das es uns zeigt, ist unser eigenes Bild in dem Augenblick, da wir sehen, wie wir es betrachten.[52]

Immer wieder an die Peripherie gleitend – in die Randposition des Selbst/même, ins Aus(sen) der Identitäts-Figur – gehen[53] (sitzen, stehen, verharren) die Tänzer im Zirkel der Zeit. Das Alphabet der Cunninghamschen Bewegungsfiguren, ihre Elemente wie etwa die "roll ups" seines Trainings, Alltagsbewegungen, aber auch komplexe Sprung-Kombinationen und Balance-Positionen, treten in den durchsichtigen Bild-Raum des Glases: Motions-Einschlüsse, Implemente der Zeit.

"Verspätung", die Verlangsamung der Beziehung von Text und Inszenierung, scheint zu den Transkriptionen des "Großen Glases" wie zu diesem selbst zu gehören. Den weiteren choreographischen Umsetzungen der erotischen Maschinerie des "Großen Glases" – in den Arbeiten von Jan Fabre[54] und Meg Stuart beispielsweise – bin ich an anderer Stelle nachgegangen.

Das Thema des "Schaufensters" (das hier von Interesse ist), die Frage des leeren, transparenten Raums der Präsentation, – und damit die Problematik der Repräsentation wie sie mit Duchamps "Großem Glas" artikuliert ist – greift Yves Klein mit seiner Raum-Installation "Le Vide" (1958) wieder auf. Klein hatte den 20qm großen Raum der Pariser Galerie Iris Clert weiß übermalt und mit dem Speziallack seiner Bilder versiegelt. Der Raum war leer, ebenso die Glasvitrine. Die Besucher sollten sich "von der durch den monochromen Maler fühlbar gemachten Leere durchtränken lassen."[55] In dieser "Präsentation der leeren Galerie", des leeren Glases, der leeren 'Transparenz', sucht Klein den unsichtbaren malerischen Zustand präsent zu machen, in einer Weise, die er als Modus der Perzeption bezeichnet: als "Spezialisierung der im Zustand des Grundstoffs befindlichen Sensibilität hin zu malerisch stabilisierter Sensibilität"[56]: die Ausstellung der Darstellung und Nicht-Darstellbarkeit des "Immateriellen".

---

52 Vgl. Paz 1991, S. 150f.

53 In diesen Zusammenhang gehört Cunninghams choreographische Studie, in der das Phänomen 'Bewegung' allgemein – d.h. "Alltagsbewegung" als Darstellung – thematisiert ist: "How to Pass, Kick, Fall, and Run", Chicago 1965.

54 Im Text von Jan Fabres Transkription des "Großen Glases" für das Theater, "Elle était et elle est, même" / "Sie war und sie ist, sogar." (1975/1991) heißt es: "Ich erfülle meine Funktion / Ganz langsam ... Ich gebe mein Bestes und schlage Funken mit / meinem Begehrens-Magnet". Vgl. Programmheft des Kaaitheaters, Brüssel 1991, S. 39.

55 Vgl. Restany 1991, S. 144.

56 Ebd.

Dieser Übergang zur 'leeren Transparenz' der Weiße, vom "Blau" seiner früheren Arbeiten zur "Immaterialisierung von Blau in der Leere"[57] trug Yves Klein den Ruf des "mystischen Exoten" ein. Wie dem auch sei, die Bewegung aus dem Glas – bezogen auf Duchamp – der Auszug in den leeren Raum der Ausstellung, in die Ausstellung der Leere erscheint zwingend.

Installationen als Maskeraden der "Selbst-Beschreibung": Rebecca Horn

Ebenso prägend wie für die genannten Künstler der Avantgarde und Post-avantgarde ist die Auseinandersetzung mit Marcel Duchamps "Junggesellen-maschine" des "Großen Glases" für das Werk Rebecca Horns.[58] Mit ihren "Brautmaschinen" tritt sie in Dialog mit Duchamp, wobei dieser Dialog sowohl in einem Spiel der Intertextualität als auch in Transkriptionen und Übermalungen der Bezugsobjekte besteht. Ich will Horns Brautmaschinen – als Installationen von Körpermasken des sich selbst schreibenden und sich selbst dissimulierenden "Selbst" – im Hinblick auf das Thema "Maskerade" betrachten, insbesondere im Hinblick auf den Zusammenhang von Präsenta-tion und Repräsentation des Körpers und der Problematik weiblicher Selbst-Beschreibung. Paul de Man hat in seiner Studie die Autobiographie als "Mas-kenspiel" bezeichnet, in ihrem unentscheidbaren Wechsel zwischen "Geben und Nehmen von Gesichtern, Maskierung und Demaskierung, Figur, Figura-tion und Defiguration".[59] "Die Autobiographie verschleiert und maskiert die Entstellung des Geistes, die sie selbst verursacht."[60] Neben dieser "Maskera-de" des autobiographischen "Selbst" verbirgt und enthüllt sich darüber hinaus in Rebecca Horns Arbeiten jene Maskerade, die – nach Lacan – für die weib-liche Identitätsbildung konstitutiv ist.[61] Zuletzt aber werfen Rebecca Horns Installationen von "Körpermasken" die Frage auf, was (in welchem Kontext) "Darstellen" sei und durch welche Indices "Nicht-Darstellen" übermittelbar wäre, in welcher Weise die Auseinandersetzung mit Konventionen der Dar-stellung von Weiblichkeitsmustern stattfindet, welche Strukturformeln und Organisationsregeln von Maskerade in diesen Inszenierungen reflektiert werden können und nicht zuletzt, ob und in welcher Weise eine Subversion der gegebenen Strukturen erfolgen könnte.

---

57 Ebd., S. 142.
58 Vgl. Spector 1994.
59 de Man 1993, S. 140.
60 Ebd., S. 145.
61 Zur Auseinandersetzung in feministischer Theorie und gender-Theorie mit Jacques Lacans Psychoanalyse vgl. u.a. Weissberg 1994; Butler 1991.

Die vielleicht deutlichste Auseinandersetzung Horns mit Duchamp zeigt sich in ihrer Arbeit "Die preußische Brautmaschine" (1988) (Abb. 10), einer Installation aus Metall, Motoren, Pinseln, Brautschuhen, überstäubt mit Farbpigmenten aus Preußisch-Blau. Horn sagte anläßlich dieser – selbstbewußt in Szene gesetzten – Etüde über Duchamps "Großes Glas", einer Installation, mit der sie den Mythos der "machine célibataire" und ihrer Verleugnung der Frau subvertiert: "Einarmig/dreibeinig, ejakuliert sie Preußischblau auf die Bräute".[62] Mit dem Namen und der Installation der "Brautmaschine" bringt Rebecca Horn zugleich ein Verfahren hervor, ein Verfahren des Malens und des Schreibens. Sie entwickelt hier ein Aufschreibe- und Beschriftungs-System, das die Frau – in Preußisch-Blau, einer Farbe, die Ordnung und Disziplin konnotiert – schreibt und in und mit dieser Inskription sexuelle Differenz markiert und inszeniert.[63] Die "Brautmaschinen" zeichnen die Mechanismen des Begehrens nach, freilich ohne feste Zuschreibungen zu geben. Selbst-Beschreibung meint also den Prozeß der Verschiebung, der Dis-Location des "Selbst"[64] in den Installationen der Masken und Räume. Rebecca Horns Arbeiten führen die Auseinandersetzung mit dem Thema "Weiblichkeit als Maskerade" vor, – eine Auseinandersetzung, in der zugleich das Verfahren dieser Maskerade – als Perfomance – *mit* dargestellt ist. In ihren Objekten, Masken und Installationen thematisiert sie das Problem der Aus-Stellung und Darstellung als Exposition und Exponierung des (weiblichen) Körpers. So fragt sie – mit ihren Konstruktionen von mechanisch bewegten Skulpturen, von Körpermasken aus Federn, Haaren und weichen (Schaumstoff)-Materialien – nach den gesellschaftlich geprägten Mustern, die die Bilder des weiblichen Körpers hervorbringen und transportieren; und sie fragt nach den Zwängen der Wiederholung, der Reproduktion und der Affirmation dieser Maskeraden. Diesen kulturellen Wiederholungsformeln und -zwängen setzt sie ihre rätselhaften Körper-Masken entgegen, – Objekte und Performances als Lockerungsversuche der eingefahrenen Fixierungen. Mit einem fremden Blick und durch verfremdende Perspektiven sucht die Künstlerin die verformelten patterns gleichsam zu durchlöchern, so daß sich Einblicke in andere, in magische Dimensionen öffnen.

Eine Serie ihrer Körper-Masken thematisiert Verbindungen und Überleitungen buchstäblich *auf* dem Schauplatz des weiblichen Körpers: Es ist eine Erforschung der Gestalt und ihrer Wahrnehmung mit den Mitteln der Über-

---

62 Zit. *Rebecca Horn* 1994, S. 95.
63 "Maskerade" im Sinn von Judith Butlers Verwendung des Begriffs: als performativer Akt der gender-Konstitution; vgl. Butler 1991.
64 Vgl. Phelan 1993.

formung von Körperteilen und auch der ganzen Körpergestalt; und es ist zugleich eine Erforschung der Beziehung dieses überformten Körpers zu seinem Um-Raum, eine "weibliche Topographie" (Giuliana Bruno[65]): so beispielsweise in "Cornucopia, Seance for two breasts" (1970), einer Konstruktion, in der Mund und Brüste einer Frau durch weiche, schlauchartige Schaumgummiteile verbunden sind – die sich selbst ernährende, sich selbst "stillende" Frau. Nahezu 20 Jahre später (1991) nimmt Rebecca Horn dieses Thema wieder auf, betrachtet es nunmehr jedoch abstrakter und konfrontativer: in der Installation "High Moon" (Abb. 11). Wiederum erscheinen die verkabelten Brüste, nummehr aber als technische Attrappen, getrennt vom Körper und versetzt in einen gekreuzigten Raum. Nicht Milch, sondern Blut ist ihr Saft. Und das phallische Muster der Repräsentation ist hier nicht mehr ausgeblendet beziehungsweise autoerotisch umgedeutet – wie in der frühen Konstruktion –, sondern als Gewaltapparat gleichsam im Fadenkreuz der Blutspuren plaziert. Rebecca Horn äußert in einem Interview zur Installation "High Moon":

> Im Ausstellungsraum waren in Höhe des menschlichen Herzens zwei Winchestergewehre aufgehängt. Sie zielen auf die eintretenden Besucher, beginnen langsam sich zu drehen, nehmen sich schließlich gegenseitig ins Visier und beschießen sich mit einer blutroten flüssigen Ladung. Ich wollte schon immer zwei Gewehre konstruieren, die mit Kugeln so genau aufeinander schießen, daß beim Aufprall die Kugeln miteinander verschmelzen: ein Kuß des Todes.[66]

Vergleichbar dem "Großen Glas" Marcel Duchamps, in dessen Begehrensmaschine auch der Betrachter – sich selbst betrachtend – eingeschlossen ist, wird auch der Körper des Beobachters von "High Moon" selbst Teil der symbolischen Maschine:

> Einer Brautmaschine, die aufs Neue den Körper 'schreibt', ihn dem Mechanismus einbeschreibt. "High Moon" ist eine besondere Version der Tintenmaschinen, bei der Blut zur roten Tinte wird, die auf den Museumswänden ihre Spuren hinterläßt. Es handelt sich um eine Liebesmaschine, die mit

---

65 Vgl. *Rebecca Horn* 1994, S. 96.

66 *Rebecca Horn* 1994, S. 33. Zugleich ist diese Installation beinahe als "Film Still", als Anspielung auf den (unendlich verlangsamten) Schußwechsel in dem Western-Klassiker "High noon" (R: Fred Zimmermann, 1952) zu lesen. Das Spiel mit dem Signifikanten des 'Gewehrs' und seinem Wechsel der Orte zwischen Männern und Mann und Frau wird zudem noch im Zitat eines weiteren klassischen Western aufgenommen: Die beiden Winchestergewehre in Rebecca Horns Installation evozieren den Film "Winchester 73" (R: Anthony Mann, 1950).

Tinte/Blut schreibt, eine Brautmaschine, die nicht nur auf, sondern auch mit dem Körper schreibt.[67]

In den Installationen als Maskeraden des Weiblichen wird der Körper zum Material und zum Schauplatz solcher topischer Performance: so in der Inszenierung "Das Einhorn" (Abb. 12). Hier ist das sagenhafte Emblem der "Dame mit dem Einhorn" in ein Spiel mit dem Topos der phallischen Frau verwickelt. Denn die "Dame" *ist* das Einhorn, inszeniert in einer sommerlichen Landschaft: Der nackte, bandagierte weibliche Körper streift durch ein Kornfeld, auf dem Kopf senkrecht hochaufragend das applizierte Ein-Horn. Dabei beginnt erst jenseits der allzu griffigen Konnotationen das rätselhafte Maskenspiel der Umdeutungen und Verschiebungen in der Markierung, Bandagierung und Überformung des Körpers: in seiner Konstruktion als 'Topos'. "Selbstbeschreibung im Bild": Denn die Maskerade der Dame mit dem (Ein-)*Horn* ist auch eine Verkleidung und Enthüllung der Autorin selbst; ein Spiel mit dem Emblem des (Künstler-)Namens, "Horn". 'Unicorn', der Name ohne 'Referenten', wird zum Autonym dieser Konstellation von Bild und 'Ich'; und legt das Spiel der Zeichen, die zwischen dem Körper und dem Namen oszillieren, als Schleier um die Auto(r)(be)Schreibung. Die Poesie der Performance in der Inszenierung eines 'Wesens, das es nicht gibt', entwickelt sich aus dem Körper-Bild und der Namens-Schrift – als "Selbst-Beschreibung" in und durch Masken; zuletzt aber als Bewegungs-Inszenierung, nämlich als Suche nach der verlorenen Aura des hohen Ganges: Die Bewegung selbst, das unnachahmlich schöne Schreiten der Darstellerin[68] verwandelt Körper und Maske in die Chimäre eines erotischen Traums.

Rebecca Horns Experimente mit Körper-Teil-Masken – wie den Feder-, Haar- und Bleistift-Masken über Gesicht und Kopf – separieren, parzellieren, inszenieren und versetzen die Regionen des Körpers. So die Vertauschung von Vorder-, Rück- und Seitansicht in der "Haarmaske", in der "Kakadumaske" und in der schon betrachteten "Bleistiftmaske". Über Bandagen, Markierungen, Schreib-Zonen betreibt Rebecca Horn eine "Vermessung" des weiblichen Körpers: Der "dark continent" dessen, was als das Andere, Fremde erscheint, als immer schon maskierte Weiblichkeit, wird im Prozeß dieser "Selbst-Beschreibung" nicht etwa 'kulturisiert' oder naturisiert, sondern vielmehr in

67 Bruno 1994, S. 105.
68 In einem Interview aus dem Jahr 1973 äußert Rebecca Horn, daß sie zur Performance "Das Einhorn" durch eine Frau, deren Gang sie bewunderte, inspiriert wurde: "Sie war sehr groß und hatte einen wunderbaren Gang. Ich stellte mir vor, wie dieser lange weiße Stab auf dem Kopf ihren graziösen Gang betonen würde." *Rebecca Horn* 1994. S. 24 (Rebecca Horn im Gespräch mit Germano Celant).

Bildern und Hüllen ein zweites Mal verdunkelt – in den 'transparenten'
Mystifizierungen solcher opaken Masken. Ein Beispiel dafür ist auch die
Ganz-Maske der "Paradieswitwe" (1975), ein hoher schwarzer geschlossener
Federfächer, der den Körper verbirgt und verrätselt und im Öffnen und
Schließen des Federkleids im Spalt der Maske zugleich helle Haut, Brüste,
Scham entbirgt.

Befangensein und Gefangensein in den kulturellen Konstrukten der
Geschlechterrollen wird in diesen Masken-Installationen immer wieder zum
Thema: in Montagen, durch welche die *Elemente* konventionalisierter Weib-
lichkeitsmuster aus dem allgemeinen Zeicheninventar gelöst, umcodiert und
neu kombiniert werden, wie zum Beispiel in dem Werk "Die sanfte Ge-
fangene" (1978) aus dem Film "Der Eintänzer"; eine Installation, die aus
weißen Pfauenfedern, einer Metallkonstruktion, Holz und einem Motor
gefertigt ist. Die Elemente der tänzerischen Disziplinierung – der Ballettschuh
und der Ballettsaal – verschwinden im Federfächer, als "sanfte" Maskierung
der Schmerzen und der Lust dieses Prozesses der Formung des Körpers.[69]
Federn und Maschine, die Embleme des Körpers und der Schrift in Rebecca
Horns Installationen: In einer Weiterführung dieses Themas, nunmehr abstrakter und gleichsam als Allegorese dieser Maske im Prozeß ihrer Technisie-
rung, folgen andere Arbeiten, zum Beispiel "Pfauenmaschine" (1982), "Hän-
gender Fächer" (1982) und "Kleines Federrad": Dieses an die Wand geheftete
Federrad erscheint im Hangar der motorisierten Fächerkonstruktion aus
harten Materialien gleichsam als die marginalisierte Erinnerung an die weichen Masken und Fächer früherer Werkphasen.

Die Maschinen, Federkonstruktionen, Schreib-Apparate repräsentieren
zugleich jene Meta-Ebene der Arbeiten Rebecca Horns, innerhalb derer nicht
mehr nur die Maskerade der Weiblichkeit als *Körper*-Konstruktion, sondern
mehr noch das Genre ihrer Darstellung selbst zum Thema wird: der Diskurs
der *Bildenden Kunst*, der Rahmen der Präsentation, die Position der Frau, die
in der Szenerie dieses in patriarchal geprägten Mustern organisierten kulturellen Feldes künstlerisch zu arbeiten sucht: "Selbst-Beschreibung im Bild".

Rebecca Horn betreibt mit ihren Installationen gleichsam eine weiche
Dekonstruktion des kunst- und kulturhistorischen Diskurses von Weiblich-
keitstopoi. Ihre inszenierten Masken demaskieren die scheinbar festgeschriebenen Regeln der 'weiblichen Maskerade'. Ihre "Brautmaschinen" sind
ironische und zugleich zärtliche Reaktionen auf die Junggesellenmaschinen

---

69   Zum Thema der Disziplinierung und Körper-Formung durch die Codierungsmuster des klassi-
     schen Balletts vgl. Lorenz, 1987. Zur Problematik von kulturellen Mustern des "body shaping"
     und ihrer Inszenierung im modernen Tanz vgl. Brandstetter, 1995.

von Marcel Duchamp, und die mechanisierten Objekte, Fächer, Körper-Larven sind keine seelenlosen Maschinen, sondern sie werden als bewegliche Dialogpartner eines offenen Gesprächs über die Strukturen und Regulierungen von Kultur und Weiblichkeit in Szene gesetzt.

Serialisierung und Performance von Selbstdarstellung in den "Untitled Film Stills" von Cindy Sherman

Die Grundfragen aus Duchamps Arbeit am "Großen Glas" – der Marginalisierung des "Selbst" (même), der Verabschiedung der Konventionen von Kunst-Repräsentation durch die 'Verwechslung' der Begriffe von Ausstellung (Präsentation) und Vorstellung (Performance), schließlich der Thematisierung von Zeit ("Verspätung aus Glas") – sind, so scheint es, mit den Arbeiten Cindy Shermans an einen vorläufigen Endpunkt gelangt.[70] Der Faktor der Zeitlichkeit von Darstellung – bei Duchamp im Begriff der Verzögerung, der "Verspätung", die das Bild *ist* und dieses re-plaziert, eingebracht – wird in Shermans "Untitled Film Stills" (1977–1980)[71] an den Nullpunkt gebracht. Das Verwischen der (auch für Analyseverfahren gern getrennten) Aspekte von Produktion und Rezeption ist schon für Duchamps Arbeiten konstitutiv: Die Kluft zwischen einer nie beendbaren, unendlich verzögerten 'Produktion' und performativer Wahrnehmung wird verschoben und schließlich verdeckt. Im Blick auf Cindy Shermans "Film-Stills" wäre hier zu fragen, in welcher Weise sich dadurch das Moment der Wahrnehmung der Bilderzählung mit dem "punktum" (Roland Barthes[72]) dieser Fotografien verbindet, als Modus ihrer Performanz in der "Selbstbeschreibung" im Bild.

Der Wandel des Blicks durch Technik und Medien (seit der Entwicklung der Fotografie, des Films und der Videotechnik) hat auch das Thema der "Selbstdarstellung" – als Selbstporträt und als szenische Autobiographie – in einen anderen Modus der Repräsentation versetzt: die Performance des Selbst

---

70 Den Bezug zu Duchamp stellt – aus anderer Perspektive – auch Jan Avgikos her: "Die Anfänge dieser postmodernen Debatte bilden den Hintergrund zu Cindy Shermans "Film Stills" [...] Bezugspunkt dieser künstlerischen Praxis war die These Duchamps, ein Objekt verdanke seinen Kunststatus dem Kontext, in den es gestellt wird, und nicht irgendwelchen inneren Werten, die es angeblich besitzt. Die Akzentuierung des Kontextes diente der institutionellen Kritik und ermöglichte zugleich eine Entwicklung, die später als 'picture theory' bekannt wurde – die Untersuchung der Beziehung zwischen verschiedenen Bereichen der Repräsentation und ihren jeweiligen Rezeptionsformen." Avgikos 1994, S. 41.

71 Vgl. *Untitled Film Stills* 1990.

72 Vgl. Barthes 1985. Vgl. dazu wiederum Haverkamp 1993 sowie Stiegler 1993.

tritt – über das Auge der Kamera – in das "Monitor-Stadium". Der Körper wird zur Projektionsfläche:

> Somit ist das Monitor-Stadium die notwendige Recherche an der Oberfläche mit Oberflächen, um die Schichtungen langsam zu überlagern oder sie wie eine dünne Folie, eine nach der anderen, abzutragen. [...] Die Performance-künstler/innen arbeiten dabei vornehmlich mit und an sich selber, Frau und Mann getrennt oder gegeneinander gerichtet.[73]

Die Definitionsmacht dieses Blicks führt nicht zuletzt zur Überlagerung der 'alten' Geschlechtermuster mit neuen, die vom technischen Sehen bestimmt sind. Diese medialen Übersetzungen und Perspektiv-Überlagerungen sind wiederum das Thema von Selbstinszenierungen, des "maskeradehaften Umgangs" mit den Rollen, die der Weiblichkeit zugewiesen werden: ins-besondere in den Arbeiten von Performance- und Video-Künstlerinnen seit den 60er Jahren.

> Die Maskerade offenbart und karikiert zugleich das Künstliche der 'erzeugten Frau'. D.h. auch hier macht sich eine Frau, die Künstlerin, zum Subjekt einer Rolle, die sie zum Objekt deklariert. Daß diese Form des Umgangs zumeist mit der Produktion von Videos einhergeht – also dem Versuch, den eigenen Körper zu präsentieren und sich dabei zu filmen – verweist auf eine Form von Ich-Spaltung, bei der das Ich sein eigenes Du fabriziert. Das Objekt der Be-trachtung wird also zum Subjekt, indem es sich selbst objektiviert – hierin dem Vorgehen des mechanischen Auges folgend, das seinen eigenen Anderen erzeugt.[74]

Performance-, Video- und Foto-Künstlerinnen wie Valie Export, Annie Sprinkle oder Cindy Sherman suchen die Auseinandersetzung mit den gesell-schaftlichen Mustern von Weiblichkeit durch die Inszenierung des eigenen Körpers. Sie präsentieren ihn – 'sich selbst' – als Konstrukt, als Kunstfigur, als eine 'persona', die gleichwohl aus der individuellen Biographie geschaffen und in der Performance als "instant character" dargestellt ist. Die Performerinnen spielen bereits die 'Komödie der Maskerade'.[75] Sie inszenieren ihre performa-tiven Muster durch Zitate von Rollen und Repräsentationsformeln von Weib-lichkeit und subvertieren sie zugleich. In der Benennung der Klischees, im Zeigen, im Sich-selbst-Zeigen als Schnittfläche verschiedenster "sexual perso-

---

73 Lischka 1988, S. 132.
74 Braun 1994, S. 82: "Diese Form der Vervielfältigung des Ichs spielt wiederum in der Phi-losophie und Psychoanalyse eine zunehmende Rolle und spiegelt sich in Begriffen wie dem vom 'fraktalen Subjekt' wider."
75 Vgl. Weissberg 1994.

nalities" entfalten sie eine neue, eine für den theatralen Blick spezifische Distanz zur gesellschaftlichen Semantisierung und Schematisierung von Weiblichkeit und Gender-Performanz: nicht als Negation, nicht als Distanzierung, sondern als *Modus* einer Distanz, der die Gender-Konzepte umbesetzt, experimentell neuinszeniert und in 'anderer' Gestalt präsentiert, – wie in den Bildern Cindy Shermans, deren "latenter Schrecken"[76] zu einem Topos der Rezeption geworden ist.

Mit diesem Effekt wird in der Literatur zu Sherman zumeist ein weiterer Topos verbunden: der Topos der 'Theatralität' ihrer Bildinszenierungen. Ich zitiere als ein Beispiel für viele aus dem Katalog der Ausstellung in Hamburg 1995:

> Als Hauptdarstellerin und Regisseurin in einer Person, die wie im Theater ebenfalls Bühnengestaltung, Kostüme und Masken entwirft, setzt sich Cindy Sherman mit unterschiedlichen bildhaften Stoffen auseinander. Mit dem Rückgriff auf alte und neue Filme, Modezeitschriften, auf das Fernsehen und die Werbung erschließt die Amerikanerin ein ergiebiges, teils triviales, teils kulturell äußerst bezeichnendes Bildreservoir, um es in einen neuen Kontext zu bringen und zu dekonstruieren.[77]

Shermans "Untitled Film Stills" ergeben eine Serie kleinformatiger Schwarz-Weiß-Fotografien, die mehr als dreihundert Nummern umfaßt. Die "unbetitelten" Arbeiten Shermans werden durch das Serien-Zeichen # und Bezifferungen sortiert. Auf den Fotos sind Szenen-Ausschnitte zu sehen, die Situationen stellen, die ihrerseits wiederum wie Zitate aus Filmen der 50er und frühen 60er Jahre anmuten (Abb. 13). Immer ist eine Frau in einem bestimmten und doch unbestimmbaren Ambiente abgebildet, und immer ist die "Schauspielerin", die diese weiblichen Rollen in unterschiedlichen Kostümen, Perücken, Masken darstellt, als – so scheint es – 'Cindy Sherman' identifizierbar. Aber wodurch ist diese Identifikation des im Bild gezeigten Körpers mit der "Autorin" vermittelt und beglaubigt? *Ist* es also Cindy Sherman, die (sich) hier darstellt? Die Zuschreibung ist nicht dem Foto ablesbar, sondern allein durch den Kontext vermittelt: durch den Diskurs 'über Cindy Sherman', durch ihre mediale Präsenz in Presse-Bild, Interviews und Reportagen. Die klare Referentialität von "Selbst-Beschreibung" – jene scheinbar "einfachere Referentialität" der autobiographischen Darstellung, ihrer "Repräsentation und Diegese"[78] – ist in diesen Fotografien freilich nicht gegeben, sondern vielmehr

---

76 Zdenek Felix in: *Cindy Sherman* 1995, S. 9.
77 Ebd., S. 7.
78 de Man 1993, S. 132.

verwischt und entstellt. Handelt es sich hier also überhaupt um Selbstporträts oder um maskierte Selbstporträts? Weder handelt es sich um Auto(r)porträts[79] – denn deren Anspruch auf Wahrheit und Identität im Sinne von Abbildung wird hier gerade aufgelöst. Noch handelt es sich um Selbst-Darstellungen – im Sinne einer Präsentation von Identität beziehungsweise einer mit dem Index von Authentizität versehenen Form der Selbstrepräsentanz der Autorin.[80] Schon die Zuschreibung der Muster von Autorschaft und Darsteller(in) wird mit diesen Fotoarbeiten unterlaufen. In der Literatur zu Cindy Sherman, die es selbst stets abgelehnt hat, sich in einem theoretischen Kommentar zu ihren Arbeiten zu exponieren, ist viel über die schillernde Doppelfigur von Regisseurin/Darstellerin gerätselt und interpretiert worden.[81] Immer wieder wurde Shermans virtuose Beherrschung des "Method Acting" hervorgehoben. Häufig wurde freilich übersehen, daß nicht das 'Acting' (als Schauspiel), sondern allein die Konstruktion des Acting – die Codierung des Umfelds, des Szenarios, des Körpers, der Gesten – in der Performance im Bild/Foto zur Darstellung kommt: die 'persona' des Arrangements und des fotografischen Effekts. Das Porträt-Foto ist – im Doppelblick der Inszenierung vor der Kamera und durch den Sucher – immer schon durch das Acting/Posing und die Problematik der Abbildlichkeit im Medium der Fotografie bestimmt.[82] Walter Benjamin faßt die komplexe Problematik der "Einstellung" – im doppelten Wortsinn – für das Foto-Porträt zusammen:

> Das Photographische Porträt ist ein geschlossenes Kräftefeld. Vier imaginäre Größen überschneiden sich hier, stoßen aufeinander, verformen sich. Vor dem Objektiv bin ich zugleich der, für den ich mich halte, der, für den ich gehalten werden möchte, der, für den der Photograph mich hält, und der, dessen er sich bedient, um sein Können vorzuzeigen. In anderen Worten, ein bizarrer

---

79　Sherman äußert zu dieser Frage in einem Interview: "Ich mache keine Selbstportraits. Ich versuche immer, in den Bildern soweit wie möglich von mir selbst wegzugehen. Es könnte aber sein, daß ich mich gerade dadurch selbst porträtiere, daß ich diese ganzen verrückten Sachen mit diesen Charakteren mache." Kallfelz 1984, S. 49.

80　Der (alte) substrathafte oder substantiell gefaßte Begriff von der Person, von Individualität und Identität ist (spätestens seit Nietzsche) aufgekündigt; auch Wolfgang Welsch bezieht sich im Blick auf die Problematik von Identität und Selbstdarstellung des (postmodernen) Subjekts auf die Arbeiten von Cindy Sherman: "Sherman führt eine quasi kernlose, eine rein aus der Vielheit von Möglichkeiten bestehende Identität vor Augen. Substanz, das traditionelle Modell von Identität, ist vollständig durch Attribute bzw. durch eine Vielzahl externer Wirklichkeiten und Rollen ersetzt." Welsch 1990, S. 180f.

81　Vgl. Krauss 1993 und Ziegler 1995; Elisabeth Bronfen vertritt in ihrem Aufsatz zur "hysterischen Performanz" Shermans die These, daß es das Anliegen Shermans sei, mit ihren Photos jenes "latente psychische Material" zu zeigen, das die "Einbildungskraft des Subjekts enthält". Vgl. Bronfen 1995a.

82　Vgl. Barthes 1985.

Vorgang: ich ahme mich unablässig nach, und aus diesem Grund streift mich jedesmal, wenn ich photographiert werde (mich photographieren lasse), unfehlbar ein Gefühl des Unechten, bisweilen von Hochstapelei.[83]

Die Unmöglichkeit von 'Echtheit' (und einer "Echtheitsprüfung" wie Günter de Bruyn dies Dilemma für die Autobiographie benennt) in der fotografischen Abbildung des Selbst, die Differenz zwischen den Instanzen des (Selbst-)Inszenierenden, Darstellenden und des (Sich im Bild-)Lesenden wird von Walter Benjamin hier benannt und differenziert. Die Fest-Stellung der Bewegung und der Schnitt zwischen Referenz-Körper und Foto-Fläche verstellen das Selbst-Bild:

> In einem Wort, ich wünschte, daß mein Bild – wandelbar, schlingernd zwischen tausend je nach Situation oder Alter changierenden Photos – stets mit meinem (bekanntlich tiefen) 'Ich' übereinstimmte; doch vom Gegenteil muß die Rede sein: Mein 'Ich' ist's, das nie mit seinem Bild übereinstimmt; denn schwer, unbeweglich, eigensinnig ist schließlich das Bild [...]; leicht, vielgestaltig, auseinanderstrebend ist mein 'Ich'.[84]

Weit komplizierter zeigt sich die Situation in Shermans "Film Stills". Denn hier stellt sich – im Gegensatz zu Porträt-Fotos – nicht mehr die Frage, ob die Entwürfe und Konstruktionen der (Selbst-?)Beschreibung im Bild dem eigenen Selbstbild entsprechen. In den Fotos "of" Cindy Sherman (von ihr und mit ihr) ist Sherman zwar dem Namen nach anwesend; zugleich aber bleibt die Position des 'Ich' leer. Da die Darstellung insgesamt den Charakter der Maskerade trägt – einer Maskerade, die sich auf das Medium der Fotografie selbst bezieht – tritt die Codierung der 'persona', das Arrangement der Szenerie in die Lücken, die zwischen den Entwürfen und Kreuzungen der hier gezeigten multiplen Identitäten klaffen: Die Differenz zwischen Vorstellung, Darstellung und 'Selbst' (das nie greifbar wird) ist mit jeder Fotografie vorgeführt – ausgestellt. Es ist ein Charakteristikum dieser Fotografien, daß sie allein für die Ausstellung – "made solely to exhibit" – hergestellt sind, bestimmt für eine bestimmte Form der Präsentation und einen bestimmten Kontext der Lektüre.

---

83 Benjamin 1977, S. 380. Vgl. dazu auch Stiegler 1993.

84 Benjamin 1977, S. 380. Roland Barthes weist auf die spezifische Referentialität der Fotografie hin, auf die "Verbindung aus Realität und Vergangenheit" und die Verbindung von Einmaligkeit des Augenblicks und Fixierung in der Dauer: "Der Name des Noemas der PHOTOGRAPHIE sei also: 'Es-ist-so-gewesen' oder auch: das UNVERÄNDERLICHE. Im Lateinischen (eine Pedanterie, die notwendig da ist, da sie Nuancen erhellt) hieße dies zweifellos: 'interfuit': das, was ich sehe, befand sich dort, an dem Ort, der zwischen der Unendlichkeit und dem wahrnehmenden Subjekt (operator oder spectator) liegt; es ist dagewesen und gleichwohl auf der Stelle abgesondert worden; es war ganz und gar, unwiderlegbar gegenwärtig und war doch bereits abgeschieden." Barthes 1985, S. 86f.

Inwiefern handelt es sich hier also um "Film Stills", wie der Titel verspricht? Film Stills – das Genre der Standfotos – sind per se nicht das, was ihr "Titel" verspricht. Sie sind nämlich eben nicht stillgestellte Bilder aus der laufenden Serie der "Movies", sondern von vornherein schon als "still" gestellt. Zwar sollen die als Film Stills bezeichneten Fotos repräsentativ für bestimmte Szenen, Darsteller und Darstellungskonventionen eines Films sein. Aber sie 'bilden' sie nicht ab. Im Gegenteil: Produziert sind auch diese Bilder für den Zweck ihrer eigenen Ausstellung, "solely to exhibit"; und zwar nur für die Ausstellung im 'Glas' der Vitrine oder des Schaufensters vor dem Kino, für die Postkarten oder den Katalog.

> Stills gehören zu der großen Gruppe von Bildern, deren Gegenstand keine Funktion hat außer eben der, fotografiert zu werden. Sie gleichen in einer bestimmten Art der Werbefotografie [...] Doch durch seine narrative Funktion unterscheidet sich das Still wesentlich vom Werbefoto. Es verlangt von einem einzelnen Bild präzise erklärende Qualitäten, die Rückschlüsse auf eine ganze Geschichte zulassen. Außerdem will das Still kein in sich geschlossenes Ganzes mit klar umrissenen kontextuellen Grenzen sein; es erweist sich etwas undeutlich als Teil eines größeren Kunstwerks. Dem Anspruch nach gibt das Still eine Realität wieder, doch tatsächlich ist es nur der Abglanz – von etwas, das unabhängig davon für sich steht – des Films.[85]

Die "Film Stills" stammen normalerweise keineswegs "aus" dem Film: Sie sind weder Standfotos als Dokumentation (etwa bestimmter Situationen der Dreharbeiten), noch geben sie einen "Ausschnitt" als Teil und Segment des Films; sondern sie werden eigens "gestellt", im Foto-Studio inszeniert: eine 'andere Performance' mit anderen Codes und anderen Regeln als jene für die Inszenierung des Films. Repräsentiert in diesem Sinn das "Film Still" schon immer (dem Betrachter zumeist nicht bewußt) eine Simulation des 'Ursprungs' der Bilder, so doppelt sich dieser Gestus der Simulation in Cindy Shermans "Film Stills". Denn in diesen Fotografien wird der Kontext des Films, d.h. eines bestimmten Films, gänzlich gelöscht und stattdessen das Genre selbst fingiert; eine Simulation der Simulation. Der oft beschriebene verführerische, die Aufmerksamkeit ansaugende Gestus von Cindy Shermans Fotografien (und dies gilt in modifiziertem Sinn auch für ihre anderen Serien) – ihre "disturbatory quality" (A. Danto[86]) – bezieht seine Wirkung aus dem

---

85   Kozloff 1993, S. 31.
86   A. Danto. Vorwort zu *Untitled Film Stills* 1990. S. 12.

Begehren, das sich – aus dem Blick des Betrachters[87] – an die Bilder anlagert. Das Fehlen der Geschichte, die "Performance im Bild", die Erinnerungen an (vermeintlich) Bekanntes aufruft, ohne diese Gedächtnis-Lücken wirklich zu füllen, appelliert an den Betrachter, die fehlende Geschichte zu ergänzen. Die "Film Stills" – aber auch die "History Portraits" und die anderen Serien Shermans – bieten in ihrem sorgfältig und detailliert komponierten Szenarium perfekte Projektionsflächen, die sich gerade durch ihre Plakativität besonders eignen, Fiktionen eines (imaginären) Kontextes auf sich zu ziehen. Die Möglichkeiten der "Bild-Erzählung" erscheinen dadurch vervielfacht, die Zirkulation der Narration in einem imaginären Zeit-Raum – wo das Daneben zum Danach, und das Danach wiederum zum Daneben wird[88] – unabschließbar verzögert. In der Lektüre-Performance[89] vermag diese Lücke konkreter Referenz-Möglichkeiten umso intensiver die aus dem Gedächtnis-Fundus des Betrachters abrufbaren Filmklischees zu einer imaginären Narration zu verbinden.[90] Eine Form der rezeptiven (Phantasie)-Inszenierung mithin, bezogen auf das Netz der Diskurse, der Zeichenfelder, die in den "Film Stills" gekreuzt sind. Jene Bild-Indikatoren, Weiblichkeits-Stereotypen, Räume und Accessoires, die in den Fotos die Welt der "Fifties" nachstellen – über Zitate aus *Film noir, Nouvelle vague* und Melodrama –, präsentieren die Bilder als Konstrukte einer Theatralität, einer impliziten Performance: als Inszenierung eines kulturellen Ortes, dessen Erscheinung aus dem Reservoir von "Mythen des Alltags" (Roland Barthes) der 50er/60erJahre collagiert ist. Das Oszillieren zwischen den reflexiven Positionen des Subjekts und des Objekts, der "Spaltung" über das Auge der Kamera, ist im "Still" – im ausschnitthaften, aus der Zeit der

---

87 Zur Frage des Voyeurismus vgl. Öhlschläger 1996; bezogen auf die Medien Fotografie und Film vgl. Mulvey 1989 und Mulvey 1994; Doane 1994; Koch 1993. Sherman setzt die voyeuristische Perspektive selbst schon gewissermaßen in den Sucher und komponiert ihre Bilder (auch) als widerständig gegenüber Erwartungen, die sie nicht 'bedient'. So äußert sie über ihre "Sex pictures": "Manchmal möchte ich die Leute anturnen und dann abstürzen lassen, wie in den Bildern mit Erbrochenem, die aus einer gewissen Entfernung wirklich hübsch aussehen. Die 'Sex-Fotos' sind keine Reaktion auf Sexualität, sie versuchen vielmehr, die Leute zum Nachdenken zu bringen – darüber, was sie anturnt und warum." (Interview mit Matthew Weinstein, in: *Jürgen Klauke / Cindy Sherman* 1994, S. 60.)

88 Vgl. Kemp 1996, S. 195.

89 Elisabeth Bronfen führt in ihrer konzisen Darstellung zu "Weiblichkeit und Repräsentation" Cindy Shermans Arbeiten als exemplarisch für ein Verfahren ein, das – wie Shermans "Selbstdarstellungen" – "die Erkenntnis von Weiblichkeit als Lese-Effekt zu vermitteln" suche, "d h als Produkt der Phantasien und Erwartung bezüglich der Stereotypisierung der Frau, die auf jedes Bild übertragen werden. […] Die Bilder führen das Entstehen einer weiblichen Subjektposition vor, die sowohl ihre Repräsentiertheit mitreflektiert als auch deren interne Auflösung." Vgl. Bronfen 1995b, S. 439f.

90 M. Weinstein hat solches Verfahren phantasmagorischer Narration in seinem Artikel "Cindy Sherman" (Weinstein 1994) exemplarisch vorgeführt.

Geschichte(n) gehobenen Konstrukt des Fotos – in Szene gesetzt; und diese Performance bringt unterschiedliche, gegenläufige Lesarten hervor: "Shermans Werk verdichtet nicht nur verschiedene Erzählschichten, es zeigt außerdem die Notwendigkeit verschiedener Lektüren".[91]

Die Performance im Bild ereignet sich also im Prozeß der Lektüre und der diskursiven wie imaginären Narration dieser Lesarten[92]: Shermans "Untitled Film Stills" geben gleichsam das 'Skript' der nicht-erzählten und nie zu Ende erzählbaren Geschichte. "Selbst-Beschreibung" meint hier nichts anderes als die Erzählung des Lesers als Verfehlen und Wiedererkennen der eigenen Geschichte(n) im Bild[93]. Faszination und Unbehagen in der Betrachtung des Betrachters resultieren aus diesem wie durch einen Schleier wirkenden Erinnerungsmaterial aus Bekanntem und Unbekanntem, dessen Spuren sich nicht bis zu einem konkreten Ereignis zurückverfolgen lassen; jene Reminiszenzen eines "traumatischen Materials" (E. Bronfen), von "losgelösten, freischwebenden und überdeterminierten Erinnerungsspuren, deren Ursprung unbekannt ist."[94]

Vergleichbares geschieht in Shermans Serie "History Portraits". In diesen Bildern erscheint das Gesicht Cindy Shermans (aber was ist 'das Gesicht') – 'verkleidet' in Maske, Kostüm, Haartracht – in den Goldrahmen der traditionellen Porträt-Malerei seit der Renaissance projiziert. Der Betrachter glaubt, das Gesicht, die Pose, die Farbsymbolik, – die gesamte Ikonographie der Darstellung – (als Bildungsbesitz) zu kennen; und er wird irritiert durch Stör-Elemente, die die Identität und die Identifizierbarkeit des Bildes untergraben: Jene "melancholische Präsenz ihrer Nicht-Identität" (J. Agvikos), die sich

---

91 Avgikos 1994, S. 43.

92 Die auffallend kontroverse Rezeption von Shermans Werk im Feld der feministischen, kultur-theoretischen, psychoanalytischen, poststrukturalistischen Diskurse ist häufig bemerkt worden; vgl. Avgikos 1994.

93 Es ist mir in diesem Zusammenhang wichtig, diese narrative Qualität, die paradoxerweise aus den "Stills" sich entwickelt – als eine (imaginäre) Bilderzählung in der Lese-Bewegung hervor-zuheben; diese im Gegensatz zu der häufig allzu statisch aufgefaßten "Identifikation mit dem Ideal" als Merkmal der Rezeption von Film-Stills, eine Zuschreibung, die sich auch – in dieser statischen Definition – auf die "Untitled Film Stills" von Cindy Sherman überträgt und die narrative Bewegung nicht einbezieht; vgl. z.B. die Ausführungen von Jörg Huber: "Die Wie-derholung (der Untitled Film Stills) der Wiederholung (der Standbilder) kehrt die Bedeutung, die den Standbildern zugeschrieben wurde, um: Sie richtet sich nicht auf die im Imaginären erfolgende Verschmelzung des Einzelnen mit dem Ideal-Bild eines kollektiven Imaginären, sondern auf den Versuch der individuellen symbolischen Repräsentation als Unterscheidungs-leistung in der Indifferenz heutiger Gesellschaft. Diese Problematik gewinnt in der gegenwärti-gen Medienpraxis (und Medientheorie) eine neue Aktualität, indem der Konstruktion individu-eller Selbst-Entwürfe, der Produktion symbolischer Selbst-Repräsentation durch die Entwicklung der elektronischen Medien qualitativ neue Bedingungen erwachsen." Huber 1993, S. 61.

94 Bronfen 1995a, S. 21.

aufdrängt beim Anblick von Gemälden wie "Untitled # 222" (1990)[95] (vgl. Abb. 14). Auch in dieser Serie spielt Sherman mit den Klischees und Darstellungskonventionen, mit den Geschlechter-Stereotypen und mit dem Wissen und Nicht-Wissen des Betrachters, der im Fundus seiner Kenntnisse der Kunstgeschichte wühlt und verstört die aus dem Bild herausspringenden, den Rahmen des Dekorum sprengenden Attrappen von Sexualität, Zerstörung und Tod wahrnimmt. Masken des Inkommensurablen und des Nicht-Identischen, die die Raster der Lesegewohnheiten aufreißen und spalten. In einem Interview äußert Sherman, daß sie in den "History Porträts" mit der "Erinnerungsunschärfe" des Betrachters arbeitet: "Jeder sagt sich: Das Bild kenn' ich doch irgendwie. Weil es eben 'irgendwie' an ein berühmtes Werk erinnert."[96]

Zu diesem Effekt gehört auch die Rahmung beziehungsweise die Nicht-Rahmung von Shermans Fotografien durch 'Überschreibung' beziehungsweise Subversion der üblichen Betitelung. Die Praxis der Betitelung eines Bildes oder Fotos, die Zuteilung einer Bild-Legende, die als Kommentar, Lese-Anweisung und Deutungsangebot üblicherweise mitgegeben ist, wird in Shermans Bildserien konsequent verweigert. Die Bezeichnung "Untitled" über (oder unter?) allen ihren Arbeiten bringt gleichsam die Bewegung der "Verlangsamung", "Verspätung", Dezentrierung des Identifikations-Labels, die im Titel von Duchamps "Großem Glas" in die Wege geleitet ist, zum Stillstand. Es zeigt sich ein prekärer Rückgriff auf die bekannte (und vergessene) Beziehung zwischen Bild und Text in der Emblematik. Shermans Verweigerung einer Inscriptio, subscriptio, praescriptio des Titels, jener zweiten Zeichenebene der Codierung von Bildlichkeit (Roland Barthes), reißt – zusätzlich zu den Lücken in der Konstruktion des Bildtextes – eine Leerstelle auf, die den Leser in die Position des Zuschreibens lockt. Die Bezeichnung "Untitled" (und Zeichen # samt Nummer) markiert die Öffnung der Serie und ihre permanente Fortschreibung in enumerativer Reihe. Der Gestus dieser Rück-Haltung des Titels, einer Öffnung und Reservatio als Akt des noch 'Einzutragenden', entspricht jener (Nicht-)Ankündigung, die Jacques Derrida anläßlich einer Einladung zum Vortrag gab: "Titre (à préciser)".[97]

---

95 Avgikos zu diesem Bild: Es "zeigt eine ältere Frau mit großem Hängebusen. Sie ist oben ohne, trägt einen Holländerhut und einen weißen, leicht durchsichtigen Unterrock. Sie sitzt auf einer mit rotem Samt verkleideten Stütze, die wohl antik und gemalt ist. Der Blick ist gesenkt, die Stirn von schweren Gedanken zerfurcht. Beleuchtet wird sie von einem fahlen gelben Licht, der dunkle Hintergrund wirkt wie heraufziehendes Unwetter. Wir wundern uns, daß darin nicht eine Todesfigur aus dem 19. Jahrhundert dräut." Avgikos 1994, S. 57.

96 Cindy Sherman, zit. nach Baur 1995, S. 27.

97 Vgl. Derrida 1980.

Selbst-Simulation und Gender-Crossing im Bild: Yasumasa Morimura

Die Tableaus[98], die in den Arbeiten des japanischen Künstlers Yasumasa Morimura dargestellt werden, sind den "History Portraits" von Cindy Sherman ähnlich. Morimuras Selbstinszenierungen erinnern jedoch auch an die Arbeiten Jürgen Klaukes, an die Szenarios von Jeff Wall und an die Sex-Expositionen von Jeff Koons, an die verstörenden Foto-Körper eines Morphing aus Kindern und Erwachsenen von Inez van Lamsweerde. Anders als Sherman, deren Medium die Fotografie ist, technisch eher dem Verfahren Jeff Walls folgend, modelliert Morimura seine Tableaus mittels digitaler Verfahren.[99] Mittels der Travestie – in der schockierenden Anwendung von Kostümen, Masken, Objekten, die aus dem Fundus der Theater- und Kunstgeschichte, aus dem Bild-Repertoire der Film- und Pop-Szene wie des politischen 'Feature' und der Fernseh-Reportage, aus Kultur und Natur abgerufen und grotesk, phantastisch, erschreckend ins Bild projiziert werden – erscheint Morimura selbst inszeniert und performiert: in multipler Gestalt tritt er in die Maske historischer Gemälde; jede Erscheinung 'trägt' sein Gesicht – ob nun in "Judith und Holofernes" (eine Arbeit, die den Titel "Mother Judith" trägt) (Abb. 15) oder in Goyas "March 5, 1808" (mit dem Titel "Brothers Slaughter") (Abb. 16).[100] Morimura begann seine Arbeiten mit der Um-Schreibung und Selbst-Performance im Bild mit Rembrandt, dem "Meister von Licht und Dunkel": In seiner Collage "Portrait: Nine Faces" (1989) – bezogen auf Rembrandts berühmtes Gemälde "Anatomie-Stunde des Dr. Nicolaas Tulp" – erscheint Morimuras Gesicht in jeder der neun Figuren, die den Leichnam in der Sektions-Demonstration umstehen. Computer-Simulation inszeniert den Gestalt-Wandel im Bild: ein 'Morphing', das den Körper als sterblichen Korpus (Leichnam) und zugleich als unsterbliches, wandelbares, fälschbares Medienprodukt präsentiert. Der tote namenlose Körper ist 'mit' im Bild des Arrangements von Sektion und Selbstporträt. Die Verfahren des 'Scannens' und des 'Sampling' bestimmen Morimuras Bild-Serien – auch diese übrigens, ähnlich wie bei Cindy Sherman, häufig ohne Titel. Es gibt nur einige wenige Sammel-Titel, unter denen (wie z.B. unter dem Titel "Brothers Slaughter") ganze Bilder-Serien mittels Nummern zusammengefaßt werden, wobei die Kriterien

---

98 Der Gedanke von "Tableau vivant" und "Attitude", einer spezifischen Gattung der "Performance im Bild" bzw. "in der Plastik", die seit Mitte des 18. Jahrhunderts im Feld der Genres zwischen Theater, Tanz, Rezitation/Melodram und Bildender Kunst einen wichtigen Platz einnahm, ist auf die Szenerien der Photo-Serien sowohl C. Shermans als auch Morimuras übertragbar.

99 Zur neuen Ära dieser "Fotografie nach der Fotografie" vgl. Amelunxen 1996.

100 Vgl. *Yasumasa Morimura* 1994; sowie: *Art in Japan Today* 1995, S. 96ff.

der Zuordnung zu einem Titel oft zufällig wirken. Durch diese Strategien universeller Transformations-Möglichkeiten von Bild-Material, Codes und kulturellen Zeichensystemen komponiert Morimura seine Bild-Performances. 'Border crossings' in allen Varianten und Reversibilitäten sind für seine transvestischen Darstellungen prägend: das Gleiten zwischen den Geschlechter-Rollen, das ganze Serien seiner Film- und Hollywood-Paraphrasen bestimmt; das Pendeln zwischen populärer Kultur und kanonisierten Werken der (östlichen und westlichen) Kunstgeschichte; das Kreuzen von religiösen und profanen Zeichenebenen; und vor allem die beständige Überblendung von japanischen und europäisch-amerikanischen Kulturmustern. Die Mischung beider Kulturen prägt schon Morimuras Werdegang: einesteils beeinflußt von der Tradition der europäischen Kunst und Ästhetik (und auch hier fällt wieder der Name Duchamp[101]), anderenteils geprägt durch die Arbeit des Fotographen Earnest Sato.[102]

Morimuras "Art is characterized by 1) the quotation of images from past works of art, 2) inclusion of Morimura's self-portraits, 3) the use of photographs, and 4) a framed format. Morimura has personally 'infiltrated' famous paintings in order to obtain a common language which 'opens' his work to the viewing audience."[103] Doch nicht die Selbst-Porträts im Gewand der schon im Arsenal durch das west-östliche kulturelle Gedächtnis vorgestanzten Bilder – als Maskerade 'eines' (welchen?) Selbst – sind hier Gegenstand der Darstellung. Die im Kleider- und Gesichtertausch durch die Kulturen und Zeiten hinweg inszenierten Verkleidungen und Masken werden selbst zum Gegenstand der Maskerade. In der Bild-Performance von Morimuras und Shermans Maskeraden verbirgt und zeigt sich der Fetisch-Charakter der Masken.[104] In Morimuras polymorphem Transvestismus ist die Maske, die transvestische Show, die er inszeniert, selbst schon Material der Performance; denn er setzt zugleich die Illusion und die Desillusionierung des gender-crossing in Szene. So geht es zuletzt um die *Transvestierung der Bilder* selbst. Nicht die Bilder aus dem Kunst-Archiv sind die Kulisse jener Selbst-Inszenierung, die Sherman und Morimura auf den ersten Blick betreiben, sondern die Performance der implementierten Gesichter wird *im* Tableau zur Maske der Bilder: Selbst-Beschreibung geschieht nun nicht mehr als Exposition des im Bild kopierten 'Porträts', sondern in Form einer Wendung der Maskerade, nämlich als

---

101 Ebd.
102 Sato war Photograph des "Life" Magazine; Morimura studierte bei ihm an der Kyoto City University of Art.
103 *Art in Japan Today* 1995, S. 96.
104 Zum Aspekt Maske und Fetisch, bezogen auf Sherman vgl. Smolik 1994.

Inskription einer anderen Geschichte ins Gedächtnis der Bilder. Besonders deutlich wird dies in Morimuras Arbeit "Death of Father" (1987), in dem er – im Text eines spätmittelalterlichen Kreuzigungs-Tafelbilds – das Szenar der christlichen Passion 'inkorporiert'. Morimura – das Porträt seines Gesichts, erscheint in jeder dargestellten Figur – als Christus, gekreuzigt; als Schächer, der ihn flankiert; als Maria und Johannes unter dem Kreuz, wobei jede Figur mit einem breitschaftigen Dolch durchbohrt ist, – ein anderes 'Passions-Spiel' ist hier als Performance von Gewalt und Gedächtnis ins Bild simuliert: "Er" steht für alle(s). Doch *wer* steht wofür? Nicht mehr der Name eines göttlichen Autors, und nicht mehr der Name und das Porträt eines Autor-Selbst, sondern immer nur die Selbst-Kopie repliziert sich im Bild; als Ikonogramm einer unendlichen Simulation und Multiplikation, als Verwerfung der Ikone und Verkleidung des Bildes durch die sich darüberwerfende Performance.

"Selbst-Beschreibung": Performance der 'kleinen Erzählungen' – Ein Ausblick

Anstelle eines Resümees sollen am Schluß meiner Überlegungen Fragen stehen, die noch offen sind: Fragen, die sich aus den Möglichkeiten (und Unmöglichkeiten) von "Selbst-Beschreibung" ergeben. Das Phänomen einer "Performance im Bild" als Modus von Darstellung/Wahrnehmung exponiert grundlegende Probleme der Repräsentation und der Präsentation (als Ausstellung und als Vorstellung[105]), die für den Begriff des Theaters, der Performance und der Darstellung in den elektronischen Bild-Medien von Bedeutung sind.

Nach wie vor erscheint unter dem Gesichtspunkt "Selbst-Beschreibung" die Frage nach dem Selbst oder Ich gekoppelt an die Problematik der Instanzierung: Die Fragen der Autorschaft, ihrer Legitimierung und Delegitimation ebenso wie die in der feministischen Diskussion und der Gender-Forschung aufgeworfenen Probleme der Darstellung von Geschlechts-Identität, die Theorien des Subjekts (des "fragmentierten", des "fraktalen", des "Subjekts im Prozeß"), die Frage nach Authentizität der Darstellung und die (ironischen) Inszenierungen der 'weiblichen Maskerade' waren Themen der Auseinandersetzung jener "Performances im Bild", die hier – stellvertretend für ein Darstellungs- und Wahrnehmungs-Konzept der 70er und 80er Jahre – an den Arbeiten von Rebecca Horn, Cindy Sherman und Yasumasa Morimura untersucht wurden. Dabei knüpft sich an die Problematik der Repräsentation

---

105 Vgl. Flusser 1994; Mitchell 1994 sowie Loers 1994.

und der (zuletzt immer wieder in Repräsentation mündenden) Strategien ihrer Subversion in den genannten Arbeiten die Beobachtung, daß sich diese Konzepte von Performance als Darstellung und Vorstellung nicht mehr im Rahmen von 'Bild' oder 'Abbild' im mimetischen Sinne bewegen. Die prekäre Frage der Referentialität des Selbstporträts in der Fotografie wird dabei aber nicht auf formaler Ebene in ein anderes ästhetisches Modell übertragen, wie dies z.B. in der Avantgarde experimentell versucht wurde; sondern vielmehr auf dem Wege einer Angleichung, die Züge einer medialen Mimikry trägt und auf diese Weise in einer (scheinbaren) Oberflächen-Replik das 'Gesicht' als "Selbst-Beschreibung" präsentiert. Damit ist gleichsam eine 'Mimesis an ein Selbst-Konzept' aufgegriffen – in simulatorisch-mimikry-formatiertem Gestus –, übertragen und umcodiert: Denn in diesem Akt werden dann – und dies sind jene genannten Momente der (Ver-)Störung – zugleich diese scheinbar mimetischen Anteile der (Selbst)Darstellung ihrer Ähnlichkeit entkleidet. Stattdessen geschieht eine Wendung zum Zeigen der Möglichkeit oder Unmöglichkeit der Konstruktion von Ähnlichkeit – als 'Selbstähnlichkeit' (wobei dieser zuletzt aus der Chaostheorie bekannt gewordene Begriff hier – im Zwischenraum von "Selbstbeschreibung" als Performance im Bild – die Momente der Mimesis und des Simulakrums im Prozeß des 'Gesicht-gebens' verbindet).

Die in diesem Zusammenhang gestellten Fragen zum Thema "Selbst-Beschreibung" setzen sich aber auch in die Arbeiten der jüngeren Generation fort. Freilich mit charakteristischen Veränderungen:

In den Performances der 60er/70er Jahre (wie auch in der Literatur dieser Zeit) war "Selbst-Beschreibung" (etwa im Bereich von "Body Art", "Life Art") mit dem Topos radikaler und emphatischer Subjektivität und dem Insistieren auf Authentizität verknüpft. Noch der Rückblick von Marina Abramović auf ihre Aktionen, den sie bezeichnenderweise mit "Biography" (1992) betitelte, gibt eine Nach-Inszenierung des Gestus des Echten, Einmaligen, Subjektiven und Unwiederholbaren: nunmehr in einer aus Zitaten der 'ehemaligen' Performances komponierten theatralen Darstellung (und als Video-Dokumentation dieser Aufführung von "Biography").[106] In dieser Rückschau auf die eigene Arbeit als (Re-)Konstruktion einer Künstler-Biographie zeigt Abramović zitathaft Ausschnitte aus verschiedenen Aktionen und Performances, – wobei der Zitat- und der Ausschnitt-Charakter dieser Montagen in "Biography" geradezu einen Widerspruch zum Konzept dieser Arbei

---

106 "Biography" entstand aus der Zusammenarbeit von Marina Abramović und Charles Atlas und wurde zwischen 1992 und 1994 in verschiedenen Städten (Madrid, Kassel, Wien, Frankfurt, Berlin, Amsterdam u.a.) gezeigt.

ten, gar ihren Widerruf bildet. Diese Arbeiten kommentiert sie in der Aufführung von "Biography" knapp und auf 'Daten' ihrer Künstler-Vita bezogen, wobei sich die Abschnitte der *Körper-Darstellung* – als Wiederholung beziehungsweise zitathaftes Wieder-Zeigen der ehemaligen Performances – und die Text-Sequenzen der *Kommentierung und der sprachlichen Vermittlung* einer chronologisch, nach 'wichtigen Daten' organisierten Künstler-Autobiographie streng getrennt abwechseln. "Biography" – so ungewöhnlich dieser Akt einer Selbstvergewisserung der Arbeiten einer Performance-Künstlerin auch sein mag – verfährt nach dem traditionellen Muster der Gattung "Selbst-Beschreibung": als autobiographischer Erinnerungs-Text, in dem gleichwohl die Unmöglichkeit einer 'Inszenierungs'-Wiederholung von Performance offenbar wird.

Welchen Status besitzt demgegenüber "Selbst-Beschreibung" – als szenische Autobiographie – in Performance, Kunst, Theater der 90er Jahre? Und welche Rolle spielt dabei das 'Erzählen'? Das Erzählen der eigenen Geschichte und von anderer Geschichte? – Meine an diese Fragen anschließende Überlegung – aus der Beobachtung von Arbeiten junger KünstlerInnen der letzten Jahre – geht dahin, daß ein Charakteristikum dieser Performances in einer neuen Darstellungs-Form von "Selbst-Beschreibung" zu sehen ist. Es ist ein Modus autobiographischen Inszenierens, in dem die Geschichte(n) der "autobiographic" Performance der 70er Jahre, und damit die im Medium von Foto, Installation, Video reflektierte (Un-)Möglichkeit von "Selbst-Beschreibung" als Performance im Bild, bereits in gelassener Haltung betrachtet erscheint. Somit tritt die Frage nach der Darstellbarkeit des 'Selbsterlebten' in ein anderes Stadium. Aus dem 'stillgestellten' Bild und den Aporien der Wahrnehmung als Bild-Erzählung wendet man sich wieder der Bühne zu: als Bühne für das Erzählen von Geschichten. Dieses Erzählen scheint plötzlich, nach den Subjekt-zentrierten und -dezentrierenden Krisen des Erzählens, wieder möglich. Vielleicht deshalb, weil bestimmte Ansprüche an die Darstellung und an die Geschichte selbst aufgelöst und umbewertet sind. In jedem Fall aber scheint es eine Rückkehr auf die Bühne des Theaters – mit diesem szenisch-autobiographischen Erzählen – zu geben, die dennoch nicht in einem Rollenspiel von "Selbst-Beschreibung" auf den 'alten' theatralen Pakt des 'also ob' zurückgreift. Was in solchen autobiographisch-szenischen Projekten – wie z.B. "Sesam, Sex & Salmonellen" (1993)[107] oder

---

107 Als Autorinnen und Darstellerinnen dieser Inszenierung, uraufgeführt in Gießen 1993 (weitere Aufführungen 1994 beim Festival "X 94 für junge Kunst und Kultur" in Berlin) fungiert ein Kollektiv: Lisa Lucassen, Mieke Matzke, Ilia Papatheodorou, Berit Stumpf.

"Things that I used to do" (1995)[108] – erprobt wird, ist eine Form der Performance, die *im* Rahmen des Theaters 'Schau-Spiel' vertauscht mit szenischem Erzählen, – und zwar als anti-illusionistische Darstellung autobiographischer Texte und Körper-Erfahrungen der Darstellerinnen, die zugleich auch die Autorinnen dieser "Selbst-Beschreibung" sind. Weitere Merkmale (gewiß unvollständig) dieser jüngsten Form *szenischen autobiographischen Erzählens* (wie ich diese Arbeiten probeweise einmal bezeichnen möchte) sind folgende: beispielsweise das Erzählen ohne Anspruch auf (öffentliche) Anerkennung einer (individuell legitimierten) Autorschaft. Stattdessen gibt es eine gemeinsame Produktion und Verantwortung der Inszenierung in einem (weiblichen) Autorenkollektiv. In den beiden genannten Stücken wird die Sammlung der autobiographischen Dokumente (Tagebücher, Briefe – aber ebenso Zeitungsausschnitte, Erinnerungs-Bruchstücke) gemeinsam erstellt; die Auswahl, Organisation, szenische Präsentation – kurz: die Komposition der "Selbst-Beschreibungs"-Performance – erfolgt in geteilter Arbeit der Autorinnen/Performerinnen.

Weiterhin: Szenisches Erzählen geschieht in ironischer Distanz zu sich 'selbst' und doch mit Anteilnahme. Das 'Sich-selbst-Beobachten', sich z.B. aus der Perspektive jener alltäglichen Figuren und Inszenierungen der Soap Operas und der TV-Reality Shows zu betrachten (und gerade in der damit gezeigten Differenz zu einem Subjekt-Konzept der Singularität die Freiheit des 'Eigenen' zu erproben) ist wesentlich für die 'Ein-Stellung' dieses Konzepts; wobei der Begriff 'Einstellung' hier in der Doppel-Bedeutung des Wortes zutrifft: im Sinne einer Haltung und im Sinne von Perspektivierung – als Kamera-Einstellung des Blicks. Die Äußerung von Lisa Lucassen über das Projekt "Sesam, Sex & Salmonellen" bringt diese Frage der Einstellung auf die Formel: "Der Blick auf uns selbst ist kein Blick von innen, sondern eher dem Blick auf einen Film vergleichbar." Aus der bewußten Wahrnehmung einer Welt, die ohne die TV-Szenarien und ohne die Simulations-Kapazität der elektronischen Bild-Medien nicht mehr zu denken ist, artikuliert sich eine Perspektive auf 'Selbst' und 'Darstellung', die längst die Oppositionen zwischen Original und Simulation, zwischen 'Selbst'-/Sein und Darstellung/Illusion, zwischen Kunst und Alltagskultur aufgegeben hat. Wenn 'Performance' in den Massenmedien und 'Performance' als szenisches Ereignis in der Kunstszene sich seit den 80er Jahren gleichsam annähern, so hat sich in den Konzepten dieser Arbeiten der jungen Generation – aus einer Situation, die

---

108 Autorinnen und Darstellerinnen dieser Inszenierung (aufgeführt in Gießen, Sommer 1995 und Winter 1996): Mieke Matzke, Ilia Papatheodorou, Katharina Oberlik.

keine Konfrontation von Kunst und Kommerz mehr ausspielt – eine neue
Selbstverständlichkeit des "Selbst-Beschreibens" entwickelt.

> PerformanceArt [...sucht] diese Versatzstücke [der Show] zu nehmen, um mit
> diesen Klischees einen lockeren Umgang zu pflegen, um [...] darüber lachen
> zu können, statt der Geste der Unterwürfigkeit. Die Show kann auch im TV
> eine gebrochene sein, was selten der Fall ist. Doch weshalb sollten Performan-
> cekünstler/innen nicht auch im TV ihre Aktionen zeigen können? Es geht
> auch darum, nicht nur im allerkleinsten Kreis sich zu bewegen und die Mas-
> senmedien den Managern zu überlassen. In diesem Dilemma bewegen sich
> heute alle Künstler: Als Solitär vergangener Kunstauffassung zu figurieren,
> überholt genialisch – oder im Zeichen einer neuen Gemeinschaftlichkeit Kunst
> als Kommunikation zu verstehen, als Dialog.[109]

Diese Geste einer "neuen Gemeinschaftlichkeit" zeigt sich nicht nur in der
genannten Arbeitsweise, sondern auch in eben jenem 'schrägen' Blick auf
'sich selbst' und die eigene 'Medien-Existenz': jene von Lisa Lucassen erwähnte Perspektive auf die autobiographische Geschichte "wie auf einen
Film". Die Autorinnen/Darstellerinnen von "Things that I used to do" gehen
in dieser Beziehung noch weiter, indem sie in die szenische Darstellung
autobiographischer Ereignisse – es sind gleichsam "reality bites" ihrer Studienzeit – einen Film integrieren: Es ist die Video-Einspielung wiederum von
biographischen Szenen (wobei die 'Echtheitsprüfung' im Sinne von de Bruyn
an diese 'Geschichte' nicht anzulegen und natürlich auch nicht durchzuführ-
ren wäre). Dieses Video ist ganz nach dem Muster der bekannten, beliebten
daily soaps gedreht; freilich doch nicht ganz – und aus der Differenz lebt der
Charme, der Humor, das entlastete Spiel dieser 'Selbst-Erzählungen'. Und
diese Differenz artikuliert sich an eher unscheinbaren Merkmalen: beispielsweise an einem – scheinbaren – Mangel an (technischer) Perfektion und
professioneller Aufmachung. Ist die TV-Inszenierung der vermeintlich alltäglichen Geschichten und der 'Leute wie du und ich' an eine perfekte
Medien-Präsentation und -Repräsentation, an einen – leicht durchschaubaren
und leicht konsumierbaren – *Schein* des Alltäglichen und eine ganz bestimmten Regeln folgende Dramaturgie gebunden, so spielt die in der "Selbst-
beschreibungs"-Performance "Things that I used to do" inszenierte Video-
Einblendung mit eben diesen Mustern, – und spielt sie ironisch aus: nicht
gegen die TV-Vorbilder (dieser Gestus ist nicht mehr 'nötig'), sondern *für* die
eigene Performance und deren Spiel-Lust. Dies zeigt schon der Titel des
Videos, "West End Girls", der eine ganze Serie suggeriert: ein Moment des

---

109 Lischka 1988, S. 159.

autobiographischen Konzepts dieser Inszenierung, das sich hier gleichsam durch die prinzipielle Unabschließbarkeit dieser TV-Serien maskiert und in dieser 'populären' Maskerade das große Thema der Unabschließbarkeit autobiographischen Erzählens einschmuggelt. Damit ist ein weiterer Punkt der Differenz markiert, nämlich der Verzicht auf den *Schein* des 'Alltäglichen', der in der TV-Serie produziert wird, und der andere Einsatz eben dieser Beobachtung des 'Alltäglichen', Unspektakulären in der Inszenierung. Da aber auch diese 'Beobachtung' und ihre Übersetzung in das Video den Gesetzen der 'Darstellung' im Medium folgt, liegt die kleine Differenz zuletzt in jenen Momenten des Zeigens und des Gezeigten, die eine Spur des Dilettantischen, des 'Nicht-Vollends-Beherrschens', des leicht Peinlichen zulassen und übermitteln. Dies ist weder ein Habitus der Lässigkeit und des Unvermögens noch des Genusses einer negativen Darstellungsform, sondern letztlich eine durchaus reflektierte Umgehensweise mit dem Potential der Gewalt im Schein des beherrschten Mediums und der Medien-Beherrschung. Damit ist weiterhin auch eine andere 'Einstellung' nicht nur zur Produktion/Organisation solcher szenischer Selbstbeschreibung und zum Medium der (Re-)Präsentation erkennbar, sondern auch eine anderen Perspektive auf den Akt der Wahrnehmung, des Beobachtens und damit der Position des Zuschauers. Kurz gefaßt läßt sich die Konstellation so beschreiben, daß der Ort des Zuschauens mit in das 'Bild', in die Szene der Selbstbeschreibung hineingenommen ist. Paradigmatisch dafür steht vielleicht jene Sequenz in der Aufführung von "Things that I used to do", in der das Video "West End Girls" gezeigt wird: Die drei Performerinnen des Stücks, die auch die Darstellerinnen der "West End Girls" im Film sind, nehmen auf einem Sofa Platz und sehen sich das Video an; dasselbe tut – wie auch anders – das Publikum der Aufführung. In humorvoller Weise wird vorgeführt, wie alle – für einen 'Ausschnitt' lang – gleichermaßen zu Zuschauern und Akteuren einer Wohnzimmer-TV/Video-Abend-Szene werden; und die drei Betrachterinnen/Akteurinnen zeigen – im Betrachten der gefilmten "Selbst-Beschreibung" – das ganze Dilemma der Organisation, Retrospektive, Konstruktion, Wiederholung und Fremdheit einer "Selbst-Beschreibung" als Performance im Bild: im Rahmen eines Tableaus, gleichsam eines 'Bildes von drei Frauen beim Betrachten eines Videos'.

Dieser Blick aus einer Distanz, die weder die Sonde der Selbsterforschung noch die Selbst-Offenbarung aus der Innenschau der Gefühle erlaubt oder fordert, gleitet – und dies scheint ein wichtiges Kriterium der Darstellung zu sein – über die Oberfläche der (Erinnerungs-)Bilder von Ereignissen und bringt eine Erzählung hervor, die sich *nicht* bemüht, Tiefen-Strukturen auszuloten, Deutungen und Sinnangebote zu vermitteln, Maskeraden zu durchleuchten. Stattdessen zeigt sich ein humorvoll selbstironischer Blick auf diese 'Erzählungen' des Selbst: *kleine Erzählungen*[110], anstelle großer Lebensläufe. Erinnerungslücken, brüchige Muster und splitterhafte Geschichten erscheinen locker gefügt; und eine besondere Stellung erhält in diesen szenischen Erzählungen die Anekdote: die kleine pointierte Geschichte – eine(r) tritt gleichsam an die Rampe –, die Erzählung ist gesprochen, aber der Text ist nicht 'gelernt', die Pointe kann (und darf) schiefgehen, oder fehlen ... ein neuer Anfang, – eine Anekdote ist ein Anekdote ist eine Anekdote, ist ...:

Erzählen als Selbst-Beschreibung. An diesem Punkt wird besonders deutlich, wie weit sich diese andere Form des szenischen autobiographischen Erzählens von der (immer noch) traditionellen Gattung der Autobiographie entfernt hat. Günter de Bruyn stellt "geschliffenes Erzählen" – insbesondere in Anekdoten – gegen "schlechtes Erzählen"; und beides bietet für jene "Echtheit" keine Gewähr, die er für das autobiographische Schreiben einfordert.[111] Beides aber ist zugelassen in diesen szenischen Selbst-Beschreibungen: Nicht das, was "das Leben bereithält", ist Gegenstand der Inszenierung, sondern die Schreibung, Erzählung selbst: ein Erzählen ohne Ziel – als Collage aus Kontingentem, Alltäglichem, Sekundärem. Erzählen als "Selbst-Beschreibung" von Einzelnen in loser Gruppe, eine Biographie, in der das Individuelle nicht gerettet und das 'Eigene' nicht von den Überschreibungen – von den kulturell schon 'vorgeschriebenen' Geschichten in den Medien, in der Kunst, in den Diskursen – getrennt werden muß. Erzählen wird so zur Selbst-Beschreibung einer neuen Generation (die mit einer Zuschreibung wie etwa "Generation X" oder "die 89er" schon wieder allzusehr kategorisiert wäre); einer Generation, die sich als solche wahrnimmt, ohne freilich entsprechende (kommerziell suggerierte und genutzte) soziale Markierungen anzuerkennen. Und deren Selbstbeschreibungen zuzuhören, andere Wahrnehmungen vermitteln könnte.

---

110 Diese Formel, die François Lyotard für die "Condition" der Postmoderne eingeführt hat, daß sie nämlich die 'großen Erzählungen' ("grand récit") als Legitimationsmythen durch kleine Erzählungen ersetzt habe, läßt sich meines Erachtens auch auf die Legitimationsproblematik autobiographischen Erzählens in der Postmoderne übertragen.

111 Vgl. de Bruyn 1995, S. 41: "Erinnerte Anekdoten, besonders geschliffene, denen man anmerkt, daß sie schon oft in geselliger Runde erfolgreich erzählt wurden, würden die Echtheitsprüfung, gäbe es eine solche, nur selten bestehen können; denn das Leben hält kunstvoll gesetzte Pointen nur selten parat."

Literatur

Amelunxen, H. v., S. Iglhaut, F. Rötzer, Hg. (1996). *Fotografie nach der Fotografie*, München 1996.

Art in Japan Today. 1985–1995. Hg. v. Museum of Contemporary Art. Tokyo 1995.

Avgikos, J. (1994). "Institutionelle Kritik, Politik der Identität und Retro-Romantik: Auf der Suche nach dem Gesicht in Cindy Shermans Fotografie". In: *Jürgen Klauke / Cindy Sherman*. Katalog. Suttgart 1994. S. 40–46.

Barthes, R. (1985). *Die helle Kammer. Bemerkung zur Photographie*. Frankfurt/M. 1985.

– (1995). *Œuvres complètes*. Hg. v. E. Marty. 3 Bde. Paris 1995.

Baur, Eva G. "Cindy Sherman im Gespräch mit Eva G. Baur". In: *Süddeutsche Zeitung Magazin* 21 (1995). München 1995. S. 22–27.

Benjamin, W. (1977). "Kleine Geschichte der Photographie". In: Ders. *Schriften* II/1. Hg. v. R. Tiedemann und H. Schweppenhäuser. Frankfurt/M. 1977. S. 368–385.

Bettinger, E., J. Funk, Hg. (1995). *Maskeraden. Geschlechterdifferenz in der literarischen Inszenierung*. Geschlechterdifferenz & Literatur. Publikationen des Münchner Graduiertenkollegs. Hg. v. Gerhard Neumann und Ina Schabert. Berlin 1995.

Brandstetter, G. (1991). "Intervalle. Raum, Zeit und Körper im Tanz des 20. Jahrhunderts". In: M. Bergelt, H. Völkers, Hg. *Zeit-Räume. Zeiträume – Raumzeiten – Zeitträume*. München 1991. S. 225–270.

– (1995). "Körper formen. Konstruktion und Dekonstruktion im Tanz". In: M. Bergelt, H. Völkers, Hg. *Körper formen. Dance 95. Internationales Tanzfestival München*. München 1995. S. 9–17.

Braun, Ch. v. (1994). "Ceci n'est pas une femme. Betrachten, Begehren, Berühren – Von der Macht des Blicks". In: *Lettre International* 25 (Juni 1994). S. 80–83.

Bronfen, E. (1995a). "Das andere Selbst der Einbildungskraft. Cindy Shermans hysterische Performanz". In: *Cindy Sherman. Photoarbeiten 1975 – 1995*. Katalog der Ausstellung Hamburg 1995. München 1995. S. 13–26.

– (1995b). "Weiblichkeit und Repräsentation – aus der Perspektive von Ästhetik, Semiotik und Psychoanalyse". In: H. Bußmann, R. Hof, Hg. *Genus. Geschlechterdifferenz in den Kulturwissenschaften*. Tübingen 1995. S. 408–441.

Bronson, A.A., P. Gale, Hg. (1979). *Performance by Artists*. Toronto 1979.

Bruno, Giuliana (1994). "Innenansichten: Die Anatomie der Brautmaschine". In: *Rebecca Horn*. Katalog der Ausstellung Nationalgalerie Berlin und Kunsthalle Wien. Stuttgart 1994. S. 93–112.

Bußmann, H., R. Hof, Hg. *Genus. Geschlechterdifferenz in den Kulturwissenschaften*, Tübingen 1995.

Butler, J. (1991). *Das Unbehagen der Geschlechter*. Frankfurt/M. 1991.

Carrouges, M. (1954). *Les Machines Célibataires*. Paris 1954.

Cindy Sherman. Photoarbeiten 1975–1995. Katalog der Ausstellung Hamburg 1995. München 1995.

Curiger, B. (1987). "Zarte Übertragungen". In: *Parkett* 13 (1987). S. 48–54.

D'Offray, A., Hg. (1991). *Freundschaften. Cage, Cunningham, Johns*. Stuttgart 1991.

Daniels, D. (1992). *Duchamp und die anderen. Der Modellfall einer künstlerischen Wirkungsgeschichte in der Moderne*. Köln 1992.

de Bruyn, G. (1995). *Das erzählte Ich. Über Wahrheit und Dichtung in der Autobiographie.* Frankfurt/M. 1995.

de Man, P. (1993). "Autobiographie als Maskenspiel". In: Ch. Menke, Hg. *Paul de Man. Die Ideologie des Ästhetischen.* Frankfurt/M. 1993. S. 131–146.

Derrida, J. (1980). "Titel (noch zu bestimmen)/Titre (à préciser)". In: F.A. Kittler, Hg. *Austreibung des Geistes aus den Geisteswissenschaften. Programme des Poststrukturalismus.* München, Wien, Zürich 1980. S. 15–37.

– (1992). *Die Wahrheit in der Malerei.* Hg. v. Peter Engelmann. Wien 1992.

Dilthey, W. (1980). *Der Aufbau der geschichtlichen Welt in den Geisteswissenschaften* (1910). Frankfurt/M. 1980.

Doane, M.A. (1994). "Film und Maskerade: Zur Theorie des weiblichen Zuschauers". In: L. Weissberg, Hg. *Weiblichkeit als Maskerade.* Frankfurt/M. 1994. S. 66–89.

Fink, A. (1995). "Subjektbegriff und Autorschaft: Zur Geschichte und Theorie der Autobiographie". In: M. Pechlivanos, S. Rieger, W. Struck, M. Weitz, Hg. *Einführung in die Literaturwissenschaft.* Stuttgart, Weimar 1995. S. 283–294.

Flusser, V. (1994). "Abbild – Vorbild". In: C.L. Hart Nibbrig, Hg. *Was heißt "Darstellen"?* Frankfurt/M. 1994. S. 34–48.

Goldberg, R.L. (1990). *Performance Art. From Futurism to the Present.* London 1990.

Golding, J. (1973). *The Bride stripped bare by her Bachelors, even....* London 1973.

Grand Robert de la langue française. Dictionnaire alphabétique et analogique de la langue française. De Paul Robert. Paris 1985.

Grevisse, M. (1980). *Le bon usage. Grammaire française avec des remarques sur la langue française d'aujourd'hui.* Paris 1980.

Haverkamp, A. (1993). "Lichtbild – Das Bildgedächtnis der Photographie: Roland Barthes und Augustinus". In: *Memoria. Vergessen und Erinnern.* Hg. v. A. Haverkamp und R. Lachmann. Poetik und Hermeneutik 15. München 1993. S. 47–66.

Hoet, J., H. de Greef (1994). *Im Gespräch mit Jan Fabre.* Stuttgart 1994.

Huber, J. (1993). "The Big Sleep und Das Erwachen. Standbild und 'staged photography': Aspekte gestellter Fotografie". In: A. Hürlimann, A.M. Müller. *Film Stills. Emotions Made in Hollywood,* Stuttgart 1993. S. 61–62.

Jappe, E. (1993). *Performance, Ritual, Prozeß. Handbuch der Aktionskunst in Europa.* München 1993.

Jean Paul (1963). *Werke.* Hg. v. N. Miller. Bd. 6. München 1963.

Jürgen Klauke / Cindy Sherman. Katalog. Sutgart 1994.

Kallfelz, A. (1984). "Cindy Sherman: 'Ich mache keine Selbstportraits'". In: *Wolkenkratzer Art Journal* 2.4 (Sept./Okt. 1984). S.44–49.

Kemp, W. (1996). *Die Räume der Maler. Zur Bilderzählung seit Giotto.* München 1996.

Koch, G. (1993). "Verweile doch, Du bist so schön ...". In: A. Hürlimann, A.M. Müller. *Film Stills. Emotions Made in Hollywood.* Stuttgart 1993. S. 23–30.

Kozloff, M. (1993). "Die Traumfabrik in der Geschichte der Fotografie". In: A. Hürlimann, A.M. Müller. *Film Stills. Emotions Made in Hollywood,* Stuttgart 1993. S. 31–33.

Krauss, R. (1993). [Einleitung]. In: *Cindy Sherman. Arbeiten von 1975–1993.* New York 1993; dt. München 1993.

Lejeune, P. (1994). *Der autobiographische Pakt.* Frankfurt/M. 1994.

Leroi-Gourhan, A. (1984). *Hand und Wort. Die Evolution von Technik, Sprache und Kunst.* Frankfurt/M. 1984.

Lischka, G.J. (1988). "Performance und Performance Art. Ein Bild-Zitate-Essay". In: *Kunst-forum International* 96 (Okt./Nov. 1988). S. 64–193.

Loers, V. (1994). *Aus...Stellung. Die Krise der Präsentation.* Regensburg 1994.

Lorenz, V. (1987). *PrimaBallerina. Der zerbrechliche Traum auf Spitzen.* Frankfurt/M. 1987.

Mitchell, W.J.T. (1994). "Repräsentation". In: C.L. Hart Nibbrig, Hg. *Was heißt "Darstellen"?.* Frankfurt/M. 1994. S. 17–34.

Morimura, Y. Kisekae-Ningen Daiichigo 1994. Fotos. Tokyo 1994.

Mulvey, L. (1989). Visual and other Pleasures. Bloomington 1989.

Mulvey, L. (1994). "Visuelle Lust und narratives Kino". In: L. Weissberg, Hg. *Weiblichkeit als Maskerade.* Frankfurt/M. 1994. S. 48–65.

Odenthal, J. (1995). "Wegsein und Dasein in den Zeichnungen von Jan Fabre". In: *Jan Fabre. Der Leimrutenmann,* Katalog der Ausstellung in der Galerie der Stadt Stuttgart. Stuttgart 1995. S. 173–176.

Öhlschläger, C. (1996). *Die unsägliche Lust des Schauens. Die Konstruktion der Geschlechter im voyeuristischen Text.* Freiburg/Br. 1996.

Paz, O. (1991). *Nackte Erscheinung. Das Werk von Marcel Duchamp.* Frankfurt/M. 1991.

Phelan, P. (1993). *Unmarked. The Politics of Performance.* London, New York 1993.

Rebecca Horn. Katalog der Ausstellung Nationalgalerie Berlin und Kunsthalle Wien. Stuttgart 1994.

Restany, P. (1991). "Yves Klein: 'Le Vide'. Die Leere von Yves Klein, Paris den 28. April 1958". In: *Die Kunst der Ausstellung.* Hg. v. B. Klüser und K. Hegewisch. Frankfurt/M. 1991.

Schade, S. (1992). "Vom Versagen der Spiegel. Das Selbstporträt im Zeitalter seiner Unmöglichkeit (Maria Lassnig, Cindy Sherman, Alice Mansell, Eva-Maria Schön)". In: F. Akashe-Böhme, Hg. *Reflexionen vor dem Spiegel.* Frankfurt/M. 1992. S. 139–163.

– , S. Wenk. (1995). "Inszenierungen des Sehens: Kunst, Geschichte und Geschlechterdifferenz". In: H. Bußmann, R. Hof, Hg. *Genus. Geschlechterdifferenz in den Kulturwissenschaften.* Tübingen 1995. S. 340–407.

Schneider, M. (1993). "Das Geschenk der Lebensgeschichte: die Norm. Der autobiographische Text/Test um Neunzehnhundert". In: M. Wetzel, J.M. Rabaté, Hg. *Ethik der Gabe. Denken nach Derrida.* Berlin 1993. S. 249–265.

Schröder, J.L. (1990). *Identität. Überschreitung/Verwandlung. Happenings, Aktionen und Performances von Bildenden Künstlern.* Münster 1990.

Smolik, N. (1994). "Maske, ein Ort des Subversiven". In: *Jürgen Klauke / Cindy Sherman.* Katalog. Stuttgart 1994. S. 72–75.

Spector, N. (1994). "Weder Junggesellen noch Bräute: Die hybriden Maschinen der Rebecca Horn". In: *Rebecca Horn.* Katalog der Ausstellung Nationalgalerie Berlin und Kunsthalle Wien, Stuttgart 1994. S. 65–79.

Stiegler, B. (1993). "Verkehrte Aufzeichnungen und photographische Wiedergabe". In: M. Wetzel, J.M. Rabaté, Hg. *Ethik der Gabe. Denken nach Derrida.* Berlin 1993. S. 193–210.

Szeemann, H. (1975). *Junggesellenmaschinen/Les Machines Célibataires.* Venedig 1975.

Untitled Film Stills. Cindy Sherman. Mit einem Vorwort v. A. Danto. London 1990.

Weinstein, M. (1994). "Cindy Sherman". In: *Jürgen Klauke / Cindy Sherman*. Katalog. Suttgart 1994. S. 54–58.

Weissberg, L., Hg. (1994). *Weiblichkeit als Maskerade*. Frankfurt/M. 1994.

Welsch, W. (1990). *Ästhetisches Denken*. Stuttgart 1990.

Ziegler, U.E. (1995). "Frau mit Werk – Regie und Modell bei Cindy Sherman. In: *Cindy Sherman. Photoarbeiten 1975–1995*. Katalog der Ausstellung Hamburg 1995. München 1995. S. 27–38.

Žižek, S. (1994). *The Metastases of Enjoyment: Six Essays on Woman and Causality*. London 1994.

Als das Theater aus dem Rahmen fiel

Petra Maria Meyer

Sehen Sie: eine Photographie.

Keine professionelle Arbeit, sondern ein Urlaubsbild, von einer Amateurin festgehalten, um etwas zu zeigen. Aber was zeigt die Photographie und worin besteht die Zeige?

Zunächst besteht sie in der Setzung eines Rahmens. Der gewählte Bildausschnitt setzt einen ersten Rahmen, der den Blick auf etwas von der Photographin Ausgewähltes lenkt und das Ausgegrenzte von der Wahrnehmung und möglichen Erinnerung abtrennt. Was aus dem Rahmen fällt, wird vergessen, unterschreitet die Wahrnehmungsschwelle. Der gesteckte Rahmen erklärt das Ausgesparte zur "Nebensache", so wird der Blick auf die "Hauptsache" gelenkt. Was aber ist das Wesentliche, das ergon im parergon, dem die Zeige gelten mag?

Das Auge des Betrachters macht sich auf die Suche nach inneren Rahmungen, die den Blick des Betrachters weiterleiten. Eine Landschaft ist erkennbar, aber gilt ihr die Zeige der Photographie oder einem Gegenstand, einer Person, einer besonderen Stätte in der Landschaft, für den oder die diese Landschaft nur den Rahmen bietet? Um eine Personenaufnahme geht es sichtlich nicht, vielmehr um einen Ort, eine Gedenkstätte, eine? Zwei?

Lohnt sich der Aufwand einer Betrachtung überhaupt bei einem sichtlich unprofessionellen Urlaubsphoto? Auch hierüber entscheidet ein Rahmen. Der Rahmen, in dem das Bild gezeigt wird, die Situation, in der die Zeige auftritt, gibt Aufschluß darüber, ob es sich um eine "Sehenswürdigkeit" von öffentlichem Interesse, um eine Angelegenheit von allgemeinem Belang handelt. Erscheint eine sonst kaum beachtenswerte Photographie in einer wissenschaftlichen Buchpublikation, wird die Erwartung geweckt, daß es sich für den Betrachter lohnen wird, möglichen Referenten auf die Spur zu kommen.

Um endlich im Bilde zu sein, folgt der Blick inneren Rahmungen, denn auch diese sind zu finden. Eine zweite Hinweis-Sprache neben der Bildsprache der Photographie gibt bei näherer Betrachtung Auskunft:

"THEATRAL AREA/THEATERBEZIRK".

Ein Schriftzug auf einer Tafel, die Räume zu bezeichnen vermag, klärt den Betrachter über das Wesentliche auf. Doch immer noch bleibt er auf der Suche.

Schon sucht das Auge das Theater von seiner Umgebung, das ergon vom parergon zu trennen. Aber welchen Bild-Bereich bezeichnet die Schrifttafel? Liegt das Theater vor der Tafel oder dahinter?

"Schau, hier ist's", kann mit Roland Barthes gesagt werden, aber wo ist "hier"? "Von Natur aus hat die Photographie [...] etwas Tautologisches: eine Pfeife ist hier stets eine Pfeife, unabdingbar"[1], aber dann müßte ein Theater stets ein Theater sein, doch "hier" ist die Referenz beweglich, ist die Schrifttafel ein Scharnier zwischen Theater und Welt, zwischen Innen und Außen, Außen und Innen.

Wieso Scharnier? Wo ist ein Scharnier? Hier wechselt erneut der Rahmen. Auf der Photographie ist kein Scharnier, sondern eine Schrifttafel zu sehen, die hier "Scharnier" genannt wird. So wurde mit dieser Metapher erneut die Seite gewechselt, von Außen nach Innen. Spricht nun das Äußere von innen aus, so wird nicht mehr von einem wahrnehmbaren Phänomen, sondern von der Wahrnehmung selber gesprochen. Sie bildet den "psychologischen Rahmen"[2], der einschließt und ausschließt, was "Theater" sein kann.

---

1   Barthes 1985, S. 13.
2   Vgl. Bateson 1981, S. 244.

Je nach Vorwissen des Betrachters, nach der ebenso historisch-gesellschaftlich wie individuell unterschiedlichen Vorstellung von Theater wird das photographisch Vor-gestellte wiedererkennend erkannt. Je nachdem, wo die herrschenden Diskurse der Zeit die Demarkationslinie zwischen Theater und Wirklichkeit ziehen, verläuft auch die Trennungslinie eines psychologischen Rahmens, der die Aufmerksamkeit ebenso wie die Bedeutungsverleihung steuert. So vermag ein Betrachter in den neunziger Jahren des 20. Jahrhunderts durchaus die Wahrnehmung des Vordergrundes zu unterdrücken und den Hintergrund in den Vordergrund zu rücken. Nachdem im 20. Jahrhundert eine Verschmelzung von Kunst und Leben auch den Theaterrahmen gesprengt hat, entstehen Theaterbühnen mitten im Leben, wird das Leben zur Theaterbühne. Für einen solchen Betrachter ist die Trennungslinie zwischen Theater und Wirklichkeit nicht eindeutig zu ziehen, bleibt der Referent des Wortes "Theater" ebenso wie die Bedeutung der Photographie in der Schwebe.

Sehen Sie: das wohl älteste Theater der Welt (6000–5000 vor Chr.) im Palast von Knossos, auf der griechischen Insel Kreta. Der Palast von Knossos, das erste architektonische Labyrinth, ist ein Haus der Sprache und "die Sprache ist ein Labyrinth aus Wegen", wie Ludwig Wittgenstein zu sagen wußte. Schon Wittgenstein nahm in Kauf, ein "ungeheures Netz gut gangbarer Irrwege" zu erproben und seine Fallen zu erkunden. Er sieht die damit verbundene philosophische Aufgabe darin: "[...] an allen Stellen, wo falsche Wege abzweigen, Tafeln auf(zu)stellen, die über die gefährlichen Punkte hinweghelfen."[3]

Wie unentscheidbar jedoch die Frage nach richtigen und falschen Wegen geworden ist, macht die photografierte Tafel deutlich, die dem Besucher des labyrinthischen Palastes von König Minos in Knossos genau dort begegnet, wo Theater und Welt sich scheiden sollen. Diese Tafel steht an einem gefährlichen Punkt, am Rand der antiken Theaterstätte, ohne über die Gefahr hinwegzuhelfen. Gerade die Tafel, die den gepflasterten Hof mit dem Hinweis "Theater" bezeichnet, gerade dieses Zeichen des Zeichens, ein linguistisches Zeichen, das die Zeichen des Raumes bezeichnet, ihnen einen Rahmen gibt, hat keine eindeutige Referenz mehr, so daß die Ränder des Theater-Bereiches verschwimmen wie die des Begriffes "Spiel" in Wittgensteins später Sprachphilosophie.

"Wir kennen die Grenzen nicht, weil keine gezogen sind."[4]

---

3   Wittgenstein 1963ff. Bd. 8, S. 474f.
4   Wittgenstein 1963ff. Bd. 1, Textnummer 59.

Der Rahmen, der stets den Spielraum begrenzt, das Wesentliche vom Unwesentlichen scheidet und so das vermeintlich Unwesentliche ausschließt, ist verschiebbar geworden, über die Grenzen und Abgrenzungen getreten: das Theater ist aus dem Rahmen gefallen und bietet neue Spielräume für die Künste:

Hören Sie: *4'33"* von John Cage

I

TACET

II

TACET

III

TACET

4 Minuten 33 Sekunden Performance-Zeit avant la lettre

Im Jahre 1952 betritt der Pianist David Tudor die Bühne der Maverick Hall in Woodstock (USA). Er setzt sich an das Klavier. Die Augen der Zuschauer richten sich auf ihn, warten darauf, daß er den Klavierdeckel hebt und mit virtuosem Spiel seiner Hände auf den Tasten komponierte Klaviertöne erklingen läßt. Das Publikum erwartet eine Komposition von John Cage, die heute Abend uraufgeführt werden soll. Der Rahmen dieser Zusammenkunft in der Maverick Hall hat diese Erwartungen geweckt und unterstützt sie bis zum Konzertbeginn. Der Auftritt und das Niedersetzen verbleiben ganz im Rahmen eines Klavierkonzertes, das immer schon durch die ehrwürdige Form des Instrumentes, den Glanz seiner Schwärze, die Statur des Pianisten im schwarzen Frack und sein konzentriertes Gesten- und Bewegungsspiel nicht nur zu hören, sondern auch zu sehen gibt. Dazu wird der Pianist "aufs Podest gesetzt", architektonisch ins Blickfeld gerückt, ausgestellt.

Doch sein Spiel gerät an diesem Abend dramatischer als gewöhnlich. Der exponierte Protagonist zieht die Blicke noch stärker auf sich, steigert die Spannung durch ein stummes Spiel und einen Rollenwechsel gleichermaßen. Kein einziges Mal legt der Pianist seine Hände auf die Tasten, nicht ein einziger Klavierton wird hörbar. Dennoch kommt eine Komposition von John Cage zur Aufführung, in der Interpretation des Pianisten David Tudor, der das Klavier schweigen läßt – *Tacet*[5] –, es schweigt. Diese Komposition, die nicht einen einzigen von J. Cage komponierten Ton enthält, überschreitet alle Erwartungen, indem sie diese konsequent unterschreitet. Sie überschreitet alle Erwartungen, da es dem Komponisten hier gelingt, den akustischen Phänomenbereich der Musik unendlich auszuweiten. Sie unterschreitet sie gleichsam, indem das kompositorisch Vorgedachte radikal auf ein Minimum reduziert wird. Der Komposition ist der Echt-Zeitraum von *4'33"* und eine zeitliche Einteilung in drei Sätzen vorgegeben. Nicht mehr, aber auch nicht weniger als ein zeitlicher Rahmen, mit dem für 4 Minuten und 33 Sekunden der Rahmen konzertanter Musik durchbrochen wird.

> Der Vorgang der wechselseitigen Aufrechterhaltung einer Situationsdefinition in der direkten Interaktion wird sozial durch Regeln der Relevanz und Irrelevanz organisiert. Diese Regeln für die Handhabung der Versenkung scheinen ein nichtsubstantielles Element des sozialen Lebens, eine Frage der Höflichkeit, der Manieren, der Etikette zu sein. Diesen schwachen Regeln und nicht dem unerschütterlichen Charakter der Außenwelt verdanken wir jedoch unseren unerschütterlichen Sinn der Realität.[6]

Genau diese Situationsdefinition wird für 4 Minuten 33 Sekunden aufgekündigt, so daß eine Verständigung über den "Sinn der Realität" nicht mehr diskursiv vorgegeben, sondern auf neue Weise erst hergestellt werden muß. In diesem Sinne wurde der Rahmen konzertanter Musik nicht lediglich durchbrochen, sondern auch seine Ausgrenzungs-Funktion, seine Fokussierung des Wesentlichen gegenüber dem Unwesentlichen bewußt gemacht und problematisiert. Eine Infragestellung oder Aufhebung von Rahmung geht jedoch mit der Erstellung neuer Rahmen einher, so daß zudem neue, verschiebbare Rahmungen einer nicht im vorhinein semantisierten Performance-

---

5   Mit tacet, lat. (es) schweigt, wird in der Musik der Hinweis bezeichnet, daß in einem Instrumental- oder Vokalmusikstück die jeweilige Stimme in diesem Satz bzw. für den Rest des Stückes pausiert oder schweigt.

6   Goffman 1973, S. 90.

Zeit avant la lettre als strukturierte Geschehens- und Handlungszeit all dessen gesetzt werden, was der Zu-Fall ist.

Die Performance Art, die erst in den siebziger Jahren in ganz unterschiedlichen Spielarten ihre Blütezeit hat, kann gerade dadurch gekennzeichnet werden, daß sie sich einer Kennzeichnung durch "enger gefaßte Definitionen"[7] verweigert. Ihre wesentlichen Merkmale einer Live-Art, die aus dem Rahmen des traditionellen Theaters fällt und in diesem Sinne auf ganz unterschiedliche Arten und Weisen der Infragestellung von etablierten Codes und Diskursen "anarchistisch" wirkt, liegen in der Überwindung von Demarkationslinien sowohl zwischen verschiedenen Künsten als auch zwischen Theater und Wirklichkeit, Kunst und Leben sowie in der Aufhebung hierarchischer Strukturen, die zwischen Institutionen, Künstlern und künstlerischen Erzeugnissen und Adressaten, Zuschauern und Zuhörern besteht[8].

Sollen eine Aufhebung diskursiver Rahmen und eine Erstellung neuer Rahmen durch die Performance Art nicht lediglich Parolen bleiben, so muß im folgenden sowohl geklärt werden, was unter Theater, Wirklichkeit, Kunst und Leben zu verstehen ist, als auch auf welche Weise Demarkationslinien überwunden werden können. John Cages Komposition ist in diesem Sinne nicht nur für die Performance Art, sondern auch für die theoretische Reflexion dieser theatralen Kunstform wegweisend.

Eine neu-gerahmte "Performance-Zeit" von *4'33"* verleiht dem "Pianisten" als "Interpreten" dementsprechend neue Aufgaben. Die Beschreibung der Aufführung von Calvin Tomkins macht deutlich, daß der Part des "Pianisten" in dieser Inszenierung wechselt. Er besteht darin, die innere Zeiteinteilung der Komposition gestisch zu realisieren.

"Um das Problem der Einteilung des Stücks in drei Teile zu lösen, schließt David Tudor den Deckel des Klaviers zu Beginn jeden Satzes; er öffnet ihn jedes Mal, wenn die angegebene Zeit abgelaufen ist."[9]

Mit dem Schließen des stummen Klaviers werden die Sätze einer Komposition wie durch einen Vorhang markiert, der jedoch – die Gewohnheit eines Theaterzuschauers umkehrend – während der Klänge der Stille geschlossen bleibt. Die Aktion des Pianisten macht diesen zu einem Schauspieler, der seine gewöhnliche Rolle nur noch darstellt, um aus ihr herauszufallen. Seine Kleidung und seine Plazierung vor dem Piano, die David Tudor schon so oft

---

7   Vgl. Goldberg 1979, S. 6.
8   Vgl. zu den hier angeführten Merkmalen von Performance auch Bronson/Gale 1979.
9   Tomkins, zit. nach Charles 1989a, S. 38.

aufwies, daß sie – wie selbstverständlich – zu ihm gehören, werden durch die veränderte Haltung und Aktion des Künstlers zu Verkleidung und Zeichen des Charakters einer Figur, die er partiell spielt, um sie gleichsam aufzubrechen. Die Rolle des Pianisten ist nicht mehr auf die Rollen abgestimmt, die das Publikum gewöhnlich spielt. Das konventionelle "Rollenspiel, das Anlegen einer Maske – als Weg hin zu moralischer Wahrheit ..."[10] wird hier durch die Verweigerung eines "symbolischen Mandats" ebenso konterkariert wie die performative Effizienz der Maske vorgeführt wird, durch die Übernahme eines anderen "Mandates" zu demaskieren. Dieses Mandat besteht darin, durch eine "symbolische Handlung" des Öffnens und Schließens, "den symbolischen Bindungen zu entsagen" und an die Stelle der zu erwartenden Folge-Handlungen einen performativen Akt zu setzen:

"[...] durch den wir auf den Verzicht selbst verzichten, der Tatsache gewahr werdend, daß wir durch Verlust nichts zu verlieren haben."[11]

Die Maske des Pianisten verhilft dazu, auf den Verzicht selbst zu verzichten, denn "in der Maske liegt mehr Wahrheit, als in dem, was sich hinter ihr verbirgt"[12]:

Eine Maske ist niemals einfach "nur eine Maske", da sie den tatsächlichen Ort bestimmt, den wir im intersubjektiven symbolischen Netzwerk einnehmen. Null und nichtig hingegen ist unsere 'innere Distanz' gegenüber der Maske, die wir tragen (gegenüber der "gesellschaftlichen Rolle", die wir spielen), null und nichtig ist unser "wahres Selbst", das sich hinter ihr verbirgt. Der Weg hin zu einer authentischen Subjektposition führt deshalb "von außen nach innen".[13]

Dieser Weg 'von außen nach innen' führt in der Performance-Zeit von 4 Minuten und 33 Sekunden von der Sicht auf ein Konzertpodium zu einem je individuellen Hören auf das, was im Zuschauerraum und um ihn herum geschieht, er führt von den Minimalaktionen eines Performers auf der Bühne zu Hör-Aktionen der Besucher. Dadurch verändert sich die "Realität" der Situation ebenso wie der Anspruch an den Konzert-Besucher, der zum Teil-Nehmer einer Performance wird, in der nicht mehr ein passives Zuhören, sondern aktives Horchen dem Geschehen entspricht:

"All you can do is suddenly listen."[14]

---

10   Žižek 1993, S. 22.
11   Ebd., S. 41.
12   Ebd., S. 23.
13   Ebd., S. 23.
14   Cage 1961, S. 148.

Doch ob dem Publikum zu Ohr kommt, was es zu hören gibt, bleibt offen. Die Performance-Zeit weist eine paradoxale Struktur auf, denn ihr Ereignischarakter liegt gerade darin, daß das erwartete Ereignis ausbleibt, so daß die Geschehnisse für manche ein nicht erkanntes Ereignis bleiben oder ein Anti-Ereignis darstellen. Ein Ereignis findet statt, doch es wird "nichts" dargestellt und frontal vor-gestellt als das stumme Spiel eines Pianisten: – tacet –.

Das Konzert findet nicht mehr auf der Bühne statt, denn es wird durch die akustischen Geschehnisse im ganzen Saal instrumentiert. Jeder tuschelnde Besucher, jeder, der seinen Stuhl zurechtrückt oder erwartungsvoll auf ihm herumrutscht, wird ebenso zum Instrument der Komposition, wie die vielfachen Laute und Geräusche außerhalb des Konzertsaales in das Konzert mit einstimmen.

Dadurch fällt das Konzert gänzlich aus dem Rahmen, ist randlos wie das Hören. Aber bleibt es dann noch ein Konzert? Der Rahmen ist nun gänzlich unklar. Von einem "Konzert" kann kaum die Rede sein, denn der Rahmen konzertanter Musik wurde mit theatralen Mitteln längst durchbrochen. Von "Theater" zu sprechen, erscheint ebenso problematisch, wenn nichts dargestellt, "nichts" vorgeführt wird als eine zu diesem Zeitpunkt neue Haltung des Schweigens, die Stille ermöglicht.

Auch diese Überlegungen verdanken sich einem diskursiven Rahmen. In ihm sind die Wiederholungen konventioneller Prozeduren abgesteckt. Gäbe es keine Konzerte, die in Form und Verlauf wiederholt werden, gäbe es keine Theateraufführungen, die sich nach Spielplan wiederholen, so wäre kein Rahmen-Bruch gegeben. Aber läßt sich eine Aufführung denn wiederholen? Zeigt sich nicht gerade im Konzert und im Theater immer wieder, wiederholt, daß sich nichts wiederholt, wiederholen läßt? Gerade das Theater als prototypische Institution der Wiederholung, ein Abend im Königstädter Theater, führte Sören Kierkegaard zu der Erkenntnis, daß sich nichts wiederholt.[15]

Der Blick des Konzertbesuchers fällt während der Cage-Komposition seines "Tacet-Stückes" auf einen still agierenden Schau-Spieler unter der Maske eines Pianisten oder ist es ein Pianist unter der Maske eines Schauspielers? Wer er auch für wen sein mag, seine schweigsame Interpretation ist dramatischer als gewöhnlich, eröffnet Stille und Weite einer "Erwartung ohne Erwartungshorizont"[16], so daß der Konzertbesucher die Ohren überall hin richten kann. Um jeden Hörer herum geschieht etwas, wenn er es bemerkt, d.h. als Hörender in Aktion tritt.

---

15 Vgl. Kierkegaard 1955, S. 43.
16 Zu diesem Begriff vgl. Derrida 1995, S. 49.

Mit Rahmenrafinesse wurde der Schauplatz des Konzertgeschehens verdoppelt. Sie stützt sich auf eine Theatralisierung, doch worin besteht die Theatralisierung, wenn weder Konzert noch Theater stattfinden und was wird theatralisiert? Das Konzert? Die Musik?

"Qu'est-ce que c'est théâtraliser? Ce n'est pas décorer la représentation, c'est illimiter le langage."[17]

Diese Musik-Komposition findet nicht mehr als musikalisches Werk, sondern als theatrale Aufführung statt, die als Feier existierender Klänge in der Vergänglichkeit eines Zeitverlaufes Realität hat. Sie ist nicht wiederholbar, verläuft immer anders, je nachdem, was geschieht, was der Zu-Fall akustisch mit sich bringt, denn was sonst Zwischenfall eines Konzertes ist, wird für 4 Minuten 33 Sekunden zu dem, was der musikalische Fall ist.

Bislang Ausgegrenztes erhält einen neuen Rahmen. Durch das signifikante Gestenspiel des Interpreten als auch durch die Erweiterung der Musik als Zeitkunst in den Zuschauer- und Lebensraum werden Konzert und Musik gleichermaßen theatralisiert im Sinne einer unbegrenzten Erweiterung der Musik-, Kunst- und Theatersprache im neuen Spielfeld einer Performance Art, in der das Konzert, die Musik und auch das Theater gleichermaßen aus dem Rahmen fallen.

Der neue Rahmen, den diese Performance avant la lettre setzt, ist nichts als ein Zeit-Raum: 4 Minuten und 33 Sekunden Leere und Offenheit für alles, was geschieht. Dadurch fällt das Konzert aus dem Rahmen, denn es werden keine konventionellen Prozeduren mehr wiederholt. Es besteht nicht einmal mehr ein psychologischer Rahmen, dem zufolge im voraus vorgestellt werden könnte, was im folgenden geschieht. In dieser Komposition in drei Teilen, drei Zeit-Räumen, die ein Performer wie durch einen akustischen Vorhang markiert, gibt es Vergangenheit, Gegenwart und Zukunft, doch keine der Zeiten nimmt die andere vorweg und doch bleiben sie eng aufeinander bezogen, bleiben das, was geschieht, ohne zu bleiben.

Kein Musiker tritt in gewohnter Weise in Aktion, sondern das Konzert ereignet sich erst durch die Aktion der Hörer. Die Komposition bietet ihnen Gelegenheit, alltägliche Klänge und Umweltgeräusche wie Musik zu hören. "Sie müssen es nicht Musik nennen", sagte John Cage dazu, denn die Musik fällt aus dem Rahmen, erklingt nicht nach den musikalischen Regeln in-Beziehung-gesetzter Töne.

Und auch das Theater fällt aus dem Rahmen in dieser Performance avant la lettre, deren spezifische Performanz in der Komposition eines Aktions- und

---

17 Barthes 1971, S. 10.

Ereignisraumes, in der Strukturierung des Zeit-Raumes in drei Teile durch einen Performer und der Hör-Aktion der Besucher besteht. Der Pianist wird zum Performer, weil er mit wenigen performativen Gesten, die nicht wahr und nicht falsch zu nennen sind, eine Handlung vollzieht.[18] Dieser Vollzug einer Handlung liegt in "nichts" als der "Annahme eines neuen symbolischen Mandats" zur Einleitung eines "Aktes der Freiheit" am Orte der Hörer, die hören mögen oder auch nicht.

Der theatrale Bereich dieser Performance liegt jenseits und diesseits der Bühne. Das Theater umfaßte schon immer die Bühne und den Zuschauerraum, doch nun tritt es über die Ränder der "Theaterbezirke" hinaus. Tritt es auf diese Weise ins "Leben", so läßt sich schon durch den mit der Komposition *4'33"* gesetzten Rahmen sagen, was mit "Leben" hier benannt wird: das, was in und außerhalb der Maverick Hall ist und geschieht. Ist und geschieht? Kann denn "sein", was geschieht, also über jedes Sein hinaustreibt?

Welche psychologischen Rahmen entscheiden darüber, ob und was ist oder geschieht? Welche diskursiven Rahmen prägen das Verständnis von Leben und Geschehen?

In diesem Sinne kann John Cage zwar zugestimmt werden, wenn er sagt, daß das, was geschieht, nicht Musik genannt werden muß. Schließlich handelt es sich nicht um "Musik" als Resultat tonaler Kombinationsmöglichkeiten nach geregelten musikalischen Strukturen. Aus heutiger Sicht kann jedoch hinzugefügt werden, daß es "Musik" genannt werden kann, da neue diskursive Rahmen erlauben, Geräusch-Events und Klang-Geschehnisse gerade dann so zu nennen, wenn sie im Konzertsaal hörbar gemacht werden: als Komposition auf der Grundlag eines Ready-made.

Der Gang weiterer Überlegungen führt in einem nächsten Schritt in den Bereich der bildenden Kunst und bleibt doch auf der Spur einer Theatralität, die sich, seitdem das Theater aus dem Rahmen fiel, in ganz unterschiedlichen Künsten und Medien aufweisen läßt. Am Leitfaden der theatralen Aspekte im künstlerischen Schaffen von John Cage wird ein Weg von Außen nach Innen zum Verständnis der Performance Art gesucht, der zuletzt in eine Theaterform mündet, die Musik, bildende Kunst, Dichtung, Tanz etc. potentiell umfaßt.

[...] sehen Sie, anfangs wollten die Musikfachleute meine Arbeit nicht als Musik akzeptieren. Sie sagten mir in den Dreißigern ziemlich freiheraus, daß das, was ich gemacht habe, falsch sei. Wohingegen Tänzer das, was ich gemacht habe, akzeptiert haben. Und so wurde ich nahezu sofort innerhalb der Theaterwelt akzeptiert, und die Theaterwelt umfaßt die bildende Kunst,

---

18 In diesem linguistischen Sinne kann auch nach John L. Austin die Aktion von David Tudor als performative bezeichnet werden. Vgl. Austin 1968 und 1972.

umfaßt die Dichtung, umfaßt den Gesang. Theater ist das, wo wir zu Hause sind. [...]

Ich glaube, daß die Sache, die meine Arbeit von den anderen unterschied, [...] was sie unterschieden hat, war, daß sie theatraler gewesen ist. Meine Erfahrungen sind theatral.[19]

Diese "theatrale Erfahrung", die in John Cages kompositorische Arbeit einging und sein gesamtes künstlerisches Schaffen durchzieht, ist Leitfaden des Gedankenganges, von der Komposition *4'33"* ausgehend in ganz unterschiedliche künstlerische und diskursive Felder hinein, um immer wieder zu ihr zurückzufinden[20].

"Was könnte wohl mehr mit Theater zu tun haben als das stille Stück – jemand betritt die Bühne und tut überhaupt nichts."[21]

Wieviel jemand tut, wenn er "überhaupt nichts tut", ist bereits deutlich geworden. Wie theatral diese Paradoxie ist und in welchen diskursiven Rahmen sich John Cages "Theater-Begriff" erhellen läßt, gilt es zu untersuchen.

Theatrale Translokation eines Ready-made[22]

Daniel Charles hat darauf hingewiesen, daß es sich bei dem "Zeitspielraum" *4'33"* um ein "objet trouvé", ein Fundstück in Anlehnung an Marcel Duchamp[23] handelt.

4'33" ist ein objet trouvé, ein Ready-made. Oder noch genauer, wie alle Ready-mades à la Duchamp ein Wortspiel, das wie alle Wortspiele auf einem objektiven Zusammentreffen beruht; dem der Zahl 4 und des Apostrophs auf derselben Schreibmaschinentaste; dem der Zahl 3 und der Anführungszeichen auf der Taste gleich links daneben; dem der Zeichensetzungssymbole von Minuten und Sekunden.[24]

---

19 Cage, zit. nach Furlong 1992, S. 91.
20 Ausgewiesene Theaterproduktionen wie *Theatre Piece* (1960) oder *Europera 1&2* (1985–1987) und *Europera 3&4* (1990), gebildet aus "Europa" und "Oper", John Cages Collage aus "pulverisierten" europäischen Opern, die nach Zufallsverfahren zusammentreffen, und auch die zahlreichen "Variations" sollen hier nicht zum Gegenstand gemacht werden. Vgl. dazu den instruktiven Aufsatz von Zuber 1990.
21 Cage, zit. nach Kostelanetz 1989, S. 95.
22 Diese Schreibweise orientiert sich an der von Duchamp selbst.
23 Zu weiteren, für die Performance Art wesentlichen künstlerischen Arbeiten und Aspekten von Marcel Duchamp vgl. die Beiträge von Erika Fischer-Lichte und Gabriele Brandstetter im vorliegenden Band.
24 Charles 1989a, S. 38.

Das vorgefertigte Fundstück wird erst durch einen kreativen Gemeinschafts-
akt von Künstler und Zuschauer erstellt, nicht fertiggestellt. Neben der Beteiligung des Zuschauers am "Kreativen Akt" ist auch in diesem Zusammenhang der Aspekt des Rahmenwechsels zu berücksichtigen. Das Ready-made
bleibt so lange ein industrieller Massenartikel – wie die meisten Ready-mades
von Marcel Duchamp – bis es durch einen Rahmenwechsel, eine "Translokation", "Kunst" wird. Erst durch ihre Ausstellung wurden Ready-mades
zum Gegenstand der Kunstgeschichte, erst durch das Konzert in der Maverick
Hall ging die Komposition *4'33"* in die Musikgeschichte ein.

Doch mit diesem Rahmenwechsel fiel die Komposition von John Cage
gleichsam aus dem Rahmen des Konzertes in das "Leben". Die Komposition
4'33" ist an keinen Konzertsaal mehr gebunden, kann überall und immer
stattfinden, aufgeführt werden, ohne Wiederholung sein zu können. Während
Duchamp eine industrielle Serienproduktion künstlerisch umwertet, entgeht
Cages Komposition noch dem von Walter Benjamin betonten "*Kunstwerk im
Zeitalter seiner technischen Reproduzierbarkeit*"[25]. Eine Tonaufzeichnung
würde das absichtslose Geschehen im Zeit-Raum von 4 Minuten und 33
Sekunden mit einer Wiederholungs-Absicht belegen, der die theatrale Auf-
führung entgeht. Neben diesen Unterschieden zum Ready-made-Konzept sind
Parallelen wegweisend.

Mit den ersten Ready-mades, seit 1913, veränderten sich gleichsam die
Kriterien nach denen etwas "Kunst"[26] genannt werden kann. Diese beziehen
sich nicht mehr nur auf ein "Kunst-Werk", das von Ready-mades infrage
gestellt wurde, sondern umfassen auch den künstlerischen Kontext, den
Rahmen und den Vermittlungsapparat von Kunst sowie die Wahrnehmung
des Rezipienten, von dem die Fertigstellung abhängt.

Damit wird der Fokus verschoben von einem wahrzunehmenden Objekt
zu einer veränderbaren Wahrnehmung und ihrer Thematisierung unter den
Aspekten von Zeit und Raum. Ein Ready-made ist zunächst keine "Kunst", in
dem Sinne, als das es von Künstler-Hand geschaffen wäre. Es entspringt dem
Akt einer Wahl.

Einen Punkt möchte ich ganz besonders hervorheben, nämlich den, daß die
Wahl dieser 'Readymades' nie von einer ästhetischen Lust diktiert wurde.
Diese Wahl beruhte auf einer Reaktion *visueller* Indifferenz, bei einer gleich-

---

25   Vgl. Benjamin 1980, S. 136ff.
26   Zu Duchamps selbst geäußertem Verständnis von Kunst vgl. Duchamp 1991, S. 10.

zeitigen totalen Abwesenheit von gutem und schlechtem Geschmack. [...] In der Tat eine völlige Anästhesie.[27]

Sie fallen in einer theatralen Ausstellungssituation zusammen, in der sich ein neuer Prozeß zwischen dem Künstler als erstem Betrachter im Falle Duchamps und als erster Hörer im Falle Cages, dem Ready-made, der Kunst und dem Betrachter/Hörer vollzieht.

Der von Duchamp in die bildende Kunst eingebrachte Vorgang der "Translokation" ist mit der bewährten Zeichenpraxis der "externen Umkodierung"[28] im Theater vergleichbar und kann somit als Theatralisierung verstanden werden. Die bildende Kunst greift mit dem Ready-made auf die Möglichkeit des Theaters zurück, das sich gerade dadurch von anderen Medien unterscheidet, daß auch dort ein Pissoir in Material und Form ein Pissoir bleiben kann. Es kann der Wirklichkeit ohne medienspezifisch notwendige Veränderung entnommen, auf die Bühne gestellt und dort zum theatralen Zeichen werden. Mit der Auslösung eines Objektes, eines Textes, einer Verhaltensform oder irgendeiner kinesischen Aktion werden diese in ihrer bisherigen Bedeutung verschoben.

Zudem wird mit dieser Versetzung eine Veränderung in der menschlichen Rezeption bewirkt, ohne daß das Objekt, der Text oder die Aktion verändert werden müßten. Die Translokation reinigt von dem Bild, das sich der Rezipient über die übliche Funktion und gebunden an den gewohnten Rahmen macht. Das Ready-made führt insofern in einen neuen Kunstbereich der Neutralität, den Duchamp durch eine schweigende Haltung des Künstlers, die Integration des Zufalls als ausdrückliche Ablehnung einer ästhetischen Wahl des Geschmacks eröffnet.

Hier wird der gewählte Gegenstand einfach isoliert, benannt, seiner Umgebung entzogen, in eine neue Welt projiziert; das Stück Realität wird nicht aufgegriffen, um (wie in der Collage) mit den manuell hergestellten Teilen des Werks konfrontiert oder um Symbol zu werden, sondern es wird genommen *um des Nehmens willen* und gewinnt diese Qualität, diese einzigartige Wirksamkeit, allein aus der Tatsache, daß es vom übrigen ausgesondert wurde. [...] Am Ende einer ganzen Reihe von Abweichungen, Ausfilterungen oder Absi-

---

27 Duchamp 1991, S. 43. Abgesehen davon, daß die von Duchamp proklamierte Loslösung vom Geschmack bei der Betrachtung seiner Ready-mades durchaus zweifelhaft erscheint, liegt die Relevanz des hier formulierten Ästhetikentwurfes sicherlich in der Abkehr von einer Kantschen Ästhetik und im Unterschied zu einer "Anästhetik" Wolfgang Welschs gleichermaßen.

28 "Bei der externen Umkodierung entsteht also Bedeutung dadurch, daß einzelne Elemente des Textes auf außertextuelle Strukturketten bezogen werden ...." Vgl. Fischer-Lichte 1983 sowie Lotman 1972, S. 59f.

cherungen bleibt das Zeichen stehen, bar jeden Bezugs und sorgfältig von jeglichem erkennbaren Inhalt gesäubert.[29]

Eine "Neutralität" des Zeichens, die Duchamp durch einen "Gestus", ohne "zu Gestikulieren", in die Künste eingebracht hat, führt auch auf die Spur einer Theatralisierung unterschiedlicher Künste[30] vom "action painting" Jackson Pollocks bis zum Musiktheater Mauricio Kagels, die hinsichtlich dieser Fragen weiterführt. Sie hat sich eingeschrieben in ein neues Verständnis der Geste auf dem Theater. Jenseits ihrer vorrangig psychologisch-realistischen Funktion, Ausdruck des Gefühls oder der Stimmung zu sein, muß sie – ganz dem abstrakten Sprachverständnis von Duchamp gemäß – keine "konkrete Referenz mehr haben". Eine Geste, ein Gang, eine Bewegung sind bei vielen Vertretern der Performance Art bis hin zu Richard Foreman und Robert Wilson oder Vertretern des abstrakten Tanzes wie Merce Cunningham und William Forsythe Zeichen, die von "jeglichem erkennbaren Inhalt" gesäubert, aber nicht "bar jeden Bezugs" sind, sondern Bezug auf den eigenen Bewegungsvollzug oder andere Zeichen im Vollzug nehmen.

Der über die Neutralität eingeleitete Prozeß ist ein Zeichenprozeß mit neuer Energie, einer Energie, die sich zudem aus einem Widerspruch speist, der die Spannung eines Ready-mades ausmacht. Dieser Widerspruch liegt schon im Wortspiel, einem von Duchamp immer wieder genutzten Sprach-Scharnier[31], von dem eine Seite nach Oktavio Paz "die Bedeutung zerstört", die andere "die Idee des Wertes"[32]. Mit dem Akt einer Wahl wird etwas in Kunst verwandelt, um es gleichsam vom Wert der Kunst zu befreien. Dieser Widerspruch löst sich allzuschnell auf, wenn beispielsweise in der Wiederholung eines künstlerischen Aktes à la Duchamp ein sogenanntes Ready-made nicht mehr dem Geschmack entgeht.

Die Neutralität liegt in der Transparenz einer Nicht-Bedeutung, nichts als Projektionsfläche[33] zu sein, für immer neue Projektionen. Erst die Neutralität verhilft dazu, "[...] im visuellen Gedächtnis die Unmöglichkeit dessen zu

---

29   Leiris 1988, S. 121–123.

30   Zu anderen Beispielen einer Theatralisierung im Bereich der bildenden Kunst vgl. die Beiträge von Gabriele Brandstetter und Willmar Sauter im vorliegenden Band.

31   Der Begriff "Scharnier" ist einer der wichtigsten Begriffe im Denken und künstlerischen Schaffen von Marcel Duchamp, da es "verbindet und trennt" zugleich.

32   Vgl. Paz 1991, S. 23.

33   Die Betrachtung der Welt als Projektionsproblem kann als zentrales Thema Duchamps bezeichnet werden. Vgl. dazu insbesondere Texte aus den Jahren 1912–1920 unter dem Titel "Im Infinitiv" in Duchamp 1980.

erreichen, daß von einem Objekt auf ein Gleichartiges die Erinnerungsprägung übertragen wird."[34]

In diesem Sinne wird die Neutralität zur Voraussetzung für ein Ereignis der Nicht-Wiederholung[35], das erst durch den Betrachter stattfindet, auf dessen Seite der Künstler mittels des Ready-mades wechselt. Auch dieser neue Status des Betrachters kann als Theatralisierung verstanden werden. Sie läßt sich aus einer Äußerung von Duchamp ableiten:

> Ich habe eine ganz bestimmte Theorie – ich nenne es Theorie, obwohl ich unrecht haben kann –, daß ein Kunstwerk erst existiert, wenn der Betrachter es angeschaut hat. Bis dann ist es nur etwas, das zwar gemacht wurde, das aber verschwinden könnte, und niemand würde davon wissen. Aber der Betrachter weiht es, indem er sagt: 'Das ist gut, wir behalten es', und in diesem Fall wird der Betrachter zur Nachwelt, und die Nachwelt behält die Museen voller Bilder, nicht wahr.[36]

Danach gilt es, auf dem Schauplatz der Erinnerung eines Betrachters die Neutralität zu schaffen und den Rahmen zu wechseln. Eine mit der Neutralität verbundene Reinigung in diesem Sinne kann auch der Komposition *4'33"* zugesprochen werden, die weitere damit verbundene Aspekte verdeutlicht. Durch die theatrale Translokation eines Ready-mades, die John Cage in sein "*Tacet-Stück*" einschreibt, stellt er seine Komposition in die Tradition von Marcel Duchamp und reinigt den Konzertsaal und den diskursiven Rahmen von Musik gleichermaßen. Diese Reinigung erweist sich als Abkehr von traditionellen Werten und "Befreiung der Zeit".

Nach Claude Lévi-Strauss stand die Musikästhetik in den letzten zweihundert Jahren im Dienst einer "Beseitigung der Zeit", "als hätte die Musik die Zeit nur deshalb nötig, um sie zu verleugnen"[37].

> Das Hören des musikalischen Werkes hat also, aufgrund von dessen innerer Organisation, die vergehende Zeit zum Stillstand gebracht; es hat sie eingeholt und aufgebrochen, wie ein vom Wind zerstreutes Nebenfeld. So daß wir, wenn wir Musik hören und während wir sie hören, eine Art Unsterblichkeit erlangen.[38]

Wolfgang Scherer weist in diesem Zusammenhang zutreffend darauf hin, daß J. Cage im Gegensatz zu einer tradierten "konzertanten Unsterblichkeit"

---

34 Duchamp, zit. nach Bernstein 1988, S. 144.
35 Die Theatralität des Ereignisses der Nicht-Wiederholung werde ich an anderer Stelle ausführen.
36 Duchamp, zit. nach einem Interview mit G.H. Hamilton und R. Hamilton, BBC London 1959.
37 Vgl. Lévi-Strauss 1976, S. 31.
38 Ebd., S. 31.

"keinen Stillstand im Zeichen der Transzendenz von artifizieller Musik", kein "Standphoto des musikalischen Weltgeistes" anstrebt.[39] Vielmehr steht seine Musik im Zeichen einer "Poetik des Auslöschens", mit der die "Simultaneität von Präsenz und Absenz aller Dinge", die Gleichzeitigkeit von Vergehendem und Entstehendem im Hör-Raum existierender Klänge hörbar gemacht werden soll. Dazu muß jedoch die Zeit von ihrer musikalischen Ordnung befreit werden. Diese "Befreiung der Zeit" sucht J. Cage durch "Zufallsoperationen" zu realisieren, denn "indem der Zufall akzeptiert wird, verschwinden Vorurteile, vorgefaßte Meinungen und frühere Ideen über Ordnung und Organisation."[40] So ist es nur konsequent, daß die Echt-Zeit des Stückes aus einem zufälligen Fund einer existierenden Zeitangabe besteht.

Dabei erweitert er gleichsam das noch statische Ready-made des bildenden Künstlers Marcel Duchamp, das bereits durch die Teilhabe des Betrachters am künstlerischen Prozeß mit einem theatralen Konzept verbunden ist, indem er es prozessualisiert. Durch diese Prozessualisierung wird ein markanter Unterschied zwischen dem Kompositionskonzept von John Cage und dem Ready-made-Konzept Duchamps deutlicher. Ein "wesentlicher Mangel", den Duchamp im Kontext seiner Überlegungen zum Ready-made betont, trifft auf Cages Komposition *4'33"* gerade nicht zu.

"Ein weiterer Aspekt des 'Readymades' ist sein Mangel an Einmaligkeit [...], weil die Replik eines 'Readymades' die gleiche Botschaft übermittelt; in der Tat ist fast keines der heute noch existierenden 'Readymades' im herkömmlichen Sinne ein Original."[41]

Jedes Konzert, das sich nach Cages Zeitvorgabe von 4 Minuten und 33 Sekunden ereignet, wird dagegen einmalig gewesen sein. Die Prozessualisierung, der sich diese Einmaligkeit verdankt, kann als weitere Theatralisierung hin zu einem transitorischen Geschehen im gesetzten Zeit-Rahmen bezeichnet werden, in dem Klänge und Geräusche entstehen und vergehen. Das Ready-Made *4'33"* wird zum Zeit-Prozessor immer anderer musikalisch-akustischer Phänomene und Geschehnisse, die nicht mehr aus der Intention des Komponisten entspringen, sondern aus der Existenz der Klänge selber.

Auf diese Weise vollzieht sich zudem eine "Transfiguration" in Duchamps Sinne, d.h. eine noch negative Verfremdung durch den Rahmenbruch wird zur positiven Rahmensituation einer neuen Wahrnehmung und eines veränderten Status der Geräusche und Klänge des Alltags bei gleichzeitiger

---

39   Scherer 1990, S. 352.
40   Vgl. Charles 1989a, S. 44, 43 und 39.
41   Duchamp 1991, S. 44.

Verwandlung, Transfiguration der Musik durch eine Theatralisierung.[42] Performance wird damit "Transformance"[43] in Duchamps Sinne, von dem John Cage sagte, daß dessen Kunst einer Zen-Haltung entsprang.

> Man kann fast sagen, Duchamp hat ohne Lehrmeister die drei Stadien der Zen-Schulung durchlaufen: Erst ist die Wirklichkeit Wirklichkeit und die Kunst Kunst für ihn, d.h. objektive Gegebenheit. Danach kommt er zu der Erkenntnis von der Dichotomie von objektiver Wirklichkeit und subjektiver Wahrnehmung, wie sie mimetisch in der Kunst auf der Fläche wiedergegeben wird. Schließlich kommt er zu der Einsicht, daß der Sinn der Wirklichkeit nicht mit und in ihrer Objektivität gegeben ist, sondern der Sinn allzeit Sinngebung ist.[44]

Gerade unter dem Einfluß des Zen-Buddhismus wird eine Sinngebung nicht mehr dem Künstler vorbehalten, sondern dem Rezipienten überlassen. Diese bei Duchamp bereits angelegte Haltung des eigenen Schweigens zeigt sich bei ganz unterschiedlichen Künstlern in verschiedenen Medien und wird von John Cage besonders konsequent weitergeführt: – tacet –.

"Ich habe versucht […], so wie es Thoreau vor einhundert Jahren versucht hat, mich selbst aus dem Weg der Klänge herauszunehmen, und das ist genau das, was Tobey mit seiner weißen Schrift gemacht hat […]."[45]

Seine stille Komposition kann mit einer Postkarte verglichen werden, die mit dem Absender J. Cage in weißer Schrift leer abgeschickt wurde, um unterwegs mit Klängen beschrieben zu werden, von denen man nicht mehr weiß, ob sie – als das, was unter diesem Namen ankommt oder nicht – im Sinne des Absenders sind. Der Komponist würde über *4'33"* und andere Stücke gleichermaßen sagen, was er zu einem seiner Orchesterstücke sagte:

"Dieses Stück enthält keine meiner Gedanken oder Gefühle – es sind bloß Klänge."[46]

Cages Kompositionen gelten "bloß" der Hörbarmachung von Klängen, Phänomenen und Geschehnissen, die sich nicht als Hinweis auf eine darunter zu suchende Gedanken- oder Seelentiefe verstehen. Das Kunstvolle daran ist die Gabe. Im Falle des "stillen Stückes" ist die chromatische Zeitangabe nichts als Zeit für die Zeit der Klänge, in der Klänge nichts als Klänge sind, die ihre

---

42 Zu den Vorgängen der "Translokation" und "Transfiguration" bei Marcel Duchamp ist insbesondere der Katalogtext des Museum Hedendaagse in Utrecht von Wouter Koutte empfehlenswert. Koutte 1987 sowie Szeemann 1975.

43 Zu weiteren Aspekten der Verwandlungskraft von Performances vgl. den Beitrag von Erika Fischer-Lichte im vorliegenden Band.

44 Vgl. Koutte 1987, S. 19.

45 Cage, zit. nach Furlong 1992, S. 92.

46 Cage 1980, S. 61.

hierarchische Struktur im Wechselspiel der lauteren und leiseren, der längeren und kürzeren Klänge selbst erzeugen. Diese künstlerische Gabe im doppelten Sinne des Wortes will und kann nicht in üblicher Weise verstanden werden. Was sich im Hör-Raum ereignet, folgt weder kompositorischen Regelsystemen oder anderen Vorschriften noch Intentionen. Der Komponist entzieht sich auf diese Weise sowohl einer metaphysischen Aneignung, der Hermeneutik, als auch jeder anderen Form der Recodierung in ein Verstehen.

Es ist insofern sinnvoll, wo immer es möglich ist, John Cage selbst zu Wort kommen zu lassen und Beschreibungen seiner Arbeit im diskursiven Rahmen davon abgelösten Erklärungsversuchen vorzuziehen.

> Ich glaube, es gibt einen klaren Unterschied ... Ich denke, dieser Unterschied wird am deutlichsten, wenn man das Wort 'Verstehen' als Gegensatz von 'Erfahrung' begreift. Viele Menschen glauben, sie können etwas erfahren, wenn sie in der Lage sind, es zu verstehen, aber das stimmt meiner Meinung nach überhaupt nicht. Ich glaube nicht, daß das Verstehen einer Sache dazu führt, sie zu erfahren. Es führt meiner Ansicht nach im Grunde nur dazu, daß man die jeweilige Sache in gewissem Sinne beherrscht.[47]

Da John Cage sein stilles Stück ganz auf das "Ready-made" und sonst gar nichts stützt, erreicht er ein akustisches Neuland der Neutralität, in dem Erfahrungen des Neuen zu machen, möglich werden. Schon bei Duchamp kommt der Wahl und dem Zufall, der Zufall als Möglichkeit, die Wahl von Geschmacksurteilen zu befreien, konstitutive Funktion in der Kunst zu. Mit Cage erhält jedoch diese Befreiung der Kunst von "kulinarischen Aspekten" zu einem theatralen Spiel der Geschehnisse einen ausgewiesen philosophischen Horizont im Zen-Buddhismus.[48]

Die zen-buddhistische Philosophie geht von einem anderen Modell der Ordnung aus, das kosmisch nicht anthropozentrisch gedacht ist. Den kosmischen Kräften der Selbstregulierung steht die menschliche Wahl nach Abneigung und Zuneigung eher entgegen. Vorbild dieser kosmischen Ordnung ist die "Natur". Doch diese spricht keine einheitliche Sprache, folgt im Bienentanz einer anderen Logik als in der akustischen Kommunikation der Wale beispielsweise.

Wie diese Vielfalt zu verstehen ist, wie sie unter bestimmten historischen Bedingungen verstanden wird, darüber entscheiden nicht zuletzt naturwissen-

---

47   Cage, zit. nach Kostelanetz 1989, S. 176. Einflüsse auf die Entwicklung des Erfahrungstheaters könnten in diesem Zusammenhang beispielsweise hinsichtlich Julian Becks und des "Living Theatre" verfolgt werden.

48   Marcel Duchamp wird zwar von John Cage eine zen-buddhistische Haltung zugesprochen, ein zen-buddhistischer Einfluß auf sein Schaffen wurde jedoch bislang m.W. nach nicht belegt.

schaftliche Diskurse. Wenn John Cage – in Anlehnung an die Schriften von Ananda K. Coomaraswammy – die Aufgabe der Kunst darin sieht, "die Natur in ihren Verfahrensweisen nachzuahmen"[49], so stellt sich diese Aufgabe im Rahmen wechselnder naturwissenschaftlicher Diskurse immer anders.

Nachdem der Natur jahrhundertelang zugesprochen wurde, Naturgesetzen zu folgen, die kontrollierbar und vorhersehbar sind, haben die Erkenntnisse der "Chaostheorie" im 20. Jahrhundert sowohl das Verständnis der Natur als auch die Aufgabe des Künstlers verändert. Chaosforscher gehen davon aus, daß die Algorithmen und Symmetrien, mit denen man die Natur berechnen und berechenbar machen wollte, allzu einfach waren im Verhältnis zu den komplexen Verläufen der Natur, die auch nicht ohne Ordnung verlaufen. Erst mit Hilfe des Computers und neuer Rechnungswege kamen Physik und Mathematik in diesem Jahrhundert zu Erkenntnissen über die Existenz nichtlinearer dynamischer Systeme und erklärten diese zum Gegenstand des Paradoxons "Chaostheorie". Innerhalb der neuen Chaosforschung konnte gezeigt werden, daß schon einfache Systeme,

> unerwartet verzweigt, offenbar sich niemals wiederholend und doch in ihrer allgemeinen Form bestimmt sind und der Vermutung widersprechen, sie würden notwendig in einen stabilen Zustand der Ruhe oder zyklischen Wiederholung übergehen. [...] Solche Verläufe werden Chaos genannt, weil sie nicht vorhersehbar sind, offenbar unendlich vielfältig und den unergründeten Formen der Natur zu gleichen scheinen. Daß dennoch Regelhaftigkeit und Formbestimmung gefunden wurden, mathematisch und experimentell, ist der Ausgangspunkt der Chaostheorie und Chaosforschung.[50]

Nach diesem neuen Stand der Wissenschaft lassen sich demzufolge auch die vermeintlichen Gegensätze Chaos/Ordnung oder Gesetzmäßigkeit/Anarchie nicht mehr als einander ausschließende aufrechterhalten. John Cage kann nach einem Paradigmenwechsel in der Physik mit naturwissenschaftlicher Berechtigung von der Seite, "die wir 'law and order' nennen" zu der Seite wechseln, "die wir 'Poesie und Chaos' nennen können"[51].

Die Aufgabe, die "Natur in ihren Verfahrensweisen nachzuahmen", ist nicht mit einer "abbildenden" oder "ebenbildnerischen" Nachahmung zu verwechseln und auch die Natur ist nicht als natura naturata aus einem möglichen Gegensatz zur Vernunft, Geschichte, Kultur, Gesellschaft oder Technik herzuleiten. Vielmehr ist "Natur" hier überhaupt nicht mehr von

---

49 Vgl. Cage 1991, S. 19.
50 Mahr 1989, S. 84.
51 Cage, zit. nach Schöning 1983, S. 306.

einem Gegenbegriff her zu bestimmen, sondern als natura naturans, als Inbegriff der wirkenden Kräfte zu verstehen, die sich auch im Wechselspiel von Naturelementen und Technologie, von Stimmen und Mikrophonen beispielsweise, entfalten können. Sofern dabei die Geschehnisse kontinuierlich werden können, was sie werden, lassen sie sich mit John Cage als theatral bezeichnen.

"Theatre is continually becoming that it is becoming."[52]

Eine solche Beziehung des Künstlers zur Natur ist in jeder Kunstsparte und in jedem Medium auf unterschiedliche Weise herzustellen. Im Tanz stellt sich die Beziehung zur Natur über den Körper in anderer Weise dar als in der Musik, in der konzertanten Musik anders als in der bildenden Kunst.

Der Einfluß diskursiver Rahmen für immer neue Aufgabenstellungen und Verfahrensweisen der Künste in diesem Zusammenhang macht es sinnvoll, Wege zu einem Verständnis der Performance Art von einflußreichen diskursiven Rahmen aus zu suchen. Signifikant häufig ist in diesem Sinne der Einfluß der zen-buddhistischen Philosophie, die eine überaus breite Wirkung auf ganz unterschiedliche Vertreter einer Nachkriegsavantgarde ausgeübt hat. Von John Cage über viele Vertreter der Fluxus-Bewegung[53] bis zum Gegenwartstheater Robert Wilsons[54], der Wooster-Group oder Ariane Mnouchkins[55] kann der Einfluß zen-buddhistischer Philosophie in immer anderen Formverwandlungen nachgewiesen werden[56]. Eine "Retheatralisierung des Theaters" und "Theatralisierung" ganz unterschiedlicher Künste und Medien erfolgt in der Nachkriegsavantgarde in diesem Sinne auch als "Theater der Wandlungen"[57], als Theater, das sowohl aus einem kulturellen Rahmen gefallen ist und sich interkulturell ganz unterschiedliche Formprinzipien anverwandelt als auch mediale Rahmen in intermedialen Wechselspielen überschreitet.

---

52 Cage 1983, S. 14.

53 Sie wird im folgenden behandelt.

54 Zum theatralen Idiolekt Robert Wilsons vgl. auch den Beitrag von Joachim Fiebach im vorliegenden Band.

55 Zu Ariane Mnouchkine vgl. auch den Beitrag von Freddie Rokem im vorliegenden Band.

56 Es erstaunt umso mehr, daß der Einfluß der zen-buddhistischen Philosophie auf ganz unterschiedliche Ausprägungen der Avantgarde-Kunst bzw. auf die entsprechenden Künstlerpersönlichkeiten bislang in der Forschung kaum aufgearbeitet ist. Einen in diesem Sinne besonders wichtigen Schritt geht Christel Weiler in ihrem Buch *Kultureller Austausch im Theater* (Weiler 1994), in dem eine erste Herausarbeitung von Anleihen des Noh, Kabuki und des Bunraku in den theatralen Praktiken Robert Wilsons und Eugenio Barbas vorgenommen wird. Die hier markierten Ansätze gelte es beispielsweise im Hinblick auf die wegweisende Rezeption der Zen-Philosophie seit den fünfziger Jahren in den USA weiterzuführen.

57 Ich präge diesen Begriff in Analogie zum "Buch der Wandlungen" (*I-Ching*), dem Weisheits- und Orakelbuch, das der chinesischen Philosophie zugrundeliegt.

Da kaum ein anderer Künstler eine zen-buddhistische Haltung so konsequent verfolgt hat und solche Breitenwirkung in den Bereichen Musik, Theater und Performance hatte, ist die künstlerische Arbeit von John Cage auch in dieser Hinsicht zur Gewinnung eines Verständnisses der Performance Art erhellend.

Im diskursiven Rahmen des Zen-Buddhismus kann zudem eine von der historischen Avantgarde und der Nachkriegsavantgarde gleichermaßen propagierte Vereinigung von Kunst, Leben und Spiel geklärt werden.

"Kunst ist Leben, Leben ist Spiel, Spiel ist Kunst"[50].

Zen-Buddhismus als diskursiver Rahmen

Zen ist eine Schule des Buddhismus, dessen Wurzeln im Indien des 5. Jahrhunderts verortet werden[59] und sich dann in unterschiedlichen Ausprägungen und verschiedenen Kulturen nach China, Tibet, Japan und Thailand verästelt haben. Grundlegend ist eine chinesische Sammlung der "Lehrschriften" Buddhas, dem "Mumonkan"[60]. Von Lehrschrift läßt sich jedoch nur bedingt sprechen, da sie lediglich Grundlage einer Lehre darstellt, die eine schweigende Übermittlung von Erfahrung bevorzugt und sich dem Wortsinn von Lehrschriften gleichsam entzieht.

Ein tiefer, bis heute andauernder Einfluß hat Zen in Japan ausgeübt, wo er insbesondere auch das Noh- und das Kabuki-Theater prägte. Gerade eine nicht abbildhafte, formale Darstellungsweise im japanischen Theater, die stilisierte, besonders langsame und stille Bewegungsabläufe aufweist, wurde seit den fünfziger Jahren in den USA für die Performance Art wegweisend und bildete auch den diskursiven Rahmen für das künstlerische Schaffen von John Cage. Wie sehr das "stille Stück" auf zen-philosophischer Grundlage erfahrbar wird, macht folgendes Kôan deutlich. Der vom Wortsinn her mit "Urkunde" übersetzbare Begriff erhält in diesem Zusammenhang als zen-buddhistische Ur-Kunde eines neuen "Tons" in der Musik und im Theater Bedeutung:

"Wenn man beide Hände zusammenschlägt, entsteht ein Ton. Was ist der Ton *einer* klatschenden Hand?"[61]

Insbesondere ein an der Lehre des Zen-Buddhismus geschultes Verständnis von "Wirklichkeit" und "Leben" ermöglichte eine stille Komposition von

---

58   Marcel Duchamp, zit. nach Nobis 1986, S. 146.
59   Vgl. Ganslandt 1984, S. 121.
60   Zum "Mumonkan" vgl. z.B. Dumoulin 1976.
61   II. Ekaku, zit. nach Kapleau 1975, S. 446.

John Cage, die erfahrbar macht, daß ein Ton nicht unbedingt ein Ton sein muß, daß die Wirklichkeit und das Leben aus vielen musikalischen Ereignissen bestehen, daß "Kunst" und "Leben" einander durchdringen können und Musik Performance werden kann.

> Was einst im Himmel war, Zen hat es zur Erde gebracht. Mit der Entwicklung des Zen verlor die Mystik das Mystische, es ist nicht mehr das krampfhafte Erzeugnis eines besonders veranlagten Gemüts. Denn Zen enthüllt sein Wesen im völlig unbedeutenden und ereignislosen Leben des gewöhnlichen Mannes von der Straße, es erfaßt die Tatsache des Lebens inmitten des Lebens, wie es gelebt wird. Zen erzieht den Geist systematisch dazu, dies zu sehen.[62]

Unter "Leben" wird somit schlicht eine Teilhabe am Alltäglichen verstanden. Das größte Mysterium liegt nach der zen-buddhistischen Lehre in dem, was sich täglich ereignet, alltäglich gegeben ist. Um das "Leben" im Alltäglichen für den Menschen erfahrbar zu machen, verfolgt der Zen-Buddhismus seit der Schule Li-chi's[63], eine systematische Lehrmethode, die einen Wandlungsprozeß verursacht, bei dem der Mensch von allem, was die Wahrnehmung kanalisiert und begrenzt, was sie zu einem Ausschlußprozeß macht, befreit wird. Ein solcher Wandlungsprozeß verläuft insbesondere über paradoxale Äußerungen, Fragen oder Handlungen, den sogenannten Kôans, und ist mit Intellekt, Logik und dualistischem Denken inkommensurabel.

> "Mit leeren Händen gehe ich dahin, und siehe! der Spaten ist in meinen Händen; Ich wandere zu Fuß und reite dabei auf dem Rücken eines Ochsen."[64]

Gegen eine Logik des Entweder-Oder, die das abendländische Denken geprägt hat, folgt die chinesische Philosophie der anderen Logik eines Sowohl-als-Auch. Geschiedenes ist nicht mehr getrennt, Gegensätze sind zusammenzudenken, alles läßt sich mit allem verbinden, weil alles eins und eins alles ist. Noch dieser Gegensatz in der Betonung, der zunächst dem Einen, dann dem Pluralen gilt, kann zusammengedacht werden, da "Eins" in diesem Sinne nicht mehr Folge der Dialektik und Aufhebung des Widerspruchs ist, sondern Beginn einer potentiell unendlichen Menge an Möglichkeiten wird, für den, der sie zuläßt und Widersprüche austrägt, gelassen geschehen läßt, was geschieht.

---

62   Suzuki 1988, S. 59f.
63   Zur zeitlichen Einordnung kann m.W. lediglich gesagt werden, daß Li-chi, jap. Rurzai, 867 gestorben ist.
64   Zit. nach Suzuki 1988, S. 86.

Prinzipiell ist es dem Menschen möglich, sie zuzulassen, denn nach der buddhistischen Lehre hat jeder Mensch eine "Unbegrenztheit des Geistes", ohne über sie verfügen zu können. Diese Unbegrenztheit ist das einzige, was im Buddhismus als außerhalb von Zeit und Raum ewig Da seiendes verstanden wird und nicht inhaltlich, sondern als bloße Disposition vorgestellt wird.

"Einerseits Offenheit, Raum, ein Potential, das alle Dinge ermöglicht und zuläßt und andererseits leuchtende Klarheit, die wissen und verstehen kann, was im Raum geschieht."[65]

In diesem diskursiven Rahmen erhält auch die Offenheit neue Klarheit, die im Zeit-Raum von 4 Minuten 33 Sekunden zugelassen wird, ohne enträtselt zu werden. In einem Ereignis- und Aktionsraum als Hörraum sind Instrumente keine Instrumente mehr und Interpreten keine Interpreten, ist die räumliche Anordnung der Instrumente und Interpreten eine zufällige und doch nicht willkürlich. Vielmehr entspringt sie aus der neu geschaffenen Rahmensituation unbegrenzter Offenheit in begrenztem Zeit-Raum, der Unruhe des "Lebens" in der Ruhe eines stillen Stückes. Im zeitlichen Rahmen von *4'33"* ist Musik still und Stille Musik, erklingt Musik ohne Noten und wird Ereignis dessen, was geschieht und nicht was ein Komponist vorsieht.

Ich wollte mein Werk von meinen Neigungen und Abneigungen befreien, da ich der Ansicht bin, daß Musik nicht von den Gefühlen und Gedanken des Komponisten abhängen darf. Ich habe geglaubt und gehofft, anderen Leuten das Gefühl vermittelt zu haben, daß Geräusche ihrer Umwelt eine Musik erzeugen, die weitaus interessanter ist als Musik, die man im Konzertsaal hört.[66]

So hat der Komponist John Cage doch etwas vorgesehen mit seiner Komposition, die auch er nicht vorhersehen kann und will. Die Intentionslosigkeit dessen, was geschieht, ist intentional, seine Absicht Absichtslosigkeit. Die Möglichkeit zu dieser Absichts-Losigkeit[67] liegt in der Haltung des Künstlers.

Im Gegensatz zum europäischen Denken, das dem absichtsvollen Handeln nach vernünftigen Denkkategorien eine ordnende, orientierende und systematisierende Kraft zugesteht, traut das chinesische Denken dieser Logik zwar viel zu, "zweifelt jedoch an seiner erklärenden und ordnenden Kraft"[68].

---

65 Nydahl 1989, S. 12.

66 Cage, zit. nach Kostelanetz 1989, S. 63.

67 Es ist Verdienst des Musikwissenschaftlers und Cage-Spezialisten Martin Erdmann, den Beckettschen Begriff der "Losigkeit" für ein Cage-Verständnis fruchtbar gemacht zu haben. Vgl. Erdmann 1993.

68 Vgl. Ganet 1985, S. 255f. und Mall 1995, S. 101f.

Von der zen-buddhistischen Philosophie stark beeinflußt, die ihm insbesondere sein Lehrer Daisetz T. Suzuki näherbrachte, ging J. Cage vor
diesem Horizont der Frage nach, "wie man die Außenwelt durch die Sinne
erfassen kann, ohne dabei ein Konzept zu verfolgen"[69]. Mit dem Stück *4'33"*
fand sich eine solche Möglichkeit, ohne daß der Komponist auch nur einen
Ton komponieren mußte. Die kompositorische Arbeit bestand vielmehr darin,
die Allklangmusik – wie Cage seine Kompositionen nennt –, die von konservativen Musikwissenschaftlern und Kritikern lange Zeit nicht als Musik
anerkannt wurde, überhaupt hörbar zu machen. Das gelang durch die einzige
Vorgabe: die Zeiteinteilung. Um die Klänge der Umwelt in das Feld menschlicher Wahrnehmung zu rücken, bedarf es einer Unterbrechung des gewohnten zeitlichen Kontinuums. Durch die Verräumlichung der Zeit in einem
abgesteckten Zeit-Raum, hier *4'33"*, und durch die interne Zeiteinteilung in
drei Sätzen ist diese Unterbrechung gegeben. Die kompositorische Besonderheit liegt in der Eröffnung eines Zeit-Raumes, in dem die "Allklänge" – wie
der Zufall so spielt – das Ohr des Hörers erreichen oder auch nicht. Denn die
Verantwortung für das ästhetische Erlebnis muß der sensible Hörer selber
tragen, der ebenso still werden muß, um hören zu können, wie der Komponist als selber Hörender seine Individualität verstummen läßt und sich still
verhält. Mit dieser seiner hörenden stillen Haltung markiert J. Cage ein
Spielfeld ohne sicheren Ausgang. So komponiert er konsequent in seinem
Sinne von "experimentell".

"Für experimentelle Musik gibt es viele Definitionen, aber ich benutze
das Wort 'experimentell', um eine Aktion zu bezeichnen, deren Ausgang
nicht vorhersehbar ist."[70]

Als unvorhersehbare Aktion wird Musik gleichsam Performance, in der
ein Komponist das, was geschieht, nicht aufhält, nicht limitiert, indem er es
theatralisiert.[71] Performance, hier verstanden als Signifikation in actu, als
Vollzug, der sich vom konventionellen Bezug befreit, fällt aus dem Rahmen
auch performativer Sprechakte, deren Performanz[72] in der Wiederholung des
Wiedererkennbaren liegt. Ein Versprechen kann nur als Sprechakt gelingen,
weil es einerseits die wiedererkennbare Form von Versprechen wiederholt
und andererseits Versprechen wiederholt eingehalten wurden. Als Signifika-

---

69 Cage, zit. nach Kostelanetz 1989, S. 52.
70 Ebd., S. 162.
71 Im Sinne der o.a. Definition von Roland Barthes: "Qu'est-ce que c'est théâtraliser? Ce n'est pas
    décorer la représentation, c'est illimiter le langage."
72 Vgl. zum Verhältnis von Performance und Sprechakttheorie auch den Beitrag von Erika Fischer-
    Lichte im vorliegenden Band.

tion in actu wiederholt die Performance dagegen "nichts", indem sie sprech-
akttheoretisch konstitutive konventionelle Prozeduren gerade zu vermeiden
sucht. Die Performanz von Sprechakten und die von Performances müssen
m.E. insofern unterschieden werden.

Wie muß eine Handlung beschaffen sein, die sich nicht als Wiederholung
rezipieren und interpretieren läßt? Wie läßt sich deutlich machen, daß es eine
Wiederholung des Gleichen nicht gibt, sondern nur die Wiederholung der
Differenz, die Wiederholung dessen, was sich nicht wiederholt? Wie eine
andere Performanz der Performance im künstlerischen Akt gewinnen? Gerade
auf der Suche nach solchen Möglichkeiten wurde die zen-buddhistische
Philosophie seit den fünfziger Jahren in den USA für viele Künstler wegweisend. Sie führt zu einer Modifikation der Fragestellung nach der Performanz der Performance als Frage nach "Neutralität" und "Leere", zur Frage,
wie eine "Leere" im buddhistischen Sinne als Offenheit und Vorbehaltlosig-
keit, des Vergessens von diskursiven Vorgaben und Hörerwartungen künstlerisch realisiert werden kann.

> Der übliche Hörer nimmt Musik in sehr selektiver Art auf. In einem Konzert
> verfolgt er gewisse Momente, etwa melodische Gebilde, und sucht sie in sich
> zu bewahren, um sich gegen den Ansturm der Töne und Geräusche des
> täglichen Lebens zu schützen. Wird er älter, so ist er von diesen Erinnerungs-
> bildern derart belegt, daß nichts anderes mehr Platz hat. Das um ihn tönende
> Leben mit seinen nicht ausgewählten akustischen Ereignissen sucht er deshalb
> zu meiden. – Die Musik, mit der ich mich beschäftige, muß nicht unbedingt
> Musik genannt werden. In ihr gibt es nichts, woran man sich erinnern soll.
> Keine Themen, nur Aktivität von Ton und Stille.[73]

Da es jedoch keine reine Wahrnehmung gibt, sondern diese immer schon in
einem individuellen "psychologischen Rahmen" verläuft, versucht J. Cage
auch diesen zu verschieben, indem er Wiedererkennbares und Wiederholungen zu vermeiden sucht, die eine Illusion von Wiederholung des Selben
stützen könnten. Ein Hörer, der sich nicht auf die Erinnerung des vermeintlich Bekannten stützen kann, muß auf eine andere Fähigkeit zurückgreifen,
neugierig und staunend das zu hören, was sich ebenso ungesteuert wie nicht
vorgeschrieben akustisch ereignet.

Ein dementsprechend offener Spielraum, in dem die Klänge sich selbst
entfalten können, kann dadurch eröffnet werden, daß der Komponist im
Sinne des Zen-Buddhismus "nichts dazwischen" treten läßt. Dieses "Nichts",
das sich nach der buddhistischen Lehre der intellektuellen Unterscheidung

---

73 Cage, zit. nach Dibelius 1966, S. 210.

eines "Etwas" und eines "Nichts" entzieht, ist weder "Sein noch Nichts", es ist vielmehr das "Nichts", "das allen Dingen zu leben gestattet", indem man sie trennt, d.h. nichts zwischen sie legt.[74]

"Daß sie einander durchdringen bedeutet, daß sich nichts zwischen ihnen befindet. Demzufolge werden sie durch nichts getrennt".[75]

Die Dinge können sich am besten durchdringen, wenn der Komponist und auch der Zuhörer keine Beziehung zwischen ihnen herstellt, sich nicht "zum Maß aller Dinge macht", sich nicht ins Zentrum rückt.

> Suzuki lehrte mich, daß wir in Wirklichkeit niemals aufhören, einen Maßstab außerhalb des Lebens der Dinge anzuwenden, und daß wir anschließend darauf bedacht sind, jedes Ding innerhalb des Rahmens dieses Maßstabes zu rekonstruieren. Wir versuchen, durch den Gebrauch dieses Rahmens Beziehungen zwischen den Dingen zu postulieren. Dementsprechend verlieren wir die Dinge, wir vergessen sie, oder wir entstellen sie. Zen lehrt uns, daß wir uns in Wirklichkeit in einer Situation der Dezentrierung im Verhältnis zu diesem Rahmen befinden. In dieser Situation ist jedes Ding im Zentrum. Deshalb gibt es eine Vielheit von Zentren, eine Vielfalt von Zentren. Und sie alle durchdringen einander und, wie Zen hinzufügen würde, behindern sich nicht.[76]

Eine Musik, die nach einem kontinuierlichen Geschehen, in dem formale Zusammenhänge, d.h. komponierte Beziehungen erkennbar sind, strukturiert ist, postuliert notwendige Beziehungen zwischen den Dingen, so daß ein gesetzter Maßstab in das Intervall zwischen den Dingen und nicht "nichts" tritt.

Eine gegenseitige Durchdringung ohne Behinderung verlangt insofern nach neuen Kompositionswegen, auf denen eine intentionale Aufgabe der Intentionen und Zufallsverfahren konzeptionell wegweisend werden.

Der kompositorische Rahmen, der zuvor durch das Notensystem eng gesteckt war, erweitert sich zum einen durch die demokratische Miteinbeziehung bislang ausgeschlossener Geräusche:

> [...] was ich in erster Linie getan habe, war ein Ignorieren des Unterschieds zwischen Geräuschen und musikalischen Tönen und der Versuch, eine größere Gruppe zu bilden, die als 'Klänge' bezeichnet werden könnte, und das würde jene beiden einschließen. So wie eben das Wort Menschheit die

---

74 Cage, zit. nach Charles 1989b, S. 103.
75 Ebd., S. 102.
76 Ebd.

Reichen und die Armen einschließt. Meine Auffassung von Klängen umfaßt also alles, nicht nur Geräusche und nicht nur musikalische Töne, sondern alles.[77]

Innerhalb der Bandbreite aller Klänge wird durch die Abkehr von Vorlieben und Abneigungen des Komponisten und die Anwendung von Zufallsverfahren kein neues Ausschlußverfahren eingeführt. Aber auch im "Rahmen" von Zufallsverfahren nimmt J. Cage noch kompositorische Erweiterungen vor, indem er Zufallsbestimmungen einer immer größeren Anzahl von akustischen oder musikalischen Details miteinbezieht. Dabei handelt es sich nicht nur um eine Ermittlung der üblichen musikalischen Parameter, der Pausen oder der Dauer eines Stückes, sondern auch um "mikrotonale" Details. In seinem Stück "HPSCHD" ("Harpsichord") wurden 'per chance operation' die "fünf Oktaven in alle nur möglichen Teilungen zerlegt: von fünf bis zu 56 Tönen je Oktave".[78]

Eine solche mikrotonale Ausdifferenzierung kompositorischer Entscheidungen macht die Unmöglichkeit von Wiederholung transparent. Wiederholungen oder Variationen liegen in der Form der Wahrnehmung selber.

Wiederholung hat damit zu tun, wie wir denken. Und wir können nicht gleichzeitig denken, daß sie sich wiederholen und daß sie sich nicht wiederholen. Wenn wir glauben, daß sie sich wiederholen, so liegt das im allgemeinen daran, daß wir nicht sämtliche Details beachten. Wenn wir aber allen Einzelheiten unsere Aufmerksamkeit widmen, als wenn wir sie durch ein Mikroskop sähen, erkennen wir, daß es so etwas wie Wiederholung nicht gibt.[79]

Nachdem erkannt wurde, daß das Atom nicht das kleinste Unteilbare ist, sondern sich unter dem Mikroskop eine subatomare Welt eröffnet, zieht John Cage mit diesem kompositorischen Vorgehen lediglich die Konsequenz aus veränderten Zeit-Raum-Diskursen in unserem Jahrhundert. Durch die immer höhere Geschwindigkeit informationstechnischer Vernetzung, den Umstand, daß ein Funksignal den Umfang des Globus, d.h. über 40.000 km, in Bruchteilen von Sekunden zurücklegen kann und jede Fünfundzwanzigstel-Sekunde 300.000 Bits ein neues Fernsehbild erzeugen, hat sich die Welt in mikroskopisch kleine Bestandteile aufgelöst. Das kann einerseits dazu führen, daß Zeit und Raum kaum noch konkret erlebbar sind, sondern nur noch als Datenmaterial existieren, andererseits liegen in dieser Auflösung der Welt in

---

77 Cage, zit. nach Furlong 1992, S. 90.
78 Cage, zit. nach Kostelanetz 1989, S. 69.
79 Ebd., S. 172f.

mikroskopisch-kleine Bestandteile neue Möglichkeiten, die Teile erfahrbar zu machen, über eine Freisetzung der Details und Ablösung von einem Dienst am Ganzen. Eine Freisetzung in diesem Sinne wurde von John Cage wegweisend vorangetrieben, indem er Zeitklammern für ein Spiel der Teile an die Stelle setzte, wo vormals Deutungsklammern für den Sinn des Ganzen standen.

Diese Chance haben denn auch eine große Anzahl von Komponisten und Künstler sowie Vertreter eines Theaters der Nachkriegsavantgarde gleichermaßen gesehen. Das zeigt sich dort, wo im Theater nicht nur Phänomene wahrnehmbar gemacht werden, sondern Wahrnehmung gleichsam thematisiert, fokussiert und betont wird. Ein Mikroskop-Effekt kann mit theatralen Mitteln auf ganz unterschiedliche Weise bewirkt werden. So beispielsweise im Tanztheater von Pina Bausch, die in repetitiven Gruppenchoreographien minimaler Gesten in der Gleichzeitigkeit und Wiederholung durch unterschiedliche Akteure gerade eine Nichtwiederholbarkeit und Unterschiedlichkeit wahrnehmbar macht. Bei Richard Foreman werden Bewegungen in Einzelkomponenten zerlegt und "eingefroren", bei Robert Wilson durch Überdeterminierung, slow motion und Repetition akustisch und visuell betont oder Wahrnehmungsunterschiede durch Diskrepanzen bewußt gemacht.

Dabei wird dem Theaterbesucher weniger vom Vorwissen zum Erkennen und Wiedererkennen ein Weg gewiesen als vom Wahrnehmen über Erfahren zum Verstehen.

Aber auch andere Verfahrensweisen, die John Cage kompositorisch nutzte, wurden von Komponisten, Vertretern des Theaters und der bildenden Kunst übernommen. Es ist auffällig, daß ein ganz spezifischer Umgang mit Zufallsoperationen nach dem altchinesischen Orakelbuch "*I-Ging*" (auch "*I-Ching*") von Cage angefangen, in der Fluxus-Kunst[80] z.B. bei Alison Knowles, Dick Higgins und Robert Filliou bis in die Choreographien Merce Cunninghams hinein verfolgt werden kann.

Im Altchinesischen *Buch der Wandlungen*, dem *I-Ging* hat der Zufall nicht die Aufgabe festzulegen, was der Fall ist, sondern "weitläufige Begegnungen mit dem Werden all dessen zu ermöglichen, was ist."[81] Diese Formulierung macht besonders gut deutlich, wie sehr die zen-buddhistische Philosophie der Performance als Signifikation in actu, als Bewegungs- und Wandlungskunst entgegenkommt.

---

80   Die Fluxus-Kunst wird im folgenden noch näher betrachtet werden.
81   Vgl. Charles 1984, S. 110.

"Die primäre Bedeutung des Wortes 'i' ist 'Tausch', 'Wandel', die dem allgemeinen Grundcharakter des Buches entspricht. Denn was ihm seine Eigenart verleiht, ist gerade sein nicht-statischer Charakter."[82]

Der Umgang mit dem *I-Ging* besteht aus dem Werfen von Münzen, nach denen Hexagramme erstellt werden. Die chinesische Philosophie geht nach dem *Buch der Wandlungen* von zwei polaren, aber nicht kontradiktorischen Kräften aus.[83] Polare Kräfte sind solche, die durch ihre Aktivitäten alle Dinge entstehen, bestehen und vergehen lassen.[84] Das Lichte (Yang) und das Finstere (Yin) gelten als Grundursache der Welt.[85] Sie werden jedoch nicht statisch voneinander isoliert, vielmehr wird jede Setzung des einen mit der Setzung des Gegenteils bei gleichzeitiger Verwandlung der Gegensätze ineinander verbunden. Yang und Yin, die auch als "Ja", das durch einen einfachen ganzen Strich und "Nein", das durch einen gebrochenen Strich angedeutet wird, verstanden werden können, liegen dem *Buch der Wandlungen* zugrunde, das sich durch Kombinationen und Verdopplungen der einfachen Striche immer mehr differenzierte. Zunächst entstanden acht Zeichen.

Diese acht Zeichen wurden als Bilder dessen, was im Himmel und auf Erden vorging, aufgefaßt. Dabei herrschte die Anschauung eines dauernden Übergangs des einen in das andere, ebenso wie in der Welt ein dauernder Übergang der Erscheinungen ineinander stattfindet. Hier haben wir nun den entscheidenden Grundgedanken der Wandlungen. Die acht Zeichen sind Zeichen wechselnder Übergangszustände, Bilder, die sich dauernd verwandeln. Worauf das Augenmerk gerichtet war, waren nicht die Dinge in ihrem Sein – wie das im Westen hauptsächlich der Fall war –, sondern die Bewegungen der Dinge in ihrem Wechsel. So sind die acht Zeichen nicht Abbildungen der Dinge, sondern Abbildungen ihrer Bewegungstendenzen.[86]

Durch die Kombination der acht Bilder erhielt man 64 Hexagramme, die jeweils aus je sechs positiven und negativen Strichen bestehen. Jeder Wandel eines Striches verändert den Zustand, der durch das Zeichen dargestellt wird. In Anwendung der 64 Hexagramme auf die Fragen, die John Cage an seine Musik stellt, ergeben diese immer neue Abwandlungen eines Strukturplanes, der bei "mikrotonalen" Detailfragen nur noch mit dem Computer zu erstellen ist. Das Werfen der Münzen hat Cage bereits durch ein "Unterprogramm" für

---

82 Wilhelm 1990, S. 14.
83 Es liegen hier durchaus Parallelen zur Philosophie Heraklits und der Rede F. Nietzsches von einem dunklen, weiblichen, dionysischen und einem hellen, männlichen, apollinischen Prinzip.
84 Vgl. Mall 1995, S. 101f.
85 Vgl. Engler 1987, S. 25.
86 Wilhelm 1990, S. 15.

den Computer ersetzt und holt sich seine 64 Zahlen häufig aus dem New Yorker Computerzentrum.

Für die Verständnisgewinnung einer Performance Art ist jedoch besonders wichtig, daß die Arbeit mit dem I-Ging in immer artifizieller werdender Weise neue Möglichkeiten des Zusammenfindens und -gehörens von heterogenen Phänomenen eröffnet, die polar, aber nicht kontradiktorisch verstanden, neue Formen der "Harmonie", ein neues Verständnis von "Harmonie" ermöglichen, das im westlichen Denken kaum mehr so genannt werden kann. Ebenfalls konstitutiv für die Performance Art ist eine damit verbundene Eröffnung neuer "Zeitspielräume"[87] und anderer Zeiterfahrung.

Indem John Cage nicht nur einmal wirft, um – wenn auch zufällig – festzulegen, was der Fall ist, sondern mit vielen Würfen einen Prozeß weiterer Würfe in Gang setzt, wird er dem heutigen Zeitgefühl gerecht, daß nicht mehr als zielgerichtetes Rollen, sondern als "Serie von Würfelwürfen" vorgestellt werden muß.[88] Während Vilém Flusser annimmt, daß sich die Variabilität des Gewürfelten irgendwann erschöpft und "alle möglichen Zufälle mit der Zeit fallen müssen",[89] liegt dem "I-Ging" das Denken einer "Unvergänglichkeit der Veränderung" zugrunde. Sie liegt im Rhythmus von Yin und Yang, dem Rhythmus und damit der Zeit des Lebens selber, in der schon nach Heraklit "alles fließt". In diesem unendlichen Wechsel der Zeit liegt das Weltgesetz nach der chinesischen Philosophie, das Tao, das "Wirken der Zeit in der Zeit – und damit das große Geheimnis schlechthin".[90]

> I, Wandlung ist dann der ewige Rhythmus des Tao, zwischen Yin und Yang: "Gestaltung, Umgestaltung, des ewigen Lebens ewige Unterhaltung". Weil die chinesische Kultur auf der Sicht der Zeit basierte, war die Kreisgesonnenheit der Chinesen so groß, daß sie selbst den Kosmos als ein rhythmisches Geschehen auffaßten und ihn in ihren philosophischen Schriften zuweilen als Wandlung (i) bezeichnet haben.[91]

Nach dem chinesischen Denken sind Kosmos und Würfelspiel, kosmische Ordnung und Chaos keine Gegensätze, sondern komplementäre Perspektiven. Daraus ergibt sich ein neues Band zwischen Kunst und Natur, durch das Kunst Verstärkung "der Zeit in der Zeit" wird, des "riverrun" (James Joyce).

---

87 Vgl. die Überlegungen zur Performance unter gleichem Titel von Daniel Charles (Charles 1978), von dessen Performance-Theorie hier jedoch in wesentlichen Aspekten abgewichen wird: beispielsweise in der Einschätzung der Wiederholung.
88 Vgl. Flusser 1990, S. 16.
89 Ebd., S. 17.
90 Engler 1987, S. 29.
91 Ebd., S. 29.

Der Versuch philosophisch "Zeit" zu denken, wurde nach abendländischer Epistemologie stets in Anlehnung an Aristoteles vom "Bestimmungssystem der Anwesenheit" her vorgenommen, so daß letztlich "Zeit und Bewegung vom Telos einer vollendeten gramme her" gedacht wurde, "welche in actu vollständig anwesend ist und das Lineament einbringt, indem sie es in einem Kreis tilgt". In diesem Zirkel findet durch die "Berührung der Endpunkte" eine unendliche Wiederholung einer endlichen Kreisbewegung statt, in der sich "unendlich das Ende im Anfang und der Anfang im Ende" wiederholt.[92] Zeit wird hier vom "Sinn der Zeit" und dieser vom "Anwesenden als Nicht-Zeit her gedacht".[93] Im Gegensatz dazu denkt die chinesische Philosophie Gegenwart von der Zeit als Differenz aus. Diese "Zeit" wird weder von der Präsenz als "Nicht-Zeit" noch vom "Sinn der Zeit" in einem unendlichen Fortschritt aus gedacht, sondern von der "Zeit in der Zeit", vom Wandel aus. Der Kreis ist nicht als eine sich in der Identität zusammenfindende Linie zu denken. Er hat keinen Anfang und kein Ende, ist ewiger Wandel und ewiger Fluß der Dinge, "riverrun", d.h. Differenz und Unmöglichkeit der Wiederholung im Sinne der Unmöglichkeit, zweimal den Fuß an gleicher Stelle in einen Fluß zu tauchen (Heraklit). Wenn "Buddha" derjenige genannt werden kann, der über ein Erfahrungswissen darüber verfügt, "wie die Dinge sind"[94], dann wird dieses "Sein" im Gegensatz zur metaphysischen Sicht der Dinge nicht aus dem Infinitiv verstanden, der auf die Präsenz eines "ist" bezogen ist, sondern aus dem "Todes- und Differenzprinzip im Werden des Seins"[95].

Dieses Werden, die Zeit in der Zeit als Wandel, die Bewegung der Dinge in ihrem Wechsel prägen im diskursiven Rahmen des Zen-Buddhismus ein Verständnis von Performance, nach dem die performative Seite nur oberflächlich betrachtet das sein kann, was Präsenz schafft. Die Performanz der Performance ist wie das von Michel Leiris betonte Zeichen – wenn auch nicht bar jeden Bezugs, so doch offen zu Bezügen – in seinem "esse in futuro"[96] prinzipiell ungesättigt. Auch in diesem Sinne läßt sich mit Cage Performance als experimentelle, weil unvorhersehbare Aktion bezeichnen:

"What is the nature of experimental action? [...] It is simply an action the outcome of which is not forseen."[97]

---

92 Derrida 1988, S. 77.
93 Ebd., S. 69.
94 Nydahl 1989, S. 12.
95 Derrida 1974a, S. 47.
96 Vgl. zur zeichentheoretischen Grundlage dieses Gedankens nach Charles Sanders Peirce: Meyer 1993, insbesondere S. 215f.
97 Cage 1961, S. 69.

Die Musik der Stille spricht nicht mehr, sondern vollzieht sich in experimenteller Aktion neubestimmter Performanz abseits der Wiederholung konventioneller Prozeduren. Im Fall der Komposition *4'33"* markiert der Pianist mit einer Geste die Befreiung der Musik und der Geste gleichermaßen von ihrer Abhängigkeit von einer Sprache der Kommunikation. In sprachloser Geste zeigt er auf die konkreten Klänge, die existieren, ohne sie zu bedeuten. Was dann im Hörraum entsteht und vergeht, was ist oder wiederkehrt, ist eine Musik, die nicht Codifizierung der musikalischen Vorstellungen des Komponisten oder Interpreten ist, sondern eine Musik, die sich nach einer Versuchsanordnung immer wieder neu ereignet und in ihrer Potentialität doch stets offen bleibt. Die Notation liefert eine Versuchsanordnung für immer andere experimentelle Aktionen, für eine immer andere Performance als Spiel der Klänge, das durch "nichts dazwischen" gestört wird. Auch dieses Spiel, das dort ermöglicht wird, wo kein Identität stiftendes Zentrum die Geschehnisse organisiert, prägt eine Performance Art, die das Spiel der Materialien und Zeichen in Gang bringt und sich selbst überläßt. "Work in progress" wird zum Leitwort vieler Performance-Gruppen. Selten wird jedoch der "Grund" vom Anstoß abgelöst und dieser so konsequent im Spiel lokalisiert wie in Cages Komposition *4'33"*.

Performance als Spiel mit verschwommenen Rändern

Nach Ludwig Wittgenstein ist Spiel "ein Begriff mit verschwommenen Rändern"[98]. Das Spiel gibt es nicht, es gibt sich vielmehr offen, "nicht durch eine Grenze abgeschlossen"[99]. Ein solches Spiel ist auch die Sprache: "Sprachspiele" sind genaugenommen nie im Singular, sondern als System von Sprachspielen zu verstehen. Diese Sprachspiele sind nach Wittgenstein nicht auf verbale Zeichen beschränkt, sondern umfassen jede Zeichengebrauchsform. Sie implizieren sowohl Tätigkeiten als auch damit verbundene Lebensformen, denn "Sprechen ist ein Teilvorgang gewisser Handlungen"[100].

Wird in diesem Sinne Sprache durch Sprachhandlungen charakterisiert, bekommt sie eine dynamische Ausrichtung in der Weise, daß jede veränderte Handlung auch eine Veränderung der Sprache bewirkt. Die Veränderung ist umso größer, wenn die für Sprechakte konstitutive Wiederholung der Konvention in der Aktion fehlt. Übertragen auf eine theatrale Sprache, auf das

---

98 Wittgenstein 1963ff., Bd. 1, S. 280, Textnummer 71.
99 Ebd., Textnummer 68.
100 Vgl. Wittgenstein 1968.

offene "System theatraler Zeichen", kann gesagt werden, daß mit den neuen künstlerischen Handlungen von Marcel Duchamp und John Cage diese Veränderungen bereits gegeben sind.

"Wenn sich die Sprachspiele ändern, ändern sich die Begriffe, und mit den Begriffen die Bedeutungen der Wörter."[101]

Mit dem Ready-made haben sich nicht nur die Begriffe "Kunst", "Rahmen", "Betrachter", "Wahl", "Akt", "Neutralität", "Schweigen" und "Stille" geändert, sondern auch der Begriff "Theater". In ihn gingen in neuer Weise und durch den philosophischen Diskurs des Zen-Buddhismus zudem geprägt die Begriffe: "Stille", "Offenheit", "Absichtslosigkeit", "Zufall" und "Spiel" ein. Theater kann unter diesen diskursiven Voraussetzungen Spiel mit offenen Rändern werden: Performance. Auch im Rahmen eines Gesellschaftsspieles mit Sprachspielen kann Theater Spiel im Spiel werden, das aus dem Rahmen fällt, indem es gegen Spielregeln verstößt. Wird das Spiel eben so gespielt, weil es nun mal so gespielt wird, kann es mit Samuel Beckett "Endspiel" genannt werden. Werden dagegen mit Wittgenstein keine Grenzen mehr gezogen, erhält das Spiel dort verschwommene Ränder, wo es aus dem Rahmen fällt:

> Meine Sätze erläutern dadurch, daß sie der, welcher mich versteht, am Ende als unsinnig erkennt, wenn er durch sie – auf ihnen – über sie hinausgestiegen ist. (Er muß sozusagen die Leiter wegwerfen, nachdem er auf ihr hinaufgestiegen ist.) Er muß diese Sätze überwinden, dann sieht er die Welt richtig.[102]

Wo die "Welt" im zen-buddhistischen Sinne wird, indem alle Sätze der Musik in drei Sätzen überwunden werden, erweitert sich der Rahmen des Konzertsaales zu offenen Rändern und wird das Geschehen Spiel-Geschehen. Mit Bateson ändern sich dadurch die Handlungen:

"Diese Handlungen, in die wir jetzt verwickelt sind, bezeichnen nicht, was jene Handlungen, die sie bezeichnen, bezeichnen würden."[103]

Wird Performance in diesem Sinne Spiel, so errichtet es nach Bateson einen paradoxen äußeren Rahmen. Die Performance-Aktion bezeichnet in diesem paradoxalen Sinne des Spieles nicht, was diese Handlung als Sprechakt bezeichnen würde. *4'33"* ist ein Konzert, ohne ein Konzert zu sein, ist Theater, ohne Theater zu sein. Doch das Spiel im Zeitraum von 4 Minuten und 33 Sekunden geht noch weiter. Es schafft innere Rahmen, die über den äußeren hinausgehen, aus dem von Bateson definierten Spiel-Rahmen wieder

---

101 Wittgenstein 1963ff., Bd. 8, S. 132, Textnummer 65.
102 Wittgenstein 1963ff., Bd. 1, S. 83, Textnummer 6.54.
103 Bateson 1981, S. 244.

rausfallen. Denn zwei Merkmale, die Bateson für das Spiel angibt, treffen auf diese Performance avant la lettre nicht zu: erstens, "daß die im Spiel ausgetauschten Mitteilungen oder Signale in gewissem Sinne unwahr oder nicht gemeint sind" und zweitens, "daß das, was mit diesen Signalen bezeichnet wird, nicht existiert."[104] Die performativen Akte während der Performance sind im Sinne der Sprechakttheorie – wie bereits erwähnt – weder wahr noch falsch zu nennen und das, was sie mitteilen, bezeichnen sie nicht. Sie eröffnen ein Spiel dessen, was existiert. Da Cage alle inneren Rahmen einschließlich der psychologischen Rahmen mit offenen Rändern versieht, läßt sich dieses Spiel besser mit Wittgenstein verstehen.

Eine Offenheit der Ränder entsteht durch bedeutungsoffene, variable Notationen, die das Spiel konsequent selbstbezüglich halten. "Die Sprache muß für sich selber sprechen"[105], läßt sich mit Wittgenstein kommentieren. Im diskursiven Rahmen seiner Sprachphilosophie lassen sich Cage's Kompositionen als offene Sprachspielprozesse verstehen, die "as we go along"[106] immer wieder neu produziert und verändert werden.

Am Beispiel von J. Cage wird besonders deutlich, daß ein künstlerischer Schaffensprozeß in diesem Sinne im radikalsten Fall nicht mehr in einer Fixierung von Resultaten, sondern in der Ausarbeitung von neuen Kompositionswegen der Sprachveränderung liegt. Sie liegen jenseits der üblichen Noten-Vorschriften zu strikten Ausführungen in notierten Versuchsanordnungen, die einen Prozeß einleiten, in dem etwas geschieht, das zu immer anderen Aufführungen führt.

Seit der Entdeckung der Stille handelt es sich um den Prozeß einer Bewußtseinsveränderung, denn Stille, silence, ist "eine Bewußtseinsveränderung, eine Wandlung"[107], die nach J. Cages "Vortrag über nichts" im gleichnamigen Buch "*Silence*" darin besteht, auf nichts hinzuarbeiten, denn "Stille" ist "im wesentlichen das Aufgeben jeglicher Absicht"[108].

Ich möchte also die traditionelle Ansicht, daß Kunst ein Mittel der Selbstdarstellung ist, durch die Auffassung ersetzen, daß sie ein Weg zur Selbsterneuerung ist, und zwar ist das, was da erneuert wird, die geistige Einstellung, und die geistige Einstellung ist etwas Welthaftes und ein gesellschaftliches Faktum [...].[109]

---

104 Ebd., S. 248.
105 Wittgenstein 1969, S. 63.
106 Vgl. Wittgenstein 1968.
107 Cage 1991, S. 20.
108 Cage, zit. nach Kostelanetz 1989, S. 137.
109 Ebd., S. 159.

Zur Spracherneuerung kommt die Selbsterneuerung des Akteurs hinzu. Beide Aspekte sind für die Performance Art in ganz unterschiedlichen Spiel-Arten bezeichnend. Von der Selbsterneuerung durch eine Zurücknahme der sonst favorisierten Intentionalität und eine Unterdrückung des Ego, die Cage-Kompositionen einleiten, verläuft die Bandbreite über Transformationen des Körpers im modernen Tanz, rituelle Selbstverwandlungen im Kreis des Wiener Aktionismus bis hin zu häufig damit verbundenen Selbstverletzungen auch in der feministischen Performance Art.[110] Eine für die 90er Jahre zeitgemäße Variante findet sich im Medienspektakel der französischen "Performance-Künstlerin" Madame Orlan, die sich als lebendes Kunstwerk in progress ausstellt und "Live-Performances" in Form von Live-Übertragungen aus den Operationssälen immer anderer Schönheitschirurgen bietet. Schönheits-Operationen, in denen sie sich mit immer anderen Silikon-Implantaten ihr Gesicht entstellen läßt, werden hier Fernseh-Performance. Zwischen Cage und Madame Orlan liegt ein Hiatus, im weiten Feld zwischen ihnen die Bandbreite der Performance Art. Wie unterschiedlich die Wandlungsformen auch sind, sie haben jedoch gemeinsam, daß der Akteur sich selbst der Wandlung unterzieht.

> Der Akt ist nicht einfach etwas, das ich 'vollziehe' – nach dem Akt bin ich buchstäblich 'nicht derselbe wie vorher'. In diesem Sinne könnten wir sagen, daß sich das Subjekt dem Akt eher 'unterzieht' ('durch ihn hindurchgeht'), als daß es ihn 'vollzieht'. Im Akt ist das Subjekt ausgelöscht und wird in der Folge 'wiedergeboren' (oder auch nicht); der Akt bringt also eine Art von temporärer Finsternis, eine *Aphanisis* (ein 'Fading', Schwinden) des Subjektes mit sich. Von daher ist jeder echte Akt 'verrückt' gemäß seiner radikalen *Unberechenbarkeit*. Durch das Mittel des Akts setze ich alles, mich selbst inbegriffen, meine symbolische Identität, aufs Spiel; [...].[111]

Dieser Anspruch, die symbolische Identität aufs Spiel zu setzen, wird in einer Zeit erhoben, in der die "Krise des Subjektes" gerade anbricht und eine Relativierung ego-zentrischer Ansprüche ebenso möglich wird wie neue Wege sie zu stellen. Was schon Friedrich Nietzsche[112] gegen Ende des vergangenen Jahrhunderts wußte, wird von Philosophen wie Michel Foucault, Jacques

---

110 Vgl. hierzu den Beitrag von Erika Fischer-Lichte im vorliegenden Band.
111 Žižek 1993, S. 42. So kreuzen sich die unterschiedlichen Wege von Cage und Lacan. Während Cage vom Zen-Buddhismus auf den "Akt" als Weg der Bewußtseinsveränderung und Weg zur Unberechenbarkeit der Performance gleichermaßen stößt, führte Lacans Weg über Hegel zur Berechnung der Unberechenbarkeit des Unbewußten in Diskurs-Mathemen.
112 Zum Einfluß der Philosophie Friedrich Nietzsches auf die historische Avantgarde und eine Nachkriegsavantgarde vgl. auch Meyer 1993.

Lacan und Jacques Derrida[113] weitergedacht: daß das Subjekt mit seinem Ego doch letztlich nur aufgibt, was es nie besaß. Mit dem Bewußtsein seiner Dezentrierung wird das Subjekt als Sub-jekt erkennbar und seine zentrale Stellung als Effekt von Signifikanten und der Suggestionskraft der Grammatik. Das geistige Klima im Westen ist in Anfängen in den fünfziger Jahren, insbesondere in den späten sechziger Jahren geprägt durch einen Sprachwandel. Bisherige Leitworte wie Ursprung und Ziel, Totalität, Sinn und Intention weichen der neuen Rede von Signifikantenketten, Sinneffekten, Diskursen. War zuvor "Gefühl" gefragt, gilt es nun "cool" zu sein, die Zeiten haben sich nach dem Krieg geändert. Was zählt ist "real time" und auch an der Sprache selbst interessiert das, was zählt, nicht was erzählt.

John Cage's künstlerischer Entwurf läßt sich ebenso über die diskursiven Rahmen der Sprachphilosophie und Subjekt-Philosophie erhellen wie diese zur Verständnisgewinnung der Performance Art beitragen, denn John Cage "made up a lot of rules as he went along"[114].

4'33" ist "real time", weil es keine Zeit ist, die eine andere Zeit bedeutet. In diesem Sinne nimmt die Komposition die Formen von Theater vorweg, in denen auf der "Bühne" die Zeit keine andere ist als im Publikum[115]. Wegweisend ist Cage für die Performance Art insofern, als er von Sprachspielen, die einer sprechakttheoretischen Logik folgen, fort und zu anderen hingeht, die sich dieser Logik entziehen. Wenn Wittgenstein nach sprechakttheoretischer Logik feststellt: "alles Sprachspiel beruht darauf, daß Wörter und Gegenstände wiedererkannt werden. Wir lernen mit der gleichen Unerbittlichkeit, daß dies ein Sessel ist, wie daß 2 x 2 = 4 ist", dann wendet sich John Cage genau von diesen Sprachspiel-Voraussetzungen der Kommunikation ab. Mit der akademischen Idee, Musik sei eine Sprache mit der Absicht der Kommunikation, konnte er sich nie anfreunden.

---

113 1966 erscheinen Jacques Lacans *Gesammelte Schriften*, die zuvor verstreut und unzugänglich waren. Sie fundieren die Abhängigkeit des Sub-jektes von der Materialität des Signifikanten aus psychoanalytischer und linguistischer Sicht. Im gleichen Jahr werden von Michel Foucault die traditionelle Geschichtsschreibung maßgeblich in *Die Ordnung der Dinge* problematisiert und im weiteren neue Konzepte einer "Archäologie des Wissens" und "Diskursanalyse" ausgearbeitet. 1967 erscheinen Jacques Derridas *Grammatologie* und *Die Schrift und die Differenz*, die einen neuen "dekonstruktiven" Umgang mit Texten einleiten, der sich von traditionell hermeneutischen Verstehensformen entfernt.

114 In Variation einer Wittgenstein-Formulierung; vgl. Wittgenstein 1968.

115 Die Komposition erweist sich dabei als wesentlich radikaler als beispielsweise Peter Handkes "Publikumsbeschimpfung". In diesem Sprechstück kommt eine Aufhebung der Differenz zwischen gespielter Zeit und Spielzeit ebenso zur Sprache wie die Auflösung der Bühnenrampe als Grenze. Doch diese Auflösungen bleiben sprachliche Proklamation und metatheoretische Reflexion des Theaters im fiktionalen Rahmen, in dem die Publikumsbeschimpfung Fiktion, Als-Ob-Beschimpfung bleibt.

Ich beschloß, das Komponieren aufzugeben, falls ich keinen besseren Grund dafür fände als die Kommunikation. Die Antwort fand ich bei Gira Sarabhai, einer indischen Sängerin und Tabla-Spielerin: Der Zweck der Musik ist es, das Bewußtsein zu ernüchtern und zu beruhigen, um es dadurch für göttliche Einflüsse empfänglich zu machen.[116]

Unter Bewußtseinsernüchterung ist, wie gesagt, eine Befreiung von den eigenen Vorlieben und Abneigungen im Dienste der Ermöglichung des immer wieder Neuen zu verstehen. Was aber sind göttliche Einflüsse? Diese Frage beantwortet J. Cage folgendermaßen:

> Das fernöstliche Denken hat uns gelehrt, daß die genannten göttlichen Einflüsse nichts anderes sind als die Umwelt, in der wir leben. Ein geläuterter Geist bedeutet, daß der Fluß der Dinge, die unsere Sinne aufnehmen und die bis in unsere Träume vordringen, nicht von unserem Ego gestört wird. Unsere Aufgabe im Leben besteht darin, zwischen unserer Person und dem Leben, das wir leben, eine Übereinstimmung herzustellen, und Kunst kann uns dabei helfen.[117]

So erhofft sich J. Cage von der Kunst, daß sie "ins Leben einführe"[118]. Das dabei zugrundegelegte Verständnis von "Leben" konnte vor dem Horizont der zen-buddhistischen Philosophie erläutert werden. Vor diesem Horizont wird "die Welt im ewigen Wechsel der Zeit"[119] und "Leben" als Lebendigkeit, als ständiger Wandel, als Werden verstanden. Von Wittgenstein erfährt man, wie sich das zen-buddhistische Denken mit einem sprachphilosophischen verbinden läßt:

"Nur im Fluß des Lebens haben die Worte ihre Bedeutung."[120]

Das läßt sich auch von den Klängen, Geräuschen und Stillen in Cage's Kompositionen sagen, in denen er sich darauf verläßt, daß die Dinge zueinander finden, da alles eins und eins alles ist. Auch in diesem diskursiven Rahmen sind nach Wittgenstein Sprachspiele möglich.

"Ich will eigentlich sagen, daß ein Sprachspiel nur möglich ist, wenn man sich auf etwas verläßt. (Ich habe nicht gesagt 'auf etwas verlassen kann'.)"[121]

Für das, worauf man sich verlassen kann, interessiert sich Cage nicht. So verläßt er sich auf das I-Ging, das Sprachspiele generiert, die eine "Wiederho-

---

116 Cage 1991, S. 19.
117 Cage, zit. nach Kostelanetz 1989, S. 48.
118 Cage, zit. nach Charles 1989b, S. 52.
119 Engler 1987, S. 23.
120 Wittgenstein 1963ff., Bd. 7, S. 468.
121 Wittgenstein 1963ff., Bd. 8, Textnummer 509.

lung einer uns bekannten Situation", "die so bleiben kann wie sie ist, ohne
daß wir uns verpflichtet fühlten einzugreifen", vermeiden helfen. Seine
Aufgabe als Komponist sieht John Cage darin, immer wieder "eine neue
Situation" zu provozieren, "in der überhaupt irgendein Klang oder Geräusch
mit irgendeinem anderen auftritt"[122], immer neue Situationen, in denen
"Neue Musik" immer wieder neu ist.

"Meine Lieblingsmusik ist die, die ich noch nicht gehört habe. Ich höre
die Musik nicht, die ich schreibe. Ich schreibe, um die Musik zu hören, die
ich noch nicht gehört habe."[123]

Um weitestgehende Variabilität der Klänge in der Musik zu ermöglichen,
vergrößert J. Cage den Spielraum des Zufalls, ergänzt er Zufallsoperationen als
Kompositionsmethode durch den Zufall als Aufführungstechnik.

Auch in diesem Sinne ist das "stille Stück" Performance avant la lettre,
denn dieses Stück für eine unbestimmte Anzahl von Instrumenten und sich
ergebenden Klängen existiert nicht unabhängig von seiner Aufführung, sondern nur in actu, in seinem Entstehen und Vergehen. Als musikalischer
Vorgang, der in Erinnerung der Aufführung "behalten" werden kann, ist das
Stück theatral. Um die Performance als Transformance auch in anderen
Kompositionen zu erhalten, nutzt er das Verfahren der Unbestimmtheit.

> Cage legt zwar Instrumentengruppen fest, M – Metall, W – Holz, s – Fell, A
> – andere (z.B. Pfeifen, Klappern oder Radios) und Klangcharakteristika (kurz-
> klingend, langklingend z.B.), aber ich habe eine Reihe von Entscheidungen zu
> treffen, wenn ich das Stück spiele. Es gibt eine Vielzahl von möglichen In-
> strumenten (so much freedom). Wie stelle ich diese Instrumente so zusammen
> (buchstäblich), daß sie physisch im Ablauf des Stückes zu spielen sind? (Oh, so
> very little freedom). Which mallets do I use? How?
>
> Nehme ich Klänge, die ich wirklich mag? Kann sein, daß Klänge auf-
> tauchen, die ich erst lerne zu mögen. Etwas geschieht nun, weil es geschehen
> muß – es gibt keine andere Möglichkeit der Realisierung. Kann sein, irgendein
> 'Ding' wird auf einmal zu einem Instrument, kann sein, ein traditionelles
> Instrument erhält eine völlig neue Funktion, einen neuen Klang.[124]

Die Offenheit der Komposition, die dem Musiker über das gewöhnliche
Verständnis von Interpretation hinaus Wahl-Möglichkeiten und Aktions-Raum
läßt, ihm Entscheidungsfreiheit und Verantwortung gleichermaßen überträgt,
wird von J. Cage in Form von "indeterminacy" in den künstlerischen Prozeß

---

122 Cage, zit. nach Charles 1989b, S. 46.
123 Cage 1991, S. 22.
124 Schulkowsky 1991, S. 30.

eingebracht. Zufallsoperationen sind im kompositorischen Konzept von John Cage von "indeterminacy" zu unterscheiden:

> [...] that, by the way, is what you might call the technical difference between indeterminacy and chance operations. In the case of chance operations, one knows more or less the elements of the universe with which one is dealing, where as in indeterminacy I like to think (and perhaps I fool myself and pull the wool over my eyes) that I am outside the circle of a known universe, and dealing with things that I literally don't know anything about.[125]

Die offenen Wahlmöglichkeiten, die Interpreten von Cages Kompositionen haben, macht jede Erarbeitung der unbestimmten Notationen und jede Aufführung zu einem Weg der Bewußtwerdung und der Selbsterneuerung, macht jede Performance zur Transformance und verleiht den Kompositionen die Qualität von Sprachspielen mit verschwommenen Rändern.

Mit der künstlerischen Arbeit von John Cage verschwimmen auch die Ränder zwischen unterschiedlichen Künsten und Medien. Sie führt zu einer Durchdringung von Künsten und Medien ohne Widerstand, vom Happening über Fluxus-Aktionen bis hin zur Multi-Media-Performance.

Zusammen-Spiel der Künste und Medien im theatralen Zeit-Rahmen

1952 besuchte John Cage zum wiederholten Male zusammen mit dem Tänzer und Choreographen Merce Cunningham das Black Mountain College. Hier ereignete sich im gleichen Jahr, in der eine Performance avant la lettre in der Maverick Hall stattfand, ein Happening[126] avant la lettre.

> M.C. Richards Lesung von Artauds "Theatre and its Double", Diskussionen über nichtliterarisches Theater und Cages Interesse für Dada und Darstellungskunst waren die Katalysatoren für dieses Ereignis. Die Struktur gründete auf zeitlichen Begrenzungen, die von Zufallshandlungen bestimmt wurden, innerhalb derer Lehrer und Studenten Texte lasen, tanzten, Platten spielten und Dias vorführten. Jeder hatte einen beträchtlichen Freiraum, seine Aktivitäten innerhalb gegebener Parameter zu entwickeln. Das Publikum saß in vier Dreiecken, mit dem Gesicht zur Mitte, aber die Handlung fand in den Gängen, in der Mitte und hinter dem Publikum statt. Musik und Tanz waren nicht voneinander abhängig und es gab keine Proben. Robert Rauschenberg, ein Student, den Cage in New York kennen gelernt hatte, malte in diesem Sommer seine white paintings, und sie wurden während der Happenings an den

---

125 Cage, zit. nach Dunn 1962, S. 46.
126 Zum "Untitled Event" vgl. auch den Beitrag von Erika Fischer-Lichte im vorliegenden Band.

Dachsparren aufgehängt. Diese regten Cage zu einem Stück an, das er in diesem Sommer kurz nach seiner Rückkehr nach New York geschrieben hat: 4'33".[127]

Strenggenommen wurde der Begriff "Happening" erst nachträglich auf dieses Ereignis im Black Mountain College angewandt, nachdem er von Allan Kaprow 1958 als Bezeichnung für seine "komplex strukturierten" und das Publikum miteinbeziehenden Aufführungen geprägt wurde. Später wurde zunehmend unter "Happening" eine (Anti-)Kunstform spontaner und nicht festgelegter Aktionen verstanden[128], so daß betont werden muß, daß das "Happening vor diesen Happenings" im Black Mountain College nach einem festen Zeitplan von John Cage, Merce Cunningham, Robert Rauschenberg, David Tudor und anderen ausgeführt wurde.

"Ich schrieb eine Partitur – ich glaube, sie ist verloren gegangen –, die sogenannte 'Zeitklammern' vorgab. Wenn [Charles] Olson z.B. seine Poesie vortragen wollte, standen ihm dafür besondere Zeitklammern zur Verfügung."[129]

Die Zeitklammern ermöglichen ein prozessuales Vorgehen, sie sprechen unterschiedlichen Künsten und Medien im theatralen Rahmen verschiedene Spiel-Zeit-Felder zu, die sich nicht nur gegenseitig Spiel-Raum geben, sondern auch Wechselspiele eröffnen und zeit-räumliche Überlagerungen ermöglichen. Während das Zeitfeld berechnet ist, bleiben die Geschehnisse unberechenbar, denn innerhalb dieser Zeitgrenzen konnten die Künstler während des Happenings frei nach ihren Entscheidungen agieren.

Wo Vertreter des Tanzes, der bildenden Kunst, der Literatur und der Musik mit einem Mal und zur gleichen Zeit künstlerische Energie verausgaben, kann die theatrale Zeit nicht von der Sukzession der linearen Hintereinanderfolge, sondern nur von der Simultaneität zeitgleicher Geschehnisse geprägt sein. In diesem Sinne wurde die Aufmerksamkeit des Publikums nicht ausschließlich in eine Richtung gelenkt, Besucher vielmehr mit simultanen Geschehnissen konfrontiert.

Eine damit verbundene Mehrdimensionalität wurde bereits in den Simultangedichten der Dadaisten erprobt. Bei der Rezitation von Lautgedichten durch drei oder mehr Sprecher im "Cabaret Voltaire" in Zürich wurde durch die Zerstreuung der Laute auf verschiedene Stimmen an unterschiedlichen Hörpositionen das akustische Material stimmgestisch verräumlicht. Mit der

---

127 Harris 1991, S. 47f.
128 Vgl. Dreher 1991a, S. 57.
129 Cage, zit. nach Kostelanetz 1989, S. 93.

akustischen Zerstückelung des Zeitbegriffes wird die gewohnte Linearität der Lautsprache aufgehoben und in der Verräumlichung der Zeit eine Multiperspektivität geschaffen, deren spezifische Wahrnehmungsbedingungen eine Wiederholung verunmöglichen.

Richtet man die Aufmerksamkeit mal auf den einen Punkt, mal auf einen anderen Punkt, so trifft die Wahrnehmung immer wieder auf etwas anderes. Die gleich-zeitige Präsentation verstreuter Geschehnisse in den Simultangedichten der historischen Avantgarde vor dem Krieg wird in der Neo-Avantgarde nach dem Krieg zu einem gleich-gültigen Geschehen-lassen heterogener Dinge und Zeitverläufe radikalisiert. J. Cages eigene Beschreibung des Happenings im Black Mountain College weist eine diesbezügliche Betonung auf:

> Das Publikum saß in vier gleichgroßen dreieckigen Abteilungen, deren Spitzen auf einem kleinen quadratischen Performance-Bereich zuliefen, dem das Publikum zugewandt saß; die Gänge zwischen den Dreiecken führten zu dem großen Performance-Bereich, der das Publikum umgab. Verstreute Aktivitäten – Merce Cunningham tanzte, Robert Rauschenberg stellte Bilder aus und spielte eine Victrola, Charles Olson las seine Geschichte und M.C. Richards die ihren von der Spitze einer Leiter außerhalb des Publikums herunter, und das alles fand innerhalb zufallsbestimmter Zeitabschnitte und innerhalb des umfassenden Zeitrahmens meiner Vorlesung statt.[130]

Die Sitzabteilungen der Zuschauer waren auf ein Zentrum ausgerichtet, doch der größte Teil der Aktionen fand *außerhalb* des Zentrums statt.[131] "Merce Cunningham und weitere Tänzer bewegten sich beispielsweise durch und um das Publikum herum". John Cage stand auf einer Leiter, während "eine zweite abwechselnd von M.C. Richards und Charles Olson benutzt wurde."[132] So mußten auch die Zuschauer in Aktion treten, eine Wahl treffen, den Blick nach eigener Regie hin- und herwenden, die Richtung des Hörens selbst bestimmen. Kein Besucher mußte früher kommen, um den besten Platz zu bekommen, denn alle Sitze waren gleich gut[133], ebenso wie alle Künste und Medien gleichberechtigt waren.

In diesem Happening aus dem Jahre 1952 werden bereits die wesentlichen Aspekte der bisherigen Untersuchung theatrale Praxis: die Wahl des Akteurs und des Betrachters, seine Beteiligung, die Prozeßhaftigkeit, der

---

130 Cage 1991, S. 21.

131 Ich beziehe mich hier auf die Beschreibung von John Cage im Gespräch mit R. Kostelanetz in Kostelanetz 1989, S. 93.

132 Vgl. ebd. und zu weiteren Details des Happenings den Beitrag von Erika Fischer-Lichte im vorliegenden Band.

133 Ebd., S. 94.

Zufall des Zusammentreffens unterschiedlicher künstlerischer Events, die Zeitklammern, die dieses Zusammentreffen erst ermöglichen, die zen-buddhistische Dezentrierung, die Stille der white paintings, Aktivität und Inaktivität zugleich.

Was schon als Wechselspiel verschiedener Künste in der historischen Avantgarde[134] angelegt war, wird in diesem ersten Happening mit wegweisenden Veränderungen fortgeführt, in späteren Fluxus-Events zu einem Ineinanderfließen der Künste und in der jahrzehntelangen Zusammenarbeit von Cage und Cunningham zu einer gegenseitigen Durchdringung von Musik und Tanz ohne gegenseitige Behinderung erweitert. Je nach Betonung der weiteren Ausrichtung wurde das Event im Black Mountain College immer wieder anders beschrieben und bezeichnet: als Happening, als "Mixed-Media-Theater" und auch als erstes "Fluxus-Konzert"[135]. Der Einfluß von John Cage auf die Fluxus-Kunst kann gar nicht hoch genug eingeschätzt werden. Das zeigt sich auch an der Liste der Teilnehmer, die seine Kurse besuchten.

1956–1960 gab John Cage Kurse für experimentelle Musik an der "New School of Social Research" in New York, die von dem Musiker Toshi Ishiyanagi, dem Poeten Jackson Mac Low und den Künstlern George Brecht, Al Hansen, Dick Higgins und Alan Kaprow besucht wurden und deutlich Spuren in der künstlerischen Arbeit jedes einzelnen hinterließen. Auch von La Monte Young, einem der Hauptvertreter des musikalischen Minimalismus, wird erzählt, daß er neben den Kursen des Komponisten Richard Maxfield an der "New school of social research" gelegentlich auch die von John Cage besucht haben soll. La Monte Young war es dann auch, der den in den späteren sechziger Jahren besonders aktiven Fluxus-Künstler und Organisator George Macunias mit Yoko Ono, Dick Higgins und Jackson Mac Low bekannt machte. Maciunas Fluxus Feste, "Festa Fluxuroum Fluxus", in den Jahren 1962 in Wiesbaden, London, Kopenhagen und Paris, 1963 in Düsseldorf, Amsterdam, Den Haag, Nizza, Oslo und Stockholm führte die New Yorker Kreise um La Monte Young und John Cage mit Künstlern wie Eric Andersen, Joseph Beuys, Robert Filliou, Per Kirkeby, Arthur Köpcke, Willem de Ridder, Diter Rot, Tomas Schmit, Daniel Spoerri, Ben Vautier oder Wolf Vostell[136] zusammen.

Der Begriff "Fluxus" bezeichnet im Lateinischen das Fließen und Fließendes. In der Fluxus-Kunst fließen seit den sechziger Jahren die Künste ineinander. Im Rückgriff auf konkrete Materialien, die zumeist an die alltägliche

---

134 Sie wird häufig auch "klassische Avantgarde" genannt.
135 Dierks 1994, S. 10.
136 Vgl. Dreher 1991b.

Erfahrung und das Leben, nicht an eine abstrakte Welt der Symbole gebunden werden, performieren Fluxus-Künstler häufig einfache, undramatische, nicht narrative Handlungsabläufe und leiten so die Performance Art ein, die allerdings in einigen Spiel-Arten zurück zur Erzählung findet. Die Anregungen von J. Cage sind in vielen Performances, Happenings und Events deutlich.

Denn dort wo Fluxus-Mitglieder noch "stage happenings" bevorzugen, d.h. eine frontale Theater-Vor-Stellung beibehalten, gehen sie schon bald zu simultanen heterogenen Aktionen über, zwischen denen das Publikum die Wahl hat und hin- und herwandern kann.[137] Eine solche dezentrierte Pluralität von Geschehnissen entwirft Cage in seinem "Musicircus-Konzept", das 1967 in der University of Illinois in Urbana erstmalig realisiert wurde. In seinem "Foreword" beschreibt Cage das Konzept als "bringing together under one roof as much of the music of the surrounding community as one practicably can"[138]. Sogenannte "participation happenings" von Allan Kaprow und/oder Wolf Vostell und Simultan-Events ziehen bereits die Konsequenz aus dieser Dezentrierungstendenz.

> Some of the events are just things to think about. Others are actions that can be carried out, sometimes before an audience or persons. Some are actions to be performed in private. Some are instructions for actions, for attitudes, positions, or stances. Some are impossible, some inconsequential. The events to which I refer here are the ones that are printed on cards and collected in a box … I tend to look upon events as actions of short durations, not necessarily related in any special sense.[139]

Auch die Offenheit der Aufführungsmöglichkeit, das antiautoritäre Konzept der "indeterminacy" wird von Fluxus-Künstlern in "Short-Form-Notations" der "Event-Cards" oder in "idea-Happenings" von George Brecht anverwandelt.

Thomas Dreher weist zudem darauf hin, daß einige Fluxus-Events "Variationen von Cages *4'33"* sind[140]. Es sind Annäherungen an Cages eigene Radikalisierung in der Version *0'00"*, in der er der Fülle an Möglichkeiten im "Leben" nichts mehr hinzufügt als jeden nur denkbaren Zeit-Raum für eine "disziplinierte Aktion". An diesem Nullpunkt der Zeit beginnen alle Geschehnisse, alle Zeitverläufe. Von ihm aus lassen sich neue "Zeitklammern" setzen, die Cage im Dienste einer "Losigkeit" aller Geschehnisse festlegt.

---

137 Vgl. Dreher 1991a, S. 61.
138 Ebd., S. 72.
139 Watts 1990, S. 279f.
140 Dreher 1991b, S. 61.

Dieses Arbeiten mit "Zeitklammern" im theatralen Raum, der sich in Cages künstlerischem Schaffen als "one roof" erweist, als Dach unter dem ein "bringing together" als multimediales Geschehen möglich wird, begann mit diesem Happening im Jahre 1952.

Nach Cages eigenen Hinweisen waren es die theoretischen Reflexionen Antonin Artauds, Theater-Entwürfe, die bereits aus dem Rahmen fielen, die das Happening grundlegend prägten.

> M. C. Richards hatte "Das Theater und sein Double" von Antonin Artaud übersetzt. Durch die Lektüre dieses Buches erfuhren wir von der Idee, daß das Theater nicht auf einem Text basieren muß, daß der Text nicht alle anderen Handlungen vorschreiben muß, so daß sich Klänge, Aktivitäten usw. unabhängig voneinander entfalten können, ohne aufeinander zu verweisen. Weder sollte der Tanz Ausdruck der Musik noch die Musik Ausdruck des Tanzes sein. Beide konnten unabhängig voneinander bestehen, ohne daß einer den anderen kontrollierte. Wir haben diesen Gedanken auf die Poesie, die Malerei usw. und das Publikum ausgeweitet. Die Aufmerksamkeit des Publikums wurde nicht ausschließlich in eine bestimmte Richtung gelenkt.[141]

Eine Abkehr von einem referentiellen Verhältnis der Künste zueinander hin zu verschiedenen Zeitfeldern performativer Geschehnisse in ganz unterschiedlichen Künsten und Medien nimmt Bezug auf die Entwürfe Antonin Artauds, die insofern ebenfalls in die Überlegungen miteinbezogen werden sollten. Denn schon diese künstlerischen Entwürfe fielen aus dem Rahmen, so wurden auch nur wenige seiner Theaterideen realisiert.[142]

> Artaud wird auf dem Boden unserer Sprache stehen und nicht den Bruch mit ihr bedeuten, die Neurosen werden zu den konstitutiven Formen (und nicht zu den Abweichungen) unserer Gesellschaft gehören. All das, was wir heute als Grenze, Fremdheit, Unerträglichkeit empfinden, wird die Leidenschaftslosigkeit des Positiven erreicht haben. Und das, was für uns heute dieses Draußen bezeichnet, wird vielleicht recht bald uns, uns selbst bezeichnen.[143]

---

141 Cage, zit. nach Kostelanetz 1989, S. 92f.

142 Einige wenige seiner Theaterideen konnten im Projekt des "Théâtre Alfred Jarry" Ende der Zwanziger Jahre realisiert werden. Das "Théâtre de la cruauté" wurde m.W. nur in der Inszenierung der Tragödie *Les Cenci* 1935 auf die Bühne gebracht. Eine geglückte Radioproduktion, die heute Berühmtheit erlangt hat, das Hörstück "Pour en finir avec le jugement de Dieu", wurde 1948 fertiggestellt und noch vor der Sendung verboten. Erst 1973 wurde diese Klang-, Stimmen- und Geräuschkomposition erstmalig von *France Culture* gesendet. Vgl. dazu auch Meyer 1997.

143 Foucault 1988, S. 119.

1952 steht Artaud bereits auf dem Boden einer Performance-Sprache, die an den Rändern des Kulturbetriebes aufgreift, was dort ausgeschlossen wurde. Von diesem Draußen aus agieren viele Happening- und Performance-Künstler und vor ihnen Antonin Artaud, der den Körper und seine individuellen Gedächtnisinskriptionen gegen den Corpus gesellschaftlicher Regelsysteme auszuspielen versuchte. Er ging dabei von einem Bruch mit der Sprache aus, um im unerhörten Formenreichtum der menschlichen Stimme und der Gesten "Heterophonien"[144] und "Heterotopien" zu finden, die im Foucaultschen Sinne wirken. Unter "Heterotopien" sind nach Foucault in die Kultur "eingezeichnete wirksame Orte" zu verstehen, die als "Gegenplazierungen oder Widerlager" fungieren, "in denen die wirklichen Plätze innerhalb der Kultur gleichzeitig repräsentiert, bestritten und gewendet" werden[145].

Auch durch diese Wendung ist Artauds "Theater der Grausamkeit" nach J. Derrida "keine Repräsentation. Es ist das Leben selbst in dem, was an ihm nicht darstellbar ist."[146]

Aus diesem Hinweis ergeben sich mindestens drei Fragen, die bisherige Überlegungen erweitern. Wie kann Artaud der Repräsentation entkommen? Was ist im Kontext der Artaudschen Entwürfe unter "dem Leben selbst" zu verstehen und wie kann es "sein", wenn es nicht darstellbar ist?

Die gängige Vorstellung von Mimesis als repräsentativer Nachahmung findet sich auch bei Artaud zu Gunsten des Lebens umgestülpt:

"Die Kunst ist keine Nachahmung des Lebens, aber das Leben ist die Nachahmung eines transzendenten Prinzips, mit dem uns die Kunst wieder in Kommunikation bringt."[147]

Weniger im sakralen Sinne als im Sinne seiner "idée physique de théâtre"[148] ist Artauds Affektenlehre des Atems, sein programmatischer Einsatz auch des "souffle corporelle" wegweisend im Hinblick auf ein Verständnis von "Leben", das hier in einem anderen diskursiven Rahmen verwandt erscheint.

Die mit Artauds athletischer Affektenlehre des Atems verbundenen Begriffe von "Leben" und "Lebenskraft" sind Zentralbegriffe eines Zeitbewußtseins um 1900, das insbesondere durch die "Lebensphilosophie" Friedrich Nietzsches vorbereitet und im 20. Jahrhundert durch Henri Bergsons und

---

144 So lautet eine signifikante Wortprägung von Mauricio Kagel.
145 Foucault 1990, S. 39.
146 Derrida 1974b, S. 352.
147 Artaud 1969, S. 193.
148 Artaud 1978, S. 67.

Georg Simmels weitergehende Reflexionen geprägt wurde.[149] Ein Diskurs der
"Lebensphilosophie" kann Aufschluß darüber geben, was unter "Leben" auch
im Zusammenhang der Derridaschen Einschätzung der Artaudschen Theater-
und Stimmenkunst verstanden werden kann.

"Auf die ewige Lebendigkeit kommt es an: was ist am Leben gele-
gen?"[150]

Es wird deutlich, daß das "Leben" nicht zu verstehen "ist" in diesem
Diskurs, ohne das zu berücksichtigen, was es "aus-macht", in ihm seine
Wirkung "tut". Georg Simmel schließt sich letztlich Nietzsche darin an, daß
das Leben nur durch das Lebendige verstanden werden kann, denn "Leben ist
Bewegung [...] ; solange das Leben überhaupt besteht, erzeugt es Lebendi-
ges."[151]

Dieses Lebendige ist gerade das, was nicht zur Darstellung kommt, da es
über jede Darstellung hinwegweist, über jedes "ist" hinweg zum "Mehr-
Leben" bei Simmel und zum mehr Werden bei Nietzsche treibt. Das Lebendige kennzeichnet gerade die Tendenz, an die Stelle des "Seins" ein "Werden"
zu setzen, sei es in physiologischer, kultureller oder historischer Form. Nach
Nietzsche muß Leben als Kraft, als "ewige Lust des Schaffens" verstanden
werden[152], nach Simmel als "Verbindung aus Begrenztheit und Überschreitung der Grenze"[153], nach Bergson als unendlich fort-gesetzte Schöpfung:

"La vie, qui est compénétration réciproque, création indefiniment conti-
nuée."[154]

Während der Intellekt nach Bergson dazu neigt, das Lebendige wie
Lebloses, wie Materie in rationaler Subjekt-Objekt-Spaltung instrumentell zu
behandeln, vermag das ästhetische Verfahren von Künstlern dann in das
Leben zu führen, wenn eine besondere Haltung des Künstlers eine "wechsel-
seitige Durchdringung" mit seiner Kunst ermöglicht. Sie wird als Nähe zum
eigenen Leben nach Bergson erfahrbar[155], eine Nähe, die Artaud als Nähe
zum Körper und seinen Gedächtniseinschreibungen gerade über die Stimme

---

149 Andere Ausrichtungen der sehr unterschiedlichen Strömungen, z.B. bei W. Dilthey, müssen in
     diesem Zusammenhang nicht aufgegriffen werden.
150 Nietzsche 1966, Bd. 1, S. 870.
151 Simmel 1994, S. 20.
152 Zur Relevanz von Nietzsches Philosophie für eine Akustische Kunst vgl. Meyer 1993.
153 Simmel 1918.
154 Bergson 1959, S. 635f.
155 Nach Bergson fallen das Ich mit sich selbst, aber auch die Dinge mit der Gesamtheit des
     Universums in der "Dauer" zusammen, einem "unausdrückbar gemeinsamen Grund". Diese
     Position wird von Bergson insbesondere in seiner Schrift "L'évolution créatrice" (Bergson 1907)
     formuliert. In deutscher Übersetzung von Gertrud Kantorowicz: " Schöpferische Entwicklung"
     (Bergson 1912).

und die Geste sucht. Im Sinne eines solchen Diskurses gilt sein künstlerisches Schaffen somit einer Zusammenführung von "Kunst und Leben".

Im vitalistischen Sinne dieser Zusammenführung im Dienste der Lebendigkeit als einem schöpferischen Werden ist das im Ungesagten vermeintlich doch noch Ausgesagte weniger von Interesse als die Kraft der Äußerung, eine Betonung der Kraft im Gegensatz zum Sinn in einer jetzt performativen Tat der Stimmgestik, mit der eine Energie der Zeichen, eine Signifikantenkraft freigesetzt wird, die jedes Signifikat verschiebt und aufschiebt. In diesem Sinne wird auch nicht etwas repräsentiert, sondern das Lebendige als eine nicht auf anderes rückführbare eigenständige Dynamis des Lebens propagiert, die sich der Darstellung entzieht. Diese theatrale Kraft gilt es auch nach Artaud nicht durch eine Zeichen-Setzung zu hemmen, deren die Situation beherrschende Absicht es ist, Träger von Sinn zu sein. Die Transformation von Sprache und Schrift in Gesten, die Wiederbelebung der Körperstimme an der Schwelle zur Artikulation in Lauten, Glossolalien, Schreien sollen die Grausamkeit, die das Leben ausmacht, nicht verständlich, sondern erfahrbar machen. Schon bei Artaud ist Theater ein Fest und das Publikum nicht zum Zuschauen verurteilt, sondern zur Teilnahme aufgefordert. Auch Artaud strebt eine einmalige, nicht wiederholbare, sich gänzlich verbrauchende verausgabende und immer wieder neue theatrale Szene an.

Antonin Artaud hat ein Theater vorbereitet, das mit theatralen Mitteln über das Literarische hinausging. Er setzte all seine Hoffnung auf den Körper, denn das, was keine Repräsentation gefunden hat, schreibt sich in den Körper ein.[156] Doch was wird am Orte des Körpers hörbar? Kann die Körperstimme das Verdrängte hörbar machen oder vollstreckt sich eine unhintergehbare Verfehlung in der Körperstimme, lediglich ohne Täuschung? Ist denn der Körper jenseits der Repräsentation das, was er ist? Oder ist auch der Körper Rest einer Maskerade, die sich in ihrer Nacktheit als solche erst zeigt?

Der moderne Tanz hat seit den 30er Jahren diese Überlegungen in ganz unterschiedliche Richtungen weiterverfolgt. Während das Tanztheater der Pina Bausch die tänzerische Bewegungsphrasierung des Körpers in dem sucht, was sie bewegt, was den Tänzern in persönlichen Geschichten auf den Leib geschrieben wurde und Spuren in einem Körpergedächtnis hinterließ, interessieren Merce Cunningham diese Emotionen in den Motionen gerade nicht. Die Abstraktionsarbeit von Merce Cunningham ist in dieser Hinsicht sowohl von Pina Bauschs Tanz-Theater als auch von einer Artaudschen Körperutopie zu unterscheiden. So mag er mit Artaud über ihn hinaus zusammen mit John

---

156 So argumentiert Helga Finter, vgl. Finter 1990, S. 107.

Cage zu einem ersten Happening und einer jahrelangen Wechselwirkung zweier Künste im theatralen Rahmen gefunden haben.

Das Vordringen der Zeitkunst in den theatralen Raum: Zur Zusammenarbeit von Cage und Cunningham

Im gleichen Jahr wie das stille Stück komponierte J. Cage das Klavierstück *Waiting*. Es beginnt mit "Silence". Diese stille Offenheit, dieser leere Zeit-Raum, der sich allem öffnet, was während dieser Dauer geschehen mag, umfaßt mehr als eineinhalb Minuten:

Auch der weitere Verlauf wird dominiert von Stillen, die von wenigen Tönen unterbrochen, umso deutlicher als "Stillen stillen" (Martin Heidegger) und zum akustischen Nährboden für zeitgleiche Geschehnisse werden.

"Ich führte das Schweigen ein. Das war sozusagen der Boden, auf dem die Leere wachsen konnte."[157]

In der gesetzten Zeit öffnet die Stille[158] Performance-Zeit, die ihre eigene Zeit und ihren eigenen Raum schafft. Das hic et nunc, das sie immer theatral – da transitorisch und einmalig – ins Spiel bringt, vermittelte eine immer wieder andere unwiederholbare Erfahrung von Phänomenen und der Unmöglichkeit von Wiederholung gleichermaßen. So werden die Aufführungen von Cage-Kompositionen zu "Festen des Nicht-Besitzens".

Das Vordringen der Zeitkunst in den Raum fördert die Theatralisierung, denn die Stillen öffnen den Raum nicht nur für akustische Phänomene, sondern auch für visuelle, sprachliche, proxemische, gestische, mimische u.a. Ereignisse. Dabei wird die Stille zum Raum, in dem die Zeichensysteme des Theaters sich versammeln können. Im Wechselspiel der Künste und Medien läßt das Schweigen einer Kunstform Raum für eine andere.

"What we require is silence; but what silence requires is that I go on talking."[159]

Insbesondere zwischen Tanz und Musik ist es durch eine jahrzehntelange intensive Zusammenarbeit und Freundschaft zwischen John Cage und Merce Cunningham zu einer gegenseitigen Durchdringung zweier Künste im Medium Theater gekommen, das für Cage schon immer eine Wahlheimat war. Der

---

157 Cage 1991, S. 20.
158 In der englischen Sprache wird mit dem Begriff "silence" zwischen Schweigen und Stille nicht unterschieden. Auch im Sinne des Tacet-Stückes erweisen sich beide Begriffe als miteinander verbunden, sich gegenseitig bedingend. Erst eine schweigende Haltung des Künstlers ermöglicht ein stilles Stück, Stille, die nach Cages Verständnis auch sehr laut sein kann.
159 Cage 1961, S. 109.

kompositorische Umgang mit unterschiedlichen zeitlichen Strukturen, der John Cages Schaffen kennzeichnet, kommt dem Tanz besonders entgegen.

> Im Gegensatz zu den Faktoren Harmonie und Tonalität, die der Musik eigentümlich sind, ist das Zeitmaß der gemeinsame Nenner von Tanz und Musik. Ich befreite die Tänzer von der Notwendigkeit, Musik auf der Ebene von Gefühl zu interpretieren; sie konnten beim Tanz dieselben Strukturen verwenden wie ein Musiker. Sie konnten unabhängig voneinander arbeiten und dann ihre Ergebnisse als Arbeitsansätze zusammenbringen.[160]

Diese Arbeitsweise war in den fünfziger und sechziger Jahren keinesfalls selbstverständlich. Während im klassischen Ballett die Musik zumeist fertiggestellt wurde bevor mit der Choreographie begonnen werden konnte, so daß diese sich der Musik anpaßte, bestanden viele Vertreter des "modern dance", nach den Erneuerungen des "freien Tanzes" und des "Ausdruckstanzes",[161] auf eine umgekehrte Ausrichtung. Der Komponist sollte sich nach den bereits fertigen Choreographien ausrichten. Erst in dem Moment, in dem ein Choreograph und Tänzer bereit war, unabhängig von einem Komponisten vorzugehen und der Tanz sich zudem vom Gefühlsausdruck befreite, fand John Cage die Form von Theater, bei der er "sich zu Hause fühlte".[162] Sie lag vornehmlich in den von Merce Cunningham choreographierten tänzerischen Bewegungen im Raum, die ohne narrative Signifikanzen, von Erzählstrukturen des Handlungsballetts ebenso befreit wie von den Emotionen in den Motionen der Ausdruckstänzer, zu Bewegungen abstrahiert wurden, die "nichts" als Zeitstrukturen generieren. Auch rhythmisch ganz auf die Bewegungsmöglichkeiten von Tänzerkörpern ausgerichtet, folgt Cunningham keiner taktangebenden Musik mehr in seinen Choreographien. In den Gemeinschaftsarbeiten von Cage und Cunningham sind insofern Tanz und Musik nicht aufeinander abgestimmt, sondern bewegen sich "lediglich" im gleichen Zeitraum. Durch die Zeitmenge, nicht durch eine gleiche Ästhetik oder ein inhaltliches Thema verbunden, koexistieren Tanz und Musik gleichberechtigt nebeneinander. Ihre Gemeinsamkeit besteht insofern in nichts als Gleichzeitigkeit.

Seit einem ersten gemeinsamen Soloprogramm 1944 arbeiteten Cage und Cunningham zusammen (s. Abb. 17). Mit den "Sixteen Dances" im Jahre 1951 wurden erstmalig Zufallsverfahren als eine konstituierende Basis sowohl

---

160 Cage, zit. nach Kostelanetz 1989, S. 142.
161 Zur begrifflichen Differenzierung vgl. Brandstetter 1995.
162 Cage, zit. nach Kostelanetz 1989, S. 94, 108 und 142 sowie Cage, zit. nach Furlong 1992, S. 91.

der Komposition als auch der Choreographie erprobt und mit unterschiedlicher Radikalität von Cage und Cunningham beibehalten.

Der Martha Graham-Schüler Cunningham, der zunächst dem modern
dance verpflichtet war, wandte sich vom themenbezogenen Tanz gänzlich ab
und dem abstrakten zu.

"I always felt that movement itself is expressiv, regardless of intentions of
expressivity, beyond intention."[163]

Seine Choreographien weisen eine multidirektionale Struktur auf, in der
jeder Tänzerin und jedem Tänzer sein eigenes Zentrum zugesprochen wird,
so daß die buddhistische Idee einer Pluralität von Zentren hier ebenfalls
choreographisch umgesetzt wird. Merce Cunningham nutzt zudem bis zum
heutigen Tage Zufallsoperationen zur Bestimmung von Positionen der Tänzer
im Raum, Richtung und Art ihrer Bewegungen bis hin zu mikro-kinesischen
Bestimmungen von Bewegungen einzelner Körperteile wie Kopfdrehung,
Rumpfbewegung oder Handstellung, die seit einigen Jahren vornehmlich mit
dem Computer vorgenommen werden.[164]

Allerdings wird jedem Tänzer sein Zentrum zugesprochen, d.h. die
Choreographie ist zwar zufallsbestimmt, aber nicht in Cages Radikalität
indeterminiert. Der Weg der "Selbsterneuerung" ist hier ein anderer. Er
verläuft über ein Spezialtraining, durch das TänzerInnen der Cunningham
Dance Corporation ein Körpergedächtnis trainieren, das ihnen die Disposition
zu multidirektionalen Körperbewegungen erst verleiht[165], ein Training, das
niemals abgeschlossen, sondern auch bei jeder choreographischen Einstudie-
rung weitergeführt wird.

> My own experience while working with the dancers was how strongly it let
> the individual quality of each of them appear, naked, powerfull and un-
> ashamed. I feel this dance was classical – precise and serve – however unfa-
> miliar the continuity, however unclassical the movements, in terms of tradi-

---

163 Cunningham 1985, S. 103.

164 Wie sehr eine durch den Computer bedingte Wahrnehmungsveränderung die Choreographien
Merce Cunninghams prägte, wäre eine gesonderte Untersuchung wert.

165 Diese unterschiedlichen Erfordernisse der Kunstformen werden m.E. in der Kritik von Silke
Hilger zu wenig beachtet, wenn sie allzuscharf formuliert: "Was Cunningham hier verwirklicht
sieht und begrüßt, ist gerade nicht die Wegnahme seines Subjekts vom Komponieren, um damit
ein neues, anderes Gesetzen gehorchendes und andere Inhalte vermittelndes Resultat zu
erhalten, sondern vielmehr, um seine bisherige Ästhetik bestätigt zu sehen und weiter fort-
zuführen. Er befreit in Wirklichkeit nicht sich und seine Tänzer, sondern unterwirft sie neuen
Zwängen, indem sie das wie auch immer entstandene Material aufnehmen, akzeptieren und
mit ihrer technischen Kapazität und ihrem persönlichen Ausdruck realisieren müssen. Der
Zufall ist hier, im Gegensatz zu Cage, nicht ein neues Mittel zum neuen, sondern zum alten
Zweck." Hilger 1990, S. 62.

tion, and the stillnesses, that is held positions by the dancers, may have been. It was unprompted by references other than to its own life.[166]

Der Schauplatz für Erneuerung und Eigenständigkeit ist im Tanz – wie im Theater – der Körper, er ist Gegenstand und Medium der Choreographie, er ist Ort der Erinnerung und des Vergessens, der Ruhe und der Bewegung gleichermaßen. Es muß insofern den unterschiedlichen Memoria-Prinzipien Rechnung getragen werden, wenn jede Kunstsparte gesondert auf eine verwandte Kompositionsbasis rekurriert.

"[…], ich habe eine Möglichkeit gefunden mit Merce Cunningham zusammenzuarbeiten, in der Art, daß wir eigentlich gar nicht zusammenarbeiten müssen."[167]

Sie arbeiten "einfach getrennt voneinander, und setzen es im Theater zusammen".[168] Diese Zusammensetzung heterogener Geschehnisse in unterschiedlichen Kunstsparten verläuft über den gemeinsamen Parameter der Zeit. Unter Berücksichtigung einer gleichen Gesamtlänge können Tanz und Musik völlig unabhängig voneinander entstehen und – ohne gemeinsame Strukturen innerhalb des jeweiligen Zeitverlaufes aufweisen zu müssen – simultan performt werden.[169] So gesetzte Zeitklammern machen nach Cage jede weitergehende Herrschaft über die Geschehnisse überflüssig. Sie können sich, ihr Wechselspiel kann ihnen selbst überlassen bleiben, auch wenn eine Choreographie oder Musikkomposition[170] exakt festgelegt wurde. Damit entsprechen die Geschehnisse einem Verständnis von Theatralität als einer unaufhörlichen Bewegung des Werdens[171] im Sinne des bereits zitierten Ausspruches von John Cage:

"Theatre is continually becoming that it is becoming."[172]

Bisherige Reflexionen zu dem Anspruch der Avantgarden, "Kunst und Leben zu vereinen", münden in ein wegweisendes Verständnis von Theatralität. Mit "theatre" sind hier Aktionen jeder Art in einem von der Zeitkunst der Musik aus gedachten völlig neuen Raum gemeint. Das offene Konzept einer weitgehend undeterminierten Musik eröffnet einen theatralen Spielraum, in

---

166 Cunningham 1968, o. S.

167 Cage, zit. nach Furlong 1992, S. 91.

168 Ebd.

169 Silke Hilger gibt für diesen Typ des Zusammenspiels von Musik und Tanz die Stücke "Suite by Chance" und "Un jour un deux" an. Vgl. Hilger 1990, S. 35.

170 Anders als im Falle von 4'33".

171 Eine semiotische Grundlegung dieses neuen Verständnisses von Theatralität wird an anderer Stelle im Zusammenhang mit einer Habilitationsschrift erfolgen.

172 Cage 1983, S. 14. Die Wiederholung des Zitates gilt der Betonung auch der Nicht-Wiederholung.

dem Zeit und Raum neu definiert sind. Im sogenannten Nullraum und der "Nullzeit" sind die Dimensionen nicht mehr parametrisch festgelegt und berechenbar. Zeit wird hier nicht mehr als Aneinanderreihung einzelner Zeitpunkte verstanden, sondern als ein räumliches Ineinanderübergehen von Zeitpunkten, so daß jeder Zeitpunkt mit jedem weiteren Zeitpunkt in Verbindung steht. Diese Verbindungen sind jedoch nicht als starre Konfigurationen, sondern als Wandlungen zu verstehen, d.h. daß "jeder Klang an jedem Punkt in diesem totalen Klang-Raum sich bewegen und ein Klang an jedem anderen Punkt werden kann".[173] In diesem Sinne gilt für John Cage wie für Merce Cunningham:

"Relevant action is theatrical (music imaginary separation of hearing from the other senses] does not exist) inclusive and intentionally purposeless."

"Writing on water"

Am 20.05.1994 wurde im "Cirque Royal" in Brüssel die jahrelange Zusammenarbeit von John Cage und Merce Cunningham auch nach Cages Tod fortgesetzt. Die Merce Cunningham Dance Company gab die Komposition und Choreographie *Ocean* nach einem Konzept von John Cage zu sehen und zu hören (Abb. 18). Die Uraufführung des Stückes fand an einem ebenso theatralen wie zen-buddhistisch bedeutsamen Ort statt, im "Cirque Royal": einer Rundung und Runde, die viele Kreise umfaßt und Schauplatz einer theatralen Komposition wurde, die das Theater an den Zirkus als einen Raum des Lebens zurückband. In einem buddhistischen Sinne, in dem John Cage "Zirkus" verstand, kann mit diesem Wort die Topologie der Komposition und Choreographie von *Ocean* besonders treffend bezeichnet werden.

"It means that there is not one center but that life itself is a plurality of centers. This is a buddhist idea."[174]

Die Rundung des "Cirque Royal" war ausgefüllt mit Musikern. Das Orchester, das sich auf verschiedene Ränge im kreisrunden Raum wie in einem Mikrokosmos verteilte, war kein Orchester mehr. Es waren vielmehr 112 Musiker, die jeder für sich, ohne sich mit den anderen Musikern abzustimmen oder auf einen Dirigenten zu hören, ihren musikalischen Part spielten. Für diesen Part hatte jeder sein individuelles Metronom und jeder einen gewissen Spielraum der Interpretation. "A plurality of centers" umringte das Publikum. Vor dem Hörer, hinter ihm, unter ihm und über ihm waren

---

173 Cage, zit. nach Charles 1991, S. 39.
174 Schöning, Hg. 1982, S. 107.

Geigen, Celli, Kontrabasse, Flöten, Oboen, Klarinetten, Fagotte, Kontrafagotte, Hörner, Trompeten, Basstrompeten, Tuben, Saxophone, Pauken und Schlagzeuge zu hören, von 112 Musikern gespielt. Vielfältig wie die Formen, Farben, Rhythmen und Bewegungen des Lebens unter Wasser verschwammen 112 musikalische Zeitverläufe mit ozeanischen Klangereignissen. Walgesänge, Robbenrufe, die Laute von Wasservögeln und Fischen, aber auch Sonar- und Telemeter-Klänge, Schiffsgeräusche und das Knacken von arktischem Eis traten elektroakustisch verfremdet ans Hörerohr.

Als Hörer war der Theaterbesucher eingetaucht in Klänge, schwamm in ihnen. Saß er auf einem der oberen Ränge – und ich saß dort oben – so schnorchelte er quasi, mit Blick von oben auf Merce Cunninghams Choreographie, im Element Musik. Wie in eine musikdurchflutete Taucherglocke gehüllt sank sich der Blick im immateriellen Medium der Klänge auf die Materialität sich bewegender Körper, die mit der Farbenpracht von Fischen ausgestattet – als würden sie dem Verlauf eines Tages unter Wasser folgen – Farbe, Formensprache, Bewegungen und Tempi im Verlauf der Choreographie änderten. Wechselnde Lichtstimmungen, von der Lichtkünstlerin Marsha Skinner geradezu kongenial choreographiert, evozierten in Wechselwirkung mit einem reichen Farb-Spektrum der Ganztrikots diesen Eindruck eines Tages, da eine allmähliche Farbgewinnung mit der zunehmenden und wieder schwindenden Kraft des Lichtes von ersten hellgelben Trikots in der Morgendämmerung über Tintenblau mit Grün changierenden, leuchtenden Orangetönen und dunklem Purpur im Verlauf des Unterwassertages bis zum nachtblauen Ausklang einherging. Die zunehmende Anzahl der Tänzer und Tänzerinnen – 15 an der Zahl, wenn alle zugleich auf der Bühne waren – zeigten zunächst noch schlaftrunkene bedächtige Bewegungen, steigerten dann jedoch ihr Tempo und die Dynamik zu einem immer bunteren Bewegungs-, Form- und Farbenspiel. Schon dieser Aufbau macht deutlich, daß Zufall und Regel sich in dieser Choreographie paaren. In vielen Choreographien auffällige Kreisformen, die auch in *Ocean* signifikant sind, sowie einige klassische Kombinationen und Pas de deux-Ansätze unterstreichen den Eindruck dieser tänzerischen Kombination der Regel mit dem Zufall. Klassische Tanzbewegungen wurden dabei stets um eine Armhaltung, Rumpfrichtung, Beckenbewegung anders ausgeführt, in ungewöhnliche Bewegungsphrasierungen gewendet, die gleichsam verunmöglichten, sie in gewohnter Form zu verstehen, d.h. sie nach irgendeinem Tanz-Vokabular zu identifizieren. Der Zufall waltete auch in dieser Choreographie im Detail, in den mikro-kinetischen Bestimmungen einer Choreographie von Merce Cunningham, die John Cages kompositorischer Ausrichtung auf mikrotonale Details korrespondierte. Eine Neutralität der Tänzer kam hinzu, deren schillernde Trikots sich alle unterschieden, aber keinen heraushoben, ebensowenig Rangunterschiede zwischen den Tänzern und Tänzerinnen kenntlich machten, wie sie Bewegungen von geschlechts-spezifischen Körperbildern folgten. Keine synchronisierten Bewegungen, keine parallelgeschalteten Körper, die ein Ausdrucksensemble ergaben, son-dern ein immer anderes Zusammentreffen von Singularitäten wurde hier choreographiert. Diese Prismen von Singularitäten imitten von akustischen Spektren gehört und aus der Vogelperspektive, der totalen Übersicht, betrach-tet, zerstreuten gleichsam die Totalität im Flug des Blickes in eine Vielzahl von Zeitfenstern. Die Zirkus-Arena wurde dabei zum leeren Raum, in dem sich Tänzerkörper einfanden, zusammenfanden, trennten und verließen in abstrakten Bewegungsphrasierungen, die den Betrachter dennoch zu meta-phorischen Vergleichen stimulierten.

Aber ist diese metaphorische Beschreibung nicht bereits Versuch einer Identifizierung, die die Andersartigkeit des Gehörten und Gesehenen unter-schlägt, indem sie sie zu einem anderen Erlebnis in ein Abbildverhältnis setzt?

Der hörende und beobachtende Beschreiber greift zu Metaphern, zu Abbildern, die "auf dem Bildschirm des Bewußtseins eines erkennenden Subjekts entstehen"[175], wenn dieser vom Auge aus wahr-nimmt, indem er Wahrgenommenes reflektiert. Der Begriff "Abbildung" entstammt der Optik und prägte eine vom Auge ausgehende Erkenntnistheorie der Wahrnehmung und Theatertheorie gleichermaßen. Aber genau mit dieser Tradition hat das Wahrnehmungsereignis *Ocean* gebrochen, in dem Wahrnehmung über die Ränder eines Horizontes der Abbildtheorie hinausging, durch ein randloses Hören, dem keine Metapher gerecht wird, die "die Abbildung für Wahr-nehmung setzt"[176].

Der Zuschauer war Hörer, inmitten von Tönen, Klängen, Stimmen und Geräuschen, deren Wahrnehmung nur noch vereinzelt Wahr-nehmung war, wenn ein akustisches Ikon identifiziert wurde, da es die Stimme eines Mee-ressäugetieres wiedergab. Aber wie schon jedes Geräusch, jede Stimme von gleichzeitigen Tönen und Klängen oder anderen Geräuschen durchbrochen und variiert wurde, so wurde auch jedes Bild aufgelöst, das sich der Hörer vom Gehörten machen wollte. Er war *stimm*uliert, azentrisch und multiper-spektivisch zu sehen und zu hören.

Wer von Wahrnehmung sprechen will, muß nach Heinz von Foerster "Wahrnehmung wahrnehmen"[177]. Wahrnehmung zu verstehen, impliziert

---

175 Foerster 1989, S. 31.
176 Ebd., S. 32.
177 Ebd., S. 31.

die Frage nach dem Ort der Stellungnahme. Wo steht derjenige, der Wahrnehmung verstehen will?

Im Zirkus ist der Standort des Hörers nach zen-buddhistischem Verständnis der eines Menschen, der – wie im Leben – inmitten von Klängen, Geräuschen, Tönen steht. Im "Cirque Royale" ging die Wahrnehmung in diesem Sinne von einem anderen Ort der Stellungnahme aus, an dem keine "Guckkastenphilosophie des unbeteiligten Beschreibers" (Heinz von Foerster) mehr greift. Die Topologie der Kreise verleiht dieser anderen Stellung des Zuschauers Ausdruck. Der Kreis der Hörer erwies sich als Schaltkreis eines "interplay of senses", eines Wechselspieles, das je nach Gehör- oder Sehsinn unterschiedlich verlief.

Das Publikum war kein Publikum mehr, sondern ebenfalls eine "plurality of centers", in der jeder Hörer/Betrachter das Gehörte und Gesehene je individuell konstruierte. Die Wirklichkeit dessen, was in diesem Zirkus geboten wurde, hing von dem ab, was dem Zuschauer/Hörer wirklich erschien und was nicht.

Was und wie konstruierte der Hörer vom Ohr, was und wie der Zuschauer vom Auge aus? Welche Voraussetzung für die Konstruktion waren gegeben, wenn zwei verschiedene Stimuli, ein Anblick und ein Geräusch oder Klang, tänzerische Bewegungsphrasen und musikalische Zeitverläufe, die einander nicht zugehörig waren, aber hinzugehört und hinzugesehen wurden, gleichzeitig oder fast gleichzeitig gegeben waren?

> Unsere Aufmerksamkeit kann sich möglicher Weise zwei Eindrücken gleichmäßig anpassen: dann treten diese in *eine* Vorstellung (total percept) zusammen. Oder sie kann nur *einem* Eindruck genügend adaptiert sein, um denselben sehr rasch nach seiner Einwirkung zu appercipieren: dann hat der zweite Eindruck eine gewisse Zeit der Latenz nöthig, während deren die Spannung der Aufmerksamkeit für ihn wächst und für den ersten sich vermindert. Jetzt werden die Eindrücke als zwei Vorstellungen wahrgenommen, die in dem Verhältnis der Succession zu einander stehen, d.h. durch ein Zeitintervall getrennt sind, in welchem die Aufmerksamkeit auf keinem zureichend adaptiert ist, um ihn zur Apperception zu bringen. [...] Wenn aber die Apperception von einer Vorstellung zur anderen eilt, so verschwindet dazwischen alles in dem Halbdunkel des allgemeinen Bewußtseins.[178]

Der Kreis der Hörer befand sich inmitten der musikalischen Kreise im "Halbdunkel" von *Ocean*. Die Töne, Klänge und Geräusche drangen aus allen Richtungen wie Wasser ins Hörerohr. Sie kamen und gingen, entstanden und

---

178 Wundt 1874, S. 754f.

vergingen von allen Seiten, ohne daß der Hörer sie antizipieren, ohne daß er sie bewahren, memorieren konnte.

Dieser Hörer war gleichsam Zuschauer, seine Anschauung galt dem Tanz, der gleichzeitig vor sich ging in unaufhörlichem Werden, was er wurde. Denn vor ihm, dem Zuschauer, wurde eine Tanzchoreographie vorgestellt, vor Augen gestellt, die sich keiner vorstellen konnte, da der nächste Schritt der Tänzer nicht die Erwartung erfüllte, die der vorherige geweckt hatte.

Ein "interplay of senses" ist Spiel mit der Wahrnehmung, die nach dem amerikanischen Philosophen S. H. Hodgson mindestens zwei Teile aufweist: der eine Teil geht, der andere kommt. Der eine ist erinnert, der andere vorgestellt.

Die akustischen und visuellen Eindrücke, die im "Cirque Royal" in Brüssel kamen und gingen, ließen sich in keiner Gedächtnisschrift finden und schrieben sich nicht ins Gedächtnis, konnten weder erinnert noch vorgestellt werden, so wurden sie: "original action". Für diese performative Aktion fand John Cage eine Beschreibung im Tibetanischen Buddhismus: "writing on water".

Das Wasser gleicht einem unbeschriebenen Blatt, dem Freudschen Wunderblock, der sich immer wieder leert, wenn die Welle des Vergessens Spuren und Abdrücke von Eindrücken wegspült. Die Wahrnehmung wird ins Vergessen geführt, wo die Relationen nicht mehr vorgeschrieben, sondern flüssig bleiben im permanenten Werden der Umschriften.

Auch in diesem Sinne flossen Musik und Tanz, Hörbares und Sichtbares ineinander, während der Fluß Lethe in *Ocean* einfloß und die Bewußtseinsströme bei der Wahrnehmung durch ein Gedächtnis fließen ließ, das Erinnern und Vergessen kaum mehr trennen konnte.

Widerspricht das nicht der Eingangsbetrachtung, die ganz deutlich ein erinnerbares Geschehen beschreibt, das viele aus der Erinnerung kennen? Wurde da nicht ein Tagesablauf beschrieben und das Farben- und Bewegungsspiel von Fischen? Trügt diese Erinnerung über das nicht zu Erinnernde hinweg? Zumindest derjenige, der sich erinnert, weiß gleichsam um den unwiederbringlichen Verlust dieser Gedächtniskonstruktion eines leichter zu erinnernden Zusammenhanges, der das Mehr des Vergessens vergessen mag. So tritt ein weiterer Zusammenhang ins Gedächtnis, ein Bruch in der Gestaltung. Ein digitales Zeit-Zählwerk, eine für die Zuschauer gut erkennbare Uhr markierte die Zeit der Vorführung chronometrisch und legte sie auf 90 Minuten fest. Dadurch wurde der Tagesablauf als Zeitraffer verstehbar, blieb auch der Lichtwechsel artifiziell, als Kunst eines Theaterapparates erkennbar, der sich nicht verleugnete, sondern im Zirkusrund artistisch vorstellte. Stimmungen entstanden, ohne Stimmungstheater, tageszeitlicher Lichtwandel, ohne die Illusion eines Tages erzeugen zu wollen, die dem Zuschauer dennoch offen stand. Im theatralen Zeit-Rahmen blieben musikalische, beleuchtungstechnische und tänzerische Zeitverläufe Erinnerungsstimulation, ohne dem Vergessen zu entkommen, da sich der Tag auf dem Wasser schreiben konnte, wie er sich bislang nicht ins Gedächtnis schrieb. Der Tagesablauf und auch das Zeit-Zählwerk wurden zu zwei ebenso unterschiedlichen wie vertrauten Natur- und Kultur-Rahmen, in denen die Geschehnisse auch hier aus dem Rahmen fielen.

Beim Hören und Sehen vergingen dem Hörer und Zuschauer gleichsam Hören und Sehen, das auf Vergangenes rekurriert und Zukünftiges spekuliert. Das zu Hörende und zu Sehende blieb unberechenbar überraschend, blieb "original action", originales Erlebnis, das sich nicht an Vergangenem vergewissern konnte, im Akt der Wahrnehmung von der Reflexion nicht gespalten wurde, so daß sich auch nachträglich die Reflexion "nur" auf die Wahrnehmung, nicht auf das Wahrgenommene zu beziehen vermag. Dabei legt sich der Schatten der Husserlschen "Abschattung" über die Erinnerung an *Ocean*, eine Komposition und Choreographie des "Halbdunkels", des nicht sichtbaren "Zwischenraumes", der durch seine Wiederkehr Sichtbarkeit ermöglicht. Dieses Undurchsichtige ist nichts als die Zeit, die in *Ocean* als Abgetrenntes sichtbar, aber als von dem, was sich ereignet, Ungetrenntes unsichtbar blieb. Diese Komposition/Choreographie kann als Verflüssigung der Zeit jenseits des Zeitzeichens verstanden werden.

Hinter dem Titel *Ocean*, den Joseph Campbell James Joyce für ein Werk vorschlug, das dieser dem Wasser und dem Ozean widmen wollte, steht das letzte Projekt, das John Cage zusammen mit Merce Cunningham plante. In Vorgesprächen, in die auch die Komponisten David Tudor und Andrew Culver miteinbezogen wurden, entschieden sie sich bereits für eine Dauer von 90 Minuten und eine Unterteilung des Zeit-Raums in 19 Parts. Die Anzahl der Unterteile basiert auf der Annahme, daß Joyce seinem Werk *Ocean*, nachdem er *Finnegans Wake* 17 Teile und *Ulysses* 18 Teile gab, 19 Teile hätte geben können.

Diese zeitliche Strukturierung impliziert plurale Dauern der Wahrnehmung und eine symbolische Wahrnehmung der Dauer, die in eine Inszenierung der Zeit, der Lebens-Zeit im Zirkus, miteinbezogen wurde.

Auf den Schlag genau begann mit den ersten akustischen und visuellen Geschehnissen auch das Zählwerk der digitalen Uhr. Die chronomatische Zeit lief mit, während die Geschehnisse ihr entgingen. Die Anschauungsform der digitalen Uhr, die eine Strecke, einen Raum der Zeit, einen Zeit-Raum durchmißt, verlief unabhängig von der Hör-Zeit und den rhythmisch, tänzerischen Geschehnissen, die sich zeitigten. Mit Blick auf die Uhr wußte der Zuschauer, daß in dem Moment, wo die Uhr – dieser Zeitgeber und Zeitnehmer – die Zahl 90 anzeigen würde, eine Vorstellung der Merce Cunningham Dance Company gewesen sein wird. Doch auch diese Vorstellung blieb leer. Kaum einer schaute auf die Uhr und verfolgte, wie die Zeit vergeht, während gleichzeitig Zeit im Plural entstand, in zunehmenden, immer anderen Zeitverläufen. *Ocean* mündete in kein Perfekt-Futur und überspülte diese Vorwegnahme der Vergangenheit zu jeder Minute des Musik-Tanz-Geschehens, das auf die Minute genau endete. Als der letzte Tänzer – Schlag 90 – eine leere Bühne hinterließ, war die Zeit zwischen Anfang und Ende ebenso leer wie erfüllt. Die Zeiten, die entstanden und vergingen, die multiplen Zeiverläufe, die im Gegensatz zum gerichteten Zählwerk der Uhr multidirektional in alle Richtungen verliefen, entzogen sich der symbolischen Darstellung, variierten von Vorstellung zu Vorstellung differenter Wahrnehmungszeit.

Die Hörer und Zuschauer waren Zeitzeugen, die aus dem Zeit-Raum Zeit-Spiel-Räume machten. Nicht zu ermessen, was sich im Kreis der Hörer und Zuschauer jenseits der Uhr-Kreis-Zeit alles ereignet haben mag. Wie eine ungleich verlaufende Sandbank, an der sich akustische und optische Wellen brechen, verunmöglichten Komposition und Choreographie gleichförmig verfließende Zeit. Nur zu wünschen, daß man auf jedem Platz einmal hätte sitzen dürfen, noch besser zugleich hätte sitzen können, ist doch der Gegenstand, von überall her gesehen einer, der von nirgendwoher gesehen wird.[179]

Doch auch an den Gesichtspunkt gebunden, änderten sich für den Hörer und Zuschauer mit dem Vordringen der Zeit in den theatralen Raum die Wahrnehmungsformen von Zeit und Raum. Kein besonderer Zeitpunkt blieb in Erinnerung, sondern unterschiedliche, musikalisch-akustische, lichttechnische, tänzerisch-rhythmische Zeiteindrücke wurden ohne Zeitdruck erfahrbar, während die Uhr lief. Zeit strebt auf Nichtung und wird doch mitnichten nichts; daß sie vielmehr alles am anderen werden kann, das zeigte sich an den Tänzerkörpern in nichts als Bewegung, als Bewegung, die nichts war und gewesen sein wird, ohne die Teilnahme von Zuhörern und Zuschauern an einem Ereignis der Wahrnehmung.

John Cage starb 1992[180], "aber die Avantgarde gibt es weiterhin; sie ist Erfahrung".[181]

---

179 Vgl. Merleau-Ponty 1966.
180 Die Uraufführung von *Ocean* fand nur einen Monat nach Merce Cunninghams 75. Geburtstag statt.
181 Cage, zit. nach Kostelanetz 1989, S. 102.

Literatur

Artaud, A. (1969). *Das Theater und sein Double.* Frankfurt/M. 1969.
- (1978). *Œuvres complètes.* Bd. IV. Paris 1978.
Austin, J.L. (1968). "Performative und konstative Äußerungen". In: R. Bubner, Hg. *Sprache und Analysis. Texte zur englischen Philosophie der Gegenwart.* Göttingen 1968. S. 140–153.
- (1972). *Zur Theorie der Sprechakte (How to do things with words).* Stuttgart 1972.
Barthes, R. (1971). *Sade, Fourier, Loyola.* Paris 1971.
- (1985). *Die helle Kammer.* Frankfurt/M. 1985.
Bateson, G. (1981). *Ökologie des Geistes.* Frankfurt/M. 1981.
Benjamin, W. (1980). "Das Kunstwerk im Zeitalter seiner technischen Reproduzierbarkeit". In: *Illuminationen.* Frankfurt/M. 1980.
Bergson, H. (1907). *L'évolution créatrice.* Paris 1907.
- (1912). *Schöpferische Entwicklung.* Übs. v. Gertrud Kantorowicz. Jena 1912.
- (1959). *Œuvres.* Hg. v. A. Robinet. Paris 1959.
Bernstein, R. (1988). "Jasper Johns und Marcel Duchamp". In: *Übrigens sterben immer die anderen.* Hg. v. Museum Ludwig. Köln 1988.
Brandstetter, G. (1995). *Tanz-Lektüren.* Hamburg 1995.
Bronson, A.A., P. Gale, Hg. (1979). *Performance by Artists.* Toronto 1979.
Cage, J. (1961). *Silence.* Middletown (Conn.) 1961.
- (1980). "Rede an ein Orchester". In: *Musik-Konzepte. Sonderband John Cage I.* Hg. v. H.K. Metzger und R. Riehn. München 1980.
- (1983). *Silence.* New York 1983.
- (1991). "Vorlesung beim Commemorative Lecture Meeting". In: *Du* 51.5. Zürich 1991. S. 18–22.
Charles, D. (1978). *Zeitspielräume.* Berlin 1978.
- (1984). *Musik und Vergessen,* aus dem Frz. übs. v. G. Boos, M. Hoffmann u. M. Karbe. Berlin 1984.
- (1989a). *Zeitspielräume.* Berlin 1989a.
- (1989b). *Für die Vögel. John Cage im Gespräch mit Daniel Charles.* Berlin 1989.
- (1991). "'Durchdringung ohne Widerstand'. Sinnlosigkeit jenseits von Unsinn". In: *Kunst als Grenzbeschreitung. John Cage und die Moderne.* Ausstellungskatalog. Hg. v. U. Bischoff. München 1991. S. 35–442.
Cunningham, M. (1968). *Changes. Notes on Choreography.* Hg. v. F. Starr. New York, Frankfurt/M. 1968.
- (1985). *The Dancer and the Dance. In Conversation with Jacqueline Lesschaeve.* New York, London 1985.
Derrida, J. (1974a). *Grammatologie.* Frankfurt/M. 1974.
- (1974b). *Die Schrift und die Differenz.* Frankfurt/M. 1974.
- (1988). *Randgänge der Philosophie.* Wien 1988.
- (1995). *Marx' Gespenster.* Frankfurt/M. 1995.
Dibelius, U. (1966). *Moderne Musik I.* München 1966.
Dierks, Ch. (1994). *Fluxus-Kunst.* Oldenburg 1994.
Dreher, Th. (1991a). "'Après John Cage'. Zeit in der Kunst der sechziger Jahre – von Fluxus-Events zu interaktiven Multi-Monitor-Installationen". In: *Kunst als Grenzbeschreitung.*

John Cage und die Moderne. Ausstellungskatalog. Hg. v. U. Bischoff. München 1991. S. 57–74.

– (1991b). *Kunst als Grenzbeschreitung. John Cage und die Moderne.* Info-Blatt zur gleichnamigen Ausstellung der Staatsgalerie moderne Kunst. München 1991.

Duchamp, M. (1980). *Notes.* Hg. v. P. Matisse. Paris 1980.

– (1991). *Der Kreative Akt.* Hamburg 1991.

Dumoulin, H. (1976). *Der Erleuchtungsweg des Zen im Buddhismus.* Frankfurt/M. 1976.

Dunn, R., Hg. (1962). *John Cage.* Katalog. New York 1962.

Engler, F.K. (1987). *Die Grundlagen des I-Ching.* Freiburg/Br. 1987.

Erdmann, M. (1993). *Untersuchungen zum Gesamtwerk von John Cage.* Diss. Bonn 1993.

Finter, H. (1990). *Der subjektive Raum.* Bd. 2: *"... der Ort, wo das Denken seinen Körper finden soll". Antonin Artaud und die Utopie des Theaters.* Tübingen 1990.

Fischer-Lichte, E. (1983). *Semiotik des Theaters.* 3 Bde. Tübingen 1983.

Flusser, V. (1990). "Gedanken zum Würfel". In: *Aus dem Würfelmuseum.* Hg. v. M. Fehr u. C. Krümmel. Köln 1990.

Foerster, H. v. (1989). "Wahrnehmen". In: *Ars Electronica. Philosophie der neuen Technologie.* Berlin 1989.

Foucault, M. (1988). "Der Wahnsinn, das abwesende Werk". In: *Schriften zur Literatur.* Frankfurt/M. 1988.

– (1990). "Andere Räume". In: *Aisthesis.* Hg. v. K. Barck, P. Gente, H. Paris und St. Richter. Leipzig 1990. S. 34–46.

Furlong, W. (1992). *Audio Arts.* Leipzig 1992.

Ganet, M. (1985). *Das chinesische Denken.* Frankfurt/M. 1985.

Ganslandt, R. (1984). "Der Augenblick der Erkenntnis". In: *Augenblick und Zeitpunkt.* Hg. v. Ch. W. Thomsen u. H. Holländer. Darmstadt 1984.

Goffman, E. (1973). *Interaktion. Spaß am Spiel/Rollentausch.* München 1973.

Goldberg, R.L. (1979). *Performance, Live Art from 1909 to the Present.* London 1979.

Harris, M.E. (1991). "John Cage im Black Mountain College". In: *Kunst als Grenzbeschreitung. John Cage und die Moderne.* Ausstellungskatalog. Hg. v. U. Bischoff. München 1991. S. 45–48.

Hilger, S. (1990). "Cage und Cunningham". In: *Musik-Konzepte. Sonderband John Cage II.* Hg. v. H-K. Metzger u. R. Riehn. München 1990.

Kapleau, Ph., Hg. (1975). *Die drei Pfeiler des Zen. Lehre – Übung – Erleuchtung.* München 1975.

Kierkegaard, S. (1955). *Die Wiederholung.* Düsseldorf, Köln 1955.

Kostelanetz, R. (1989). *John Cage im Gespräch.* Köln 1989.

Koutte, W. (1987). *Marcel Duchamp als Zeitmaschine.* Köln 1987.

Leiris, M. (1988). *Die Lust am Zusehen.* Frankfurt/M. 1988.

Lévi-Strauss, C. (1976). *Mythologica I.* Frankfurt/M. 1976.

Lotman, J.M. (1972). *Die Struktur literarischer Texte.* München 1972.

Mahr, B. (1989). "Chaos-Connection". In: *Das Chaos.* Kursbuch 98. Hg. v. K.M. Michel u. T. Spengler. Berlin 1989.

Mall, R.A. (1995). *Philosophie im Vergleich der Kulturen.* Darmstadt 1995.

Merleau-Ponty, M. (1966). *Phänomenologie der Wahrnehmung.* Berlin 1966.

Meyer, P.M. (1993). *Die Stimme und ihre Schrift.* Wien 1993.

- (1997). "Encore – en corps – a corps: Antonin Artaud". In: *Gedächtniskultur des Hörens.* Düsseldorf 1997.

Nietzsche, F. (1966). *Werke in 3 Bänden.* Hg. v. K. Schlechta. München 1966.

Nobis, N. (1986). "Die Welt des Spiels und des Zufalls". In: *K. Schwitters.* Hannover 1986.

Nydahl, O. (1989). *Dharma Belehrungen.* Wien 1989.

Paz, O. (1991). *Nackte Erscheinung.* Frankfurt/M. 1991.

Scherer, W. (1990). "Musik und Echtzeit". In: *Zeit-Zeichen.* Hg. v. G.C. Tholen u. M.O. Scholl. Weinheim 1990. S. 351–362.

Schöning, K. (1983). *Hörspielmacher John Cage.* Königstein/Ts. 1983.

Schöning, K., Hg. John Cage: Roaratorio: ein irischer Circus über *Finnegans Wake.* König-stein/Ts. 1982.

Schulkowsky, R. (1991). "Cage music and the performer's process". In: *Kunst als Grenzbeschreitung. John Cage und die Moderne.* Ausstellungskatalog. Hg. v. U. Bischoff, München 1991. S. 26–33.

Simmel, G. (1918). *Lebensanschauung.* München, Leipzig 1918.

- (1994). *Lebensanschauung.* Berlin 1994.

Suzuki, D.T. (1988). *Die große Befreiung. Einführung in den Zen-Buddhismus.* Zürich 1988.

Szeemann, H., Hg. (1975). *Junggesellenmaschinen.* Venezia-Martellago 1975.

Watts, R. (1990). *In the Event, in Fluxus.* Venedig 1990.

Weiler, Ch. (1994). *Kultureller Austausch im Theater.* Marburg 1994.

Wilhelm, R. (1990). *I-Ging.* München 1990.

Wittgenstein, L. (1963ff.). *Werke.* 8 Bde. Frankfurt/M. 1963ff.

- (1968). *The Wittgenstein Papers.* Ithaka (N.Y.) 1968. Mikrofilm 22, Nr. 4, einsehbar in der Universitätsbibliothek Essen.

- (1969). *Philosophische Grammatik.* (1969). In: L. Wittgenstein. (1963ff.). 8 Bde. Frankfurt/M. 1963ff. Bd. 4.

Wundt, W. (1874). *Grundzüge der Physiologischen Psychologie.* Erstausgabe. Leipzig 1874.

Žižek, S. (1993). *Grimassen des Realen.* Köln 1993.

Zuber, B. (1990). "Entrümpelung – Europera 1&2". In: *Musik-Konzepte. Sonderband John Cage II.* Hg. v. H.-K. Metzger u. R. Riehn. München 1990.

Die optimistische Revolte der sechziger Jahre – Eine Etappe der Avantgarde

Willmar Sauter

In Schweden herrschte eine großartige kulturelle Turbulenz, als ich hier im Januar 1968 als Student ankam. Der Unterschied zu Wien, wo ich die letzten Jahre studiert hatte, lag in der Breite der künstlerischen Manifestationen. In Wien befand sich die Avantgarde – die Cafétheater, die Kellerbühnen, die Häuserbemalungen Hundertwassers, die Exkremente der Studenten auf dem Katheder der Alma Mater – so unendlich abseits des Establishments, das sich das Treiben, zufrieden in seine Chaiselongues zurückgelehnt, ansah: Die Studenten schickten auch alsbald einen Blumenstrauß und eine Entschuldigung an die Frau Kulturministerin. So war es nicht in Stockholm.

Während meiner Studienzeit in Wien hatte ich die Professoren nur im Vorlesungssaal gehört, hatte nie mit ihnen gesprochen, ward nie von ihnen gesehen. Als ich zum ersten Mal zur Theaterwissenschaft nach Stockholm kam, schickte mich ein Assistent gleich zu Professor Gösta M. Bergman, der mich sofort an sein Institut aufnahm, vorausgesetzt, daß ich genug Schwedisch könne. So war es nicht in Wien.

War Bergmans Verhalten einmalig oder typisch? War Schweden in den sechziger Jahren eine offene Gesellschaft, oder war es nur auf die Persönlichkeit Bergmans zurückzuführen, seine Erfahrungen in der sozialdemokratischen Kampfzeit der dreißiger Jahre, daß er mich so großzügig aufnahm? Wie waren die Verhältnisse, in die ich damals hineinglitt, nur um ein Semester in Schweden zu studieren? Ich hatte mich zur Vorbereitung, mit einem Liliput Lexikon in der Hand, durch ein Kinderbuch, einen Kriminalroman und Strindbergs *Der Vater* hindurchbuchstabiert, aber als ich dann in Schweden war, ging alles ganz flott voran. Alles war Zukunft, die sechziger Jahre waren fast zu Ende, oder richtiger, gerade im Zenit – wenigstens für uns.

Erst viel später wurde mir bewußt, daß ich 1968 in den Strudel einer Zeit gezogen wurde, der keine Rückblicke zuließ. Damals, als ich eben angekommen war, bestand das Gestern aus den fünfziger Jahren, in Schweden eine Epoche von langwierigen politischen Rentenstreitigkeiten, Anti-Atomwaffen-Märschen, hochgereizten Neutralitätsdebatten, hohen Selbstmordstatistiken,– damit aus lauter Dingen, zu denen ich kein persönliches

Verhältnis hatte. Meine Jugend im Nachkriegsdeutschland hatte einem verwirrten Gymnasiasten ganz andere Erfahrungen geboten.

Neunundfünfzig

Für die meisten meiner älteren Kollegen waren die schwedischen fünfziger Jahre eine düstere Zeit. Der Schatten des Kalten Krieges lag über allen, auch über den Künstlern. Nach dem Zweiten Weltkrieg gab es kaum Grund für Optimismus – Existenzialismus und Absurdismus sind sprechende Beispiele dafür. Nur ganz vorsichtig wurden die Erfahrungen der früheren Avantgarde wieder aufgegriffen, in Schweden hauptsächlich innerhalb der traditionellen Staats- und Stadttheater. Für meine Kollegen war es insbesondere eine einheimische Oper, die am besten die Stimmung dieser Zeit zusammenfaßte: *Aniara*, aus dem Jahre 1959. Diese Jahreszahl symbolisierte gleichzeitig das Ende dieser Epoche und den Beginn einer neuen. Damit sehe ich in *Aniara* einen möglichen Ausgangspunkt für die vorliegenden Betrachtungen.

Als ich nach Schweden kam, stand *Aniara* nicht mehr auf dem Spielplan. Ich habe sie zum ersten Mal 1986 gesehen, als die Stockholmer Oper die Inszenierung von 1959 als Reprise herausbrachte. Leider machte die Aufführung einen etwas lächerlichen Eindruck, was hauptsächlich an den Kostümen lag – die Astronauten dieser Oper sahen aus wie leicht antiquierte Eishockeyspieler. Als ich *Aniara* dann im Oktober 1994 in Göteborg wieder sah, wurde mir klar, wie stark die Originalinszenierung von 1959 in den schwedischen Verhältnissen der fünfziger Jahre verankert gewesen sein mußte. Die neue Inszenierung in Göteborg litt nicht an äußeren Mängeln, die Gestaltung war geschmackvoll und modern, aber die Aufführung hatte keine "Seele". Ich verstand nicht, was die Aufführung zum Ausdruck bringen wollte; wenn sie etwas sagen wollte, dann sprach sie mich jedenfalls nicht an. Die Form verblieb stumm, trotz der schönen Hülle, zu der sogar noch ein ganz neues Opernhaus gehörte.

Für das Publikum von 1959 war der Eindruck von der Inszenierung offenbar ein ganz anderer. Was drückte *Aniara* damals für die Zuschauer aus? Für jene Leser, welche die Oper *Aniara* und das gleichnamige Versepos des Nobelpreisträgers Harry Martinson nicht kennen, sei hier kurz angedeutet, daß "Aniara" der Name eines Raumschiffs ist, das mit tausenden von Emigranten die Erde verläßt. Die Erde ist vergiftet und unbewohnbar, und Aniara wird aus dem Kurs geworfen, so daß das Raumschiff weder sein Ziel erreichen, noch zur Erde zurückkehren kann. Der zweite Akt schildert die Verhältnisse an Bord etwa zwanzig Jahre später. Zu diesem Zeitpunkt werden die Emigranten von geheimnisvollen Führern und religiösen Sekten geleitet und verleitet; die Leute sterben, und Chaos herrscht an Bord der Aniara – "einer kleinen Blase in Gottes Glas", wie es im Epilog heißt. Die Inszenierung wurde von Göran Gentele, der später als künstlerischer Leiter an die Metropolitan Opera in New York berufen wurde, erarbeitet, unter Teilnahme der angesehensten Künstler, die Schweden zu dieser Zeit aufzubieten hatte. Komponist und Librettist, Bühnen- und Kostümbildner, Dirigent, Choreograph sowie Sänger und Tänzer machten ein Team aus, wie es in der Geschichte des schwedischen Theaters selten überboten wurde.[1] Dementsprechend war die Publizität der Aufführung schon vor der Premiere überaus hoch. Zur Generalprobe versammelte sich nicht nur die gesamte schwedische Presse, sondern auch die internationale Musikwelt kam, mit Rolf Liebermann an der Spitze, nach Stockholm. Der Erfolg der Aufführung konnte kaum in Frage gestellt werden, aber es handelte sich dann nicht nur um einen Publizitätserfolg, denn die Oper traf wirklich den Nerv der Zeit. So schrieb Erwin Leiser, damals noch in Schweden wohnhaft, am Tag nach der Premiere: "In 'Aniara' erweist sich die Oper als das beste denkbare Instrument für die künstlerische Gestaltung von zentralen Themen der Atom- und Sputnikepoche."[2] In seiner Abhandlung über *Aniara* meint Johan Stenström, daß die Kritiken als überschwenglich zu bezeichnen sind, sowohl die künstlerische Gestaltung betreffend, die durchgehend gepriesen wurde, als auch bezüglich des Inhalts, der Kritiker und Publikum in gleichem Maße ergriff: Diese Oper behandelte, wie es ein Kritiker ausdrückte, "die tiefsten Probleme der heutigen Menschheit", oder, um einen der angesehensten Musikkritiker Deutschlands, den Schönberg-Schüler und Alban Berg-Freund Hans Heinz Stuckenschmidt, zu zitieren: "Mit allen filmischen Übersüßungen, mit dem Schock der Trivialität, dem Marionettengehabe uniformierten Gleichschritts, der Hysterie von Religiosität und Todesfurcht, haben hier Dichter und Musiker ins Herz ihrer Zeit geleuchtet."

Man erwartete, daß *Aniara* alsbald ins internationale Opernrepertoire eindringen würde. Die nach Stockholm gereisten Kritiker waren begeistert, aber der Siegeszug ließ auf sich warten. Eine Inszenierung in Edinburgh und eine Inszenierung in Hamburg machen neben einer Malmöer sowie der bereits genannten Göteborger Produktion bisher die ganze Bilanz aus. Die Stockholmer Version stand zwar während der sechziger Jahre immer wieder

---

1   Unter den Mitwirkenden dieser Aufführung sind vor allem der heute weltbekannte Dirigent Sixten Ehrling, der Maler Sven Xet Erixon, die Choreographin Birgit Åkesson sowie die Sänger Kjestin Dellert und Erik Saeden zu nennen.

2   Dieses und das folgende Zitat aus Rezensionen sind Stenström 1994, S. 60–62 entnommen. Auch in übriger Hinsicht möchte ich gerne auf diese einsichtige Dissertation verweisen.

auf dem Spielplan und wurde auch vom Fernsehen aufgezeichnet, aber
Aniara gehört ganz klar der Nachkriegszeit an. Mit ihrer pessimistischen
Botschaft stellt diese Oper das Credo und Crescendo der existenzialistischen
fünfziger Jahre dar. Das kommende Dezennium hatte seine Blicke in ganz
andere Richtungen geworfen. Im Mai 1968 hatten die Stockholmer Studenten
vor, die Oper zu besetzen, als Protest gegen die Kultur des Establishments –
das Königliche Theater wurde kaum als Teil jener neuen Gesellschaft aufgefaßt, die die junge Generation zu diesem Zeitpunkt aufzubauen trachtete.

Neunundsechzig

In der Absicht, die Epoche der sechziger Jahre in Schweden näher zu umreis-
sen, habe ich mich gefragt, welches Ereignis aus dem Jahre 1969 der Bedeutung der Uraufführung von *Aniara* entsprechen würde. Die Auswahl ist
plötzlich außerordentlich reichhaltig; das künstlerische Feld dieser Zeit spru-
delte förmlich über von Ideen und Einfällen, als wollte man ganz wörtlich die
Devise des Vorsitzenden Mao erfüllen, nach der man hundert Blumen blühen
lassen sollte. Gerade aus dieser Sicht scheint mir die Bildung des Theaterzentrums symptomatisch. Das Theaterzentrum war eine freiwillige Organisation
der Freien Gruppen in Schweden, eine Interessenorganisation und gleichzeitig
eine Distributionszentrale.[3]
    Bedingung der Aufnahme in das Theaterzentrum war entsprechend der
Satzung, daß es sich um eine demokratisch arbeitende, freie Theatergruppe
handelte. Das war die Hauptforderung und zunächst auch die einzige Forderung. Als demokratisch galt eine Gruppe, wenn sie keinen Vorstand von
außenstehenden Personen über sich hatte. Im besten Fall sollte es überhaupt
keinen Vorstand geben, sondern alle wesentlichen Beschlüsse sollten innerhalb der Gruppe kollektiv gefaßt werden. Solches Selbstverständnis als
Kollektiv war wesentlich und richtete sich vor allem gegen die hierarchische
Ordnung der Theaterinstitutionen. In der Praxis hatte der Kollektivgedanke
vornehmlich für die Schauspieler große Bedeutung. Anstatt sich einem Intendanten, Dramatikern, Dramaturgen, Regisseuren, Kostümbildnern etc. unterzuordnen, sollte der Schauspieler jetzt selbst gemeinsam mit seinen Kollegen
künstlerische und administrative Verantwortung übernehmen. Daß die freien
Gruppen sich zu jener Zeit kaum Regisseure und Dramatiker leisten konnten,
erleichterte möglicherweise die kollektive Verantwortung.

---

3   Abgesehen von eigenen Erinnerungen entstammen Daten und Auskünfte einem Artikel der
    heutigen Vorsitzenden des Theaterzentrums, M. Backeus 1995.

Ein anderer Leitgedanke des Theaterzentrums war die Solidarität der
Gruppen untereinander. Auch in dieser Hinsicht sollten Beschlüsse kollektiv
gefaßt werden, wenn möglich, per Akklamation. Im Endeffekt hatte der
Solidaritätsgedanke aber seine stärkste Auswirkung in der Qualität der Aufführungen. Keinerlei Qualitätskriterien durften vorausgesetzt werden, denn
im Geiste der Demokratie herrschte Gleichheit unter den Gruppen – Unterschiede zwischen berufsmäßigen Gruppen und Amateuren zu machen, wurde
nicht geduldet, ausgebildete und unausgebildete, erfahrene und unerfahrene
Gruppen und Gruppenmitglieder sollten solidarisch zusammenstehen. Unter
dem Schlagwort "Alle können!" wurden jegliche Theater-, Tanz- und Musik-
gruppen akzeptiert, vorausgesetzt, daß sie den demokratischen Bedingungen
genügten. Es dauerte nicht sehr lange, bis künstlerische Fragen auf die Tagesordnung gesetzt wurden, und das Theaterzentrum wurde alsbald in eine
Organisation für professionelle Theatergruppen umgebildet. Damals aber,
1969, war die totale Gleichheit sehr wichtig. Und ich glaube, sie war für diese
Zeit auch sehr typisch.

Mit seiner totalen Offenheit wurde das Theaterzentrum zum Tummel-
platz all jener neuen Ideen, die von den Mitgliedern mehr oder weniger
deutlich verkörpert wurden. Die Bildung einer freien Gruppe war ein Protest
gegen das etablierte Theater, wobei dieser Protest sich gegen alle Teile des
traditionellen Theaterwesens richtete: ein neuer Schauspielertyp sollte hervortreten, wohl geübt in der Kunst der Improvisation und ausgestattet mit einem
starken Bedürfnis, direkt mit dem Publikum zu kommunizieren; ein neues
Publikum wurde aufgesucht, vorzugsweise unter den Arbeitern oder unter
dem Volk, d.h. den Bevölkerungsgruppen, die von der Bürokratie als "benachteiligte Gesellschaftsgruppen" bezeichnet wurden; der neue Schauspieler
und der neue Zuschauer sollten sich an einem neuen Spielort gegenüber-
treten, weitab vom Proszenium, ohne Bühnenvorhang und ohne Rampe,
möglichst nahe zueinander; ein neues Drama sollte geschaffen werden,
vorzugsweise durch kollektive Improvisationen der Mitglieder der Gruppen
selbst. Ein starkes Symbol für diese Bestrebungen entstand mit dem Kindertheater. Hier wurde ein völlig neuer Dramentyp entwickelt – in dem Kinder
als Kinder und nicht als zukünftige Erwachsene betrachtet wurden –, aufgeführt von jungen, unkonventionellen Schauspielern für ein Publikum, das in
der Tat eine benachteiligte Gruppe darstellte. Das Ganze fand im Kindergar-
ten oder im Turnsaal einer Schule statt und erfüllte somit alle Forderungen
nach einem völligen Bruch mit den Konventionen des herkömmlichen Theaters.

Konnte der Abstand größer sein zu jener Gruppe von Künstlern, die zehn
Jahre zuvor an der Stockholmer Oper *Aniara* geschaffen hatte? Ist dies ein

ungerechter Vergleich, so als wollte ich grüne Hüte mit runden Hüten vergleichen? Es ist keinesfalls meine Absicht, zwischen einer Operninszenierung des Jahres 1959 und der Bildung einer Organisation im Jahr 1969 einen direkten Vergleich anzustellen. Vielmehr liegt mir daran, zwei Ereignisse aus den genannten Jahren einander gegenüberzustellen, die für mich das Ende des jeweiligen Jahrzehnts repräsentieren. Die Frage ist nun, ob diese Ereignisse den tatsächlichen Veränderungen in den sechziger Jahren entsprechen und somit als symptomatisch aufgefaßt werden können, oder ob sie eher jener Mythenbildung zuzurechnen sind, die dieses Dezennium bereits heute charakterisiert.

Eine mystifizierte Generation

Die sechziger Jahre sind heute von mancherlei Legenden umgeben, die zwar diffus sind, aber von denen, die dabei waren, gern unterstützt und aufrechterhalten werden. Als die Aktivisten sich dem mittleren Alter näherten, haben immer wieder einige ihre maoistische Vergangenheit widerrufen – bzw. ihre trotzkistische, leninistische, syndikalistische oder lediglich marxistische. Als in den achtziger Jahren die Neuliberalen Wind in den Segeln spürten, gingen sie sogleich auf ihre früheren Feinde los. Doch durch Klagen über Linksrichtung und Meinungsmonopol der 68er Generation trugen auch sie zur Mythenbildung bei. Man bestätigte die Auffassung, daß in den sechziger Jahren alles politisiert war, das Alltagsleben wie die Kunst, die Liebe wie die Entwicklungsländer (so hießen sie damals noch). Retrospektiv fragt man sich, ob die Politisierung denn wirklich so umfassend war, und, wenn ja, wie sie sich auf das Theater- und Kunstleben ausgewirkt hat. War die Ästhetik davon berührt, d.h. gab es eine politische Ästhetik? Es dürfte nicht alles Propaganda gewesen sein, ebenso wie sich das politische Denken wahrscheinlich doch verschiedentlich durchgesetzt hat, beispielsweise im schwedischen Kindertheater.

Ich möchte zum Kindertheater noch eine weitere Bemerkung machen. Was damals in den sechziger Jahren anfing, hat die Zeit überdauert, auch wenn sich seine Formen hin und wieder gewandelt haben. Die grundlegenden Auffassungen sind weiterhin gültig – das Recht der Kinder auf Theater, die Erfahrungen der Kinder als Themen, beispielsweise die Konflikte zwischen Kindern und Eltern. Auch aus künstlerischer Sicht wurde das Kindertheater seither ernst genommen, die Zeit der glitzernden Weihnachtsspektakel war endgültig vorbei. Kindertheater wurde nicht nur praktiziert, sondern auch diskutiert, in Büchern, Theater- und Lehrerzeitschriften, ja sogar in den Feuilletons der Tageszeitungen. Wenn die Diskussionen heute auch nicht mehr so lautstark geführt werden wie vor fünfundzwanzig Jahren, so muß doch eingeräumt werden, daß dem Kindertheater im heutigen schwedischen Theaterleben ein fester Platz zukommt.

Ich könnte andere Beispiele anführen, um zu zeigen, welche langfristigen Auswirkungen dieses Dezennium auf das schwedische Kulturleben hatte. Arbeitsplatzdemokratie auch an den Theatern, Gleichheit der Geschlechter, die Verantwortung gegenüber dem breiten Publikum, die Rolle der Kritiker, das Anwachsen der Freien Theatergruppen – all das wurde diskutiert und in die Praxis umgesetzt. Auch der Kulturbegriff wurde in Frage gestellt. Ursprünglich ein Synonym für Kunst oder die Künste, erweiterte sich die Bedeutung von 'Kultur' zu einem allumfassenden Begriff der gesamten Lebensform des Menschen. Kultur war das menschliche Bedürfnis nach Gemeinschaft und Geborgenheit im allgemeinen, aber auch im engeren Sinne die Zugänglichkeit von Theater und Kunst, dargeboten in Formen, die nicht nur das Elitepublikum ansprechen sollten. Diese Ansätze enthielten ein pädagogisches und ästhetisches Programm, das im Laufe der Jahre immer deutlicher hervortrat. Der bedeutungsvollste Schritt war hier ohne Zweifel die Erarbeitung einer Kulturproposition, die, von Kulturminister Olof Palme 1968 angeregt, von einer Kommission ausgearbeitet wurde, um schließlich 1974 von allen parlamentarischen Parteien einstimmig angenommen zu werden. Aufgrund dieser breiten politischen Unterstützung konnten die Freien Gruppen in den siebziger Jahren immer stärker subventioniert, aber auch eine bedeutende Anzahl von regionalen Theatern und Landesbühnen etabliert werden. Ich möchte schon an dieser Stelle festhalten, daß ich die sechziger Jahre für das folgenreichste Dezennium im kulturellen Leben Schwedens in diesem Jahrhundert halte.

All das, wovon hier die Rede ist, fand hauptsächlich gegen Ende der sechziger Jahre und in den darauf folgenden zehn bis fünfzehn Jahren statt, d.h. in Verhältnissen, die ich selbst schon erlebte. Die Politik war zu dieser Zeit bereits entfesselt, die künstlerischen Grenzen waren schon gesprengt. Wie kam es aber zu dieser Politisierung in den früheren Jahren des Jahrzehnts? Ich sehe eine gewisse Zäsur, die den Zeitabschnitt bis etwa 1966 vom Jahre 1967 und der darauf folgenden Zeit der stark zunehmenden Politisierung trennt. Möglicherweise hatte der Tod des deutschen Studenten Benno Ohnesorg in Berlin 1967 – erschossen von der Polizei auf einer Demonstration gegen den Schah von Persien – bedeutend größere politische Wirkung, als man sich seinerzeit vorstellen konnte. Eine schwedische Theatergruppe gastierte am gleichen Tag im Theater am Turm in Frankfurt mit Peter Weiss' *Gesang vom lusitanischen Popanz* – und so kam es, daß Gunilla Palmstierna-Weiss aufgrund ihrer Sprachkenntnisse im Auftrag des Ensembles dem Publikum das Beileid aussprach.[4] Symbolische Ereignisse und Handlungen? Sicherlich, aber erst aus einer späteren Perspektive erkennbar. Etwas muß davor stattgefunden haben, in den Jahren nach *Aniara* bis zur Mitte des Dezenniums, oder, um es in Jahreszahlen auszudrücken, in den Jahren 1960 bis 1966.

Theoretische Perspektiven

Wenn ich rundheraus behaupte, die sechziger Jahre seien das folgenreichste Dezennium dieses Jahrhunderts gewesen – im Kulturbereich, in Schweden –, dann läßt sich eine solche Behauptung natürlich nicht beweisen. Hier ist vielmehr die Frage, wie man die Veränderungen beschreiben und verstehen kann, die sich innerhalb eines Jahrzehnts ereignet haben. Das Problem besteht darin, ob man diese Veränderungen im Rahmen einer lange andauernden Entwicklung sehen will, ob sie parallel zu anderen tiefgreifenden Veränderungen in der Gesellschaft oder in bestimmten Kunstarten verliefen, ob die Geschehnisse eine geradlinige Ereigniskette ausmachen, oder ob diese Dinge nur alle zufällig etwa gleichzeitig passierten. Bereits die Formulierung der Probleme bringt eine theoretische Stellungnahme mit sich, denn mit ihr wird bereits angedeutet, welche Erklärungen und Verstehensweisen möglich sind.

In der heutigen breiten Fächerung von Theoriebildungen bezüglich Geschichte und Geschichtsschreibung[5] scheinen alle denkbaren Standpunkte vertreten zu sein. Ich möchte hier diese wissenschaftstheoretische Mannigfaltigkeit ebensowenig im Einzelnen neu bewerten, wie meine theoretischen Ansätze dem Zufall überlassen. Für meinen Versuch, mich der Avantgarde der sechziger Jahre anzunähern, scheinen mir zwei Theoriebildungen besonders attraktiv, die zunächst gegensätzlich erscheinen: Norbert Elias' Gesichtspunkte, die er in seiner umfassenden Arbeit über den Zivilisationsprozeß dargelegt hat, sowie Stephen Greenblatts Konzentration auf das Verstehen von Einzelhandlungen.[6]

Elias interessiert sich für langwierige Verläufe – solche, die sich über Jahrhunderte erstrecken –, um herauszufinden, inwieweit man in der Geschichte bzw. Kultur- und Sittengeschichte bestimmte Richtungen sehen kann. Wenn er zum Beispiel untersucht, wie sich der Mensch zur Anwen-

---

4   Gunnar Olofgörs erzählt diese Episode in seiner Abhandlung über Gunilla Palmstierna-Weiss, Olofgörs 1995, S. 289.

5   Zur Problematik des historischen Abstandes vgl. auch die Beiträge von Christel Weiler und Freddie Rokem.

6   Vgl. Elias 1969 sowie Greenblatt 1980. Siehe ferner Greenblatts unten angegebene Schriften.

dung von Gewaltmitteln verhält, meint er sehen zu können, daß der einzelne diese Mittel immer mehr der öffentlichen Hand überläßt – dem Militärwesen, der Polizei, den Rechtsinstanzen, die den Schutz des Individuums übernehmen. Anstatt daß jeder seinen Hof selbst verteidigt, kauft die Regierung Starfighter. Elias ist sich bewußt, daß dieser Prozeß nicht geradlinig ist. Es kann Rückschläge und Abweichungen geben, ein Bauernkrieg kann dazwischen kommen, ein Verteidigungsminister kann bestochen werden.

Wie die Bewegungen und Gegenbewegungen, die durch Elias' äußerst detaillierte Einzelstudien hervortreten, dennoch Muster bilden, beschreibt Elias folgendermaßen: "Je weiter man durch die Fülle der Fakten hindurch zu den Strukturen und Verflechtungszwängen der Vergangenheit vordringt, desto klarer hebt sich für den Blick ein festes Gerüst von Prozessen heraus, in das sich die verstreuten Fakten einfügen."[7] Die Aufgabe des Historikers sieht Elias im Suchen nach den generellen Tendenzen in den Bewegungen der Geschichte. Die Einzelstudien dienen diesem Zweck, und seine Arbeit ist ein guter Beleg dafür, daß die Suche nach den Haupttendenzen in der Geschichte tatsächlich durch die Betrachtung historischer Details gestützt zu werden vermag.

Stephen Greenblatt hat in Bezug auf die von ihm behandelte Epoche die gleichen Präferenzen wie Elias: das späte Mittelalter und die Renaissance. In seinem Buch *Renaissance Self-Fashioning* betrachtet er den Übergang vom göttlichen Universum als Zentrum menschlichen Denkens zur individuellen Selbstkenntnis, die den Renaissancemenschen kennzeichnet. Greenblatts Gesichtspunkte sind dabei immer konkret. In der genannten Untersuchung stellt er More und Tyndale einander gegenüber als Beispiele vom Anfang des sechzehnten Jahrhunderts, Marlowe und Spenser als Beispiele vom Ende des Jahrhunderts. Er zeigt damit sehr deutlich, daß zu jedem Zeitpunkt strittige Fragen, Utopien und Interessen miteinander konkurrieren, allerdings im jeweiligen Kontext ihrer Zeit. In einem Aufsatz mit dem Titel *The Improvisation of Power* faßt er dies folgendermaßen zusammen:

> Whenever I focused sharply upon a moment of apparently autonomous self-fashioning, I found not an epiphany of identity freely chosen but a cultural artefact. If there remained traces of free choice, the choice was among possibilities whose range was strictly delineated by the social and ideological system in force.[8]

---

7   Elias 1969, Bd. 2, S. 434.
8   Greenblatt 1994, S. 76.

Eine ständig wiederkehrende Frage für Greenblatt und andere Vertreter des sogenannten New Historicism ist die nach der Rolle des Forschers selbst, als Individuum und als Berufsvertreter, als Teil des Forschungsprozesses überhaupt. Für Greenblatt ist es offenbar, daß auch die Tätigkeit des Forschers eine kulturelle Praxis ist, die einem bestimmten Kontext zugehört, auch wenn er sich dazu kritisch verhalten sollte. So kann der Forscher nie den Anspruch erheben, ewige Wahrheiten zu verkünden oder der "menschlichen Natur" Ausdruck zu verleihen. Jedes Ereignis kann nur aus dem eigenen Kontext heraus verstanden werden, wobei das Verstehen immer nur das Verstehen eines Subjekts sein kann.[9]

Vergleicht man die oben zitierten Abschnitte, erscheint mir ihre Ähnlichkeit bemerkenswerter als ihre Unterschiedlichkeit. Offensichtlich sind Elias und Greenblatt beide daran interessiert und davon überzeugt, daß es wesentliche Zusammenhänge gibt zwischen dem einzelnen Augenblick und der Bewegung, zwischen dem Artefakt und dem Prozeß. Ob dieser Befund eine Hilfe für mein Verstehen der sechziger Jahre ist, muß sich erst noch erweisen. Eine weitere Nuancierung scheint vonnöten.

Theoretische Probleme

Die Unterschiede zwischen Elias und Greenblatt scheinen mir in erster Linie nicht epistemologischer Art zu sein. Beide sind zutiefst überzeugt von der Notwendigkeit detaillierter Einzelstudien, der unabkömmlichen Quellenkritik, der Notwendigkeit von sowohl breitem als auch tiefem Verständnis von Epoche und Geographie, die das Ereignis umgeben. Der Unterschied zwischen den beiden Forschern liegt eher auf ideologischer Ebene, was mit der Zeit zusammenhängt, in der sie tätig waren bzw. sind. Elias' große Arbeit erschien zum ersten Mal 1939, als der deutsch-jüdische Flüchtling in Amsterdam weilte. Die nazistische Gewalt konnte nicht der Endpunkt der menschlichen Entwicklung sein. Elias versuchte sie als ein retardierendes Moment zu sehen, als ein zufälliges Abweichen von der übergeordneten Richtung der Zivilisation. – Für einen Historiker der achtziger Jahre sah die Welt vielleicht doch anders aus. Während diese Zeilen geschrieben werden, rast auf dem Balkan bereits im dritten Jahr ein Krieg, und ethnische Säuberungsaktionen sind, wieder einmal, an der Tagesordnung. Die Virulenz der Frage, ob der Mensch etwas aus der Geschichte lernt, wird auf die Spitze getrieben. Für Greenblatt und die Forscher seiner Generation kann es schwer

---

9   Vgl. Greenblatt 1995.

werden, aus der Einsicht heraus, daß vergangene Erfahrungen wiederholt
werden (müssen), einen wissenschaftlichen Optimismus aufrechtzuerhalten.
Im besten Fall läßt sich jede Handlung aus verschiedenen Perspektiven verstehen.

Hier könnte ein Seitenblick auf die Annales-Schule einen interessanten
Ausblick bieten. Diese hauptsächlich französische Tradition gruppierte sich
seit den vierziger Jahren um die Zeitschrift *Annales.* In letzter Zeit haben
jüngere Forscher Fernand Braudels Gedanken wieder aufgenommen, in der
Geschichte zwischen kurzen, mittelfristigen und langen Perspektiven (frz.:
durées) zu unterscheiden. Sein Begriff der kurzen Perioden könnte in individuelle Zeit übersetzt werden, etwa die schnellen Veränderungen, die in der
Politik kennzeichnend sind. Die mittleren Perioden entsprächen der sozialen
Zeit und beschreiben die wirtschaftlichen Zyklen, welche den Rhythmus der
gesellschaftlichen Evolution ausmachen. Die langen Perioden wiederum
könnten auch geographische Zeit genannt werden und ziehen sich über
Jahrhunderte hin, über die hinweg strukturelle Veränderungen vor sich
gehen.[10] Roger Chartier hat deutlich gemacht, daß die 'langen Perioden' nicht
jeweils die Summe einer Anzahl von 'kurzen Perioden' sind, sondern daß
diese verschiedenen Perioden ganz andersartige Perspektiven beinhalten,
sowohl in materieller als auch in mentalitätsorientierter Hinsicht.[11] Diese
Überlegungen angewandt auf mein Studium der sechziger Jahre, kann es
nicht genügen, diese Periode nur mit direkt vorhergehenden zu vergleichen.
Vielmehr muß man dieses Jahrzehnt eingebettet in einen bedeutend längeren
Prozeß sehen, beispielsweise denjenigen der Position des Avantgardismus im
Kulturfeld dieses Jahrhunderts.

Die Menge der theoretischen Ansätze innerhalb der Geisteswissenschaften hat nicht zu harten Gegensätzen geführt, im Gegenteil, der Theorien-
pluralismus wird anerkannt und produktiv gemacht. Jede Theorie führt ihre
eigenen Probleme und methodischen Werkzeuge mit sich. Kein Forscher
kann sich aller Theorien gleichzeitig bedienen. Vielmehr ist das, was Erika
Fischer-Lichte Partialität nennt, heute eine notwendige Begrenzung. Diese
Partialität bezieht sich sowohl auf theoretische Ausgangspunkte als auch auf
konkrete Studienobjekte. Fischer-Lichte meint dazu:

> [Es] soll hier ausdrücklich von der Partialität als der Bedingung der Möglichkeit
> einer Theatergeschichte ausgegangen werden. Jeder muß den Objektbereich
> seiner Theatergeschichte seinen spezifischen Erkenntnisinteressen und Kom-

---

10 Vgl. Braudel 1958 und 1969.
11 Vgl. Chartier 1989.

petenzen entsprechend eingrenzen, jeder aus ihm die für seine Fragestellung
als ergiebig vermuteten Ereignisse auswählen und aus seiner Untersuchung
der auf sie bezogenen Dokumente seine Geschichte konstruieren.[12]

Diese Zeilen enthalten ein ganzes Forschungsprogramm: ausgehend von den
eigenen Interessen sucht sich der Forscher oder die Forscherin – das Geschlecht mag in diesem Fall tatsächlich von Wichtigkeit sein – die Ereignisse
heraus, welche die gewählten Fragestellungen am besten zu erhellen vermögen. Natürlich sind hier Spuren des New Historicism zu bemerken. Für
mich aber scheint es besonders interessant, daß hier durch die spezifische
Auswahl der Beispiele – die Partialität – auch das Verhältnis zwischen Teilen
und Ganzheit angesprochen wird. Die theoretische Handhabung des Ganzen
wird anders aussehen müssen als die methodische Bewältigung der einzelnen
Artefakte.

Meine Probleme

Es sollte nun möglich sein, meine eigenen Fragestellungen hinsichtlich der
sechziger Jahre in Schweden etwas näher zu präzisieren. Was ich selber zum
Ende der Epoche noch miterlebt habe, war die bedeutungsvolle Rolle, die
dem Theater im ideologischen und politischen Diskurs dieser Zeit zugeteilt
wurde. Die Bühne galt mehr als die Kanzel. Gleichzeitig hatte das Theater
auch eine Vorrangstellung in der Kulturpolitik eingenommen, so daß die
Kulturproposition von 1974 stark von der Theatersphäre geprägt war. Theater
war etwas – auch gesellschaftlich – womit zu rechnen war. Daß die Studenten 1968 gegen die Oper in Stockholm marschierten, verdient angesprochen
zu werden: es passiert nicht so oft, daß man einer Theaterinstitution eine
solche, wenngleich symbolische, Bedeutung zumißt.

Agne Beijer, der erste Professor der Theaterwissenschaft in Schweden,
hatte immer behauptet, daß ein Historiker sich nicht mit Zeiten befassen
sollte, die er selbst erlebt habe. Ich habe die sechziger Jahre nicht in Schweden erlebt, bin aber seit 1968 in Schweden wohnhaft und weiß daher, was
"dann" passierte. Ich sitze mit dem Fazit in der Hand, es ist mir bekannt, was
die siebziger Jahre mit sich brachten. Das Theater nahm eigentlich erst dann
den zentralen Platz im Kulturleben ein, erst 1977 kam die Peripetie – das
Zeltprojekt, das ein Dutzend freier Gruppen vereinigte, die in einer groß
angelegten Zeltrevue die Geschichte der schwedischen Arbeiterbewegung
zeigten und kritisierten, sowie, im gleichen Sommer, *Das Spiel vom Nor-*

---

12 Fischer-Lichte 1993, S. 5.

berger Streik, in dem ein Kollektiv von ortsansässigen Amateuren mit Hilfe einiger professioneller Theaterleute seine eigene (traurige) Geschichte mit großem Erfolg darstellte und das bis heute überall in Schweden nachgeahmt wird. Die Radikalen hatten ihren Blick auf die Geschichte der Arbeiterklasse gerichtet, um ihn bald darauf, in den achtziger Jahren, nach innen zu kehren: die Revolutionäre gingen in Psychotherapie und machten das Theater zum Schauplatz ihrer Neurosen.

Meine Ironie läßt durchblicken, daß auch Forscher nicht über den eigenen Schatten springen können. Ich kann nicht so tun, als wüßte ich nicht all das, was in den sechziger Jahren noch Zukunft war; heute liegt George Orwells *1984* schon lange hinter uns. Die damalige Zukunft ist heute schon Geschichte. Meine Erinnerungen sind ein Teil der Geschichte, letztere ganz deutlich mitschaffend, im besten Fall eine Hilfe, im schlimmsten Fall ein unkontrollierbares Steuerungsmittel.[13]

Für mich gilt es nun, diese persönlichen Erinnerungen und meine Erinnerungen der Zukunft etwas in den Hintergrund zu drängen, um der frischen Neugierde Platz zu machen, die den früheren Teil der sechziger Jahre betrifft. Wie bereits angedeutet, scheinen gerade in jenen ersten Jahren entscheidende Impulse für eine neue Ästhetik im gesamten Kunstbereich aufgekommen zu sein. In der unmittelbaren Nachkriegszeit waren die künstlerischen Erneuerungen hauptsächlich auf die großen, öffentlich unterstützten Bühnenbetriebe beschränkt. Gerade deshalb war *Aniara* typisch für diese Epoche. Meine Annahme ist, daß die kunstradikalen Aufbrüche der frühen sechziger Jahre alsbald die ästhetischen Normen und Erwartungen verändert haben und somit Grundlage der späteren, politisierten Entwicklung geworden sind.

Um diese ästhetischen Veränderungen in den frühen sechziger Jahren etwas in den Griff zu bekommen, gehe ich hier von einigen Mutmaßungen aus, die nicht dem Theater im engeren Sinne gelten, sondern eher den ganzen Kunstbereich anbelangen:

1. die Interaktion zwischen den Kunstarten dürfte die ästhetische Erneuerung angespornt haben;

2. ausländische Impulse dürften bei den Veränderungen eine gewisse Rolle gespielt haben;

3. die neuen Ideen sollten sich am ehesten an Plätzen außerhalb des etablierten Kulturbetriebs finden lassen;

---

13 Vgl. LeGoff 1988.

4. die neue Ästhetik könnte auch das Verhältnis zum Publikum mit einschließen.

Wenn ich dazu noch angebe, daß meine Perspektive auf die frühen sechziger Jahre an Stockholm orientiert ist, dann nimmt es nicht wunder, daß mich meine Suche nach dem Neuen alsbald ins Moderne Museum führte.

MM

Eine ehemalige Militärturnhalle machte das Hauptgebäude des Modernen Museums in Stockholm aus, als es 1958 feierlich eröffnet wurde. Von Anfang an wurden große Anstrengungen unternommen, die Sammlung der ersten Avantgarde zu vervollständigen mit Werken von beispielsweise Picasso, Braque, Picabia, Leger, Klee, um nur einige Namen zu nennen. Aber das MM – so wird es gemeinhin abgekürzt – bemühte sich auch darum, den Anschluß an die zweite Avantgarde zu finden. Dieser spätere Teil der Kunstavantgarde war soeben dabei, seinen Schwerpunkt von Paris nach New York zu verlagern. Heute wissen wir übrigens – damals wußte man es nicht –, daß diese Verlagerung nach New York von CIA, USS und anderen amerikanischen Organisationen finanziell massiv unterstützt wurde, um die USA in jeder Hinsicht führend in der Welt zu machen.[14] Unter vollem Einsatz der kleinen Belegschaft – u.a. von Pontus Hultén, dem späteren Intendanten des Centre Pompidou sowie anderer internationaler Institute – gelang es dem MM, schon in den ersten Jahren überraschende und auch im Ausland beachtete Ausstellungen zu arrangieren.

Das MM wollte sich nicht mit Kunstausstellungen im konventionellen Sinn begnügen. Von Anfang an standen die Säle des Museums auch offen für Chorauftritte, Filmfestivals, "Stimmen der Zukunft", Jazz, Lyrik, Vorlesungen einer Anaïs Nin, Konzerte eines John Cage[15], eines Karl Heinz Stockhausen. Was die bildende Kunst selbst betrifft, ging man ebenfalls weit über das Konventionelle hinaus, zum Beispiel, wenn man Webereien von Jugendlichen aus Ägypten zeigte. Was mich an dieser Vielfalt von Aktivitäten besonders interessiert, sind die Gelegenheiten, bei denen die Arrangements des MM deutlich die Grenzen der Genres überschritten und verschiedene Kunstarten interfoliierten und integrierten. Natürlich fällt hier die Auswahl schwer. Ich habe mich für einige Ereignisse entschieden, die mehrere Kunstarten berüh-

---

14 Vgl. Boyer 1994 und Guilbaut 1983.
15 Zu John Cage vgl. auch die Beiträge von Erika Fischer-Lichte und Petra Maria Meyer im vorliegenden Band.

ren, die ausländische Impulse deutlich machen und die auch gegenüber dem
Publikum deutlich neue Haltungen einnehmen,– mit anderen Worten, für
Ereignisse, die meine Mutmaßungen am besten zu erhellen vermögen.[16]

1. *Kunst in Bewegung* (16. Mai bis 10. September 1961) zeigte 233 Werke
von 80 Künstlern aus 19 Ländern, die sich alle mit kinästhetischen Aspekten
der Kunst befaßten. Da gab's Mobile und Automobile, Motoren und Maschinen sowie allerhand mechanische Apparate, die sich bewegten oder auf
Bewegungen zurückverwiesen. Unter den Künstlern wären solche Klassiker
zu nennen wie Marcel Duchamp[17], Man Ray, Alexander Calder, Moholy-
Nagy, Eggelin, Tatlin und Giacometti sowie aus der neuen Generation Jasper
Jones, Jean Tinguely und Robert Rauschenberg, ferner natürlich eine Menge
von schwedischen Künstlern. Während der Ausstellungszeit wurde "Abstract-
Rhythm-Film" vorgeführt, javanesisches Schattenspiel gezeigt, elektronische
Musik gespielt etc. 70.000 Leute sahen die Ausstellung, und viele davon
fragten sich, ob das, was das MM hier ausstellte, wirklich alles Kunst sei. Das
fragten sich auch die Kritiker, und eine ausgedehnte Debatte entspann sich in
den Zeitungen – auch ausländischen –, ob es denn nunmehr überhaupt noch
allgemeine Normen dafür gebe, was als Kunst verstanden werden könne. Es
scheint, daß diese Debatte das Thema erschöpft hat, denn diese Probleme der
Kunstästhetik wurden später in den sechziger Jahren nie wieder in dieser
Ausgiebigkeit auf den Seiten der Tageszeitungen und Kulturzeitschriften
diskutiert.

2. *Fünf New York-Abende* (8. bis 14. September 1964) eröffneten die Saison
1964/65. Zu diesen Abenden war eine Reihe von amerikanischen Künstlern
aus verschiedenen Kunstbereichen eingeladen worden, zum Beispiel der
Maler Robert Rauschenberg, der Choreograph Merce Cunningham[18] und der
Komponist John Cage. Diese jungen Leute hatten alle mit dem Black Mountain College[19] in North Carolina zu tun, einer progressiven Kunstschule, an
der unter anderen Arnold Schönberg unterrichtete. Dort hatte man seit den
dreißiger Jahren mit Musik, Bewegung, Raum und Zeit experimentiert, die
verschiedenen Kunstarten zusammengebracht und überhaupt neue und

---

16   Eine Sammlung von Artikeln über das Moderne Museum enthält Granath/Nieckels 1983. Olle
     Granath, heute Chef der Staatlichen Kunstsammlungen, hielt am 4. April 1995 am theaterwis-
     senschaftlichen Institut der Universität Stockholm eine Vorlesung über das Moderne Museum,
     der eine Reihe der hier wiedergegebenen Daten entstammen.
17   Zu Marcel Duchamp vgl. auch die Beiträge von Gabriele Brandstetter und Petra Maria Meyer
     im vorliegenden Band.
18   Zu Merce Cunningham vgl. ebd.
19   Zum Black Mountain College vgl. auch den Beitrag von Erika Fischer-Lichte.

radikale Wege zum künstlerischen Schaffen gesucht. Vornehmlich auf zwei Abende will ich näher eingehen.

a) Rauschenberg arrangierte etwas, was man heute ein klassisches Happening nennen würde. Der Begriff Happening war von einem New Yorker Kollegen Rauschenbergs, Allan Kaprow, geprägt worden, der damit einfach das beschreiben wollte, was bei einem Happening eben passiert. In Rauschenbergs Happening am MM passierte etwa folgendes: Aus der großen Ausstellungshalle waren sicherheitshalber alle Kunstwerke entfernt worden, weil bei einem anderen, ähnlichen Ereignis ein Künstler mit einem Besenstiel ein Gemälde von Braque durchstoßen hatte. Von der Decke der leeren Halle hing ein langes Seil, das mit allerhand Textilien verziert war. Unter dem Seil stand ein niedriger Wagen oder Karren, auf dem sich ein großes Ölfaß befand. Das Publikum saß in einem großen Kreis um diese "Bühne" herum. Rauschenberg kletterte unendlich langsam an besagtem Seil herunter, bis er schließlich im Faß verschwand. Eine Kuh wurde in den Saal geführt. Sie hieß Norma und hatte "Strümpfe" an, vermutlich um das Parkett nicht zu verderben. Rauschenberg kam wieder aus seinem Faß hervor, und die Kuh zog den Karren, von einem Helfer assistiert, Richtung Ausgang. Das Publikum klatschte, was die Kuh offenbar erschreckte und zu dem Resultat führte, daß ein frischer, dampfender Kuhfladen inmitten der Spielfläche zurückblieb.

b) Merce Cunningham führte ein Ballett vor, ausgeführt von professionellen Tänzern, die in hautengen, getupften Trikots auftraten. Rauschenberg, der diese Kostüme entworfen hatte, war auch für den gemalten Hintergrund verantwortlich, der in der gleichen grünen Farbe und den gleichen weißen Tupfen wie die Trikots der Tänzer gehalten war. Wenn sich die Tänzer nun vor diesem Hintergrund bewegten, wurden sie optisch zu Köpfen, Händen und Füßen reduziert, indem ihre Körper mit dem Hintergrund zusammenschmolzen bzw. ein bewegliches Element des optischen Arrangements ausmachten.

3. *Sie – eine Kathedrale* (4. Juni bis 4. September 1966) hieß eine Skulptur von Niki de Saint Phalle und Jean Tinguely. Die beiden Künstler – durch ihre Skulpturengruppe *Das Paradies* den Stockholmern bereits wohlbekannt – hatten eine buntbemalte, enorm große Skulptur einer Frau in liegender Position geschaffen: Ihre Ausmaße betrugen 23 Meter in der Länge und 6 Meter in der Höhe. 80.000 Besucher wanderten durch die "Pforte des Lebens" in ihren Leib, um im Inneren den ersten Filmstreifen der Garbo zu bestaunen sowie ein Planetarium und eine Ausstellung klassischer Kunstwerke, von denen alle Kopien des Ausstellungsleiters Ulf Linde waren. Die Besucher trafen auf einen damals noch ungewöhnlichen Coca-Cola-Automa-

ten, konnten eine Aussichtsterrasse auf dem Bauch der Dame erklimmen oder auch an der Stelle ihrer Urinblase ein Aquarium finden. Jeder Besucher mußte sich auf eigene Faust in dem Labyrinth orientieren, ohne Führung und ohne Beschilderung, und konnte nie ganz sicher sein, alles gesehen zu haben.

4. *Massage* (3. bis 7. Oktober 1966), vom schwedisch-amerikanischen Maler Claes Oldenburg, war ebenfalls ein Happening, allerdings von ganz anderer Art als das von Rauschenberg. Oldenburgs Happening wurde in der kleinen Halle des MM fünfmal wiederholt, weil die Zahl der Zuschauer, oder vielmehr: der Teilnehmer auf achtzig Personen eingeschränkt werden mußte. Mehr Leute konnten auch nicht auf den Matratzen Platz finden, die einen wesentlichen Teil des Arrangements ausmachten. Zum Schluß der Vorführung wurden nämlich alle Teilnehmer gebeten, sich auf die Matratzen niederzulassen, jeder bekam eine Decke, und dann ging das Licht aus. Niemand konnte erkennen, was die Nachbarn auf den anderen Matratzen vor sich hatten, es sei denn, man fand die Taschenlampe, die zu jeder Matratze gehörte – mit der konnte man dann herumleuchten und allerhand Aktivitäten zum Vorschein bringen. Schließlich ging das Licht wieder an, Rockmusik dröhnte aus Lautsprechern, und das ganze Evenement schloß mit einer allgemeinen Tanzparty.

Was mich nun besonders an den beschriebenen Ereignissen im MM interessiert, ist die Art und Weise, wie die verschiedenen Formen der Präsentation mit dem Publikum kommunizieren. Nicht zuletzt erscheint es mir wesentlich, in welchem Maße die Künstler selber auftreten ('Künstler' hier in der Bedeutung von 'Urheber' oder auch 'Darsteller'). Faßt man die fünf Ereignisse unter diesem Gesichtspunkt zusammen, lassen sie sich nach folgendem Muster, in dem die Präsenz des Künstlers als theatrales Element zur Mitte hin zu- und dann wieder abnimmt, darstellen:

Beispiel		Theatrale Elemente
1.	*Kunst in Bewegung*	Nicht die Künstler selbst, sondern lediglich bewegliche Objekte
2.	a) *Rauschenberg*	Der Künstler selbst, eine Kuh und einige Helfer
	b) *Cunningham*	Professionelle Tänzer
3.	*Sie – eine Kathedrale*	Die Besucher suchen die versteckten Objekte im Objekt
4.	*Massage*	Interaktion der Zuschauer untereinander

Indem sich diese Evenements in mancher Weise dem Theater annähern, sind es gerade die theatralen Elemente, durch die sich meiner Meinung nach die Kommunikationsformen verändern und damit auch die Ästhetik, die diesen zugrunde liegt. Es ist als wahrscheinlich anzunehmen, daß diese veränderte Ästhetik in den frühen Sechzigern auf die Anschauungen von Theater und theatraler Kunst ebenso eingewirkt hat, wie sich auch die bildende Kunst in ihrem Verhältnis zum Betrachter verändert haben dürfte. Um die damit zusammenhängenden verschiedenartigen Kommunikationsweisen genauer zu analysieren, möchte ich mich eines Modells bedienen, für das ich in anderem Zusammenhang bereits Argumente vorgelegt habe.[20] Ich werde hier nicht näher auf die Vorzüge oder Schwächen dieses Modells eingehen, sondern lediglich dessen konstitutive Begriffe etwas erläutern.

Ich stelle mir vor, daß die Kommunikation zwischen Darsteller und Zuschauer auf verschiedenen Ebenen gleichzeitig verläuft. Der Begriff 'Darsteller' wird hier in seiner allgemeinsten Bedeutung verwendet; somit sind damit nicht nur Schauspieler gemeint, sondern ebenso Sänger, Tänzer, Happening-Künstler und ähnliche "Hervortretende". Um die Schreibweise etwas zu variieren, verwende ich die weibliche Form des Begriffs, also 'Darstellerin'. Traditionellerweise spricht man hauptsächlich vom Verhältnis des Zuschauers zu der fiktiven Rolle, welche die Darstellerin präsentiert. Man impliziert damit, daß die gedachten Figuren des Dramas durch die Darstellerin Fleisch und Blut werden – was für die Hauptsache beim Theater gehalten wird. Mir erscheint eine solche Auffassung viel zu sehr auf das Drama abgestimmt, wodurch wesentliche Teile des Theatererlebnisses außer Acht gelassen werden. Aus meinen eigenen Untersuchungen der Theatererfahrungen von Zuschauern habe ich gelernt, daß sich das Publikum ebenso sehr für das "Wie" der Darstellerin interessiert – geschickt, spannend, präsent – wie für das "Was" der Darstellung.[21] Um den Akt der theatralen Kommunikation in seiner Gesamtheit transparent zu machen, unterscheide ich drei Ebenen dieser Kommunikation: eine sensorische, eine artistische und eine fiktionale Ebene.

Sensorische Kommunikation

Die sensorische Ebene beschreibt die physische und psychische Interaktion zwischen Darstellerin und Zuschauer. Prinzipiell läßt sich diese Kommunikation mit Situationen aus dem Alltagsleben vergleichen. Jemand kommt ins Zimmer, ich sehe die Person, und ich reagiere auf sie. Ich finde sie inte-

---

20 Martin/Sauter 1995, bes. Kap. 8, "Theatrical Actions and Reactions". Vgl. auch Sauter 1995.
21 Dies ist eines der zentralen Ergebnisse der Rezeptionsforschungen des Verfassers, publiziert in Sauter u.a. 1986 und Sauter 1988.

ressant, ich werde neugierig, mir gefällt die Stimme der Person, ich fühle eine
körperliche Gegenwart im Raum, ich kann mich angesprochen fühlen etc.
Natürlich erfährt auch die andere Person ähnliche – oder gegensätzliche –
Gefühle mir gegenüber. Dieses sensorische Spiel, das sich meist im Unbewußten abspielt, ist von größter Bedeutung, wenn sich die Darstellerin ihrem
Publikum stellt, wenngleich hier noch ein theatraler Effekt hinzukommt: als
Zuschauer ist es meine Rolle, die Darstellerin zu beobachten, wenn sie sich
vor mir darstellt, exponiert – und die Darstellerin exponiert sich gerade
deshalb, weil ich und andere Zuschauer sie beobachten.

Von den Beispielen des MM sind sicherlich Rauschenberg und seine Kuh
die am deutlichsten exponierten Darsteller, die auch unmittelbar Eindruck auf
das Publikum machten. Was die Zuschauer sahen, war nichts weniger als den
Künstler selbst, und gerade das dürfte die Hauptattraktion des Happenings
gewesen sein. Der Künstler persönlich trat hervor –, eine künstlerische Sensa-
tion an sich, die sowohl triviale Bedürfnisse der Neugierde als auch tiefer
empfundene Sympathien zu dieser Künstlerpersönlichkeit befriedigen konnte.
Rauschenberg war zu dieser Zeit kein Unbekannter in der Stockholmer
Künstlerwelt, aber erstmals Objekt eines Evenements. Das Publikum sah nicht
nur, wie ein Künstler ein Kunstwerk machte – das hatte es schon früher
gegeben. In den fünfziger Jahren hatte Jackson Pollock "Action Paintings"
vorgeführt, und Jasper Jones nannte seine öffentlichen Auftritte "Random
Material Art". Der Zuschauer konnte hier sehen, wie ein Kunstwerk mehr
oder weniger zufällig zustande kam, es aber nach dem Schaffensprozeß doch
ein solides Kunstwerk gab, etwas, das sich an die Wand hängen und verkau-
fen ließ. In Rauschenbergs Happening ging es vielmehr um etwas Anderes
und radikal Neues: Das sensorische Erlebnis seiner Person war sozusagen der
Inhalt des Evenements, das Objekt wurde im Augenblick erschaffen und
verschwand mit der Kuh durch die Tür. Als Darsteller war Rauschenberg
Amateur – obgleich in einem anderen Kunstbereich ein "Profi" –, womit er
die bereits erwähnte, zu dieser Zeit sich verbreitende Auffassung: "Alle können!" – sogar eine Kuh – demonstrierte.

Cunninghams Tänzer dagegen waren professionelle Darsteller, die innerhalb der oben beschriebenen Szene in den getupften Trikots von Choreograph und Bühnenbildner eher mit einer ironischen und spielerischen Einstellung "eingesetzt" wurden. Anstatt als Persönlichkeiten hervorzutreten,
wurden sie zu Trägern von lustigen Kostümen reduziert, die bestimmte
visuelle Effekte hervorbringen.

Während die Mithelfer bei Oldenburgs *Massage* – wiederum Amateure
aus der Kunstwelt, darunter auch Kritiker – sichtbar und erkennbar fast wie
Bühnenarbeiter fungierten, traten in Niki de Saint Phalles Frauenskulptur

sensorische Qualitäten hervor, die nie in eine Darstellung transformiert wurden, sondern lediglich in Objektform vorlagen.

Neue künstlerische Verfahrensweisen

Die artistische Ebene bezeichnet jegliche künstlerischen Ausdrucksweisen, die in den verschiedenen Kunstarten zur Norm "gehören" oder die Norm geradezu ausmachen. Wenn die Darstellerin in der Oper singt, dann ist dies für das Opernpublikum keine Überraschung. Wenn aber ein Tänzer plötzlich eine Arie anstimmen würde, wäre das für ein Ballettpublikum zumindest etwas Außergewöhnliches. Solche gattungsspezifischen Normen verändern sich natürlich mit der Zeit, und jede individuelle Darstellerin trägt dazu durch ihren persönlichen Stil bei – bleibt dabei allerdings für gewöhnlich im Rahmen bestimmter Gattungsgrenzen. Außerdem existieren meist mehrere konkurrierende Varianten von Normen innerhalb des gleichen Genres nebeneinander, beispielsweise eine realistische, eine stilisierte und eine abstrakte Ausdrucksweise. Die Normen verändern sich ständig, wirken aufeinander ein und werden bisweilen bewußt von gewissen Künstlern übertreten.

Normalerweise sind sowohl die Künstler als auch das Publikum mit den Normen vertraut. Es nimmt von daher nicht wunder, daß Normbrüche bei den Ereignissen am MM zu Beginn der sechziger Jahre auf der Tagesordnung standen. Durch die Mißachtung der Normen – einschließlich des Verhältnisses zwischen Darstellerin und Zuschauer – bewegten sich diese Happenings über die Gattungsgrenzen oder, so könnte man behaupten, situierten sich zwischen Theater, Tanz, Skulptur, Malerei, Schauspielerei etc. Zwei Aspekte möchte ich in diesem Zusammenhang unterstreichen, und wiederum gibt Rauschenberg das deutlichste Beispiel. Zunächst brachte sein Amateurstatus die Kunst auf das Niveau des Publikums. Die Attitüde des "Alle können!" erbrachte nicht nur eine sensorische Nähe zum Publikum, sondern schuf auch ein künstlerisches Vakuum, das keine bestimmten Zuschauererwartungen zuließ. Darüber hinaus muß bedacht werden, daß die meisten der besagten Evenements nur ganz wenige Male vorgeführt wurden bzw., wie im Falle der *New York-Abende*, überhaupt nur ein einziges Mal stattfanden. Damit waren gar keine konkreten Erwartungen möglich – niemand hatte sie zuvor gesehen, und die Zeitungsberichte kamen erst im nachhinein. Die Zuschauer konnten sich privilegiert fühlen, ein zweites Mal konnte man an diesen Ereignissen nicht teilnehmen. Weiter weg von kommerziellen Interessen konnte man sich kaum bewegen.

Niki de Saint Phalles *Sie* konnte man den ganzen Sommer besuchen, wobei jeder Gast notwendigerweise ein einmaliges, persönliches Erlebnis hatte, dessen Besonderheit durch die komplizierte Struktur des Inneren der gigantischen Skulptur noch unterstrichen wurde. Die Objekte der *Kunst in Bewegung* dagegen wiederholten nur ihre eigenen Kreisläufe und wiesen damit auf bereits stattgefundene Bewegungen, wodurch der Ereignischarakter stark zurückgedrängt wurde.

Auch wenn die Normbrüche das Publikum offenbar daran hinderten, sich mit bestimmten Erwartungen einzufinden, so provozierten die Normbrüche als Regel – und damit als eine neue Art von Norm – wiederum gewisse, wenngleich undeutliche Erwartungen. Zumindest konnte man erwarten, daß im MM alles passieren konnte, was bezüglich einer Opernaufführung kaum der Fall gewesen sein dürfte. In dieser Hinsicht zeigen die Happenings gewisse Ähnlichkeiten mit anderen historischen Ereignissen, beispielsweise den Kabaretts der Dadaisten, den Manifesten der Futuristen, den Auftritten der Agitprop-Gruppen oder des Bauhauses etc., und es lassen sich natürlich auch entfernte Parallelen feststellen.

Jedesmal wenn eine Darstellerin den Raum betritt, geht eine tiefgreifende Transformation des artistischen Codes vor sich: Ich kann die Darstellerin nicht als ein künstlerisches Objekt wie ein Gemälde oder eine Skulptur betrachten; stattdessen deutet sie auf ein künstlerisches Ereignis hin. Dadurch tritt eine völlige Veränderung der Zeitdimension ein, verglichen beispielsweise mit der *Kunst in Bewegung* oder den versteckten Objekten, die der Betrachter in *Sie* findet. Die Darstellerin dirigiert den Fluß der Zeit, so daß der Zuschauer nicht mehr sein eigenes Zeitmaß wählen kann. Der Zuschauer wird gezwungen, unmittelbar zu deuten, was da vorgeführt wird, während das Ereignis noch stattfindet, ein zweites Mal gibt es nicht. Die Situation ist wie im Theater: man kann ein und dieselbe Aufführung nicht zweimal sehen, nur eine andere, der vorigen mehr oder weniger ähnliche Aufführung. In dieser Hinsicht gleicht das Happening am meisten dem Theater – unter Berücksichtigung der Darstellerin als gemeinsamem Nenner. Durch die Darstellerin verändert sich auch die Gegenwart des Zuschauers von der eines Betrachters zu der eines Teilnehmers. Durch den Eintritt der Darstellerin entsteht eine weitere Konsequenz: die theatrale Norm besagt, daß die Darstellerin auch etwas anderes darstellen kann als sich selbst, d.h. die Aufmerksamkeit richtet sich auch auf eine mögliche fiktive Bedeutung.

Bedeutungen

Die fiktive Ebene markiert diesen speziellen Charakter, der einem theatralen Ereignis anhaftet, nämlich, auch eine imaginäre Welt zu bedeuten oder anzudeuten, die von der Darstellerin (re)präsentiert wird und vom Zuschauer erfaßt und interpretiert werden muß. Die imaginäre Welt muß nichts mit der Wirklichkeit zu tun haben; dieses Fiktive beinhaltet die Möglichkeit, etwas zu bedeuten, etwas anderes darzustellen, als das theatrale Ereignis tatsächlich ist. Dieses "Andere" kann eine Geschichte sein, eine Repräsentation, aber auch ein gefühlsmäßiger Zustand oder eine fragmentarische Gestaltung eines Gedankens. Aber abgesehen davon, wie wir einen Auftritt interpretieren, suggeriert das Auftreten der Darstellerin eine Bedeutung, die über die Gestaltung hinausgeht: darin sehe ich eine der Eigenarten des Theaters. Gleichzeitig möchte ich unterstreichen, daß eine Theateraufführung immer etwas Wirkliches ist und das Dargestellte, Unwirkliche – die Fiktion – immer vom Zuschauer geschaffen werden muß.[22]

Es stellt sich somit die Frage, ob Rauschenbergs Klettern am Seil etwas bedeutete. Um die Frage zu beantworten, ist es für mich nicht notwendig zu wissen, welche Intentionen Rauschenberg hatte. Es könnte sich zeigen, daß Rauschenbergs Absichten für mein Erlebnis als Zuschauer völlig belanglos waren. Vielmehr konstituieren seine Aktionen – das Auftreten als solches – den Impuls der Fiktionalisierung. Die Transformation ins Fiktionale geschieht dabei unabhängig davon, ob der Künstler Handlungen tatsächlich ausführt oder nur vortäuscht.

Im Falle Rauschenbergs spielt es für die Interpretation seitens des Publikums keine Rolle, ob das Klettern am Seil tatsächlich schwierig war oder ob Rauschenberg dies nur vorgab. Für die Beurteilung seines künstlerischen Geschicks ist der Unterschied allerdings wesentlich. Betrachtet man die Teilnahme der Zuschauer im Happening *Massage* etwas näher, entdeckt man eine weitere Komplikation, denn abgesehen davon, mit welchen Intentionen die Teilnehmer sich auf das Geschehen einließen, schloß das Erlebnis dieses Happenings stets die eigene Aktivität mit ein. Hier trat nicht eine Darstellerin hervor, die etwas für jemanden vorführte, sondern es handelte sich um einen kollektiven Ausdruck mit ebensovielen Intentionen wie Teilnehmern.

Die Fiktionalisierung ohne jegliche Rezeptionslenkung, lediglich auf den Impuls des Hervortretens einer Darstellerin hin – das war eine weitreichende Veränderung der vorherrschenden Kunstästhetik. Natürlich ist Kunst immer darstellend, aber in einer repräsentativen oder abstrakten Weise. Durch die Darstellerin der Happenings verdichtet sich nicht nur die Zeitdimension, sondern auch der Zwang zur Interpretation, ein Zwang, der bei weitem nicht von allen Zuschauern ohne weiteres akzeptiert werden konnte. Darin bestand

---

22 In diesem Sinne sind alle Erscheinungsformen der Darstellerin performativ, während das Referentielle immer von seiten des Zuschauers eingebracht wird.

die Provokation der Happenings: eine Interpretation heraufzubeschwören, ohne eine Richtung zu weisen. Die abstrakte Kunst und der moderne Tanz hatten in dieser Hinsicht bereits avanciert und dienten den Happeningkünstlern sicherlich als Inspiration, die Überschreitung der traditionellen Gattungsgrenze des Theaters in diese Richtung aber brüskierte den Erwartungshorizont des Publikums, so daß selbst gewaltsame Reaktionen nicht auf sich warten ließen. Die meisten Zuschauer nahmen die Provokationen jedoch mit Gleichmut hin, mit einem Lächeln, und sahen darin eine willkommene Loslösung vom ernsten und angstbesetzten Kunstschaffen der fünfziger Jahre. Man sah in den erwähnten Auftritten etwas Spielerisches, das die Kunst dem Theater annäherte und damit eine neue Ästhetik schuf, die nicht zuletzt auf das Theater zurückwirkte. Als sich die Happenings zu einem Genre verfestigten, das später unter der Bezeichnung "Performance Art" weiterlebte, geschah eben das, was ein Genre kennzeichnet: Die Normen wurden mehr oder weniger stabil und grenzten die Performance Art gegenüber anderen Genres ab.[23]

Wirkungen

Für die sechziger Jahre hatten die Ereignisse am MM weitreichende Konsequenzen. Damit meine ich nicht, daß die Impulse nur von dort ausgegangen sind oder es sich dabei um eine Einbahnstraße gehandelt hat. Die erwähnten Ideen tauchten in den verschiedensten Künstlerkreisen auf, im Ausland wie auch in Schweden. Das MM bildete aber eine Art Zentrale, die Nabe im Rad, das sich immer schneller drehte.

Meine anfänglichen Mutmaßungen bezüglich der Integration der Künste, neuer Aktionsplätze und eines veränderten Bewußtseins dem Publikum gegenüber scheinen sehr gut auf die Evenements des MM zu passen. Von der Mitte der sechziger Jahre an lassen sich ähnliche Ereignisse auch andernorts in Stockholm finden. Ein Ort, an dem man ebenfalls systematisch nach neuartigen Ausdrucksweisen suchte, war das Pistol-Theater, 1964 von Pi Lind und Staffan Olzon mit der ausdrücklichen Zielsetzung gegründet, daß hier nur Dinge vorgeführt würden, die man nicht ebenso gut woanders aufführen könnte. An diesem Theater sollte alles möglich sein, und das meinte man

---

23 Vgl. dazu Féral 1992 sowie die Beiträge von Erika Fischer-Lichte, Gabriele Brandstetter und Petra Maria Meyer im vorliegenden Band.

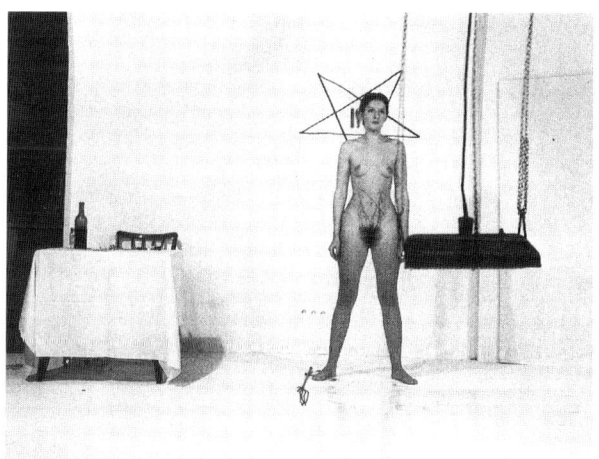

Abb. 1: Hermann Nitsch, *Fünfte Aktion*, 3. März 1964, in Otto Mühls Appartement in Wien.

Abb. 2: Marina Abramović, *Die Lippen des Hl. Thomas*, 1975, Gallerie Krinzinger/Innsbruck.

Abb. 3: Joseph Beuys, *Coyote*, 1974, René Block Gallerie/New York. Photo: Caroline Tisdall.

Abb. 4: Rachel Rosenthal, *My Brazil*, 14. Oktober 1979.

Abb. 5: Coco Fusco und Guillermo Gómez-Peña, *Two Undiscovered Amerindians Visit Covent Garden*, Mai 1992.

Abb. 6: Rebecca Hom, *Bleistiftmaske*, Performance 1972.

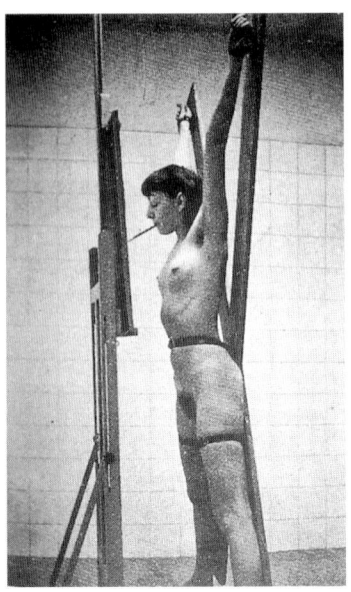

Abb. 7: Natascha Fiala, *Perfo 3*, Rotterdam 1985.

Abb. 8: Marcel Duchamp, *Die Braut, von ihren Junggesellen nackt entblößt, sogar* oder *Das große Glas*, 1915 -1923.

Abb. 9: Merce Cunningham/Jasper Johns, *Walkaround Time*, 1968.

Abb. 10: Rebecca Horn,
Die preußische Brautmaschine,
1988.

Abb. 11: Rebecca Horn, *High Moon*, 1991.

Abb. 12: Rebecca Horn, *Das Einhorn*, Performance 1970.

Abb. 13: Cindy Sherman, *Untitled Film Still # 54*, 1980.

Abb. 14: Cindy Sherman, *Untitled # 205*, 1989.

Abb. 15: Yasumasa Morimura,
Mother Judith II, 1991.

Abb. 16: Yasumasa Morimura,
Brothers Slaughter I, 1991.

Abb. 17: Ballettabend, 5. Oktober 1960,
im Friedrich Wilhelm Gymnasium/Köln.
Carolyn Brown, Merce Cunningham und John Cage.

Abb. 18: John Cage/Merce Cunningham, *Ocean*, 20. Mai 1994, Cirque Royale/Brüssel.

Abb. 19: Peter Stein/Frank-Patrick Steckel/Wolfgang Schwiedrzik, *Die Mutter*, 1970, Schaubühne am Halleschen Ufer/Berlin.

Abb. 20: Peter Stein, *Peer Gynt*, 1971,
Schaubühne am Halleschen Ufer/Berlin.

Abb. 21: Wolfgang Schwiedrzik, *Märzstürme 1921*, 1972, Schaubühne am Halleschen
Ufer/Berlin.

Abb. 22: Peter Stein, *Prinz Friedrich von Homburg*, 1972,
Schaubühne am Halleschen Ufer/Berlin.

Abb. 23: Klaus Michael Grüber, *Die Bakchen*, 1974, Schaubühne am Halleschen
Ufer/Berlin.

Abb. 24: Ingmar Bergman selbst.

Abb. 25: Ingmar Bergman, *Madame de Sade*, 1989, Dramaten/Stockholm. Madame de Montreuil – Anita Björk; Renee – Stina Ekblad.

Abb. 26: Madame de Saint-Fond – Agneta Ekmanner; Madame de Montreuil – Anita Björk.

Abb. 27: Madame de Montreuil – Anita Björk; Renee – Stina Ekblad.

Abb. 28: Madame de Montreuil – Anita Björk;
Madame de Saint-Fond – Agneta Ekmanner; Renee – Stina Eckblad.

Abb. 29: Marburger Theaterwerkstatt, *umschlagplatz* *laufschritt*
schwanzparade *im original deutsch*, 1995. – Das Mädchen mit
den Sumpfdotterblumen.

Abb. 30: Lautlose Nocturne.

Abb. 31: Klaus Michael Grüber, *Bleiche Mutter, zarte Schwester,*
1995, Kunstfest Weimar. – Das Gräberfeld.

Abb. 32: Der Überlebende (Bruno Ganz) und die Schauspielerin / Carola Neher (Hanna Schygulla).

Abb. 33: Goethe (Ulrich Wildgruber) und Léon Blum (Robert Hunger-Bühler) theoretisieren über Gräbern.

Abb. 34: Konversation, Verehren und Begehren.

Abb. 35: Nordabhang des Schlosses Belvedere.

buchstäblich: "Am Pistol-Theater fragt man nie "warum", nur "wie"!"[24] Die beiden Theaterleiter arbeiteten mit Bild- und Geräusch-Collagen, inszenierten Happenings sowohl in ihrem Theater in der Stockholmer Altstadt als auch sonstwo, beispielsweise im Technischen Museum. Sie definierten Theater als "nicht reproduzierbares Jetzt" und luden unter dieser Maxime andere Künstler ein, sich des Pistol-Theaters zu bedienen.

Eine der Gruppen, die diese Herausforderung annahmen, waren Mitglieder des Stockholmer Studententheaters, die unter der Leitung von Hans Hellberg *Gebildete Menschen* produzierten. Inspiriert von Zeitungstexten und Serienheften hatte die Gruppe eine ironische und aggressive, von visuellen Elementen dominierte Collage zusammengestellt, die von den Zuschauern als sehr wirkungsvoll aufgefaßt wurde. Durch die Teilnahme an internationalen Festivals kam die Gruppe mit der progressiven Theaterwelt in Berührung und brachte die neuen Ideen zurück nach Schweden. Man verließ das Studententheater und bildete unter dem Namen "Narren" eine der ersten freien Gruppen des Landes. Nach Grotowskis Vorbild – sein Theaterlaboratorium hatte *Der standhafte Prinz* 1966 am MM vorgeführt – wurde auch eine Werkstatt der Narren geschaffen, in der eigene und anderweitig interessierte Schauspieler und Amateure übten, trainierten, ausgebildet wurden.

Die Narrengruppe war von Anfang an politisch "links" ausgerichtet, doch ohne parteiliche Bindungen. Schon während des ersten Jahres wurde eine Reihe von Abenden gestaltet, die als "Politisches Theater" angekündigt wurden. Gegen Ende des Jahrzehnts wurden die politischen Ambitionen deutlicher in Stücken wie *Das Mädchen von Havanna* und *Streik in Norrbotten*; letztere Produktion war im nordschwedischen Kiruna, während des Streiks der Bergwerksarbeiter, geschaffen worden. Die Mitglieder der Gruppe wohnten und probten bei den vom Konflikt betroffenen Familien. Auch unter diesen Umständen versuchte man, an die neue Ästhetik anzuknüpfen, was, in Hans Hellbergs Worten, "eine herrliche Mischung von Politik und Avantgarde" ergab.[25]

---

24 Zitiert nach einer Vorlesung von Per Ringby, gehalten am 23. März 1995 am theaterwissenschaftlichen Institut der Universität Stockholm. Vgl. dazu Ringby 1995. Vgl. auch das Zitat von Josef Albers, Lehrer am Bauhaus, der am Black Mountain College einmal gesagt hat, "art is concerned with the HOW and not the WHAT; not with literal content, but with the performance of factual content. The performance – how it is done – that is the content of Art." (Zit. nach Goldberg 1988, S. 121.)

25 Hans Hellberg hat am 6. September 1995 am theaterwissenschaftlichen Institut der Universität Stockholm eine Vorlesung gehalten und am 15. September 1995 an einem Forschungsseminar teilgenommen. Ich verdanke ihm für diesen Beitrag wesentlich mehr als nur dieses Zitat.

Kontexte

Die Geschichte der freien Theatergruppen in Schweden ist noch ungeschrieben.[26] Eine nähere Untersuchung dürfte zwei ihrer theaterhistorischen Konsequenzen sehr deutlich machen: zum einen die Verbreitung der erwähnten neuen Ästhetik unter den Theaterleuten wie im Publikum, und zum anderen die nachhaltigen Veränderungen der Theaterlandschaft Schwedens, welche aus der Etablierung der freien Gruppen resultieren. Meiner Auffassung nach hat sich deren schnelle Expansion in den sechziger Jahren alsbald auf die künstlerischen und strukturellen Kontexte des schwedischen Theaterlebens ausgewirkt, und ich gehe davon aus, daß auch die konzeptuelle Auffassung von Theater schon gegen Ende des Jahrzehnts starken Veränderungen unterlag.

Wie bereits angedeutet, lagen die ästhetischen Prinzipien der freien Gruppen sehr nahe bei den avantgardistischen Bestrebungen, die am MM zum Ausdruck kamen. Das Spielerische und die Verspieltheit ermöglichten eine enge Fühlungnahme von Darstellern und Publikum, welche der sensorischen Kommunikation einen breiten Spielraum gewährleistete. Ausgeprägte Spiellaune kennzeichnete auch ein Gutteil der artistischen Ebene, auf der eine voraussetzungslose Attitüde zum künstlerischen Schaffen hervortrat. Improvisation war eine gängige Arbeitsmethode innerhalb der meisten freien Theatergruppen. Damit wurde es notwendig, mehr auf die Persönlichkeit der Darstellerin Rücksicht zu nehmen und ihr künstlerisches Geschick zur Geltung kommen zu lassen; letzteres auch deshalb, weil im Grunde alle künstlerischen Ausdrucksweisen akzeptabel waren. Damit soll nicht gesagt sein, daß die Mitglieder der freien Gruppen keine Ausbildung hatten oder sich nicht – beispielsweise nach dem Muster der Werkstatt der Narren – ausbilden ließen. Ich beziehe mich hier vielmehr auf deren ästhetische Zielsetzung, anstatt bestehende Konventionen zu übernehmen, eher die Vielfalt der Stile und Darstellungsarten zu fördern. Auf der Ebene der fiktionalen Kommunikation waren Offenheit und Vieldeutigkeit Tugenden, d.h. die Inhalte wurden selten so deutlich und gezielt dargeboten, wie das etwa in einer realistischen Theateraufführung der Fall war.

Parenthetisch möchte ich darauf hinweisen, daß die besagte freizügige Auffassung von der Kunst des Theaters in den siebziger Jahren dann stark kritisiert wurde. Man forderte ein höheres Maß an beruflichem Können von den Schauspielern sowie eine konsequentere Verwendung der theatralen

---

26 Frühe Versuche waren Narti 1975, Wirmark 1976 sowie Gruppeteater i Norden 1972 und eine
    Reihe von theaterwissenschaftlichen Seminaraufsätzen.

Ausdrucksmittel und eine striktere Konzentration auf die Inhalte, besonders wenn es um politische Stellungnahmen ging. Das bedeutete nicht, daß die neuen ästhetischen Befunde über Bord geworfen wurden, man wollte sie lediglich etwas diszipliniert wissen. Mit dieser Zielperspektive beschritten die Gruppen verschiedene Wege.

Veränderte Strukturen

Seit dem Zusammenbruch von Albert Ranfts Theaterimperium Anfang der zwanziger Jahre gab es in Stockholm zwei Arten von Theatern: die beiden staatlichen Bühnen für Sprech- und Musiktheater sowie eine Reihe privater Bühnen. Merkwürdigerweise waren die beiden Organisationsformen einander sehr ähnlich. Ein Theaterleiter war für den Spielplan und das Engagement von Künstlern verantwortlich und haftete für das künstlerische und wirtschaftliche Überleben des Theaters. Nur an dem 1927 gegründeten Studententheater war jeder seines eigenen Glückes Schmied. Zwar gab es seit dem Krieg ein paar Kellerbühnen, deren Leistungen Beachtung fanden. Aber diese Anerkennung lag gerade darin begründet, daß die Ästhetik dieser Kleinbühnen voll und ganz in den Rahmen der "großen" Bühnen paßte. Es wurde hier zwar auch experimentiert, aber lediglich im Sinne einer Vorübung für den Schritt ins professionelle Theater.

Die Art, wie in den sechziger Jahren der veränderte ästhetische Kontext der Theaterkonventionen auf den strukturellen Kontext des schwedischen Theaters einwirkte, läßt sich an ganz verschiedenen Phänomenen ablesen. Das neue Theaterklima machte sich nicht nur durch die Dauerhaftigkeit und die Vielzahl der neuen freien Gruppen sowie die Bildung des Theaterzentrums bemerkbar, sondern auch in zwei Erscheinungen, die in ganz unterschiedlicher Weise auf die Veränderungen Bezug nahmen. Hierbei handelt es sich zum einen um die Theaterzeitschrift *Dialog,* die in den Jahren 1965 bis 1969 erschien, zum anderen um die neuen Arbeitsformen, die an den konventionellen Theatern zum Durchbruch kamen.

Redakteure für die vom Verlagshaus Bonniers herausgegebene Zeitschrift *Dialog* waren Leif Zern, heute führender Kritiker der größten Tageszeitung Schwedens, Lars Kleberg, später u.a. Kulturrat an der schwedischen Botschaft in Moskau, sowie Jonas Cornell, der weiterhin als Regisseur tätig ist,– somit Personen, die im Nachhinein im schwedischen Theater- und Kulturleben bedeutungsvolle Positionen einnahmen. Die Zeitschrift wurde in der Absicht gegründet, die Debatte über das zeitgenössische Theater anzukurbeln. Eine große Zahl von Artikelverfassern kam zu Wort, so daß im Laufe der fünf Jahre die meisten zum Theaterleben gehörigen Themen abgehandelt wurden:

Schauspielausbildung – die Schauspielschulen waren seit 1964 nicht mehr den Theatern unterstellt – und Fragen des Stils, ausländische Vorbilder wie Brecht, Grotowski, Actors' Studio, Stanislawski; Repertoire, Klassiker, schwedisches Drama; Theaterdemokratie und das Verhältnis Regisseur – Schauspieler; Gruppenbildung innerhalb der Theater und die Dezentralisierung von Theater; die Rolle des Theaters in der Gesellschaft; Publikumsstatistik und Reaktionen dazu – um nur einige der wichtigsten und immer wiederkehrenden Probleme zu nennen. Eine Vielzahl der Beiträge behandelte Fragen, die unbedingt dem strukturellen Kontext zugehören, Fragen der aktuellen Situation der Theater und, wie die Organisationen verbessert werden könnten, um den Ansprüchen der Zeit besser gerecht zu werden. Die organisatorischen Fragen berührten sowohl die internen Verhältnisse als auch das Theaterleben im Ganzen.

Ohne Zweifel hat *Dialog* einen breiten Strom des Gedankenguts aufgefangen, das damals das Theaterleben innerhalb wie außerhalb Schwedens beherrschte. Natürlich waren nicht alle mit den dominierenden Ansichten der Zeitschrift einverstanden, manche waren des politischen Theaters schon müde, andere wollten eine scharfe Grenze ziehen zwischen dem Berufstheater und allem anderen, das sich unter dem Deckmantel der freien Gruppen herumtummelte. Die Redakteure schienen dennoch zufrieden zu sein. Als man der Auffassung war, die wesentlichen Ziele erreicht zu haben, wurde nach 18 Nummern die Herausgabe von *Dialog* eingestellt. In der letzten Nummer faßte die Redaktion die erwünschten Veränderungen in der schwedischen Theaterstruktur folgendermaßen zusammen:

> Das Anliegen von Dialog ist heute ein anderes als es vor vier Jahren war, als das erste Heft erschien. Damals stand die Theaterdebatte am Anfang. Viel ist seither geschehen – eine Menge junger Theaterarbeiter haben für sich selbst und andere klar gemacht, in welcher Weise sie arbeiten und welchen politischen Zielen sie dienen wollen. Einem Teil der Schauspieler ist es geglückt, ihre Arbeitsformen an den Institutionen zu verändern oder sich außerhalb von diesen neue Arbeitsformen zu schaffen.[27]

Der letzte Satz des Zitats bezieht sich hauptsächlich auf die Verhältnisse am Stadttheater in Göteborg, am Dramatischen Theater (Nationaltheater) und auf die Reichsbühne. An diesen Theatern hatten sich innerhalb der Ensembles selbständige Gruppen gebildet, die in Formationen arbeiteten, die zu diesem

---

27 *Dialog* 18 (1969), S. 4–5. Übs. W.S. Eine Zusammenstellung der Artikel in *Dialog* wurde von Joakim Lindblad im Rahmen eines Proseminars am theaterwissenschaftlichen Institut der Universität Stockholm im Frühjahr 1995 präsentiert.

Zeitpunkt nicht gebräuchlich waren. *Dialog* hatte in einer Reihe von Beiträgen das Thema 'Demokratie innerhalb der institutionellen Theater' diskutiert, nicht zuletzt die Frage der sogenannten Eigenmächtigkeit der Regisseure. Seitdem der Regisseur im modernen Sinne des Wortes das schwedische Theater eingenommen hatte – das geschah endgültig in den zwanziger Jahren –, hatte diese Berufsgruppe eine unangefochtene Machtstellung im Theater. Nicht selten übernahm der Regisseur Funktionen, die früher dem Intendanten oblagen, beispielsweise die Spielplangestaltung und die Rollenbesetzung. Auch im Arbeitsprozeß einer Inszenierung waren die Regisseure natürlich Alleinherrscher. Der Regisseur erhob den Anspruch, seine Interpretation verbindlich geltend zu machen, während sich die früher sehr selbständigen Schauspieler unterzuordnen hatten. In den freien Gruppen wollte man von dieser Art Regisseuren nichts wissen, und natürlich fragten sich auch manche Schauspieler an den großen Theatern, warum sie sich solche Regisseure gefallen ließen. Das war der Kern der Demokratiedebatte: wie konnte die Demokratie auch im künstlerischen Schaffensprozeß zur Geltung gebracht werden?

Der glücklichste Versuch in diese Richtung ist am Stadttheater in Göteborg zu finden, an dem sich einige Schauspieler mit einem Regisseur und einem Dramatiker zu einer eigenen Gruppe innerhalb des Ensembles zusammenfanden. In kollektiver Arbeit schuf diese Gruppe eine Reihe von Produktionen, die in ganz Schweden bekannt wurden. Inhaltlich stark auf das Gesellschaftsleben Schwedens bezogen, nahm die Gruppe bei der Gestaltung ihrer künstlerischen Formen Impulse auf, die sowohl von den freien Gruppen wie auch von Brechts epischem Theater herrührten.

Auch das Dramatische Theater erlebte in den sechziger Jahren mehrere Veränderungen. Ingmar Bergman überzog als Intendant in den Jahren 1963 bis 1966 das Budget mehrmals stark, um damit dem Staat klarzumachen, daß man ein Nationaltheater nicht so billig betreiben konnte, wie das Kulturministerium es sich vorstellte. Alf Sjöberg, für seine Verfilmung von Strindbergs *Fräulein Julie* in Cannes mit der Goldenen Palme belohnt, inszenierte in den sechziger Jahren eine Reihe von Brecht-Stücken mit den führenden Schauspielern des Ensembles. Seine sensuellen und farbenfrohen Inszenierungen weckten internationale Aufmerksamkeit zu einem Zeitpunkt, als man noch glaubte, jede Brecht-Bühne müsse so grau sein wie die von Brechts neunundvierziger *Mutter Courage*. Auf diese Weise erlebte ein breites schwedisches Publikum zum ersten Mal Brechts große Stücke.

Auch andere Künstler am Dramatischen Theater traten in Brechts Fußstapfen, wenn nicht ganz wörtlich, so doch im revolutionären Sinne. Ähnlich wie in Göteborg hatte sich auch hier eine Gruppe innerhalb des Ensembles gebildet, die mit einem kollektiv erarbeiteten Stück an die Öffentlichkeit trat: *Zigeuner*. Die Aufführung war erfolgreich, wurde aber äußerst kontrovers diskutiert. Hier zeigte sich, daß die Stellung des Dramatischen Theaters als Nationaltheater gewisse Schwierigkeiten mit sich brachte. Nach dem nächsten Stück über ein politisch brisantes, staatliches Stahlwerk im Norden Schwedens kam es zum Bruch zwischen dem Theater und der Gruppe. Die Gruppe schloß sich zunächst unter eigenem Namen, "Protheater", an die ebenfalls staatliche, aber weniger nationale Reichsbühne an, um sich kurz darauf selbständig zu machen. Als "Freies Protheater" wurde sie eine der profiliertesten freien Gruppen in den folgenden zwanzig Jahren.

Ein verändertes Theaterkonzept

In den letzten Jahren des Dezenniums griff ein Zukunftsoptimismus um sich – und ich schließe mich selbst da gar nicht aus –, der sehr wenig mit der existenziellen Angst der fünfziger Jahre zu tun hatte. Die Erinnerung an die Vergangenheit trat zurück, jetzt war der Glaube an die Zukunft stark. Auch diejenigen, die nicht an die Notwendigkeit einer Revolution glaubten, waren voller Optimismus, sahen, daß sich die Dinge ändern ließen, denn im Grunde war alles Politik, und Politik war, nach den Worten des Kulturministers Olof Palme, die Kunst des Möglichen. Auch er glaubte an die Zukunft, glaubte an Demonstrationen – seine in Schweden berüchtigte Teilnahme an einer FNL-Demonstration an der Seite des vietnamesischen Botschafters verursachte eine langjährige Krise mit der diplomatischen Vertretung der USA. 1975 aber mußten sich die Amerikaner aus Vietnam zurückziehen, FNL hatte gesiegt, und die Jugend der westlichen Welt lebte in dem Gefühl, zur Befreiung beigetragen zu haben. Wenn sich politische Kommentatoren heute skeptisch fragen, inwieweit Demonstrationen, Fahnenschändungen, Hausbesetzungen etc. politisch effektive Mittel waren, so möchte ich darauf hinweisen, daß die amerikanischen Deserteure, die damals von Vietnam nach Schweden kamen, die lateinamerikanischen, griechischen, libanesischen und anderen Flüchtlinge nationalen und internationalen politischen Fragen eine Unmittelbarkeit und Aufdringlichkeit verliehen, die vor allem die jüngere Generation sehr ernst nahm. Nach Båstad zu fahren, um dagegen zu protestieren, daß Schweden gegen das weiße Südafrika Tennis spielte – das führte im Endeffekt doch zum Erfolg, aus heutiger Sicht, wo wir das Ende der Entwicklung gesehen haben und wissen, daß Südafrika erst sportlich, dann politisch so isoliert wurde, daß man letztlich mit Mandela verhandeln mußte – mit Mandela, der schon in den sechziger Jahren im Gefängnis saß. Beim Schreiben dieser Zeilen spüre ich, daß mein Optimismus noch nicht ganz verschwunden ist. Jedenfalls läßt sich behaupten, daß die sechziger Jahre das Jahrzehnt des politischen Zukunftsglaubens waren und ohne diesen gar nicht gedacht werden können, am wenigsten das Theater dieser Zeit.

Wenn ich behaupte, daß das Theater eine starke Stellung einnahm, besonders in der späteren Hälfte der sechziger Jahre und durch die ganzen siebziger Jahre hindurch, dann beziehe ich mich damit auf einen Zusammenhang, den ich konzeptionellen Kontext nennen möchte. 'Konzeptionell' meint hier die Einstellung oder die Auffassung, oder besser noch: die ideologische(n) Haltung(en), welche die Öffentlichkeit gegenüber dem Theater einnimmt. Welche Öffentlichkeit, kann man sich fragen. Ich werde diese komplizierte Frage nicht im Detail beantworten[28], sondern nur einige Beispiele nennen: Politiker im allgemeinen, Kulturkommissionen, die Arbeitgeber- und Arbeitnehmerverbände, die Ausschüsse und Beamten des Kulturministeriums, die Vorstandsmitglieder von staatlichen und städtischen Bühnen, Kulturjournalisten; dazu kommen natürlich alle Theaterleute, die sich öffentlich äußern, sowie Mitglieder der Zuschauergemeinde, die auch hin und wieder etwas zu sagen haben.

Theater – die zentrale Kunstart der sechziger Jahre, das war auch am Einfluß des Theaters auf andere Kunstgattungen spürbar: Poesievorträge, Jazzdichtung, die theatrale Aufmachung von Rockmusikern – beispielsweise auf dem Umschlag der *Sgt. Pepper*-Platte der Beatles von 1967 –, Riesenplakate, die in der Stockholmer Altstadt "herumwanderten", Drachenfeste etc. sind Beispiele. Theater dominierte ferner das öffentliche Gespräch über Kultur und ging mit vielen guten Beispielen voran. Eine solche Stellung war dem Theater in Schweden seit der Zeit Gustavs III. und seines Drottningholmer Schloßtheaters nicht mehr zugekommen.

Eine Positionsbestimmung

Das meiste von dem, was ich bisher beschrieben habe, korrespondiert mit Greenblatts Methode der Beschreibung des sozialen und ideologischen Umfelds oder auch Braudels 'kurzer Perspektive'. Ich wollte hier zeigen, wie die Interaktion zwischen den Kunstgattungen, die Assimilation ausländischer Vorbilder nach der verbrauchten Mentalität der fünfziger Jahre, das neuerwachte Interesse eines noch stark begrenzten Publikums – "Alle sahen, was alle machten", formulierte es Hans Hellberg – zu einer allmählichen, aber tiefgehenden Veränderung der Ästhetik des schwedischen Theaters führten.

---

28   Vgl. dazu noch immer Habermas 1962.

Zusammen mit dem wachsenden politischen Interesse bildete diese Ästhetik den Nährboden für strukturelle Veränderungen: 1965 bis 1966 noch in spielerischer Form, 1967 mit deutlicheren politischen Vorzeichen und 1968 bis 1969 in Form kraftvoller Debatten über die Stellung des Theaters in der Gesellschaft. In dieser letzten Phase wuchs auch das Bewußtsein, daß Theater ein mächtiger Kulturfaktor sein kann. Mehrere Publikumsstudien hatten gezeigt, daß die Wohlstandsgesellschaft noch nicht in die Zuschauerräume der Theater eingedrungen war. Dynamische Veränderungen taten Not – das sahen sogar die Politiker ein, als sie die Kulturkommission beriefen, die dann weitgehend bei den Theaterverhältnissen ansetzte.

Daß bedeutende ästhetische Veränderungen in den sechziger Jahren stattfanden; daß diese Veränderungen auf ein neuartiges Verhältnis zwischen Darstellenden und Betrachtenden zielten und damit eine alternative theatrale Kommunikation schufen; daß solche experimentelle Ästhetik Verschiebungen in der Theaterstruktur mit sich brachte; daß man sich bis zur höchsten politischen Ebene nach dem Sinn von Theater fragte – all das kann als eine Bewegung über eine so kurze Periode bezeichnet werden, daß die Kürze der letzteren die Bezeichnung 'Bewegung' fast verbietet, aber eben doch als eine Bewegung und nicht als ein totaler Bruch oder eine isolierte Alternative. Über diese Bewegung hinaus möchte ich nun die zeitliche Perspektive erweitern in der Absicht, Ähnlichkeiten und Parallelen zu finden, welche mir eine erste historische Positionsbestimmung des beschriebenen turbulenten Jahrzehnts ermöglichen sollen.

Es ist mir schwer gefallen, gewisse historische Parallelen aus dem Text herauszuhalten – die Futuristen und Dadaisten wurden erwähnt, die Gustavianische Zeit wurde kurz berührt, die erste Avantgarde genannt. Wie nehmen sich die sechziger Jahre aus, wenn man sie im Rahmen einer mittelfristigen Periode betrachtet? Es kommt natürlich immer wieder in der Kulturgeschichte vor, daß Neuheiten hervortreten, Brüche passieren, dynamische Umwälzungen den weiteren Verlauf der Geschichte prägen. Lassen sich die sechziger Jahre in Schweden als ein solch epochemachender Zeitraum verstehen, daß sie sich in eine derartige Beurteilung fassen ließen?

Wenn RoseLee Goldberg in ihrem Buch über die Performance Art in diesem Jahrhundert theaterhistorische Parallelen zieht, schlägt sie interessanterweise einen theaterhistorischen Bogen von den Futuristen, Konstruktivisten, Dadaisten, Surrealisten und dem Bauhaus zur Avantgarde der frühen Sechziger. Da einige Bauhaus-Lehrer in den dreißiger Jahren an das Black Mountain College kamen, vermag sie sogar zu zeigen, daß von der zentraleuropäischen Avantgarde der zwanziger Jahre spezifisch zu den amerikanischen Experimenten eine ungebrochene Linie verläuft. Da sich Goldberg in erster Linie für ästhetische Verfahren der Performance Art interessiert, ist diese Betrachtungsweise akzeptabel. Wenn man den Blick auf die zentraleuropäischen Zwanziger etwas erweitert, wird man sogar noch einer weiteren Parallelentwicklung in der zweiten Avantgarde inne, und zwar aus der Retrospektive der schrittweisen Politisierung des Theaters in der Weimarer Republik sowie der jungen Sowjetunion.

Es zeigte sich schnell, daß der stolzen Maxime, nach der man beim Kunstschaffen nicht nach dem Warum, nur nach dem Wie fragt – diese wurde ja sowohl vom Bauhaus als auch vom Pistol-Theater vertreten –, keine lange Dauer beschieden war. Auch wenn sich die Bauhausleute selbst nicht als politisch auffaßten, taten das andere sehr wohl. 1933 kamen sie gerade noch aus dem Haus, bevor die politische Tür zuschlug. Andere Spielformen des Theater- und Kunstlebens im Deutschland der zwanziger Jahre hatten eine deutlich politische Prägung. Dazu gehören nicht nur die großen Namen wie Brecht und Piscator, Wangenheim und Wolf, sondern auch eine Großzahl von Arbeiterclubs und Amateurgruppen, die Sprechchöre, Massenschauspiele, politische Revuen, Straßenagitation darboten. Es scheint mir typisch, daß das Interesse für diese politisierenden Tendenzen in den zwanziger Jahren fünfzig Jahre später wieder erwachte; Piscators Buch über das politische Theater wurde erneut aufgelegt, das deutsche Arbeitertheater untersucht und dokumentiert. Auch in Skandinavien öffnete sich der Blick zurück in die Frühgeschichte des Jahrhunderts.[29] Der russische Beitrag zum avantgardistischen Kunstschaffen und dessen politische Verwendung wurden unter die Lupe genommen. Bücher wurden geschrieben über die Blauen Blusen in der Sowjetunion und in Schweden[30], der Durchbruch der russischen Avantgarde im ersten Jahrzehnt nach der Revolution wurde in einer schwedischen Dissertation theoretisch durchleuchtet. Diese Abhandlung wurde von Lars Kleberg geschrieben, dem früheren Redaktionsmitglied von *Dialog*, und erschien 1977, als das Interesse am politischen Theater am stärksten war. Gut zehn Jahre zuvor, 1966, hatte Gösta M. Bergman eingehend die internationale Avantgarde um die Jahrhundertwende geschildert – ein Buch von internationalem Format, das leider nie übersetzt wurde.[31] Die Verschiebung von der "reinen" Avantgarde zur politisierten vollzog sich in der schwedischen Parallelbewegung fünfzig Jahre später also sowohl in der Praxis als auch auf der Ebene der Forschung.

---

29   Beispielsweise in Bondebjerg 1976.
30   Bramsjö u.a. 1978.
31   Vgl. Bergman 1966 und Kleberg 1977.

Eine Avantgarde

Ich versuche hier zu zeigen, daß viele der Aktivitäten der sechziger Jahre zur Avantgarde-Bewegung zu rechnen sind und darüberhinaus auch der politische Ton und das gesellschaftliche Engagement dieser Zeit ihre historischen Parallelen haben. Ist es für den Beleg dieser These hinreichend, besagte Parallelen herauszustellen? Genügt es aufzuzeigen, daß sich das Bauhaus über die Black Mountain-Künstler ,Cage und Rauschenberg direkt mit dem MM verbinden läßt, daß der revolutionäre Piscator 1963 eine Inszenierung in Uppsala machte, daß Brechts kleine Lehrstücke der späten zwanziger Jahre an allen schwedischen Studententheatern gespielt wurden (davon sogar eines, das Brecht verboten hatte)? Genügt es, auf Beispiele dafür hinzuweisen, daß die Aktivisten der sechziger Jahre sich allmählich bewußt wurden, daß sie absichtlich oder unabsichtlich an die Vorstöße der ersten Avantgarde angeknüpft hatten?

Diese Fragen lassen sich in Form zweier Problemstellungen konkretisieren:

1. Besteht zwischen der ersten und der zweiten Avantgarde ein interner ästhetischer oder ideologischer Zusammenhang, der uns erlauben würde, von der Avantgarde des zwanzigsten Jahrhunderts als von einer Bewegung zu sprechen?

2. Sollte dies der Fall sein, welche Bedeutung kommt dann dieser Bewegung zu: wie verhält sich die Avantgarde zum übrigen Theater und zur übrigen Kunst des Jahrhunderts, und läßt sich die Avantgarde mit ähnlichen Erscheinungen in früheren Epochen vergleichen?

Es scheint mir nicht angemessen, aus der vorliegenden knappen Studie allzu weitreichende Schlüsse zu ziehen, weshalb die folgenden Gedanken in gewissem Sinne spekulativ bleiben müssen. Ich bin der Meinung, daß die bereits angeführten Argumente im Grunde schon genügen, um eine Verbindung zwischen der ersten und zweiten Avantgarde zumindest wahrscheinlich zu machen. Im einzelnen lassen sich sicher verschiedene Meinungen hegen, und ich gehe davon aus, daß man auch theoretisch gewisse Dinge verschieden interpretieren kann, im großen und ganzen aber werden sich die Verbindungsglieder zwischen den in Europa immer noch Zwischen- und Nachkriegszeit genannten Epochen kaum verneinen lassen.

Ich möchte hier sogar noch einen Schritt weiter gehen und die These entwerfen, daß die totalitären Regimes im Europa der dreißiger Jahre – die immer mehr wurden – auf den Avantgardismus lediglich einen retardierenden Effekt hatten, etwa der Art, wie ihn Elias kennt. Der zwischenzeitliche Rückgriff auf eine wirklichkeitsnahe Wiedergabe der Verhältnisse wurde diktiert vom politischen Ernst des Widerstandes, dem tiefen Wunsch, sich deutlich zu machen, nicht falsch verstanden zu werden. Von daher nimmt es auch nicht wunder, daß die frühe Avantgarde auch da, wo sie nicht zum Halten gebracht wurde – wie in den Ländern, in denen eine totalitäre Machtübernahme stattfand, in Italien, Rußland, Deutschland, Spanien –, zurücktrat hinter einer ernsten Eindeutigkeit. Dabei konnten es sehr wohl dieselben Künstler sein, die in den zwanziger Jahren avantgardistische Manifeste vertraten und zehn Jahre später mit Inszenierungen konventioneller Art an der antifaschistischen Widerstandsarbeit teilnahmen. Aus schwedischer Sicht ließe sich hierfür eine Reihe von Beispielen anführen; in Frankreich und in gewissem Sinne auch in den USA dürften solche Veränderungen ebenfalls zu konstatieren sein. Die zunehmende Stilisierung im bürgerlichen Theater griff seit den dreißiger Jahren sowohl auf klassizistische Formen als auch auf Elemente der ersten Avantgarde zurück. Diese Stilisierungstendenzen überlebten den Faschismus, der ja gerne solcherart Formen umhuldete, und wurden in den fünfziger Jahren rationalistisch-modern. Mehr als um eine Weiterentwicklung der Avantgarde drehte es sich hierbei um die Verwendbarkeit avantgardistischer Formen; schließlich war der Kontext, in dem besagte Stilisierung realisiert wurde, ja auch durchweg institutionell – erst die sechziger Jahre gaben meiner Ansicht nach die Avantgarde wieder ganz frei. Eine genauere Darstellung dieser These würde zu einem anderen Thema hinüberführen, denn der bürgerliche Realismus als Stil ernsthafter Theaterkunst ist nicht primär auf den Antifaschismus zurückzuführen, sondern auf die Geschichte der theatralen Stile –, weshalb ich es wiederum bei der reinen Thesenbildung bewenden lasse.

Vorausgesetzt, die sechziger Jahre lassen sich als Teil einer übergreifenden Avantgarde-Bewegung in diesem Jahrhundert verstehen, bleibt die Frage zu beantworten, ob der Beitrag dieser Avantgarde so bedeutend war, daß sie sich in die großen Bewegungen der Kunst in moderner Zeit einreihen läßt. Zur Klärung dieser Frage werde ich die 'kurze Perspektive' Braudels aufgeben und über die mittlere hinaus eine lange Perspektive als Such-Gestus annehmen. Kann man demnach die Avantgarde unseres Jahrhunderts als Epoche des jahrhundertelangen Verlaufs des westlichen Theaters sehen? Läßt sich in diesem Verlauf eine Richtung ausmachen, wie sie sich Norbert Elias in seinen Zivilisationsstudien wünschte? Hierzu noch einige abschließende Bemerkungen.

Die Zukunft der Theatergeschichte

Meiner Meinung nach hat das europäische Theater seit dem Mittelalter zwei
wesentliche Veränderungen durchlaufen, die ich Illusionismus und Realismus
nennen möchte. Mit Illusionismus bezeichne ich das jahrhundertlange Experimentieren der italienischen Renaissancekünstler mit der Perspektivbühne.
Vom Ende des fünfzehnten bis zum Beginn des siebzehnten Jahrhunderts
probierte man die verschiedensten technischen Lösungen aus, um eine Bühne
zu konstruieren, die den visuellen Ansprüchen der Zeit genügte. Man erfand
Winkelrahmen, experimentierte mit den Telari und Periakten der Antike, bis
schließlich die Kulisse eine ebenso befriedigende wie entwicklungsträchtige
Lösung bot. Dieser Prozeß wurde dokumentiert von Verfassern wie Serlio, di
Somi, Sabbatini und kulminierte im Höhenflug Giaccomo Torellis an den
venezianischen Opernhäusern. Eben dieser Hexenmeister Torelli brachte die
technischen Neuerungen alsbald nach Paris: ein bewegliches Kulissensystem,
das von unsichtbaren Kräften unter und über der Bühne gesteuert wurde –
von der Art, wie es sich am Drottningholmer Schloßtheater bis heute bewun-
dern läßt. Damit eroberte aber nicht nur eine technische Lösung von Italien
und Frankreich aus die damalige westliche Welt, sondern auch eine Auffassung von Theater, ein Blick, ein Verhältnis zwischen Bühne und Zuschauerraum, eine neue Ästhetik. Dieser Ästhetik bedienten sich alle Meister der
Barockbühne, ebenso wie die französischen Klassiker und die Romantiker des
neunzehnten Jahrhunderts – für sie alle war die Kulissenbühne Norm und
Modell. Was einst als technisches Problem einiger weniger italienischer
Theaterfachleute begann, wurde zur vorherrschenden Anschauung, nach der
man wie selbstverständlich Bühnen und Theater baute, auch Gärten und
Kirchen und schließlich Stücke und Rollen.

Dem Illusionismus trat vom achtzehnten Jahrhundert an der Realismus als
grundlegender Gedanke – nicht nur als stilistische Finesse – gegenüber. Mehr
oder weniger realistisch wiedergegebene Rollen hat es auf dem Theater wohl
immer gegeben, aber was Autoren wie Denis Diderot und Gotthold Ephraim
Lessing im Sinne der Aufklärung forderten und praktizierten, waren neue
Normen auch für den Inhalt des Theaters: der Bürger, als Identifikationsfigur
für das Publikum, ebenso würdig eines tragischen Schicksals wie die fürstlichen Helden der klassischen Tragödien, sollte als ernstzunehmendes Thema
in den Mittelpunkt treten. Freilich taten die bürgerlichen Helden dem Publikum leid, so daß das neue Drama nicht selten dazu tendierte, die Hauptperso-
nen durch mildere Lösungen am Ende doch noch vor dem Galgen zu retten.
Dramaturgischer common sense der Theaterschaffenden war, daß sich das
bürgerliche Publikum auf der Bühne wiedererkennen sollte – sowohl im

Geschehen als auch in der Art der Bühne, der Kostüme, der Gesten, der Sprechweise etc. Erst gegen Ende des neunzehnten Jahrhunderts erreichte dieses Streben – auf dem Umweg über den romantischen Exotismus und das Melodrama – mit dem Naturalismus seinen vorläufigen Höhepunkt. Als der Bannerträger des Naturalismus auf dem Theater, André Antoine, für das Pariser Théâtre Libre Bauholz aus Norwegen importierte, weil ihm das für die Bühnenbildgestaltung seiner Inszenierung von Henrik Ibsens *Wildente* unabdingbar schien, konnte die Wirklichkeitsabbildung kaum weiter getrieben werden. Auch wenn nicht alle Naturalisten so weit gingen, wurden die ästhetischen Prinzipien solcher Wirklichkeitsabbildung alsbald auch von anderen Bühnen übernommen, so daß der Realismus – besonders in der Form des psychologischen Realismus – die neue Norm bildete. Der Realismus wurde als Norm unterstützt von der neuen Bühnentechnik, welche von der dreihundertjährigen Kulissentradition losgelöst war, sowie dem breiten Interesse des Publikums für Psychologie und Soziologie.

Könnte man den Avantgardismus als den dritten Schritt des europäischen Theaters der Neuzeit betrachten? Gewisse Parallelen zwischen den großen Schüben der Theatergeschichte sprechen dafür. Zum einen zeigen alle besagten Neuorientierungen elitäre Züge; sie werden zunächst nur von einigen wenigen Theaterleuten getragen, welche die neuen Ideen auf die Bühne bringen. Jedesmal handelt es sich um schwerwiegende Brüche mit den vorherrschenden Normen, was aber nicht bedeutet, daß letztere gleich verschwinden bzw. nicht weiterhin als traditionelle ästhetische Werte aufrechterhalten werden. Wenn wir heute die besagten Innovationen in der Theatergeschichte dennoch als gravierende Einschnitte auffassen, rührt das daher, daß wir aus der historischen Retrospektive wissen, daß das Neue mit der Zeit Breitenwirkung erreichte und somit schrittweise zur dominierenden Norm aufstieg – wenngleich der Avantgardismus in dieser Beziehung noch nicht die Bedeutung des Illusionismus und Realismus erreicht hat. Typisch für die besagten Veränderungen ist auch, daß sie mit der Zeit alle Kontexte des Theaters betreffen. Sie evozieren jeweils eine neue Einstellung zur Funktion des Theaters, wenden sich an ein neues Publikum und verändern schließlich die gesamte Konzeption vom wirklichen wie auch vom gedachten Wesen des Theaters.

Die erwähnten Veränderungen in der Theatergeschichte lassen sich dabei nicht als Stilentwicklungen im evolutionären Sinne verstehen. Weder die Theateraufführung noch der Dramentext haben irgendwelche 'Entwicklungen' durchgemacht, die sie einem ganz bestimmten Ideal nähergebracht haben, vielmehr existierten ständig verschiedene Ideale nebeneinander, die sich immer wieder radikal veränderten. Das Theater oder die Kunstarten überhaupt aus einer evolutionären Perspektive zu betrachten, wie sie Norbert Elias' langfristigen Tendenzen in der (Zivilisations-)Geschichte entspräche, finde ich schwierig, wenn nicht gar unmöglich. Theater ist dafür in zu hohem Maße Kunst seiner Zeit; zwar gibt es immer wieder dominierende Ideale und zähe Traditionen, aber im Sinne einer stetigen 'Verbesserung' läßt sich die Theatergeschichte nicht beschreiben. So etwas läßt sich nicht einmal über die technische Entwicklung sagen – was besagt denn das heutige technische Urteil, daß die Elektrizität ein effektvolleres Theater schuf als das lebende Licht der Gasflamme, die Zeitgenossen konnten sich schlichtweg kein Mehr an Effekten vorstellen und sahen sich im Theater voll auf ihre Kosten gekommen –, und noch weniger kann im Zusammenhang mit "künstlerischer Entwicklung" hiervon die Rede sein. Haben wir heute die technisch geschicktesten Schauspieler, die visuell hochentwickeltsten Bühnenbilder, das absolut "ultimative" Drama? Es fällt nicht schwer, das zu verneinen. In diesem Zusammenhang glaube ich eher, mit Arnold Hausers Augen eine Pendelbewegung in der Geschichte der Künste verfolgen zu können, nach der das Pendel zwischen Naturalismus und Formalismus hin- und herschwingt, jeweils vom Ideal der realistischen Nachbildung hinüber zur Dominanz des stilisierten Symbols und wieder zurück.[32] Wendet man diesen Gedanken auf die Geschichte des Theaters an, kann man die Schwingungsextreme des Pendels mit 'Realismus' und 'Theatralisierung' bezeichnen; letztere verweisen auf das Dominieren des simulierenden bzw. spielerischen Charakters von Theater.

Bei einer solchen Betrachtungsweise sind die sechziger Jahre als eine bedeutende Phase einzustufen im Streben der Avantgarde, das Theater zu re-theatralisieren. Die spielerischen Formen sollten schließlich das direkt Wiedererkennbare in den Hintergrund drängen, Theater sollte seine eigene Wirklichkeit behaupten, anstatt äußere Realitäten nachzubilden. Damit war verbunden, daß das Publikum aktiv ins Theater-Ereignis involviert sein sollte, anstatt als passiv konsumierender Betrachter davorzusitzen. Bei der Umsetzung dieser projektierten neuen Interaktion machten Darsteller und Zuschauer die unmittelbar Agierenden bzw. Re-agierenden aus, wodurch die Kommunikation direkt und körperlich wurde. Theater wurde hier in all seinen Gattungsvarianten (wieder) Körperkunst. Das ist bis heute, wo soviel Elektronik in ihrem technischen Glanz um die Aufmerksamkeit des Publikums konkurriert, die wertvollste Eigenschaft des Theaters geblieben. Die Körperlichkeit des Theaters scheint mir ein gutes Zeichen für seine Vitalität – auch in der Zukunft – zu sein. Das Kapital hat die Menschen in die Städte gebracht,

---

32   Hauser 1973.

hat die Massen zusammengepfercht; hieraus hat sich das Bedürfnis des einzelnen entwickelt, seine eigene Identität auf der Bühne wiederzufinden. Die sich anbahnende Informationsgesellschaft isoliert die Menschen physisch voneinander, so daß Theater schon jetzt eines der letzten Residuen von vitaler Öffentlichkeit ist. Theater als der Ort, an dem sich die Menschen nahekommen – das wird auch weiterhin das außergewöhnliche Signum dieser Kunstart sein, und deshalb wird entgegen der Ansicht mancher Technokraten das Theater seinen Platz auch in der Zukunft behaupten.

Literatur

Backeus, M. (1995). "De fria teatergrupperna och Publiken". In: H. Värnlund, Hg. *Kulturen – möten och mödor. Bidrag till studiet av kulturens villkor.* Stockholm 1995. S. 21–33.

Bergman, G.M. (1966). *Den moderna teaterns genombrott 1880–1925.* Stockholm 1966.

Bondebjerg, I. (1976). *Proletarisk offentlighed. Om Brecht og den socialistiske kulturpolitik.* Köpenhamn 1976.

Boyer, K. (1994). *Political Promotion and Institutional Patronage. How New York Displaced Paris as the Center for Contemporary Art, ca. 1955–1968.* Diss. University of Kansas, 1994.

Bramsjö, H., M. Florin, Ögonblicksteatern (1978). *Blå Blusen. Arbetarteater på 30-talet.* Stockholm 1978.

Braudel, F. (1958). "Histoire et sciences sociales. La longue durée". In: *Annales E.S.C.* 13.4 (1958). S. 725–753.

– (1969). *Ecrits sur l'histoire.* Paris 1969.

Chartier, R. (1989). *Die unvollendete Vergangenheit. Geschichte und die Macht der Weltanschauung.* Berlin 1989.

Elias, N. (1969). *Über den Prozeß der Zivilisation. Soziogenetische und psychogenetische Untersuchungen.* 2 Bde. Frankfurt/M. 1969.

Féral, J. (1992). "What is left of Performance Art? Autopsy of a Function: Birth of a Genre". In: *Discourse* 14.2 (Spring 1992). S. 142–162.

Fischer-Lichte, E. (1993). *Kurze Geschichte des deutschen Theaters.* Tübingen, Basel 1993.

Goldberg, R.L. (1988). *Performance Art. From Futurism to the Present.* London 1988.

Granath, O., M. Nieckels (1983). *Moderna Museet 1958–1983.* Stockholm 1983.

Greenblatt, S. (1980). *Renaissance Self-Fashioning. From More to Shakespeare.* Chicago 1980.

– (1994). "The Improvisation of Power". In: H.A. Veeser, Hg. *The New Historicism Reader.* New York, London 1994. S. 46–87.

– (1995). "Toward a Universal Language of Motion. Reflections on a 17th Century Muscle Man". In: S. L. Foster, Hg. *Choreographing History.* Bloomington, Indianapolis 1995. S. 25–31.

Gruppeteater i Norden, Teatrets Teori og Teknikk. (1972). *Gruppeteater i Norden* 17. Holstebro 1972.

Guilbaut, S. (1983). *How New York Stole the Idea of Modern Art. Abstract Expressionism, Freedom and the Cold War.* Chicago 1983.

Habermas, J. (1962). *Strukturwandel der Öffentlichkeit – Untersuchungen zu einer Kategorie der bürgerlichen Gesellschaft.* Neuwied, Berlin 1962.

Hauser, A. (1973). *Sozialgeschichte der Kunst und Literatur.* München 1973.

Kleberg, L. (1977). *Teatern som handling. Sovjetisk avantgardeestetik 1917–1927.* Stockholm 1977.

LeGoff, J. (1988). *Histoire et memoire.* Paris 1988.

Martin, J., W. Sauter, Hg. (1995). *Understanding Theatre. Performance Analysis in Theory and Practice.* Stockholm 1995.

Narti, A.M. (1975). *Den politiska teatern i Sverige.* Stockholm 1975.

Olofgörs, G. (1995). *Scenografi och kostym: Gunilla Palmstierna-Weiss. En verkorienterad monografi.* Stockholm 1995.

Ringby, P. (1995). *Avantgardeteater och modernism. Pistolteatern och det svenska teaterlivet från 1950-tal till 60-tal.* Gideå 1995.

Sauter, W. (1988). "The Eye of the Theatre". In: *Advances of Reception and Audience Research* 2 (1988). S. 17–26.

–   (1995). "Die verschrumpfte Avantgarde: Das Intima Teatern des August Strindberg". In: E. Fischer-Lichte, Hg. *TheaterAvantgarde. Wahrnehmung – Körper – Sprache.* Tübingen, Basel 1995. S. 291–323.

–,   C. Isaksson, L. Jansson (1986). *Teaterögon. Publiken möter Föreställningen. Upplevelse – utbud – vanor.* Stockholm 1986.

Stenström, J. (1994). *Aniara. Från versepos till opera.* Malmö 1994.

Wirmark, M. (1976). *Nuteater. Dokument från och analys av 70-talets gruppteater.* Stockholm 1976.

II Inszenierung von Geschichte

"Das entscheidende für uns [...] ist das Theater in Paradoxis" – Zur Schaubühne am Halleschen Ufer von 1970 bis 1980

Joachim Fiebach

1978 bis 1980

Mit der Umstrukturierung im Herbst 1970 begann die Schaubühne eine prinzipiell offene, nicht abschließbare Expedition durch sehr verschiedene und auch einander gegensätzliche künstlerische Transformationen von Realitäten, Haltungen, Sehweisen, Weltsichten. Man versuchte Theater als ein an seinen Grenzen nicht absehbares Experimentierfeld kultureller Produktionen voller Paradoxe. In ihrer Gesamtheit schienen die Inszenierungen sich immer wieder gegeneinanderzusetzen, und ihre oft schwer erklärbaren Bilder oder Zeichenkomplexe verweigerten sich nicht selten einem "einfachen" Verstehen. Als solche besonderen Kunstrealitäten bedeuteten sie die verschlungenen Wege und schwierigen Strukturen außertheatraler Wirklichkeiten, insofern ihr Publikum und kulturelle Öffentlichkeiten solche Referenzen wahrnehmen wollten oder, vielleicht auch, konnten.

Zwischen 1978 und 1980 zeigte die Schaubühne einige Inszenierungen, deren Formen, weltanschaulich-ästhetische Haltungen und philosophische Bezugsrahmen einander absolut zu widersprechen schienen. Paradox für ein und dasselbe Ensemble markierten sie, zumindest an der Oberfläche, gegenüberliegende Pole zeitgenössischer avancierter Kunst. 1978 brachte Peter Stein *Trilogie des Wiedersehens* und *Groß und Klein* von Botho Strauß heraus. Anfang 1979 konnte Robert Wilson erstmals in Europa eine Großproduktion uraufführen: *Death Destruction & Detroit* (*DD&D*). Einige Wochen später folgte Klaus Michael Grübers *Rudi* im ausgedienten Luxushotel Esplanade. Im Sommer 1980 produzierte Meredith Monk ihre "epische Oper" *Vessel*, die am ersten Tag von einem alten Kreuzberger Kinoraum zum Schaubühnenhaus am Halleschen Ufer wanderte, um am nächsten Tag auf dem Platz vor der Ruine des Anhalter Bahnhofs zu Ende gebracht zu werden. Im Oktober 1980 erschien dann Steins lange vorbereitete Version der *Orestie* des Aischylos.

Unter entgegengesetzten Polen verstehe ich folgendes:

Peter Steins Produktion *Groß und Klein* im Dezember 1978, einer seiner Versuche seit den sechziger Jahren, dramatische Literatur in theatrale Vorgänge zu übersetzen. Im engeren Sinne führte er seine Arbeit an solchen Texten fort, die von übergreifenden gesellschaftlichen Phänomenen, Stimmungen und Haltungen sprachen, indem sie, sich in enggezogenen, privaten Zeiträumen bewegend, mentale Befindlichkeiten und zwischenmenschliche Beziehungen einiger Individuen oder Individuen-Paare diagnostizierten. Steins Inszenierung *Sommergäste* nach Gorki 1974, in der Bearbeitung von Strauß, und seine Aufführung von Strauß' *Trilogie des Wiedersehens* 1978 waren die herausragenden Ereignisse dieser Kette. Der Struktur des Textes von Strauß genau folgend, entfaltete Stein zunächst im ausgedienten CCC-Filmstudio (Premiere), später auf der breiten, flachen Bühne am Halleschen Ufer, eine Bilderfolge über verzweifelt-vergebliche Bemühungen einer vereinzelten Frau um zwischenmenschliche Nähe zu anderen und so nach Sinn ihres/eines Daseins. Im ersten Bild saß sie, gespielt von Edith Clever, allein (einsam) in irgendeiner betriebsamen Ferienanlage Marokkos. Mangels nicht-vorhandener Gesprächspartner monologisierte sie laut mit anonymen (Zuschauer-)Adressaten. Sie schwatzte als Bühnenfigur ins Leere, eine etwas zu aufdringlich auf "südlich-heißes Urlaubsambiente" kostümierte und geschminkte deutsche Provinzlerin (Neckermann-Tourismus?), die sie nicht sein möchte. Sie sei eine "verstörte Mondäne", schrieb Hellmuth Karasek in seiner Kritik, "die sich den Traum vom abenteuerlichen Leben in einer grandios plappernden Szene abschminkt".[1] Die Konstellation der kaschierten, hier der "überplapperten" Vereinsamung variierte sich in der weiteren epischen Abfolge von Bildern zunehmender Verwandlung, von Persönlichkeits-Abstieg, von äußerlichem Verfall. Sprach Edith Clevers / Botho Strauß' Lotte am Anfang noch sprudelnd, forderte sie in den ersten Bildern noch naiv-kraftvoll ihre Umwelten, ihre Freunde, zu einer sinnvollen Kommunikation heraus, fand sie sich/fanden die Zuschauer sie bald allein mit zufälligen Fremdbegegnungen und/oder in der Verständigungslosigkeit mit anonymen Kommunikationsapparaten, z.B. der Sprechanlage eines Wohnblocks, aus der blecherne Stimmen reagierten, die ihr, als technologisierte, sinnlich-leiblich unfaßbar fremd waren, auch im

---

1   *Schaubühne* 1987, S. 234.

doppelten Maße – es waren Fremde, die sie irrtümlich, eine Freundin suchend, anklingelte. Am Ende der Vorstellung, sicher nicht ihrer Geschichte, die eher eine kreisförmige Spirale auswegloser Verstrickung in Kommunikationslosigkeit ist, saß sie in einer Arztpraxis, "nur einfach so". Ihr fehlt nichts; sie versucht nur, einfach unter Leuten zu sein. Ihre eifrig-kräftige Suche nach Nähe, nach maßvoll-freundlicher Verständigung, ihre offene Freundlichkeit haben sich verzehrt. Sie sind unangebracht, wie sie als ganze Person fremd ist in der Gesellschaft, die Peter Stein in der Ereignisfolge ihrer Geschichte langsam enthüllte.

Einige Bilder, von Karl-Ernst Herrmann gebaut, kostümiert von Moidele Bickel, zeigten die Umwelt – die aseptisch glänzende, wohlhabende, kühl farbige bundesdeutsche Oberfläche, vorrangig erkennbar als die der Mittelschichten, versetzt mit marginalen, "verlotterten" (Obdachlosen?, Alkoholikern) Einzelfiguren. Marginal, das zeigte die Bilderfolge, ist auch die ungelenk-unpassende (unangepaßte), offene Suche nach Nähe der Lotte, die ihr "Inneres" unbekümmert bloßlegt, eifrig, fast begierig anbietet, was "man" nicht tut in dieser klinischen Oberflächen-Welt. Die Wandlung ihres Äußeren, ihrer Kostümierung, bedeutete die immer tiefere Verstrickung in Vereinsamung – von dem aufgedonnerten südlichen Urlaubsdreß zu einem zweiteiligen unmodischen Kostüm und einer altmodischen Baskenmütze, zum "Omalook", wie ihr ein alter Freund auf einer Party beiläufig-brutal sagt,[2] schließlich zu aufgelöstem weißem Haar und zu unachtsam getragenem grauem Kleid und Mantel. Die Party selbst präsentierte die vorherrschende Normalität (die Norm), in einem farbig-schönen Garten mit Hollywood-Schaukel, mit Getränkewagen und mit klinisch-sauberer Hecke, in dem es nur um Hintergehung, Scheidung und Betrug aller gegen alle geht.

Die Geschichte der Lotte vermittelte wohl für unterschiedlichste Zuschauer assoziierbar, wie und daß in einer Gesellschaft des äußeren Glanzes, des sprudelnden Sekts, der perfekten Technologisierung Kälte, Erstarrung, im Innern verborgene, äußerlich kühl ignorierte, nur selten hervorbrechende Verzweiflung herrschen. Diese Oberflächengesellschaft stößt Andersartige, Nicht-Angepaßte ab/aus; sie produziert unbekümmert Vereinsamung und Pathologisches. Die Geschichte der Lotte galt dem Sich-Verlieren in eine Einsamkeit, die "versponnen" macht, so zerstört.

Steins Stationen-Geschichte eines verzweifelten mentalen Abfalls in einer erkalteten Umgebung, die viele, alle?, Un-Angepaßte, Andersartige bis zur "Verspinnerung" verstört, bis in die Nähe des Irreseins/-werdens? treibt,

---

2   Strauß 1984, S. 178.

entband Bedeutungen, die deutlich in Strauß' Text eingeschrieben sind. Seine Inszenierung schien so "nur" in theatrale Bilder umzusetzen, was Strauß vorgeschrieben hatte, möglicherweise ein Modell der vielbeschworenen Treue zum literarischen Text, der "Werktreue". Peter Iden in seiner Kritik: "Die Bilder erscheinen hinter wogenden, hohen Vorhängen, die sie jeweils langsam freigeben: Eine Aufführung, die sich selbst so enthüllt, wie ihr Stück unsere Gesellschaft."[3]

Robert Wilson nannte *DD&D* "Ein Stück mit Musik in 2 Akten. Eine Liebesgeschichte in 16 Szenen". Ein Prolog leitete ein, ein Epilog setzte das Ende. Die einzelnen Szenen, von unterschiedlicher Länge, waren ohne erkennbare Zeit-Ordnung, geschweige denn "kausalen" Handlungszusammenhang arrangiert. Sie schienen in einem Phantasiereich herumzuschweben, teilweise in der von anderen Wilson-Produktionen her bekannten verzögerten Bewegungsweise dargestellter Menschen und Tiere, in slow-motion. Oder aber es schienen Bilder eines Traumes zu sein, in denen sich Räume, Figuren, Dinge phantastisch ineinanderverschieben, die surreale Welten suggerieren, wie Aragon nach seinem Erlebnis von Wilsons *Deafman Glance* 1971 schwärmte.[4]

DD&D vermittelte Wilsons Visionen einer modernen Welt, in der sich eine bedrohte oder längst ausgestorbene Tierwelt (Saurier), "Entfremdung" oder Vereinzelung von Individuen, eine intensivierte Technologisierung der Individuen, explosive WeltKatastrophen, Sciencefiction wundersam, für eine auf das Kausal-Lineare fixierte Logik oft unverständlich vermischen. Nachdem ihn die atomaren Bedrohungen in *Ka Mountain* 1972 und 1976 das Einstein-Phänomen zu surrealen Visionen inspiriert hatten, waren es dieses Mal die Hess-Affäre (Landung in Großbritannien, seine Inhaftierung) und die Lektüre der Tagebücher von Hitlers Minister Speer über die deutsche Rüstungsproduktion.[5]

Den Auftakt gab der Prolog mit einem Mann, von Otto Sander gespielt, in einer Art Uniform, einem Käppi, gestützt auf einen Stock vor einer Mauer, sicherlich bereits verwirrend, "rätselhaft" für Zuschauer wie mich, die sich über die Hess-Speer-Vorlagen nicht informiert hatten. Es war eine unbestimmt-mehrdeutige Situation, ein Kasernen- oder Gefängnishof-Raum? Ähnlich gekleidete Figuren kamen nacheinander hinzu. Die erste Szene "Ein Innenraum, Louis Quinze" zeigte ein altes, vergoldetes rokokoartiges Kana-

---

3 *Schaubühne* 1987, S. 234.
4 Brecht 1978, S. 438.
5 Vgl. Paul 1979.

pee, auf der die Figuren 1 und 2 sitzen, das junge Paar, das immer wieder in anderen Bildern auftauchen wird. Eine Liebesgeschichte? Die Figuren waren im Programmbuch nur mit Nummern genannt, Anzeige ihrer Austauschbarkeit? Das Ende des Individuums? Sie trugen zeitgenössische Freizeitkleidung, Jeans und T-Shirts, blütenweiß. Aseptisches Amerika. Dazu kam ein Dritter, A2, wieder Otto Sander, in einer blau-roten Uniform der zwanziger Jahre, oder der Jahrhundertwende? Wer sich nicht etwas genauer in amerikanischer Geschichte auskannte, konnte nichts entscheiden. Oder war es einfach eine Collage von Uniformelementen, vergangene Jahrzehnte konnotierend?

Alle sprachen ausdruckslos, mechanisch. Die Stimmen in der Inszenierung kamen fast immer über Verstärker, gelöst von ihrem "menschlichen" Träger. Die Andeutung – sollte es eine sein? – einer (Liebes)Beziehung zwischen 1 und 2 war eine zirkelhafte Wendung von Körper und Kopf zueinander, wie zu einem Kuß, der, dicht vor der Berührung, nicht geschieht. Dazu Sätze, deren unmittelbare Verknüpfung keinen Sinn machte, Fetzen von Erinnerungen, Aussagen über das Leben, ganz unsentimental, gleichsam unbewegt-mechanisch Fakten nennend. War die erste Szene in hellem Licht, so die zweite, "Ein Greyhound Bus", dunkler. Durch Licht wird ein anderes Paar 1 und 2 herausgeschnitten. Das Paar besteht aus einer plüschern aufgedonnerten Dame, großkrempiger Hut (frühes 20. Jahrhundert?), und, schräg davor sitzend, hinter einem großen altmodischen Lenkrad, einem Mann in Chauffeur-Uniform, die man auch für eine Armee-Uniform halten konnte. Schaukelnde Bewegungen der Figuren; man fährt. Wieder das emotionslose Sprechen, bei dem man sich nicht ansieht. Er wiederholte formelhaft Zahlen der Kugellagerproduktion, die sich im August verändern soll. Dazwischen banale Sätze über Zusammenleben und deutsche Tüchtigkeit.

Szene 3, "Die Stadt", begann mit Männern, die Zeitungen geöffnet halten. Die Zeitungen schwebten in die Höhe, und man schaute nach oben. Zwischen den Männern in Zweireihern, Hüten und korrekten Bindern (vierziger Jahre) schlichen gebückt, Lasten tragend, Leute mit Kopftuch, in dunklen einfachen Röcken (die "Unteren"?). Dazu gesellte sich eine Frau mit einem modernen Sprechgerät. Ein Wechsel findet statt, und zwar immer noch "in der Stadt". Männer erscheinen in Talaren (Richter, Pfarrer?), mit leuchtend weißen Stöcken. Ihre tastende Haltung ähnelt der des Mannes aus dem Prolog. Sie blicken nach oben, suchend. Schließlich schwebt von oben Otto Sander am Fallschirm ein, in staubfarbener Fliegermontur der dreißiger/vierziger Jahre. Beiläufig wirft er als letzten Satz in die Szene: "come let's have a cup of tea with my mum first".

Szene 4, "Der Rote Krater. Eine Wüste von innen". 1 und 2 waren wieder das junge Paar aus der ersten Szene, jetzt in einer traumartigen

Sciencefiction-Welt, in der sich vorn, fast in der Mitte der Bühne, ein "Krater" befindet, aus dem etwas rot dampft (glüht). Das Paar bewegte sich auf hohen, gläsern-durchsichtigen Kothurnen um den Krater, sich nicht nahe kommend. Er, in scharf gebügelten weißen Hosen und mit Tennisschläger, sie, in einem zart-durchsichtigen Ballkleid, junge Vornehmheit (einer heute versunkenen, kitschig anmutenden Zeit?). Beide haben Geräte, die an die Strahlenpistolen der Sciencefiction-Filme erinnern. Mehrmals schwebte ein weißes, stilisiertes Raumschiff vorbei. In ihm wieder Otto Sander, jetzt als ein 2A, der banale Sätze zitiert, Neujahrsgrüße zur Erde schickt und krachend in einen irdisch-simplen Apfel beißt.

Klaus Michael Grübers Produktion *Rudi* basierte auf einer Erzählung, die der deutsche Schriftsteller Bernard Brentano in der Emigration vor den Nazis geschrieben hatte.[6] Die Aufführung fand statt in dem leerstehenden Esplanade-Hotel, einem Symbol des luxuriösen Lebens der zwanziger Jahre. Halle, Treppen, Gesellungsräume, Restaurant des Hotels dienten zugleich als Darstellungs- und Zuschauerräume. Durch die Fenster war die nächtliche Umgebung sichtbar: vor allem eine Panorama-Ansicht der sich in Leucht-quellen präsentierenden Silhouette Ostberlins (der Fernsehturm) jenseits der Mauer, die einige Meter vor dem Hotel dunkel verlief. Die Zuschauer, für die keine Sitze präpariert waren, konnten (und sollten wohl) von Darstellungsort zu Darstellungsort beliebig herumwandern, und sie sollten die Panorama-Sicht, deutlich eine Dimension der Inszenierung, wahrnehmen. Ein Schau-spieler las Brentanos Geschichte. Eine Tonanlage verbreitete seine Worte durch alle Räume. Er war kunsthaft altmodisch aufgemacht (gegraute Haare), in einem der kleineren Säle neben einem alten Kanonenofen sitzend. Ruhig, monoton-warm las er die Geschichte des jungen Rudi aus den Arbeitervierteln Berlins, der ein revolutionärer Kommunist sein wollte. Als die Nazis die Macht erhalten hatten, versuchte er sich im aktiven Widerstand. Dabei kam er um. Wo sich die Zuschauer auch aufhielten, sie konnten die Rudi-Ge-schichte vernehmen. Das Thema der Revolution, eines radikalen Umbruchs der Geschichte mit dem spezifischen Akzent auf Deutschland wurde unter-strichen durch ein Lied nach der Poesie des Jakobiner-Dichters Hölderlin, über die Tonanlage ebenfalls überall hörbar. Dunkel-traurig, aber – wie die Geschichte des Jungen – ruhig präsentiert.

Beides, Geschichte und Lied, konnte von den Wahrnehmenden kontra-punktisch in Beziehung gesetzt werden zu dem übergreifenden Environment: einmal zu der Mauer mit ihrem gespenstig-schönen Lichterhintergrund, in der

---

6   Vgl. Brentano 1934, S. 7-40.

Geschichte, zumal die von emanzipativen Hoffnungen, in Beton geronnen, zum langen, endgültigen Stillstand gekommen schien; dann aber auch zu Geschehnissen oder Bildern/Objekten, die eine andere, nicht nur deutsche Variante der Versteinerung von Geschichte[7] metaphorisch andeuteten – auf dem Boden der großen Empfangshalle die zehnminütige Projektion eines harten Pornos ohne Ton. In endloser Wiederholung, bis zum Ende der Vorstellung, agierten zwei nackte Bild-Körper ohne leidenschaftliches Engagement Koitus, Roboter des perfekten Sex. Das Video, vielleicht ein paar Hundert Meter entfernt in einem Porno-Laden erstanden, auf einem der zahllosen Märkte der Bilderflüsse, der schönen Waren, in denen emanzipative Hoffnungen ersticken, verdinglichen. Der Roboter-Sex als die Metapher.

Es gab andere vieldeutig-dunkle Bilder. In dem ehemaligen Restaurant/der weiträumigen Tanzhalle stand ein Flügel, auf dem ein artiger, altgutbürgerlich gekleideter Junge spielte. Es saß eine alte Frau, eine Großmutter?, hinter herumliegenden und aufgestapelten Zeitungen in einem Schaukelstuhl. Auf den Marmortreppen lagen Strohballen; ein Raum war mit Heu ausgelegt. Schafe blökten. Ein fremder, scharf-frischer Geruch versunkenen Landlebens. Eine Idylle aus der Vergangenheit? Schaute man nicht aus den Fenstern, war keine Mauer in Sicht. Wenn man sich auf einige der wenigen herumstehenden Stühle oder einfach auf den Boden setzte, gab es keine harten Pornobilder, nur gedämpft die Geschichte des jungen Rudi, der ein Revolutionär sein wollte in den fernen zwanziger, dreißiger Jahren.

Meredith Monk war eine herausragende Macherin der amerikanischen Performance Art der siebziger Jahre, in der sich nicht zuletzt das "Against Interpretation" umsetzte, für das Susan Sontag 1966 essayistisch plädiert hatte.[8] Auf sich selbst als Darstellerin, auf die Könnerin (Demonstration des kreativen Künstler-Subjekts)[9], und damit auf die ausgestellte Tätigkeit gerichtet, vollzog sie während der Berliner Festwochen 1980 in der Hochschule der Künste u.a. eine Ein-Personen-Performance als intensives Bemühen, einem Wasserglas unterschiedliche Tonstufen abzuzwingen (graduell verstärkte Bearbeitung des Glasrandes).[10] Ihre Darbietung erschien als radikale Manifestation einer Kunst, die sich bewußt jeder Bedeutungsproduktion, jeder

---

7   Zum Problem der Darstellung von Geschichtlichkeit vgl. auch die Beiträge von Freddie Rokem und Christel Weiler im vorliegenden Band.

8   Sontag 1966.

9   Vgl. u.a. Battock/Nickas 1984; Almhofer 1986; Jappe 1993, S. 9–10, 24–27 u. 51–56.

10   Vgl. J. Schmidt, der allgemein über Monks Darstellungsweise handelte, in Berliner Festspiele 1980, S. 195: "Sie jault, zirpt, piept, heult, keucht, bellt, wimmert, orgelt und pfeift. Sie läßt Tonkaskaden rauschen oder Einzeltöne schwellen [...]. Eine Kehlkopfartistin und Stimmbandakrobatin demonstriert die abstrakte Ausdrucksvielfalt der menschlichen Stimme [...]."

Referentialität auf etwas anderes als sich selbst verweigert, in diesem Sinne als das Gegenteil von Peter Steins Theater der Deutung dramatischer Literatur.

Vessel, bereits 1971 in den USA uraufgeführt, hatte eine andere Struktur als ihre Ein-Personen-Performance. Die Inszenierung war eine Demonstration von Bilder-, Bewegungs- und Tonströmen, aus denen sich schwer oder vielleicht ganz unmöglich kausal vernetzte Assoziationsketten produzieren ließen. "Eine Epische Oper" genannt, zeigte *Vessel* komplexe, ineinanderverfließende und sich variierende Bewegungen von Körpern als Akteuren und Kunst-Figuren in Raum und Zeit, von Licht, von Objekten, von Räumen als Umgebungen. Die drei Teile, in die das Ganze der Bewegungen räumlich wie zeitlich unterteilt war, denotierten eine verwirrende Menge von Phänomenen und generierten so für die Wahrnehmung eine Vielzahl möglicher Bedeutungen und Referenzen. In der einmaligen Rezeption ergab ihr diskontinuierlicher Verlauf, auch mit Hilfe einer Details beschreibenden Programmbeilage, keine kohärenten, logisch-zwingend nachzuvollziehenden Geschichten oder größeren Vorgangsbündel. Die Ouvertüre "Offenes Haus" fand als erster Teil in einem ehemaligen Kreuzberger Kino statt, aus dem ein Supermarkt und schließlich eine "Neon-Diskothek" wurde. Auf der flachen Bühne bewegten sich in einem dämmrigen Licht schwarzgekleidete Figuren, die sich, so der Programmzettel, "unter den Augen der Zuschauer in andere Personen verwandeln und verschiedene Gemütszustände annehmen". Das dauerte ungefähr eine Stunde. Dann brachen die Zuschauer zum zweiten Teil auf, der sich in der nahegelegenen Schaubühne ereignete. Man konnte selbst die Verkehrsart wählen, zu Fuß, U-Bahn usw.

Der zweite Teil war überschrieben "Handgearbeiteter Berg". Beleuchtung und Kostümierung der Figuren waren wesentlich heller. Es wiederholten sich einige Handlungsmomente des ersten Teils, teilweise von den gleichen Akteuren wie im ehemaligen Kino gespielt, jetzt aber in der Perspektive des "Hellen". Sollte die im Theater gebaute (Gerüst-)Bergwelt als Raum der Weite und Klarheit assoziiert werden, der für die Zuschauer offen ist, als ein deutlicher Kontrast zu dem TheaterHaus, das sonst – als Haus – geschlossen, eng war? Der dritte Teil spielte am nächsten Tag auf einem Gelände dicht bei der Schaubühne, vor dem ehemaligen Anhalter Bahnhof. In dem dargebotenen Reigen von Episoden konnte man unter anderem folgendes betrachten: von Figuren denotierte Pioniere (amerikanischer Westen?), die um Lagerfeuer gruppiert waren, spielende Kinder, Narren, die in einem VW-Bus kamen und kleine Kunststücke vollführten, die Hetzjagd auf die heilige Johanna von Orleans, die schon im ersten und zweiten Teil zitiert worden war, Johanna, getrieben vom Funkenregen eines Schweißbrenners, ein Moment, das ihren Weg zum Scheiterhaufen konnotierte.

Die Produktion, so der Programmzettel, lasse nicht zu, "einen dramatischen Handlungsablauf wiederzugeben". Sie verwende theatrale Mittel aus allen Kulturen, verwandele sie und unterstelle sie einer Gesetzlichkeit, die nur die eigene sei "und sich einer bloß beschreibenden Rationalität verwehrt". Das Monksche Theater spreche hauptsächlich die Sinne und das Unterbewußte an. Es arbeite mit der künstlerischen Mehrdeutigkeit, "einer Art phantasmatischen Ordnung oder geordneten Phantasie, die dem Zuschauer einen großen Freiraum gewährt, die eigenen Sinneseindrücke nach eigener Lust weiterzuspinnen [...]".[11] Das Programmbuch deutete das Attribut "episch" als Umschreibung eines Werkes ohne (dramatische) Höhepunkte, ohne einen "geschlossenen Handlungsablauf" und ohne die Entwicklung von Charakteren. Episch sei die "Reise der Spieler und Zuschauer (gleichzeitig wörtlich und metaphorisch) von einem Ort zum anderen, von einer Zeit in die andere". Es sei episch "die Mutation, die rasche Verwandlung, das langsame Sich-Entfalten, die minutiöse Veränderung, der Sprung von einem zum anderen, die Aneinanderreihung von Bruchstücken, die Wiederholung, die Variation".[12] Insgesamt waren die Betrachter konfrontiert mit dem Erscheinen und Vorbei-Gleiten bestürzend-verwirrender Bilder aus Bewegungen, Stimmen, Geräuschen, aus denen oder mit denen keine genauen Bedeutungen generierbar schienen. Die Strukturierung der gezeigten Zeit-Räume ähnelte jener fließender Träume. *Vessel* überschwemmte die Wahrnehmung mit oder verwickelte die Sinne gleichsam in ein Labyrinth von Signifikanten, deren Signifikate ich (man?) oft nur mühsam oder gar nicht und deren Referenten ich außerhalb des theatralen Ereignisses, wenn überhaupt, nur zu erahnen meinte.

Im Oktober 1980 brachte Stein seine fast zehnstündige Version der *Orestie* des Aischylos heraus. Geschichte erschien in ihr als eine Kette sich immer wieder neu setzender brutalisierender Widersprüche und mörderischer Konflikte. Die Inszenierung vermittelte, dem von Stein selbst übersetzten Text genau folgend, in linearer Narration die Geschichte von Agamemnon, Klytaimnestra, Orest und die Verwandlung der alten Erinnyen in Eumeniden eines neuen Athens. Zugleich störte oder de-konstruierte sie aber auch teilweise die lineare Geschichten-Darstellung des Aischylos, indem sie die alte Struktur insofern veränderte, als sie das antike Material, den antiken Rahmen unmittelbar in einen gegenwärtigen sozio-kulturellen und politischen Kontext stellte.

---

11 Schaubühne am Halleschen Ufer, Hg. Handzettel zu *Vessel*.
12 Schaubühne am Halleschen Ufer 1980.

So vermittelte sie auf der einen Seite nicht nur "getreu" die Wörter und die linear-narrative Struktur des Textes, sondern versuchte auch seinen ursprünglichen historischen Kontext oder zumindest Elemente seiner ursprünglichen Aufführungspraxis zu "rekonstruieren", vielleicht genauer, zu demonstrieren. Das betraf vor allem die Kostümierung der meisten Figuren, die Ausstattung und den Aufbau des Zuschauerraums. Die Sitze waren ausgeräumt. Die Zuschauer saßen auf amphitheatral ansteigenden, weitgeschwungenen Sitzreihen ohne Lehnen, die an antike Theaterräume erinnern konnten. Agamemnon erschien im ersten Teil auf dem oberen Rand des Zuschauerraums auf einem rollbaren Holzapparat, an das antike ekkyklema erinnernd. Von hier aus führte er einen großen Teil seines Dialogs mit Klytaimnestra und dem Chor. Die beiden Protagonisten waren gleichsam antik-griechisch kostümiert. Zur Begegnung mit Klytaimnestra vor der flachen Bühne wurde Agamemnon dann auf dem ekkyklema heruntergezogen. Im dritten Teil, den "Eumeniden", erschien Athena in einem weißen langen Kleid und der großen metallenen Kriegerhaube, daher im Kostüm antiker Bildzeugnisse. Die Erinnyen waren enorme dunkle Monster mit langen Fangarmen und spitzauslaufenden krebsähnlichen Klauen, anscheinend Geschöpfe, wie sich das antike Griechenland die alten ehrwürdigen und zugleich strafend-gefährlichen Wesen sinnlich imaginierte. Gleichzeitig störte die Inszenierung jede Annahme einer "werkgetreuen" oder "antike-treuen" Rekonstruktion, indem sie die Geschichte demonstrativ mit Elementen der Gegenwart zusammenbrachte, diese in die alten Kontexte hineinstellte, oder umgekehrt, das Alte in die Gegenwart hineinriß. Der Chor der alten Männer im *Agamemnon* erschien als eine Gruppe alter Männer, Rentner, Pensionäre – gekleidet in Anzüge, mit Hüten –, wie sie mir besonders in italienischen Filmen mit Gegenwartsthematik auffielen. Sie bewegten sich wie auf einem öffentlichen Platz dieser Moderne, unter den Zuschauern herumlaufend, die Chor-Sätze teilweise einander zusprechend wie in einer gegenwärtigen alltäglichen Zusammenkunft. Die Richter, die über Orest abzustimmen hatten, trugen heutige zivile Kleidung. Sie erschienen als Angehörige von Mittelschichten, als Manager, gehobene Angestellte, die, ihre Stimmen abgebend, mechanisch ein Geschäft abwickeln. Indem die Inszenierung beides zugleich bot, eine möglichst textgetreue Narration einer alten Geschichte und ihre Dekonstruktion, konnte Geschichte, speziell die erzählte, aber auch Geschichte allgemein, als zugleich kontinuierlicher wie diskontinuierlicher Prozeß erscheinen. Was verhandelt wurde – die höchst blutige Familiengeschichte und zugleich historische Bewegungen von der alten Haushalt-Gesellschaft zum Beginn einer demokratischen Polis – war übersetzt in eine irritierend widersprüchliche, Brüche betonende theatrale Struktur. Sie selbst erzählte so von dem Katastrophalen, dem Schwierigen, den Sprüngen, den Unwägbarkeiten, in denen sich Geschichte bewegt. Der Beginn einer neuen Periode begann u.a. mit einer hell gekleideten Athene, die, Verkörperin des Hell-Aufklärerischen, des Neu-Demokratischen, vom Himmel schwebte. Die beschwichtigend auf Ausgleich zielende Integration der alten Erinnyen in die gegenwärtige Polis als Eumeniden, der Versuch versöhnender Aufhebung alter unvermittelbarer Gegensätze, erschien als problematische Fassade: Jutta Lampes Athene bewegte sich als eine Göttin der Rationalität, leicht ironisiert, allzu aufklärerisch-überlegen und zugleich brutal – sie griff "friedlich"-hell und überlegen (arrogant?) in das Geschehen ein. Die Richter-Manager-Angestellten hüllten die Erinnyen-Eumeniden zum Schluß völlig in rote und purpurne Binden. Sie drückten die alten ehrwürdigen Kräfte in Sitze am vorderen Rand der Bühne, als wirkliche politische Akteure entmachtet. Dennoch: Aus(f)gestellt als Eumeniden, konnte das Arrangement konnotieren, daß ursprünglich sehr ambivalente, auch blutdürstige Machtfaktoren, unter roten Hüllen verborgen, eilig weggeräumt, in der modernen geschäftig-unbeweglichen (schon erstarrten?) Manager-Welt lauern. Die Richter-Geschäftsleute-Angestellten vollzogen abschließend ein mechanisches Abstimmungsritual, immer wieder an die Töpfe gehend, ihre Steine hineinwerfend, zurücklaufend hinter die Barriere, eine lange Stange, die sie von der vorderen Bühne trennte, wieder zu den Töpfen eilend. Das Ritual setzt(e) sich anscheinend unendlich fort. Während die verhüllten Erinnyen bewegungslos blieben, stillgelegt für wie lange?, dauerte die Abstimmungsmechanik an, als die Zuschauer ihre Plätze verließen, ein Akt, der, in Korrespondenz mit dem mahnenden Anblick der ursprünglich so zwiesschlächtigen, produktiven und destruktiven Rolle der jetzigen Eumeniden, bedeuten konnte, daß Geschichte seit der Frühzeit immer wieder in tödlichen Erstarrungen und in zerstörerischen Katastrophen weitergehen wird. Ähnlich ihrem ersten Urbild, oder anders – seit ihrem möglichen historischen Anfangsversuch bestimmen schwerwiegende, anscheinend unauflösliche vernichtende Problematiken das, was heute Demokratie ist. Brutalität und damit Deformation wirken unter ihrer weißen glatt-friedfertigen Oberfläche, sofern man die entsprechenden Symptome wahrnehmen kann (will), die Zeichen scharfsichtig liest. In der hell ausgeleuchteten Bühne, den hellen (Athene) oder betont zivilen Kostümen der Akteure, in dem sachlichen, gedämpften Ton ihrer Reden, in ihren maßvoll-zurückhaltenden Haltungen setzte sich auf andere Weise fort, was als blutige Geschichte der Atriden, Athens und des antiken Griechenlands, unserer kulturellen Vorfahren, während der beiden ersten Teile im Halbdunkel oder Dunkel der Szenerie in anderer Form geschah, in den maßlosen Schreien, dem lauten, herrischen Sprechen der Akteure, den herausfordernd präsentierten Blut- und

Leichen-Spektakeln (Klytaimnestra), den monströsen Auftritten der Erinnyen.[13]

Brechts *Die Mutter* 1970 und Handkes *Ritt über den Bodensee* 1971: Beginn einer Theater-Expedition in Paradoxis

Während des ersten Jahres nach dem Zusammenschluß mit Peter Stein und den Schauspielern seines Bremer *Torquato Tasso* bot die neue Schaubühne schon ein sehr ähnliches und zugleich aber auch erheblich anderes Panorama. Sie eröffnete im Herbst 1970 mit Brechts *Die Mutter* (Abb. 19). Das war programmatisch und/oder wurde in kulturellen und politischen Öffentlichkeiten so in mehrfacher Hinsicht gesehen. Die Wahl von Brechts Text bedeutete eine linke, ja revolutionäre Position. Der Inszenierungsprozeß unterstrich Kollektivismus und eine anti-bürgerliche, antikapitalistische, anti-individualistische Grundhaltung. Ein Regieteam zeichnete verantwortlich – Wolfgang Schwiedrzik, Frank-Patrick Steckel, Peter Stein. Der Theaterraum war eine offene Halle, in der Darsteller, die an einer Seite immer präsent waren, und Zuschauer gemeinsam saßen. Die Schauspieler kamen von ihren Sitzen in den Freiraum, um den herum sich auf drei Seiten die Zuschauer befanden, um jeweils bestimmte Rollen und Szenen zu spielen bzw. "zu zeigen". Volker Canaris beschrieb den Gestus der Inszenierung in diesem Sinne treffend mit "Polemik gegen eine bürgerliche Ästhetik" und "Entwurf einer kollektiven Theaterästhetik".[14] Die Darsteller traten in den Demonstrationsraum mit der Haltung des In-einer-vergangenen-Geschichte-Studierens. Sie zitierten diese, ihre mögliche Sinnhaftigkeit für sich selber und für ihre Zuschauer prüfend. Die theatrale Überprüfungspraxis betonte, wie Canaris schrieb, das Prozeßhafte, Widersprüchlich-Agitierende und Appellative. Gegenüber der Inszenierung des Berliner Ensembles aus den fünfziger Jahren, welche die Demonstration zum 1. Mai als Bild einer geschlossenen Feier um die rote Fahne arrangiert hatte, in dem alle Darsteller-Demonstranten immer vorhanden waren, habe die Schaubühnen-Inszenierung einen Vorgang, kein Bild gezeigt. Erst im

---

13   H. Flashar las die Schlußszene teilweise anders. Das mechanische Abstimmungsritual lege nahe, die Vorgänge so zu deuten, als demonstrierten sie "affirmativ" die weiterwirkende Stabilisierung des Demokratischen. Flashar 1991, S. 263f. Wesentlich anders deutete die Rezension des *Spiegel*: "Das Patriarchat geht nicht als Sieger aus einem fair geführten Rechtsstreit heraus, sondern behauptet sich mittels schmutziger Tricks. Die Schaubühnen-Aufführung kann sich das nur als Sieg der Arroganz vorstellen. Die neuen, besseren Götterherrschaften, noble Anwälte einer Athener Bourgeoisie [...] verlachen heimlich die Göttinnen einer urtümlichen Gerechtigkeit. Kein Fortschrittsglaube beendet den siebenstündigen Theatertag, woher sollte er auch kommen?" (*Der Spiegel* 33.43 (1980), S. 264)

14   Canaris 1977, S. 106–111.

Verlauf der Szene traten die Akteure einer nach dem anderen auf, erst wenige, dann eine "lückenlose Front". Am Ende stände nicht das "Pathos einer Verehrung für den gefallenen Helden", sondern das nüchterne Zeigen seiner Ersetzbarkeit. Der Darsteller des Smilgin trat zwar aus der Front, fiel aber nicht, ließ nur die Fahne fallen, welche die Mutter (Therese Giehse) sich bückend in ihren Arm nahm und hochhielt. Der Kampf, so Canaris, "unter dieser Fahne wird weitergehen. Die Szene (gespielt in Westberlin 1970) zeigt: die Demonstration ist ein Prozeß der Solidarisierung, diese manifestiert sich im unbeirrbaren Festhalten am revolutionären Ziel".[15]

Aus einer Skizze von Steckel und Stein geht hervor, wie sich so linkes antikapitalistisches Geschichtsverständnis in Kunststruktur umsetzen sollte:

> Wenn wir nämlich unsere Zuschauer auffordern, das politische Verhalten der Wlassowa im Hinblick auf seine Übernehmbarkeit zu untersuchen, wenden wir uns hauptsächlich an Leute, die in der Proletarierin Wlassowa nicht ihresgleichen erblicken werden. [...] Sie wären aufgefordert, die besonderen Widersprüche in ihren eigenen Tätigkeiten aufzusuchen und zu deren Lösung überzugehen. Es geht dabei keineswegs darum, den Umstand zu verwischen, daß es revolutionäre, politisch organisierte Proletarier sind, die im Stück so und so handeln, und daß die Zuschauenden zumeist weder Proletarier, noch revolutionär, noch politisch organisiert sind. Es wird lediglich der Versuch unternommen, gewisse Grundzüge hervorzuheben, die im Verhalten der revolutionären, d.h. auf Beseitigung des Gegensatzes von unterdrückenden und unterdrückten Klassen hinarbeitenden Vertreter auch verschiedener Klassen zu finden sind und Abkommen zwischen ihnen ermöglichen. [...] Mindestens kann mit der Aufführung des Stückes der verbreiteten Abneigung gegen eine revolutionäre Politik entgegengetreten werden, indem das Verhalten von Leuten gezeigt wird, die einmal eine solche Politik gemacht haben.[16]

So konnte der Eindruck entstehen, als folge das Ensemble massiv einer (noch) in den sechziger Jahren vorherrschenden Lesart, die Brecht ohne wesentliche Differenzierungen als ein Glied in der Kette jenes linken, revolutionären Theaters sah, das in den zwanziger, dreißiger Jahren begonnen hatte. Zwei Inszenierungen widersprachen dieser von vielen Beobachtern angenommenen Programmatik 1971 – Hofmannsthals *Das gerettete Venedig*, ein neuromantischer Text der Jahrhundertwende, vor allem aber Peter Handkes *Ritt über den Bodensee*, die zweite Produktion der neuen Schaubühne von Claus Peymann / Wolfgang Wiens. Peter Idens vorsichtig-distanzierende Kritik

---

15 Ebd., S. 108.
16 Ebd., S. 182f.

pointierte, wie die Handke-Premiere als Differenz, ja Gegensatz zu der
Mutter-Aufführung gesehen werden konnte – "Worthülsen ohne Geschichtlichkeit". Das Stück handele nur von den Konventionen des Tuns und vor
allem der Sprache, von den Irritationen, die diese für das Individuum bereithält, von den Sonderbarkeiten und dem Banalen, in das uns das eigene
Sprechen, der eigene Körper und die eigene Hand verwickeln, davon, wie
triviale Verwicklungen bestimmende Faktoren des Alltagslebens, des Lebensweltlichen seien. Es zeige nur noch die "Worthülsen selber, die es anein-
anderreiht ohne einen Bezug auf das, was sie historisch heraufgeführt hat".
Indem es sich auf "Sprach- und Bewegungsfiguren prämissenlos einläßt, ist es
auch ein Ausdruck ahistorischen Denkens". So habe es eine "beharrlich
regressive Tendenz". Man müsse "nur akzeptieren, daß etwas ist, wie es ist
– dann kann man singen".[17]
   Mehrfach herausgestellte Details waren u.a. der vergebliche Versuch der
Figuren mit den Namen berühmter Schauspieler, eine Schublade zu öffnen.
Sie klemmt fest; da ließ man es eben sein und sang "unisono", sich einander
zärtlich anschauend, "Wir sind frei! Wir sind frei!".[18] Handke selbst unterstrich die Unwägbarkeiten, das Undeutliche, gleichsam Undurchschaubare
alltäglichen Tuns, auf die Ballade vom Ritt über den Bodensee anspielend, bei
dem der Reiter vermeint, über festes schneebedecktes Land zu reiten. Er
überlebt. Als er aber erfährt, er sei über einen gefrorenen See geritten, den
unsicheren Untergrund seines Tuns erkennt, bricht er tot zusammen. Das
Programmheft druckte einen Beitrag Handkes, der vom Werdegang des
Stückes als einer Art Farce handelte. Beweise haben dann auch in dem Stück
die Form der Farce, die Leiden an nicht aufgehenden Beweisen und Deutungen die Form einer oft gespielten Tragödie, die Freude, von Deutungen und
Beweispflichten frei zu sein, die Form eines utopischen Lustspiels. Das Stück
selbst sei letztlich Akteur seiner Akteure, und das in einer Bühnenform, die
das als Struktur zeige. Aus Handkes Notizen zu *Der Ritt über den Bodensee*
stellte das Programmheft eine Vielzahl von Sätzen zusammen, die kleine,
lebensweltliche Momente des "Dunklen", Schwierigen von (Lebens-)Akteu-
ren nennen oder die die völlige Zusammenhanglosigkeit, die sinn-lose Aktivität von Aktivitäten andeuten sollen: "Der Salzstreuer streut nicht, die Tisch-
lade klemmt, ein Fauteuil sinkt lächerlich tief ein, so daß man nicht weiter-
sprechen kann, das Streichholz brennt nicht an, der Stöckelschuh bleibt an
einem Bühnenspalt hängen." Oder: "Wie eine Frau die Handschuhe nicht

---

17   Iden 1971, S. 20.
18   Vgl. die Foto-Dokumentation in *Theater heute* 12.3 (1971).

formgerecht von den Fingern streifen kann. Wie Geräusche als Sprache aufgefaßt werden – jemand stellt die Vase auf den Tisch: 'Was wollen Sie damit sagen?' [...] Jemand zeigt mit dem Finger auf etwas, aber man schaut nur seinen Finger an."[19]

Die Form eines Konversationsstückes, die Szenerie als geschlossener, illusionistisch hergerichteter Raum, mit grell gemusterten Tapeten der Jahrhundertwende, das Mobiliar der gehobenen Boulevard-Komödie, der dahinplätschernde Konversationston-Gestus – die Inszenierung als Ganzes betonte das "Konventionelle", das "Theater der Oberflächen", des Leichten und Unverbindlichen. Das konnte als grobe ästhetische Regression erscheinen, als schroffe Rücknahme der offenen Darstellungsstruktur von *Die Mutter*, die jede überkommene und gegenwärtige illusionistische Theatralik direkt angriff und verwarf. Hellmuth Karaseks vorsichtig beschreibende, fragende Kritik sprach das an:

> Die Schauspieler der Schaubühne jedenfalls trieben das Stück in eine betörend-übertriebene Unwirklichkeit, in das lichtgrüne Tropenwuchern der Tapeten [...], in den unwirklich schönen Luxus der Kostüme [...], in eine Gebärden- und Ausdruckswelt, die – um es metaphysisch zu sagen – Tschechows Kirschgarten nach Hollywood transponierte, um die Vermittlung der Vermittlungen sichtbar zu machen. [...] Handkes Stücke, die das Theater radikal in Frage stellen, sind auf eine neue 'Lüge' des Theaters angewiesen, eine 'Lüge', der die Schaubühnenleute mit dem 'Tasso' und mit der 'Mutter' gerade zu entkommen vermeinten. Hat der 'Ritt' deshalb dazu geführt, daß Claus Peymann sich mit dieser Arbeit vom Ensemble weggearbeitet hat? [...] Im Resultat stellt sich jedenfalls öfters diffuse Trauer ein als erkenntnisfördernde Klarheit, die somnambule Ferne, in der die Figuren entrücken, wirkt nachdrücklicher als ihre aufdeckende Vorführfreude am Durchschaubaren.[20]

Die Irritationen, vorsichtig ausgedrückt, über die Variation eines scheinbar alten seichten Oberflächen-Theaters, das nicht deutlich als solches *kritisch ausgestellt* (vielleicht denunziert?) und damit "durchschaubar" gemacht wurde; Idens Unbehagen an dem "Ahistorischen", das als Sehnsucht nach dem Durchschaubarmachen von Kausalitäten, Hintergründen, Kontexten gelesen werden kann – solche Reaktionen dürften andeuten, in welchem Maße man nach dem Auftakt mit Brecht eine gleichsam lineare Fortsetzung bisheriger linker Haltungen zur Kunst erwartete, die nicht zuletzt Brecht und

---

19   Schaubühne am Halleschen Ufer 1971a, o. S.
20   Karasek 1971, S. 19. Vgl. Iden 1979, S. 102–103. Iden schreibt hier von trivialen Leerformen, die die Produktion zeige. Man könne als Botschaft entnehmen, daß man sich mit widrigen Umständen abfinden solle.

sein Berliner Ensemble mitgeprägt hatten. Diese Haltung erschien wesentlich fixiert auf das darstellerische Aufdecken, das Durchschaubarmachen von Verhältnissen und Prozessen möglichst in ihrer Totalität, als gesellschaftlicher Kausalnexus.[21]

Die nächste große Inszenierung *Peer Gynt* im Frühjahr 1971 (Abb. 20), eine der überragenden Produktionen der Schaubühne, schien zu unterstreichen, daß man sich relativ eng auf der Linie Brecht bewegte. *Peer Gynt* knüpfte insofern unmittelbar an die *Mutter*-Inszenierung an, als sie vergangene und in die Gegenwart hineinwirkende Geschichte, wesentliche Verhältnisse und Kausalitäten des bürgerlichen 19. Jahrhunderts in einem breiten Panorama und in einer komplexen Prozeßhaftigkeit, als Totalität zu durchmustern und in diesem Sinne durchschaubar zu machen suchte. Allerdings in einer ganz anderen Form. Als eine Abfolge üppig-sinnlicher, phantasiereicher Bilder war Peter Steins Inszenierung geradezu ein Gegenstück zum eher "puritanischen" Theater von *Die Mutter* mit seiner kargen Demonstration der Darsteller-Körper und dem alles prägenden Gestus des nachdenklichen Zitierens. Das Programmbuch ließ Gemeinsamkeiten erkennen und markierte zugleich den Bruch, ein wesentlich Anderes, Neues: Botho Strauß erzählte – an ein Kernanliegen und an die Modellbücher des Brecht-Theaters erinnernd – balladenhaft die Fabel.[22] Es war eine verbale Erzählung mit gestischen Überschriften, die Bilder-/Vorgangssequenzen punktierten oder gliederten. In die Erzählung waren entsprechende Bilder montiert. Die intensiven, lang vorbereitenden Diskussionsrunden und Proben in Auszügen wiedergebend, verriet die "Dokumentation" des Programmbuchs den "aufklärerischen Gestus" des ganzen Unternehmens, indem man zugleich das Widersprüchliche der jeweiligen behandelten Phänomene und das Streben nach Enthüllen, Durchschaubarmachen des in der Bilderabfolge Vorgestellten hervorhob, anscheinend einer Brecht-Tradition folgend. Eine Dissonanz, hieß es, ein scharfer, spöttischer Mißklang liege in allem, was zu sehen und zu hören sei, und halte die Aufmerksamkeit wach.

> Eine negative Entwicklungsdramaturgie – negativ, wenn man sich den Stückverlauf als fortschreitende Enthüllung der großen Illusionszwiebel vergegenwärtigt; sie wird im wesentlichen vorangetrieben durch die Kraft einer egoistischen Willensanstrengung, durch Peers Ehrgeiz, sich selbst zu verwirklichen, die Vor-Bilder in seinem Bewußtsein zu Tat-Sachen seines Daseins zu

---

21 Vgl. z.B. W. Mittenzweis und M. Wekwerths Vorträge und andere Positionen aus: *Brecht-Dialog 1968*, S. 30f., 48–53 u. 95f.
22 Vgl. Weigel u.a. 1967, S. 171–176, 228f.

machen [...]: entweder man ist sich selbst genug, dann lebt man als Troll, d.h. als Innenmensch, und nicht nur im Rondegebirge; man muß bloß die Optik ein wenig korrigieren, schon *ist* man alles, was man sich *vorstellt*. Oder aber man ist bestrebt, das eigene Ich zu verwirklichen, man selbst zu sein, dann lebt man als 'Mensch', genauer gesagt: als erfolgreiches Individuum im Zeitalter des bürgerlichen Liberalismus.[23]

Die Geschichte selbst wurde dargeboten in äußerst visueller Kunsthaftigkeit, in schönen Bildern, die Oberflächenvorgänge, Idealvorstellungen und Phantasien des bürgerlichen europäischen 19. Jahrhunderts in genauen Details zeichneten, die zugleich höchst artifiziell – oder poetisch, nach einem vielgebrauchten Brecht-Begriff der vierziger, fünfziger Jahre – konstruiert waren. So setzte man aber nicht nur einen Kontrapunkt zum eigenen Brecht-Auftakt. Wenn man Steins *Peer Gynt* überhaupt in Beziehung zur Brechtarbeit am Berliner Ensemble bringen kann, so überschritt sie diese entscheidend. Peer Gynt wurde von mehreren, unterschiedlichen Darstellern gespielt, so die Vielgesichtigkeit, oder radikaler, das Zerfließende, Nicht-Faßbare seines "Ichs" in theatraler Form bedeutet; man entwickelte aus Elementen oder in Anlehnung an herausragende Figuren "trivialer" Kultur der Gegenwart und der Vergangenheit, John Wayne und Karl May, Bilder, in denen sich zugleich die Phantasien des europäischen 19. Jahrhunderts über Afrika, über das Fremde als Exotisches, als Märchenhaftes visuell-auditiv üppig entfalteten.

> Peers Fantasie: sie hat nirgends antizipierende oder gar utopische Momente, sie ist in den ersten drei Akten ganz restaurativ und nostalgisch und im übrigen vorfabriziert. Versatzstücke aus Mythen und kollektiver Erinnerung. Aber diese Fantasie bringt ihn vorwärts, treibt ihn an: diese Dialektik muß in der Darstellungsweise erkennbar sein.[24]

Die Zuschauer saßen amphitheatral auf Podesten um den Spielraum, in dem die Bilder-Sequenzen vorgeführt wurden. Das einfache Gegenüber von Darstellern – Zuschauern, abgesehen von Brechts Lehrstückversuchen im Boxring der zwanziger Jahre die Raumgliederung der Brecht-Inszenierungen, war einem Arena-Prinzip gewichen. Die Aufhebung der tradierten Bild-Bühne, das Fremde gegenüber einem lange gepflegten Raumaxiom europäischen Theaters, ein Eckmerkmal dieser Produktion, geschah aber zugleich wieder anders als bei *Die Mutter*, und sie widersprach kräftig der Boulevard-Form von *Der Ritt über den Bodensee*.

---

23 Schaubühne am Halleschen Ufer 1971b, S. 71.
24 Ebd., S. 73.

Die neuformierte Schaubühne bewegte sich bewußt in solchen Wider-
Sprüchen. Die sich bis zum Paradoxen strukturell gegenüberstehenden Produktionen, die "irritierenden" Sprünge, Haltungs- und Perspektivenwechsel
waren Programm. Während der Proben zum *Ritt über den Bodensee* umriß
Dieter Sturm, die Gesamtunternehmung der Schaubühne ziele darauf und
verlaufe so, daß man immer wieder von neuen Seiten, Blickwinkeln und
jeweils mit anderen Methoden arbeite. Jede Produktion sei eine ästhetische
Expedition, also im Ansatz ein Akt des Suchens, Abtastens, Auslotens. Beide
Begriffe "Gesamtunternehmung" und "Expedition" zusammenbringend,
würde ich formulieren, daß die neue Schaubühne von Anfang an gedacht war
als eine unablässige Expedition in zuvor unübersehbare Felder kultureller
Produktionen, mit immer wechselnden Blicken, mit einem sich ständig
verändernden Arsenal der Expeditionstechniken und der Schrittweisen.

Das Stück stellt keinen allgemeinen Untergang aus. Die gesamte Methode des
Stückes beruht auf gesellschaftlichen Zerfallserscheinungen, die ganz eng ans
Bürgertum gekoppelt sind. Ich meine, daß das, was da verhandelt wird, in
einem ganz direkten Zusammenhang steht mit der Problematik der bürgerli-
chen Produktionsweise und ihren spätzeitigen Formen. Es wird z.B. das
Abheben von Begriffen von dem, was sie einmal bedeuteten, gezeigt. Auch die
Tatsache, daß menschliche Kommunikationsformen, den Zweck haben,
Kommunikation herzustellen, diese geradezu zerstören [...]. Eine weitere
Frage ist, wird der Ursachenzusammenhang dargestellt bzw. ist es überhaupt
berechtigt, *jeder ästhetischen Expedition* die Totale des gesellschaftlichen
Zusammenhangs abzuverlangen? Wir können feststellen, daß hier bestimmte
Ursachen weggelassen werden. Wir haben sogar den gesellschaftlichen Auf-
trag, das in unserem Spiel mitzuteilen, z.B. mit dem Horizont, in dem unsere
Figuren angelegt werden [...]. Es bleibt nur noch die Frage der Beziehung zum
Publikum. Die Schwierigkeit auf dem Theater, auch nur annähernd gesellschaftliche Totalität darzustellen, macht auch die Schwierigkeit des Verkehrs
mit dem Publikum aus. Wenn man davon ausgeht, daß es uns jeweils nur
gelingen wird, Ausschnitte der gesellschaftlichen Totalität auf der Bühne
darzustellen und daß diese Totalität für uns nur in etwas bestehen kann, was
wir von immer neuen Seiten angehen, mit einem neuen, aber auf die gleiche
Grundtendenz bezogenen Arsenal von Methoden, können *wir uns einen
Überblick über diese Totalität nur im Zuge der Gesamtunternehmung an der
Schaubühne verschaffen.* Wenn wir uns nur die Stücke heraussuchen würden
(historisch oder gegenwärtig), die möglichst große Spannweiten haben (im
Ergreifen einer gesellschaftlichen Realität), würden wir selber ganz wichtige
Momente dieser gesellschaftlichen Realität außer Acht lassen [...]. Die Schwie-
rigkeit ist, daß mit diesen verschiedenen Ansichten ein- und derselben Gesell-
schaft natürlich auch das Publikum wechselt. D.h. die einzelnen Fraktionen

unseres Publikums werden mit unterschiedlicher Intensität nur einzelnen Blickwinkeln folgen können.[25]

1973 betonte Stein, entscheidend sei das Wissen um die grundlegende Widersprüchlichkeit der Phänomene. Für eine entsprechende theatrale Praxis seien so die Differenzen und Differenzierungen Ausgangs- und Bezugspunkte; sie habe mit jeweils anderen, verschiedenartigen, gegensätzlichen Perspektiven und Haltungen zu rechnen und so umzugehen. Auf die Frage, ob die Schaubühne die bestehenden gesellschaftlichen Verhältnisse stabilisieren wolle, antwortete er generell mit einem klaren Nein. In dieser Allgemeinheit formulierend, spreche er für die unterschiedlichen politischen Gruppierungen und Positionen im Ensemble. Er betonte jedoch, daß zu diesem generellen Nein im einzelnen sehr verschiedene politisch-weltanschauliche Haltungen führten. Was die Theaterarbeit selbst betreffe, sähe es natürlich anders aus. "Unser Medium ist das Theater. Wir sagen, wir spielen in der Gesellschaft, die in Westberlin existiert. Das bedeutet sofort: Wir spielen für ein bürgerliches Publikum Theater. Wir akzeptieren dies zunächst, weil es gar nicht anders geht." Man möchte darüber hinaus für ein Publikum spielen oder auf ein solches hinarbeiten, das "man ganz allgemein als progressiv" bezeichnen könne, genauer, für Leute, "die sich in ihrer Klassenlage nicht hundertprozentig wohlfühlen" und darüber nachzudenken haben. Man spiele auch Stücke, die nicht bürgerlich seien,

> und zwar ganz programmatisch, um sie kennenzulernen, die Geschichte der Arbeiterklasse und die Geschichte der Revolution. Auf der anderen Seite behandeln wir [...] das, was man als Geschichte der Bourgeoisie bezeichnen kann, um zu begreifen und zu verstehen, daß die Klasse, aus der wir zumeist kommen und für die wir im überwiegenden Falle spielen, eine Geschichte hat, daß sie nicht immer so war und daß sie auch nicht immer so sein wird.[26]

Wenn man überhaupt von der Qualität der Schaubühne reden könne, abgesehen

> von den auch für mich nicht ableugbaren Qualitäten in der Aufführung, wenn man den Schauspielern zusieht, so ist es die Tatsache, daß wir auf unsere Erfahrungen reagieren, daß wir die Widersprüche aufnehmen und versuchen, durch auch widersprüchliches Verhalten ein Spannungsfeld zu schaffen, in dem wir weiterarbeiten können.[27]

---

25   Iden 1979, S. 111f.
26   Stein u.a. 1983, S. 178f.
27   Ebd., S. 188.

Man liege allerdings manchmal auf Kollisionskurs gegenüber Forderungen nach einem bestimmten Grad an Verständlichkeit, die von Arbeiterseite oft an die Bühne gestellt werden. Bestimmte Neigungen seien,

> was die künstlerische Realisierung betrifft, in vielen Fällen orientiert auf den angenommenen oder tatsächlichen ästhetischen Wahrnehmungsmechanismus unseres bürgerlichen Publikums, dem sind wir ganz klar, ja polemisch immer wieder entgegengetreten, indem wir es auffordern, nicht in einsträngiger Weise Dinge zu beurteilen, sondern auf dem ästhetischen Sektor Differenzierungen vorzunehmen, Differenzierungen vorzuschlagen [...]. Je mehr sich – das ist ja das Entscheidende von ästhetischer Arbeit – alle Aufnehmenden vereinigen, verabreden können zu einem höchsten Grad von Differenziertheit, um so größer wird der Spaß, um so größer wird das Vergnügen an der Tätigkeit.[28]

Als 1975 zwei Schauspieler auf einer Probe zu *Empedokles. Hölderlin lesen* forderten, man müsse Solidarität spielen, bemerkte der Regisseur Klaus Michael Grüber:

> Für mich ist das ein politisches Problem. Wer hier so tut, als sei Solidarität so leicht möglich, soll mir erst zeigen, wie das darzustellen wäre. Realität ist unsere Aufgabe, die reiche, bizarre, widersprüchliche Wirklichkeit. Es gibt keine Phantasie-Erkenntnisse. Diese komische Wirklichkeit, die gibt es doch gar nicht. Lernt erst einmal die Geschichte kennen, ehe ihr mit dieser oberflächlichen Subjektivität kommt. Das ist doch Realitätsverlust. Freundschaft ist viel ernster. Ich kann mich da nicht lossprechen von Pasolini. Wie war denn das? Der hat Freundschaft gesucht, nachts, an einem Bahnhof. Und dann fährt einer dreimal mit dem Wagen über ihn. Das ist Wirklichkeit in unserer Welt. Das ist historische Erinnerung. Davon hatte Hölderlin vor zweihundert Jahren in seinem Turm mehr Ahnung als alle, die leichtfertig von Solidarität reden.

Im gleichen Probenprozeß bat Grüber Bruno Ganz, der den Empedokles spielte, nicht subjektiv, nicht larmoyant zu werden.

> Die historische Dialektik nicht vergessen! Das ist beinahe die Geschichtsschreibung von sich selbst. Die Betonung ganz auf "nüchtern": "Das nüchterne Gelächter". Das ist der Hauptangelpunkt. Denk dabei an Che Guevaras Satz: "Das Volk ist wie Stein". Soweit ist Empedokles, wenn ihm das "hundertstimmige Gelächter" in den Ohren gellt. Aber dann geht er einen Schritt weiter, spricht vom 'nüchternen Gelächter' – und da ist wieder Hoffnung drin.[29]

---

28   Ebd., S. 191.
29   Michaelis 1983, S. 220, 215.

Erweitert man den Blick bis auf die Spielzeit 1973/74, so experimentierte die Schaubühne mit *fast* allen philosophisch-politischen Ansätzen und Konzeptionen und mit *fast* allen avancierten künstlerischen Techniken und Methoden, die das europäisch-nordamerikanische Theater seit den sechziger Jahren, eben nach Brecht, entfaltet hatte. Man variierte das In-Bewegung-Bringen des theatralen Raumes, der sinnlich-räumlichen Beziehungen Darsteller – Zuschauer im Gefolge der Happening-Bewegung, Grotowskis und der Artaud-Rezeption (vgl. die Raum-Ordnung in *Die Mutter*, die "Arena"-Bühne von *Peer Gynt*). Man "wanderte" mit speziellen Aufführungen in Räume der Freien Universität Berlin und in von Gewerkschaften frequentierte Gebäude mit Inszenierungen für Lehrlinge und ein Arbeiterpublikum; man ging aus dem tradierten Schaubühnentheaterhaus in die Messehallen am Funkturm, um das *Antikenprojekt* 1974 zu produzieren. Theatermachen wurde immer wieder akzentuiert ausgestellt, entweder als "Zitieren" der Schauspieler wie in *Die Mutter* oder als Geschäft des Schminkens wie in Steins *Übungen für Schauspieler*, dem ersten Teil des *Antikenprojekts*. Auf dem einen Pol griff man Versuche eines "mentalen Theaters" (Handke) auf und arbeitete an einer besonderen Sensibilisierung für das Ungewöhnliche, das Irrationale, das Verrückte wie Grüber in seiner surrealistisch collagierten Klassikerverarbeitung von Euripides *Die Bakchen*, dem zweiten Teil des *Antikenprojekts*. Nach dem frühen, kaum beachteten Versuch an einer surrealistischen Dramaturgie, der Inszenierung von Armand Gattis *Das imaginäre Leben des Straßenkehrers Auguste G.* in der alten Schaubühne 1963, produzierte die umgebildete Schaubühne vielleicht erstmals im deutschsprachigen Raum ein weitwirkendes, intellektuell-ästhetisch überragendes surreales Theaterereignis, surreale Konstruktionen als wichtige Kunstmöglichkeiten hervorhebend. Als Jost Hermand Heiner Müller in einem Gespräch auf das "liturgische Theater von links" im *Antikenprojekt* ansprach, bemerkte Müller, der nur die *Bakchen* gesehen hatte: "Ich fand das hervorragend. [...] Gerade in diesen *Bakchen* [...] ist sehr viel surrealistisches Material eingebracht worden [...]." Der Surrealismus sei ein "ungeheures Material", das er bejahe.[30]

Auf dem anderen Pol gab es Schritte zu einem revolutionären, proletarisch-sozialistischen Theater, teilweise nach Modellen aus der Weimarer Republik, wie 1972 Wolfgang Schwiedrziks Produktion *Märzstürme 1921*.

Diese vielschichtig kreative Bewegung in Widersprüchen, diese gleichsam ins Unendliche reisende Expedition mit ständigem Perspektivenwechsel gegen

---

30   Grimm/Hermand 1976, S. 61–64.

drohende Fixierungen waren zusammen mit der artistischen Qualität (Stein) entscheidend dafür, daß die Schaubühne für über ein Jahrzehnt die in meiner Sicht wesentliche Achse europäischen, ja "westlichen" (siehe Monk, Wilson) Theaters überhaupt wurde. Was die Mannigfaltigkeit der paradox-sich-widersprechenden Vielfältigkeit der Kreationen dieser Zeit betrifft, ist sie vielleicht ein bisher einzigartiger Fall zumindest europäischer Theatergeschichte.

In der prinzipiell diskontinuierlichen Bewegung sind allerdings Kontinuitäten zu erkennen. Sturm und Stein, die konzeptionell entscheidenden Mitglieder, haben das mehrmals deutlich umschrieben. 1990 und 1993, während Seminardiskussionen an der Humboldt-Universität auf Programmatisches der Schaubühnenarbeit zurückschauend, hob Sturm jeweils hervor, daß es vor allem ein Theater der Schauspieler sei. Es gehe darum, dem Schauspieler als zentralem Element größte Produktivität zu ermöglichen. Wie auch immer die Schaubühne der siebziger Jahre das Spektrum avancierter theatraler Techniken und Strukturen und die Wiederbelebung der Avantgarden dieses Jahrhunderts experimentell vorantrieb, in eigenartigen Formen variierte, bis hin zu dem Punkt, als erstes europäisches Theater Wilson eine Großproduktion zu ermöglichen, immer blieb der menschliche Körper, der Schauspieler Achse, Haupt*material* der Inszenierungen. So ging das Gesamtunternehmen auf aktuelle Multimediaansätze nicht ein, in der die Bewegung des Technologischen, von Formen, Farben, Licht, eine entscheidende, der lebendig präsente Körper nur eine untergeordnete Rolle oder gar keine spielte. Es ist bezeichnend, daß man sich an Performance Art mit Monks "epischer Oper" versuchte, die auf der Bewegung der Körper, daher auf den Schauspielern gründete. Vielleicht war für die Expedition in das Feld "Theater der Visionen" (Wilson) entscheidend, daß Wilson sehr enge produktive Beziehungen zum Darsteller entwickelte, ein Verhältnis, in dem Schauspieler für sich spezifische schöpferische Möglichkeiten sehen.[31] 1977 meinte Stein in einem Interview mit Jack Zipes, wenn man die Entwicklung und den Zusammenhang aller Projekte studiere, werde man auch erkennen, daß der Charakter, "das heißt das eigentliche Leben der Schaubühne, ganz wesentlich von den Schauspielern ausgeht". Von Zipes gefragt, wie der Schauspieler denn als "das wichtigste Element" der Schaubühne erscheine, verwies Stein auf seine Inszenierung des ersten Teils des *Antikenprojekts* 1974. Es gab zunächst die Idee, die er 1977 beiläufig "idiotisches Unterfangen" nannte, eine Entstehungsgeschichte der antiken Tragödie zu erarbeiten. Am Beginn der Arbeit zusammen mit den Schauspielern habe sich aber deren Interesse sehr rasch einer bestimmten

---

31   Vgl. Aussagen von Schauspielern in Shyer 1989, S. 13–18.

Sache zugewendet, nämlich wie das Theaterspielen zustande kam, was der Mutterschoß der Schauspielerei sei. Niemand habe sich dann mehr für die historischen Einzelheiten der Geschichte interessiert. "Wir sagten: 'O.K., wenn ihr euch für diese Frage interessiert, dann wollen wir mal loslegen. Aber bevor wir klären, was der Mutterschoß der Schauspielerei und der mimischen Tätigkeit ist, wollen wir erst einmal fragen, was die mimische Qualität jetzt bei euch ist.' Und dann, im Verlauf des Arbeitsprozesses, bleibt diese eine Frage übrig, und sie wurde dann zum Hauptgewicht dieses ersten Abends."[32]

Ein zweites Element der Kontinuität sei der "Realismus" gegenüber oder zu sich selbst, die gleichsam nüchterne und zugleich phantasievolle Einsicht in eigene Möglichkeiten, die realistische Einschätzung des Horizonts, in dem man (nur) arbeiten, daher wirken kann. Dieser Realismus dürfte die vielschichtige Beweglichkeit und den ständigen Perspektivenwechsel primär bedingt und erst ermöglicht haben, vielleicht als *der* Ausgangspunkt, von dem das Theater, mit dem intellektuell-künstlerisch führenden Stamm Stein/Sturm, von der *Mutter*-Aufführung 1970 zu einer Produktion wie *Vessel* und später dann zu Tschechow und Stanislawski kam. Den sozialpolitischen Aspekt dieses Realismus hatte Stein 1973 auf den Punkt gebracht: Selbst im wesentlichen bürgerliche, ich würde sagen, mittelschichtige Intellektuelle, spiele man, man wisse das, für ein wesentlich bürgerliches Publikum. Dem habe alles Rechnung zu tragen. Von dieser Position aus, innerhalb dieser Möglicheiten wurde auch versucht, Theater für ein Arbeiterpublikum zu machen, wie Stein, Steckel und Rueb 1973 gleichlautend im Gespräch mit Oskar Neumann ausführten. Steckel betonte, daß noch nicht einmal eine produktive Zusammenarbeit innerhalb der Theater-Intellektuellen, innerhalb dieses besonderen kulturellen Sektors möglich sei. Warum sollte

unsere Rolle in bezug auf die Arbeiterklasse produktiver und impulsgebender sein als es unsere Rolle innerhalb unserer eigenen Organisation, innerhalb unserer eigenen Sparte ist. Natürlich, es ist beim Theater sehr gut möglich – und auch nötig – immer wieder über progressive Impulse zu reden, weil beim Theater immer wieder solche Wunschvorstellungen, Utopien und Man-möge-doch-Vorstellungen auftauchen und auch eine gewisse Tradition, insbesondere aus der Weimarer Zeit, existiert – und das alles, obwohl die ganze Sache in ihrer quantitativen Auswirkung überhaupt mit dem bloßen Auge gar nicht zu entdecken ist.

---

32 Zipes 1983, S. 249, 251.

Die Möglichkeiten der Schaubühne, so Stein in dem Gespräch, seien

> […] natürlich ziemlich schmal. Es ist so, daß unsere Konzentration auf ein junges, fortschrittliches, aufgeschlossenes, bürgerliches Publikum eine ganz gute Arbeitsgrundlage darstellt, die *man auch über ein paar Jahre hinaus halten kann und die uns tragen kann unter den gegenwärtigen Bedingungen.*

Steckel fügte, mit dem Blick auf die Situation von 99.9 % aller Theater hinzu, "daß die Vorstellung von dem im Klassenkampf mehr oder weniger direkt assistierenden Theater eine illusionäre Geschichte ist. Gemessen auch nur an der durchschnittlichen Realität, in der diese Betriebe arbeiten, ist es absurd, davon überhaupt nur zu reden".[33]

Stein nannte aber noch eine andere wesentliche Dimension – die eigene Lust, das Eigene, also die spezifischen Interessen und Bedürfnisse der konkreten Theatermacher. Man habe gezielt Produktionen wie die von Gerhard Kellings Stück *Die Auseinandersetzung*[34] oder *Märzstürme* gemacht, um an ein Arbeiterpublikum heranzukommen.

> Aber auch das hat seine Grenzen gezeigt. Erstens einmal hat sich herausgestellt, daß es gar nicht so leicht ist, Publikum auf so einer Basis zu organisieren, obwohl wir mit diesem Programm relativ viele Leute erreichen konnten. Zweitens, daß die Stückvorlagen den Schauspielern und den Beteiligten immer wieder äußerste Schwierigkeiten gemacht haben, was die *libidinöse Besetzung der Sache* [Hv. J.F.] betrifft. […] Das führt zu dem Moment, wo man sagt, man kann sich damit nicht ausgiebig und voll identifizieren; sobald die Anlässe, die äußerliche Impulse geben und selber eine gewisse Theatralität beinhalten, zurückgehen und nicht so deutlich aufzufinden sind, in dem Augenblick erschlafft auch das Interesse.[35]

Auf diesem Realismus gegenüber der eigenen sozialen Situation, den eigenen Interessen, Wahrnehmungs- und Denkweisen basiert auch die "nüchterne" und zugleich enorm Phantasie mobilisierende Konzentration auf das ureigene Feld, auf das Kunstmachen. Anders: Man nimmt die Realität an, daß man in einer spezifischen Realität arbeitet, daß man so (nur?) etwas Partikuläres, daher Begrenztes machen kann. 1974 sah man sich selbst in den *Übungen für Schauspieler,* die den ersten Abend des *Antikenprojekts* bildeten, als Betreiber eines "lächerlichen Gewerbes". Die Konzentrations-, rhythmischen und Artikulations-Übungen u.a. entstanden aus dem bohrenden Befragen, woraus

---

33   Ebd., S. 183, 188; Hv. J.F.
34   Vgl. Henkel 1971; Kelling 1973.
35   Stein u.a. 1983, S. 181.

"unser Metier" bestand oder sich "irgendwie aus dem griechischen Theater" entwickelt haben konnte. Die Kombination mit "Motiven wie Jagd, Opfer, Initiation, von denen wir gelernt haben, daß aus ihnen die griechische Tragödie hervorgegangen sein soll, ließ uns den blutigen Ernst und die Gefährlichkeit der ursprünglichen Voraussetzungen unseres lächerlichen Gewerbes" begreifen.[36]

Ein Aspekt dieser scharfsichtigen Selbst-Reflexivität war, sein spezifisches Feld besonders intensiv zu bestellen. Das setzte sich in das kompromißlose Interesse an "Qualität", an der artistischen Formung um. So zwangen offensichtlich die Inszenierungen auch denen Respekt ab, die dem Politisch-Weltanschaulichen und einzelnen künstlerischen Lösungen distanziert, vielleicht ablehnend gegenüberstanden. Die Schauspieler, so Georg Hensels Kritik zu *Die Mutter* am 10.10.1970, spielten nicht einfach, sondern führten Prinzipielles vor: "Sie beherrschen diesen Demonstrationsteil mit einer Virtuosität, die einen spätbürgerlichen Genuß bereitet. So wird es dem Publikum leichtgemacht, sich an der unendlichen Tapferkeit, Geduld und Güte der proletarischen Revolutionäre zu erheben [...]."[37] Steckel verwies darauf, daß man sich getrennt habe von "Wunschvorstellungen", von der Illusion eines direkt "eingreifenden Theaters", aufklärerische und linke Anforderungen an Kunst, nicht zuletzt jene der Weimarer Republik andeutend, die sich auch in der Brecht-Auslegung der fünfziger und sechziger Jahre niedergeschlagen hatten.

Was die aktuelle Version der Denkfigur betraf, Theater als eine "direkte politische Aktion" zu vollziehen, experimentierte die Schaubühne bei allen Sprüngen in das jeweils andere nicht mit 1970/71 noch virulenten Formen wie dem Guerilla-Theater, das sich im Zuge der kulturellen Rebellion in den USA gebildet hatte. Sie versuchte nicht, wie Grotowski, theatrale Ereignisse als rituelle, "reale" Aktionen durchzuführen, in denen das Individuum seine vom Alltag erzwungenen Masken abstreifen und, sich so befreiend, zu sich selbst kommen sollte. Schaubühnen-Darstellungen beanspruchten nicht, wie die des Living Theatre, als schon tatsächlich geschehende revolutionäre Tätigkeit zu gelten. Stattdessen standen am Beginn der neuen Schaubühne zwei Produktionen, die das Artifizielle und das Theaterreich gerade als ein von *Kunstspezialisten* libidinös besetztes Terrain ausstellten – Steins Bremer *Torquato Tasso* von 1969 und der Züricher *Changeling* von 1970, in dem

36   Schaubühne am Halleschen Ufer 1974, o. S.
37   Hensel 1980, S. 71f.

Stein und Sturm die Möglichkeit eines Zusammengehens ausprobierten.[38] Das wurde theoretisch flankiert von Botho Strauß' Versuch, auf neue Art Politisches und Ästhetisches zusammenzudenken.

Steins *Torquato Tasso* stellte in der Kritik des Künstlers und seiner sozialen Ohnmacht sowie der sehr engen sozialen Möglichkeiten der Kunst Theater als ein höchst artifizielles, ganz eigenartiges Phänomen aus. "Szenenwechsel ist überflüssig", hob Hensel zur Premiere hervor, "hier wird kein Leben imitiert, sondern Theater gespielt. So sind auch alle Personen immer auf der Bühne anwesend: Wer an einer Szene nicht beteiligt ist, der sitzt am Rand oder bereitet im Hintergrund die nächste überlappende Szene vor […]."[39]

Die Zusammenarbeit von Stein und Sturm am *Changeling* in Zürich ging der Neuformierung der Schaubühne unmittelbar voran. *Theater heute* publizierte ein Material von Dieter Sturm und eine Kritik, die das Artifizielle der *Changeling*-Produktion betonten. Sturm ging aus von dem Spanienbild, das im England des 17. Jahrhunderts vorherrschte. Spanien sei u.a. als ein "Schauplatz monströser und spektakulärer religiöser Rituale" erschienen. *Changeling*, 1649, habe keine "ausgreifende historische Dimension"; es biete ein "genau abgegrenztes Bild, das sich modellhaft oder metaphorisch zur Realität verhält. Die ganze Haupthandlung ist zunächst eine kalkulierte Anordnung präfabrizierter Teile." Es handele sich um literarische Formeln. Eine Hauptgestalt sei "gewissermaßen ein rabiat gewordenes Zitat". Dieses Baugesetz gäbe dem Stück eine Art von Kälte, "von Modell, von Laboranordnung, in dem selbst sein Furor zu einem Zeichen zu erstarren scheint". Ein Widerspruch bewege das Stück: der zwischen seiner Form, "die zitiert und konstruiert", und seinem Inhalt, "der als unerhörte Gewalttat reine Aktion ist". Körperlichkeit, Direktheit, ja Naivität seien "hinter oder gerade durch Manier, Formgebärde, Zeichenhaftigkeit aufzufinden und auszudrücken". Die literarische Zitadelle, die in sich und unter sich "dunkle Gänge und Kavernen birgt", und der ausgegrenzte Bezirk der Anstalten, der Internierungen – beide erscheinen "(mit Foucault zu sprechen)" als "'natürliche Orte der Unvernunft'". Change, Wechsel – mit diesem Wort werde das ganze Stück hindurch operiert. Es funktioniere u.a. als Ausdruck des alten "tiefsinnig belanglosen Spiels von Maske und Demaskierung". Aber über die "Ironie der ewigen Verwandlung hinaus zeigt es einen permanenten Widerspruch, auf das andere des gegebenen Kostüms, Charakters, sittlichen Gebäudes, sozialen Zustands. Keineswegs kann sich auf läppische Weise alles in alles verwandeln,

---

38   Vgl. auch Fiebach 1990, S. 102–122.
39   Hensel 1980, S. 26. Vgl. Canaris 1970. Siehe auch Karasek 1969, S. 23.

sondern alles hat seinen besonderen Widerspruch bei sich, der meist im Zuge des Stücks in die Sichtbarkeit getrieben wird."[40] Herbert Gampers Kritik unterstrich, es handele sich um eine manieristische Konstruktion, "die sich dem manieristischen Inszenierungsstil Peter Steins, dem manieristischen Darstellungsstil seiner Mitarbeiter als ideale Vorlage anzubieten schien". Der Gegenstand der Darstellung entschwinde, "die Zeichen weisen zurück auf sich selber und besagen insofern allesamt nur eins: hier wird Theater gespielt".[41]

Hier dürften bereits zwei übergreifende Charakteristika der Schaubühnen-Expedition sichtbar werden: der Akzent auf der permanenten Bewegung und der absoluten Widersprüchlichkeit der Dinge, der Bewegungen selbst (Sturm) und die Betonung des künstlerischen Konstruierens, so auch besonderer Zeichenproduktionen, inklusive der Maskierungen. Damit differierte sie einmal von dem Theater während der sechziger, Anfang der siebziger Jahre, das seine – oft ritual-besessene – Suche nach der "realen Aktion" absoluter Selbst-Enthüllung wie Grotowski und der ihm damals nahestehende Eugenio Barba[42] in hochartifiziell hergerichteten Formen unternahm. Andererseits wollten sich weder der Bremer *Torquato Tasso* noch darauffolgende Schaubühnen-Inszenierungen der Bedeutungsproduktion entziehen, der gerade seinen Zeichencharakter ausstellendes Theater nicht entrinnen dürfte. Im Gegenteil. Ihre Versuche neuartiger Raumordnungen und wechselnder sinnlicher Perspektivemöglichkeiten für alle Teilnehmer des Darstellungs-Ereignisses insistierten nicht auf einem "Against Interpretation" (Susan Sontag). Sie verbohrten sich nicht in dem Bemühen, möglichem "Sinn" und möglicher Referentialität außerhalb ihrer eigenen Realitäten entgegenzuarbeiten. In dieser Hinsicht gingen sie einen anderen Weg als andere, die wie sie mit dem ständigen Wechsel von Blickwinkeln, des räumlichen Akteur-Zuschauer-Verhältnisses, von Bewegungen und Materialien experimentierten,

---

40 Sturm 1970, S. 33ff.

41 Ebd., S. 36. Vgl. den Kontrast etwa zu Grotowski, genau ein Jahr später in *Theater heute* ablesbar an einem Playdoyer Grotowskis über das Streben des Schauspielers zur völligen Entblößung von aller Künstlichkeit, allen Masken, zur totalen Nacktheit des ganzen Menschen, des menschlichen Wesens [seiner selbst, J.F.], zur Enthüllung als Konfrontation mit dem "*ich bin so, wie ich bin*". Unsere Arbeit, daher auch seine als "Theatermacher", sei nicht nur das, "was ästhetisch, gesellschaftlich usw. ist", sondern das Gebiet, auf dem wir uns mit "unserer eigenen Wahrheit, unserer eigenen Enthüllung, mit dem '*ich bin so, wie ich bin*' konfrontieren". Grotowski 1971, S. 3. Vgl. u.a. auch Fiebach 1991, S. 244–252.

42 Vgl. die Kritik von Strauß zu Barbas *Ferai*, die wie die zu *Changeling* in *Theater heute* 11.8 (1970) erschien.

als jene Ansätze, deren Modelle Cages Aktionen der fünfziger Jahre[43] und
Kaprows *18 Happenings in 6 Parts* von 1959 waren.[44]

Politisches und Ästhetisches (neu) zusammendenken – "Das Unvergleichbare vergleichen"

Botho Strauß' Aufsatz "Versuch, ästhetische und politische Ereignisse zusammenzudenken", Anfang 1971 in den *Materialien zur Diskussion* der
Schaubühne abgedruckt, könnte als die erste öffentliche Programmaussage für
das neue Gesamtunternehmen gelten. Angelehnt an Foucaults *L'Archéologie
du Savoir*, ging Strauß davon aus, daß es sich beim Ästhetischen und Politischen um zwei sehr verschiedene Felder handele. Man dürfe das Disparate
nicht verwischen, könne beides aber als Differentes zugleich aufeinander
beziehen, und zwar im Sinne der Foucault-Beobachtung, daß eine vergleichende Analyse nicht die Unterschiedlichkeit der Rede- und Denkweisen
vermindere und eine "einheitliche Gesamtheit" suche, vielmehr die "Unterschiedlichkeit in eben unterschiedlichen Denk- und Redefiguren" aufteile. Das
archäologische Vergleichen geschehe nicht "im Bewußtsein des Vereinheitli-
chens, sondern des Vervielfältigens". So überschrieb Strauß seinen Paragraphen 1.1 "Das Unvergleichbare vergleichen". Anders formuliert, Strauß
bestand auf der "wirklichen" Gegensätzlichkeit der Erscheinungen, die
zugleich Korrespondenzen produzieren könnten. Das stimmte damit überein,
wie Stein und Sturm die übergreifende Widersprüchlichkeit von Phänomenen

---

43 Zur Bedeutung von Cage für die Happening-Bewegung und Performance Art vgl. die Beiträge
    von Erika Fischer-Lichte und Petra Maria Meyer in diesem Band.

44 Kaprow stellte kombiniert in drei getrennten Räumen eine Skulptur auf Rädern aus, "konkrete"
    Geräuschmusik, Monologe, Diaprojektionen, einfache Tanzbewegungen und ein Gemälde, das
    während der Aufführung produziert wurde. Die Zuschauer, die in zwei Pausen die Räume
    wechselten, seien sich, nach Michael Kirby, "dauernd der Aktivitäten in den zwei anderen
    Räumen bewußt", aber doch unfähig, "sie voll zu erfassen", daher mit/aus den Vorgängen
    "Bedeutungen" zu generieren. Die Darstellung schien ihnen das bewußt abgeschnitten oder
    zumindest sehr erschwert zu haben ("Against Interpretation"). Vgl. Becker/Vostell 1965,
    S. 351f. Gegen narrative, abbildende, oder anders, eben bedeutungsgenerierende Künste
    gewandt, forderte G. Maciunas Anfang der sechziger Jahre Arrangements ohne zweckhafte
    Absicht, "also Raumkunst". Ihre Künstler seien fast ausschließlich dem "Konzept des
    Konkretismus oder des Kunstnihilismus" verpflichtet. "Sie ziehen die Welt der konkreten
    Realitäten den künstlichen Abstraktionen oder, was dasselbe ist, dem Illusionismus vor." Beim
    konkreten Theater sei die künstlich erstellte Handlung, das im voraus festgelegte Spiel der
    Darsteller "gewöhnlich durch natürlich sich entfaltende, nicht vorher durchgeprobte und meist
    überhaupt unbestimmte Vorgänge ersetzt, wie sie sich aus spontanen und improvisierten
    Handlungen einer bestimmten Gruppe ergeben." Wie bei einer mathematischen Aufgabe sei die
    "Schönheit einer solchen Komposition allein in der Methode enthalten". (Ebd., S. 192ff.)

sahen, daher die Differenzierung der "Dinge in sich", die als solche nicht aufhebbar ist, sondern mit der man jeweils different umgehen müsse. "Ein Gedächtnis", so Strauß,

> das sich bemühte [...], die politischen mit den ästhetischen Entwicklungen der vergangenen drei Jahre zusammenzudenken, müßte notgedrungen eine Geschichte der sich polarisierenden Differenzen und Widersprüche beschreiben. Die nicht von vornherein dialektisch vermittelnde Betrachtungsweise, die zunächst einmal das Disparate als disparat, das Unversöhnliche als unversöhnlich zu kennzeichnen suchte, hätte von der Tatsache auszugehen, daß sich in unserem Land eine politische Avantgarde herangebildet hat, die Aufgaben und Praxis des revolutionären Sozialismus verfolgt, die aber mit den auch noch so avancierten Veränderungen in der Kunst nichts zu schaffen haben mag, gleichwohl wiederum für deren Selbstverständnis als dominierender Bezugspunkt, als Kriterium der Relevanz oft von entscheidender Bedeutung ist.

In Überschriften wie "Ästhetik der Emanzipation", die er in Steins Bremer *Torquato Tasso* sah, und "Revolutionäre lassen sich nicht imitieren" und "Revolution der Mittel?" umschrieb er vorsichtig in strukturalistisch-semiotischer Terminologie, daß Theater als Feld des Ästhetischen seine eigenen Zeichensysteme, daher seine, wie ich umformulieren würde, eigene Realität behaupten müsse, um den historischen Kontext adäquat behandeln zu können.

> Die Geschichte der ästhetischen Formen läßt sich weder in direkten Analogien noch widerspiegelnden Reflexen zu der materialistisch analysierbaren Geschichte beschreiben: auf *Veränderungen, die in dieser vonstatten gehen, repliziert jene mit Veränderungen nach Gesetzmäßigkeiten eines eigenen Systems (das natürlich nicht nur evolutionäre, sondern auch kombinatorische Strukturen aufweist)* [Hv. J.F.].

Auf eine "Semiologie der Aufklärung" verweisend, fand er in einer "Dramaturgischen Wissenschaft", wie sie auf dem 1. Brecht-Dialog 1968 diskutiert wurde, und im "Mentalen Theater" mit dem Modell *Der Ritt über den Bodensee* Möglichkeiten, die eigene Realität von Theater kräftig zu verfolgen und in spezifischen Formen dieser Realität auf widersprüchliche politische Bewegungen als disparate und zugleich vergleichbare, ich würde sagen: korrespondierende Verläufe einzugehen. Ein Beispiel waren ihm Manfred Bierwischs Ausführungen über die vielfältigen Fabeln, die in einem Text vorhanden sind. Er zitierte ihn mit dem Satz: "Es scheint mir wichtig, daß man nicht zwei oder drei Versionen hintereinander spielt, sondern zeigt: in einem und demselben Strukturzusammenhang stecken mehrere Möglichkeiten". Daran schloß Strauß den Paragraphen "Mentales Theater" an:

Zum Beispiel Peter Handkes neues Stück "Der Ritt über den Bodensee" enthält eine Unmenge solcher Fabel-Vorsätze und Fabel-Konklusionen, deren Mittelstück aber fehlt, auftauchender und wieder entschwindender Eventualitäten einer Fabel, deren äußerer Strukturzusammenhang in der Unberechenbarkeit einer ziellos geführten Konversation, deren innerer Strukturzusammenhang in der aufhörlichen Bedrohung und Unterwanderung dieser Konversation durch den Un-Sinn, Sinnestäuschung und Traumfantasie begründet liegt.

Dem *Ritt über den Bodensee* gleiche das Funktionieren

unserer sprachlichen und sinnlichen Vernunft, der Grammatik und des Zuordnungssystems von Wahrnehmungen und Bedeutungen; es ist nur eine provisorische, durchlässige Ordnung, die, zumal da, wo sie selber zu Bewußtsein kommt, wie in Handkes Stück, von Schizophrenie, Wahnsinn und Somnambulismus bedrängt wird [...].

Sich auf Foucaults *Histoire de la Folie* beziehend, schloß Strauß, daß, wie es scheine, zur Zeit das Irresein eine "ganz gewöhnliche Metapher für das Befinden des Individuums überhaupt, für die internierten Kräfte seiner Fantasie, inmitten einer Gesellschaft" sei, "welche nur zur Raison zu bringen versteht, welche im Namen der Vernunft eine perverse Unterdrückungsherrschaft ausübt".[45]

Das historische Umfeld I: Protestbewegungen, kultureller Umbruch der sechziger Jahre und eine "neue Linke"

Strauß und Sturm beschrieben 1970/71 wie Stein und Steckel 1973 Geschichte, genauer: ihr historisches Umfeld und die Rollen der Kunst darin in unterschiedlicher Direktheit und verschiedener Terminologie, aber, deutlich ablesbar, materialistisch-marxistisch. Sie sprachen von Klassentrennung und Klassenauseinandersetzung, von Herrschaft und Repression, von Interesse, Bedürfnis, Drang nach wesentlicher, auch fundamentaler revolutionärer Veränderung, von deren Bedingungen und Möglichkeiten. Strauß bezog sich auf aktuelle Versuche in der DDR, Brecht neu zu deuten. Sturm argumentierte zu *Der Ritt über den Bodensee* von einer Perspektive aus und in Begriffen marxistischer Gesellschafts- und Kunstdebatten der europäischen, insbesondere der deutschsprachigen Linken seit Ende der zwanziger Jahre. Bestimmende Gesichtspunkte waren u.a., durch Kunst Gesellschaftliches in seiner Totalität

---

45   Schaubühne am Halleschen Ufer 1971a, o. S.

zu erfassen, wie es Lukács in Hegel-Nachfolge erörtert hatte, gesellschaftliche Beziehungen in einer Fabel (Brecht) genau zu kennzeichnen und so aufzudecken. Nuanciert anders, aber in die gleiche Richtung reflektierend, schien für Sturm und Strauß klar, daß Handkes Stück, gemessen an solchen tradierten materialistischen Denkfiguren, etwas entbehrte – das Kenntlichmachen, das Durchschaubarmachen von Klassen-Gesellschaftskausalitäten (Sturm) oder eine, in meiner Formulierung, "komplette" Fabel, auf die Strauß mit dem Bezug auf das "fehlende Mittelstück" verwies.

Vorherrschende Themen und Strukturen der Inszenierungen selbst schienen eine solche Haltung zu bekräftigen: Von 1970 bis Ende 1972 dominierte das kritische Sichten gesellschaftlicher Verhältnisse und vergangener wie gegenwärtiger sozialer Auseinandersetzungen. Man erforschte theatral Wege, Methoden, Möglichkeiten, die bürgerliche Gesellschaft umzuwälzen, von der Inszenierung von Brechts *Die Mutter* bis zu der von Wischnewskis *Optimistischer Tragödie* 1972; man versuchte, komplexe historische Mechanismen durchschaubar zu machen oder zumindest charakteristische Haltungen, Befindlichkeiten, Denkweisen von Klassen und Schichten zu umreißen, wie in *Peer Gynt* oder 1972 in Grübers Inszenierung von Horvaths *Geschichten aus dem Wiener Wald*. Diesen Rahmen füllten Produktionen, die Klassenauseinandersetzungen unmittelbar dokumentierten, wie Hans Magnus Enzensbergers *Das Verhör von Habana*, oder die aktuelle Konfrontationen zwischen Arbeitern und Unternehmern thematisierten (Kellings *Die Auseinandersetzung*) und spezifische soziale Schichten ansprechen sollten (Schenks *Transportarbeiter Jakob Kuhn* Anfang 1972 als Lehrlingstheater) oder die Lehren aus vergangenen revolutionären Vorgängen wie den Aufständen 1921 in Mitteldeutschland vermitteln wollten. Wolfgang Schwiedrzik nannte seine *Märzstürme 1921*, die 1972 drei geschlossene Aufführungen vor Lehrlingen und Arbeitern erlebten, einen "Beitrag zum Kampf gegen Reformismus und Revisionismus, für die revolutionäre Arbeiterklasse", im besonderen gerichtet gegen die Sozialdemokratie und den Reformismus.[46] Auf dem Plakat für die Inszenierung *Das Verhör von Habana*, eine Kollektivproduktion, stand als breitgedruckte Überschrift: "Für alles Reaktionäre gilt, daß es nicht stürzt, wenn man es nicht zu Boden schlägt. Mao Tse-Tung."

---

46 Auf dem Programmzettel der Schaubühne am Halleschen Ufer, Spielzeit 1972/73, hieß der Untertitel: "Ein Stück über den Kampf der Sächsischen Arbeiterklasse gegen den im Auftrag der deutschen Monopolbourgeoisie von den SPD-Führern durchgeführten Schupo-Überfall im März 1921". Vgl. sein Interview mit Helmut Lethen in *Sozialistische Zeitschrift für Kunst und Gesellschaft*, April 1973, S. 135–142.

Wie solche Produktionen in der kulturellen Öffentlichkeit Westberlins wirken konnten, zeigen Friedrich Lufts kritische Sätze zu Aufführungen des Enzensberger-Stücks:

> Man solidarisierte sich flugs mit den "Roten Zellen", die zur Zeit dabei sind, Berlins Hochschulen aus den Angeln zu heben. Den Zellen spielte man gestern abend im Auditorium maximum das [...] Stück – dies mit, wie berichtet wird, jubelndem Erfolg unter der radikalisierten, studentischen Jugend. Die vermißte gar nicht, was das Premierenpublikum an dieser Darstellung der Einseitigkeit vermißt hatte. Die fand auch die 'revolutionären' Filmeinblendungen [...], so falsch und simpel sie waren, begeisternd. [...] Bekümmernd, daß eine Truppe ausgerechnet in die Universität ausweichen muß, will sie für eine so simple und undifferenzierte Botschaft heute ein ähnlich simples und undifferenziertes Publikum finden.[47]

Jedoch: Diese Inszenierungen waren Momente eines Gesamtunternehmens, das sich zur gleichen Zeit auch an *Der Ritt über den Bodensee* und *Das Gerettete Venedig* versuchte und in dem Ansätze, gesellschaftliche Kausalketten, Klassenlagen und Klassenmentalitäten als solche einsichtig zu machen, wie mit *Peer Gynt* oder *Die Mutter*, alles andere als einfach-vereinfacht strukturiert waren. Das Gespräch 1973 zwischen Oskar Neumann und den Schaubühnenleuten Stein, Steckel, Rueb machte darauf aufmerksam. Steckel thematisierte direkt die Differenzen zu der bis in die sechziger Jahre tradierten linken Kunst, wie sie sich vor allem in der Weimarer Republik geformt hatte. Strauß hatte zu Beginn der neuen Schaubühne die Distanz zu Agitprop-Inszenierungen betont. Sein Ansatz, die Ungleichmäßigkeit zwischen bedeutsamer ästhetischer Produktion und auf wesentliche gesellschaftliche Veränderungen erpichter politischer Bewegung zu klären, damit Differenzen zwischen dem Politischen und dem Ästhetischen als etwas Produktives zu behaupten, dürfte als Beitrag zur Kunstdiskussion der Linken fundamental neuartig gewesen sein. Ähnlich sehe ich seinen Versuch, Foucault mit Marx gleichsam über Brecht und Handke zusammenzudenken. Mit diesem Material signalisierte die Schaubühne, das sie dem gegenüber *anders* war und sein sollte, was *bisher als linke TheaterPosition* gelten konnte.

Betrachtet man den historisch-politischen Kontext, ließe sich die umgebildete Schaubühne als ein Moment jener "neuen Linken" erklären, die sich, korrespondierend mit gleichorientierten westeuropäischen und angloamerikanischen Erscheinungen, seit Mitte der sechziger Jahre in Westberlin und Westdeutschland entfaltete. Als eine neue oder wesentlich andere Linke

---

47   Zit. nach *Schaubühne* 1987, S. 73.

akzentuierte sie gerade das Antiautoritär-Freiheitliche und die radikale Demokratie, die fundamentale Bedeutung der konkreten lebensweltlichen oder auch sinnlichen Befindlichkeiten des Individuums und seiner sozialen Beziehungen. Als Linke anerkannte sie damit grundsätzlich Differenzierungen, das Anderssein und das Kulturelle als notwendige oder "selbstverständliche" Lebenstatsachen. Die *kulturelle Dimension* erschien jetzt als prägender, unverzichtbarer, erstrangiger Faktor jeder Veränderung der als unerträglich gesehenen Gesellschaftsverhältnisse. So wäre Rudi Dutschkes These von der "Kulturrevolution" zu lesen, in der tendenziell "alle bisherigen Werte und Normen des Etablierten in Frage gestellt" werden sollten.[48] Ihre entsprechend neue politische Praxis vollzog sich im wesentlichen abseits von etablierten (kommunistischen, linkssozialistischen) Parteien und Gewerkschaften.[49]

Herausragende Ereignisse und Drehpunkte für die Bewegung(en) waren, Strauß erinnerte daran, die Erschießung Benno Ohnesorgs bei der Westberliner Anti-Schah-Demonstration im Juni 1967, die Pariser Unruhen im Mai 1968, die deutschen Verzweigungen in radikale Gruppen, die Baader-Meinhof-Aktionen und Gründungen sektiererischer Parteien, aber auch der Anfang eines historisch weiterwirkenden kulturell-lebensweltlichen Umbruchs, den Strauß als eine neue Realität besonders herausstellte. Nach der Besetzung des Pariser Odéon im Mai 1968, so Strauß, oder nachdem Aufführungen in der Bundesrepublik durch Proteste gegen die Notstandsgesetze gestört wurden, seien Theater und Revolution bzw. Protestbewegung nicht wieder in eine solche enge Verbindung getreten. Und wenn doch, dann nur dort, wo Theater außer Kraft gesetzt worden sei. Die politische revolutionäre bzw. Protest-Bewegung sei die studentische Opposition gewesen, die, in sich nie homogen, durch die Krisensituation in alle möglichen Bereiche "infiltriert" sei. Die "Roten Zellen in vielen Fachbereichen der Universität [...], die Lehrer-, Anwalts- und Ärztekollektive, Kinder- und Schülerläden" u.a. würden "in einem kontinuierlichen solidarischen Zusammenhang" arbeiten.[50]

Aus dieser relativ breiten Bewegung speiste sich das Publikum der Schaubühne, das Stein 1973 beschrieb. Sie war der Hintergrund der Auseinander-

---

48   Vgl. einen Rückblick Dutschkes auf die Anti-Tschombe-Demonstration 1964, zitiert von Juchler in seinem Kapitel "Der Beginn der Kulturrevolution". Juchler 1989, S. 9.

49   Vgl. u.a. Bergmann u.a. 1968; Bock 1976, S. 9–37, 170–280; Rabehl 1988, S. 159–284; Bude/Kohli 1989, S. 9–86, 145–183; Negt 1995, S. 63–77, 83–86, 148–150.

50   Strauß 1971, Paragraph II.4, "Praxis der Emanzipation". Vgl. auch meine Überlegungen aus den Jahren 1979/80 zu Zusammenhängen von politisch-kulturellen Umbrüchen und einem neuen emanzipativen Theater in dem einleitenden Essay "Theater als ständiges Experiment" zu der Anthologie *Kreativität und Dialog* (Fiebach 1983).

setzungen um die anscheinend antikapitalistische, ja sozialistisch orientierte Richtung der Bühne, der Irritationen Linker und strenger Aufklärer über ein Ereignis wie *Der Ritt über den Bodensee* und liberaler und rechter Öffentlichkeiten über das kollektive Feiern des *Verhörs von Habana* in der radikalisierten Freien Universität (Lufts Reaktion).

Die unmittelbare Vorgeschichte und die ersten auffälligen Äußerungen der umgebildeten Schaubühne selbst, nicht zuletzt *Die Mutter*, scheinbar der Auftakt eines "klassischen" revolutionären Theaters, ließen das Neue oder Andersartige erkennen. Steins und Schwiedrziks Aufführung von Peter Weiss' *Vietnam-Diskurs* 1968 in München mündete noch in eine "reale politische Aktion", in eine Sammlung für den Vietcong. Während hier Theater anscheinend als ein politisch direkt eingreifender Vorgang betrieben wurde, zitierte die *Mutter*-Produktion demonstrativ eine andere Realität, etwas Vergangenes. Der Gestus der Inszenierung erscheint wie eine generelle Zurückweisung des Konzepts eines "Theaters der realen Aktion", sei es in der Form der eigenen Münchner Inszenierung oder des noch aktuellen politisch radikalen Guerilla-Theaters.[51] Das Ausstellen des Theatermachens dürfte geradezu von der Un-Sinnigkeit gesprochen haben, die Realität des Theaters unvermittelt als Realität antikapitalistischer politischer Praxis zu betreiben. Und die Inszenierung von *Changeling*, in der Stein und Sturm ausloteten, ob und wie sie eng zusammenwirken könnten, war für linke Kunst, zumindest im deutschsprachigen Raum, 1969 immer noch ungewöhnlich, wenn nicht abweisend fremd. Das beobachtete Kreisen ihrer künstlerischen Zeichen, in dem die Dominanz des Semantischen und des Referentiellen zu verschwinden schien, der auffällige Umgang mit ihnen als einem eigenwertigen Phänomen konnten als Affront gegenüber der im linken Lager noch strapazierten Auffassung ausgelegt werden, der "Inhalt" bestimme die "Form" und habe so absolutes Vorrecht über sie.

Zweierlei scheint mir für das innovative Anderssein der Schaubühne wichtig und, vielleicht, entscheidend. Es ist einmal das Bewußtsein der sozialen Differenz zu den (verschiedenen) sozialen Schichten und/oder Klassen, von denen man sich theatral zu sprechen bemühte, vor allem zu Arbeitern und praktischen Revolutionären. Anders gesehen – es sind die Wahrnehmung und dann die konsequente offene Behauptung der "eigenen

---

51 Vgl. Lesnick 1973, S. 11–25; Herms 1973, S. 15–57. Herms publiziert eine Notiz von Maro Estrin (1971) zum Guerilla-Theater, der diese Form beschränkt wissen will auf "jene Form von Theater, die, wie der Vietcong, sich nicht mehr als solches zu erkennen gibt. Theater, das sich nicht in der Form einer 'Aufführung' realisiert, Theater, das die Erneuerung von Realität *ist*." (Ebd., S. 95.)

Eigenart", der besonderen Interessen, Bedürfnisse, Seh- und Denkweisen, der eigenen Lüste, die man als eine besondere soziale Gruppe, eben als *KünstlerIntellektuelle*, als *intellektuelle Theatermacher* hat. Wie anders wäre Steins Verweis auf das Libidinöse zu lesen. Der nüchterne Realismus gegenüber sich selbst gegenüber dem eigenen sehr beschränkten Potential gesellschaftlicher, gar revolutionärer Wirksamkeit unterschied das Schaubühnenunternehmen beträchtlich von, oft unbewußten, Haltungen alter linker Kunst gegenüber den Realitäten, von denen sie, teilweise vorrangig, handelte. Agitprop-Theater, relevante Produktionen Piscators und Brechts, auch ihre Theorien, sprachen nicht ausdrücklich von dieser Differenz; sie thematisierten nur bedingt den eigenen (intellektuellen, künstlerischen) Realitätskreis (Brechts Verfremdungen, seine These von der Herstellung der Theaterrealität). In ihre Darstellungen der Wirklichkeiten anderer sozialer Schichten, anderer historischer Erfahrungen schrieben sie nicht ausdrücklich die Differenz ihrer spezifischen Perspektiven ein. Sie meinten eher, diese Wirklichkeiten auch als die ihrigen unvermittelt bedeuten zu können, so sehr epische Verfremdung auch Distanz anzeigen mochte. Es gibt keine markanten Zeugnisse, daß intellektuelle Agitprop-Macher soziale Haltungen und Prozesse, Klassenlagen und -auseinandersetzungen, die nicht unmittelbar die ihrigen oder in die sie nicht als besondere Künstler verwickelt waren, in Darstellungen übersetzten, die zugleich die besondere Position der Macher, deren spezifische Erfahrungen markierten. Brecht betonte zwar grundsätzlich die besondere Realität des Kunstmachens, formulierte das aber nicht ausdrücklich als sein besonderes Interesse als KünstlerIntellektueller, der – auch sozial – besondere Bedürfnisse hat, der aus *seiner* Perspektive Welt sah und *seine* (intellektuelle) Kunst konstruierte. Er pochte nicht kategorisch darauf, daß spezifische Wahrnehmungsmöglichkeiten die Dinge jeweils wesentlich anders erscheinen lassen können und daß sich seine Sichten und sein Verständnis der Geschichte von denen des Proletariats erheblich unterschieden (zumindest unterscheiden konnten). In bezug auf seine Dialoge mit Arbeitern und Angehörigen anderer sozialer Schichten thematisierte, daher problematisierte er Differenzen kaum, wenn er auch nicht einfach eine Identität zwischen dem Künstler und anderen sozialen Gruppen behauptete. Eher das Schweigen darüber, gleichsam eingeschrieben in die Kunstproduktionen selbst, dürfte die Differenz ausmachen zu dem, was die umstrukturierte Schaubühne versuchte und was ihre KünstlerIntellektuellen nachdrücklich problematisierten.

Die agitprop-ähnlichen Darstellungen in Westberlin und Westdeutschland nach 1966, vor allem von jungen Intellektuellen betrieben, wiederholten nicht selten das "abstrahierende" Sprechen über und für *die* Arbeiter, über politische Vorgänge und Klassengegensätze als solche, – teilweise geprägt durch Modelle aus der Weimarer Republik.[52]

Wolfgang Schwiedrzik, vertraut mit dem Schaubühnen-Ensemble, verdeutlichte den Unterschied oder das neuartige Anderssein kritisch, selbst forciert überkommene linke Positionen verteidigend, hoffend, das sozialistische Theater der Weimarer Republik neu zu formieren. Seine Produktion *Märzstürme 1921* (Abb. 21) knüpfte an eines seiner wichtigen Beispiele, an Berta Lasks revolutionäres Dokumentarstück *Leuna 21* aus dem Jahre 1926 an. Den schwierigen Aufbau einer bolschewistischen Partei und den Klassenkampf *der Arbeiter* thematisierend[53], versuchte sie, die revolutionäre Lehre aus der Geschichte zu dramatisieren, mit dem Ziel eines direkt in die politische Realität eingreifenden Theaters, eines Theaters, das eine "*gesellschaftsverändernde Funktion*" [Hv. J.F.] habe, wie Schwiedrzik 1973 im Gespräch mit Lethen formulierte.[54] Er gestand der Schaubühne zu, ein fortschrittliches Theater zu sein, vor allem durch Stein, was sich in der Linie *Die Mutter, Das Verhör von Habana, Optimistische Tragödie,* aber auch *Peer Gynt* und noch in Steins *Der Prinz von Homburg* 1972 (Abb. 22) ausdrücke.

Allerdings getragen von einem aufklärerischen, fortschrittlichen Impuls. Dagegen hat sich aber – angefangen von Handkes RITT ÜBER DEN BODEN-SEE über Hofmannsthals DAS GERETTETE VENEDIG bis zu Botho Strauß' HYPOCHONDER – mehr und mehr die Tendenz zum Modischen, zum Formalismus und zur Dekadenz, die sich als Avantgarde ausgeben, durchgesetzt. Und auch die Inszenierungen von Peter Stein – ich meine besonders den HOMBURG – verzichten mehr und mehr auf ihre aufklärerische Funktion, sind Ausdruck eines um sich greifenden Subjektivismus, der solche Stücke wie HOMBURG nur noch als Anlaß zur *Reflexion der eigenen widersprüchlichen Lage als bürgerlicher Künstler* [Hv. J.F.] begreift und als Psychodrama inszeniert, statt sie zur Abrechnung mit der preußischen Geschichte zu machen.

Die Schaubühnen-Arbeit stelle sich nicht voll "in den Dienst der Arbeiterklasse", viele Mitglieder unterlägen dem "Einfluß der Revisionisten". Sie hätten eine kleinbürgerliche oder revisionistische Schranke. Damit schien Schwiedrzik zu umschreiben, daß sie ihre eigene soziale Wirklichkeit an-

---

52 Vgl. u.a. Hüfner 1970, S. 7–18, 45–158. Zur "Fortsetzung" des alten eindimensional-dogmatischen, hier besonders sektiererischen linken politischen Denkens und Verhaltens (Organisationsstrukturen) vgl. die kritische Reflexion der eigenen Tätigkeit in K-Gruppen und Parteiungen von jungen Intellektuellen nach 1975 in AutorInnenkollektiv 1978.

53 Vgl. *Sozialistische Zeitschrift für Kunst und Gesellschaft*, April 1973, S. 144–152.

54 Ebd., S. 138.

genommen hatten, daß diese ihre Wahrnehmungsweise und ihre spezifische libidinöse Verfassung prägte. In tradierter marxistisch-leninistischer Einschätzung, die durch maoistisch kulturrevolutionäre Sicht gefärbt war, bezeichnete er das generell als Subjektivismus. Insgesamt wäre der Einfluß der Revisionisten lähmend. Dabei spiele "der ausgeprägte Subjektivismus der Schauspieler, deren Ansatz kein eigentlich politischer ist", eine wesentliche Rolle. 'Politisch' verstehe er

> gar nicht im Sinne politischen Engagements in den täglichen Klassenkämpfen, sondern meinetwegen sogar nur der entschiedenen politischen Stellungnahme innerhalb der ästhetischen Diskussionen in der Schaubühne. Sehr ausgeprägt ist unter den Schauspielern ein Subjektivismus, der nur darauf aus ist, wie es in der Schauspieler-Diskussion stets genannt wird, die "schauspielerischen Bedürfnisse" zu befriedigen, d.h. die schauspielerischen Mittel zu entwickeln [...]. Alles völlig berechtigte Ansprüche, wenn sie mit einer fortschrittlichen politischen Haltung, oder besser, Praxis verknüpft werden. Für sich genommen führen aber diese "schauspielerischen Bedürfnisse" zu den schädlichsten Bornierungen [...].[55]

Das zweite wesentliche Merkmal der neuen Schaubühne war, daß man historische Phänomene, die in den hegemonialen linken oder marxistischen Diskursen weitgehend ausgeklammert, übersehen oder als bürgerliche Konstruktionen zurückgewiesen worden waren, genau wahrnahm und als geschichtlich wirkende Mächte kritisch "annahm". Solche Faktoren wie eben das individuelle, sozial geprägte Bedürfnis, die Lust, den "Wahnsinn", Dunkel-Irrationales, Mechanismen des Wahrnehmens, der Sprache und so auch des Denkens, wie sie Foucaults Bücher aufzudecken und Handkes "mentales Theater" zu modellieren suchten. Sie erschienen nicht nur als legitime Gegenstände für "linke Kunst", sondern als deren notwendige Interessenfelder, da sie Realitäten, die eigene des Künstlers wie die von Geschichte, generell mitbestimmen. *Das linke "emanzipativ-kritische" Weltbild*, um in der Terminologie zu bleiben, hatte sich *wesentlich gewandelt. Es war differenzierter, verfeinerter, entschieden komplexer, selbst-reflexiver, vorsichtiger geworden. Man wähnte sich nicht mehr in der Sicherheit objektiver, allgemeingültiger Wahrheiten und eines letztlich alles klärenden Rationalismus,* wie sie ein orthodoxer Marxismus und teilweise auch die Kritische Theorie nahelegten.

---

55   Ebd., S. 134–137.

Die sechziger Jahre II: Emanzipation, Kultur, Revolution,
Intellektuelle. Kursbuch – *ein Fallbeispiel*

In einem weiten historischen Kontext gesehen, dürften Schaubühnen-Inszenierungen zu Beginn der siebziger Jahre versucht haben, in spezifische
Kunsttätigkeiten zu übersetzen, was sich an Wahrnehmung, weltanschauli-
chen Einsichten und Haltungen seit Ende der fünfziger und während der
sechziger Jahre unter marxistischen und an kritischer Emanzipation orientier-
ten Intellektuellen verändert hatte. Historische Drehpunkte, Erfahrungskon-
texte und Anschübe dafür wären in einer genaueren Analyse, die ich hier
nicht unternehmen kann, zumindest bis auf das Jahr 1956 zurückzuverfolgen,
bis auf Chruschtschows Eingeständnis von Stalins Verbrechen – nicht zuletzt
an den Mitgliedern der eigenen sozialistischen Bewegung –, spätestens aber
bis auf den Herbst dieses Jahres, auf die blutige Niederwerfung des Aufstandes
in Budapest und die brutale Liquidierung politisch führender Sozialisten in
diesem Ereignis. Der andere historische Wendepunkt war das Jahr 1968. Im
Mai wurden die emanzipativen Umbruchversuche der Pariser Studenten,
damit perspektivisch der westeuropäischen Protestbewegung überhaupt,
abgewürgt. Im August besetzte die Sowjetunion mit ihrem Warschauer Pakt
die CSSR. Sie löschte damit, aus heutiger Sicht eindeutig, jede historische
Chance aus, den bestehenden Sozialismus, vielleicht, demokratisch-emanzipa-
torisch zu reformieren, daher grundlegend umzugestalten. Zwischen diesen
Marksteinen dürfte sich jenes (Um)Denken emanzipativ, ja revolutionär
gerichteter Intellektueller vorbereitet haben, das sich in den Schaubühnen-
Produktionen entfalten sollte. Verschiedene Aspekte und Verlaufsformen
dieses Prozesses lassen sich vielleicht am besten, daher knapp, anhand der
Zeitschrift *Kursbuch* zwischen 1965 und 1968 nachzeichnen.

Das *Kursbuch* erschien erstmals 1965. Der Titel bedeutete als Programm
Offenheit, Beweglichkeit, mannigfache Wahlmöglichkeiten, den Gestus oder
die Aufforderung des Suchens. Er dürfte konnotiert haben, daß die Zeitschrift
keine fixierten Wahrheiten zu vermitteln habe, daß es ein Handbuch sei, in
dem die unterschiedlichsten "Verbindungen", daher Verkehrsmöglichkeiten
"verzeichnet" sind, zum individuell wählenden Blättern des Lesers, allerdings
eines realistisch-nüchternen, eines bohrend fragenden und auf Emanzipation
drängenden Lesers. Die erste Nummer umriß die Spannweite des möglichen
Sehens und Denkens von Welt. Das erste unkommentierte Eingangsstück war
Becketts *Faux Départs* ("Falsch an(ge)fangen"). Sein letzter Paragraph begann
so: "Keine Phantasie mehr, das muß man sich vorstellen." Der letzte Satz
war: "Wenn es ausgeht, keine Bedeutung, von neuem beginnen, ein anderer

Ort, jemand dort, hinstarren, nie sehen, nie finden, kein Ende, keine Bedeutung."[56]

Ein Dossier zum gerade stattfindenden Auschwitz-Prozeß in Frankfurt/Main bildete den letzten Teil. Dazwischen kamen Interviews mit Sartre und Briefe auf Äußerungen von ihm. In einer Beziehung waren diese der Gegensatz zu dem Beckett-Beginn. Sartre bestand darauf, daß Literatur, der Umgang mit Wörtern zwangsläufig Bedeutungen produziere, also Bedeutungen ständig kommuniziert werden. Wir gelangen "trotz aller möglichen Revolutionen in der Literatur" immer "zu einem Bedeutenden". In der Literatur "arbeiten wir mit Zeichen. Wir beziehen uns also auf Objekte, die nicht sind. Das Buch ist nicht wichtig, wichtig ist, was bezeichnet wird." Sein Marx-Verständnis erläuternd und von der schockierenden Realität einer Welt voller Hungernden ausgehend, die alles Kunstmachen und Schreiben überschatte und an der deren Relevanz zu messen sei, umriß Sartre eine Position, die in wichtigen Punkten zu variieren schien, was man später als Haltungen der Schaubühne wiederfinden kann.

> Es gibt nirgendwo Heil. Die Idee des Heils impliziert die Idee des Absoluten. *Das Absolute ist dahin.* [Hv. J.F.] Was bleibt, sind unzählige Aufgaben, unter denen die Literatur keineswegs einen privilegierten Platz einnimmt.

Und:

> Die Welt bleibt schwarz. Wir sind gebrannte Tiere … Aber ich habe plötzlich entdeckt, daß die Entfremdung des Menschen, die Ausbeutung des Menschen durch den Menschen, die Unterernährung etc. das metaphysische Elend, das Luxus ist, in den Hintergrund drängen. Hunger, das ist wirkliches Elend.

So sei er, ein Bewunderer Becketts, absolut gegen Becketts Pessimismus. Seit seinem Roman *Der Ekel* habe sich seine Sicht des Realen verändert. "Was bedeutet die Literatur in einer Welt, die hungert?"[57]

Zur damals viel diskutierten Gestaltungsweise Realismus befragt, führte er aus, alle Kunst sei realistisch, insofern "die Kunst eine eigene Realität ist, die sich entwickelt und eine Geschichte besitzt und nicht umhin kann, eine Sphäre, eine Schicht des Wirklichen zu enthüllen, und wäre es nur ein ästhetisch Wirkliches". So liefere uns die abstrakte Malerei

> die *Realität einer ästhetischen Sensibilität* [Hv. J.F.], die sich in der Bewegung der Geschichte und durch sie entwickelt hat. Diese Sensibilität ist bedingt

---

56 *Kursbuch* 1, S. 4f.
57 Ebd., S. 150, 121f.

durch neue Techniken [...]. Gleichzeitig erwerben diese Realitäten soviel an Unabhängigkeit, daß sie wiederum die Sensibilität bedingen; sie repräsentieren nichts, ihre Wahrheit liegt in ihrer Kraft des Enthüllens (sie enthüllen die Objekt gewordene Sensibilität) und in ihrer Wirksamkeit (sie verwandeln sie durch Enthüllung).[58]

Er wandte sich gegen die Vorstellung, ein Kunstwerk könne sich, verwickelt in einen konkreten gesellschaftlichen Zeitraum, auf alle Elemente der Gesellschaft beziehen.

Ein Werk, das das Sein ("die Totalität der Bewegung", der Ausdruck stammt von Lenin) oder eines der Momente dieser Realität ausdrückt, kann dies nur auf obskure Weise tun. [...] Wenn ein Schriftsteller alles ausdrücken will, was er selbst ist, so bedeutet das den Versuch, alles auszudrücken, was ist. Deshalb glaube ich, daß das aufschlußreichste und *ästhetisch* wirksamste Werk eine Dichte haben muß, die sich in einer gewissen Dunkelheit bekundet.[59]

Es handele sich nicht um eine um ihrer selbst willen gesuchte Dunkelheit, sondern

um ein gewisses Zusammenprallen von Bedeutungen, von empfundenen, erlebten, aber nicht theoretisch definierten Widersprüchen usw. Ein Mensch ist sich selbst genau in dem Maße dunkel, wie die gesamte Gesellschaft sich dunkel ist. Er kämpft an seinem Ort gegen die Widersprüche dieser Gesellschaft, wenn er sich ausdrückt, um sich zu erhellen; doch die Erhellung kann nicht vollkommen werden, ohne ihre Wahrheit zu verlieren (wenigstens für den Künstler).[60]

Die Kunst sei grundsätzlich etwas Imaginäres.

Welches sind ihre Realitäten? Man muß die Beziehungen erkennen, die zwischen den von der Kunst enthüllten Realitäten und dem Realen bestehen. Gibt es eine Beziehung zwischen Irrealem und dem Realen? [...] Eines ist sicher: es gibt nicht eine kleine Realität (die Kunst), die die große (die Natur) kopiert. Darüber hinaus gibt es, und dadurch wird alles noch schwieriger, das gesellschaftlich Imaginäre. Die Gesellschaft hat eine Imagination. Sie schafft Mythen. Und diese Mythen zielen auf ein Reales. [...] Das Imaginäre ist ein zentrales Problem, mit dem der Marxismus sich befassen muß. Der Surrealismus zum Beispiel hat das Imaginäre erforscht, ausgehend vom unendlichen

---

58 Ebd., S. 134f.
59 Ebd., S. 137f.
60 Ebd., S. 138.

Begehren. Ich glaube heute, daß es möglich ist, das Imaginäre vom Bedürfnis aus zu erforschen.[61]

Der Interviewer von *Clarté* fragte: "Vom Mangel?" Sartre: "Richtig. Der Mensch wird definiert durch das, was ihm fehlt. Warum nicht vom Negativen aus arbeiten, da der Mensch sich darin befindet [...]?"[62]

Der auf drei Teile angelegte Aufsatz "Die sprachlose Intelligenz" des Redakteurs Karl Markus Michel war vielleicht das wichtigste Stück des ersten Heftes. Michel versuchte, verkürzt formuliert, eine historische Standortbestimmung und eine Charakteristik der Intellektuellen, der offensichtlichen Träger der Zeitschrift. Selbstkritisch-selbstreflexiv betonte er, es gehe nicht um irgendeine oder um "die Sicht" auf die Welt, um "die Wahrheit" des Kursbuches etc., sondern immer um spezifische Sichten und Wahrheiten, um genauer zu verortende, zu "relativierende, historisierte". Sein Bezugsrahmen war die Revolution. So dachte Michel 1789 und 1917, intellektuelle Haltungen vor diesen Ereignissen, in diesen Ereignissen und nach ihnen zusammen.[63] Von der Dominanz des "allgemeinen Willens" bei Rousseau zog er eine Linie zu Lukács und zu der Vorstellung des Intellektuellen Lenin von der Disziplin und Unterordnung unter den "Gesamtwillen", daher die Partei.

> Dieser bewußte Gesamtwille – was ist er anderes als Rousseaus volonté générale, der so geheimnisvoll wirkt, über die Köpfe der einzelnen Wollenden hinweg, die das Gute zwar sehen, aber verschmähen, während das Volk das Gute wohl will, doch nicht sieht, so daß es ihm erst durch seine Führer und Gesetzgeber bewußt wird, nämlich in Form von Gesetzen: "un vrai miracle" – dieser Gesamtwille ist die kommunistische Partei.

Der *Kursbuch*-Redakteur Karl Markus Michel zeichnete Revolutionsantriebe, Revolutionäre, Verläufe der Revolution vor allem als Erscheinungen, für die Intellektuelle maßgebliche Faktoren sind, und als Vorgänge, in denen sie ihre Konzepte verwirklichen wollen. Sie seien nicht sprachlos, sie schreiben die Unterordnung des einzelnen unter diesen "Gesamtwillen", und sie setzen ihn, wie Trotzki und Lenin, radikal, brutal durch. Lenin kümmerte sich nicht um einen handfesten Mehrheitswillen; er hielt sich nüchtern an die Zielbewußtheit weniger, die ihre "raison d'être allein in der Theorie, der wissenschaftlichen Einsicht in die Lage und das Los der Arbeiter haben sollte, was aber nicht Sache der Arbeiter sei, sondern der Intelligenz." Das ihr nach-

---

61   Ebd., S. 148.
62   Ebd.
63   Zur Aufführbarkeit von geschichtlichen Ereignissen und Nutzung revolutionärer Energien im Theater vgl. den Aufsatz von Freddie Rokem in diesem Band.

gesagte schlechte Verhältnis zur Macht sei eine Illusion, der die Intelligenz selbst anheimfalle. "Sie sagt 'Macht' und meint die Mächtigen, jedoch nur jene, die ihren Rat in den Wind schlagen." Der Kritiker, der seine eigenen Vorstellungen verwirklichen wolle, brauche ein wirksames Instrument – den Staat.[64]

Auf Auseinandersetzungen zwischen Konservativen und Revolutionären (Toqueville – Trotzki) eingehend, schrieb Michel vom "wechselseitigen Vorwurf diktatorischer Gelüste", hinter dem eine Aporie stehe, die schon die Philosophen des 18. Jahrhunderts bewegte: Wie soll der Kampf für eine Wahrheit geführt werden, wenn der, den diese Wahrheit unmittelbar betrifft, sie nicht kennt?

> Die auf eine Elite übertragene Vergottung der Masse, die auf das eigene Ich eingeschränkte Befreiung der Menschheit, die auf ein Instrument der Herrschaft reduzierte und augenblicks zur metaphysischen Wahrheit erhobene Theorie –: letzte Station eines Kreuzwegs, den die Revolutionäre des 18. Jahrhunderts eingeschlagen hatten. [...] Wie verändert man die gesellschaftliche Wirklichkeit [...]? [...] Die Intellektuellen des 20. Jahrhunderts [...] scheinen nicht weiter zu kommen als der Begründer der Philosophie der Freiheit, der zugleich ein Philosoph der Diktatur war: Jean Jacques [Rousseau; Erg. J.F.].[65]

Die reaktionäre bürgerliche und die progressive sozialistische Intelligenz "konvergieren in ihrem irrationalen Aktivismus", der in einer Sackgasse endet, enden müsse?

> Die Sackgassen des Überbaus mauert die gesellschaftliche Basis. Irrational, wider die Vernunft des Bestehenden, ist am Anfang jeder intellektuelle Aufbruch. Gelingt es ihm, die Wirklichkeit "aufzubrechen", wird er zur rationalen Praxis. Sobald diese wieder erstarrt, wird er illusionär und am Ende repressiv: Widerstand gegen die Vernunft, die kommen, sich verwirklichen will. Die zweite Hälfte des 19. Jahrhunderts kannte den Irrationalismus des Anfangs und den des Endes. Nur noch den des Endes scheint die Mitte des unsrigen zu kennen, als hätte der junge sozialistische Aufbruch den alten bürgerlichen schon eingeholt.[66]

Die großen Revolutionen seien geschehen "und haben Schutt hinterlassen, bürgerlichen und sozialistischen Schutt. Die Trennungslinie verläuft mitten

---

64   *Kursbuch* 1, S. 74f., 80f.
65   Ebd., S. 93.
66   Ebd., S. 113.

durch die Intelligenz, sie spaltet jeden Einzelnen."[67] Michel zitiert Merleau-Ponty: "Man kann nicht Antikommunist sein, man kann nicht Kommunist sein."[68] Wer sich gleichwohl eine "Entscheidung erpressen läßt, zahlt in vorgeprägter Münze; seine Engagements sind Kapitulationen, seine Bekenntnisse Tautologien. Und wer sich nicht erpressen läßt, bietet eine Währung an, die in keinem der beiden Systeme gilt: er bleibt ohnmächtig."[69]

Noch im gleichen Jahr leitete Michel Foucaults Aufsatz "Die Spuren des Wahnsinns" das dritte Kursbuch mit der Thematik Wahn–Wahnsinn ein. Was das mögliche Schwinden des Wahnsinns im psychiatrischen Sinne betreffe, so Foucault, könne man nicht sagen, daß "damit die allgemeine Form der Überschreitung verschwinde, deren sichtbares Antlitz jahrhundertelang der Wahnsinn gewesen ist". In den Augen einer

> ich weiß nicht welcher, vielleicht einer schon vor der Tür stehenden Kultur werden wir diejenigen sein, die jene beiden niemals wirklich ausgesprochenen Sätze ganz dicht nebeneinandergestellt haben, jene beiden Sätze, die so widersprüchlich und unmöglich sind wie das berühmte "Ich lüge" und die alle auf die gleiche leere Selbstbezogenheit hinweisen: "Ich schreibe" und "Ich rede im Wahnsinn". So werden wir neben den tausend anderen Kulturen als diejenige figurieren, die das "Ich bin wahnsinnig" und das "Ich bin ein Tier" oder "Ich bin ein Gott" oder "Ich bin ein Zeichen" oder auch "Ich bin die Wahrheit" einander nahegebracht haben [...].

Wahnsinn und Geisteskrankheit entsagen ihrer Zugehörigkeit "zur gleichen anthropologischen Einheit". Diese verschwinde

> als vorübergehendes Postulat mit dem Menschen. Der Wahnsinn, die lyrische Aura der Krankheit, verlischt immer mehr. Und fern vom Pathologischen, auf seiten der Sprache, da, wo sie sich versteckt, ohne noch etwas zu sagen, beginnt sich die Erfahrung zu entwickeln, wohin der Weg unseres Denkens verläuft; ihre schon greifbare, aber absolut leere Nähe ist noch nicht zu benennen.[70]

1966 war ein Heft neuen Denkansätzen und Wissenschaften gewidmet, vor allem dem Strukturalismus. Neben Passagen von Carnap, de Saussure, Tynjanow und Roman Jacobson standen ein langer Aufsatz von Bierwisch zur strukturalistischen Linguistik, "Strukturalismus, Geschichte, Probleme und Methoden", eine Arbeit von Lévi-Strauss, "Gesellschaft und Sprache", die die

---

67   Ebd., S. 85.
68   Ebd., S. 93.
69   Ebd., S. 113f.
70   Foucault 1965, S. 5, 10f.

strukturalen Bezüge seiner Anthropologie zur modernen Linguistik thematisierte, und Roland Barthes' "Die strukturalistische Tätigkeit". Barthes' Aufsatz könnte eine entscheidende Anregung für Strauß gewesen sein. Zumindest enthielt er Gedanken und Konzepte, die sich später in Äußerungen von Schaubühnenvertretern wiederfinden oder die an diese erinnern, speziell auch an Botho Strauß' strukturalistische Terminologie von 1970. Wahrscheinlich, so Barthes, sei es die "ernsthafte Hinwendung zur Wortbedeutung (und nicht zum Wort selbst, das paradoxerweise durchaus nicht distinktiv ist), in der man letztlich das Kennzeichen des Strukturalismus" zu sehen habe. Entscheidend seien Signifikat und Signifikant, Synchronie und Diachronie, und dabei gehe es um das Praktizieren der Struktur. Strukturalismus sei im wesentlichen eine *Tätigkeit*, "das heißt die geregelte Aufeinanderfolge einer bestimmten Anzahl geistiger Operationen: man könnte von einer strukturalistischen Tätigkeit sprechen, wie man von surrealistischer Tätigkeit gesprochen hat [...]."[71] Ziel dieser Tätigkeit sei es, ein "Objekt" derart zu rekonstituieren, daß

> in dieser Rekonstitution zutage tritt, nach welchen Regeln es funktioniert [...].
> Die Struktur ist in Wahrheit also nur ein *simulacrum* des Objekts, aber ein gezieltes, 'interessiertes' Simulacrum, da das imitierte Objekt etwas zum Vorschein bringt, das im natürlichen Objekt unsichtbar oder, wenn man lieber will, unverständlich bleibt.[72]

Strukturalistische Tätigkeit also, weil hier "Schöpfung und Reflexion" nicht "originalgetreuer 'Abdruck' der Welt, sondern wirkliche Erzeugung einer Welt" ist, die der ersten ähnelt, "sie aber nicht kopieren, sondern verständlich machen will". Strukturalismus sei eine Nachahmung, und so gäbe es keinen technischen Unterschied zwischen wissenschaftlichem Strukturalismus einerseits und Kunst andererseits. Beide unterstehen einer "*Mimesis*, die nicht auf der Analogie der Substanzen gründet (wie in der realistischen Kunst), sondern auf der der Funktionen (was Lévi-Strauss *Homologie* nennt)." Ob man das Objekt der sozialen Wirklichkeit oder der imaginären Wirklichkeit entnehme, tue wenig zur Sache. Kunst werde definiert durch das, "was der Mensch, indem er es rekonstituiert, hinzufügt: die Technik ist das Wesen jeder Schöpfung."[73]

Auf einer Stufe der strukturalistischen (Kunst)Tätigkeit erscheinen bestimmte Einheiten als konstruierte, im Kampf gegen den Zufall. Die Linguisten

---

71 *Kursbuch 5*, S. 190f.
72 Ebd., S. 191.
73 Ebd., S. 190–193.

nennen "diese *Kombinationsregeln* [Hv. J.F.] *Formen"*. Die so erschaffenen Simulacren offenbarten eine neue Kategorie des Objekts, die weder "das Reale, noch das Rationelle ist, sondern das *Funktionelle"*. Das treffe hier zusammen mit dem, was sich im Umkreis der *Informationstheorie* entwickele. "Außerdem und vor allem beleuchtet er den spezifisch menschlichen Prozeß, durch den die Menschen den Dingen Bedeutung geben." Man könnte sagen, daß das Objekt des Strukturalismus generell "der Bedeutungen erzeugende Mensch ist". Und weil das Herstellen von Bedeutungen wesentlicher sei als die Bedeutung selbst, die Funktion weiter reiche als das Werk, mache sich der Strukturalismus zur Tätigkeit. Eine "serielle Komposition oder eine Analyse von Lévi-Strauss sind nur insofern Objekte, als sie *gemacht* worden sind: ihr gegenwärtiges Sein ist ihr vergangener Akt: sie sind *Gemachtgewordenes* [...]." Der Künstler wie der Analytiker lege den Weg der Bedeutung noch einmal zurück. Seine Funktion sei, um mit Hegel zu sprechen, eine *Manteia.*

> Und weil insbesondere die Literatur eine Mantik ist, ist sie zugleich intelligibel und fragend, sprechend und stumm [...]: Antwort für den, der sie konsumiert, und dennoch stets Frage an die Natur; Antwort, die fragt, und Frage, die antwortet. Wie also könnte der strukturale Mensch die Anklage des Irrationalismus hinnehmen, die zuweilen gegen ihn erhoben wird? Sind denn die Formen nicht in der Welt, sind denn die Formen nicht verantwortlich? War das Revolutionäre bei Brecht wirklich der Marxismus? War es nicht vielmehr der Entschluß, den Marxismus an den Standort eines Bühnenscheinwerfers, die Zerschlissenheit eines Kostüms zu binden? Der Strukturalismus entzieht der Welt nicht die Geschichte: er versucht, die Geschichte nicht nur an Inhalte zu binden (das ist tausendfach getan worden), sondern auch an Formen; nicht nur an das Materielle, sondern auch an das Intelligible; nicht nur an das Ideologische, sondern auch an das Ästhetische.

Der strukturale Mensch wisse, daß auch der Strukturalismus eine bestimmte *Form* der Welt sei, "die sich mit der Welt ändern wird; und so wie er seine Gültigkeit (nicht seine Wahrheit) in der Fähigkeit sieht, die alten Sprachen der Welt auf neue Weise zu sprechen, weiß er auch, daß, sobald aus der Geschichte eine neue Sprache auftauchen wird, die nun ihrerseits *ihn* spricht, seine Aufgabe beendet ist."[74]

Abgesehen von der Betonung der "Kombinationsregeln" (vgl. Botho Strauß' "Versuch, politische und ästhetische Ereignisse zusammenzudenken"), umriß Barthes drei Aspekte, die für die Haltung führender Schaubüh-

---

74   Ebd., S. 195f.

nenleute um 1970 wesentlich gewesen sein dürften: Kunst ist eine Tätigkeit, deren Produkt (Objekt) ein "Simulacrum" als ein Gemachtwerden ist; der Künstler ist ein immer wieder auch bedeutungsgenerierender Schöpfer spezifischer Erscheinungen, von Formen, die prinzipiell anders (re-konstituiert) sind als andere Realitäten, auf die seine Formen verweisen könnten oder/und von denen sie zu sprechen scheinen, ohne sie direkt zu nennen, daher (abbildnerisch) zu bezeichnen; das eigene Tun, die eigenen "Werke" sind etwas Situatives, Vergängliches, Veränderliches im Verlauf der "Diachronie", daher der Geschichte des Intelligiblen, als einer der unendlichen Momente in dieser Geschichte, die sich als ständiges Vergehen, Verschwinden, Verändern bewegt und in der die jeweilige eigene Leistung (nur) ein bestimmtes Glied in einer unendlich disjunktiven Kette disparater Faktoren sei.

Schließlich, um die Reichweite des *Kursbuch*-Unternehmens zu skizzieren, erschienen zwischen 1967, dem Jahr der Erschießung Benno Ohnesorgs, und dem Jahr der Pariser und Prager Wendeereignisse ein Heft zur Neuen Mathematik, zu Grundlagenforschungen, zur Theorie der Automaten, mit einem Auszug aus Lévi-Strauss' *Strukturaler Anthropologie* über die Korrespondenzen der neuen Mathematik, der Spieltheorie, der Kybernetik[75], ein Band zu "Vermutungen über die Revolution. Kontroversen über den Protest"[76] und eine Ausgabe zur aktuellsten politischen Situation der BRD, zur rebellischen Oppositionsbewegung, mit dem Schwerpunkt der Vorgänge um den Fall Benno Ohnesorg.[77]

Das Heft 9 erscheint mir besonders aufschlußreich für die vielschichtigen, differenten Haltungen der intellektuellen jungen Gruppen, die jetzt kritisch auf emanzipative Veränderungen drängten mit einer neuartig geschärften Wahrnehmung für die Problematiken und Aporien geschichtlicher Prozesse. Das Dossier 1 "Kronstadt 1921 oder die Dritte Revolution", zusammengestellt und kommentiert von Hans Magnus Enzensberger, und der lange Aufsatz des Redakteurs Karl Markus Michel könnten wie eine Vor-/Umformulierung von Haltungen später Schaubühnen-Inszenierungen und Aussagen ihrer Macher (z.B. Grübers auf den *Empedokles*-Proben) gelesen werden.

Enzensberger bemerkte, daß die Repression in Vietnam und anderswo seit Kronstadt 1921 an Grausamkeit und Perfektion zugenommen habe und ihre Reichweite unbegrenzt scheine. Dennoch bleibe Kronstadt nicht verjährt. Damals hätten die Matrosen

---

75 *Kursbuch* 8.
76 *Kursbuch* 9.
77 *Kursbuch* 12.

zum ersten Mal einen Gesellschaftszustand radikal in Frage gestellt, der *nach der sozialistischen Revolution liegt* [...]. Die Aktion der Kronstädter drückt, zum ersten Mal in der Geschichte, den Widerspruch zwischen den Interessen der siegreichen Revolution und den Interessen der kommunistischen Staatspartei aus. Dieser Widerspruch ist seither nicht aufgehoben worden [...]. Die Matrosen der *Petropavlovsk* trafen, wie fünfunddreißig Jahre später die Arbeiter der Cepel-Werke, die zentrale Schwäche des etablierten Kommunismus. Nie haben die verantwortlichen Parteiführer [...] zu hilfloseren Lügen gegriffen als 1921 und 1956, da sie, die angeblichen Vertreter der Sowjetmacht, die Sowjets, die einzig wahren und freien Sowjets, mit Waffengewalt auseinandertrieben. Das Beispiel Kronstadt zeigt diesen Vorgang in vollkommener Reinheit. Während beim ungarischen Aufstand interessierte Dritte die Hand im Spiel hatten, ist die Erhebung der Matrosen von Kronstadt ein revolutionäres, und das heißt: ein Exempel, das für alle Feinde des Sozialismus unbrauchbar ist [...]. Die *dritte Revolution, die sie meinten und die sie in Angriff nahmen, scheint heute ferner denn je.* Aber solange das *Verlangen nach radikaler Demokratie nicht ausgestorben* ist [Hv. J.F.], wird Kronstadt mehr sein und bleiben als eine Reminiszenz: Seine Geschichte gehört in die Annalen der Zukunft.[78]

Mir erscheint hier dreierlei bemerkenswert: Das Konzept des Sozialismus wird angenommen als ein möglicher Weg, die Geschichte der Repression zu verändern. Zugleich kritisiert Enzensberger scharf, wie man Sozialismus bisher zu verwirklichen suchte, daher das sowjetisch-kommunistische Projekt ohne *radikale Demokratisierung,* die für einen notwendigen sozialistischen Umbruch unabdingbar ist. Der "reale Sozialismus", der sich seit 1917 formte, sei kein Modell. Er selbst falle unter die Verhältnisse, die revolutioniert werden müssen. Schließlich Enzensbergers schmerzlich-scharfsichtiger Realismus – die nötige dritte Revolution, also aller gegenwärtig bestehenden Verhältnisse, erscheine heute ferner denn je. Sie sei nur als Blick in die Zukunft denkbar.

Sieht man Enzensbergers Kommentar zusammen mit Michels Skizze zum Intellektuellen, erscheint der Schattenriß einer Person, die sich, um drängende emanzipatorische, ja revolutionäre Veränderungen wissend, gerade mit diesem Wissen in paradox-unlösbare Probleme verstrickt findet, wenn es um die Praxis solcher Umwälzungen geht. Es ist eine düstere, wenig aussichtsreiche Lage. Sie zerreißt den Wissenden, lähmt ihn, macht ihn sprachlos vor der jüngeren Geschichte seiner Spezies seit Rousseau. Man will die Freiheit und verfolgt sie – kann sie nur? verfolgen – durch Diktatur. Emanzipation,

---

78   *Kursbuch 9,* S. 32.

das Ziel, wird zur Praxis, oft zum einzigen Lebensinhalt, nur in der Beschrän-
kung, der Repression, des Anti-Emanzipatorischen bis zur physischen Liquida-
tion – vom Jakobinismus über Lenin zu Stalin und danach in Budapest. Die
Person des Intellektuellen erscheint nicht (mehr) in allgemeinen Konturen; sie
wird als eine sehr spezifische verortet, mit eigenartigen, (nur) ihr zugehörigen
Begehren, Interessen, Sichten, Befindlichkeiten. Das scheint mir ein entscheidend neuer Punkt. Eine direkte Linie ließe sich ziehen zu der Haltung
der Truppe, die im Herbst 1970 mit Brechts *Die Mutter* nachdenklich *revolutionäre Phänomene in der Arbeiterklasse* als *vergangene* buchstabierte,
betont gegen Verallgemeinerungen wie "die Revolution", "die revolutionäre
Darstellung", sich selbst als das Andere ausstellend, das nicht vorgibt, für
andere soziale Schichten und deren Verhalten und deren Interessen zu sprechen. Realistisch das Theatermachen als eine besondere Realität mit den sehr
beschränkten Möglichkeiten eines "lächerlichen Gewerbes" nehmend, das
keine "direkte politische Aktion" ist und so nicht in andere Lebensbereiche
"eingreifen" kann, versuchte das Schaubühnenunternehmen doch zu sprechen, gegen Lähmung zu handeln. Dem entsprach der Ansatz zur radikalen
Demokratie für die innere Verfassung. Er ermöglichte, zumindest im ersten
Jahr, daß alle, die Techniker eingeschlossen, über alle wesentlichen Fragen
des Unternehmens in Vollversammlungen mitbestimmen konnten. Als das
allgemeine Mitbestimmungsprinzip nicht mehr durchzuhalten war, da technische Mitarbeiter ihre eigenen Interessen berücksichtigt wissen wollten, als
sich so die radikale Demokratisierung eines komplexen Theaters als nicht
realisierbare, idealistische Absicht der sechziger Jahre erwies, blieb ein
kollektiv-demokratisches Arbeitsprinzip: die künstlerischen Angehörigen
gestalteten aktiv Inszenierungen mit, auch über die jeweilig partikuläre
Beschäftigungs-"Rolle" hinaus, wie etwa in einem Mitspracherecht der Schauspieler bei Besetzungen. Vielleicht wichtiger als der Versuch um das allgemeine Mitbestimmungsideal war die Offenheit (radikale Demokratie), in
der sich die verschiedensten linken und auf Veränderungen gerichteten
Haltungen im Ensemble äußern konnten, in Diskussionsrunden innerhalb des
Theaters wie in Probenprozessen. Man hatte sich nicht in die Dogmatik eines
der 1970/71 aktuellen Veränderungskonzepte – eines maoistischen, eines
orthodox kommunistischen etc. – abgeschlossen. Schwiedrzik konnte *Märzstürme 1921* herausbringen, unterstützt, wie er schrieb, von Stein, offensichtlich gegen die Distanz oder das Desinteresse anderer Gruppen.

Sieht man die Schaubühne der Jahre 1970 bis 1973 als ein Unternehmen
mit antikapitalistischer, ja revolutionär-sozialistischer Tendenz, was Inszenierungen wie *Die Mutter*, die Produktionen für Arbeiter und Lehrlinge,
Wischnewskis *Optimistische Tragödie* und *Märzstürme 1921* nahelegen

könnten, so dürfte das nur innerhalb des Horizontes gelten, den eine, hier pauschal genannt, neue Linke zu ertasten suchte. Antikapitalismus, Vision und Praxis eines Sozialismus und revolutionärer Umbrüche waren hier unabtrennbar von Demokratie und aktiver Anerkennung der Differenzen, des vielfältigen Andersseins sozialer und individueller Phänomene gedacht. Die Musterung "der Geschichte des intellektuellen Veränderers" seit dem 18. Jahrhundert, besonders seiner Geschichte des letzten halben Jahrhunderts, hatte zu neuen Schlußfolgerungen geführt. Um sich nicht jeweils immer wieder in das Gegenteil des Emanzipativen zu verstricken, müsse man, so ein veränderter Denkansatz, die immer in sich widersprüchliche Bewegung der Dinge radikal annehmen, bis hin zur Anerkennung des eigenen paradox-aporetischen Verhaltens. Das bedingt, sich selbst offen zu halten, jeweils immer wieder in Frage zu stellen, und das verlangt den nüchternen Realismus gegenüber seiner eigenen Situation, seiner Kunst als einem eng Spezifischen und auch Marginal-"Fremden". Wenn man sich als Element einer emanzipativen, Veränderungen einklagenden Protestbewegung, wie sie um 1970 noch bestand, auf eine schöpferische Reise begab, dann mußte man, der eigenen angenommenen Logik folgend, damit rechnen, daß diese sich auch möglicherweise gegen ursprüngliche Erwartungen und weltanschaulich-ästhetische Annahmen kehren kann.

Auf eine solche Problematik verwies weniger der irritierende Perspektivenwechsel der ersten Jahre von *Die Mutter* über *Der Ritt über den Bodensee* zu *Märzstürme 1921*. Ihr Ausmaß, und für mich ihre kulturhistorische Signifikanz, ließ sich wohl erst aus dem Überblick über die Expedition nach einem guten Jahrzehnt erkennen. Grob beschrieben, zeigte sich folgendes: Während man bis 1972 vergangene Wege der Revolution mit dem Akzent diagnostizierte, Fingerzeige für heute möglich scheinende Veränderungen zu erhalten und dabei aktuelle soziale Lagen von Arbeitern und sie betreffende soziale Klassendifferenzen zu beobachten, während man mit *Das Verhör von Habana* zeitgenössische Veränderungsversuche aus der Sicht gegenwärtig sich behauptender Revolutionäre vorstellte, erschien 1979 die Revolutionshoffnung unserer ersten Jahrhunderthälfte in Grübers *Rudi* (nur noch) als Moment einer fernen, altmodischen Vergangenheit, einer Geschichte vor einem Kanonenrohrofen, in einem ausgedienten Hotel, in dem und aus dessen Fenstern massive Zeugnisse (Bilder) einer versteinerten Gegenwart ohne Aussicht auf Veränderungen zu sehen waren. Was aktuelle sozial-mentale Situation betraf, wurden, sieht man von den Inszenierungsangeboten türkischer Künstler 1980/81 ab, primär die tödliche Erkaltung und Pathologien der Vereinsamungszwänge der eigenen (Mittel-)Schicht (*Groß und Klein*) ausgestellt. Steins *Orestie* bedeutete Geschichtsverläufe als Knäuel blutiger Konflikte und leerlaufender, un-

menschlicher Handlungsmechanismen, vielleicht als immerwiederkehrende,
wie der Schluß zu lesen wäre – das stumme Abstimmungsritual der modern-
sachlichen Bürger-Manager eines auch auf die Gegenwart zu beziehenden
demokratischen Athens, bei dem die zu Eumeniden (nur) verhüllten, originär
blutdürstigen Erinnyen als eine ständige Drohung künftiger Katastrophen vorn
an der Rampe saßen.[79]

Die künstlerischen Strukturen redeten von weit schwierigeren Seh- und
Verstehensmöglichkeiten einer komplizierteren Welt als jene in den frühen
siebziger Jahren. Extreme Beispiele lieferten Wilsons und Grübers surreale
Collagen, in denen sich Bruchstücke wesentlicher historischer Vorgänge
und Befindlichkeiten zu einem teilweise dunkel-rätselhaften Zusammenspiel
von Bildern, Tönen, Objekten transformierten.[80] Auch Steins "Dekonstruktion" der linearen Narration des Aischylos, längst vergangener geschichtlicher
Vorgänge sprach davon, zumindest im Vergleich zu seiner *Peer Gynt*-In-
szenierung, die, (noch) nicht völlig fern der nicht-dekonstruktiven
historisierenden Fabelerzählung Brechts, Verhaltensweisen eines charakteristischen bürgerlichen Individuums des 19. Jahrhunderts weitgehend in seinen vergangenen Kostümen, Objekten, Umfeldern und Phantasien linear
erzählte.

Der Perspektiven- und Strukturwandel gegenüber dem Antritt der Reise
markierte, spezifisch gesehen, historisch signifikante Wandlungen bundes-
deutscher, ja westeuropäischer sozio-politischer und kultureller Verhältnisse,
insbesondere von Befindlichkeiten ihrer Intellektuellen. Sehr verkürzt ließen
sie sich auf einige Formeln bringen: Gründliche Ernüchterung gegenüber
Hoffnungen auf wesentliche gesellschaftliche Wandlungen, gegenüber Visionen revolutionärer Umbrüche, ausgelöst und für viele zur bitteren Erfahrung
geworden durch das Ausbleiben praktischer Bewegungsansätze außerhalb
eines umgrenzten intellektuellen Bereichs; graduelles Zurückschrauben
angedachter, angefangener Reformpolitik; die ungehindert voranschreitende
Technokratisierung aller wesentlichen Lebensbereiche, die ein Hauptangriffs-
punkt der 68er Protestbewegung war; die Zunahme politischer und
ideologisch-kultureller Strömungen, die teilweise offen auf die Versteinerung
des Bestehenden und die Restauration alter nicht-emanzipativer sozialer
Mechanismen, Institutionen und Werte drängten; die Abkehr intellektueller

---

79 Vgl. Rühle 1982, S. 265.
80 Vgl. R.H. Wiegensteins Kritik zu *Rudi*: "Kein Detail ist mit völliger Sicherheit in seinem 'Sinn'
    fixierbar, aber das Klima des Ganzen ist gleichwohl kaum zu verfehlen: hier zeigt uns einer
    unsere Geschichte an einem geschichtlich beladenen Ort in einer Weise, die es uns nicht
    erlaubt, das düstere Bild abzuweisen." (*Schaubühne* 1987, S. 244) Siehe auch die heftige
    Diskussion um *DD&D* in *Theater heute* 20.4 (1979).

Gruppen von einer Haltung, die auf Gesellschaftliches zielte, die an politischer, öffentlicher Wirksamkeit und an historisch übergreifenden Prozessen interessiert war, zur vorrangigen Bezüglichkeit auf Sich-Selbst, auf das Ich als das Private, auf eine gleichsam minimale Lebenswelt. "Alles kommt irgendwie an ein Ende", überschrieb Urs Jaeggi seinen Essay für die zwei Bände, die Habermas 1979 als Versuch einer Musterung der Situation herausgab. "Radikalität und 'Auftrag' sind heute verloren. Die ernsthafte, wissenschaftstheoretische Auseinandersetzung mit dem Marxismus und dessen Folgen geht deswegen so leicht ins Abseits, weil die Nachfolgestudenten der 68er-Bewegung zwar politisiert sind, sich aber auch auf dem 'Weg nach innen' befinden." Der revolutionäre "Kampf" auf der Straße und in den Betrieben, wie ihn Linke Anfang der 70er Jahre versuchten, habe sich nicht halten können. Der aus Italien importierte Versuch, an die "Front des Klassenkampfes" zu gehen [Terroraktionen, J.F.], scheiterte weniger "am harten Durchgreifen der Polizei (freilich auch daran) *als an der Resonanzlosigkeit* [Hv. J.F.] [...]."[81] Auf seine Frage "Wo bleibt die Dialektik zum Sozialismus?" gab sich W. Vogt u.a. die Antwort, daß sich "niemand von uns", der in den späten sechziger Jahren von viel Hoffnung auf den Fortschritt einer "aufgeklärt liberal-sozialistischen Bewegung" erfüllt gewesen sei, ganz der Resignation entziehen könne.

> Die Abschaffung der Herrschaft des Menschen über den Menschen ist keinen Schritt weitergekommen, ja die Forderung selbst, auf der eine solche Bewegung schließlich beruht, hat heute bei den wieder unter der dicken Schicht eines pragmatischen Funktionalismus verdeckten Herrschaftsstrukturen einen beinahe peinlichen pathetisch-romantischen Nebenklang.[82]

Karl Heinz Bohrer, der von kritischen Denkschulen wie der Frankfurter, Herbert Marcuse einschließend, ausging, merkte an:

> So hinterließen diese bisher letzten radikal-kulturkritischen Schulen einen Skandal, der sich vielleicht als noch größer herausstellen wird als jene brutale Ernüchterung, welche die Moskauer Prozesse der dreißiger Jahre für eine

---

81 Jaeggi 1979, S. 449, 464f.
82 Vogt 1979, S. 381f. Vgl. Lüdke 1979, S. 8: "Die traditionellen Erklärungsmuster haben abgewirtschaftet. Plausible Erläuterungen stehen kaum mehr zur Verfügung. Doch darum den Wandel des kulturellen Klimas, die Veränderungen im Bereich des Überbaus, den Austausch der Legitimationsmuster rundweg zu leugnen, wäre ebenso unsinnig wie das resignativ-melancholische Beklagen der 'Tendenzwende'. [...] Die Studentenbewegung hatte einen utopischen Horizont aufgerissen [...]. Unterdessen ist dieser Horizont wieder verdeckt: Möglichkeiten entscheidender gesellschaftlicher Veränderungen sind gegenwärtig nicht abzusehen. Das Überwintern der Idee einer freien Gesellschaft, humaner Lebensformen [...] steht zumindest als Frage wieder zur Debatte."

Reihe führender europäischer Marxisten bedeuteten. Während diese damals immerhin noch auf einer Divergenz zwischen Idealität und Realität bestehen konnten, sind selbst dialektische Beruhigungen nach 1968 schal geworden. Die Verunsicherung der linken Intelligenz ist deshalb dramatisch, weil sie nicht bloß die emotionelle und moralische, sondern auch die theoretische Herkunft erfaßt. Das Trauma von 1968 ist durch die Pariser Wahlentscheidung von 1978 gegen die Linksunion nicht übertroffen, sondern auf banale Weise nur endgültig bestätigt worden.[83]

In seiner Einleitung nannte Habermas eine Reihe von Faktoren für den Umschwung, den er um 1972 ansetzte, und er ging, seine Position einer *"unverkürzten Rationalität"* behauptend, kritisch auf intellektuelle Haltungen der neuen Tendenzen ein. Er beobachtete u.a. "ein Thema", das sich durch viele der in seinen Bänden versammelten Beiträge hindurchziehe, ein Thema, das sich auf das *Interesse an Kultur* zusammenziehe, von ihm selbst in Anführungszeichen gesetzt – "die neue Prominenz, zu der die 'Lebenswelt', also der Bereich der kommunikativen Alltagspraxis, gelangt ist, und der Bedeutungszuwachs der 'Kultur', d.h. der Vergewisserung von Erfahrungsbereichen und Lebensformen, die von der Dynamik des Wirtschaftswachstums und der Bürokratisierung unterspült, ausgehöhlt und weggeschwemmt zu werden drohen". So finde ähnlich wie bei Modernisierungstheoretikern wie innerhalb der marxistischen Tradition, anschließend an den englischen Sozialhistoriker E.P. Thompson, eine "entschlossene Kehrtwendung zur historischen Kulturtheorie statt". Am Schluß ging er auf Bohrers Auffassung ein. Er hob ihre herausragende Bedeutsamkeit, wenn auch mit Vorsicht, hervor. Zu Zitaten aus dem Aufsatz "Deutschland – eine geistige Möglichkeit" in der *Frankfurter Zeitung*, in dem Bohrer seine Grundthesen dargelegt hatte, daß man Konflikthaftigkeit generell annehmen solle und daß das Ich und seine je augenblickliche Lage Maßstab der Dinge sein sollten, merkte Habermas an: "Aber dies ist der einzige *offizielle* Kontext, in dem Sätze aus der Alternativkultur auftreten wie der folgende, der *ja nur zu wahr ist* [Hv. J.F.]: 'Nur wenn man Ich zu sagen wagt, anstatt auf Statistik zu verweisen, wird vielleicht jener gewisse Grauschleier westdeutscher Langeweile weichen.'" Danach schloß er mit einem nachdenklichen Verweis auf "Entdifferenzierungsvorgänge in der Praxis", die sich *"unterhalb* der Schwelle der wohlinstitutionalisierten Lebensordnungen [...], *unterhalb* einer aufs Administrative geschrumpften Politik und *an den Rändern* eines hochmobilen Wirtschaftssystems" anbahnten als "neue symbiotische Formen im Alltag". Sie seien "ein *Kranz surrealistischer*

Erscheinungen, die vielleicht doch nicht nur Regressionen anzeigen, sondern *Suchbewegungen* [Hv. J.F.]."[84]

Ich würde das nicht direkt auf die Schaubühne beziehen, insofern sie gerade von der differenten (ausdifferenzierten, nicht entdifferenzierten) Lage der Kunst/der KünstlerIntellektuellen ausging. Sie dürfte sich in diesem Sinne nicht als Phänomen des Alltags begriffen haben. Aber sie könnte als eine der frühen symbiotischen Formen gelten, in denen sich nach Habermas Kognitiv-Instrumentelles, Moralisch-Praktisches und Ästhetisch-Expressives wieder berührten, und zwar im Potential der komplexen Bedeutungsproduktionen ihrer eigenartigen ästhetischen Unternehmungen. Sicher jedoch dürfte sie eine der ersten neuen europäischen Suchbewegungen gewesen sein, die, im Wissen um kulturelle Möglichkeiten der hier angesprochenen Symbiose, davon ausging, daß das Kulturelle und die konkrete, die sinnlich-eigene Position, daß die besondere subjektive Perspektive auf die Dinge, daher das "Ich" und seine Begehren (das "Libidinöse" nach Stein) für Geschichtsprozes-se mitentscheidend sind, – Faktoren, die Linke und kritische Aufklärer wie Habermas und Modernisierungstheoretiker unterschätzten, wenn nicht völlig ausgeblendet wissen wollten.[85]

Schaubühnen-Produktionen dürften hervorragende Beispiele eines poten-tiell ins Unendliche zu öffnenden "Kranz(es) surrealistischer Erscheinungen" gewesen sein. Seit 1973/74 stellten ihre künstlerischen Strukturen zuneh-mend Phänomene verschiedenster Zeiträume, Irrationales, Un-Vernünftiges, phantastische Imagination und luzid-kalt sezierende Rationalität sur-real zusammen. Das betraf nicht nur Grübers, Wilsons und Monks Collagen, auch Steins *Orestie* wäre so zu lesen. Ich möchte diese Tendenz an vier Projekten kurz andeuten. Es sind einmal das *Antikenprojekt* 1974 und Steins Shakespeare-Inszenierungen 1976/77. Ich verstehe sie als Versuche, die

---

84 Habermas 1979, S. 35.
85 Vgl. in diesem Zusammenhang die wahrscheinlich exzeptionelle kulturhistorische Bedeutung des 1963 gegründeten Birminghamer Zentrums für "Cultural Studies" und seine Vorgeschichte in den fünfziger Jahren. Nicht zuletzt auf E.P. Thompson bauend, hatte es gerade die Faktoren Kultur, historisch-kontextualisierte Wahrnehmungs- und Verstehensweise jeweiliger Individuen und die von Marx angedeutete Symbiose in spezifischer Weise, vorwiegend von Marx ausgehend, zu denken und in gegenwärtigen sozialen, kulturellen und politischen Vorgängen zu erforschen gesucht. Was Habermas hier eher distanziert sah, hatte das Zentrum, u.a. gleichsam Marx und Foucault "zusammendenkend", schon vor oder gerade während der europäischen Protestbewegung der sechziger Jahre "positiv", als einen neuen möglichen Weg emanzipativ-kritischer Haltungen skizziert. Es kam dabei zu Sichten, die wesentlich anders sind als jene, die sich aus der Schaubühnen-Expedition der siebziger Jahre lesen läßt. Einen nicht unwichtigen Bezug sehe ich aber in dem weitgehend vergleichbaren Bestehen auf dem Kultu-rellen und dem jeweils Spezifischen, Eigenen intellektueller Tätigkeiten. Siehe u.a. Johnson 1991. Vgl. meine Sicht der Birminghamer *Cultural Studies* in Fiebach 1996, S. 19–23.

herausragende Rolle des Kulturellen für geschichtliche Prozesse sowie die existentielle Verzahnung von Individuellem und Gesellschaftlichem aufzuzeigen. Eine andere Reihe bilden Grübers *Empedokles. Hölderlin lesen* 1975 und *Winterreise* 1977, die direkt Lagen und Haltungen des Intellektuellen verhandelten, der auf grundlegende Umwälzungen setzte und dafür zu handeln suchte.

Selbstaufklärung und Selbstverunklärung. Theater in Paradoxis

Das *Antikenprojekt* befragte das alte Griechenland als einen Ausgangspunkt europäischer Kulturen, der bis in ihre Gegenwart wirkt, unter dem Gesichtspunkt der Theatermacher: Wie war diese Antike beschaffen als ein Schoß, in dem und aus dem Theater-Spiel sich bewegte? Unser "Metier", so die Truppe, habe sich "ja irgendwie aus dem griechischen Theater" entwickelt. Mit diesem Theater-Interesse blickte man auf verschiedene Aspekte griechischer Kultur, besonders auf Bereiche, aus denen Euripides' *Die Bakchen*, das aufzuführende Stück, im engeren Sinn erwuchs: auf das mythische Denken und seine Rituale und ihre Rollen in der antiken Gesellschaft. Dazu erschienen spezielle schauspielerisch-körperliche Ein-Übungen unumgänglich. Sie sollten in das historische Umfeld des Textes einführen und Verbindungen herstellen zwischen ritueller Darstellungsweise und tragischem Spiel einerseits/ "unser(em) Darstellungsgewerbe andererseits".[86]

Das Projekt wurde zweigeteilt. Der erste Abend, von Stein inszeniert, zeigte *Übungen für Schauspieler* in einer Messehalle am Funkturm, einem langen rechteckigen Raum, mit hellem Sand bedeckt, an dessen Längsseiten auf fast ebenerdigen Holzplanken die Zuschauer in Gruppen saßen. Der menschliche Körper als zentrales Darstellungsmittel verbände das heutige Spiel und rituales und künstlerisches Theater der Antike. Und da "Funktionalität und Irrationalität des Schauspielerkörpers" keine Privatsache seien,[87] konzentrierten sich die Übungen auf seine Bewegungs-, und so Verständigungsmöglichkeiten.

---

86 Schaubühne am Halleschen Ufer 1974.
87 Vgl. den Bericht über Verständigungen der Truppe während der Proben: "Vorgänge zeigen, in denen aus der Bewältigung eines Ereignisses ein Wort, eine Bezeichnung, ein Tanz, kollektive Bewegung, Bewußtsein entsteht. Der ganze irrationale Komplex des Entstehungsprozesses von Theater kommt an einem Punkt an, wo er sich mit äußerster Präzision und Ökonomie verbindet, das heißt, mit äußerster Bewußtheit. Unser Interesse an dieser Unternehmung: Die Untersuchung unserer eigenen Tätigkeit, der Frage nach der Theaterspielerei, ihren Voraussetzungen, ihren Möglichkeiten beziehungsweise Unmöglichkeiten." (Ebd., S. 4)

In Schminkmasken, kostümiert mit einer Art Latzhose und weiten Hemden, führte eine Schauspielergruppe, fast einstündig, vor, wie der Körper (Mensch) atmet, aufsteht, durch Summtöne und Blicke kommuniziert, seine Arme und Beine bewegt usw. Darauf folgte die Sequenz "Jagd". Zwei Darsteller, in langen Mänteln und mit breitkrempigen Hüten, die an die brutalen "mythischen" Figuren der Italo-Western erinnerten, jagten ein vom Chor präpariertes "Wild", einen Menschen mit einem übergroßen lederartigen Bauch. Die Jagd, die Greifversuche der Jäger und die Flucht des Wildes, ging durch die ganze Sandarena, mitten durch ein aufspritzendes Schlammloch, bis zur sichtbar physischen Erschöpfung der Darsteller-Körper. Schließlich wurde der Gejagte mit Hilfe des Chors, der anderen Darsteller, umringt, das Wild "gestellt". Als nächster Abschnitt folgte die Vorführung einer ritualen Opfer-Handlung, zu dem ein Objekt aus Tierschädeln und Knochen, für die Zuschauer deutlich ausgestellt, hergerichtet wurde. In der darauffolgenden Pause trat ein Satyr auf. Er stolzierte mit großem aufgerichteten Penis vor den Zuschauern, die ihn vor der Halle aus einer Distanz betrachteten. Nach der Pause trennte man die Zuschauer, um der gespielten "Initiation" einer männlichen und einer weiblichen Gruppe beizuwohnen, getrennten Vorgängen, so wie früher separate Initiationen in die "Männlichkeit" oder "Weiblichkeit" verliefen. Dann wurden die Zuschauer langsam zu einer Wand der Halle gedrängt, die sich hob. Der Satyr erschien wieder, ironisierte die Initiation oder, wie ich es sah, die Vorführung insgesamt durch Gelächter. Das Publikum mußte durch eine enge Öffnung in einen anderen Raum gehen. Prometheus, an einer Wand hängend, wurde langsam von Männern in moderner Maurerkleidung eingegipst. Er sprach gequält Aischylos' *Prometheus*-Fragment. Bis zum Mund eingegipst, gab er nur noch unverständliche Laute von sich. Konnotierte das jenes Zum-Schweigen-Bringen, das Sprachlos-Machen derjenigen, die – wie Prometheus in modernen europäischen Lesarten – für menschliche Kreativität und Emanzipation eintreten? Das könnte eine Antwort auf Fragestellungen im *Kursbuch* der sechziger Jahre gewesen sein.

Die Aufführung sollte, wie ich es sah, Brutalität, Bedrohlichkeit und Konfliktfülle der antiken wie auch unserer eigenen Situation, zu der das Paradox des Theaterspielens gehört, sinnlich erfahren lassen. Die Zuschauer wurden fast "zwangsläufig" auf den Spiel-Zeitraum verwiesen, indem sie beim Eintritt in die Halle an einem offen einsehbaren Ort vorbeigingen, an dem sich die Darsteller-Körper für ihre Arbeit zurechtmachten (schminkten). Fast auf der Höhe des Sandes sitzend, konnte man wähnen, zumindest am Rande, in der gewalttätigen Jagd mitzuleben, so wie, vielleicht, der erschwerte, Bewegungsmöglichkeiten einengende Gang zu dem hängenden Prometheus dessen

notvolle Lage am eigenen Zuschauer-Körper spürbar machen sollte. Ich selbst
konnte das alles nicht "physisch" erfahren, erinnerte mich an Überlegungen
Artauds, die mir wenig praktikabel schienen, denke aber, das zugrunde
liegende Konzept und das Konnotationspotential stimmig zu deuten.[88]

Mit Bezug auf die höchst zwiespältige, vielschichtige Gestalt Dionysos
legte das Programmheft nahe, im heutigen Theater die weite Spanne zu
assoziieren, die zwischen dem einstmals Blutig-Ernsten und dem Spiel der
Darsteller-Körper besteht. "Die in der Jagd aufscheinende Naturbewältigung
drängte sehr früh auf Ritualisierung", interpretierte das Faltblatt des Programmbuchs Henri Jeanmarie,

> d.h. in einem bestimmten Maße immer auch Theatralisierung [...]. Etwas von
> der Heftigkeit derartiger Rituale, von denen angenommen wird, daß sie das
> Menschenopfer [...] eingeschlossen haben, hat sich in der Sprache der Tragö-
> die niedergeschlagen, nicht zuletzt in den 'Bakchen'. Das wirkliche Blut
> verschwindet, die Sprache wird blutig.

Der zweite Abend brachte Grübers *Die Bakchen* des Euripides, in der gleichen, aber umgeordneten Halle (Abb. 23). Darstellungs- und Schauraum
waren zweiteilig gegenübergesetzt. Die Zuschauer, amphitheatral sitzend,
betrachteten gleichsam von oben, physisch so nicht berührt, die Geschichte
des Pentheus. Hochmütig-irrational verbohrt in eine eindimensional-kurzsich-
tige Rationalität und fixiert auf ein aseptisches Law-and-Order-System, zerstört
ihn seine Konfrontation mit Dionysos, dem Gott der Fruchtbarkeit und im-
mensiven Kreativität und zugleich un-heimlichen, dunkel-"unvernünftigen"
Zerstörungskraft.

Bühnenraum und Ausstattung von Gilles Aillaud / Eduardo Arroyo bedeu-
teten grobrastig die ins Paradox-Unaufklärbare reichende Widersprüchlichkeit
der Dinge. Die Wände des Ausstellungspavillons waren klinisch weiß, am
Anfang und während anderer Vorgänge von Neonröhren grell ausgeleuchtet.
An einer Seite des Spielraums befand sich unkaschiert der Anschluß für einen
Feuerwehrschlauch. Den Hintergrund bildete eine weiße Wand mit drei
Öffnungen: einer kleinen Tür, aus der Pentheus seinen ersten Auftritt hatte
und später Boten kamen und verschwanden; einer größeren rechteckigen
Öffnung mit einem modernen Rollverschluß, in dem eine gelbliche, elek-
trische Kehrmaschine stand, besetzt mit Bedienungspersonal in Stiefeln und
orange-gelblichen, wohl plastikartigen Monturen, die Köpfe völlig in stilisierte
Fechtmasken versteckt, gesichtslos-roboterhafte Wesen (Operateure); auf der

---

88 Vgl. G. Hensel, der offensichtlich solche Sequenzen nicht "sinnlich" erleben konnte, aber die
    Konnotationsmöglichkeiten in seiner Kritik ausführlich benannte. Hensel 1980, S. 126–128.

anderen Seite der Ausblick in eine Raumflucht mit zwei lebendigen Pferden. Dionysos trat, im Prolog, auf einer metallenen fahrbaren Krankenhausbahre liegend auf, nicht zuletzt das Klinisch-Schizoide seines kulturellen Wesens symbolisierend.

Während der Proben überlegte die Truppe, daß es wichtig sei, Dionysos als Mensch zu setzen. Eigentlich könne er gar nicht existieren, weil alles gegen ihn ist. Pentheus drohe, ihn zu köpfen. Er hat Dionysos als Gott abgeschafft. Dionysos wolle aber von den Menschen angenommen werden. Dionysos erleide einen totalen psychischen Entfremdungsvorgang, psychologisch gesehen den eines Psychotikers. Er sei bestimmt von dem Willen, seine Form, seine Identifikation zu finden, weil er sonst in der Spannung Gott – Mensch explodieren würde. Es sei ein Kampf am Existenzminimum, beschrieben auf einer poetischen und gleichzeitig klinischen Ebene. Dionysos werde nicht als eine Figur gezeigt, sondern als ein Zustand, der notwendigerweise in etwas anderes übergeführt werden muß. Er sei ein Fremdkörper, der eine Verhandlungsebene provoziere. Durch ihn finde eine Verletzung des Ortes statt. Es müsse eine genau festgelegte Harmonie bestehen, in die etwas hereinkommt, was diese Harmonie stört: ein plötzliches Huschen, wo vorher nur Fluchtlinien waren. "Ein Störfaktor in einem kybernetischen System". Der, der durch den Prolog läuft, sei erst einmal eine Maske.

> Dionysos muß sich erst finden. Der Zuschauer muß gezwungen werden, ein Wesen zu betrachten: die ins Klinische gedrückte Selbstbehauptung eines Schizophrenen, der ein bestimmtes Bewußtsein seiner eigenen Krankheit entwickelt (Anstrengung, Bezweiflung, Erklärung, Angst, nicht akzeptiert zu werden etc.) – es ist die innere Kurve, eine Art Delirium (das kann zum Schweigen oder zum Wahnsinn – letzte Formen der Entäußerung – führen). Die Chance, ein Klinikbett zu zeigen, das sich gleichzeitig als kosmischer Raum definiert. Die Reise wird sprachlich gestaltet, das Gestammel wird zur Fahrt. Die Klinik, in der Dionysos sich befindet, ist so beschaffen, daß sie nicht mehr aushaltbar ist. Entweder die Klinik muß sich verändern, oder Dionysos muß sich verändern.[89]

Nackt bis auf einen Penisschutz spielte Michael König das Ambivalente, das Unberechenbar-Doppelgesichtige des Gottes, indem er leidenschaftslos, mit abgehackt wechselnder Akzentuierung der Wörter die Geschichte seiner Geburt, seiner Herabsetzung gegenüber anderen Göttern berichtete. Mit etwas geneigtem Kopf, schräg von unten, stechende ("grausame") Augen drohend-unheimlich auf die Betrachter gerichtet, spielte und nagte er ver-

---

89   Schaubühne am Halleschen Ufer 1974, S. 4f.

krampft an einem hochhackigen Damenschuh, so, vielleicht, seine Beziehung
zum Weiblichen und eine unschuldige Infantilität zeigend.

Der in wallende Gewänder "antik-griechisch" kostümierte Chor, dessen
Sätze überwiegend von Einzelstimmen rhythmisch skandiert vorgetragen
wurden, riß die klinisch weiße Modernität buchstäblich auseinander, indem
er die Holzdielen des Bühnenbodens aufbrach und "Unrein"-Erdhaftes und
überquellende Fruchtbarkeit aus dem "dunklen Unteren" entband – schlam-
mige Massen, aus denen es stark dampfte, große Haufen grüner reifer Wein-
trauben, die die Chor-Frauen mit laut hörbarem Stampfen zertrampelten, in
der alten Weise des Traubenkelterns. Aus dem aufgerissenen Boden, der Erde,
zogen sie die schlammbedeckten Teiresias und Kadmos heraus, die zwei
Männer, die sich, angezogen von dem Dionysischen nicht widersetzen und
den Bakchen in die Berge folgen. In diese Situation brach der Herrscher
Pentheus ein, von Bruno Ganz gespielt – nackter Oberkörper, eine klinisch
saubere Erscheinung mit wohlgepflegtem, geglättetem Haar. Er gliederte klar
seine Sätze gegen die Tollheit der Frauen und der alten Männer deutlich nach
ihrem schneidend-drohenden Sinn, der sich kühl-rational, beherrscht herr-
schend gebende Mann einer verfestigten, sterilen Ordnung. Er will das Fremde, das Dunkle, das Nicht-, das Un-Erkannte demonstrativ ausgrenzen mit
breiten Klebestreifen, die er krachend über den Boden zieht. Ein Lichtkegel,
aus einem modernen breiten Deckenscheinwerfer geworfen, soll den Fremden einsperren.

Nach der ersten Konfrontation zwischen dem Chor und Pentheus rollte
die Kehrmaschine aus ihrem Stellraum. Sie beseitigte den Unrat, die Unordnung des Erdhaft-Pflanzlichen. Die gesichtslosen Handlanger stellen die
aseptische Ordnung wieder her, decken den aufgerissenen Boden zu. Der
Raum, industriell gereinigt, ist wieder (modern) klinisch. Die roboterhaften
Wesen, die Reinigungsmaschine, die die Phänomene der Natur, des Urwüch-
sigen, des schlammig-dampfenden Schoßes der Produktivität "auskehren",
die sich physisch aufdrängende sinnliche Gegenwärtigkeit dieser Produktivität, der fast nackte und zugleich gelackte Pentheus, die ständige Anwesenheit
der sich bewegenden Pferde im Hintergrund, der moderne Feuerwehran-
schluß der Halle – solche Bruchstücke schufen einen ver-rückten, surrealen
Zeitraum. Sie generierten Vorstellungen einer Welt, die nur schwer, vielleicht
unmöglich, "rational", mit einer "einfachen" Logik, zu durchdringen und
erklärend zu ordnen wäre. Das erste körperliche Zusammentreffen des Pentheus mit Dionysos, der sich nicht als Gott zu erkennen gibt, der nur der
Fremde ist, unterstrich, daß Haltungen, Anschauungen, Welt-Verfassungen,
die einander scheinbar rigide ausschließen, zusammengehören können: Sie
näherten sich bis zur Körperberührung. In einem Ritual der Liebesbezeugung

liebkoste Pentheus Dionysos für einen Augenblick, strich über seinen Körper, löste sich dann heftig und schlug ihm eine symbolische Ohrfeige. Die Trennung, die er sich selbst auferlegte, dürfte in der Inversion nur die wesenhafte Verzahnung, das Ineinandersein des an der Oberfläche absolut Anderen bekräftigt haben.

Je mehr sich Pentheus auf seinen einseitigen Rationalismus-Wahn und die Machtarroganz versteifte und sich schließlich von Dionysos zum überwachenden Belauschen der "wahnhaften", seine Ordnung verkehrenden Frauen überreden ließ und damit in den Tod ging, desto dunkler wurde die Beleuchtung, und es verengte sich der Spiel-Raum. Das Licht, nicht mehr so hell-weiß wie in den ersten Vorgängen, konzentrierte sich auf kleine Ausschnitte, auf einzelne Personen, mehrmals lange auf die kleine Öffnung, durch die Pentheus steigt oder durch die von hinten agiert/gesprochen wurde. Das Verrückte, das Dunkel-Zerstörerische arbeitete immer wirksamer. Zum Ende hin saßen Edith Clevers Agaue und Peter Fitz' Kadmos fast im Dunklen, matt beleuchtet nur von dem modernen Scheinwerfer, der über ihnen hing. Minutenlang stieß und wimmerte Agaue ihre Laut-Klagen aus, nachdem sie begriff, sie hat ihren Sohn getötet, im schwachen Licht zu den Öffnungen im Hintergrund gehend und hinter ihnen in Klagetönen verschwindend. Nach der langen Klagereise setzte sie sich wieder zu Kadmos und nähte lange an einem Tuch. So saßen sie bis zum Schluß im dämmrigen Lichtkegel des modernen Scheinwerfers, der sie matt aus dem dunklen Raum heraushob. "Rätselhaftes" Wesen Mensch? Mörderin und Opfer zugleich, Konnotationen der Vereinsamung durch Brutalität und eigenen ungeheuren Verlustes, der Drohung des ständig gegenwärtigen Todes. Mit Bezug auf den ersten Abend des ganzen Projekts beobachtete das Ensemble: "Wir haben festgestellt, daß die mimetische Tätigkeit auf einen ganz bestimmten irreversiblen Punkt zufluchtet (Sparagmos, Beschneidung, Tötung des Opfertiers), meistens mit Blut verbunden. Man könnte sagen, daß die ganze Theaterspielerei nur erfunden wurde, um den Tod zu eskamotieren. Um den Tod zu bewältigen, haben die Menschen ihn nachgespielt, ihn wiederholbar gemacht und zugleich gerade durch das Spiel tabuisiert, verdeckt. Durch den mimetischen Nachvollzug wird auf den katastrophalen Charakter der die Menschen bedrohenden Phänomene hingewiesen – ohne unmittelbare Bedrohung durch eine neue Katastrophe."[90]

Insofern *Die Bakchen* solche Problematiken wie den Tod und die übergreifende Paradoxie sowohl der allgemeinen Lebenssituation wie des Theatermachens paradigmatisch behandelt, schien sich Euripides' Text besonders für

---

90　Ebd., S. 3.

die Produktion des zweiten Abends angeboten zu haben. Das Programmbuch zitierte ausführlich E.R. Dodds, der, so der Kommentar der Schaubühne, die im Stück aufbrechenden rituellen Praktiken "als Indices der Verschränkung von Archaik und Modernität in der Tragödie zu analysieren wußte". Dodds schrieb u.a., daß Dionysos Ursache des Wahns sei und zugleich von ihm löse. "Diese Ambivalenz muß man im Auge behalten, wenn man das Drama richtig verstehen will. Dem Dionysos widerstehen heißt, einen Teil der eigenen Natur unterdrücken". Eurpides' Pentheus sei der konservative griechische Aristokrat, der die neue Religion als fremd, barbarisch verachtet. Er hasse sie, da sie sexuelle und Klassenschranken auslöscht, und er fürchtet sie als Bedrohung der sozialen Ordnung und öffentlichen Moral. Der Fremde (Dionysos) setze der "Klugheit oder Nüchternheit" des Pentheus, "die alles mit dem vulgären Maß der Durchschnittserfahrung messen will", eine andere Weisheit entgegen, "die selbst ein Teil der Ordnung der Dinge" sei. Er sei kein "idealisiertes Wesen, das von außerhalb der Menschenwelt kommt", sondern die "Verkörperung der tragischen Widersprüche – Freude und Entsetzen, Einsicht und Wahnsinn, unschuldige Fröhlichkeit und finstere Grausamkeit". Nur bei Strafe unseres Untergangs könne das Verlangen nach dionysischer Erfahrung unterdrückt werden.[91]

1976 begann die Annäherung an Shakespeare, Stein als Regisseur, Sturm als Dramaturg, in einem Doppelunternehmen. Zuerst versuchte man, an zwei Abenden das Zeitalter Shakespeares zu besichtigen mit der Produktion *Shakespeares Memory*. Fast ein Jahr später inszenierte Stein Shakespeares *Wie es euch gefällt*. Es dürfte der umfassendste und in diesem Sinne auch radikalste Ansatz der Schaubühne gewesen sein, möglichst "total" die nicht völlig "entzifferbare" Vielschichtigkeit historischen Geschehens, künstlerischkultureller Vorgänge und deren Wahrnehmungs- und Deutungsmöglichkeiten in theatrale Strukturen zu übersetzen.

---

91 Ebd., S. 13–15. Vernant zitierend, betonte man, der Dioynsoskult zeige, daß die bestehende Ordnung überschritten werden kann. "Er verheißt die Befreiung von Zwängen, die er in gewisser Hinsicht mit voraussetzt. Er drängt auf eine radikale Ortsveränderung, die mit dem alltäglichen Leben, den gewöhnlichen Beschäftigungen und den auferzwungenen Diensten kaum mehr etwas gemeinsam hat. Er will die Grenzen und Barrieren niederreißen, die die organisierte Welt definieren: zwischen dem Mensch und dem Gott, dem Natürlichen und dem Übernatürlichen; die Schranken zwischen Menschlichem, Animalischem, Pflanzlichem, sozialen Barrieren, Ichschranken [...]. Der Dionysoskult [...] trägt Züge einer Kultur des Wahnsinns und des Deliriums, eines göttlichen Wahnsinns [...]. " Diese *mania* befreie den Menschen von der Auffassung der, nach Auffassung der offiziellen Religion den "eigentlichen Bereich des Sakralen [...] konstituierte." Im Lichte der ekstatischen und enthusiastischen Erfahrung erweise sich diese Ordnung als eine bloße Illusion. (Ebd., S. 8)

Shakespeares Memory demonstrierte die anscheinend unendliche Variabilität von Darstellungsweisen: Man führte akrobatische Techniken vor, präsentierte das vertraute Spielen von Rollen, bewegte fast andauernd simultan
Bilder, Wörter, Töne, Objekte, eine Flut von Signifikanten, die un-übersicht-
lich, wohl auch gewollt, während eines einzigen kommunikativen Aktes
blieben, die bei nur einem Besuch der Aufführung gar nicht genau wahrzunehmen waren und aus denen man so kaum ein komplexes Sinnganzes
assoziieren konnte. Karl-Ernst Herrmann (Bühne) hatte in den CCC-Film-
studios zahlreiche Spielorte arrangiert, von der bloßen Spiel-Plattform über ein
großes Renaissance-Planetenmodell bis zu einem riesigen Schiffsrumpf, der
den Abmessungen der Schiffe des 16. Jahrhunderts zu entsprechen schien.
Die Zuschauer mußten sich zwischen ihnen oder an ihnen vorbei bewegen,
ihre Blickwinkel immer wieder ändern. Auf und an den Spielräumen wurde
teilweise zur gleichen Zeit agiert, so daß der einzelne Zuschauer an einem
Abend kaum alle Vorgänge aufnehmen, sie sicherlich aber auch nicht alle
genau sehen und hören und so bedenken konnte. Man zeigte den enormen
Bogen der differenten, sich scheinbar grell widersprechenden sozio-kulturellen, ökonomisch-politischen und gedanklich-intellektuellen Phänomene,
Haltungen und Tätigkeiten, die das spätere 16. und das frühe 17. Jahrhundert, die den Shakespeare-Kontext, den Beginn der Neuzeit, ausmachten. So
stellte man am ersten Abend, die Breite theatraler Tätigkeiten bedeutend, u.a.
akrobatische Nummern der Schauspieler aus, führte Narren und Irre vor,
offerierte einen Bankettsaal und einen Vortrag über die Melancholie, zu dem
sich die Betrachter in einen besonders hergerichteten kleinen runden Theater-
saal, einen der Spielorte, begeben mußten. Am zweiten Abend gewährte man
Einblicke in eine Gelehrtenstube und führte Ausführungen zur Rhetorik und
zum Sieg der Armada vor. Elisabeth I. zeigte sich dem Volk auf einem prächti-
gen Wagen, und in kleinen Räumen (Kabinetten, museumsähnlich) hielten
Schauspieler Vorlesungen zur Astrologie und Astronomie. So deutete man an,
daß zwei methodisch-weltanschauliche Erklärungshaltungen, die vom Standpunkt der modernen Wissenschaft unvereinbar sind, für die damalige Epoche
gleichrangig waren, für ein Zeitalter, das man bis in die zweite Hälfte dieses
Jahrhunderts vor allem, oft ausschließlich, als Beginn der/unserer wissenschaftlichen Modernität und als die Renaissance moderner Rationalität ein-
seitig feiert(e).

Peter Iden beschrieb mit Unbehagen die simultane Überflutung durch
Bilder des Disparaten. Am zweiten Abend habe z.B. das ausgebreitete Material die Perspektiven der Arbeit verdeckt. Vieles ereignete sich gleichzeitig.
Kaum habe man sich auf einen Sachverhalt eingestellt, werde man weg-
geschubst oder durch Ereignisse in einer anderen Ecke abgelenkt. Dabei seien

kompliziertere Fragen gar nicht mehr zu diskutieren wie das "Problem der Vermischung von Dokumentationsabsichten und Spielelementen".[92] Sicherlich konnten nur Teile der zwei Abende für die jeweiligen Zuschauer "Sinn" machen, Aspekte der geschichtlich unübersichtlichen Umbruchszeit vermitteln, wobei ich nicht über das Artistische urteilen möchte (kann), über die gelungene oder weniger gelungene Montage-Dramaturgie, das Schauspielerische, das Bühnen-/Raumarrangement, die Kostümierungen.[93] Aber lag es nicht im "Wesen der Sache", daß der Zuschauer nicht alle Details und schon gar nicht ein in sich kohärentes, einfaches "Sinnganzes" rezipieren konnte? War nicht bewußt angestrebt, daß die Simultaneität der Ereignisse die Betrachter zu schneller Beweglichkeit, nicht zuletzt ihrer Wahrnehmung, regelrecht trieb, ihnen aber das volle Erfassen alles Gebotenen zugleich verweigerte oder zumindest sehr erschwerte? Sollte auf diese Weise nicht in der Darstellungsstruktur etwas vermittelt werden von dem "Inkommensurablen", dem Paradoxen, dem Verworren-Dunklen der Geschichtsverläufe, die für jede Wahrnehmung und jede intellektuelle Analyse Reste des Un-Einsehbaren, des Un-Verständlichen behalten? Die Struktur schien nicht nur davon zu sprechen – und dementsprechende Bedeutungen zu generieren –, wie – undurchsichtig? – die Schaubühnen-Macher die "Dinge", wie sie in der vorgeführten Shakespeare-Zeit auch den historischen Kontext ihres Metiers in der Mitte der 70er Jahre sahen und zu denken suchten. Sie sollte offensichtlich das Publikum diese Annäherung auch als möglichst adäquates Wahrnehmungs- und Denkproblem "sinnlich" erfahren lassen.[94]

---

92 Iden 1979, S. 210f.

93 Hensel, der einzelne Bilder in plastischer Beschreibung sinnvoll erklärte, reagierte auf das Ganze recht distanziert. Er meinte, lernen habe man bei der "überbordenden Fülle des Stoffs und seiner unpädagogischen, weil simultan-chaotischen Darbietung" ohnehin nur das können, was man schon vorher gewußt habe. Allenfalls sei altes Wissen illustriert oder neu mobilisiert worden. (Hensel 1980, S. 199) Die Charakteristik "unpädagogisch" dürfte verraten, daß er das Ganze wohl nicht als bewußte Strukturierung des Disparaten wahrgenommen bzw. als "Inkommensurables" verstanden hatte, eben nur Bekanntes in einzelnen Details wiederentdeckte. Das könnte gegen die Überzeugungskraft der Dramaturgie und der Inszenierung sprechen.

94 Dieter Sturm und andere hatten das Kompendium, die Texte für die Aufführung, zusammengestellt. Aus einem mir vorliegenden Manuskript ohne Titel, Orts- und Zeitangaben läßt sich erkennen, wie umsichtig die disparate geschichtliche Totalität, ihre unauflösbar paradoxen Erscheinungen und Verläufe gesichtet und in eine adäquate dramaturgische Struktur gebracht wurden bzw. umgesetzt werden sollten. Die Montage verarbeitete u.a. historische Texte (Erasmus von Rotterdam, politische Reden, Urteile, Traktate), Theatertexte (Marlowe, Shakespeare selbst), Schriften zur Alchimie, Beschreibungen lebensweltlicher und spezifisch spielerisch-darstellerischer Tätigkeiten, weltanschaulicher, moralischer und politischer Haltungen und Ereignisse der welthistorisch relevanten Umbruchszeit, des Kontexts Shakespeares. Z.B. 1. Teil: *Mummenschanz* mit "Aufzug der Masken", "Artistik", "Das Folkdrama". 2. Teil: *Das Bankett*, mit Texten von Erasmus, mit Elisabeths Tilbury-Rede, Beschreibungen von Narren

Die zweite Inszenierung 1977, Shakespeares *Wie es euch gefällt*, schien dann vorzustellen, was die harschen geschichtlichen Realitäten für gütig-vernünftige, weitsichtig-humane Individuen bewirken können – Bitternis der Melancholie und doppelschneidige Flucht, das Sich-Wegschließen in die "grüne Welt", zweifelhafte Hoffnung auf ein noch humanes Leben außerhalb des brutalen, un-beherrschbaren urbanen Dschungels, der sich, unertragbar falsch, in makellos glänzendem Weiß und kostbar alt-höfischen Gewändern als Hof des Ursupator-Herzogs Frederick präsentierte. In dieser Reinheit wird schmutzig "gemordet" – mit geflüsterten Informationen der Höflinge, unter der ständigen, argwöhnischen Überwachung allen Treibens durch Otto Sanders hageren, durchdringend-kalt blickenden Herzog, durch die Verbannung seiner Nichte, der er hart befiehlt, ungerührt von der tiefen Verletzung, die er seiner Tochter Rosalind, ihrer besten Freundin, zufügt. Jan Kott mit der Überschrift "Bitteres Arkadien" abdruckend, kommentierte das Programmbuch: "Die 'grüne Welt', voller Bitternis, Grausamkeit, Betörungskraft". Die "Sehnsucht nach dem Verlorenen Paradies ist die Sehnsucht nach Vereinigung aller Gegensätze".[95]

Wie es euch gefällt setzte fort, was *Shakespeares Memory* strukturell versuchte: Zuschauer wie Darsteller sollten, teilweise, sinnlich erleben, was sie wahrnahmen oder agierten. So wäre zu deuten, daß im ersten Teil das Publikum die Vorgänge am Hofe Fredericks stehend und "von unten" betrachten mußte. Gespielt wurde an verschiedenen Orten auf relativ hoch gebauten Bühnenteilen. Obwohl die Zuschauenden um die Spielorte eng gruppiert waren, hielten sie die Vorgänge am Hof auf strenger Distanz. Die Hofleute verhielten sich auffällig eingezwängt durch Moidele Bickels "spanische" Hofkostüme, die ihre Körper völlig bedeckten. Sie unterstützten distinguierte, steife Haltungen, erlaubten den Akteuren nur leichtes Hinbeugen, wenn sie dem Herzog ihre Nachrichten oder Meinungen darbrachten. Dazu kontrastierte der Ringkampf. Des Herzogs Meisterringer, ein stämmiger, stiernackig-

---

und deren Beurteilungen (Erasmus' "Narrenkäfig"). Der 3. Teil: *Das Museum* – "Astronomie etc.", mit Texten von Erasmus, Brecht (*Galileo*), Giordano Bruno, mit einer Szene "In der Astrologie-Werkstatt", mit dem Reisebericht eines Deutschen von 1598, wie sich Elisabeth in die Kapelle begibt, dann die Königin selbst auf einem Gerüst (als Herrin?) mit Texten von Macchiavelli (*Der gute Herrscher*), mit Raleighs Gedicht aus dem Gefängnis (naheliegende Bedeutung dieses Montageteils – die henkende, die nicht-gute Herrscherin), worauf Giordanos Loblied auf Elisabeth folgt, die immer noch auf dem Gerüst ist. Dann das Schiff, mit Texten von Bacon u.a. über den Wucher. Schließlich der 4. Teil – *Shakespeares Island*. Also Shakespeare als "Insel" in diesem enorm disparat-dissonantischen Kontext, in höchst schwierig "verständlichen" Widersprüchlichkeiten, die paradigmatisch für Geschichtsverläufe überhaupt sein könnten.

95 Schaubühne am Halleschen Ufer 1977, S. 38 u. 41.

glatzköpfiger Fleischkloß, und Michael König als Orlando waren nackt bis auf
ein schnurschmales Tuch, das ihre Scham notdürftig verhüllte. Der Kampf
währte einige Minuten, beide Darsteller physisch stark beanspruchend. In den
zweiten Teil, zu den Ereignissen im Wald, mußten sich die Zuschauer durch
enge, schummerige Gänge "mühsam" zwängen, sie selbst Suchende, Emigranten, in die "grüne Welt". Der vom Hof flüchtende Orlando hackte buchstäblich seinen Weg durch knorrige Äste. Die Vorgänge im Wald konnten die
Zuschauer möglichst "hautnah" wahrnehmen. Sie saßen auf Gerüsten, die
unmittelbar an Aufbauten der Waldemigranten und an die ausladend-üppige,
physisch "reale" (Bäume, Sträucher, ein kleiner See mit Schilfufer) aufgebaute
Walddekoration anschlossen. Da die zahlreichen Szenen mit den verschiedenen Gruppen (u.a. dem alten Herzog und seinem Kreis, Orlando und Rosalind, Touchstone und der Ziegenhirtin, den Auftritten des Monsieur Jacques)
relativ oft und schnell von einer Stelle der weiten Waldlandschaft zu einer
anderen wechselten, wurde der Zuschauer, der *Shakespeares Memory*-Rezep-
tion vergleichbar, häufig gezwungen, seine Blickwinkel zu ändern. Sehen und
Verstehen waren "erschwert", ein Moment, das die schwer durchdringliche
Komplexität der gezeigten Welt konnotierte und deren komplizierte Beschaffenheit spürbar machen konnte. Kritiker deuteten an, teilweise sehr reserviert-
ablehnend, daß die üppige Ausstattung, auch das tendenziell simultan bewe-
gungsreiche Agieren der Schauspieler, die Sinnhaftigkeit der Geschichten
Shakespeares verdunkelten oder auch ganz verdrängten. Die Produktion,
so Benjamin Henrichs, sei das "jüngste, konsequenteste Monument einer
Theaterphantasie, die sich vom Schauspieler wegbewegt, zur Oper, zum Kino,
zur documenta, wer weiß wohin". Es sei eine "Schau-Bühne", eine "Bühne
gegen die Schauspieler". Das ähnele eher einer "Luxusproduktion in Salzburg" als früheren Schaubühnenproduktionen.[96]

Die Inszenierung schien solchem "verkürzten Wahrnehmen" Vorschub
zu leisten. Das dürfte aber aufgewogen worden sein durch den, wie in
Shakespeares Memory, gewagten Ansatz, in der Darstellungsstruktur gegen
tradierte, vielleicht besser automatisierte und vereinfachende Sehgewohnhei-
ten zu arbeiten und so die Kompliziertheit der verhandelten Dinge auffällig zu
halten. Erforderlich dürfte dafür gewesen sein, sich auf das kommunikative
Angebot aktiv einzulassen. Schauspielerische Aktionen (Jutta Lampes Rosalind, Peter Fitz' Jacques, Werner Rehms Touchstone) zeugen in der Video-
Version davon, daß hier im gleichen Maße die detailreiche, formpräzise
Schauspielkunst, die "hohe Qualität" des Schauspielens realisiert wurde, die

---

96 *Schaubühne* 1987, S. 201.

Schaubühnenproduktionen seit 1970 auszeichnete. Das "Thematisieren" des Komplex-Paradoxen, das Ironisieren von Verhaltensweisen kritisierten eine "Luxus"-Haltung, ein gängiges Verständnis von Festspieltheater in der Tradition Salzburgs. Man verwies auf Lächerliches in der Liebesbeziehung Rosalind – Orlando, einem möglichen Gegenmodell gegen brutal-kalte Realitäten, und deutete das zerstörerische Potential auch der Liebenden an. Orlando traf Rosalind im Wald als oberflächlicher Schönling der Jahrhundertwende, in einem perfekt geschneiderten, großscheckig karierten Anzug, mit um den Hals vorschriftsmäßig festgeschlossenen Kragen und Krawatte, ein altmodischer Dandy mit gewelltem Blondhaar, das ein breitkrempiger Schlapphut vorquellen ließ. Er hat den Wald mit seinen Gedichte-Papierfetzen vollgehängt, eine gedanken-lose Verschmutzung der grünen Welt um einer urbanhöfischen Selbst-Darstellung willen. Die Emigration in den Wald, so wäre zu lesen, war im Ansatz bereits zwiespältig.[97]

Der Wald, die Landschaften sind keine Arkadien. Das sagen und demonstrieren den aus der "Zivilisation" Geflohenen weise-nüchtern und das kommentieren in derben Gesten ihre ständigen Bewohner und Bebauer, der Schäfer, die Ziegenhirtin (Libgart Schwarz), die dem sich witzig gebenden Hof-Komiker Touchstone derb ihre sehr irdischen Frauen-(Heirats)interessen klarmacht. Die Pracht des Schluß-Triumphzugs erschien als Ironie, die Rehabilitierung des verbannten alten Herzogs als eine bloße, übliche Auswechslung, derart als ein Scheintriumph, insofern grundlegende Veränderungen erhofft werden. Während der Herzog aus dem Wald in seine Machtposition zurückkehrte, befand sich der Usurpator-Herzog am Waldrand, einsam, machtlos-klein geworden, eine Bildersequenz gegen mögliche Annahmen, Brutalitäten der Welt ließen sich in einem Komödienschluß aufheben. Das stille Pathos des Schlusses "war voller Haß", bemerkte Günther Rühle.[98]

Im Programmbuch hieß es, Northrop Frye sei in seiner Arbeit zu Shakespeares Komödie "nicht geschäftig, das scheinbar letzten Endes Verständliche zum Maßstab des Wunderbaren zu machen". Mit den dramatischen Figuren

---

97 Zu seinem 4. Teil, einem Bilderbuch "Grüne Welt", kommentierte das Programmbuch zu *Wie es euch gefällt* (Schaubühne am Halleschen Ufer 1977): "So pendelt das Stück, wie es komödienhafter, d.h. realer nicht sein könnte, zwischen den Stimmungen und Bedeutungen, Natur ist der Schoß seiner Wiedergeburten, das Kabinett seiner Wandlungen, und sie ist somit der Trick der Dramaturgie, dienstbar in der Mechanik des Scheins, Antinatur ganz und gar. So entkommt sie, in der Komödie sowohl wie aller unserer Erfahrung gemäß, in keinem Moment der Erstarrung im eigenen Motiv, ohne das sie nicht gerufen ist, dem Arrangement, in dem sie allein erscheinen kann. Wenn der letzte Baum gefällt ist: was werden wir in der Rinde lesen? Eine Schrift, von alters her im Stamme gewachsen, oder eine Parole, tags zuvor, dem ehrwürdig läppischen Impulse folgend, eingeritzt? Werden wir überhaupt unterscheiden können?"

98 Rühle 1982, S. 164.

träten wir aus dem Reich der Definitionen, des strengen Bedeutens und seiner Hierarchien

in das der Korrespondenzen, der Sympathien und Verkehrungen, und vermögen vielleicht zu empfinden, wie viel und wie wenig wir noch an den Erfahrungen und Verwandlungen, den tiefen Irritationen, die den Figuren auf ihrer Identitätsreise widerfahren, teilhaben, was wir noch oder gerade aus diesem Augenblick wissen, nicht nur von der sogenannten Lösung der Widersprüche, sondern auch von ihrer Koinzidenz [...]. In einer Zeit oder in einer Gesellschaft, gewiß, die den Begriff der Veränderung so rettungslos der Sozial- und ökonomischen Technologie überantwortet hat, so sehr an die Praxis der Beherrschung von Natur, der menschlichen einschließlich, verraten, ist es, als ob Frye in der Dramaturgie der Shakespearschen Komödie die Botschaft einer anderen, alten, vergessenen Kunst, die der Alchemie, vernähme. Diese Kunst hatte den Vorzug, niemals an ein Ziel zu gelangen und deswegen kaum einer Herrschaft den Weg freizugeben, aber in ihren spirituellsten Versuchen war sie eine stolze und demütige, nachvollziehende Einübung in die bewegende Wahrheit von Phantasmen, in die Realität des irrealsten Verlangens.

Sie sei, wie die zentralen Unternehmungen von *As You Like It*, "eine leid- und lustvolle, eigentlich komische Suche nach den strengen Gesetzen, nach denen das Unvereinbare zu vereinbaren sei: [...] weiße Magie." Die Heirat "des Hohen Paares, dieses utopischste aller Bilder, verliert sich in eine Perspektive immer kleinerer, immer ärmlicherer Kopulationen, die die Verwandlungen nicht denunziert, nicht widerruft, aber die Art ihres Verbrauchs ankündigt."[99]

Hier hatten sich Haltungen modifiziert, die Produktionen und Selbstaussagen der Schaubühnenmacher in den früheren siebziger Jahren, einschließlich des *Antikenprojekts* vermittelten. Die skeptische Distanz zu sozialen und politischen Transformationen klingt anders als vorherige Äußerungen zum eigenen skeptischen Denken und zum Widersprüchlichen als Basis allen Verhaltens.[100] Sie erscheint wie eine, zumindest partielle, Rücknahme von Positionen, wie man sie von *Die Mutter* bis zu *Optimistische Tragödie* in künstlerische Strukturen übersetzt hatte.

Wesentlicher aber dürfte sein: *Shakespeares Memory* und *Wie es euch gefällt* suchten, in der Tendenz, alle wichtigen Bereiche geschichtlicher Faktoren und Bewegungen in kritischer Distanz zusammenzusehen und als eine schwer durchdringliche "Totalität" theatral zu strukturieren, von der

---

99 Schaubühne am Halleschen Ufer 1977, S. 4.

100 Vgl. auch Steins Aussage von 1974, daß Distanz und Skepsis die Grundlage seiner ganzen Theaterarbeit sei. Zit. und kommentiert von Patterson 1981, S. 16.

"Zivilisation" bis zur "grünen Welt", deren Korrespondenzen und Gegensätze, ihre produktiven Möglichkeiten und ihre Destruktionen, Rational-Einsichtiges, Dunkel-Unauflösliches, Irrational-Wunderbares (Magie). Ein Gespräch, das Stein und Sturm 1977 mit Jack Zipes führten, ließ das Programmatische der Produktionen erkennen. "Ich meine", sagte Stein,

> daß die Grundvoraussetzung für alle Schaubühnenarbeit zunächst einmal eine Art Zweifel ist (der auch Ausgangspunkt für die gesamte Neugründung der Schaubühne war) – ein Bezweifeln und Betragen der theatralen Mittel sowie der Inhalte, die man im Theater behandelt. Dieser Zweifel erfaßt nicht nur so banale Dinge wie die Organisationsstruktur eines Theaters oder wie die Stücke oder die Stückthemen, die man zu spielen trachtet, sondern er umfaßt auch das eigene Verhältnis zum Job, zum Beruf, der immer wieder in Frage gestellt wird. Diese Infragestellung ist keine Selbstquälerei, sondern eine Quälerei, die einem von außen aufgedrängt wird, weil die Tätigkeiten von Schauspielern und Theaterleuten alles andere als erfreulich sind und auch alles andere als – zunächst einmal – wichtig. Und dementsprechend macht ein solcher Zweifel natürlich auch nicht vor den eigenen Ausdrucksmöglichkeiten halt. Die eigenen Ausdrucksmöglichkeiten werden angezweifelt in der Ernsthaftigkeit ihrer Durchschlagskraft, in ihrer Bedeutung für andere und für Zuschauer, in ihrer gesellschaftlichen Relevanz, mit anderen Worten, in der Bedeutung, die eine solche Tätigkeit für den eigenen gesellschaftlichen Zusammenhang hat.

So sehr Theatermachen Probleme bereite, probiere man immer wieder, zunächst weil man seine Tätigkeit für "libidinös besetzbar" halte, und zweitens, weil man

> auch oft im tiefsten Innern davon überzeugt ist, daß diese Tätigkeit etwas für den gesellschaftlichen Zusammenhang Wichtiges darstellt, zumindest in der Form, daß man da etwas an menschlicher Tätigkeit bewahrt und aufhebt, das normalerweise in den Zeitläufen oder gesellschaftlichen Zusammenhängen, unter denen wir leben, gefährdet oder vom Aussterben bedroht ist.

Auf Zipes' Frage nach einem "Schaubühnenstil", betonte Sturm, es gäbe "keinen Spielplan im Sinne eines gefügten Konzeptes, das von bestimmten ästhetischen oder politischen Prämissen ausgeht". Die Schaubühne verfüge

> nicht über eine standardisierte, normative Ästhetik. Es hat sich mehr und mehr so gewendet, daß man in der Rückschau mehr über uns erfahren kann als durch das, was eigentlich von uns projektiert war. Tatsächlich sind wir mehr und mehr dazu gekommen, das Theater als eine Art protestierender Einspruchsinstanz konservativer Art zu betrachten. "Konservativ" in dem Sinne, daß wir glauben und spüren, daß wir in einer Gesellschaft leben, die an einem unglaublichen Schwund an Humanität und an einem großen Depra-

vationsprozeß leidet. Nicht nur, daß eine Verkümmerung der Kreativität, der subjektiven Konditionierung in bezug auf alle Formen von phantasiereichem Machen stattfindet, sondern das ist auch verbunden mit einem regelrechten Vergessen ganzer Zusammenhänge menschlicher Vorstellungsbereiche, also menschlicher Aktions- und Bildungsmöglichkeiten. Auf der anderen Seite ist unsere Gewißheit oder unsere Überzeugung, daß das in irgend einem revolutionären oder evolutionären Sinne progressiv zu verändern sei, schon gar vom Theater, im Sinne einer Vorwegnahme irgendwelcher gesellschaftlicher Entwürfe, jetzt mehr und mehr einer Ungewißheit gewichen, zumindest bei der Mehrzahl von uns, so daß wir eine Art von konservativem Trotz entwickelt haben, der sich nicht mit irgendwelchem politischen Konservatismus identifizieren läßt. Ich meine konservativ im Sinne des Beharrens auf bestimmten menschlichen Möglichkeiten, auf bestimmten Figuren der menschlichen Phantasie, bestimmten Fähigkeiten des Menschen zu leben, sich zu bewegen und miteinander umzugehen, und zwar in Bildern, die gegenwärtig von dieser Gesellschaft abgebaut werden, und zwar generell abgebaut werden; und zwar ebenso stark von den Kräften, die sich politisch als konservativ begreifen, wie von den Kräften, die sich als progressiv ansehen.

So habe man bei *Shakespeares Memory* in einem Teil der Renaissance-Philosophie und Renaissance-Kunst "Potenzen der menschlichen Phantasie" entdeckt, die sich konsequent bemühen, in eine höhere Gesellschaftsstufe ("die sogenannte bürgerliche höhere Produktionsweise") aufgehoben zu werden. Darüber hinaus hätte man auch

> einige Dinge entdeckt, die in diesem historischen Prozeß verbrannt und vernichtet worden sind und die heute als Realisierungsprobleme plötzlich aus einem Nebel auftauchen, der angeblich nichts ist als aufgewirbelter Staub. Aber es stellt sich heraus, daß diese Probleme Fragestellungen sind, die für uns ganz aktuell sind. Es gibt daher einen Moment der Umkehr, von Wiederauftauchen wenigstens als Fragestellung [...].

Mit Bewahren, fügte Stein hinzu,

> meine ich eher Möglichkeiten. [...] Ich rede von den Möglichkeiten zu empfinden, zu denken, Dinge zusammenzusehen und zu phantasieren. Das entscheidende für uns – und das Theater hat eben diese phantastische Geschichte – ist das Theater in Paradoxis. Allgemein gesprochen ist das Paradoxale ein entscheidendes Moment in der menschlichen Vorstellungstätigkeit.

Die Fähigkeit zum "geregelten Paradoxon, zur geregelt durchgeführten und kontrollierten Irrationalität" sei ein Teil des Theaters. Vor allen Dingen könne man sich "durch eine solche Tätigkeit, die in sich selber ebenfalls voller irrationaler Handlungen und Tätigkeiten ist, an ganz bestimmte Formen von

Leben und Bewußtsein erinnern." Das schließe eine Art von Erweiterung der Lebens- und Erlebnismöglichkeiten ein. Wenn man annehme, daß solche Mitteilungen "dem totalen Irrationalismus das Wort reden, dann hat man sich geschnitten. Das ist nicht das, was ich meine." Seine Theaterarbeit sei verbunden mit einem ganz massiven Pochen

> auf sogenannte freiheitliche Aspekte der Tätigkeit der Kunstausübung und natürlich auch ganz bestimmter gesellschaftlicher Gegebenheiten. Aus diesem Grunde gibt es natürlich eine ganz bestimmte Erfahrung, die historisch ist, und im Erkennen dieser historischen Zusammenhänge machen wir auch momentan die Erfahrung, daß es gesellschaftliche Entwürfe gibt, die in die Zukunft weisen und die wir auch als utopisch verstehen. In ihrer Realisierung jedoch lassen diese historischen Entwürfe alles andere als die Bemühung walten, die angesprochenen Erlebnismöglichkeiten der Menschen nachträglich zu erweitern.

Die Realität zeige eher, daß die "Spielräume der Vorstellung, die Spielräume der Erinnerung, die Spielräume der lebensmäßigen Bewegung des Menschen innerhalb dieser Versuche, die Utopie gesellschaftlich dingfest zu machen, eher eingeschränkt werden. Das ist keine sehr optimistische Erkenntnis."

Gefragt, ob das ein "Selbstaufklärungsprozeß" sei, stimmte Stein zu, sofern er Aufklärung über alle geschichtlichen Vorgänge betreffe und insofern es auch ein "Selbstverunklärungsprozeß" werden könne. Und Sturm fügte hinzu:

> Aufklärung müßte dann auch heißen: Aufklärung über das, was nicht aufklärbar ist, und zwar nicht im Sinne, daß es noch aufgeklärt werden wird, sondern im Sinne der Anerkennung dessen, was nicht aufklärbar ist. Der Anschluß an historische Gedankenformationen, eine Aufklärung über deren Optimismus oder deren Vertrauen oder auch deren Evolutionsbegriffe, das kommt zwar bei uns vor, aber keineswegs allein. Mit anderen Worten, es ist das Problem der Grenzen dieser Begriffe und die ständige Erwägung, ob sie objektiv unüberschreitbar sind oder ob sie nur für uns im Moment unüberschreitbar sind. Und es gibt den Versuch, dort, wo man sie tatsächlich nicht für aufklärbar hält, eine bestimmte Demut walten zu lassen, und zwar aus Gründen, die nicht nur in der augenblicklichen Befangenheit zu finden sind. Unsere Bemühungen gehören zu diesem Prozeß der Aufklärung, der sich auch gegen sich selbst wenden kann. Ich sage das alles nur deswegen, weil das Wort "Aufklärung" heute zur gängigen, inflationären Münze geworden ist.[101]

---

101 Zipes 1983, S. 252–260.

Sah ich zunächst einen Bezug zu Habermas' Versuch, die Tendenzwende der
siebziger Jahre "nach dem Protest" zu deuten, klärte dieses Gespräch, daß die
maßgeblichen Schaubühnenmacher seine Position einer "unverkürzten
Rationalität" nicht voll teilten, insofern diese den Fortschritt der Moderne
überakzentuierte, oder anders, einsträngig zu interpretieren neigte. Seine
These von der "unverkürzten Rationalität" erläuternd, verwies Habermas auf
die kapitalistische Mobilisierung der Lebensverhältnisse als, nach Marx,
"Verdampfen alles Ständischen und Stehenden". Dabei habe der Kapitalismus
seit Jahrhunderten vom "Polster vorbürgerlicher Traditionen" gezehrt. Das
habe auch die von Marx anvisierte Wirkung gehabt, die sich "im Universalis-
mus der Aufklärung, in den utopischen Gehalten einer autonom gewordenen
Kunst, in den bürgerlichen Idealen überhaupt" spiegele – die "Entbindung des
Rationalitätspotentials verständigungsorientierten Handelns". Aber unter den
Bedingungen einer "weitgehend rationalisierten Lebenswelt", daher der
Gegenwart, ließen sich die "aufgezehrten Bestände *als* Traditionsbestände
nicht mehr regenerieren". In einer Welt verselbständigten Wirtschaftstums
und administrativer Kontrollen durch überforderte Bürokratien sehe man die
Gefahr einer "systemisch induzierten Zerstörung" nicht nur traditional gesät-
tigter Lebensformen, sondern der kommunikativen Infragestellung jeder Form
humanen Zusammenlebens. Wenn das stimme, seien zwei Reaktionen falsch
– das Weginterpretieren der Zeitproblematik und die "Flucht in den Traditionalismus".[102]

Es scheint, daß Habermas – binär – nur zwei Wege sah, einerseits die
"unverkürzte" Annahme des aufklärerischen Rationalitätspotentials oder
Regression in den Traditionalismus. Eine solche gleichsam aufklärerisch-binäre
Haltung zogen Sturm und Stein in Zweifel. Ihre "Utopie" eines "erhaltenen
Vergangenen" zielte auf die *Vielschichtigkeit* von Bewegungsformen und
damit auch der produktiven Möglichkeiten von Geschichte, die eine solche
aufklärerische (und linke) Rationalität bisher weitgehend ausgeblendet hatte
und die Habermas mit seiner anscheinend (nur) binären Option nicht berück-
sichtigte. *Wie es euch gefällt* bedeutete alles andere als eine mögliche Flucht
in den Traditionalismus. Die grüne Welt wurde in ihrer Schönheit groß
ausgestellt, aber die Flucht in sie illusionslos als keine dauerhafte, geschichtlich gangbare Lösung emanzipativ-humaner Hoffnung ironisiert. Das kritische
Befragen aller Dinge und Haltungen, mit dem die neue Schaubühne begann,
hatte sich im Verlauf der siebziger Jahre auch auf die Linke, auf eine aufklärerische Modernität und das von diesen behauptete Rationalitätspotential

---

102 Habermas 1979, S. 23f.

erstreckt, auf Positionen, von denen man zumindest partiell selbst ausgegangen war. Daher Selbstaufklärung. Dabei hatten die Expeditionen in die Antike wie die in die Umbruchsepoche Shakespeares das rational Nicht-Durchschaubare von Dingen, das Un-Aufklärbare als mögliche Geschichtsfaktoren erkennen lassen. So wendete man sich jetzt gegen Auffassungen, die enorm wirksame Bereiche und Phänomene wie, nach Steins und Sturms Begriffsversuchen, das "Irrationale" und das "Nicht-Aufklärbare" ausblendeten. Das Umdenken tradierter linker und aufklärerischer Haltungen hatte zur, zumindest impliziten, Kritik der eindimensionalen Konzepte eines geschichtlichen Evolutionismus, oder anders, eines allgemeinen historischen Fortschritts geführt, wie konfliktvoll dieser auch verstanden wird. Das schloß eine neuartige Reserve gegenüber revolutionären Utopien, denen man sich 1970–72 eng verbunden sah, ein.

"Du wolltest keine Menschen, glaube mir, du wolltest eine Welt"

Selbstaufklärung verlangte Mitte der siebziger Jahre, der spürbaren "Tendenzwende", linke Entwürfe und Haltungen, daher die eigene Geschichte maßgeblicher Schaubühnenmacher, besonders kritisch zu befragen. Das besorgten Grübers Collagen *Empedokles. Hölderlin lesen* Ende 1975 und *Winterreise*, in Anlehnung an Hölderlins *Hyperion*, Ende 1977, zwei unterschiedliche Schritte[103] auf einer Reise, die in seinem *Rudi* (zunächst?) ihren Abschluß fand.

Empedokles. Hölderlin lesen ging von der dritten, der kürzesten Fragmentfassung aus, in der Hölderlins Versuch um ein Empedokles-Stück überliefert ist. Sie beschreibt nur den Empedokles, der über seine Einsamkeit reflektiert und seinen unabwendbaren Weg in den Selbstmord erläutert. Es fehlen Szenenbruchstücke der zwei ersten Fassungen, die dramatisch-dialogisch darstellen, wie Empedokles in Konflikt mit dem Volk gerät, das seinem Drängen auf Veränderungen nicht folgt und ihn mit in die Verbannung stößt. Die dritte Fassung akzentuiert das Danach; sie zeigt nur den gescheiterten Veränderer Empedokles und seine selbstkritische Rückschau auf die eigene

---

103 Zu Hölderlin als Dichter der Revolution bzw. dem Thema 'Hölderlin und die Revolution' vgl. Bertaux 1984, S. 10: "Es ist nicht abwegig, Hölderlins Werk als eine durchgehende Metapher der Revolution zu sehen: der Revolution als eines natürlichen, historischen, philosophischen, religiösen, poetischen Prozesses, den es zu verstehen gilt."

Haltung. Das Fragment beginnt mit einem Monolog. Das Volk, das "mein war", so Empedokles, waffnete sich mit Hohn und Fluch,

> Und stieß mich aus und nicht vergebens gellt'/ Im Ohre mir das hundertstimmige,/ Das nüchterne Gelächter, da der Träumer,/ Der närrische, des Weges weinend ging./ Beim Totenrichter! Wohl hab ich's verdient!/ Und heilsam wars; die Kranken heilt das Gift [...]./ Denn viel gesündiget hab ich von Jugend auf,/ Den Menschen menschlich nie geliebt, gedient/ Wie Wasser nur und Feuer blinder dient,/ Darum begegneten auch menschlich mir/ Sie nicht [...].[104]

Er hat sein Geschick angenommen. "Für mich ist", sagt er dem Freund Pausanias, in der Inszenierung der "Jünger", "was vorüber ist, nicht mehr." Sie müßten scheiden, "und halte nur/ Mein Schicksal mir nicht auf". Empedokles schickt den Jünger fort, zum Römerreich, dem "tatenreiche[n]", zu Plato und, wolle seine Seele nicht, zu den Brüdern "in Aegyptos". Er solle gehen und nichts fürchten. Es "kehret alles wieder./ Und was geschehen soll, ist schon vollendet."[105] Manes, in der Inszenierung die Alte, aber bedeutet er zum Schluß: "Von dieser grünen Erde soll/ Mein Auge mir nicht ohne Freude gehen." Und, gemäß der Anordnung im Programmheft, steht der "Schlußchor des ersten Aktes (Entwurf)" am Ende der Lektüre des *Empedokles*-Fragments: "Neue Welt/ und es hängt, ein ehern Gewölbe/ der Himmel über uns, es lähmt Fluch/ die Glieder den Menschen [...] / O wann, wann/ schon öffnet sie sich/ die Flut über die Dürre./ Aber wo ist er?/ Daß er beschwöre den lebendigen Geist."[106]

Die Vorgänge um Empedokles spielten sich vor einer Eislandschaft ab, die Antonio Recalcati nach Caspar David Friedrichs großflächigem Bild gebaut hatte. Die massiv-bizarr gezackten Eisblöcke, durch matt glänzende Glühbirnen dämmerig beleuchtet, konnotierten kalte Erstarrung. Anfangs bewegte sich Bruno Ganz als Empedokles zwischen Trümmerblöcken und auf genäßtem Boden, in einer dicken Wattekleidung, mit Wollmütze, Umhang und klobigen Handschuhen. Er sprach seine Sätze betont und zugleich verzögernd klar, als buchstabiere er aufmerksam den Text – das Lesen, die "Lektüre" Hölderlins demonstrierend, den Versuch des Ensembles, sich Hölderlin zu nähern.

Die Bühne war simultan zweigeteilt. Während sich rechts vom Publikum Empedokles in seiner Eis-Glühbirnen-Welt zur Reise in den selbstgewählten

---

104 Schaubühne am Halleschen Ufer 1975, S. 26.
105 Ebd., S. 32f., 38f.
106 Ebd., S. 47f.

Tod anschickte, befanden sich auf der linken Seite sechs Menschen auf einem (Bühnen-)Podest mit einer kahlen Wand, an der der Putz abblätterte. Die Gruppe, die als "Lektüre 1" Hölderlins *Mnemosyne* sprach, war zeitgenössisch kostümiert, in Anzügen, Mänteln, Röcken "einfacher Leute" (Hölderlins, oder überhaupt "Volk" bedeutend?). Ihr Umraum erinnerte an die Plattform eines kleinen Bahnhofs, an einen offenen Warteraum. VORSICHT, mahnte ein ältliches Schild, NICHT STEHENBLEIBEN!, aber die sechs blieben "stehen", saßen auf einer Bank, standen auf, liefen ein Stück, setzten sich wieder, Menschen im Wartezustand. Stillstand. Zwei ihrer kleinen Bewegungen zeigten, es ist nicht (mehr) die Zeit möglicher (erhoffter) Veränderungen. Ein Mann versuchte kläglich, ein spanisches Lied zu singen, eine Anspielung auf den Bürgerkrieg, das Symbol historisch revolutionärer Aktivität. Eine alte Frau nahm Sachen aus ihrem alten Koffer Stück für Stück heraus, darunter eine rote Fahne. Sie hielt sie hoch, musterte sie, faltete sie zusammen und packte sie wieder ein. Dann schloß sie den Koffer. Dieses Volk erschien nicht wie Stein, was Grübers Bezug auf Che Guevara während der Proben nahelegen mochte. Es ließ aber keine historisch umgreifende Beweglichkeit oder gar einen Drang nach fundamentaler Veränderung erkennen. Die Akteure ignorierten, was auf dem Schild groß gemalt war. Sie blieben stehen.

Zum Schluß seines "Fragments" stürzte sich Ganz-Empedokles nicht in den Aetna – er begab sich zu der Gruppe auf dem Bahnhof und setzte sich unter sie auf die Bank der Wartenden. Das Ende der Aufführung schien noch auf die Möglichkeit eines anderen Verhaltens zu verweisen. Zwei der einfach gekleideten Frauen (Jutta Lampe, Libgart Schwarz) stellten, an der Linie, die die Eiswelt des Empedokles und den Warte-Raum trennte, die erste Szene aus dem ersten Fragment dar. Die Frau, die den Empedokles bewundert, sagte, nach Hölderlin, unter anderem: "Er selbst zu sein, das ist/ Das Leben und wir andern sind der Traum davon", und was "wir sind/ Und suchen, können wir nicht finden; was/ Wir finden, sind wir nicht [...]"[107]

Sollte es eine doppelte Brechung sein – einmal eine Kritik an dem Intellektuellen, der das Volk für seinen Traum (nur?) benutzt, "nicht menschlich", wie der Empedokles des dritten Fragments sich selber analysiert, eine Kritik an denen, für die das Volk ihr (Intellektuellen-)Traum ist, eine Selbst-Reflexion der 68er, vielleicht, über den Hochmut der Che Guevaras, die die Revolution um jeden Preis betreiben, zugleich aber auch eine Referenz auf die Not, daß

---

107 Vgl. Hölderlin 1994, S. 282, 285. Vgl. Iden 1979, S. 192.

man sich nicht selbst finden könne, auf eine qualvolle Lage, die alle betrifft, Volk und Intellektuelle "in dürftiger Zeit"[108]?

Ende 1977 erweiterte und "konkretisierte" Grübers *Winterreise* nach Hölderlins *Hyperion*, was die Lektüren Hölderlins begonnen hatten. Die Collage konzentrierte sich auf Vorgänge einer Endphase, auf einen Weg in eine andere Eiszeit. Auch Hyperion wird abgestoßen, nicht angenommen von denen, denen er, der Intellektuelle, helfen wollte in der Revolution ihrer und seiner Welt. Der Aktionsraum war nicht mehr nur die simultan aufgeteilte Bühnenanlage eines für Kunsttätigkeiten besonders abgehobenen Theaterhauses. Die Aufführung fand im Berliner Olympia-Stadion statt, das praktisch als Ganzes ein vielfältig-simultaner Darstellungsraum für die achthundert Betrachter war, die auf einer der Tribünen in der Kälte eines Berliner Dezembers mit Frost und Schnee verhüllt sitzen konnten. Nur vier der Spielorte seien erwähnt: die Aschenbahn und der Rasen, auf denen Läufer und Springer während der Vorführung sportlich agierten; die Imitation der Ruine des Anhalter Bahnhofs hinter einem der Fußballtore, davor eine Imbißbude, wie sie sich damals am Bahnhofsgelände befand, umlagert von "Gestalten des Volkes" – darunter eine "Frau im Anorak", die auch Diotima spielte –, ein Feld mit Gräberkreuzen, die sichtbare Totenlandschaft; die elektronische Anzeigetafel des Stadions, auf der immer wieder Sätze Hölderlins aufleuchteten; ein überdimensional großes Pferdegestell. Gesprochen wurde meistens über Mikrofon. Hyperion, von Wilhelm Menne gespielt, sprach von seinen Reisen und von sich selber als Wanderer. Als Lauf-Sportler kostümiert und mit einem Stirnband gekennzeichnet, absolvierte er sportliche Übungen, u.a. einen ihn physisch sehr anstrengenden Hürdenlauf um die Aschenbahn. Er erinnerte an den, der sich in den Aetna stürzte. Im letzten Drittel der Collage kam er vom Friedhof, alles ist schon vorüber, und sprach weithallend: "Und nun sage mir, wo ist noch eine Zuflucht? – Gestern war ich auf dem Aetna droben. Da fiel mir der große Sicilianer ein [...]."[109]

Mit der Vielzahl unterschiedlichster tonlicher, bildnerischer, gestischer und sprachlicher Signifikanten, in der ambivalenten Mehrschichtigkeit seiner Spiel-Räume und deren Bezüglichkeit auf das symbolträchtige Feld der Olympiade von 1936 konnte die Inszenierung ein komplexeres Geflecht von Bedeutungen und geschichtlichen Referenzen als *Empedokles. Hölderlin lesen* generieren. *Winterreise* erzählte von Hyperions hoffnungsvollem Unternehmen und dem Mißlingen, mit dem Kampf der Griechen um ihre Befreiung

---

108 In der Abwandlung eines Zitats bzw. einer Lesart Hölderlins bei Bertaux 1984, S. 7.
109 "Winterreise", S. 238.

im 19. Jahrhundert die Menschen und die Welt grundlegend zu ändern. Wie
sein vergangenes Unterfangen scheiterte, so eine gegenwärtige freiheitliche
Aktion: Am Schluß schob er einen kleinen Wagen zum Markieren weißer
Linien über die Aschenbahn. Zwei Militärjeeps kamen ihm entgegen; sie
blockierten seinen Weg. Hyperion stemmte sich mit dem Wägelchen gegen
eines der schweren Autos. Es setzte ein paar Zentimeter zurück. Die Konfrontation blieb für einen Augenblick in der Schwebe. Dann kippten das
kleine Gerät und Hyperion zur Seite, ab von der Bahn, auf der der Jeep
vorbeibrummte. In einer anderen Sequenz wurde dem Fußballkicker Hyperion, der eindringlich für politische revolutionäre Umbrüche gesprochen hatte,
eine Abseitsfalle gestellt.

Die Anarchistenfahne der Befreiung, aufgezogen während der ganzen
Vorstellung, bezeichnete politisch-weltanschauliche Bezugspunkte und kom-
mentierte Meinungen des Grüber-Hölderlin, die über Mikrofon-Stimme
tönten und in elektronischer Leuchtschrift groß ausgestellt waren, wie:
"DER WEISS NICHT, WAS ER SÜNDIGT, / DER DEN STAAT ZUR SITTEN-
SCHULE MACHEN WILL."[110] Während Hyperion als Läufer auf der Aschen-
bahn durchs Ziel lief, verkündete die Leuchtschrift: "ES IST BESSER, ZUR
BIENE ZU WERDEN UND SEIN HAUS ZU BAUEN IN UNSCHULD,/ ALS
ZU HERRSCHEN MIT DEN HERREN DER WELT, / UND WIE MIT WOEL-
FEN,/ ZU HEULEN MIT IHNEN."[111]
Das "Mädchen im Anorak", eine der Gestalten bei der Imbißbude, war
auch Diotima. Hyperion schoß Bälle auf das Tor, in dem sie stand. Sie konnte
die meisten nicht halten. Dabei sagte sie ihm, ohne Mikrofon, mit der ihr
höchstmöglichen Lautstärke, er habe keine Menschen gewollt, sondern eine
Welt. "Siehest du nun, wie arm, wie reich du bist? [...] Ich fürchte für dich,
du hältst das Schicksal dieser Zeiten schwerlich aus [...]." Was Empedokles
über das "Nicht-Menschliche" seines Welt-Veränderungsentwurfs reflektierte,
stellte hier die Frau, der konkrete Mensch, fest, den Hyperion im Verfolgen
seines Emanzipationsprojekts bis in den Tod vernachlässigte. Zugleich forderte
sie ihn auf, sein Herz nicht von den "Bedürftigen" abzuwenden, und Hyperion reagierte mit der Forderung: "In der Werkstatt, in den Häusern, in den
Versammlungen, in den Tempeln, überall werd' es anders!" Die riesige
Leuchtschrift wiederholte groß den Satz.[112]

---

110 Vgl. ebd., S. 229.
111 Vgl. ebd., S. 231.
112 Vgl. ebd.

Die Hoffnung zerbricht. Hyperion erfährt von dem Befreiungszug der Griechen, der grausam geführt wurde und sich als emanzipatives Unternehmen selbst abwürgte, ein/sein gescheitertes Veränderungsprojekt. Er findet sich auf dem Friedhof wieder. Den Friedhof verlassend, kritisierte er die Deutschen, ihre Todesangst, ihre Eindimensionalität. Während er auf dem riesigen Olympiastadionfeld über Mikrofon, direkt an das Publikum gewandt, zu seiner Abrechnung mit den Deutschen ansetzte, fuhren zwei Militärjeeps, die abseits gehalten hatten, los, zur Jagd auf Hyperion, der die Welt revolutionieren wollte. War das ein Verweis auf die gegenwärtige Situation, die Verfolgung der "Radikalen Linken" in Deutschland im Jahr der Schleyer-Ermordung? "Barbaren von Alters her, durch Fleiß und Wissenschaft und selbst durch Religion barbarischer geworden, das waren meine Tröster [...]." Es gäbe nichts Heiliges, was durch dieses Volk nicht herabgewürdigt würde. Der Deutsche bleibe in seinem Fach und kümmere sich nicht "viel ums Wetter". Diese "Gottverlassnen" redeten immer von der Unvollkommenheit auf Erden, aber niemand sage einmal, daß "bei ihnen nur so unvollkommen alles ist, weil sie nichts Reines unverdorben [...] lassen mit den plumpen Händen, daß bei ihnen eigentlich das Leben schal" und von "kalter stummer Zwietracht" ist. "Und darum fürchten sie auch den Tod so sehr, und leiden, um des Austernlebens willen, alle Schmach, weil Höheres sie nicht kennen, als ihr Machwerk, das sie sich gestoppelt."[113]

Hyperion erschien aber selbst als ein "Unreiner" bzw. ambivalent. Seine verlassene Geliebte Diotima, als eine Stimme über Mikrofon aus dem Gräberfeld, und das "Mädchen im Anorak" am Anhalter Bahnhof kritisieren ihn vernichtend. Die Tote, die dem Unternehmen für die Welt geopferte Geliebte, der konkrete Mensch, mit dem er verbunden war, stellte fest, daß er, der jetzt zwischen den Gräberkreuzen tanzte, "der eitelste von allen eitelsten gewesen" sei.[114] Das "Mädchen im Anorak" hatte zuvor, beim Torschießen, eingeräumt, er suche eine bessere Zeit, eine schönere Welt, aber zugleich hinzugefügt, er umarme nur diese Welt: "Du wolltest keine Menschen, glaube mir, du wolltest eine Welt. Den Verlust von allen goldenen Jahrhunderten, so wie du sie, zusammengedrängt in einem glücklichen Moment, empfandest, die sollte dir ein Einzelner, ein Mensch ersetzen! – Siehest du nun, wie arm, wie reich du bist?" Er werde das "Schicksal dieser Zeiten" schwerlich aushalten, und "deine letzte Zufluchtsstätte wird ein Grab seyn". Und nach Hyperions Worten, "Es werde von Grund aus anders! Aus der

---

113 Vgl. ebd., S. 240f.
114 Vgl. ebd., S. 237.

Wurzel der Menschheit sprosse die neue Welt", kommentierten die konkreten Menschen am Anhalter Bahnhof, die Unteren der zeitgenössischen Berliner Welt parodierend, "Nun soll es anders werden [...]."[115]

Das Ganze begann mit dem Ende. Hyperion stand vor dem Siegerpodest, seinen Schatten auf das Gräberfeld werfend. Einer seiner ersten Sätze war: "Mein Geschäft auf Erden ist aus." Er wandere durch sein "Vaterland, das, wie ein Totengarten, weit umherliegt".[116] Gegen Ende wurde eine riesige Drahtplastik, eines der Collagen-Objekte, das ein Pferd mit einem Reiter darstellte, in Brand gesteckt. Sie verglühte in einem mächtigen Feuerbrand. Spielte das auf das "Trojanische Pferd" an, als die "subversive List", die dieses Mal versagte, das Pferd als eine Metapher für Dutschkes Strategie, die Revolutionäre hätten von "innen", in den Institutionen der umzustürzenden Verhältnisse ihre revolutionäre Arbeit zu betreiben?[117] Die Suchscheinwerfer der Armeejeeps erfaßten Hyperion und trieben ihn von dem Feuer ab – "in die Kälte".

Sicherlich in direkter Reaktion auf die Tendenzwende seit 1972 kritisierten Grübers Hölderlin-Projekte revolutionäre Visionen und bedeuteten zusammen mit Steins *Wie es euch gefällt* und *Orestie* Geschichte als eine Kette schwer entschlüsselbarer Mechanismen, die immer wieder Emanzipationssehnsüchte ersticken und die man möglicherweise als solche nicht aufheben, daher verändern kann. Das setzte sie in Distanz zur Ausgangshaltung der Schaubühne.

Epilog

Man sollte Erfahrungen in der Restaurationssituation jedoch nicht als Ursache für die Schritte von *Die Mutter, Der Ritt über den Bodensee* und *Peer Gynt* zu *Winterreise, Wie es euch gefällt, Rudi* und *Die Orestie* überbewerten. Die Schaubühnen-Expedition entfaltete den Eigensinn der Haltungen und der Weltsicht, mit denen sie 1970 begann. Vielleicht könnte man sagen, daß sich Darstellungsstrukturen und Konzept während der siebziger, bis in die achtziger Jahre der inneren Logik dieser Ausgangsposition gemäß wandelten. Das versuchte ich zu umreißen, indem ich sie in Beziehung zu dem *Kursbuch* der sechziger Jahre setzte. Die Schaubühne hatte bereits bis 1974,

---

115 Ebd., S. 233f.
116 Ebd., S. 228.
117 P. Iden verweist darauf, daß "Winterreise" das Deckwort für die erste bundesweite Radikalenfahndung war. Iden 1979, S. 193.

vor *Empedokles. Hölderlin lesen*, mit ihrem Gesamtprogramm ein neues
Verständnis von Geschichte vermittelt, darunter die Kritik einer überkomme-
nen einäugigen Rationalität. Sie vermochte davon offensichtlich nur in immer
komplizierteren, "dunkel" erscheinenden, ambivalenten Bildern, Montagen,
dekonstruierten Geschichten zu sprechen. Die – zunehmenden – Irritationen
Linker, liberaler Aufklärer oder weltanschaulich wenig interessierter Kunst-
kritiker bezüglich ihrer Produktionen verrieten, wie schwierig es war, solche
Zusammenhänge zu sehen, oder vielleicht besser, wie wenig man sich auf die
Schaubühnenversuche einließ (einlassen konnte?). Der Gesprächspartner
Heiner Müllers in den USA, der das *Antikenprojekt* 'liturgisch' nannte, dürfte
weder die neuen historisch-anthropologischen Überlegungen, die nicht zuletzt
den Aufführungen zugrunde lagen, noch deren kritische Distanz zu den von
ihnen behandelten Gegenständen beachtet haben. Gegen Ende der siebziger
Jahre fragte Klaus Wagenbach die linken Künstler des Grips-Theaters, was sie
mit "Fragen der Schönheit, der Ästhetik" machten. Wolfgang Kolneder antwortete u.a. mit einem Vergleich zwischen Grips und der Schaubühne. Sie
bezögen in der derzeitigen Situation polar entgegengesetzte Positionen. Dabei
verwies er auf Grübers *Empedokles*. Darauf Wagenbach: "Aber die
Empedokles-Aufführung ist doch eine Unternehmung für deutschen Tiefsinn
– das kann man nicht als Gegenbeispiel nehmen [...]. Das meine ich nicht,
wenn ich nach der Kunst fragte."[118]
    Ob und in welchem Maße sich in der weiteren Schaubühnen-Expedition
der achtziger Jahre die 1970 neugewichtete und während der siebziger Jahre
modifizierte kritisch-emanzipative Haltung auf einen spezifischen Konservatismus zubewegte und wie man das in Anlehnung an Tschechow und
Stanislawski mit besonderen theatralen Strukturen zu vermitteln vermochte,
kann ich nicht diskutieren. Hier geht es nur um die Unternehmen von 1970
bis zum Umzug in das Haus am Lehniner Platz. Aus heutiger Perspektive
gesehen, scheint mir die Reise jener Jahre (schon) von einer historischen
Situation gesprochen zu haben, in der wir uns heute befinden: in einer 1979
von Habermas angedeuteten systemischen technokratischen Kapitalisierung
der ganzen Welt, die selbst die Denkmöglichkeit einer emanzipativen Alternative blockiert, geschweige denn freiheitlich-revolutionäre Visionen, die nicht
bloße Wunschträume sind, zuläßt. Das dürfte nicht nur eine besondere
theaterhistorische, sondern vielleicht *die* übergreifend kulturhistorische
Leistung der Schaubühne (gewesen) sein.

---

118 "Grips erzählt ...", S. 173. Vgl. dazu Fiebach 1983, S. 238.

Literatur

Almhofer, E. (1986). *Performance Art. Die Kunst zu leben*. Wien 1986.

AutorInnenkollektiv, Hg. (1978). *Wir warn die stärkste der Parteien. Erfahrungsberichte aus der Welt der K-Gruppen*. Berlin 1978.

Battock, G., R. Nickas, Hg. (1984). *The Art of Performance. A Critical Anthology*. New York 1984.

Becker, J., W. Vostell, Hg. (1965). *Happenings. Fluxus Pop Art Nouveau Realismus*. Reinbek bei Hamburg 1965.

Bergmann, U., R. Dutschke, W. Lefèvre, B. Rabehl (1986). *Rebellion der Studenten oder die Neue Opposition*. Reinbek bei Hamburg 1968.

Berliner Festspiele, Hg. (1980). *Magazin* 30. Berliner Festwochen 1980. Berlin 1980.

Bertaux, P. (1984). *Hölderlin-Variationen*. Frankfurt/M. 1984.

Bock, H.M. (1976). *Geschichte des "linken Radikalismus" in Deutschland. Ein Versuch*. Frankfurt/M. 1976.

Bohrer, K.H. (1979). "Die drei Kulturen". In: J. Habermas, Hg. *Stichworte zur Geistigen Situation der Zeit*. Bd. 2: *Politik und Kultur*. Frankfurt/M. 1979. S. 636–669.

Brecht-Dialog 1968. Politik auf dem Theater. Berlin 1968.

Brecht, S. (1978). *The Theatre of Visions. Robert Wilson*. Frankfurt/M. 1978.

Brentano, B. (1934). *Berliner Novellen. Rudi*. Zürich 1934.

Bude, H., M. Kohli, Hg. (1989). *Radikalisierte Aufklärung. Studentenbewegung und Soziologie in Berlin 1965 bis 1970*. Weinheim, München 1989.

Canaris, V., Hg. (1970). *Torquato Tasso*. Regiebuch der Bremer Fassung. Frankfurt/M. 1970.

–, Hg. (1977). *Die Mutter*. Regiebuch der Schaubühnen-Inszenierung. Frankfurt/M. 1977.

Der Spiegel 33.43 (1980).

Fiebach, J. (1983). "Theater als ständiges Experiment". In: J. Fiebach, H. Schramm, Hg. *Kreativität und Dialog. Theaterversuche der 70er Jahre in Westeuropa*. Berlin 1983. S. 9–61.

– (1990). *Inseln der Unordnung. Fünf Versuche zu Heiner Müllers Theatertexten*. Berlin 1990.

– (1991). *Von Craig bis Brecht*. 3., erw. u. überarb. Aufl. Berlin 1991.

– (1996). "Theatralitätsstudien unter kulturhistorisch-komparatistischen Aspekten". In: J. Fiebach, W. Mühl-Benninghaus, Hg. *Spektakel der Moderne*. Berlin 1996. S. 9–68.

Flashar, H. (1991). *Inszenierung der Antike*. München 1991.

Foucault, M. (1965). "Die Spuren des Wahnsinns". In: *Kursbuch* 3. Frankfurt/M. 1965. S. 1–11.

Grimm, R., Hermand, J., Hg. (1976). *Basis. Jahrbuch für deutsche Gegenwartsliteratur* 6 (1976).

"Grips erzählt …". Zitate aus einem Gespräch über Geschichte und Ziele des GRIPS-Theaters mit W. Kolneder, D. Lehmann, V. Ludwig u. K. Wagenbach. In: W. Kolneder, V. Ludwig, K. Wagenbach, Hg. *Das Grips Theater*. Berlin 1979. S. 184–192.

Grotowski, J. (1971). "Nacktheit auf dem Theater – sittlich oder obszön?" In: *Theater heute* 12.8 (1971). S. 1–3.

Habermas, J. (1979). "Einleitung". In: Ders., Hg. *Stichworte zur Geistigen Situation der Zeit*. Bd. 1: *Nation und Republik*. Frankfurt/M. 1979. S. 7–35.

Henkel, H. (1971). "Eisenwichser". In: *Spectaculum* 15. Frankfurt/M. 1971. S. 49–84.

Hensel, G. (1980). *Das Theater der siebziger Jahre.* Stuttgart 1980.

Herms, D. (1973). *Agitprop USA. Zur Theorie des politisch-emanzipatorischen Theaters in Amerika seit 1960.* Kronberg/Ts. 1973.

Hölderlin, F. (1994). *Hyperion. Empedokles. Aufsätze. Übersetzungen.* Frankfurt/M. 1994.

Hüfner, A., Hg. (1970). *Straßentheater.* Frankfurt/M. 1970.

Iden, P. (1971). "Die Welt ist nicht bloß sonderbar". In: *Theater heute* 12.3 (1971). S. 19–20.

– (1979). *Die Schaubühne am Halleschen Ufer. 1970 – 1979.* München, Wien 1979.

Jaeggi, U. (1979). "Drinnen und draußen". In: Habermas, J., Hg. *Stichworte zur Geistigen Situation der Zeit.* Bd. 2: *Politik und Kultur.* Frankfurt/M. 1979.

Jappe, E. (1993). *Performance Ritual Prozeß.* München 1993.

Johnson, R. (1991). "Frameworks of Culture and Power. Complexity and Politics in Cultural Studies". In: *Critical Studies* 3.1 (1991). S. 17–61.

Juchler, I. (1989). *Rebellische Subjektivität und Internationalismus. Der Einfluß Herbert Marcuses und der nationalen Befreiungsbewegungen auf die Studentenbewegung in der BRD.* Marburg/Lahn 1989.

Karasek, H. (1969). "Die Lüge der Lage". In: *Theater 1969. Chronik und Bilanz eines Bühnenjahres.* Sonderheft *Theater heute* 10 (1969). S. 46–47.

– (1971). "Die Abbildbarkeit der Wirklichkeit". In: *Theater heute* 12.3 (1971). S. 18–19.

Kelling, G. (1973). *Die Auseinandersetzung.* Berlin 1973.

Kursbuch. Hg. v. H.M. Enzensberger, K.M. Michel, H. Wieser. Nr. 1 (1965), Nr. 5 (1966), Nr. 8 (1967), Nr. 9 (1967), Nr. 12 (1968), Frankfurt/M. 1965ff.

Lesnick, H., Hg. (1973). *Guerilla Street Theater.* New York 1973.

Lüdke, W.M. (1979). "Statt einer Gebrauchsanleitung". In: Ders., Hg. *Nach dem Protest. Literatur im Umbruch.* Frankfurt/M. 1979. S. 7–11.

Michaelis, R. (1983). "Jeder Satz eine Katastrophe". In: J. Fiebach, H. Schramm, Hg. *Kreativität und Dialog. Theaterversuche der 70er Jahre in Westeuropa.* Berlin 1983. S. 211–222.

Negt, O. (1995). *Achtundsechzig. Politische Intellektuelle und die Macht.* Göttingen 1995.

Patterson, M. (1981). *Peter Stein. Germany's leading theatre director.* Cambridge 1981.

Paul, A. (1979). "Mit Rudolf Hess auf Alptraumfahrt – Wilsons *DD&D* an der Schaubühne". In: *Spuren. Zeitschrift für Kunst und Gesellschaft* 2.2 (1979). S. 39–44.

Rabehl, B. (1988). *Am Ende der Utopie. Die politische Geschichte der Freien Universität.* Berlin 1988.

Rühle, G. (1982). *Theater in unserer Zeit.* Bd. 2: *Anarchie in der Regie?* Frankfurt/M. 1982.

Brecht, S. (1978). *The Theatre of Visions. Robert Wilson.* Frankfurt/M. 1978.

Schaubühne am Halleschen Ufer, am Lehniner Platz 1962–1987. Frankfurt/M., Berlin 1987.

Schaubühne am Halleschen Ufer, Hg. (1971a). *Der Ritt über den Bodensee.* Programmheft 26 (1970/71). Berlin 1971.

– (1971b). *Peer Gynt. Ein Schauspiel aus dem Neunzehnten Jahrhundert.* Programmheft 29 (1970/71). Berlin 1971.

– (1974). *Antikenprojekt.* Erster Abend: *Übungen für Schauspieler.* Zweiter Abend: Euripides. *Die Bakchen.* Programmheft. Berlin 1974.

– (1975). *Empedokles – Hölderlin lesen.* Programmheft 12 (1975/76). Berlin 1975.
– (1977). *Wie es euch gefällt.* Programmheft 4 (1977/78). Berlin 1977.
– (1980). *Vessel. Eine epische Oper von Meredith Monk in drei Teilen.* Programmheft 15 (1979/80). Berlin 1980.
Shyer, L. (1989). *Robert Wilson and his collaborators.* New York 1989.
Sontag, S. (1966). *Against Interpretation.* New York 1966.
Sozialistische Zeitschrift für Kunst und Gesellschaft. April 1973.
Stein, P., F. Rueb, F.-P. Steckel. (1983). "Positionen und Probleme am Halleschen Ufer" (zuerst in *Kürbiskern* 2.1973, S. 335–347). In: J. Fiebach, H. Schramm, Hg. *Kreativität und Dialog. Theaterversuche der 70er Jahre in Westeuropa.* Berlin 1983. S. 178–191.
Strauß, B. (1971). "Versuch, politische und ästhetische Ereignisse zusammenzudenken". In: Schaubühne am Halleschen Ufer, Hg. *Der Ritt über den Bodensee.* Programmheft 26 (1970/71). Berlin 1971. O. S.
– (1984). *Trilogie des Wiedersehens, Groß und Klein.* Berlin 1984.
Sturm, D. (1970). "Hypothesen vor Probenbeginn zu *Changeling* von Middleton/Rowley". In: *Theater heute* 11.8 (1970). S. 33–35.
Theater heute 11.8 (1970); 12.3 (1971); 20.4 (1979).
Vogt, W. (1979). "Politische Ökonomie 1979". In: J. Habermas, Hg. *Stichworte zur Geistigen Situation der Zeit.* Bd. 1: *Nation und Republik.* Frankfurt/M. 1979. S. 381–407.
Weigel, H., Berliner Ensemble, Hg. (1967). *Theaterarbeit.* Berlin 1967.
"Winterreise. Textfragmente zu Friedrich Hölderlins 'Hyperion oder der Eremit in Griechenland'. Szenen von K.M. Grüber u. der Schaubühne am Halleschen Ufer" (zuerst in *Theater heute* 19.2 (1978). S. 17–28). In: J. Fiebach, H. Schramm, Hg. *Kreativität und Dialog. Theaterversuche der 70er Jahre in Westeuropa.* Berlin 1983. S. 223–242.
Zipes, J. (1983). "Utopia als die erhaltene Vergangenheit". In: J. Fiebach, H. Schramm, Hg. *Kreativität und Dialog. Theaterversuche der 70er Jahre in Westeuropa.* Berlin 1983. S. 247–262.

"Performing history": Theater und Geschichte

Die Französische Revolution im Theater nach dem Zweiten Weltkrieg

Freddie Rokem

> *La transgression (l'outrage) paraît absurde et puérile si elle n'arrive à se résoudre dans un état de choses où elle ne serait plus nécessaire. Mais il est dans sa nature que, cet état même, elle ne puisse jamais le trouver. Elle est donc autre chose que la pure explosion d'une énergie accumulée à la faveur d'un obstacle. La transgression est une récupération incessante du possible même, pour autant que l'état de choses existant a éliminé le possible d'une autre forme d'existence.*[1]

> *Faites une révolution pour le détruire, il va aussitôt revivre, rebourgeonner dans le nouvel état de choses. La raison de cette endurance et de cette ubiquité, c'est que le pouvoir est le parasite d'un organisme trans-social, lié à l'histoire entière de l'homme, et non pas seulement à son histoire politique, historique. Cet objet en quoi s'inscrit le pouvoir, de toute éternité humaine, c'est: le langage – ou pour être plus précis, son expression obligée: la langue.*[2]

> *When we grow weary of the disorder of the world whose disorder spreads through our language so that we grow exhausted, we retreat to or look for energy in the apparent order of art, its ingrown autonomy.*[3]

> *Danton: Nach einer Stunde werden sechzig Minuten verflossen sein.*[4]

Einführung

Der ungefähr zehn Jahre umfassende Zeitraum in der Geschichte Frankreichs, der mit dem Ausdruck "Die Französische Revolution" bezeichnet wird und

---

1 Klossowski 1967, S. 27.
2 Barthes 1980, S. 16.
3 Blau 1992, S. 67.
4 Büchner 1980, S. 10.

mit dem Sturm auf die Bastille im Juli 1789 beginnt, ist ohne Zweifel von herausragender Wichtigkeit für das moderne Bewußtsein. Was dieser Zeitraum jedoch wirklich repräsentiert, welche Bedeutung der noch manchmal schwach widerhallende Ruf nach Freiheit, Gleichheit, Brüderlichkeit, ebenso wie das nachfolgende Blutvergießen, das sich auch in jüngeren Zeiten wiederholt, für uns heute hat, hängt nicht nur von den Ereignissen der Französischen Revolution selbst ab, sondern auch davon, wann, wo und für wen sie erzählt und aufgeführt und in welcher Form sie dargestellt werden. Diese Untersuchung wird herausarbeiten, wie verschiedene Aspekte der Französischen Revolution nach dem Zweiten Weltkrieg auf der Bühne präsentiert worden sind.

Es ist gewiß nicht übertrieben zu behaupten, daß Staatskunst im gleichen Maße wie Bühnenkunst von Spektakeln abhängt, davon, die verschiedenen Kräfte, die Differenzen setzen oder gesetzt haben, durch verschiedene Arten der Symbolisierung direkt sichtbar zu machen. Die Ästhetisierung politischer Macht bzw. der Formen von Gewalt, die politische Machtausübung als Konsequenz mit sich bringt, wurde nicht erst 1789 erfunden, jedoch gewann sie während der revolutionären Dekade sicherlich neue Kraft. Diese Tatsache beeinflußte auch sehr bald die Theater selbst.[5] Daniel Gerould nennt in seiner Liste der Dramen, welche die Französische Revolution darstellen, einhundert Werke, die zwischen 1789 und 1989 geschrieben wurden und von denen jedes eine andere narrative Auswahl aus den Ereignissen dieser Zeit getroffen hat. Allein zwischen dem Zweiten Weltkrieg und 1989, dem 200jährigen Jubiläum der Französischen Revolution, welches das Interesse an diesem Schlüsselereignis erneut belebt hat, wurden dreißig Dramen geschrieben, die die Französische Revolution aus internationaler Sicht, aber auch aus verschiedenen nationalen Perspektiven betrachten.[6] Einige der Dramen, die nach 1945 entstanden, vor allem *Die Verfolgung und Ermordung Jean Paul Marats dargestellt durch die Schauspielgruppe des Hospizes zu Charenton unter Anleitung des Herrn de Sade* (*Marat/Sade*) von Peter Weiss, gelangten auch in zahlreichen Produktionen zur Aufführung.

Der Fokus dieser Untersuchung wird sich jedoch vor allem auf drei spezifische Theaterproduktionen richten: Peter Brooks Inszenierung von Peter Weiss' Drama *Marat/Sade* aus dem Jahre 1964, Ariane Mnouchkines Inszenierung *1789* von 1970 und Ingmar Bergmans Inszenierung von Yukio Mishimas Drama *Madame de Sade* von 1989. Von allen drei Inszenierungen

---

5   Siehe hierzu Carlson 1966 sowie Lindenberger 1975.
6   Siehe hierzu Pryzybyszewska 1989, S. 294–297, und Reinelt 1995.

existieren Filmaufzeichnungen. Brooks Inszenierung mit der Royal Shakespeare Company wurde nach ihren letzten Vorstellungen in New York gefilmt[7]; die Mnouchkine-Produktion wurde am Originalschauplatz der Aufführung, der Cartoucherie, aufgenommen und die Bergman-Inszenierung wurde in eine Fernsehproduktion transformiert. Die Regie der Filmversionen führte der Regisseur der jeweiligen Theaterproduktion.

Da ich nur die Bergman-Inszenierung auf der Bühne gesehen habe, wird sich meine Diskussion der anderen beiden Produktionen auf ihre Filmversionen stützen. Diese Filmversionen können uns immer noch einen relativ guten Eindruck von den Aufführungen vermitteln, auch wenn sie die Rezeption des Zuschauers – im Gegensatz zu einer viel freieren Wahrnehmungsweise im Theater – durch den durch den Fokus/die Perspektive der Kamera in höherem Maße gelenkten Blick beschränken. Die Tatsache, daß sich zwischen Theater und Film ein ständiger Transpositionsprozeß vollzieht, ist selbst ein wichtiger Aspekt moderner Kunst. Ich werde jedoch die Implikationen der verschiedenen Medienwechsel für die Künste selbst sowie für die Wissenschaft – ein zweifelsohne wichtiges Thema, das einer sorgfältigen Analyse bedarf[8] – hier nicht eingehender untersuchen. Stattdessen werde ich Andrzej Wajdas Film *Danton* (1982) kurz betrachten, der auf dem Theaterstück *Der Fall Danton* von Stanislawa Przybyszewska (1929) basiert, sowie eine schwedische Inszenierung dieses Dramas aus dem Jahr 1986, bei der Suzanne Osten Regie führte.

Die Geschichte der Darstellungen der Französischen Revolution auf der Bühne ist ohne Zweifel zuerst und vor allem verbunden mit Georg Büchners Drama *Dantons Tod* (1835), das weniger als 50 Jahre nach den Ereignissen selbst geschrieben wurde. Büchners Theaterstück wird oft als das beste historische Drama des neunzehnten Jahrhunderts betrachtet. Dennoch wurde es erst 1902 an der Volksbühne in Berlin uraufgeführt. Die nachfolgende Bühnengeschichte von *Dantons Tod* ist zweifellos selbst ein weitreichendes Forschungsprojekt, und ich werde in dieser Untersuchung nur einen kurzen Blick auf zwei amerikanische Produktionen des Dramas werfen. Die erste wurde 1965 von Herbert Blau am Repertory Theatre of Lincoln Center in New York inszeniert, die zweite von Robert Wilson 1992 am Alley Theatre in Houston/Texas. Auf der Grundlage der Diskussion der Blau-Produktion werde ich in der Zusammenfassung dieser Untersuchung auch einige Überlegungen zu den komplexen Beziehungen zwischen Praxis und Theorie im

---

7   Siehe hierzu Pavis 1995.
8   Siehe hierzu Törnqvist 1991.

zeitgenössischen Theater anstellen, ein Thema, das Blau in seinen theoretischen Arbeiten selbst extensiv behandelt hat.

Die Inszenierungen, die sich mit der Französischen Revolution befassen, konstituieren natürlich keine eigene Form oder Gattung des Theaters. Durch die genauere Untersuchung bestimmter Aspekte dieser Inszenierungen wird es allerdings möglich sein, sich auf zwei Hauptfragen zu konzentrieren, die in Untersuchungen über das Theater nach dem Zweiten Weltkrieg bisher nicht erschöpfend behandelt wurden. Die erste Fragestellung beschäftigt sich mit dem Gedanken, 'Geschichte darzustellen' ("performing history"), damit, was es tatsächlich bedeutet, ein zentrales historisches Ereignis auf dem Theater zu präsentieren.[9] Die zweite gilt dem Begriff der 'Energie', die als metaphorisch konstituiertes Bindeglied zwischen dem historischen Ereignis und der Aufführung dient. Um einen Rahmen zu schaffen, innerhalb dessen die verschiedenen Inszenierungen analysiert werden können, werde ich zu Beginn die Bedeutung dieser zwei Gedanken sorgfältig analysieren.

Geschichte darstellen ("performing history")

Die revolutionären Aspekte des Theaters und die Theatralität der Revolutionen sowie die Frage, wie revolutionäre Situationen zu verschiedenen Formen von Spektakeln und theatralen Ereignissen führen, sind aus vielen verschiedenen Perspektiven analysiert worden. Um die Gewalt, die während der Zeit der Französischen Revolution ausbrach, und ihre Ästhetisierung in den Praktiken rund um die Guillotine einer näheren Betrachtung zu unterziehen, erscheint es hilfreich, die Untersuchung von Daniel Arasse zu zitieren. In dem Kapitel mit der Überschrift "Die Theatermaschine" bemerkt er:

> Das Niedergehen des Beils beschließt den zweiten Abschnitt eines drei Phasen umfassenden Schauspiels. Den ersten Spannungsbogen liefert der Gang vom Ort der Inhaftierung zum Schafott. Auf dieses langsame Präludium folgt eine

---

9 Freddie Rokems Begriff "performing history" wird im folgenden mit 'Geschichte darstellen' übersetzt. In Erwägung gezogen wurde auch die Möglichkeit, "performing history" mit 'Geschichte aus-/aufführen' oder 'Geschichte theatral artikulieren' oder 'Geschichte theatral vollziehen' zu übersetzen. In einem Zusatz zu seinem Artikel schreibt Rokem, seinen Begriff "performing history" erklärend: "'Performing history' refers not only to the theatrical performance on the stage but also to the historical acts themselves as they are performed or done. The actor serves as a connecting link between them, bringing the actions and events of history to the spectator through the performance (in the double sense) because the actor at the same time 'acts' and 're-enacts'." ('Geschichte darstellen' bezieht sich nicht nur auf die Theateraufführung auf der Bühne, sondern auch auf die Ausführungen historischer Taten. Als Bindeglied zwischen ihnen fungiert der Schauspieler, der dem Zuschauer die Taten und Ereignisse der Geschichte durch die Aus-/Aufführung nahebringt, denn gleichzeitig 'spielt' er und 'vollzieht nach'. A.d.Ü.)

unvermittelte Beschleunigung des Tempos, was den Eindruck einer serien-
weisen Abfertigung verstärkt. Im dritten Teil wird dann die moralische und
politische Wirkung des Schauspiels aufs höchste gesteigert. Während das Volk
'Vive la république! Vive la nation!' ruft, holt der Henker den in den Korb
gefallenen Kopf wieder heraus und hält ihn noch einmal in die Höhe, um ihn
der Menge zu zeigen. Durch diese Geste wird die Opferung erst konsekriert,
sie bildet den krönenden Abschluß des Rituals. Bisweilen trägt eine theater-
wirksame Kulisse zur Versinnbildlichung des Geschehens bei.[10]

Dies ist ohne Zweifel ein Drama in drei Akten, in dem das historische Ereignis
theatral ausgeführt wird.

Mein Ziel ist es hier jedoch nicht, die Ereignisse selbst zu untersuchen,
sondern vielmehr die ästhetischen und performativen Strategien zu betrachten, mit deren Hilfe das Nachkriegstheater, anders als am Ort der Guillotine
selbst, das historische Ereignis auf der Theaterbühne darstellt. Über den
Gedanken eines 'Darstellens von Geschichte' ("performing history") zu
sprechen, impliziert in der Tat ein bewußtes Paradox. Wie kann das 'Dort'
und 'Damals' der historischen Vergangenheit durch das 'Hier' und 'Jetzt' der
Theateraufführung präsentiert werden? Müssen wir über ein anderes Verständnis von Authentizität und/oder Fiktionalität verfügen, wenn Ereignisse,
die wirklich in der Vergangenheit geschehen und zum wohlbekannten Bestandteil dessen geworden sind, was wir 'Geschichte' nennen, auf der Bühne
präsentiert werden? Unterscheidet sich die Rezeption der Darstellung historischer Ereignisse von der Wahrnehmung der Präsentation 'reiner' Fiktion auf
der Bühne? Und wie ist es dem Theater möglich, den Zuschauern zu signali-
sieren und zu verstehen zu geben, daß das, was sie sehen und hören, tatsächlich geschehen ist – und zwar nicht nur im universellen oder symbolischen
Sinne –, sondern daß es gleichzeitig auch das enthält, was wir als ein Korn
historischer Faktizität betrachten.

Die von Aristoteles in seiner *Poetik* vorgenommene grundsätzliche Unterscheidung zwischen dem Historiker und dem Dichter, "daß der eine das
wirklich Geschehene mitteilt, der andere, was geschehen könnte"[11], besitzt
auch für die hier analysierten Beispiele Gültigkeit. Aber Aristoteles' Folgerung,
daß daher "Dichtung etwas Philosophischeres und Ernsthafteres als Geschichtsschreibung [ist]; denn die Dichtung teilt mehr das Allgemeine, die
Geschichtsschreibung hingegen das Besondere mit"[12], wird durch den Gedan-

---

10   Arasse 1988, S. 117–118. Siehe auch Outram 1989.
11   Aristoteles 1982, S. 29.
12   Ebd.

ken eines 'Darstellens von Geschichte' ("performing history"), den ich hier zu entwickeln suche, definitiv in Frage gestellt. Die besonderen Fakten und vor allem die Ideen der Französischen Revolution beinhalten zweifelsohne universale Wahrheit, und die Bühne wird zum *Locus,* an dem diese Universalität explizit theatral demonstriert werden kann.

Was wir auf der Bühne (oder auf dem Bildschirm) sehen, ist natürlich nicht das historische Ereignis selbst, sondern ein Kunstwerk. Wie 'banal' und zugleich dennoch tief bewegend Dokumentationen historischer Ereignisse sein können, konnte bei der Ermordung des israelischen Premierministers Yitzhak Rabin im November 1995 erlebt werden. Zuerst wurde bekannt gegeben, daß es trotz der ausführlichen Berichterstattung der Medien über den Friedensumzug (selbst ein theatrales Spektakel), kurz nach dem Rabin getötet wurde, keine photographische Dokumentation des Attentats selbst gäbe. Es stellte sich jedoch heraus, daß ein Amateur-Videofilmer dokumentiert hatte, wie Rabin zu seinem Auto ging und dort niedergeschossen wurde. Diese Dokumentation zeigt keine 'Darstellung' ("performance") von Geschichte in der Bedeutung, in der ich die Termini hier benutze. Das Theater nimmt eine Inszenierung der historischen Vergangenheit und keine Präsentation von Geschichte im Sinne von "wie es eigentlich gewesen war" (Ranke) vor. Im Gegensatz zu verschiedenen Formen der Dokumentation, durch die etwas vom 'Damals' und 'Dort' tatsächlich bewahrt wird, ist für den Gedanken eines 'Darstellens von Geschichte' ("performing history") die zeitliche Differenz zwischen dem Ereignis und der theatralen Aufführung wesentlich.

Die meisten Historiker verstehen sich, zusätzlich zu ihrer Aufgabe, verschiedene authentische Dokumente zu präsentieren, als Geschichtenerzähler, die mit einer Form der Rekonstruktion und Restauration der Vergangenheit beschäftigt sind, die auf vielerlei Weise mit dem Gedanken des 'Darstellens von Geschichte' ("performing history") verbunden ist. Viele akademische Autoritäten, wie beispielsweise der 'Meta'-Historiker Hayden White, haben eloquent argumentiert, daß die Geschichtsschreibung nicht nur wissenschaftlichen Methoden und Theorien unterworfen ist, sondern immer auch spezifischen narrativen Strukturen, die wiederum von rhetorischen und ästhetischen Konventionen abhängen. Michel de Certeau hat sogar vorgeschlagen, daß Fiktion und Geschichtsschreibung eng miteinander verbunden, ja in mancher Hinsicht identisch sind. De Certeaus grundsätzliche Position, die auch sehr anregend für die Untersuchung von Inszenierungen über historische Ereignisse ist, besagt, daß Historiker und Schriftsteller nicht nur von ähnlichen rhetorischen Strategien abhängig sind, sondern bezüglich des Status ihres Diskurses auch von den gleichen grundsätzlichen Annahmen.

Dieser Gedanke wird durch seine Behauptung deutlich gemacht, daß

[d]ie *Historiographie* (d.h. 'Geschichte' und 'Schreiben') [...] im eigenen
Namen das Paradox – und beinahe das Oxymoron – einer zwischen zwei
antinomischen Begriffen, der Wirklichkeit und dem Diskurs, hergestellten
Beziehung [enthält]. Ihre Aufgabe ist es, die beiden zu verbinden und dort, wo
die Verbindung unvorstellbar ist, so zu tun, *als ob* sie sie verbinde.[13]

Es gibt ohne Zweifel viele leicht auszumachende Unterschiede zwischen den
eher wissenschaftlichen historiographischen Darstellungen der Vergangenheit
und den 'fiktionalen' oder 'theatralen' Darstellungen von Geschichte. Der
Ausgangspunkt dieser Untersuchung ist die Überlegung, daß alle Formen des
Theaters, und auch größtenteils des Films und des Fernsehens, dadurch
konstituiert werden, daß sie eine derartige 'als ob'-Situation schaffen, in der
etwas Reales mit verschiedenen Formen des ästhetischen Diskurses (oder
semiotischer Systeme) zusammengebracht und verbunden wird. Diese Medien, und besonders das Theater, basieren in vielen Fällen auf Darstellungs-
modi, bei denen die strikten Grenzen zwischen dem fiktiven Diskurs und der
Wirklichkeit verschwommen und manchmal sogar getilgt sind. Die Haupt-
ursache hierfür ist nicht thematisch, sondern semiotisch bedingt. Denn das
Ausgangsmaterial, aus dem die meisten theatralen Aufführungen geschaffen
werden, ist der menschliche Körper des Schauspielers oder der Schauspielerin
in seiner Bewegung im architektonischen Raum. Die These, die ich hier
entwickeln möchte, betrifft die ästhetischen Potentiale und die Wirksamkeit,
die der Schauspielerkörper mittels verschiedener Arten von Verkörperung und
Einschreibung nicht nur als Geschichtenerzähler im eher generellen Sinn,
sondern sogar als Historiker zu entfalten vermag.

In Diskussionen wie der oben begonnenen über das *Schreiben* von Geschichte sind diese Aspekte als Fragestellungen in vielerlei Hinsicht wichtig,
besonders wenn man seinen Blick auf die Entwicklung des Theaters nach
dem Zweiten Weltkrieg, aber auch auf die des Films und des Fernsehens,
richtet. Und sie sind noch bedeutsamer in den Fällen, in denen spezifische
historische Ereignisse des Zweiten Weltkriegs selbst auf der Bühne oder in
irgendeinem anderen Medium mit ästhetischen Zielen dargestellt werden.
Adornos Frage, wie es möglich sei, Auschwitz mit ästhetischen Mitteln
darzustellen, regte eine der wichtigsten moralischen und ästhetischen Debatten unserer Zeit an. Auch wenn diese Probleme nicht das unmittelbare Thema
dieser Untersuchung darstellen, so sind sie ihr doch notwendigerweise implizit. Der Versuch, verschiedene theatrale Repräsentationen der Französi-

---

13 de Certeau 1991, S. 9.

schen Revolution nach dem Zweiten Weltkrieg zu verstehen, macht es notwendig, auch die Fragen nach politisch organisierter Gewalt in verschiedenen Kontexten nach 1789 aufzuwerfen. Die Formen der Industrialisierung des Todes, die mit der Nutzung der Guillotine für die Exekutionen während der Zeit der Französischen Revolution begann, wurden in den von den Nazis errichteten Konzentrationslagern und durch die Erfindung und den Einsatz der Atombombe zu fast unvorstellbaren Dimensionen ausgeweitet. Die Inszenierungen über die Französische Revolution, die ich für meine Untersuchung ausgewählt habe, versuchen, sich auf unterschiedliche Weise auch jenem viel größeren Blutvergießen zu stellen, das 1945 endete und von dem die Französische Revolution – wenigstens in der Retrospektive – in gewisser Weise nur eine 'unschuldige' Vorschau war.

Die Worte des Marquis de Sade in Peter Weiss' Drama, in seiner Konversation mit Marat über Leben und Tod in der zwölften Szene, zeigen, daß es in diesem Text in der Tat um eine Form der komplexen Überlagerung mehrerer historischer Ereignisse zugleich geht. Wenn de Sade über die Exekutionen zur Zeit des Terrors, die der Französischen Revolution folgte, spricht, müssen diese auch aus unserer eigenen zeitgenössischen Perspektive interpretiert werden:

> Jeder Tod auch der grausamste
> ertrinkt in der völligen Gleichgültigkeit der Natur
> Nur wir verleihen unserm Leben irgendeinen Wert
> die Natur würde schweigend zusehn
> rotten wir unsere ganze Rasse aus
> Ich hasse die Natur [...]
> Dieses reglose Zusehn dieses Gesichts aus Eis
> Daß nichts sie erschüttern kann
> daß sie alles erträgt
> das spornt uns zu immer größeren Leistungen an
> Wie versuchten wir nicht seit jeher
> ihren Grundsatz zu erfüllen
> nach dem der Schwache dem Starken
> auf Gnade und Ungnade ausgeliefert ist
> Wie fielen wir nicht in allen Hierarchien über sie her in immerwährender Infamie und Schadenfreude
> [...]
> Wie experimentierten wir nicht in unsern
> Laboratorien ehe wir zur letzten Behandlung schritten [...].[14]

---

14 Weiss 1964, S. 37f. Die Regieanweisungen wurden ausgelassen. Brooks Inszenierung lag die englische Übersetzung (Weiss 1966) zugrunde.

Hier fungiert der Marquis de Sade tatsächlich als eine Art Historiker innerhalb des Dramas, da er die historische Entwicklung, die sogar weit über sein eigenes privates Leben hinausgeht, zusammenfaßt. Susan Sontag gab dieser Idee bereits in einem Artikel von 1964 Ausdruck, in dem sie das Drama sowie Brooks Inszenierung gegen seine Kritiker mit der folgenden Behauptung verteidigte:

> The heart of the play is a running debate between Sade, in his chair, and Marat, in his bath, on the meaning of the French Revolution, that is, on the psychological and political premises of modern history, but seen through a very modern sensibility, one equipped with the hindsight afforded by the Nazi concentration camps.[15]

Es ist zudem wichtig zu bemerken, daß der Ausdruck "letzte Behandlung" des deutschen Originals in Geoffrey Skeltons Übersetzung, die Peter Brook für seine Inszenierung benutzte, eine sehr viel stärkere und pointiertere Formulierung erfuhr. Der Ausdruck "final solution" wird im Englischen tatsächlich für das deutsche Wort "Endlösung" verwendet. Außerdem ist es in diesem Zusammenhang wichtig zu beachten, daß im Gegensatz zum gewaltsamen Blutvergießen der Französischen Revolution, das direkt in verschiedene Formen des öffentlichen Spektakels integriert war, wie das obige Zitat von Daniel Arasse deutlich zeigt, die von den Nazis und in Stalins Gulag begangenen Greueltaten bezeichnenderweise dem öffentlichen Auge bewußt vorenthalten wurden. Obwohl einige der Vernichtungslager der Nazis aufs genaueste dokumentiert wurden, waren die hier stattfindenden Exekutionen keine Hinrichtungsspektakel im öffentlichen Sinn, wie sie die Französische Revolution kannte. Zusätzlich zu den Greueltaten selbst ist dies ohne Zweifel ein anderer wichtiger Grund, warum diese jüngeren Ereignisse den Begriff der Repräsentation so radikal problematisiert haben. Am deutlichsten wurde dieses Problem von Adorno aufgezeigt, der die Möglichkeiten ästhetischer Repräsentation nach Auschwitz in Frage stellte.[16]

Wenn wir die Inszenierungen über die Französische Revolution betrachten, müssen wir auch den Ausdrucksformen des Optimismus einen Platz einräumen, zu denen der Sturm auf die Bastille damals geführt hat, und wir müssen fragen, welche Bedeutung diesem revolutionären Optimismus in unserem eigenen zeitgenössischen Kontext zukommt. Die Inszenierungen von Brook, Bergman und Mnouchkine wie auch die Produktionen von Blau, Osten, Wajda und Wilson müssen sowohl hinsichtlich der von ihnen vor-

---

15 Sontag 1966, S. 165.
16 Vgl. hierzu den Beitrag von Christel Weiler im vorliegenden Band.

genommenen Präsentation verschiedener übereinandergeschichteter Bilder der Vergangenheit als auch bezüglich ihrer Einbindung in zeitgenössische soziale und ideologische Kontexte untersucht werden, denn sie kommentieren immer auch die politischen und ideologischen Entwicklungen ihres Aufführungszeitpunktes. Ganz gleich, wie wir heute die Studentenrevolte der späten sechziger Jahre oder die Marktkräfte, die zu den jüngeren Entwicklungen der Europäischen Union und der Desintegration des Ostblocks mit dem Fall der Sowjetunion und der Berliner Mauer geführt haben, betrachten, alle diese Entwicklungen haben in unterschiedlichem Grad unser Verständnis von Theater beeinflußt. Und sie haben ohne Zweifel auch diejenigen beeinflußt, die Theater machen.

Brooks Inszenierung des Dramas *Marat/Sade* kann folglich als ein erstes Zeichen der beginnenden linken Revolte in den sechziger Jahren gesehen werden; Mnouchkines Inszenierung verlieh den tiefen Enttäuschungen über diese Ereignisse Ausdruck, die in den frühen siebziger Jahren nicht zu den erhofften gesellschaftlichen Veränderungen geführt hatten. Die Bergman-Inszenierung schließlich kann als extrem komplexe Antwort auf verschiedene 'narzißtische' kulturelle Ausdrucksformen der späten achtziger Jahre gesehen werden, die trotz ihrer narzißtischen Qualität zugleich auch spirituelle und metaphysische Lösungen für die Problematik des modernen Menschen aufzeigten. Trotz der riesigen Unterschiede zwischen diesen Inszenierungen drücken sie alle – durch die Präsentation einer spezifischen Handlung – den Gedanken aus, daß es trotz Gewalt und Blutvergießen möglich ist, die Realitäten, in denen wir leben, zu verändern. Aber diese Tatsache macht die Inszenierungen, die ich hier diskutiere, nicht zu Agitprop-Theater oder Dokumentartheater, wie es in den sechziger Jahren recht verbreitet war und das in der Hoffnung, irgendeine Art der Reform herbeizuführen, direkt auf die Mängel der Gesellschaft hinwies.

Wenn man über den Gedanken eines 'Darstellens von Geschichte' ("performing history") spricht, scheint auch die zeitliche Differenz zwischen dem 'Jetzt' der Aufführung und dem 'Damals' der historischen Ereignisse wesentlich zu sein. Peter Weiss problematisiert diese zeitliche Differenz, indem er sie in seinem Drama explizit thematisiert. *Marat/Sade* zeigt nicht die Ereignisse aus der Zeit der Französischen Revolution selbst, sondern präsentiert eine Inszenierung, die sich mit einem der zentralen Ereignisse von 1793 beschäftigt, so wie es vermutlich von den Insassen in der Anstalt von Charenton 1808 in Szene gesetzt worden wäre. In dieser imaginären Aufführung, vom Marquis de Sade geschrieben und inszeniert, wird als besonderes Ereignis die Ermordung Jean-Paul Marats in seiner Badewanne vorgeführt. Diese Szene ist im gleichen Jahr bereits durch den Maler David berühmt geworden. Die Ereignisse von 1793 werden im Drama 15–20 Jahre nach ihrem Geschehen aufgeführt, so wie Weiss sein Drama 1964, mit annähernd gleichem Zeitabstand zum Zweiten Weltkrieg, schrieb.

Aber *Marat/Sade* überbrückt nicht nur die verschiedenen Lücken einer Generation, sondern auch diejenige zum Jetzt (des Schreibens dieses Artikels), dessen zeitliche Differenz zur Französischen Revolution mehr als 200 Jahre beträgt. Von den Figuren in Weiss' Drama spielten nur der Marquis de Sade und der sozialistische Priester Jacques Roux eine aktive Rolle in der Revolution, während alle anderen Figuren in de Sades Inszenierung im Hospiz von Charenton sie vielleicht erlebt, aber keine aktive Rolle darin gespielt haben. Auf dieser Ebene von Weiss' Drama zeigt die Inszenierung eines geschichtlichen Themas, wie verschiedene Zyklen der Wiederkehr, die auch sehr deutlich mit den jüngeren Geschehnissen während des Zweiten Weltkriegs verbunden sind, als Aufführung dargestellt werden können. Es ist sogar möglich zu behaupten, daß der Gedanke eines 'Darstellens von Geschichte' ("performing history") auf solch einer Form der Wiederholung basiert, die wiederum in einen größeren Kontext von Aus-/Aufführung ("performance"), Wiederkehr und Wiederholung eingeordnet werden kann. Die beschriebene Art der Wiederholung basiert jedoch nicht auf einer mythischen Vorstellung von zyklischer Zeit, sondern ist etwas, das anscheinend weitgehend unberechenbar in dem, was wir als Fluß der historischen Zeit wahrnehmen, geschieht.

Die Unterscheidung zwischen den Formen, in denen sich Theater lediglich auf historische Ereignisse bezieht, und den Formen, in denen die aktiven Teilnehmer der Ereignisse sie als Bühnenfiguren wieder-ausagieren, ist von größter Bedeutung. Betrachtet man die klassischen griechischen Dramen, so findet sich unter den erhaltenen Texten nur ein einziger mit einem historischen Thema: Aischylos' *Die Perser* wurde 472 a.C. geschrieben, weniger als 20 Jahre nach Beginn des Krieges. Über die Figuren der griechischen Tragödie schreibt Jean-Pierre Vernant:

> Es sind die Menschen von einst, die einer anderen Existenzsphäre als der unseren angehören. Ihre Inszenierung impliziert ein Dasein, eine wirkliche Präsenz der Figuren, die jedoch zugleich so erscheinen, als ob sie nicht da sein könnten, die auf ein Anderswo, ein unsichtbares Jenseits verweisen.[17]

---

17 "Ce sont les hommes d'autrefois qui appartiennent à une autre sphère d'existence que la nôtre. Leur mise en scène implique un être-là, une présence réelle de personnages posés en même temps comme ne pouvant y être, relevant de l'ailleurs, d'un invisible au-delà." (Vernant/Vidal-Naquet 1986, S. 85)

Dies ist jedoch bei Dramen, die auf historischen Ereignissen basieren, nicht der Fall. Denn sie präsentieren Figuren, denen, selbst wenn sie der Vergangenheit angehören, eine Realität und Wahrheit eignet, die sie nicht ausschließlich auf die Fiktionalität der Bühne beschränken.

Auch bezüglich der Historiendramen Shakespeares zum Beispiel, in denen eine komplexe Mischung aus diesen beiden Einstellungen gegenüber der Vergangenheit, dem Faktischen und dem Fiktionalen, zu beobachten ist, sind die Fragen nach der mythischen und der historischen Art der Darstellung ein wichtiges Anliegen. Besonders nach dem Zweiten Weltkrieg muß diesen Fragen wieder eingehend kritische Aufmerksamkeit geschenkt werden, vor allem aufgrund der Probleme ästhetischer Repräsentation nach Auschwitz, aber auch aufgrund verschiedener Versuche, diese historischen Geschehnisse zu verleugnen. Wir müssen also die Frage, wie Geschichte auf der Bühne inszeniert wird, nicht nur aus einer sachlichen Perspektive, sondern auch von einem moralischen Standpunkt aus betrachten.

Revolutionäre und theatrale Energien

Dieses Anliegen der moralischen Verantwortung führt uns zum zweiten Problem der vorliegenden Untersuchung, dem Gedanken der revolutionären und theatralen Energien. Der Ausgangspunkt für eine Beschäftigung mit diesem Problem ist die Frage, wodurch wir aus dem Kontext der Aufführung erfahren, daß die Ereignisse, die in Inszenierungen eines geschichtlichen Themas präsentiert werden, authentisch sind, da es sich bei ihnen nicht um exakte Reproduktionen oder Dokumentationen der Ereignisse selbst handelt. Die ästhetischen Prinzipien der Stilisierung und der Allegorisierung können in den behandelten Inszenierungen so deutlich wahrgenommen werden, daß sie von niemandem für eine Art 'archäologische' Rekonstruktion oder eine Vergnügungspark-Nachbildung der Französischen Revolution gehalten werden. Implizit aber behaupten alle auf irgendeiner Ebene, daß ihre ästhetischen Darstellungen von Wahrheit oder Authentizität durchdrungen sind, die eine Art direkte und echte Verbindung zu den Ereignissen schafft. An diesem Punkt muß die 'als ob'-Beziehung zwischen Diskurs und Wirklichkeit, über die de Certeau in seiner Analyse der Geschichtsschreibung reflektiert, aus der Perspektive des Theaters untersucht und überprüft werden.

Das Theater des 20. Jahrhunderts, das bereits mit dem Herzog von Meiningen im 19. Jahrhundert, spätestens aber mit Stanislawski und seinen Anhängern beginnt, gründet weitgehend auf der Annahme, daß es das Ziel der Schauspieler sei, in der Verkörperung verschiedener historischer, aber auch rein fiktionaler Figuren das Publikum davon zu überzeugen, daß das, was sie auf der Bühne tun, ihr Darstellen mit etwas Realem 'verbindet'. In unserem speziellen Fall präsentieren die Schauspieler auf der Bühne für die Zuschauer etwas, das auf historische Ereignisse bezogen ist. Der moderne Schauspieler schafft (gemäß de Certeau) ebenso wie der Historiker eine 'als ob'-Situation, in der Realität und Diskurs auf zugleich paradoxe und dialektische Weise miteinander verschmelzen. Um zu verstehen, wie diese 'als ob'-Situation den Aufführungsdiskurs mit den realen Ereignissen verbindet, werde ich versuchen, den Begriff der Energie in den bereits angesprochenen historischen wie auch theatralen Kontexten zu entwickeln.

Es ist unbestreitbar, daß der Zweite Weltkrieg unser Verständnis aller Kulturformen, inklusive des Theaters, tief beeinflußt hat, besonders aufgrund des Holocaust und der Erfindung und des Einsatzes der Atombombe, zweier Ereignisse, die zwar je unterschiedliche, jedoch beide fast unvorstellbare destruktive Energien enthalten. Der Begriff der Energie wird sich hoffentlich als fruchtbarer Ausgangspunkt für eine Diskussion des Nachkriegstheaters erweisen. Mit dieser Analyse möchte ich die Frage aufwerfen, in welchem Maße es möglich ist, in der heutigen Zeit die Arbeit am Theater als kontinuierliche Bemühung zu betrachten, verschiedene Formen vitaler und kreativer Energien zu finden und zu erfinden, die nicht *a priori* destruktiv sind. Das Theater der Nachkriegszeit kann auch als Versuch gesehen werden, erneuernde Energien zu schaffen im Sinne eines Wiederherstellens des Verlorenen. Auch zielen diese Versuche noch wesentlich direkter auf eine 'Bewältigung' der destruktiven Energien.

Der Begriff der Energie bezieht sich primär auf die Art und Weise, wie eine Maschinerie durch physikalische oder chemische Veränderungen irgendeine Arbeit erzeugt, bzw. auf die Fähigkeit, durch menschliche Absichten direkte Handlungen mit konkreten Ergebnissen hervorzubringen. Wenn wir über die Französische Revolution nachdenken, nehmen wir an, und generell halten wir das für selbstverständlich, daß eine Gruppe von Menschen mit einem gemeinsamen Ziel eine bestimmte Art von Energie hervorgebracht hat, die einer Veränderung der sozialen und ökonomischen Strukturen der Gesellschaft dienen sollte. Die französische Gesellschaft des achtzehnten Jahrhunderts wurde ohne Zweifel durch etwas, das wir als solche revolutionären Energien bezeichnen können, radikal verändert: zum Beispiel durch den Sturm auf die Bastille, durch die Formulierung neuer Regierungsgrundsätze, durch die Hinrichtung der königlichen Familie und einer allmählich wachsenden Anzahl sogenannter Gegenrevolutionäre mittels der Guillotine und schließlich durch verschiedene individuelle und kollektive Aktionen.

Wie paradox und zutiefst zweideutig diese Energien sind, wird anhand von Klossowskis Verständnis des Begriffs der Überschreitung deutlich, das ich

als Motto für diese Untersuchung zitiert habe. Revolutionäre Energien scheinen von unterschiedlichen Formen der Überschreitung abzuhängen, doch
sind diese, so Klossowski, anders beschaffen als "die reine Explosion von
Energie, die mittels eines Hindernisses angehäuft wurde"[18]. Die unterschiedlichen Formen der Überschreitung wie auch die Energieexplosionen scheinen
mit den fundamentalsten und grundsätzlichsten expressiven und kreativen
Formen des Theaters eng verbunden zu sein. Die Unmöglichkeit, die grundlegenden sozialen Strukturen zu verändern, besitzt eine Art unsichtbare Macht.
Zu dieser bemerkt Barthes im zweiten für diesen Artikel ausgewählten Motto,
daß, trotz aller Versuche diese *Macht* durch Revolutionen zu zerstören, "das
Objekt, das von aller menschlichen Ewigkeit her Macht enthält, [...] die Rede
[ist] oder genauer, ihr bindender Ausdruck: die Sprache"[19]. Und hinzufügen
müssen wir hier natürlich – die Sprachen der Bühne. Ist es dem Theater also
möglich, zumindest die Vorstellungen von Wirklichkeit zu ändern, welche
die Geschichte selbst nicht in radikaler Weise verändern kann? Indem das
Theater auf eine solche Herausforderung antwortet, scheint es insofern eine
utopische Dimension zu besitzen, als es kreative Energien hervorbringt und
präsentiert, die mit den destruktiven Kräften der Geschichte dialektisch
interagieren können. Auf diese utopische Dimension des Theaters werde ich
am Ende dieses Abschnitts zurückkommen.

Unabhängig davon, wie dieser Problemkomplex schließlich auf der Bühne
oder in Theatertheorien behandelt wird, ist es unterdessen möglich festzuhalten, daß bei der Untersuchung des Theaters nach dem Zweiten Weltkrieg vor allem zwei Dinge bedacht werden müssen: Zum ersten finden sich
in den Beispielen, die ich hier untersuchen möchte, verschiedene Verkörperungen von Zerstörung. Sie werden am nachdrücklichsten durch die Figur des
Marquis de Sade repräsentiert, durch den der Abgrund zwischen Energie und
Tod auf verschiedene Arten überbrückt wird. Man könnte sogar sagen, daß
das Nachkriegstheater gezwungen war, sich aus mancherlei Gründen, von
denen die meisten wohlbekannt sind und bereits erwähnt wurden, irgendwo
in diesem Abgrund zu situieren, und es präsentiert in der Tat die meisten
historischen Ereignisse aus der Perspektive des Todes und der Vernichtung.
Von den hier behandelten Inszenierungen ist zweifellos Wilsons Inszenierung
von *Dantons Tod* das deutlichste Beispiel für diese These, die jedoch nicht

---

18 "[L]a pure explosion d'une énergie accumulée à la faveur d'un obstacle." (Klossowski 1967,
    S. 27)
19 Barthes 1980, S. 17. Im Original: "Cet objet en quoi s'inscrit le pouvoir, de toute éternité
    humaine, c'est: le langage – ou pour être plus précis, son expression obligée: la langue." (Ebd.,
    S. 16)

Hauptgegenstand der vorliegenden Untersuchung ist und einer separaten Betrachtung wert wäre. Dennoch ist es wichtig, diese Frage im Gedächtnis zu behalten.

Ich möchte zum zweiten die Aufmerksamkeit auf den Begriff der Energie als Quelle unterschiedlicher sozialisierender und revolutionärer Prozesse lenken, die darauf abzielen, radikale Veränderungen der sozialen Strukturen und Hierarchien herbeizuführen. Dadurch ist es hoffentlich möglich, einen deutlich vielschichtigeren Ausgangspunkt für eine Diskussion der Art und Weise, wie Theater ein 'Darstellen von Geschichte' ("performing history") leistet, zu schaffen, als ihn beispielsweise die Annäherungsweise Foucaults bereitstellt, der sich auf Macht und Hegemonie als zentrale Kräfte, die Kultur konstituieren, konzentriert. Als Ausgangspunkt für eine Untersuchung des Theaters nach dem Zweiten Weltkrieg muß eine Unterscheidung zwischen einer klar fokussierten Machtstruktur und den weniger gebündelten und weiter gestreuten Energien der Bühne getroffen werden. In Stephen Greenblatts Untersuchung *Shakespearean Negotiations*, die den Untertitel "The Circulation of Social Energy in Renaissance England" trägt, läßt sich eine interessante Wechsel-Bewegung zwischen diesen beiden Herangehensweisen beobachten, die als Grundlage für den kombinierten Begriff der Energie dienen kann, den ich hier entwickeln möchte. Greenblatt bezieht den Begriff der Energie sowohl auf Macht und Hegemonie in der sozialen Sphäre, die ihren Ausdruck in verschiedenen Diskursen und sozialen Praktiken finden, als auch auf die buchstäblichen und metaphorischen Ausdrucksformen dieser Praktiken in den dramatischen Texten derselben Zeit. Damit wird zugleich ein erster Schritt hin zu Inszenierungen auf der Bühne getan.

Greenblatt ist daran interessiert, die Intensität, die von Shakespeares Dramen ausgeht, zu untersuchen, und seine erste Hypothese, die wenigstens teilweise die Position Foucaults darstellt, ist, daß diese Dramen "das Ergebnis einer sublimen Konfrontation zwischen einem totalen Künstler und einer totalisierenden Gesellschaft [waren]."[20] Greenblatt führt den Begriff der sozialen Energie ein, um seine Analyse auf die Interaktionen zwischen dem völlig auf sich selbst bezogenen Künstler und der ihn umgebenden Gesellschaft zu konzentrieren:

> A totalizing society [...] posits an occult network linking all human, natural, and cosmic powers [... it] generates vivid dreams of access to the linked

---

20   Greenblatt 1990, S. 7. Im Original: "had precipitated out of a sublime confrontation between a total artist and a totalizing society". (Greenblatt 1988, S. 2)

powers and vests control of this access in a religious and state bureaucracy at whose pinnacle is the symbolic figure of the monarch.[21]

Greenblatt benutzt den Begriff der "sozialen Energie" zudem, um zu erklären, warum uns die "ästhetische Macht eines Dramas wie King Lear"[22] trotz der Tatsache, daß sie seit der Entstehung des Dramas vor vierhundert Jahren radikal refiguriert wurde, noch immer berührt. Greenblatt fährt fort:

> But these refigurations do not cancel history, locking us into a perpetual present; on the contrary, they are signs of the inescapability of a historical process, a structured negotiation and exchange, already evident in the initial moments of empowerment. That there is no direct, unmediated link between ourselves and Shakespeare's plays does not mean that there is no link at all. The 'life' that literary works seem to possess long after both the death of the author and the death of the culture for which the author wrote is the historical consequence, however transformed and refashioned, of the social energy initially encoded in those works.[23]

Greenblatt interessiert sich vor allem für die ästhetischen Formen sozialer Energien: "[...] kraft der in ihnen [den Kunstwerken] codierten sozialen Energie [gelingt es ihnen], über Jahrhunderte hinweg die Illusion der Lebendigkeit wachzurufen."[24] In seinem Buch untersucht er die zeitgenössischen Texte, die von bestimmten spezifischen sozialen Praktiken zur Zeit Shakespeares Zeugnis geben, und auf welche Weise diese Texte als Intertexte von Shakespeares Meisterwerken fungieren. Es scheint, daß dies der Grund ist, warum Greenblatt "soziale Energie" und nicht "ästhetische Energie" zum Schlüsselbegriff wählt. Sein Ziel ist es, "die Verhandlungen zu verstehen, kraft derer die Kunstwerke eine solch wirkungsvolle Energie erhalten und verstärken".[25]

Mein eigenes Interesse an den Energien des Theaters erwächst aus einem ähnlichen Bemühen um die Frage, wie es Kunstwerken möglich ist, Zeitsprünge von Dekaden und Jahrhunderten zu überbrücken. Anstatt mich darauf zu konzentrieren, inwiefern ein bestimmtes Werk der Vergangenheit aufgrund seiner Integration in die sozialen Praktiken der Vergangenheit uns auch heute noch beeinflußt, ist meine Kernfrage, in welcher Hinsicht ein

---

21 Greenblatt 1900, S. 2.

22 Greenblatt 1990, S. 11.

23 Greenblatt 1988, S. 6.

24 Greenblatt 1990, S. 12. Im Original: "[...] the social energy encoded in certain works of art continues to generate the illusion of life for centuries." (Greenblatt 1988, S. 7)

25 Greenblatt 1990, S. 12. Im Original: "to understand the negotiations through which works of art obtain and amplify such powerful energy." (Greenblatt 1988, S. 7)

historisches Ereignis in zeitgenössischen Theaterstücken und Theaterprojekten über sich selbst hinaus weiterhin gegenwärtig ist und nachhallt. Ich möchte also untersuchen, in welcher Hinsicht die sozialen und kulturellen Energien, die 1789 in Frankreich zum revolutionären Aufruhr geführt haben und sich in nachfolgenden Generationen erneut generierten, noch immer in zeitgenössischen Inszenierungen zum Thema der Französischen Revolution wahrgenommen werden können. Meine Hypothese ist, daß die Energien, welche derartige Ereignisse in der Vergangenheit tatsächlich erzeugt haben, in unseren zeitgenössischen Produktionen über diese Ereignisse noch immer sichtbar sind und diese Inszenierungen mit etwas Wesentlichem und Wirklichem in den historischen Ereignissen selbst verbinden. Solche Energien fungieren auch als Mittel, mit deren Hilfe die Inszenierungen mit einer Art paradoxen ästhetischen Authentizität im Sinne de Certeaus aufgeladen werden. Das bedeutet natürlich nicht, daß das historische Ereignis selbst in irgendeiner Weise wirklich auf der Bühne gegenwärtig wäre. Solch eine Behauptung wäre absurd.

Die Verbindungen zwischen verschiedenen Ausdrucksformen individueller und kollektiver/sozialer Energien einerseits und den Energien des Theaters andererseits, besonders wenn das Theater 'Geschichte darstellt' ("performing history"), sind vielleicht nicht auf den ersten Blick ersichtlich. Es scheint aber, daß der Schauspieler in vielerlei Hinsicht das adäquate Medium ist, um etwas über die verschiedenen Formen dieser revolutionären Energien zu 'erzählen'. Ich würde sogar behaupten, daß die Energie, die vom Schauspieler auf der Bühne (oder auf der Leinwand) erzeugt und dem Zuschauer auf vielerlei Art übermittelt wird, einer der zentralen Aspekte der Theateraufführung ist. Es handelt sich hierbei um eine künstlerische oder ästhetische Form der Energie, die sowohl Regisseure als auch Schauspieler auf verschiedene Weise zu beschreiben und zu definieren versuchten. Sie hat ihren Ursprung in unbewußten, geistigen, ideologischen oder rein physischen Quellen, aber gewöhnlich entspringt sie aus deren Kombination. Peter Brook hat diese komplexe Kommunikation ansatzweise erklärt, als er metaphorisch auf die Kunst des Schauspielens verwies. Er behauptete: "We know that the world of appearance is a crust – under the crust is the boiling matter we see if we peer into a volcano"[26]. Und die Frage, die er sogleich mit Blick auf das Theater aufwarf, lautete: "How can we tap this energy?"[27]

---

26 Brook 1982, S. 52.
27 Ebd.

In einem Interview entfaltete Brook seine quasi-wissenschaftliche Metaphorik, indem er das theatrale Ereignis mit einem chemischen Experiment verglich: trotz der Mischung identischer Elemente kommt es nur manchmal zu einer Explosion, während zu anderen Zeiten nichts geschieht. Im selben Interview reflektierte Brook auch darüber, wie das Aufeinandertreffen zweier Pole bei einer Kohlenbogenlampe schließlich zur Produktion von Licht führt. Der wesentliche Unterschied zum chemischen Experiment basiert auf dem Energiefluß. Brook führte weiter aus, daß die Bedingungen im Theater von einem Aufeinandertreffen von Zuschauern und Schauspielern abhängen.

> At the outset, these two elements are separated. The audience represents multiple sources of energy, as many as there are spectators, but these sources are not concentrated. In itself, the audience is just like the carbon-arc lamp: it has no intensity, each individual's energy is diffuse and dispersed. There is nothing inside any of these individuals which could make them sources of intensity in themselves. An event will only occur if each one of these individual instruments becomes attuned. Then all you need for something to happen is for a single vibration to pass through the auditorium – but it cannot be produced if the thousand harps that represent the audience are not tuned in the same way, to the same tension.
>
> The same thing occurs with the actors. The first step in a performance is a process of gathering and focusing the dispersed energies of the audience, which in turn reflect the dispersed energies of the actors.[28]

Das Hauptanliegen bei einem theatralen Ereignis ist es also, nicht nur die Energien der Schauspieler zu erschließen und zum Fließen zu bringen, sondern sie vor allem für die Zuschauer sichtbar und verständlich, sie auf der ästhetischen sowie emotionalen und intellektuellen Ebene mitteilbar zu machen.

Man könnte natürlich die Verwendung solcher Metaphern als störend verurteilen, denn sie verschleiert das Theater durch eine Mystik, die kaum zu einem tieferen Verständnis führt. Es gibt zweifellos Rätsel auf der Bühne, die nicht ohne weiteres erklärt werden können. In Diskursen über das Theater sowie in Inszenierungen kann als das Ziel solcher Metaphern der Versuch betrachtet werden, die kreativen Energien einem ästhetischen Code oder einem Set solcher Codes unterzuordnen. Dies ermöglicht wiederum den Zuschauern, diese Energien zu erfahren und zu deuten, so daß sie nicht nur als Ausdrucksformen von Kraft oder reiner vulkanischer Energie, sondern auch ästhetisch bedeutsam sind. Brooks *Marat/Sade*-Inszenierung, so wie sie

---

28   Brook 1992, S. 108. Siehe auch Brook 1968.

heute als Film rezipiert werden kann, ist offensichtlich stark mit derartigen Schauspielenergien besetzt, die aus vielen verschiedenen Quellen stammen. Die Ausbrüche der geistesgestörten Schauspieler in de Sades Aufführung von 1808, die aus der Mode gekommenen revolutionären Energien der 1789er Revolution, von denen einige der Insassen des Hospizes von Charenton noch nicht 'geheilt' sind, und die erotischen Energien, die zum Teil, aber nicht ausschließlich vom Zustand der Patienten herrühren, werden als getrennte ästhetische Codes ständig miteinander verknüpft und sind untereinander austauschbar (auf diese Verbindungen werde ich später näher eingehen).

Das Fundament der Analyse, die ich hier vorstellen möchte, ist die Überlegung, daß diese Schauspielenergien als eine Art wirklicher oder authentischer Ausdruck der Energien der Französischen Revolution betrachtet werden können. Die Schauspielenergien sind in der Tat die Art und Weise, wie das Theater den heutigen Zuschauern von diesen historischen oder revolutionären Energien erzählt. Die revolutionären Energien wurden metaphorisch in Schauspielenergien transformiert. Die Energien des Schauspielens sind die ästhetischen Verkörperungen der revolutionären Energien, und die Zuschauer 'lesen' die Energien auf der Bühne metaphorisch als eine Art Verschiebung oder Transposition der historischen Vergangenheit. Indem der Schauspieler diese Energien zeigt, die größtenteils kulturelle Konstruktionen sind – so wie auch Klasse, Rasse oder Geschlecht –, wird er zum Hyper-Historiker. Wenn er ein historisches Ereignis darstellt oder in einer verfremdeten Brechtschen Weise demonstriert, ist er zugleich auch auf schmerzhafte Weise bei dem Ereignis selbst anwesend, da es bei seiner Darstellung auf der Bühne eine mimetische Gewalt mit sich führt. Aus dieser Perspektive konstituieren die Schauspielenergien das Bindeglied zwischen dem, was de Certeau 'Wirklichkeit' und 'Diskurs' genannt hat.

Die Energien des Schauspielers können daher zugleich als 'Wirklichkeit' und als 'Diskurs' betrachtet werden. Ebenso wie Stanislawski in seinen Ausführungen über die Kunst des Schauspiels, verknüpft auch de Certeau die beiden Begriffe durch ein magisches 'Als ob'. Und es ist möglich in Klammern hinzuzufügen, daß diese Verbindung zwischen dem Wirklichen und dem Diskurs ein weiterer Grund ist, weshalb sich Stanislawski und Brecht viel näher stehen, als gemeinhin angenommen wird. Die Einzigartigkeit der Schauspielkunst liegt darüber hinaus in der Tatsache begründet, daß der Schauspieler zugleich sowohl Künstler wie auch künstlerisches Medium ist, mit dem er oder sie das Kunstwerk erschafft. So sind es die physische Präsenz des Schauspielers, sein Charisma und seine Energien, die auf der Bühne in ein ästhetisches Zeichen umgewandelt werden.

Um deutlich zu machen, wie wichtig der Begriff der Energie für das Nachkriegstheater ist, werde ich einen kurzen Blick auf die Schriften zweier weiterer Avantgarde-Regisseure werfen: Richard Schechners und Eugenio Barbas, zweier Regisseure, mit deren Inszenierungsarbeit ich mich hier jedoch nicht befassen werde. Für Schechner ist der folgende Gedanke von zentraler Bedeutung für das Verständnis von Theater und Performance: "The sense of being taken over by a role, of being possessed by it in its 'flow' or in the flow of the audience's appetite for illusion, ludus, lila: play."[29] Nach Schechners Meinung ist die Transformation, die sich während der Aufführung vollzieht, eine Art "Absorption ins Zentrum". Er fügt hinzu, daß sich an diesem Punkt "die wichtigste Parallele zwischen Theaterpraxis ("performance") und rituellem Prozeß"[30] wahrnehmen läßt. Schechner entwirft eine sehr viel passivere Version der Energien, die in und durch die Aufführung erzeugt werden, als Brook. Schechner ist eher daran interessiert zu zeigen, daß die "Hingabe an den Handlungsfluß der rituelle Vorgang ist"[31], durch den entsteht, was er das "restored behaviour" nennt.

Laut Schechner betrachtete Stanislawski, der von entscheidender Bedeutung für Aussagen über Energie ist, den Energiefluß auf zwei einander entgegengesetzte Weisen. Einerseits mußte der Schauspieler auf eine Art mitgerissen werden, die, nach Schechner, einige Sportarten und Freizeitaktivitäten charakterisiert. Gleichzeitig behauptet Schechner jedoch:

> [Stanislavsky] wanted a trained intuition. He wanted the actor to be carried away not into chaos but into the precise score of what had been prepared through rigorous training, workshop, and long rehearsals of often a year or more. Thus the 'Stanislavsky system' is largely devoted to training the actor so that flow can be generated through a conscious process.[32]

Durch diese Formulierungen könnte man relativ leicht zu der Schlußfolgerung gelangen, daß Schauspielerei eine Art des Schlafwandelns ist.

Eugenio Barba liefert demgegenüber eine sehr viel aktivistischere Interpretation von Stanislawskis Verständnis der Schauspielerenergie. Aber die Energien des von Barba als "dilated body" bezeichneten Schauspielerkörpers sind eher eine Art theatraler Trick: "There are certain performers who attract the spectator with an elementary energy which 'seduces' without mediation. This occurs before the spectator has either deciphered individual actions or

---

29 Schechner 1985, S. 124.
30 "[...] the chief parallel between performance and ritual process" (ebd., S. 119).
31 "[...] surrender to the flow of action is the ritual process" (ebd., S. 124).
32 Ebd., S. 118.

understood their meanings."[33] Die Anwesenheit des Spielenden besitzt eine spezifische Anziehungskraft.

> But it is not something which *is*, which is *there* in front of us. It is continuous mutation, growth taking place before our very eyes. It is a body-in-life. The flow of energies which characterise our daily behaviour has been re-routed. The tensions which secretly govern our normal way of being physically present come to the surface in the performer, become visible, unexpectedly.
>
> The dilated body is a hot body, but not in the emotional or sentimental sense. Feeling and emotion are only a consequence, for both the performer and the spectator. The dilated body is above all a glowing body, in the scientific sense of the term: the particles which make up daily behaviour have been excited and produce more energy, they have undergone an increment of motion, they move further apart, attract and oppose each other with more force, in a restricted or expanded space.[34]

Um diesen von Energie glühenden "dilated body" beschreiben zu können, ist Barba – wie auch Brook – auf Metaphern angewiesen.

Darüber hinaus gibt es für Barba einen wichtigen Unterschied zwischen dem Alltagsverhalten des menschlichen Körpers und den ästhetischen Funktionen, mit denen er in einem theatralen ästhetischen Kontext versehen wird. "While daily behaviour is based on functionality, on economy of power, on the relationship between the energy used and the result obtained, in the performer's extra-daily behaviour each action, no matter how small, is based on waste, on *excess*."[35] Bezüglich der Generierung dieses 'Überflusses', meint Barba weiterhin:

> One does not work on the body or on the voice, one works on energy. So just as there is no vocal action which is not also a physical action, there is no physical action which is not also mental. If there is physical training, there must also be mental training. [...] the long daily work on physical training, transformed over the years, has slowly become distilled into internal patterns of energy which can be applied to a way of conceiving or composing a dramatic action, a way of speaking in public, a way of writing. Thought has a physical aspect: its way of moving, changing direction, leaping – its 'behaviour', in fact. This aspect also has a pre-expressive level which can be considered analogous to the performer's pre-expressive work, that work which has

---

33 Barba/Savarese 1991, S. 54.

34 Ebd., S. 54.

35 Ebd., S. 55.

to do with presence (energy) and which precedes – logically if not chronologi-
cally – real and actual artistic composition.[36]

Dieser Aspekt in Barbas Überlegungen wird durch den von ihm geprägten
Begriff des 'Negationsprinzips' zusammengefaßt. Dieser Begriff kann auch auf
die konkrete Arbeit der Schauspieler, sowohl bei der Probe als auch auf der
Bühne, angewandt werden.

> There is a rule which performers know well: begin an action in the direction
> opposite to that which the action will finally be directed.
> This rule recreates a condition essential to all those actions which in daily
> life demand a certain amount of energy: before striking a blow, one draws
> one's arm back; before jumping, one bends one's knees; before springing
> forward, one leans backwards: *reculer pour mieux sauter.*
> In the performer's extra-daily activity such behaviour is applied even to
> the smallest actions. It is one of the means which the performer uses to dilate
> his physical presence.
> We could call it the 'negation principle': before carrying out an action, the
> actor negates it by executing its complementary opposite.
> The 'negation principle' becomes a formalized void if its soul – that is, its
> organic quality – is lost. Often in the theatrical and non-theatrical use of trivial
> declamation, the 'negation principle' becomes a way of *inflating* gesture. A
> parody, in fact, of *dilated* action.[37]

Vielleicht erkennt Barba selbst die Gefahr, die in der Anwendung seiner
Prinzipien von Energie, Ausdehnung ("dilation") und Negation liegt, da sie
möglicherweise zu leicht als eine Art 'Trick' gebraucht werden können.
Peter Brook, der die Energien des Schauspielers aus einer eher dialektischen Perspektive betrachtet, formulierte dagegen die Aufgabe des Schauspielers oder der Schauspielerin als einen ständigen Widerstreit zwischen
einander entgegengesetzten Prinzipien.

> Acting is in many ways unique in its difficulties because the artist has to use
> the treacherous, changeable and mysterious material of himself as his medium.
> He is called upon to be completely involved while distanced – detached
> without detachment. He must be sincere, he must be insincere: he must
> practice how to be insincere with sincerity and how to lie truthfully.[38]

---

36 Ebd., S. 55.
37 Ebd., S. 57.
38 Brook 1982, S. 117.

Diese Überlegungen schaffen das Fundament für ein völlig anderes Verständnis der Energien, auf die der Schauspieler seine Kunst gründet. Im Gegensatz zu dem einlinigen Energiefluß, den Schechner und Barba proklamieren, basiert für Brook die Schauspielkunst auf Kräften und Energien, die simultan in verschiedene Richtungen und auf verschiedenen Ebenen arbeiten.

Derartige Schauspielenergien treten natürlich nicht nur in Inszenierungen mit dem Thema 'Französische Revolution' auf. Diese können jedoch zweifellos als interessanter Testort für eine Untersuchung der Schauspielenergien sowie ihrer weiteren Implikationen dienen. Auch existiert in den Inszenierungen über die Französische Revolution eine offensichtliche metatheatrale Beziehung zwischen dem thematischen Anliegen dieser Inszenierungen und ihren verschiedenen ästhetischen Ausdrucksformen. Wenn der Schauspieler Energien sichtbar macht, vermittelt er uns auch etwas über diejenigen Energien, die zur Revolution geführt haben. Sowohl in Brooks als auch in Mnouchkines Inszenierung werden diese revolutionären Energien bereits durch die fiktive Situation, die auf der Bühne dargestellt wird, ästhetisiert, weil sie sich beide, wenn auch auf unterschiedliche Art und Weise, auf das Mittel des Spiels im Spiel stützen. Die Ästhetisierung derartiger revolutionärer Energien ist – wie sich später zeigen wird – ein wichtiges Thema. Dies wird besonders an Peter Weiss' Drama deutlich, da hier die Insassen von Charenton ihre eigene Inszenierung gestalten. Aber auch in *1789* wird die Ästhetisierung klar ersichtlich, da hier die Ereignisse der Revolution in einer Jahrmarkt-Szenerie erzählt werden.

Da die meisten Theateraufführungen auf eine gewisse Art Darstellungen des individuellen oder sozialen Wandels sind, ist das spezifische Zusammentreffen ihrer Gegenstände – in diesem Fall der Energien der Revolution – und der Mittel der Darstellung durch verschiedene Arten oder Ebenen der Schauspielenergie vielleicht ein universales Element der Aufführung im Sinne Herbert Blaus. Blau behauptet:

> *There is always something in the nature of theater which from the very beginning of theater has always resisted being theater.* [... and it] is, indeed, the inevitable *reappearance of history* in performance which corrects the illusion of performance that refuses the future of illusion – the reign of representation – and insists that the theater *is* life or, if not yet so, that it must be so.[39]

---

39   Blau 1987, S. 165.

Blau fügt hinzu: "The theatrical *gestus*, the signifying element *of* theater 'can become a sign', as Foucault says, 'only on condition that it manifests, in addition, the relation that links it to what it signifies [...]'."[40]

Bezüglich der Energien, die zugleich unmittelbare Darstellungsmittel wie auch dargestelltes Objekt der Aufführung sind, kann dieses Zusammentreffen, dieses Bindeglied zwischen dem 'Gestus' und dem, was Theater bedeutet, recht deutlich in Inszenierungen beobachtet werden, die sich mit gewalttätigen sozialen Aufständen wie der Französischen Revolution beschäftigen. Dies möchte ich in den nachfolgenden Beispielen aufzeigen.

In der Regel sind die beschriebenen revolutionären Energien – im Gegensatz zu Erdbeben oder Vulkanausbrüchen, bei denen es sich gewöhnlich um von der Natur verursachte Energieausschüttungen handelt – sowohl in der Geschichte als auch auf der Bühne als zweckbestimmte Kräfte, die von einem einzelnen Individuum bzw. einem Kollektiv von Individuen ausgelöst werden, zu verstehen. Deswegen sind sie auch eng mit verschiedenen Trieben und ihren Äußerungen in verschiedenen sozialen Kontexten verbunden, was Kristeva auch "Subjekt-im-Prozeß" genannt hat. Erika Fischer-Lichte hat diese Äußerung in semiotische Begriffe gefaßt, indem sie die Frage aufwarf, wie es "den unterschiedlichen Subjekten, die an der Produktion des theatralischen Textes beteiligt sind, möglich [ist], sich im Prozeß seiner Produktion als Subjekt zu konstituieren [...]."[41] Nach Fischer-Lichte ist die "Funktion und Rolle des Subjekts im Prozeß der Textkonstitution [...] im Hinblick auf die Konstitution des theatralischen Textes [ein] vordringliches [...] Problem."[42] Sie argumentiert, daß die Antwort auf diese Fragen zum Teil im komplexen Prozeß der 'Einverleibung' des dramatischen Textes durch das Spiel des Darstellers liegt. Dieser Prozeß ist das Ergebnis einer aktiven und vorsätzlichen Bemühung.

> Seine [des Schauspielers] individuelle Physis bemächtigt sich des Textes und bringt ihn sozusagen unter den von ihr gesetzten Bedingungen zugleich als einen fremden und als ihren eigenen ein zweites Mal hervor. Der Schauspieler schafft also die Rollenfigur als Sinn des von ihm konstituierten Körpertextes [...].
>
> Umgekehrt aber wird in diesem Prozeß der nur semiotisierte und daher noch insignifikante Körper des Schauspielers durch Bezug auf die sprachlich verfaßte Rolle und auf den schauspielerischen Code zum Signifikanten erhoben.[43]

---

40 Ebd.
41 Fischer-Lichte 1988, S. 23.
42 Ebd., S. 22.
43 Ebd., S. 30f.

In seiner Arbeit an einer bestimmten Rollenfigur muß der Schauspieler die verschiedenen Komponenten, aus denen sich die fiktive Figur auf der Bühne zusammensetzt, miteinander konfrontieren. "Als Subjekt eben dieses Sinngebungsprozesses konstituiert es [das Subjekt des Schauspielers] dergestalt sich selbst als jenes Subjekt-im-Prozeß, welches Kristeva intendiert."[44]

So wie der Text einer Aufführung buchstäblich durch das Spiel des Darstellers verkörpert wird, verkörpern die Inszenierungen über die Französische Revolution zusätzlich dieses spezifische Ereignis als offenen Text. Eine derartige theatrale Aufführung wird im Sinne de Certeaus historiographisch, da sie auf kreative Weise die revolutionären Energien der Vergangenheit mit den durch die Aufführung freigesetzten Energien koppelt. Hinsichtlich des Nachkriegstheaters könnte in diesem Sinne festgestellt werden, daß es sich beständig bemüht, eine entwicklungsfähige künstlerische und ästhetische Dialektik zwischen den destruktiven Energien der Vergangenheit und den kreativen Energien, die durch den Körper des Schauspielers freigesetzt werden können, zu konstituieren.

Das Theater der Französischen Revolution sowie jedes Theater, das darauf Anspruch erhebt, im weitesten Sinne dieses Begriffs 'Geschichte darzustellen' ("performing history"), ist ein Ausdruck der dialektischen Natur historischer Kräfte, so wie sie Walter Benjamin 1941 in seinen einflußreichen Thesen *Über den Begriff der Geschichte* formuliert hat. Benjamin bemerkt hier:

> Vergangenes historisch artikulieren heißt nicht, es erkennen 'wie es denn eigentlich gewesen ist'. Es heißt, sich einer Erinnerung bemächtigen, wie sie im Augenblick einer Gefahr aufblitzt. Dem historischen Materialismus geht es darum, ein Bild der Vergangenheit festzuhalten, wie es sich im Augenblick der Gefahr dem historischen Subjekt unversehens einstellt.[45]

Das Theater könnte als die Arena oder der *Locus* gesehen werden, an dem solche Blitze produziert und rezipiert werden können.[46] Zudem ist es wichtig zu betonen, daß diese Erinnerungen an die Vergangenheit, durch die Geschichte dargestellt ("performing history") werden kann, in Augenblicken der Gefahr auftreten. In einer der berühmteren Passagen der *Geschichtsphilosophischen Thesen*, in der er sich auf Klees Gemälde des Angelus Novus bezieht, drückt Benjamin diese Überlegung wie folgt aus:

> Der Engel der Geschichte muß so aussehen. Er hat das Antlitz der Vergangenheit zugewendet. Wo eine Kette von Begebenheiten vor *uns* erscheint, da

---

44   Ebd., S. 31.
45   Benjamin 1991, S. 695.
46   Vgl. hierzu den Beitrag von Friedemann Kreuder im vorliegenden Band.

sieht *er* eine einzige Katastrophe, die unablässig Trümmer auf Trümmer häuft und sie ihm vor die Füße schleudert. Er möchte wohl verweilen, die Toten wecken und das Zerschlagene zusammenfügen. Aber ein Sturm weht vom Paradiese her, der sich in seinen Flügeln verfangen hat und so stark ist, daß der Engel sie nicht mehr schließen kann. Dieser Sturm treibt ihn unaufhaltsam in die Zukunft, der er den Rücken kehrt, während der Trümmerhaufen vor ihm zum Himmel wächst. Das, was wir den Fortschritt nennen, ist *dieser* Sturm.[47]

Wie ich detaillierter in einem anderen Artikel[48] gezeigt habe, der sich unter anderem mit Wim Wenders' *Himmel über Berlin* befaßt, ist dieser Engel der Geschichte zugleich Schauspieler und Historiker. Der Wenders-Film stellt den Fall des Engels Damiel in der Tat als eine Art mythische "Geburt" des Schauspielers dar. Es gibt darüber hinaus viele andere 'Schauspieler' in diesem Film, die entweder Engel gewesen sind oder metaphorisch als solche dargestellt werden.

Es besteht auch eine Verbindung und eine Kontinuität zwischen den Schauspieler-Engeln, die 'Geschichte darstellen' ("performing history"), und den Erscheinungen des Deus ex Machina, die ich in meiner jüngsten Untersuchung über die frühe Avantgarde behandelt habe[49]. Der Deus ex Machina ist im modernen Theater im Grunde genommen ein Ausdruck der metaphysischen Erschütterung, ein Versuch, eine Leerstelle zu füllen, die in unserer Welt anscheinend inhaltslos geworden ist. Dagegen kann das Auftreten des Schauspieler-Engel-Historikers als Versuch gesehen werden, sich mit Bedeutung auseinanderzusetzen und sie sogar zu erzeugen, nachdem die zerstörerischen Energien, die die Leerstelle besetzt hielten, wenigstens teilweise überwunden worden sind. Was wir als Theater bezeichnen, sind folglich jene kurzen Momente, in denen sich solch ein Schauspieler-Engel auch umwenden und in die Zukunft blicken kann, während er als Historiker in die Vergangenheit schaut. Dies ist, wie ich bereits erwähnte, ein bedeutender Aspekt der utopischen Dimension des Theaters.

Benjamin verleiht dieser Möglichkeit bereits 1941 Ausdruck, wenn er schreibt:

Der Messias kommt ja nicht nur als der Erlöser; er kommt als der Überwinder des Antichrist. Nur *dem* Geschichtsschreiber wohnt die Gabe bei, im Vergangenen den Funken der Hoffnung anzufachen, der davon durchdrungen ist:

---

47 Benjamin 1991, S. 697–698.
48 Siehe Rokem 1992.
49 Siehe Rokem 1995.

auch die Toten werden vor dem Feind, wenn er siegt, nicht sicher sein. Und dieser Feind hat zu siegen nicht aufgehört.[50]

Das Theater bemüht sich ständig darum, diesen Impuls der Befreiung zu bestätigen, der sich in den Energien des Schauspielers ausdrückt. Daher haben die Inszenierungen, die ich im folgenden analysieren werde, noch immer solch eine anregende Wirkung auf uns, obwohl sie bezüglich der Möglichkeiten einer zivilen und humanen Gesellschaft in der Nachkriegszeit im Grunde genommen sehr pessimistisch sind.

Peter Brooks *Die Verfolgung und Ermordung Jean Paul Marats dargestellt durch die Schauspielgruppe des Hospizes zu Charenton unter Anleitung des Herrn de Sade*

Da die Schauspielenergien einer spezifischen Produktion ohne Zweifel bereits durch den Probenprozeß geschaffen werden, wäre es nützlich, nicht nur das endgültige Produkt, sondern auch die Proben zu untersuchen. Es ist jedoch nicht immer möglich, im Detail herauszufinden, wie die verschiedenen Workshops und die stärker zielgerichteten Proben einer Produktion auf die Erstellung eines 'Körpertextes' eingewirkt haben. Der Produktion von *Marat/Sade* ging dagegen ein recht bekannter und gut dokumentierter Workshop voraus, der "Theater der Grausamkeit" genannt wurde und sich offensichtlich auf Artaud bezog. Abgehalten wurde er 1963–1964 von Peter Brook und Charles Marowitz. Aufgrund dieses Workshops wissen wir zumindest etwas über die Prozesse, die der Inszenierung selbst vorangingen.

In einem Interview mit Simon Trussler, das im Februar 1964 in *Plays and Players* veröffentlicht wurde, bemerkte Marowitz über Artauds Begriff der Grausamkeit: "[It has] to do with a certain kind of rigour in expression and a certain kind of formality which, when it connects with a certain kind of experience, produces a result which is *more true* than the conventional ways of expressing that experience could be."[51] Dies bedeutet auch, daß der Schauspieler zum 'Hyper-Historiker' werden kann, wie ich es oben beschrieben habe. Diese Bezeichnung kann auf der Basis von Fischer-Lichtes Kristeva-Lektüre nun so ausgeweitet werden, daß sie die interpretative Praxis des 'Subjekts-im-Prozeß' miteinschließt. Indem man Artaud als Ausgangspunkt wählte, wurde es möglich, einen 'Körper-Text' zu schaffen, der laut Marowitz 'wahrer' ist als die konventionellen Bilder einer Erfahrung. Dieser Gedanke,

---

50 Benjamin 1991, S. 695.
51 Brook, zit. nach Williams 1988, S. 29.

daß theatrale Bilder eine zusätzliche Wahrheit beinhalten, ist wesentlich für die Idee eines 'Darstellens von Geschichte' ("performing history"), denn in der obigen Diskussion theatraler Energie wird auch impliziert, daß die Schauspieler auf der Bühne zugleich als Historiker fungieren. Dies bedeutet, daß sie uns unabhängig von ihrem sonstigen Handeln auch etwas über die Französische Revolution als historisches Ereignis mitteilen.

Im gleichen Interview setzte sich Brook mit diesen Fragestellungen aus einer etwas anderen Perspektive auseinander:

> What we are trying to bring about is for the actor, in making his choice, to make it as an independent, responsible creative artist. Instead of turning his impulses into one of the many forms that are already there (so that his choice fits into the form that he has learnt to appreciate and assimilate), here his responsibility is to transcend his first naturalistic impulse, and then he has to manifest the expressive choice, in a way that he can afterwards defend as being to the limit of his consciousness.

Er fügt hinzu:

> By asking the questions, we hope to weld the group of actors into a special fighting force. Our main hope in this particular experiment is that it will have the right sort of provocative *professional* effect – and this is different from what Artaud was doing. His aim was infinitely larger, and would relate to something that we can't attempt to get to at once, which was to have an effect on *life*.[52]

Ziel dieses Workshops war es vor allem – so wurde es wenigstens von Brook formuliert –, zumindest auf der Ebene des Bewußtseins des Schauspielers eine professionelle 'Differenz' zu schaffen. Artaud dagegen verfolgte mit seinem Theater ein weitaus ehrgeizigeres Ziel: Es sollte direkt auf das Leben einwirken. Das enger umgrenzte Ziel Brooks bezieht sich offensichtlich auch auf die Hervorbringung eines 'Subjekts im Prozeß' als eine Art revolutionärer Streitmacht im Theater der späten sechziger Jahre. Brook möchte ein Schauspielkollektiv schaffen, in dem die individuellen Energien in eine kollektive Energie transformiert werden, von der er sich auch eine Revolutionierung der Theaterarbeit erhofft.

In seinen Beschreibungen der Proben zu *Marat/Sade* in *The Empty Space*, die ohne Zweifel als Entwürfe für vieles in Brooks späterer Regiearbeit gelesen werden können, betonte er, wie die Arbeit mit Dokumentationsmaterial und die Nachforschungen der Schauspieler darauf abzielten, die

---

52 Brook, zit. nach ebd., S. 32–33.

Brücke zwischen der 'Wirklichkeit' und dem 'Diskurs' in de Certeaus Sinn zu
finden.

> In the *Marat/Sade*, as kinetic images of insanity rose up and possessed the
> actor and as he yielded to them in improvisation, the others observed and
> criticized. So a true form was gradually detached from the standardized cliches
> that are part of an actor's equipment for mad scenes. Then as he produced an
> imitation of madness that convinced his fellows by its seeming reality, he had
> to come up against a new problem. He may have used an image from observa-
> tion, from life, but the play is about madness as it was in 1808 [...]. For this
> the actor had no outside model – he looked at faces in Goya not as models to
> imitate but as prods to encourage his confidence in following the stronger and
> more worrying of his inner impulses. He had to allow himself to serve these
> voices completely; and in parting from outside models, he was taking greater
> risks. He had to cultivate an act of possession. As he did so, he faced a new
> difficulty, his responsibility to the play. All the shaking, juddering and roaring,
> all the sincerity in the world can still get the play nowhere. He has lines to
> speak – if he invents a character incapable of speaking them he will be doing
> his job badly. So the actor has to face two opposite requirements. The tempta-
> tion is to compromise – to tone down the impulses of the character to suit the
> stage needs. But his real task lies in the opposite direction. Make the character
> vivid and functional. How? It is just here that the need for intelligence arises.[53]

Marat/Sade ist in dieser Hinsicht zweifellos eine intelligente Inszenierung, da
in Weiss' Theaterstück die beiden Pole, von denen Brook spricht – die unkontrollierten inneren Impulse und die Notwendigkeit, sich mit den Zuschauern
von der Bühne aus zu verständigen –, bereits vorhanden sind. Von den
Schauspielern wird wirklich verlangt, über weite Teile der Aufführung zwei
Rollen gleichzeitig zu präsentieren: die verrückten Insassen des Hospizes von
Charenton sowie die Schauspieler, welche die Figuren in der von de Sade
geschriebenen und inszenierten Aufführung spielen. Die zahlreichen Wahn-
sinnsausbrüche, aufgrund derer die Figuren in de Sades Aufführung sozusagen
aus ihren fiktionalen Rollen 'fallen' und als Wahnsinnige unverständlich und
gewalttätig werden, stehen in dialektischem Gegensatz zu der Selbstkontrolle,
die nicht nur bei de Sades Inszenierung im Hospiz verlangt wird, sondern
auch von der neuen sozialen Ordnung, welche an die Stelle der revolutionären getreten ist. Somit ist der Prozeß der Konfrontation zweier entgegenge-
setzter Kräfte oder Interessen, von dem Brook als einem integralen Aspekt der
Proben einer Produktion gesprochen hat, offensichtlich auch Bestandteil des

---

53   Brook 1982, S. 124–125.

Dramas selbst. Dies ist ein Beispiel dafür, wie die thematischen Anliegen und die Struktur des Dramas in eine metatheatrale Dimension der Aufführung transformiert werden als Dialektik zwischen den unkontrollierbaren Energien des "shaking, juddering and roaring" und den Energien, die durch das Sprechen der Schauspieler in verständlichen Sätzen beherrscht werden können. Dies geschieht ungeachtet des Wahnsinns, welchen sie als fiktive Schauspieler im Irrenhaus ebenso erfahren wie den Wahnsinn, der Revolution genannt wird. Es herrscht ein ununterbrochener Kampf zwischen den fiktiven Schauspielern in Weiss' Drama und jenen, die Brook inszeniert.

Weiss' Drama schichtet selbst bereits zwei historische Situationen übereinander: den Mord an Marat, der 1793 begangen wurde, und die Aufführung in der Irrenanstalt von Charenton 1808. Die einfache Tatsache, daß die 'Historiker' von 1808 Patienten einer Irrenanstalt sind, wenn sie in Weiss' Drama 'Geschichte darstellen' ("performing history"), kommentiert natürlich auch die Funktion der heutigen Schauspiel-Historiker auf ironische Weise, wenn diese ihre Version der historischen Doppelbelichtung spielen, die das Drama vorschreibt. Wenn der Ausrufer die Schauspielerin vorstellt, die im Stück de Sades Charlotte Corday spielt, beschreibt er sie wie folgt:

> Hier sehn Sie die Corday in unsrer Fabel
> Sie stammt aus Caen und ist von ländlichem Adel
> Sie ist hübsch gekleidet und trägt modische Schuh
> und bindet sich grade das Brusttuch zu
> Sie ist nach unsrer und der Geschichtsschreiber Meinung
> eine in die Augen fallende Erscheinung
> Doch da die Darstellerin hier in unsrer Institution
> an Schlafsucht leidet und Depression
> ist all unsre Hoffnung darauf gestellt
> daß sie ihre Aufgabe im Sinn behält.[54]

Charlotte Corday, die aktivste Figur bei der Ermordung Marats, schläft häufig ein und muß geweckt werden. Noch bedeutsamer ist, daß sie als Patientin der Anstalt oder als Schauspielerin in de Sades Stück über die historischen Ereignisse der Ermordung keinen Namen hat. Dies gilt auch für die meisten anderen Figuren in der im Irrenhaus präsentierten Aufführung.

Die Gegensätze und Spannungen zwischen den Geisteskranken und den historischen Gestalten, die sie darstellen, können auch in der theatralen Sprache, die Brook in der Inszenierung selbst entwickelte, deutlich wahrgenommen werden. Diese Sprache basiert auf der Zusammensetzung von

---

54   Weiss 1964, S. 16–17. Die Regieanweisungen wurden ausgelassen.

Bühnenbildsegmenten, die eine sehr enge Verbindung zu jeweils verschiedenen Ereignisebenen auf der Bühne haben. Diese Art Bühnenbild hat üblicherweise einen sehr deutlichen zentralen Fokus, zu dem alles auf der Bühne in Beziehung steht. In einigen Fällen weist das Bühnenbild die Qualitäten expressionistischen Theaters auf, wie z.B. in Szene 21, in der Marats Fieberleiden gezeigt wird, das in Brooks Inszenierung (zumindest im Film) mit Hilfe von Dampfschwaden als eine Art Alptraum-Szenario entworfen wurde. Alle anderen Figuren, die in dieser Szene auf der Bühne erscheinen, sind daher Gespinste, die Marats fiebernder Einbildungskraft entspringen, was auf der Ebene der Hospizhandlung der Paranoia Ausdruck verleiht, an welcher derjenige Patient leidet, der die Rolle Marats spielt (und auch keinen Namen hat). Weiss' Text stellt keine spezifischen Anforderungen dieser Art bezüglich der Bühnenbilder, die in dieser Szene verwendet werden sollen. Indem Brook das expressionistische Potential dieser Szene betont, scheint er seine Aufmerksamkeit auf Marats mentale Energien zu richten.

Auch die Peitschenszene (Szene 20) präsentiert auf ähnliche Weise ein starkes Zentrum des Bewußtseins auf der Bühne. Gleichzeitig aktiviert sie alle verschiedenen Ebenen der Aufführung. In dieser Szene erzählt der Marquis de Sade Marat: "Was ich von dieser Revolution halte / zu deren Heraufbeschwörung ich selbst beitrug."[55] An diesem Punkt wird Charlotte Corday aufgefordert, ihn auszupeitschen. In Brooks Version dieser Szene fällt de Sade mit entblößtem Oberkörper auf die Knie, und Corday, die hinter ihm steht, benutzt für seine Züchtigung – anstatt der von der Regieanweisung vorgesehenen wirklichen Peitsche – ihr eigenes Haar. Während sie ihr fließendes Haar rhythmisch von einer Seite zur anderen über seine Schultern zieht, zischen die hinter ihnen stehenden Insassen. Wenn Corday ihren Kopf hebt, um Marat mit ihrem Haar einen Hieb zu versetzen, stöhnen sie alle als begleitender Chor und krümmen sich vor Schmerzen. Das zentrale Bewußtsein bzw. das Subjekt dieser Szene ist de Sade, der Schriftsteller und Regisseur des Stücks, das von den Insassen von Charenton aufgeführt wird. Alle anderen Figuren auf der Bühne sind die 'Werkzeuge', die er in der Absicht, sich und seinen Ideen einen theatralen Ausdruck zu verleihen, 'inszeniert'.

Während das Auspeitschen allmählich einen Höhepunkt des selbst zugefügten Leidens erreicht – ein Nachvollzug seiner eigenen 'Vergnügen' –, kritisiert de Sade die Revolution, weil sie ihre anfänglichen reformierenden Energien in blutige Akte sinnlosen Terrors und Sensationalismus' transformiert hat – "da war dieser Vergeltung schon jeder Sinn genommen/ es

---

55   Ebd., S. 65.

war eine mechanische Vergeltung/ ausgeführt in einer stumpfen Unmensch-
lichkeit/ in einer eigentümlichen Technokratie"[56]. Corday wie auch der
Chor sind in diesen mechanischen Ausdruck von Gewalt auf der Bühne von
Charenton integriert worden, der von de Sade, einstmals einer der aktiven
Teilnehmer der Revolution, jetzt auch einer der Insassen des Hospizes von
Charenton, geschaffen wurde, um zu veranschaulichen, was geschah, als
die Revolution sich gegen sich selbst wandte und zum Werkzeug ihrer
eigenen Vernichtung wurde. Interessanterweise weicht de Sade zu keinem
Zeitpunkt von der von ihm gewählten Rolle des 'Historikers' ab. Er hat die
Aufführung vollkommen unter Kontrolle, während alle anderen Figuren auf
verschiedene Arten "aus der Fassung" geraten und von ihren Leiden absor-
biert werden.

Cordays Haare, die de Sades Schultern peitschen, können auch als metaphorische Guillotine betrachtet werden, die seine Halspartie reizt und uns
zeigt, wo ihr scharfes Messer seinen Kopf abtrennen kann. Während Corday
seine Schultern und seinen Hals züchtigt, erzählt de Sade, wie "[...] die
Karren mit ihrer Ladung regelmäßig zum Richtplatz fuhren/ und das Beil fiel
und hochgezurrt wurde und wieder fiel"[57]. Dies bezeichnet de Sade als den
"mechanischen", "stumpfen" und "technokratischen" Aspekt der neuentwik-
kelten Todesindustrie, welche die Revolution und er selbst – als einer ihrer
Vertreter – hervorbringen half. Er stellt sich selbst sowohl als Opfer als auch
als Täter dar, als Agent wie auch als Ursache der Revolution. Gleichzeitig
zeigt uns die selbst verhängte Züchtigung, die er Corday als Schöpfer der
Inszenierung im Irrenhaus befohlen hat, den Ursprung seiner transgredienten
Energien auf der Bühne. Die hinter ihm stehende Menge, die das Auspeitschen akustisch veranschaulicht, ist in diesen komplexen theatralen Ausdruck
von de Sades eigener transgredienter Erotik miteinbezogen.

Für einen Kritiker wie David Richard Jones hat diese Szene jedoch nicht
die hier von mir aufgezeigte vielschichtige Bedeutung. Jones behauptet stattdessen, daß "Brook das Auspeitschen [ästhetisierte]". Die ganze Szene sei
"künstlich, sogar verlogen, unter den Umständen"[58] von Charenton 1808.
Das Ergebnis sei folgendes gewesen:

> Brook's image conflicted with the scene's point, which I have already stated
> as a demand to make life personal and real, not aestheticized, abstracted, or
> distanced. [...] Played realistically, the scene can be traumatic – unquestio-

---

56 Ebd., S. 68. Die Regieanweisungen wurden ausgelassen.
57 Ebd., S. 68.
58 Jones 1986, S. 251. Übersetzung von A.B.-D.

nably the play's most gripping scene – and an experience that literally embodies Sade's beliefs.[59]

Es scheint jedoch, daß die Brook-Inszenierung geradezu darauf abzielt zu zeigen, wie ein persönliches Leben, und besonders das des Marquis de Sade, sich auf derartige Formen der Ästhetisierung stützt und seine Energien aus ihnen zieht. Dieser Prozeß der Ästhetisierung ist in der Tat ein wichtiger Aspekt der historischen Vergangenheit, welche die zeitgenössischen Inszenierungen von Weiss' Drama zeigen; oder, um es anders zu formulieren, – der Marquis de Sade ist der theatrale Historiker des langsam fortschreitenden Ästhetisierungsprozesses der Ermordung Marats.

Und jenseits dieser dialektischen Interaktion zwischen den verschiedenen Ebenen der vergangenen Ereignisse und ihrer Ästhetisierung durch die Inszenierung befinden sich die Zuschauer. Darko Suvin hat diesbezüglich eine interessante Beobachtung gemacht:

> In Weiss' Theatre-As-World, the world is – as the encompassing stage metaphor shows – a madhouse and a torture place, in which the most alienated and least conscious, politically the most insane, are the Coulmiers who do not even know that as the indispensible jailer of the jailed they too are inside, not outside the space of madness and torture.[60]

Das Ende von Brooks Inszenierung, wenn die Coulmiers angegriffen und seine Frau und seine Tochter von den Schauspielern sogar vergewaltigt werden, bestätigt diese Idee ganz deutlich. In Weiss' Drama wird diese Handlung nicht mit einer solchen Klarheit angezeigt.

Dieses Ende zeigt, daß die Energien der Revolution, die vermutlich durch die Institution der Irrenanstalt in Zaum gehalten und verdrängt worden sind, nicht länger kontrolliert werden können. Peter Weiss' Witwe, Gunilla Palmstierna-Weiss, die das Bühnenbild für die Inszenierung Brooks entworfen hat, schreibt in einem Text zu einer Ausstellung über ihre Arbeit als Bühnenbildnerin (Stockholm 1995):

> Having played mad and repressed more or less every evening and sometimes also in the afternoons for almost two years, being constantly present on the stage wearing heavy costumes, and carrying out ideas that in the beginning had seemed quite bizarre, had really become painful. [...] The musicians who had been chained to the floor were gradually really turning mad. An aggression had been built up which now in the final scene was released in an explo-

---

59 Ebd., S. 251.
60 Suvin 1988, S. 398–399. Siehe auch Koski 1993 sowie Carlson 1995.

sion which was directed straight at us. The bars which separated us from the actors held sway against their threatening approach and attacks. In anger and intoxication the actors burned the scenography, the costumes were ripped, some were fighting, which resulted in broken legs and a concussion. Everything was filmed. It was impossible to shoot this scene again. The ending was a documentary and Peter Brook was very pleased. Theatre of cruelty life.[61]

Dies zeigt deutlich, wie eng die Energien der historischen Ereignisse mit jenen der Aufführung verbunden sind.

Ariane Mnouchkines *1789*

Die Wirkungen, die von Mnouchkines Inszenierung *1789* (1970) ausgingen, unterschieden sich von denen der Brook-Inszenierung. Ausgangspunkt dieser Produktion war die Idee, etwas über das Jahr 1789 zu erzählen. Mnouchkine und die Schauspieler wollten zum einen über die offiziellen Berichte dieses Jahres hinausgehen. Zum anderen wollten sie das Jahr 1789 aus der Perspektive des Jahres 1968 betrachten.

> [In order to avoid the old traps of realism, the] answer, provided by Mnouchkine, came with the suggestion to play the historical events as if they were being re-enacted by a troupe of fairground performers or *bateleurs* as a living contemporary agitprop newspaper, using their theatrical skills to pass on what they knew and thought to the people in a fairground setting. This meant that the familiar events could be shown in a new light which came from below – it was a version of the uprising seen from the point of view of the ordinary people, where the famous figures appeared on stage only as puppets or in extremely caricatured street-theatre portraits but never in mimetic representations.[62]

Die Grundlage für *1789* war eine Art subjektives Brechtsches Aufzeigen.

Indem Mnouchkine den Standpunkt des gewöhnlichen Volks auf dem Jahrmarkt privilegiert – der sich inhaltlich von der Perspektive der Geisteskranken, welche die historischen Ereignisse aufführen, völlig unterscheidet und dieser gleichzeitig strukturell recht ähnlich ist – wird sogleich deutlich, wem Mnouchkine die Autorität zumißt, über die Fehler der Vergangenheit zu berichten und möglicherweise die Gegenwart zu verändern. Diese doppelte Perspektive wird treffend von J.G. Miller zusammengefaßt, die behauptet:

---

61 Palmstierna-Weiss 1995, S. 20–21. Meine Übersetzung aus dem Schwedischen ins Englische. Der letzte Satz ist im Original englisch.

62 Kiernander 1993, S. 71.

The Théâtre du Soleil confronts the problem of theater and revolution by questioning the conditions necessary for theater and by producing political plays. Inspired by the concept of revolution both as aesthetic change and as government overthrow, the theatre challenges traditional notions about the theatrical institution.[63]

Die Inszenierung von *1789* basierte weitgehend auf Improvisationen und wird als die am stärksten kollektive Arbeit in der Geschichte des Théâtre du Soleil betrachtet. Mnouchkine beschrieb die Interaktion zwischen ihr und den Schauspielern, nachdem diese ihre Improvisationen während der Proben vorgestellt hatten, wie folgt:

> I never had to make a selection: the selection was made of its own accord, on the evidence. It might occur to me to say to someone 'That is not good', but I do not say anything because I realise that the actor is going to realise very quickly. In fact it is difficult for me to say exactly what my role is; we work in a totally empirical way. When the production is under way I cannot tell anymore which was my idea initially. I may think I had a particular idea, when it actually came from the actors and vice versa. I think I am there to encourage, to *energise*.[64]

Laut Mnouchkines Beschreibung scheint die Interaktion zwischen Regisseurin und Schauspielern sehr flexibel und offen verlaufen zu sein. Aber zugleich wird offensichtlich, daß Mnouchkine als Regisseurin dazu da ist – wie sie selbst ausdrücklich bemerkt –, die Schauspieler mit Energie und Kraft zu versehen.

Die Videoaufnahme der Inszenierung beginnt mit der Flucht König Louis XVI. und Marie Antoinettes nach Varenne. König und Königin bewegen sich – ihre Flucht in die Dunkelheit mimisch darstellend – wie Schattenfiguren, während eine Lautsprecherstimme in sachlichem Ton, welche der Trauermarsch aus Mahlers erster Symphonie begleitet, die Geschichte ihrer Entdeckung erzählt:

> They've left, the king disguised as a lackey, the queen as a chambermaid and their family. They flee. They passed through the sleeping towns and villages: Villparisis, Meaux, Ferte-sous-Jouarre, Chaulieu, Chalon ... At Sainte-Merchauld they stopped at a posting house. It was opened for them. The postmaster recognized them. He let them start off again, but they stopped at Varenne and [were] forced to turn back.[65]

---

63 Miller 1977, S. 52.
64 Zitiert nach Kiernander 1993, S. 73. Hervorhebung von F.R.
65 *1789 – The French Revolution Year One*, S. 11.

König und Königin, nun von zwei anderen Schauspielern dargestellt, werden nach Paris zurückgebracht, während der Trauermarsch in die bekannteren Melodien aus Mahlers erster Symphonie übergeht. Der Sprecher fährt fort: "The afternoon was warm, the king had lunched well and dozed off. Some kilometers from Paris, a delegation of the National Assembly, led by Barnave, came to meet them and escort them as far as the capital."[66] Bei ihrer Rückkehr nach Paris fordert der Schauspieler, der Barnave darstellt, die Königin zum Tanz auf. Sie durchqueren die Reihen der Zuschauer, die, nach der die ganze Inszenierung strukturierenden Idee eines Jahrmarktes, an allen Seiten der über den riesigen Aufführungsort verteilten kleinen Bühnen plaziert sind.

Dieser formale, recht undramatische Anfang findet mit der folgenden unerwarteten Ankündigung des Sprechers sein jähes Ende: "Ladies and gentlemen, that was one way of telling the story, but we have chosen another, here it is."[67] Im nächsten Moment wird dazu übergegangen, die Not des gewöhnlichen Volks explizit darzustellen. Jetzt hört man eine sehr viel erregtere Stimme: "In that particular year through the kingdom the most terrible famine was raging: the women were too weakened to nourish their children and throughout the day the men set out to search for food and returned empty handed."[68]

Vier ähnlich gekleidete Paare betreten vier der fünf verschiedenen Bühnen, jede Frau ein Baby-Bündel tragend. Im Gegensatz zum Ansager der ersten Szene, dessen Stimme durch Lautsprecher übertragen wird, sprechen alle vier Männer mit ihrer eigenen Stimme und denselben Worten über die Unmöglichkeit, Feuer und Nahrung für ihre Familien zu finden. An diesem Punkt beginnt die 'andere' Geschichte über das Jahr 1789 in der Version des Théâtre du Soleil wirklich: mit den Vätern, die in ihrer Verzweiflung die Kinder aus den Armen ihrer Mütter nehmen und zu ihnen sprechen:

"Give him to me, my wife,/ Let me nurse him, my wife,/ Let me fondle him, my wife,/ And send him to sleep."[69]

Aber stattdessen nehmen sie die Bündel und erwürgen ihre Kinder. Die rituelle Formalität der Anfangsszene steht in einer deutlichen Opposition zu der Verzweiflung der vier Familien.

---

66 Ebd., S. 12.
67 Ebd., S. 12.
68 Ebd., S. 17. An dieser Stelle finden sich verschiedene Szenen im Manuskript, die nicht Teil der Videofassung sind.
69 Ebd., S. 17.

Herausragend an der *1789*-Inszenierung, so wie sie heute auf Video betrachtet werden kann, sind ihre karnevalesken Züge. Die wohl bekannteste Szene, der Sturm auf die Bastille und deren Fall, stellt ein interessantes Beispiel hierfür dar. Die Szene beginnt damit, daß jeder Schauspieler eine kleinere Zuschauermenge um sich sammelt, indem er am Anfang fast wispernd einen Bericht der Ereignisse gibt, so als ob er sie selbst als Zeuge miterlebt hätte.

"… Come a little closer, that's right, come on … I'm going tell you how we, the people of Paris, took the Bastille."[70]

Der Chor der wispernden Stimmen schwillt allmählich zu aufgeregtem Schreien an, das von Trommeln und allmählich zunehmenden Gesten seitens der vielen 'Raconteurs' begleitet wird, die sich nach und nach zu einer vereinten Kraft entwickeln. Wenn die Erzähler nach zehn Minuten, in denen sie von den Details der Vorbereitungen berichtet haben, ankündigen, daß die Bastille genommen sei, verwandelt sich das gesamte Spiel in einen wilden Karneval auf dem Jahrmarkt, dem der Inszenierung zugrunde liegenden *Locus*. Dies ist nicht nur eine Beschreibung der Revolution, sondern zudem der Versuch, den Zuschauern das Gefühl zu vermitteln, daß sie – indem sie die Geschichte der Revolution hören – zugleich Teil von ihr werden. An diesem Punkt erreicht die Aufführung ihren höchsten Energiepegel.

Michael Kustow hat diese Szene folgendermaßen beschrieben:

> And then, in one of the show's most riveting episodes, the lights dim, all goes quiet, and we gradually hear whispers. 'Approchez, approchez', whispers an actor, and we cluster round. With rising excitement, as if he'd just come panting from the event itself, he gives a blow-by-blow account of how he and his comrades took the Bastille. All round the theatre actors are whispering this precious story to little groups of listeners in the dark. Their voices weave together, mount into a triumphant crescendo of victory, the lights blaze on, and the whole place explodes into a carnival, here and now, and we become the people of Paris celebrating 'la fête de la Bastille'.[71]

Aber da diese karnevalesken Energien eine Gefahr für die Macht darstellen, werden sie bald durch die liberalen Aristokraten, in der Inszenierung repräsentiert durch La Fayette, in ihre Schranken verwiesen.

Als die Musik lauter wird und die Forderungen La Fayettes unbeachtet bleiben, beginnt er zu schreien: "I hereby ban all celebrations, all festivities, all public merry-making, and all manifestations of happiness which could, in

---

70   Ebd., S. 32.
71   M. Kustow, Einleitung zu *1789 – The French Revolution Year One*, S. 6.

one way or another, trouble the order of the proprietors, and understand one thing well: *the revolution is over and done with!*"[72]

Bei Kustow, als Zuschauer, wird dadurch die folgende Assoziation ausgelöst:

> This theatrical marketplace also recalls irresistably the ecstatic debates and feverish all-night meetings of May 1968, and the analogy is no accident. Both revolutions, the production seems to say, had to be contained and repressed by authority because the 'fête révolutionnaire', if allowed to reach its ultimate conclusion would have brought about absolute change.[73]

Die Frage, die eine solche Reaktion in Form eines Rückblicks aufwirft, betrifft nicht nur den Wandel der Sensibilitäten gegenüber einem solchen "absolute change". Vielmehr muß zudem gefragt werden, ob, wie Klossowski es formuliert hat, "der bestehende Zustand das Mögliche einer anderen Form der Existenz eliminiert hat."[74]

Die kontrapunktische Strategie der *1789*-Inszenierung, die gegensätzliche Standpunkte miteinander konfrontiert, stellt die Basis für derartig unterschiedliche Formen der Existenz dar. Aber die grundlegende Frage, ob die Revolution Veränderungen und radikal neue Formen sozialen Verhaltens hervorgebracht hat, wird ohne Zweifel negativ beantwortet. In diesem Zusammenhang ist es bemerkenswert, daß die für Kustow so wichtige Opposition zwischen denjenigen, die die Bastille stürmen, und La Fayette – der auch in der englischen Übersetzung Bedeutung zukommt – in der Videofassung der Inszenierung nicht existiert. Unabhängig von den Absichten, die dieser Änderung zugrunde liegen, reflektiert die Idee dialektischer Gegensätze sowohl die historische als auch die der Inszenierung zeitgenössische Situation.

Eine derartige doppelte Perspektive wird bereits in der Grundform der Inszenierung reflektiert, innerhalb derer ein Jahrmarkt als Haupt*locus* fungiert, an dem die Ereignisse der Vergangenheit wiedererzählt werden. Die Schauspieler nehmen in dieser Inszenierung folglich die Rolle von Historikern ein, ebenso wie *Marat/Sade* auf einer Aufführungssituation basiert, in der die Vergangenheit erzählt wird. Darüber hinaus werden die Massenszenen beider Inszenierungen als starker Ausdruck sozialer und revolutionärer Energien vollzogen. Diese Energien werden nahezu direkt durch die Wirkung ausgedrückt, bzw. in die Wirkung transformiert, welche die Energien der Bühnenschauspieler auf die Zuschauer haben.

---

72   *1789 – The French Revolution Year One,* S. 37.

73   M. Kustow, Einleitung zu *1789 – The French Revolution Year One,* S. 5.

74   "L'état de choses existant a éliminé le possible d'une autre forme d'existence." (Klossowski 1967, S. 27)

Ingmar Bergmans *Madame de Sade*

Die Art und Weise, wie theatrale sowie revolutionäre Energien in der
Bergman-Inszenierung zum Ausdruck gebracht werden, unterscheidet sich
erheblich von den beiden bisher beschriebenen experimentellen Produktionen, die sich auf die Arbeit mit Materialien zur Französischen Revolution
stützten. Die beiden Inszenierungen nahmen entscheidenden Einfluß auf
Brooks und Mnouchkines weitere Arbeit (ein Aspekt, mit dem ich mich in der
vorliegenden Untersuchung allerdings nicht weiter beschäftigen kann). Als
dagegen Ingmar Bergman 1989 Mishimas *Madame de Sade* inszenierte
(Abb. 24–28), war er bereits ein bekannter und anerkannter Regisseur. In
dieser Hinsicht können diese Produktion sowie einige seiner jüngeren Thea-
terinszenierungen und seine neueren Filme als Resümee und Kommentar
seiner eigenen Rolle als Regisseur betrachtet werden. In der Mishima-Inszenierung wurde diese Position sogar ironisch präsentiert.

Mishimas Drama erzählt davon, wie Renée, die Frau des Marquis, ihren
Gatten zurückweist, als dieser schließlich genau neun Monate nach dem
Ausbruch der Französischen Revolution eine Vereinigung mit ihr anstrebt.
Während des gesamten Dramas, dessen Handlung bereits im Jahre 1772
beginnt, befindet sich der Marquis im Exil oder in Haft. Er betritt die Bühne
zu keinem Zeitpunkt, obwohl er in vielerlei Hinsicht die Hauptfigur des
Dramas ist. Die Figuren auf der Bühne sind Frauen – die Frau des Marquis,
deren Mutter und Schwester, zwei Bekannte und eine Dienerin –, die ganz
unterschiedliche Reaktionen auf de Sades Taten und seine 'Philosophie'
zeigen. Sie reagieren auf de Sade so, wie die Schauspielerinnen in der Inszenierung auf die 'abwesende Anwesenheit' des Regisseurs reagieren. Eines
der Fotos im Programmheft der Inszenierung, das nur Bergmans linke Hand
zeigt, die aus einer Kulisse hinausragt, ist eine interessante Illustration dieses
unsichtbaren Einflusses.

Wie schmerzlich sich Bergman solcher Formen der durch Abwesenheit
erzeugten Macht bewußt ist, wird bereits in einem Interview von 1979
deutlich, in dem er über eine Produktion von Sartres *Tote ohne Begräbnis* –
ebenfalls von einem schwedischen Regisseur in Szene gesetzt – spricht. In der
Folterszene, die "[...] vor den Augen der Zuschauer stattfindet, [...] weinte
und schrie der Schauspieler – und es sah aus wie das Weinen und Schreien
eines Schauspielers."[75]

---

75   "[...] takes place before the eyes of the audience [...] the actor cried and screamed – and it
     looked just like an actor crying and screaming." (Marker/Marker 1982, S. 25)

[One day the director asked the actor] whether he could do it in some other way. So he piled up the chairs and desks for the school children in a straight line, and behind this mountain of tables and chairs the torturing was done. You didn't see it, you only saw some of the movements and heard the screams. And it was so terrifying that people couldn't take it. That is one of the secrets of our business – not to show everything.[76]

Auch die Struktur der Mishima-Inszenierung basiert auf diesem Prinzip, das, was am schmerzhaftesten ist, nicht zu zeigen.

Bergmans Herangehensweise stattet den Regisseur mit sehr viel mehr Verantwortung und Autorität aus, als sich Brook und Mnouchkine – zumindest nach eigenen Aussagen – als Regisseure in ihren jeweiligen Inszenierungen zugestanden haben. Eine solche Generalisierung ist natürlich eine Vereinfachung, aber als Bergman in besagtem Interview sein Verständnis theatraler Energien darstellte, behauptete er, daß jede einzelne Bühne irgendeine Art "magic" oder "focal point of energy" habe und es Aufgabe des Regisseurs sei, diesen zu finden. Er bemerkte sogar, daß er die Inszenierung um diesen speziellen Punkt herum formt: "[There] the actor is best and most effectively located. Approach and withdrawal effects are all created in relation to this point."[77]

Später fügte er im gleichen Interview bezüglich der Filmregie hinzu:

When I work together with the actors in the studio, in front of the camera, I always place the actors in relation to the camera so that they feel they are at their best. They feel – not that they are beautiful, but that the magic of their faces and their movements will be registered by the camera. And they like that. They sense that, because I like them, I wish them to be as powerful and multidimensional as personalities and actors as possible. On the stage I do exactly the same thing. I position them [...] according to the principle of the magic point. I place them on the stage, in relation to each other and in relation to the audience, so that they feel they are effective – that their charisma will work on the audience. [...] I must always function as a kind of radar, you see; I can tell whether an actor feels well, whether he feels secure, or whether he feels tense and unhappy. And I feel it faster than he feels it, I can tell before he says so, because my intuition is always at work and tells me at all times what is going on inside this man or this woman.[78]

---

76 Ebd.
77 Ebd., S.16.
78 Ebd., S. 24.

Dies ist ohne Zweifel die Stimme einer Autorität, und die Inszenierung von *Madame de Sade* basiert auf und erzählt von derartigen allwissenden Intuitionen. Gleichzeitig gibt es jedoch Momente, in denen eine Spannung zwischen der vom Regisseur inszenierten Figur einerseits und der Arbeit der Schauspielerin andererseits beobachtet werden kann. In diesen Momenten scheint die Inszenierung für einen kurzen Moment auseinanderzufallen und sich aufzulösen. Ein solcher Moment ergibt sich im zweiten Akt, wenn die Gräfin von Saint-Fond, die sowohl mit dem Marquis als auch mit den anderen Frauen gesellschaftlich und privat verbunden ist, letzteren von einer schwarzen Messe erzählt, an der sie in der Funktion eines 'Tischs' teilgenommen hat. Besagter Akt spielt 1788, in dem Jahr vor der Revolution, und wenn wir die Schauspielerin Agneta Ekmanner, die die Rolle der Gräfin von Saint-Fond spielt, betrachten, bemerken wir, daß ihre Hände und Arme blutige Male tragen. Was ihren Auftritt und ihre Haltung auf der Bühne betrifft, folgt sie ohne Zweifel sehr genau den Regieanweisungen, um auf der Bühne soviel Energie wie möglich zu gewinnen.

Aber während sie über die Details der schwarzen Messe berichtet, benutzt sie zugleich eine komplexe Zeichensprache, die sie hinsichtlich der Art, wie ihr Körper mit Bedeutung aufgeladen wird, einen Schritt über diese Anweisungen hinaus bringt. Es handelt sich bei ihrer Figurenrede um eine Geschichte, in der erzählt wird, wie ihrem Körper Bedeutung verliehen und ihre Sexualität auf eine Art und Weise ritualisiert wird, die der des Marquis sehr ähnlich ist, denn – so Madame de Saint-Fond –: "He and I are members of the coterie".[79] Auf dem Höhepunkt ihrer Erzählung spricht sie darüber, wie man ihr selbst vor Beginn der Messe ein silbernes Kreuz zwischen die Brüste und einen silbernen Kelch zwischen die Beine gelegt hat. Unmittelbar bevor sie mit der Ankündigung "[...] die Zeit der Messe näherte sich"[80] dazu übergeht, die Details zu schildern, hebt Agneta Ekmanner/die Gräfin von Saint-Fond langsam ihre Arme und entblößt so plötzlich die Stigmata auf den Innenflächen ihrer Hände. Während sie langsam beginnt, die schwarze Messe zu beschreiben, bedeckt sie das Blutszeichen auf ihrer rechten mit ihrer linken Hand und senkt gleichzeitig ihren Kopf in einer Geste der Ehrfurcht.

Diese Gesten fungieren als eine zusätzliche Ebene, auf der die Geschichte von Leiden, Erniedrigung und Erlösung erzählt wird. Obwohl es offensichtlich ist, daß sie eine weibliche Transformation der Christus-Gestalt ist, identifiziert sich die Gräfin von Saint-Fond gleichzeitig auch mit dem Marquis de Sade,

---

79   Mishima 1990, S. 61, in Übereinstimmung mit der Inszenierung. Übersetzung von Mishima 1990 aus dem Schwedischen von mir; Mishima 1978.

80   "[...] the time of the mass was approaching". (Mishima 1990, S. 62)

was impliziert, daß ihr Leiden in der Tat eine Form der erotischen Lust ist, die auch als Vorahnung der Französischen Revolution gesehen werden kann. Dieser Aspekt wird am deutlichsten in der Beschreibung des Todes der Gräfin ausgedrückt, die Madame des Sades Schwester Anne, die ebenfalls eine Affäre mit dem Marquis hatte, am Anfang des dritten Aktes liefert. Die Handlung dieses Aktes ereignet sich nach Mishimas Regieanweisungen genau neun Monate nach der Revolution, im April 1790, so als ob die Revolution ein sexueller Akt wäre, aus dem auf der Bühne eine Art 'Geburt' folgt. Anne beschreibt, wie die Gräfin von Saint-Fond nach Marseille abreiste, wo sie durch Hurerei etwas Geld verdiente, das sie für ein Kleid mit eingenähten Edelsteinen ausgeben wollte. Eines Abends kam es zu einem Aufruhr, in dem die Gräfin zu Tode getrampelt wurde. Anne fährt fort:

> And when morning came the crowd found her body. They placed her on a window which had been taken out and went crying through the streets and mourned her as the goddess of the people, a sublime victim. Poets wrote songs about the 'pathetic whore' and everybody sung these songs. Nobody knew who she was.
>
> Well, in the morning light the dead body of the Countess de Saint-Fond looked like a slaughtered hen. It had the same colours as the tricolor – the red blood, the white skin and all the blue marks on it. The morning sun penetrated the thick layers of her make up and revealed her aging skin. People became upset when they realized that the young woman which they were carrying on their shoulders had become transformed into an old hag.
>
> But this did not in any way effect the honours she was shown. When her feathers had been taken away and the wrinkled thighs had been revealed, her corpse continued to be carried on its triumphal march through the city to the sea – the Mediterranean, which gives a deeper hue to the deep blue colour of aging and takes away the wrinkles of aging. This, as you know, was the beginning of the French Revolution.[81]

Auf diese Art präsentieren auch Mishima/Bergman die Energien des Pöbels: durch eine Geschichte, die genau neun Monate, nachdem sie geschah, erzählt wird. Verglichen mit den Massenszenen der beiden zuvor analysierten Inszenierungen, die tatsächlich auf der Bühne gezeigt wurden, werden wir hier mit einem völlig anderen Verständnis der Art und Weise konfrontiert, wie die Revolution ihre Energie aus den transgredienten sexuellen Energien des Marquis de Sade gewinnt, mit dem sich die Gräfin von Saint-Fond so stark identifiziert.

---

81 Ebd., S. 93–94.

In Mishimas Drama werden diese sexuellen Überschreitungen wiederholt als Vorahnungen der Französischen Revolution präsentiert, und es ist der Marquis de Sade, der diese Welt geschaffen hat, wie seine Frau im letzten Akt, kurz bevor sie ihn zurückweist, bemerkt. In der Tat ist er der Erzeuger ihrer Gewalt und Grausamkeit. Aber die Revolution selbst, die Ausbrüche subversiver Energien, die für Brook und Mnouchkine so zentral waren, werden von Bergman nicht auf die gleiche direkte Art theatral dargestellt. Es gibt jedoch immer noch Momente extremer Theatralität, kleiner Spiel-im-Spiel-Situationen, welche die Zuschauer auf elegante Art mit den theatralen Energien und dem Charisma konfrontieren, über das Bergman in seinen Interviews gesprochen hat.

Wenn die Gräfin von Saint-Fond im zweiten Akt beispielsweise erzählt, wie ihr Körper der schwarzen Messe unterzogen wurde, und sie dabei die Stigmata Christi auf ihren Handflächen zunächst zeigt, dann verbirgt, so enthüllen sowohl die Figur als auch die Schauspielerin Agneta Ekmanner, auf welche Art und Weise Figur und Schauspielerin als Schiefertafeln fungieren, auf welche die Zeichen der Kultur eingeschrieben werden. Da die Schauspielerin Agneta Ekmanner die Stigmata auf ihren Händen trägt, ist es eher sie und nicht die Gräfin von Saint-Fond, die uns dazu auffordert, nicht nur die Geschichte der schwarzen Messe, wie sie uns von den Figuren erzählt wird, zu bedenken, sondern auch, wie die Idee der Transformation des menschlichen Körpers in ein kulturelles Zeichen von der christlichen Kultur formuliert wurde. Die Transsubstantiation, auf deren Grundlage Brot und Wein den Körper des Heilands konstituieren und sich zugleich in ihn verwandeln, ist das 'Mysterium', auf das sich die christliche Religion gründet; dieses Mysterium ist im christlichen Glauben auch 'Geschichte' und eine rituelle Form, 'Geschichte darzustellen' ("performing history"). Diese Transformation ist vielleicht eine der kulturell mächtigsten Metaphern für die Energien, die in der Schauspielkunst verkörpert und in sie eingeschrieben sind.

Nicht nur, weil Agneta Ekmanner eine dem schwedischen Publikum wohlbekannte Schauspielerin ist, scheint es wichtig, in einer derartigen Situation zwischen der Figur und der Schauspielerin Agneta Ekmanner zu unterscheiden. Auch können die Geschichte der Gräfin von Saint-Fond, die von der schwarzen Messe erzählt, einerseits und die Zeichensprache der Schauspielerin andererseits tatsächlich als zwei verschiedene und getrennte Erzählungen wahrgenommen werden, obwohl sie ohne Zweifel aufeinander abgestimmt sind. Agneta Ekmanner zeigt uns, daß die Schauspielkunst dazu gezwungen ist, sich besagter Art von rätselhafter Transformation des Körpers in einen kulturellen *Locus,* den Ort, an dem Zeichen durch die Schauspielkunst hervorgebracht werden, zu unterziehen. Die Tatsache, daß Agneta Ekmanner in anderen Inszenierungen ohne die Stigmata ähnliche Handbewegungen eingesetzt hat, verstärkt den Eindruck, daß diese Handbewegung für sie als Schauspielerin sehr wichtig ist und daß sie unabhängig von den verschiedenen Rollen, die sie gespielt hat, existiert.

Die beschriebene Oszillation zwischen Enthüllen und Verbergen oder Verdrängen der Zeichen des Körpers schafft ein interessantes Spannungsfeld, das sowohl im spielenden Körper wie auch im Zuschauer eine spezifische Art von Energie aktiviert. Der Riß zwischen der Schauspielerin und ihrer Rolle ist in erster Linie nicht ein Ausdruck Brechtscher Verfremdung, sondern kann vielmehr als ein Bruch im Fluß der Aufführung beschrieben werden, an dem sich plötzlich etwas Rätselhaftes zeigt, das, wie ich denke, den Zuschauer für einen kurzen Moment in einen Zustand von Verwunderung und Unsicherheit stürzt. Den größten Teil der Aufführung folgen die Zuschauer in der Regel der Spielhandlung, da wir auf einigen Ebenen Beziehungen zwischen den verschiedenen Elementen und Aspekten der Inszenierung herstellen und diese deuten. In Momenten wie dem hier beschriebenen geschieht es aber, daß wir plötzlich aus diesem 'Fokus' herausgeschleudert werden und dann zunächst nicht wirklich wissen oder verstehen, was die Zeichen bedeuten. Und in gewisser Hinsicht sind sie auch nach einer sorgfältigen Untersuchung und Analyse noch rätselhaft.

Ein anderer Moment der Aufführung, der diese enigmatische und überraschende Qualität besitzt, ereignet sich, wenn die Gräfin von Saint-Fond nach Beendigung ihrer Geschichte über die schwarze Messe gerade gehen will, und Anne sie bittet, sie begleiten zu dürfen. An diesem Punkt öffnet die Gräfin langsam Annes Kleid und streichelt ihre Brust. Diese Geste erscheint als Widerhall des kurzen Moments des ersten Aktes, wenn Madame de Montreuil Anne mit einer ähnlichen Geste begrüßt, indem sie ganz kurz Annes Brust berührt. Der Kampf zwischen Renée und ihrer Mutter, in dem Renée die Ehe ihrer Eltern ironisch schildert und die Mutter ihrem Ekel über die Vergnügen, die der Marquis ihrer Tochter bereitet, Ausdruck verleiht, wobei beide, rote Kleider tragend, vor Energie und Sinnlichkeit glühen, ist eine andere Szene, in der plötzlich die Körperlichkeit in der sonst recht formellen Handlung aufscheint. Dieses intensive Aufblitzen weiblicher Sexualität auf der Bühne ist natürlich nur ein schwacher Widerhall der Ausdrucksformen von Sexualität, über die in Verbindung mit dem Marquis de Sade gesprochen wird. Indem Bergman diese physischen Momente einführt, läßt er die Zuschauer die in den sexuellen Überschreitungen enthaltenen Energien erahnen, welche nicht wirklich auf der Bühne gezeigt werden. Sie können – ebenso wie die Hand des Regisseurs im Programmheft – als Momente

narzißtischer Selbstbespiegelung betrachtet werden und stellen einen sehr
wichtigen Charakterzug der Inszenierung dar.

Die Komplexität des oben beschriebenen Schauspiels und das kurze, aber
intensive Aufblitzen von Sexualität auf der Bühne, das die wahre Sexualität
des Marquis de Sade spiegelt, sind nur zwei der Ausdruckformen von Energie
in dieser Inszenierung. Eine andere Art von Energie stellt sich in verschiedenen Formen des Widerstands – nach Art des Widerstands eines Materials,
durch das Strom fließen muß, der es zum Leuchten bringt – her. Die gesellschaftlichen Normen der Aristokratie, die auf der Bühne durch die aufwendi-
gen Kleider, die formalisierten Bewegungen und die Fächer, hinter denen sich
einige Figuren verbergen, repräsentiert werden, lassen sich als eine derartige
Form von Widerstand verstehen. Sie sind die sozialen und sexuellen Normen,
die von den transgredienten Energien des Marquis de Sade herausgefordert
und auf der Bühne nie wirklich sichtbar werden – außer ganz am Schluß der
Inszenierung, wenn Renée den Mut gefunden hat, ihrem Gatten den Eintritt
in ihr Haus zu verweigern.

Der Marquis ist schließlich aufgrund der Revolution entlassen worden
und unmittelbar bevor er um Einlaß bittet, erklärt seine Frau: "The world we
are living in now is a creation of the Marquis de Sade"[82]. Nach einer Weile
fährt sie in ihrer Erzählung fort:

> Alphonse has spun a thread of light from the evil, he has created something
> holy on the basis of all the destruction he has collected. [...] The anguish, the
> pain and the lamentations of humanity rise like towers striving to heaven from
> his silver helmet, and he presses a sword saturated with blood to his lips to
> take the solemn oath. [...] His breast expands under his suit of armour when
> he sees the bloody slaughter, the banquet with millions of corpses, the most
> silent of feasts. His white horse, dirtied by blood [...] is on route to the morn-
> ing sky where the flashes of lighting are crossing each other. A flood of light
> rushes down – a holy light which blinds everyone, and Alphonse is the very
> nucleus of that light.[83]

Als sie diese Beschreibung beendet hat, folgt ein Moment der Stille, während
auf dem Prospekt eine Projektion des Atompilzes zu sehen ist und die Bühne
für ungefähr zwei Sekunden hell ausgeleuchtet wird. Dies ist Alphonses
wahres Gesicht, das Renée jetzt zurückweisen wird.

Es ist offensichtlich, daß für Bergman die Energien, die durch die Atom-
spaltung freigesetzt werden, eine direkte Erweiterung der revolutionären und

---

82   Ebd., S. 114.
83   Ebd., S. 116–117.

sexuellen Energien darstellen, mit denen sich Mishimas Drama befaßt. Im Drama fungieren die sexuellen Energien des Marquis, von denen wir auf der Bühne nur einige kurze Blicke erhaschen, als allegorischer Ausdruck der Revolution. Bergman scheint zu implizieren, daß eine Theaterinszenierung, in der die kreativen Energien der Schauspielerinnen voll zur Geltung kommen, eine Möglichkeit darstellt, den destruktiven Energien entgegenzutreten.

Danton und Robespierre – und Lucile

Eine Untersuchung der verschiedenen Modi der Darstellung der Französischen Revolution auf der Bühne sollte zumindest kurz auf das Drama eingehen, das zweifellos die Darstellungs- und Aufführungsform dieses Zeitraums auf der Bühne am stärksten beeinflußt hat: Georg Büchners *Dantons Tod*. Laut Laura Ginters wurde dieses Drama seit seiner Uraufführung 1902 in Berlin allein in der deutschsprachigen Welt dreihundert Mal inszeniert.[84] Berühmt wurden vor allem Leopold Jessners Inszenierungen des Dramas in verschiedenen Theatern 1910, 1911 und 1913 sowie Max Reinhardts Produktionen 1916 und 1927.

Büchners Drama und seine Bühnengeschichte beeinflußten auch stark das Drama von Stanislawa Przybyszewska *Der Fall Danton* von 1929, das durch Andrzej Wajdas Film *Danton* von 1982 große Bekanntheit erlangte. In Wajdas Film kann man einerseits einen nach den Reformkräften des Polens der damaligen Zeit geformten Danton sehen, gespielt von dem charismatischen Gérard Depardieu, andererseits einen fast stummen Robespierre – gespielt von dem polnischen Schauspieler Wojciech Pszoniak –, der einen altmodischen Konservatismus von spartanischer Strenge repräsentiert. Als diese französisch/polnische Koproduktion auf der Basis von Jean-Claude Carrières recht frei umgearbeitetem Drehbuch entstand, hatte Wajda Przybyszewskas Drama bereits zweimal inszeniert: zunächst 1975 am Powszecny Teatr in Warschau und später noch einmal 1980 in Gdansk.[85] In der Rezension der Warschauer Inszenierung schrieb der Theaterkritiker Maciej Karpinsky:

> Robespierre represents the attitude of a man of principle, which any time can turn into dangerous dogmatism, bringing self-destruction despite the chastity of his motives. Danton stands for revolutionary compromise which although much closer to the defective human nature, inevitably stains the moral purity of the idea. [...] Robespierre will seal down the victory of the Revolution,

---

84   Ginters o. D., S. 1.
85   Siehe hierzu die Einführung zu Pryzybyszewska 1989.

which is going on amidst errors, ideological meandering and horrible mistakes, but implacably and inadvertantly changing the face of the world.[86]

Dies ist ohne Zweifel auch die Haltung, die Wajda sieben Jahre später in seinem Film gegenüber den beiden Kontrahenten im politischen und psychologischen Kampf einnahm.

Przybyszewska selbst hatte den Konflikt zwischen Danton und Robespierre in ihrem Drama auf andere Art und Weise konstruiert. Für sie war Robespierre, den sie sehr bewunderte, das ideologische wie emotionale Zentrum des Dramas. Wajda relativierte Przybyszewskas starke Sympathiebezeugungen für Robespierre unter anderem durch das Hinzufügen einer Szene zu Beginn des Films, in der Robespierres Haushälterin einen nackten Knaben wäscht und dabei von ihm verlangt, daß er die revolutionären Gleichheitsprinzipien auswendig lernt. Jedesmal, wenn er etwas vergißt, schlägt sie auf seine nassen Finger. In der letzten Szene des Films, in welcher der fiebernde Robespierre auf seinem Bett liegt und sich schließlich bewußt wird, welche Konsequenzen die Hinrichtungen der Dantonisten nach sich ziehen werden, tritt der nunmehr herausgeputzte Knabe in sein Zimmer, nachdem er schließlich seine Lektion gelernt hat.

Suzanne Osten inszenierte 1986 eine schwedische Produktion von *Der Fall Danton* am Ungara Klara Theater, einem experimentellen Theaterensemble, das Bestandteil der Städtischen Bühne Stockholms ist. In ihrer Anmerkung im Programmheft erklärt sie: "Stanislawa's [...] Robespierre and Danton are irreconcilable, but they exist inside her, and they also exist inside us."[87]

In Ostens Inszenierung hat Eleonore, die Frau, die am engsten mit Robespierre verbunden ist, eine Doppelgängerin, die von derselben Schauspielerin dargestellt wird. Diese Doppelgängerin ist die Figur Stanislawa, die häufig auf der Bühne erscheint und einige der langen und komplexen Bühnenanweisungen des Dramas spricht; nach eigener Aussage nutzte Osten diesen Kunstgriff, um die psychologische Symbiose zwischen Danton und Robespierre deutlich zu machen. Wie sie in einem späteren Interview mitteilte, war dies der Weg, den sie wählte, um zu zeigen:

> On a psychoanalytic level Stanislawa split her father [the Polish author Stanislaw Przybyszewski, F.R.], idealized him in the Robespierre-figure and hated him through the character of Danton. Both are the condition of the other. She apparently made a 'split', like Bergman did in *Fanny and Alexander*. The white, good, dead father and the black living priest from hell.[88]

---

86 Karpinsky 1975, S. 9 u. 13.
87 Osten 1986, S. 7.
88 Osten/Zweigbergk 1990, S. 240–241.

Es ist interessant, daß Osten ihre eigene Arbeit mit Ingmar Bergmans epischem autobiographischem Film von 1981/82 vergleicht. Im größeren Kontext des schwedischen Theaters ist es alles in allem jedoch möglich, die Arbeit Ostens als bewußte Alternative zu Bergmans Ästhetik zu betrachten, auch wenn sie selbst in dem obigen Zitat bemerkt, daß sie sich mit den gleichen Problemen beschäftige. In ihrer Darstellung der Französischen Revolution, die nur drei Jahre vor der oben analysierten Bergman-Inszenierung in Szene gesetzt wurde, zeigte Osten ein sehr viel chaotischeres und karnevaleskeres Verständnis der Kämpfe dieses Zeitraums. Es ist natürlich auch bedeutsam, daß Osten ein Drama über die Revolution ausgewählt hat, in dem auf der Bühne die vielschichtigen Spannungen zwischen den politischen und den persönlichen Interessen erforscht werden. Bergman dagegen wählte ein Drama, das zwar den gleichen Zeitraum behandelt, aber die Spannungen in der intimeren weiblichen Sphäre fokussiert, während die wirklichen Gründe für den Umsturz von der Bühne ausgeschlossen werden. Osten ist daran interessiert, die politischen Kämpfe wie auch ihren persönlicheren psychologischen Widerhall zu zeigen.

Ich werde die Diskussion der verschiedenen Inszenierungen des Przybyszewska-Dramas hier nicht weiter entwickeln, obwohl diese ohne Zweifel Möglichkeiten der Darstellung gezeigt haben, die die vorher analysierten Inszenierungen über die Französische Revolution mehr oder weniger übersehen haben.

Im folgenden werde ich in gebotener Kürze amerikanische Inszenierungen von *Dantons Tod* analysieren, um auf diesem Wege die vorliegende Untersuchung zusammenzufassen sowie einige vorläufige Schlußfolgerungen bezüglich des Verhältnisses von Praxis und Theorie in der Nachkriegsavantgarde zu ziehen. Die erste der beiden Produktionen, die im folgenden analysiert werden sollen, wurde von Herbert Blau 1965 am Repertory Theatre of Lincoln Center inszeniert, die zweite von Robert Wilson 1992 am Alley Theatre, Houston/Texas. Ich werde mit der Analyse von Wilsons Inszenierung beginnen, nicht nur, weil sie ungefähr drei Jahre nach der Bergman-Inszenierung Premiere hatte, was ermöglicht, die chronologische Ordnung der Geschichte, die ich hier erzähle und die sich von der Mitte der sechziger Jahre zu den frühen neunziger Jahren erstreckt, beizubehalten. Sondern auch, weil sich Wilsons Inszenierung zudem als eine deutliche Weiterentwicklung der ästhetisierenden Tendenzen sehen läßt, die bereits in der Bergman-Inszenierung beobachtet werden konnten.

Diese Strategie ermöglicht es, abschließend auf Blaus Inszenierung zurückzukommen, die – zumindest in ihren Absichten – zweifellos die politisch radikalste der hier behandelten Produktionen war. Zugleich erwies sich diese

Inszenierung von *Dantons Tod* als schmerzhafter Mißerfolg für den Regisseur
Blau, der erst kurz zuvor als neuernannter Intendant des Repertory Theatre
of Lincoln Center von der Westküste nach New York gezogen war, von
dieser Position aber hauptsächlich aufgrund dieser Inszenierung zurücktreten
mußte. Blaus Radikalität führt uns zurück in die Mitte der sechziger Jahre,
aber auch über diese turbulenten Jahre hinaus zu Problemen der Theorie
und der Inszenierungspraxis, wie sie Blau selbst in seinen seither veröffentlichten Büchern behandelt hat. Indem ich mich schließlich auf diesem Wege
von der Inszenierungspraxis hin zur Theorie begebe, wird es, wie ich hoffe,
möglich sein, die hier ausführlich untersuchten Themen in einem neuen
Licht erscheinen zu lassen sowie die gesamte Untersuchung zusammenzufassen.

Der Dramaturg von Wilsons *Dantons Tod*-Inszenierung am Alley Theatre,
Houston, Christoph Baker, der den Produktionprozeß genau verfolgt hat,
schrieb im Programmheft:

> Rejecting Stanislavski's System or the American Method, Wilson is interested
> in his actor's presenting, not interpreting the play. Seeking to place the visual
> life of the stage work in equal standing with the verbal life, he pays particular
> attention to the physical production and "choreography". Often the text,
> movement, scenic elements contradict each other. Sometimes they reinforce
> each other. But they always leave room for the audience to draw conclusions
> and make connections that are wholly their own.[89]

Dieses "visual life" der Wilson-Inszenierung wurde wirklich sehr stark herausgestellt, wie sich anhand einer recht guten Video-Dokumentation sehen
läßt. Die eindrucksvollste visuelle Versinnbildlichung ist der Prospekt, der sich
wie eine Kameralinse während der Aufführung ausdehnt und verkleinert.
Gleichzeitig füllt verschieden gefärbtes Licht diesen 'leeren' Raum, der durch
das ständige Ausdehnen und Zusammenziehen des ihn umgebenden schwarzen 'Rahmens' entsteht. Dies ist ein dynamisches Bühnenbild, das Wilson in
verschiedenen seiner jüngeren Produktionen sorgfältig erprobt hat, wie zum
Beispiel in der von *Doktor Faustus Lights the Lights*, die 1992 in vier verschiedenen Theatern inszeniert wurde. Ich selbst habe die Hebbel Theater-
Produktion in Berlin gesehen, in der Wilson ganz offensichtlich die gleiche
visuelle Sprache einsetzte wie in seiner *Dantons Tod*-Inszenierung.

Die Handlung der Büchner-Inszenierung vollzieht sich größtenteils auf der
breiten Vorderbühne, die für gewöhnlich recht dunkel ist. Während der

---

89 Baker 1992, S. 7.

langen Eingangsszene bewegt sich eine schwarz gekleidete Figur, ohne Zweifel eine Verkörperung des Todes, die an einigen Stellen der Aufführung wiederkehrt, über die halberleuchtete Bühne, auf der eine Fackel brennt. Währenddessen nehmen die Zuschauer noch ihre Plätze ein. Bereits in der ersten Szene, die nach einem langen Black-Out beginnt und in der Danton, seine Frau und die Kartenspieler sich miteinander amüsieren, wird jede Figur individuell beleuchtet. Sie sprechen alle sehr langsam über Mikrophone, jede einzelne Silbe der Worte betonend. Diese Art der Darstellung, die in unterschiedlicher Form im Verlauf der gesamten Aufführung reproduziert wird, erzeugt ein starkes Gefühl von Isolation und Fragmentierung, sogar eine solipsistische Sicht der historischen Situation. Auch im weiteren Verlauf der Aufführung wird dem Zuschauer wenigstens in der Videoaufnahme, kein Gefühl für die Spannungen oder die Streitigkeiten zwischen den verschiedenen Figuren oder den verschiedenen politischen Fraktionen, die im Drama selbst so eindringlich repräsentiert werden, vermittelt. Vielmehr wird der Zuschauer für die ritualisierte Formalität, durch welche die Schatten der Vergangenheit buchstäblich wieder erscheinen, sensibilisiert. Für Wilson sind die Figuren in Büchners Drama wie jene fast abstrakten 'Dinge', auf die in der Eingangsszene von *Hamlet* Bezug genommen wird, wenn Horatio fragt, ob 'dieses Ding', der Geist, heute Nacht wieder erschienen ist. In Wilsons *Dantons Tod*-Inszenierung sind die Figuren Schatten, die aus dem Totenreich zurückkehren. Sie wiederholen förmlich jene Sätze, die einst, in jener fernen Vergangenheit, aber nicht auf der Bühne, in der Aufführung selbst, heftige Leidenschaften ausgelöst haben. So scheint Wilson von Anfang an zu implizieren, daß alles, was von der Geschichte bleibt, ein geisterhaftes Ritual ist. Die Bewegungen und die Gefühle der Vergangenheit können nur noch formalisiert und ritualisiert wiederholt werden.

Melanie Kirkpatrick, die Kritikerin des *Wall Street Journal*, drückt ihre Frustration bezüglich der Inszenierung folgendermaßen aus:

In the information session that precedes every performance, the audience hears about Mr. Wilson's "new theatrical idiom" and is told to look at the stage as art. The production is unincumbered by heavy textual interpretation, it is said, the better for the audience to draw its own conclusions.

In other words, if you do not like it, you've only yourself to blame. You just must not be sophisticated enough for such a demanding work.

Well, call me a hick, call me a Philistine, but to my mind, the Wilson "Danton's Death" falls more in the category of theatrical fad than theatrical genious. To be sure, Mr. Wilson has created many striking images as he has in his other productions. Visually the show is arresting. But he has also turned a powerful play into an inaccessible, even dull, one.

Kirkpatrick fährt fort:

> [The] encounter between Danton and Robespierre, when the latter is in his
> bath, is a good example of how the Wilsonian method of acting willfully
> undermines the basic theatrical *energy* of Büchner's play. By rights, this scene
> ought to be a dramatic highlight of the play, since it's the only time the two
> antagonists appear together. Instead, the men seem to ignore each other and
> deliver what might as well be monologues. Danton stands onstage and nearly
> out of view of Robespierre; in fact, the two men never even look at one
> another.[90]

Der Eindruck, der von der Videoaufnahme dieser Inszenierung vermittelt und
durch die Rezeption anderer Wilson-Produktionen live auf der Bühne bestätigt
wird, ist, daß seine 'choreographische' Interpretation des Büchner-Dramas auf
dem In-Schach-Halten und der Kontrolle von revolutionären Energien und
Energien des Schauspiels basiert. Die Darsteller erscheinen eher in die größere
visuelle Ordnung integriert, als direkt als Figuren in Konfliktsituationen
eingesetzt. Die Darsteller/Figuren sprechen sich gegenseitig fast nie an, nicht
einmal in den intensivsten Dialogen, sondern sie 'probieren' die Worte vielmehr in einer Art solipsistischem Raum der Selbstgenügsamkeit aus. Es
scheint sogar eine willkürliche Lücke zwischen der Erzählung der Revolution
und dieser Art der formalen Stilisierung des Schauspielens zu existieren. Die
Straßenszenen mit dem einfachen Volk sind sehr bewußt verschiedenen
Genres des Musiktheaters nachempfunden. Die Frauen tragen normalerweise
lange Abendkleider, ruhen auf Sofas und sprechen ihren Text mit fast melo-
dramatischer Formalität. Die Formalität der Bildsprache und die Bewegungen
der Figuren auf der Bühne weisen auch sehr deutliche Einflüsse fernöstlicher
Theatertraditionen auf.

John Rockwell faßte diese Gegensätze zwischen der stilistischen Formalität und den revolutionären Themen in seiner Rezension in der *New York
Times* auf positivere Art zusammen als die oben zitierte Kritik von Kirkpatrick. Er behauptet:

> Again, as usual, the essence of Mr. Wilson's vision is visual: extraordinary
> cool, sensuous, elegant stage pictures that he says are inspired by David but
> look archetypically Wilsonian. What makes this production more potent than
> some of Mr. Wilson's recent work, however, is how the formalism contains
> and contrasts with the passion of the play and of the actors, and the especially
> beautiful images Mr. Wilson has conjured.[91]

---

90   Kirkpatrick 1992, S. A 15. Hervorhebung von F.R.
91   Rockwell 1992, S. C 13.

Wenn man diese Produktion im Kontext der hier untersuchten Inszenierungen zum Thema der Französischen Revolution betrachtet, so läßt sich ohne Zweifel behaupten, daß die ästhetische Formalität eines 'Darstellens von Geschichte' ("performing history") hier ins größte Extrem getrieben wurde.

In einer seiner jüngsten 'Meditationen' über Ideologie und Theaterpraxis, in der er sich zwar nicht speziell auf die Inszenierung von *Dantons Tod* bezieht, sondern seine Unterscheidungen eher anhand der Inszenierung von *King Lear* (Schauspiel Frankfurt 1990) vorzunehmen scheint[92], bemerkt Herbert Blau über Wilsons Umgang mit klassischen Dramen:

> The texture of the performance is such, its attenuation, that we may think of all appearances as the 'baseless fabric' of a vision in which the actors have melted into air, thin air, even before the revels have ended (Temp. 4.1.148–156), since they have assumed from the beginning – without that fracticiousness of will which is a figure of the drama and its paradox of necessity – the function of a sign.[93]

Diese Art von "postmodernem Pastiche" betrachtet Blau als "eine Funktion der Logik des Konsumkapitalismus"[94]. Bereits in einem früheren Buch, *The Audience*, schreibt Blau:

> The sumptuously decentered productions of Robert Wilson, [... could] perhaps best be described as masques, presenting another model of the psyche in which, displacing the princely observer, the invisible power of the director is distributed all over the stage.[95]

Wie ich bereits wiederholt angekündigt habe, werde ich diesen Artikel mit der Analyse von Blaus *Dantons Tod*-Inszenierung aus dem Jahr 1965 abschließen. Wie ich bereits angedeutet habe, ist es unmöglich, diese Produktion von der theoretischen Arbeit zu trennen, die aus ihrem Scheitern hervorging. Weder kann, noch möchte ich hier jedoch Blaus Schriften zu Theorie und Praxis des Theaters vorstellen, die über eine Auseinandersetzung mit diesem Scheitern weit hinausgehen und vor allem als fortlaufender Kommentar zur zeitgenössischen Theaterpraxis und -theorie gelesen werden müssen. Blau beschäftigt sich natürlich nicht unmittelbar mit den Darstellungen der Französischen Revolution auf den Nachkriegsbühnen, sondern vielmehr mit den äußerst komplexen Beziehungen zwischen Inszenierung und einerseits theatraler Praxis, andererseits Theorie. Diese Interaktionen zwischen Theorie und Praxis sind ohne

---

92 Siehe auch Fischer-Lichte 1995.
93 Blau 1992, S. 158.
94 "[...] a function of the logic of consumer capitalism" (ebd., S. 158).
95 Blau 1990, S. 353.

Zweifel ein wesentlicher Aspekt im zeitgenössischen Theater der Avantgarde. Sie können als eine Variation der Dialektik von 'Geschichte' und 'Schreibprozeß' gesehen werden, die bereits unter Bezug auf de Certeaus Ideen als Grundlage für den Begriff des 'Darstellens von Geschichte' ("performing history") thematisiert wurde. Blaus Inszenierung von *Dantons Tod* und seine nachfolgenden theoretischen Überlegungen auf der Basis dieses Dramas können folglich, wie ich denke, als möglicher Ausgangspunkt für die Auseinandersetzung mit einem Regisseur und Schriftsteller gesehen werden, dessen Werk viel zu viele Modalitäten enthält und dessen Schriften zu viel vom Leser verlangen, als daß sie sich leicht zusammenfassen ließen.

In *Take up the Bodies* berichtet Blau im Detail über das Scheitern seiner *Dantons Tod*-Inszenierung und bezeichnet die Zurücknahme einiger Passagen des Programmhefts als die beschämendste Tat seiner Theaterlaufbahn.[96] In diesem Buch zitiert Blau auch Passagen des Programmheftartikels, der den Unwillen fast aller Zeitungen auf sich zog. Die maschinengeschriebene Veröffentlichung, die sich im Archiv der New York Public Library for the Performing Arts im Lincoln Center befindet, wo auch die Premiere der Inszenierung im Oktober 1965 am Repertory Theatre stattfand, enthält einige Passagen, auf die Blau später auch im Buch verzichtet hat. Nach einer kurzen allgemeinen Einführung zur Französischen Revolution und zum Büchner-Drama schrieb Blau in dem Archivdokument, das ich hier in gewissem Umfang zitieren möchte:

> The French Revolution was a series of small nuclear explosions climaxed by the Reign of Terror. It came at the end of the eighteenth century when Enlightenment looked over the abyss to anarchy and, in our own time, absolute unreason. The Terror was designed by the Commitee of Public Safety as an instrument of order. "Terror, but not chaos." The bloodletting seemed required by History. Terror, according to Robespierre, Castro, Verwoerd, Mao Tse-Tung and President Johnson, is the moral whip of Virtue.
>
> This is not to equalize all aberrations of Power, but to recognize – as Büchner did at twenty-one – that nobody has a premium on tyranny. By fault or default, from whatever good motives, we are all executioners. [...]
>
> "There's nothing that we build that's not of human flesh", says Danton, anticipating the lampshades of Auschwitz. "It's the curse of our age." But the guillotine is not only to be compared with the incinerators; that would miss it's bloodier point. The guillotine, introduced as a humane method of capital punishment, quick and surgical, is the absurd chop-logic of the bureaucratic mind, like the tumblers of the computer that decides how many people are

---

96   S. Blau 1982, S. 69–70.

expendable in the next holocaust. People submitted to it as we submit to our own most impossible conceptions, by what psychiatrists have called "selective" inattention.

The Revolution may have been a time when, for their little day, the poor were the terror of the earth. But the guillotine was the debraining machine of the bourgeois world. The executioner, like Eichmann, was a respectable man, an obedient part of the mechanism. Revolution comes from oppression, but the price indices rose then as they do now with Viet Nam. Büchner creates a scene where prosperity promenades while murder is laughing in the streets. [...]

There is grandeur in Büchner's most pessimistic vision. King Lear's never shivers Danton's spine. Where Lear runs when he is cut to the brain, Danton stands still, until he is forced to claim himself from History in all his bloody glory. A bright spume of energy informs this play, whose craft runs recklessly after Imagination. If Imagination gapes on death, it is to open, as Blake said, the doors of perception. If we are crushed by the fatalism of History, we are reminded that "creation is all around us, raging and brightening, born anew in every moment."[97]

Diese Textstellen sprechen ohne Zweifel für sich und bedürfen keines weiteren Kommentars. Der heftigste Aufruhr wurde durch die Namenliste im ersten Abschnitt verursacht. Es stellte sicherlich eine Herausforderung der politischen und intellektuellen Sensibilität seiner Landsleute dar, daß Blau Präsident Johnson in eine Reihe mit Robespierre, Castro und Verwoerd stellte. Mao Tse-Tung in diese Liste aufzunehmen, die bereits 1965 erstellt wurde, bewies zudem ohne Zweifel einen Weitblick, den die meisten europäischen Intellektuellen jener Zeit nicht so einfach akzeptiert hätten. Nach solch einem bereits im Vorfeld erfolgten Zusammenstoß mit dem 'Erwartungshorizont' des New Yorker Publikums und der Kritiker nahm es kaum wunder, daß auch die Aufführung selbst nicht gut aufgenommen wurde. Darüber hinaus bereiteten Blau, abgesehen von den involvierten ideologischen Fragestellungen, offensichtlich die Besetzung und die technischen Einschränkungen des Theaters massive Probleme, aber diese Tatsache ist in dem hier untersuchten Kontext nur von untergeordnetem Interesse. Zu bemerken lohnt vielmehr, wie Blau das Theater weiterhin aus einer Perspektive betrachtete, die nicht nur deutlich von seiner *Dantons Tod*-Inszenierung, sondern auch vom Themenkomplex "Revolution und Theater" beeinflußt wurde. In *The Eye of Prey* von 1987 bemerkt er:

Any way you look at it – which may be the price of looking – the theater is the place where nothing is being transacted except what has been imposed on the

---

97 Blau 1965, o. S. Teile dieser Notiz wurden auch veröffentlicht in Blau 1982, S. 70.

disfigured body of thought of an infinite chain of representation. The missing links of this chain, its *structure of disappearance*, wind through the body politic and are strengthened, as Genet suggested in *The Balcony*, by the delusions of revolution, which maintains the chain of servitude intact. We felt something like that after the sixties (when the 'whole world' was 'watching'), and it appears to be no different after every insurrection around the globe. [...] It is against this [vanishing] power that performance continues to struggle, always coming round, with no higher aspiration than another reversal of history in the play of appearances: the liberation of the performer as an *actor* who, laminated with appearance, struggles *to appear*.[98]

'Geschichte darstellen' ("performing history") ist ohne Zweifel solch ein Kampf darum, in Erscheinung zu treten. Oder – um den Boten in Genets Drama zu zitieren: "Die Geschichte wird gelebt, damit ein ruhmvolles Blatt beschrieben werden und dann gelesen werden kann."[99] Oder in den Worten des Polizeichefs: "Die Revolution gerät ins Schwärmen und verliert den Boden unter den Füßen. Wenn sie so weit sind, ihre Abschnitte nach Stern-bildern zu benennen, wird die Revolution sich rasch auflösen und in Gesang verwandeln – hoffentlich in einen schönen."[100]

Dies ist anscheinend der Punkt, an dem nicht nur der Darsteller, sondern auch die Revolution selbst in einen leuchtenden Stern transformiert wird.

Aber Blau fuhr fort, das Büchner-Drama als Teil seiner umfassenderen theoretisierenden Meditationen über das Theater zu lesen und so durch sein Schreiben 'aufzuführen' ("performing"). In *The Audience*, veröffentlicht 1990, bemerkt Blau über *Dantons Tod*: "[it is] a virtual agenda of postmodern thought"[101] [which serves as a] "prophetic metadrama on the generic futility of poststructuralist thought."[102] Blau fokussiert vor allem den Danton in der Gefängniszelle, der fragt: "Will denn die Uhr nicht ruhen?"[103] Diese Frage schließt sich zu einem dialektischen Rahmen zusammen mit Dantons zy-nischer Aussage in der ersten Szene des Dramas – ich habe sie als eines der Motti dieses Artikels zitiert –, wo Danton sagt: "nach einer Stunde werden

98 Blau 1987, S. 169–170.

99 Genet 1980, S. 149. Im Original: "L'Histoire fut vécue afin qu'une page glorieuse soit écrite puis lue." (Genet 1979, S. 123)

100 Genet 1980, S. 126. Im Original: "La révolte s'exalte et s'exile d'ici-bas. Si elle donne à ses secteurs des noms de constellations, elle va vite s'évaporer et se métamorphoser en chants. Souhaitons-les beaux." (Genet 1979, S. 83)

101 Blau 1990, S. 280.

102 Ebd. 1990, S. 285.

103 Büchner 1980, S. 59.

sechzig Minuten verflossen sein"[104], – als ob sein individueller Tod auch Zeit und Geschichte beenden würde. Blau kommentiert diese Unvermeidlichkeit:

> No solace in history, only its end, and only the corruption infinitely mirrored. [...] In its reflexive and shadowed thought, the scene – in which nothing appears to happen – is like an incipience of theater which reflects upon the thought that it is thought itself that divides. What we have in the division is the future in the instant, which still remains one of the better definitions of theater, as well as the aspect of theater that still remains hardest for the audience to see.[105]

Blau betrachtet als den wirklichen Helden des Büchner-Dramas wahrscheinlich Camille Desmoulins, Dantons Kampfgefährten, von Beruf Journalist, der zu Danton und Lucile sagt:

> Ich sage euch, wenn sie nicht Alles in hölzernen Kopien bekommen, verzettelt in Theatern, Konzerten und Kunstausstellungen, so haben sie weder Augen noch Ohren dafür. Schnitzt Einer eine Marionette, wo man den Strick hereinhängen sieht, an dem sie gezerrt wird und deren Gelenke bei jedem Schritt in fünffüßigen Jamben krachen, welch ein Charakter, welche Konsequenz! [...] Setzt die Leute aus dem Theater auf die Gasse: ach, die erbärmliche Wirklichkeit! Sie vergessen ihren Herrgott über seinen schlechten Kopisten.[106]

Camille ist in Büchners Drama in der Tat der Theoretiker des Hörens und Sehens, der direkt "die ödipale Dramaturgie einer schizophrenen Kultur mit ihren fetischisierenden Institutionen und ihrer Abhängigkeit von Mimesis"[107] angreift und – laut Blau – auf diese Weise Deleuze ankündigt.

Aber Büchners Camille ist auch zuerst ein menschliches Wesen, das sowohl von Danton als auch von Lucile, Camilles Frau, geliebt wird. Auch Robespierre tut sein möglichstes darin, Camille zu umwerben. Nachdem Lucile Camille geküßt und verabschiedet hat, weiß sie: "Das ist eine böse Zeit. Es geht einmal so. Wer kann da drüber hinaus. Man muß sich fassen."[108] Und sie beginnt, ein bekanntes Lied zu singen: "Ach Scheiden, ach Scheiden, ach Scheiden,/ Wer hat sich das Scheiden erdacht?"[109] Nach der Exekution ist es Lucile, die – bevor sie "Es lebe der König" ruft und festgenommen wird – als

---

104 Ebd., S. 10.
105 Blau 1990, S. 286.
106 Büchner 1980, S. 33.
107 "[...] the oedipal dramaturgy of a schizophrenic culture with its fetishizing institutions and mimetic dependence" (Blau 1990, S. 285).
108 Büchner 1980, S. 35.
109 Ebd.

Antwort auf den Kommentar einer unbekannten Frau, "es ist recht gut, daß das Sterben so öffentlich wird"[110], fragt: "Mein Camille! Wo soll ich dich jetzt suchen?"[111] Damit enthüllt sie die komplexe semiotische Ökonomie des Gefühls, in der das, was wir 'Geschichte' nennen, schließlich nicht mehr als eines der Zeichen ist. Wenn Lucile sich dann auf die Stufen der Guillotine setzt und sagt: "Ich setze mich auf deinen Schoß, du stiller Todesengel"[112], scheint es – wie Walter Benjamin etwas mehr als ein Jahrhundert später bestätigen sollte –, daß das Bild des Engels tatsächlich sowohl Anfang als auch Abschluß der 'Darstellung' ("performance") von Geschichte ist.

Übersetzung aus dem Englischen: Annette Bühler-Dietrich
Redaktion: Isabel Pflug

Literatur

1789 – The French Revolution Year One. Zusammengest. und hg. von S. Lemasson und J.-C. Penchenat. Übs. von A. Trocchi, *Gambit. International Theatre Review* 5.20 (1972). S. 9–52.

Arasse, D. (1988) *Die Guillotine. Die Macht der Maschine und das Schauspiel der Gerechtigkeit*. Übs. von C. Stemmermann. Reinbek bei Hamburg 1988.

Aristoteles (1982). *Poetik*. Griechisch/Deutsch. Übs. von M. Fuhrmann. Stuttgart 1982.

Baker, C. (1992). "Notes from the Dramaturg's Journal: *Danton's Death* in rehearsal". In: *Program to the Robert Wilson Production of "Danton's Death" at the Alley Theatre*. Houston, Texas 1992. S. 7 u. 10–11.

Barba, E., M. Savarese. (1991). *The Secret Art of the Performer. A Dictionary of Theatre Anthropology*. Übs. von R. Fowler. London, New York 1991.

Barthes, R. (1980). *Leçon/Lektion*. Antrittsvorlesung am Collège de France, gehalten am 7. Januar 1977. Übs. von H. Scheffel. Frankfurt/M. 1980.

Benjamin, W. (1991). "Über den Begriff der Geschichte". In: Ders. *Gesammelte Schriften*. Bd. I.2. Frankfurt/M. 1991. S. 691–704.

Blau, H. (1965). Unpublished Mimeographed program note for the production of *Danton's Death* at Repertory Theatre of Lincoln Center. The New York Public Library for the Performing Arts, Lincoln Center. New York 1965.

–   (1982). *Take up the Bodies. Theater at the Vanishing Point*. Urbana 1982.

–   (1987). *The Eye of Prey. Subversions of the Postmodern*. Bloomington 1987.

–   (1990). *The Audience*. Baltimore, London 1990.

–   (1992). *To All Appearances. Ideology and Performance*. New York, London 1992.

Brook, P. (1968). "Preface". In: J. Grotowski. *Towards a Poor Theatre*. New York 1968.

–   (1982). *The Empty Space*. New York 1982.

---

110 Ebd., S. 67.
111 Ebd.
112 Ebd., S. 68.

- (1992). "An Event Stems from Combustion: Actors, Audiences and Theatrical Energy". In: *New Theatre Quarterly* 8.30 (May 1992). S. 107–112.

Büchner, G. (1980) *Dantons Tod.* In: Ders. *Werke und Briefe.* München 1980. S. 7–68.

Carlson, M. (1966). *The Theatre of the French Revolution.* Ithaca, New York 1966.

- (1995). "Body and Sign in Marat/Sade". Vortrag gehalten beim Symposion für Performance Analysis. Helsinki 1995.

de Certeau, M. (1991). *Das Schreiben der Geschichte.* Übs. von S. Schomburg-Scherff. Frankfurt/M., New York 1991.

Fischer-Lichte, E. (1988). *Semiotik des Theaters.* Bd. 3; *Die Aufführung als Text.* 2. Aufl. Tübingen 1988.

- (1995). "Passages to the Realm of Shadows. Robert Wilson's *King Lear* in Frankfurt". In: J. Martin, W. Sauter, Hg. *Understanding Theatre.* Stockholm 1995. S. 191–211.

Genet, J. (1979). *Le balcon.* Paris 1979.

- (1980). *Der Balkon.* Übs. von G. Schulte-Frohlinde. In: Ders. *Alle Dramen.* Hamburg 1980. S. 81–168.

Ginters, L. "Georg Büchner's *Dantons Tod*: History and Her Story on the Stage". Unveröffentlichter Vortrag. o. D.

Greenblatt, S. (1988). *Shakespearean Negotiations. The Circulation of Social Energy in Renaissance England.* Berkeley 1988.

- (1990). *Verhandlungen mit Shakespeare. Innenansichten der englischen Renaissance.* Übs. von R. Cackett. Berlin 1990.

Jones, D.R. (1986). *Great Directors at Work. Stanislavsky, Brecht, Kazan, Brook.* Berkeley 1986.

Karpinsky, M. (1975). "Sprawa Dantona at Theatr Powszechny directed by Andrzej Wajda". In: *Theatre en Pologne* 7 (1975). S. 9–13.

Kiernander, A. (1993). *Ariane Mnouchkine and the Théâtre du Soleil.* Cambridge 1993.

Kirkpatrick, M. (1992) "Theater: Robert Wilson's *Dantons Death*". In: *The Wall Street Journal* (5. Nov. 1992). S. A 15.

Klossowski, P. (1967). *Sade mon prochain.* Précédé de: Le philosophe scélérat. Paris 1967.

Koski, P. (1993). "Which Ghosts are the Strongest? *Marat/Sade* in Finland". In: *Nordic Theatre Studies* 6.3 (1993). S. 48–62.

Lindenberger, H. (1975). *Historical Drama. The Relation of Literature and Reality.* Chicago, London 1975.

Marker, L.-L., F. Marker (1982). *Ingmar Bergman. Four decades in the Theater.* Cambridge 1982.

Miller, J.G. (1977). *Theatre and Revolution in France since 1968.* Kentucky 1977.

Mishima, Y. (1978). *Madame de Sade.* Übs. von K. Molvig. Reinbek bei Hamburg 1978.

- (1990). *Markisinnan de Sade.* Kungliga Dramaiska teaterns bibliotek. Manuskript 32. Korrigiert und signiert von Katarina Sjøberg, 9. März 1990.

Osten, S. (1986). "Why we are playing *The Danton Case*". In: *Program for the Unga Klara Production.* Stockholm 1986. S. 4–7.

-, H. v. Zweigbergk (1990). *Osten om Osten. Barndom, feminism och galenskap.* Stockholm 1990.

Outram, D. (1989). *The Body and the French Revolution. Sex, Class and Political Culture.* New Haven, London 1989.

Palmstierna-Weiss, G. (1995). *Scenografi.* Ausstellungskatalog. Stockholm 1995.

Pavis, P. (1995). "From Theatre to Film: Selecting a Methodology for Analysis. On *Marat/Sade* by P. Weiss and P. Brook". In: J. Martin, W. Sauter, Hg. *Understanding Theatre.* Stockholm 1995. S. 212–230.

Pryzybyszewska, S. (1989). *The Danton Case & Thermidor.* Übs. von B. Taborski, Einf. von D. Gerould. Evanston, Illinois 1989.

Reinelt, J. (1995). "The Drama of Nations on Nations' Stage". Unveröffentlichtes Manuskript 1995.

Rockwell, J. (1992). "Robert Wilson tackles the French Revolution". In: *New York Times* (3. Nov. 1992). S. C 13.

Rokem, F. (1992). "A Walking Angel. On the Performative Function of the Human Body". In: *Assaph. Studies in Theatre* 8 (1992). S. 113–126.

– (1995). "Der Deus ex Machina im Theater der historischen Avantgarde". Übs. von S. Marschall. In: E. Fischer-Lichte, Hg. *TheaterAvantgarde. Wahrnehmung – Körper – Sprache.* Tübingen, Basel 1995. S. 324–368.

Schechner, R. (1985). *Between Theatre and Anthropology.* Philadelphia 1985.

Sontag, S. (1966). "Marat/Sade/Artaud". In: Dies. *Against Interpretation and Other Essays.* New York 1966. S. 163–174.

Suvin, D. (1988). "Weiss's *Marat/Sade* and its Three Main Performance Versions". In: *Modern Drama* 31 (1988). S. 395–419.

Törnqvist, E. (1991). *Transposing Drama. Studies in Representation.* London 1991.

Vernant, J.-P., P. Vidal-Naquet (1986). *Mythe et tragédie en Grèce ancienne.* Bd. 2. Paris 1986.

Weiss, P. (1964). *Die Verfolgung und Ermordung Jean Paul Marats dargestellt durch die Schauspielgruppe des Hospizes zu Charenton unter Anleitung des Herrn de Sade.* Frankfurt/M. 1964.

– (1966). *The Persecution and Assassination of Jean-Paul Marat as Performed by the Inmates of the Asylum of Charenton under the Direction of the Marquis de Sade.* Übs. von G. Skelton, Versfassung von A. Mitchell. New York 1966.

Williams, D., Hg. (1988). *Peter Brook. A Theatrical Casebook.* London 1988.

"Verzeihung, sind Sie Jude?"

Über einen möglichen Umgang des Theaters mit Geschichte

Christel Weiler

Für Freddie

Zum Ein(ge)denken

Das Jahr 1995 war ein in mehrerlei Hinsicht denkwürdiges Jahr. Es war das fünfzigste nach Beendigung des 2. Weltkrieges, das fünfzigste Jahr nach der Befreiung (so wurde uns auch gesagt). Vor allem die Medien – die Zeitungen und das Fernsehen – gedachten vermehrt der Zeit vor 1945 und ihrer Ereignisse. Die Chiffren sind bekannt: der Bildschirm ist durchzogen von Stacheldraht, sofort ist Auschwitz präsent; ein Repräsentant der Bundesregierung kniet mit gesenktem Haupt vor einem beliebigen Monument, und die Zuschauerinnen/Betrachterinnen wissen: es geht um deutsche Schuld. Die Bilder des Grauens sind in diesem Rahmen gegenwärtig. Sie formen unser kollektives Gedächtnis. In welcher Weise sie ein anhaltendes Ein-Gedenken bewirken und wohin dieses zielt, sei dahingestellt. Sie werden wiederkehren mit den Jahrestagen. In den Archiven liegen sie auf Abruf bereit. Denk-würdig verhielt sich auch das Theater, um das uns alle Welt beneidet. Es blieb nahezu stumm. Thalia feierte die Befreiung mit einer großen Party. Die Freude (worüber?) mag sich darin äußern. Es mag aber auch die Frage gestattet sein, ob sich Theater noch anders zur Geschichte, konkret: zum Mord an den europäischen Juden verhalten kann?

Das Thema scheint heikel. Fragen nach der Darstellbarkeit des Holocaust tauchen auf und sind schnell damit beantwortet, daß die gewesene Realität von Auschwitz die menschliche Vorstellungskraft überfordere. Aber Auschwitz war möglich und damit vorstellbar. Das Thema ist heikel. Ich höre, man müsse sich damit nahezu in der Zone des Schweigens bewegen. Tatsächlich? Wer darf sprechen in diesem Zwischenreich? Die Texte von Hochhuth, Weiss, Frisch auf ihre Aktualität hin zu befragen, scheint kein lohnendes Unterfangen. Politisches Theater dieser Art hat keine Konjunktur. Sobols "Ghetto", Taboris Judenwitze – dürfen *wir* damit spielen? Beinahe sind wir schon dort: nahezu an der Zone zum Schweigen. Dennoch: welche Möglichkeiten hat der Spielplan fünfzig Jahre danach? Jorge Semprún schreibt für Klaus Michael Grüber sein Überlebensstück.[1] Woher nehmen wir noch Überlebende, daß sie uns die legitime Möglichkeit bereiten, zu gedenken? Wie wollen wir uns erinnern? Wer soll sich erinnern? Woran? Die israelische Gruppe "Akko" nährt den heimlichen Wunsch, einmal respektlos mit der Geschichte umzugehen, so daß wir, ohne Mißverständnisse zu erzeugen, unschuldig sagen dürften, wie sehr auch wir "Heimat, deine Sterne" lieben und nicht nur dies. *Dürfen* wir das? Die Akko-Schauspielerin sagt sinngemäß: "Was für eine wunderbare Melodie, ich liebe sie." Noch einmal also meine Frage des Beginns: wie kann zeitgenössisches Theater die Erinnerung an den Holocaust wachhalten? Wie verhält es sich zur Aufgabe der Erinnerung? Etwas selbstironisch mag ich hier auf Beckett zurückgreifen, der Hamm im *Endspiel* sagen läßt: "Ich liebe die alten Fragen. Ah, die alten Fragen, die alten Antworten, da geht nichts drüber!"

Erinnerungsarbeit

"Verzeihung, sind Sie Jude? Und Sie? Sind Sie vielleicht Jude? Sie?" Dieser Frage des ersten Schauspielers, der den Theaterraum betritt, begegnen Kopfschütteln, fragende Blicke, gesenkte Häupter. Nach einer Weile tritt ein zweiter Mann hinzu und sagt: "Diese Frage wurde schon einmal gestellt, und zwar bei einer Beerdigung: ein älterer Mann ging unter den Anwesenden herum und fragt jeden einzelnen in diskretem Flüsterton: 'Verzeihen Sie, sind Sie vielleicht Jude? Zehn Juden braucht es, um das Kaddisch zu sprechen, aber sieben bringe ich nur zusammen?' 'Bei so viel Leuten?' 'Sie sehen es doch, ich frage jeden, und es werden nicht mehr als sieben.' Und bedächtig knickt er die Finger um: 'Sieben. Auf dem ganzen Friedhof. Nicht einmal das Kaddisch kann man sprechen.'"

So markiert bereits der Beginn den Verlust, und das Theater wird zum Ort der Trauer(arbeit). Mittlerweile sind alle Spieler im Raum versammelt: zwei Frauen und vier Männer. Das Spiel kann weitergehen. Es nennt sich nicht gerade einladend:

*umschlagplatz**
*laufschritt**
*schwanzparade**
*im original deutsch

---

1   S. hierzu den Beitrag von Friedemann Kreuder im vorliegenden Band.

Es überschriftet sich also mit Signaturen, die im jüdischen Gedächtnis keine Übersetzung fanden. Hervorzuheben ist dies umso mehr, als diese Worte Erfahrungen notieren, die das Gedächtnis der Juden auslöschten. Das Spiel der "Marburger Theaterwerkstatt", von dem hier die Rede sein wird (Abb. 29–30), zielt jedoch nur indirekt auf die Erinnerung an das Grauen. Es erspart sich dessen direkte Darstellung. Das eigene und bei den Zuschauern vorausgesetzte Wissen um den Mord der Nazis an den europäischen Juden sowie die von den Medien in unser Gedächtnis eingeschriebenen Bilder sind allerdings die Grundlage dafür, daß hier ein anderes Spiel gespielt werden kann: ein Erinnerungsspiel an Lebensläufe, die dem Vergessen überantwortet sind. "Moment, wir wollen nichts von den Nazis erzählen", wird der Mann am Flügel intervenieren, "Jetzt haben wir ja doch was von den Nazis erzählt", ein anderer recht früh bemerken. Die virtuelle Anwesenheit der Mörder ist unvermeidlich. Sie ist die Folie, die die Geschichte bereithält. Vor ihr erhalten die Aktionen der Spieler und Spielerinnen erst ihre volle Bedeutung.[2]

Nichts von den Nazis erzählen also. Ich will mich daran halten. Aber von Pola Lifszyc, Arie Wilner, Henryk Grabowski, Tosia Bermann, Frau Tenenbaum, Mordechaj Anielewicz, Rachela Zylberberg, Per Braudo und und und. Insgesamt 400.000 aus dem Warschauer Ghetto wurden von den Nazis ermordet. Pola Lifszyc soll ein schönes Mädchen gewesen sein, mit nahezu arischen Zügen, sie leitete eine Theatergruppe im Ghetto. Wie durch ein Wunder wurde sie vom Umschlagplatz gerettet. Aufschub für Treblinka. Später ging sie freiwillig mit ihrer Mutter in die Gaskammer. Frau Tenenbaum bekam eine Lebensnummer von der Chefärztin des Berson-Baumann-Krankenhauses, eine Lebensnummer! Sie gab sie ihrer Tochter, die keine hatte und schluckte selbst Luminal. Arie Wilner war Kontaktmann zum polnischen Untergrund, er konnte der Gestapo entkommen, schrieb Gedichte in ein braunes Wachstuchheft: Ein Tag vergeht./ Wir treffen uns nicht mehr./ Nach einer Woche/ bleiben schon die Grüße aus./ In Monatsfrist tritt zwischen uns Vergessen./ Nach einem Jahr/ gibt es kein Wiederkennen./ Doch wie den Deckel meines Totenschreins/ stemmt' ich empor heut nacht/ die Schwärze überm dunklen Strom/ mit meinem Schrei./ Rette mich!/ Ich liebe Dich./ Kannst Du mich hören?/ Zu ferne schon.// In einer Meldung der

---

2   Die Marburger Theaterwerkstatt ist eine seit nahezu fünfzehn Jahren bestehende Gruppierung um den Regisseur Rolf Michenfelder, die sich zu ihren verschiedenen Arbeiten immer wieder Gäste einlädt. In der oben genannten Theaterarbeit wirkten als Spielerinnen mit: Sigrid Giese, Claudia Weiss, Rolf Michenfelder (Theaterwerkstatt) und Ralf Knicker, Johannes Mergner, Udo Blickensdorf-Reginka als Gäste. Premiere war am 23. März 1995.

Kampforganisation ZOB über den Bunker in der Mila 18 steht: 'Angesichts der
ausweglosen Lage hat Arie Wilner die Kämpfer aufgerufen, Selbstmord zu
begehen, um den Deutschen nicht lebend in die Hände zu fallen.' Mordechaj
Anielewicz war Kommandeur der jüdischen Kampforganisation ZOB. In
Warschau trägt eine Straße seinen Namen. Ein Held, von dem man sich ganz
Unrühmliches erzählt: Fischkiemen soll er gefärbt haben, damit die Fische
frisch aussahen, wenn seine Mutter sie verkaufte. Daß Juden mit der Waffe in
der Hand sich verteidigen, war für ihn die Erfüllung eines Traumes. Und
Riwka Pasmanik, und Chaim Ankiermann, und Luba Fondaminska. Und dann
war da noch Ralf, der den Hund spielte, der auf das Kommando: "Ist vom
Jud!" das Würstchen fallen ließ. Und der Zettel auf dem Tisch: "Der Honig ist
bezahlt, die Bons sind abgeschnitten. Macht keine Dummheiten. Seid
umarmt." Und diese knarrenden Schuhe. Direkt vor dem Versteck. Und das
Problem, zwei Züge aus einer Zigarette auf fünf Menschen zu verteilen. Und
die Modenschau. Und wie sagte noch Leopold Kozlowski, der mit einer Kerze
im Hintern für die Nazis auf dem Tisch tanzen mußte: 'War schon komisch.'
War schon komisch? Und das Karussell an der Ghettomauer, auf der arischen
Seite. Und das Mädchen mit den Sumpfdotterblumen. Und die Szene mit dem
Zyankali, und Chopins *Nocturne*, und Ralf, der so jung aussieht, und ganz am
Anfang der Bericht von Stroop, sein triumphaler Schlußakkord. Und wie
lautet noch einmal der Text des Schlußchors der *Johannes-Passion* von Bach?
"Ruht wohl, ruht wohl, ihr heiligen Gebeine, die ich nun weiter nicht be-
weine, ruht wohl, ruht wohl, und bringt auch mich zur Ruh."

So viele Namen, so viele Geschichten, so viele Erinnerungen. Was
die Schauspieler betrifft, so haben sie sie aus den Zeugnissen von Hanna
Krall, Marek Edelmann, Anka Grupinska, Adina Blady Szwajgier, Tzvetan
Todorov, Kazimierz Moczarski und anderen zusammengetragen und kunstvoll miteinander verflochten. Ihren verschlungenen Spuren auf der Bühne zu
folgen, sie nicht aus den Augen und Ohren zu verlieren, mit ihnen in den
erzählten Tod zu gehen, wird zur Aufgabe, der sich das Publikum stellen
muß.

Zugestandenermaßen kein leichtes Unterfangen, da sich das Spiel auf
mehreren Ebenen entfaltet, die sich nicht gerade leicht voneinander trennen
lassen. Es oszilliert zwischen rein erzählenden Passagen, Anklängen an illusio-
nistisches Spiel, das jedoch immer auch als ein gebrochenes erscheint, und
direkter schauspielerischer Präsentation ohne jegliche Absicht, einen anderen
zu verkörpern, sondern vielmehr auf menschliche Gesten hinzuweisen, die
unseren Alltag konstituieren. Es überlagern sich auf diese Weise mehrere
Bedeutungs- und auch Zeitschichten, bzw. die Aktionen auf der Bühne lassen
mehrfache Lektüren gleichzeitig zu. Sie verbinden die theatral geformte

Erinnerung mit ihrer gegenwärtigen Wirksamkeit. Dies läßt sich an unterschiedlichen Elementen der Aufführung zeigen. Nimmt man beispielsweise die zu Beginn gestellte Frage: "Sind Sie Jude?", so wird sie in einer Weise an das Publikum gerichtet, die den Gedanken an ein Spiel zunächst nicht aufkommen läßt. Der Schauspieler wendet sich gezielt an eine bestimmte Person in den Reihen der Zuschauer und fragt sehr direkt: "Sind Sie Jude?" Er fragt und fragt ... Es könnte ja durchaus sein, daß er tatsächlich für Kommmmendes eine Person braucht, die jüdischer Herkunft ist. Ob sich wohl jemand mit "Ja" meldet? Wir wissen, daß die positive Beantwortung der Frage einst das Leben kosten konnte. Was geschieht hier, wenn jemand "Ja" sagt? Oh, diese Frau, sie ist also eine Jüdin, hm. Diese kleine Frage, und so viele in ihrem Gefolge. Eine kurze Spanne Theater, und so viel Bewegung. Erst wenn der zweite Schauspieler als Erzähler auftritt – deutlich markiert durch ein aufgeschlagenes Buch in seiner Hand – und anhebt, die Episode von der Beerdigung zu erzählen, wird die Frage als Zitat erkennbar, als Teil einer vergangenen und aufgeschriebenen Geschichte (Erleichterung tritt ein, ah, so war es also gemeint). Aber wie und daß die Frage fortwirkt, war vorher spürbar. "Sind Sie Jude?" Die Frage wird zum Agens in der Gegenwart. Der Schauspieler, der sie gestellt hat, wird wichtig in seiner Funktion als Fragensteller (später dann als Musiker, als derjenige, der unterbricht und sagt: "Halt, wir wollten nichts von den Nazis erzählen", als Mensch, der seinen Atem hören läßt und dies zu verbergen sucht, als derjenige, der unhörbar eine Melodie in uns zum Klingen bringt), ihm ist keine psycho-logisch motivierbare Figur zuzuordnen, ebensowenig den übrigen Spielern. Sie bleiben für den Verlauf des Abends Fremde, denen wir durch ihre Handlungen begegnen, denen wir allmählich näherkommen können. Nachdem die Frage das ihre getan hat, geht der Mann zum Flügel und beginnt, den Schlußchor aus der *Johannes-Passion* zu spielen. Währenddessen tritt ein weiterer Spieler an ein Mikrofon und spricht mit verhaltenem Pathos davon, daß er "als schönen Schlußakkord die Sprengung der großen Synagoge in der Tlomackie-Straße vorgesehen" hatte. Ganz offensichtlich Szenenwechsel. Wo fand die Beerdigung statt. Wurde dazu Bach gespielt? Weshalb ausgerechnet Bach? Wie war das noch? "Ruht wohl, ruht wohl, ihr heiligen Gebeine"? Wie ist das zu verstehen? Und weshalb sagt der Mann am Mikro plötzlich: "Jetzt haben wir doch etwas von den Nazis erzählt"? Hat er gerade einen Nazi gespielt? Aber er hat keine Uniform an. Er sieht ganz normal aus, trägt wie alle anderen auf der Bühne Alltagskleidung, die jeder von uns tragen könnte. Wem ist sie zuzuschreiben, die Geschichte mit dem "Schlußakkord"?

Durch den raschen Wechsel der Szenen bzw. den Wechsel der Ebenen innerhalb einer Szene wird im Zuschauer ein Frage- und Erinnerungsspiel in

Gang gesetzt. Er sieht sich vor die Aufgabe gestellt, Geschichte(n) aus vorhandenem Wissen, dem auf der Bühne Wahrgenommenen und aus Imaginiertem erneut zu konstruieren und zu überprüfen.

Ähnlich verfährt die Aufführung selbst, wenn es darum geht, Lebensläufen zu folgen. Die Personen auf der Bühne spielen keine Rollen im konventionellen Sinn, wie bereits angedeutet wurde. Sie sind stets in allen ihren möglichen Funktionen als Erzähler, Spielerinnen oder Akteure gleichzeitig präsent. Sie wechseln ohne deutlichen Übergang von einer Funktion zur nächsten, nehmen unterschiedliche Sprech- und Handlungspositionen ein. So treten sie beispielsweise nach vorne an den Rand des Spielfelds, wenden sich direkt an die Zuschauer und fordern sie auf: "Nennen Sie mich Pola Lifszyc." Oder: "Arie Wilner, nennen Sie mich Arie Wilner." Claudia: "Pola – oh, mir ist so schwindlig." Sagt sie letzteres, weil ihr tatsächlich schwindlig ist? Es könnte sein. Sie hält sich fest, hält ihren Bauch. Sie hockte vorher eine lange Zeit auf dem Flügel und ist dann auf Befehl des Pianisten einfach nach hinten gekippt, Udo hat sie aufgefangen, oder war es Arie Wilner? Oder geht es um das Auffangen als Geste? Oder schwindelt die Frau? Wer braucht einen Stuhl? Die Schauspielerin Claudia Weiss oder Pola Lifszyc? Wer bringt den Stuhl? Rolf Michenfelder, oder der Nazi vom Anfang? Oder geht es auch hier wieder nur um die Geste? Die durch derlei mehrfach lesbare Szenen – oder spreche ich besser von simplem Verhalten? – bewirkte Irritation verhindert klare Zuordnungen einerseits, zielt aber auch andererseits darauf, den Bedeutungsreichtum oder die Komplexität der Abläufe zur Entfaltung zu bringen, bzw. darauf, den Raum *zwischen* Fiktion und Wirklichkeit zu öffnen und ihn in das Fragespiel miteinzubeziehen.

Was macht dieses Theater? Erzählt es wahre Geschichten, oder tut es nur so, als ob? Schwindelt es oder dreht sich *ihm* der Kopf. Was geschah tatsächlich mit Pola Lifszyc? Sie erinnern sich: nachdem sie erfuhr, daß ihre Mutter für den Transport nach Treblinka abgeholt wurde, rannte sie durch die ganze Stadt hinter dem Transport her, bis sie es endlich geschafft hatte. Oder habe ich das noch nicht erzählt? Sie ging freiwillig mit ihrer Mutter in die Gaskammer. Man kann es nachlesen bei Tzvetan Todorov. In der Aufführung wird das ziemlich am Ende erwähnt. Vorher sieht man noch, wie sie (wer? – Pola? Claudia? wer?) versucht, ihre Freunde aus der Theatergruppe zu überzeugen, daß es für sie nur diese eine Möglichkeit gibt. Und wo steht etwas geschrieben über die Liebesgeschichte im Bunker? Ist sie auch überliefert, ist sie auch wahr? Oder erfunden? Und woher stammen die Texte der "Anpreisungsszene"? (Ich nenne sie so, weil sich die Schauspieler in ihren Vorzügen dem Publikum "anpreisen".) – Die Liebesgeschichte im Bunker hat W.D. Schnurre erfunden. Er nennt sie schlicht und ergreifend: '*Liebe*'. Sie handelt von einem

Liebespaar, genauer: schreibt den Dialog eines fiktiven Liebespaares, seine letzten Worte in einem Versteck, bevor die Nazis kommen und den Mann und die Frau ermorden. Die letzten Worte sind: "'Ich liebe Dich'". Es ist vorstellbar, daß dies letzte Worte gewesen sind. Von wem auch immer. Die "Anpreisungstexte" haben die Schauspieler in Improvisationen selbst erfunden. Alle stehen nebeneinander in einer Reihe vor dem Publikum. Alle sprechen gleichzeitig: "Auf Wunsch baue ich Ihnen jede Mauer, ich bin gut gekleidet, gut geschminkt, ich friere nie, ich habe nie blaue Lippen, meine Nase ist nie verstopft, ich sehe unheimlich jung aus, mindestens fünf Jahre jünger, als ich bin." Sie präsentieren ihre jungen, gesunden, trainierten Körper, zeigen Muskeln und Zähne, die haarlose Brust, den Busen, nicht zu groß und nicht zu klein, alles echt. Sie hören gar nicht mehr auf mit der Selbst-Anpreisung. Nur einer steht und schweigt. Er tut nichts, außer stehen, auf einer Bühne stehen, auf einem Präsentierteller stehen. Sind Sie Jude? Er steht vielleicht wie einer mit dem gelben Stern. Ihm wird kein Loblied helfen. Er hat keine Pfunde mehr, die wuchern könnten. Was auf der Bühne erzeugt wird, ist immer wieder die Differenz zu einer ehemaligen Faktizität, die aber gerade dadurch wieder-geholt wird. Dem Spaß auf der Bühne, der vorgestellten Lust am Sich-Anpreisen gesellen sich in der Imagination die Bilder, die wir aus Filmen kennen: Bilder von nackten Menschen auf Kasernenhöfen, die geschieden werden in solche, die noch tauglich sind für Arbeit jeder Art, und solche, die nichts mehr rettet vor dem Tod.

Es ist gerade die Verwendung heterogener Textmaterialien, das Ineinanderfließen der Darstellungsebenen und nicht, wie üblich, das Bemühen um Einheitlichkeit und klare Grenzen, wodurch die Aufführung den schmalen Grat zwischen Fiktion und Wirklichkeit beschreitet. Ständig ist sie/sind wir im Zweifel. Es könnte so gewesen sein. Wonach wird hier gefragt? Nach Wahrhaftigkeit? Nach der Wahrheit? Die Aufführung behauptet die Wahrschein-lichkeit. Wie Hermes verwischt sie Spuren und stellt gleichzeitig neue her. Sie rahmt nicht, sondern hält die Dinge in der Schwebe. Sie bestreitet Positionen und durchkreuzt ihre eigenen Strategien. Sie vetraut auf Leibhaftigkeit. Nicht zuletzt auf die eigene.

Denn daß es diese Menschen – welche? – einmal leibhaftig gegeben hat, daran besteht kein Zweifel. Leibhaftigkeit hinterläßt flüchtige Spuren, wird zur Asche. Hörbares Atmen, näherkommende Schritte, vier Körper übereinandergestapelt. In der Transparenz der Mittel erweist sich die Klarheit dieses Spiels, weiß die Einbildungskraft um ihr Gegenüber. Der Pianist dreht sich vom Flügel weg, holt sich ein Mikro heran, atmet sichtbar schnell, wird leiser, hält den Atem an, ringt nach Luft, atmet weiter, versucht unhörbar zu sein, gleichzeitig streift ein anderer Spieler zwei Schuhe über seine Hände, klopft

mit ihnen vor einem anderen Mikrophon abwechselnd in unterschiedlichen
Tempi und Lautstärken auf den Deckel des Flügels, hält mit dem Klopfen inne
wie das Atmen, läßt die Schuhe auf und ab gehen, streift sie von den Händen,
geht. Der Pianist holt tief Luft, rückt vom Mikro ab, wendet sich wieder
seinem Flügel zu. Das Menschenknäuel auf dem Boden entwirrt sich, die
Schauspieler stehen auf. Der Zuschauer fügt die disparaten Teile selbst zusammen, macht sich sein Bild aus den Fragmenten. Oder formieren die Bilder
ihn? Was stellen wir uns vor, wenn wir uns vorstellen, wie es gewesen sein
könnte. Daß es diese Menschen leibhaftig gegeben hat, daran besteht kein
Zweifel. Es gibt Zeugen. Welche Menschen?

Geradezu mit Nachdruck verweist die Aufführung in den angeführten
Beispielen auf den Prozeß des Erinnerns selbst, auf das Zustandekommen der
Erinnerungen aus erworbenem Wissen, aus Lektüre, Wahrgenommenem und
Imagination. Sie macht diesen Entstehungsprozeß zum heimlichen Gegenstand ihrer Befragung, indem sie ihre Mittel bloßlegt und sich damit allererst
als legitime Praxis des Erinnerns als einer Form unaufhörlichen Befragens
konstituiert – als poetisch künstlerische, als flüchtige Form der Vergegenwärti-
gung eines möglichen und leibhaftigen Seins zugleich.[3] Primo Levi, so
schreibt Tzvetan Todorov, hatte wieder und wieder den selben Alptraum:
Auschwitz entkommen, kehrt er nach Hause zurück und berichtet detailliert
von dem, was er durchmachen mußte. Aber plötzlich bemerkt er, daß keiner
der Anwesenden ihm zuhört, sie sprechen miteinander über etwas anderes
und nehmen ihn gar nicht wahr, schlimmer noch, sie stehen auf und gehen,
ohne ein Wort zu sagen.[4] Die Schauspieler holen sich Bücher, Aufzeichnungen aus dem Ghetto, Titel von Czeslaw Milosz, Wladislaw Szlengel. Sie
zeigen sie den Zuschauern und beginnen zu lesen. Musik tönt aus dem
Lautsprecher, Musik vom Rummelplatz, ein kleines Spielzeugkarussell dreht
sich dazu, eine Spielerin mit einem Strauß Blumen, das Mädchen mit den
Sumpfdotterblumen, steht neben dem Schrank und lächelt. Die Musik wird
immer lauter, die Schauspieler ebenfalls. Sie reden mit Händen und Füßen.
Man hört sie nicht mehr. Sie gestikulieren nur noch wild. Ihre Bewegungen

---

3   Zur Problematik des Erinnerns, welches sich durch Literatur, Film, Malerei etc. vermittelt, siehe
    die Studie von James E. Young (Young 1992). Was Young für die unterschiedlichen literari-
    schen Genres behauptet, kann nahezu ohne Einschränkungen auch für das Theater, für dieses
    hier vorgestellte Theater, beansprucht werden. Vor allem seine Frage: "[...] wenn die
    Holocaust-Literatur nur ein System von Zeichen ist, die sich lediglich auf andere Zeichen
    beziehen, wo bleiben dann die Ereignisse selbst?" zielt auf eine Problematik, die ich nicht
    zuletzt in der Form der vorliegenden Aufzeichnungen selbst zu reflektieren und ansatzweise zu
    beantworten suche.
4   Vgl. Todorov 1993.

verlieren sich im Raum. Paul Celan schreibt in *Aschenglorie*: "Niemand/ zeugt für den/ Zeugen."[5]

Er-innern und Geschichte vollzieht sich am eigenen Leib. Gibt es ein Archiv der Gesten? Völlig unvermittelt halten die Spieler in ihren Aktionen inne und erproben im leeren Raum Gesten des Versteckens, des Verschwindens, des letzten Augenblicks. Agota Kristof läßt in ihrem Roman *Das große Heft* die beiden Protagonisten von Übungen zur Abhärtung des Körpers, von Übungen zur Abhärtung des Geistes und von beider Auswirkungen auf das Schreiben erzählen. Weil die beiden Knaben von anderen geschlagen, getreten, verletzt werden, fügen sie sich selbst – zur Abhärtung, man könnte auch sagen: zur freiwillig vollzogenen Einübung in den Gewaltzusammenhang der Gesellschaft – das gleiche zu und sagen jedesmal: "Es tut nicht weh. Nach einiger Zeit spüren wir tatsächlich nichts mehr. Es ist jemand anderes, der Schmerzen hat, es ist jemand anderes, der sich verbrennt, sich schneidet, leidet." Ähnlich verfahren sie mit den Übungen zur Abhärtung des Geistes: alle Wörter für Beschimpfungen, aber auch alle für Liebkosungen werden endlos wiederholt, denn: "Durch vieles Wiederholen verlieren die Wörter allmählich ihre Bedeutung, und der Schmerz, den sie in sich tragen, läßt nach." Beide Formen des Exerzitiums führen hinsichtlich des Schreibens zu der Erkenntnis: "Die Wörter, die die Gefühle definieren, sind sehr unbestimmt, es ist besser, man vermeidet sie und hält sich an die Beschreibungen der Dinge, der Menschen und von sich selbst, das heißt an die getreue Beschreibung der Tatsachen."[6] Die Spieler entblößen sich, stecken sich eine Kerze in den Hintern, zünden sie an und drehen sich mit einem Aschenbecher in der Hand im Kreis, sie bespucken sich, wischen mit ihren Haaren den Speichel der anderen vom Boden, beschimpfen sich mit Worten wie "Moses-ficker"; "Ölbaumwichser" und sagen: "Los, Du mußt lachen, es darf Dir nichts ausmachen."

Die Geschichte der Barbarei schreibt sich auf mehrfache Weise in den Körper ein. Mittels der Nachahmung läßt sich ein anderes Leben ahnen.[7] Über die vollzogene Er-innerung am eigenen Leib rückt schließlich die Verletzbarkeit und Endlichkeit der Physis in den Spielraum: die Verletzbar-

---

5   Celan 1982, S. 68.
6   Kristof 1990, S. 19. Agota Kristof beschreibt in diesen Ausführungen ein wesentliches Merkmal ihres eigenen Stils. Die Beschreibung von Handlungen unter Verzicht auf Erläuterungen der sie begleitenden Gefühle bzw. der Verweis auf die distanzierte Beobachtung performativer Elemente ist auch ein Aspekt der Benjaminschen Ästhetik des Erzählens, wie er sie in seinem Erzähler-Aufsatz formuliert. Diese wurde in ihrer Nähe zur Ästhetik des gegenwärtigen nicht-psychologischen Theaters noch kaum wahrgenommen. Vgl. Benjamin 1977.
7   Vgl. hierzu die Ausführungen von Martina Leeker in Leeker 1995, S. 8 ff.

keit der eigenen und der fremden Physis gleichermaßen. Das Tun der Schauspieler erzählt auch davon. Sie bringen ihre eigene Leibhaftigkeit verstärkt
ins Spiel. Im Wissen darum öffnet sich wieder der Raum der Differenz: es ist
nicht das Leben, was hier verhandelt wird. Es ist eine mögliche supplementä-
re Begleitmusik. Ihr Tenor ist in der Aufführung leise wehklagend. Durch die
Verwendung von Live-Musik wird ein emotionaler Grundton erzeugt, der
den ganzen Abend trägt und leitet. Vor allem Bachs Schlußchor aus der
Johannes-Passion und Chopins *Nocturne in b-Moll*, op. 9, No. 1, kehren
leitmotivisch immer wieder und bringen diesen Grundton zum Erklingen. Er
wird ergänzt durch Klezmer-Anklänge und die Jahrmarktsmusik, von der
oben schon die Rede war. Leitmotivisch sind auch die Namen, die immer
wieder aufgerufen werden und deren Reihung am Ende noch einmal so
etwas wie einen Schlußakkord bildet. Der Musiker hat die Klaviatur des
Flügels ausgebaut und sitzt damit am Boden. Seine Hände gleiten über die
Tasten. Un-erhört bleibt die Nocturne, sie klingt in uns fort. Die Spieler und
Spielerinnen wenden sich aus unterschiedlichen Positionen des Raumes dem
Publikum zu und nennen Namen derer, die am jüdischen Aufstand im
Warschauer Ghetto beteiligt waren. Dabei stellen sie ganz vorsichtig Patro-
nenhülsen vor sich auf, für jeden Namen eine. Sie stellen sich schließlich an
den Rand der Bühne und beginnen in die sich ausbreitende Dunkelheit
hinein einen Kanon zu singen: "Fest in Schritt und Tritt und im Blick gerade-
aus […]. Für uns gibt's heute nur Treblinka […], bis daß das kleine Glück uns
einmal winkt, hurrah." Ist dies das Ende? Worum geht es? Um Erinnern, um
Vergessen. Ein kleines Licht noch, und dann die letzte Replik: "Hat er wirklich gesagt: das ist ein Original, das kann heute kein Jude mehr?" – "Ja."
Woher auch? Im Original deutsch.

Der Raum, in dem sich diese Erinnerung bildet, der Ort des Gedächtnisses
im Sinne eines durch Theater Gedachten ist für diesen Abend ein tulpen-
umkränztes Areal. Darin stehen seltsame Jakobsleitern ohne Sprossen. In
welchen Himmel sollte es auch gehen, wenn in der Mitte des Weges ein
Schild erscheint: "Hier beginnt der Arsch der Welt". Es sind irdische Geräusche, Gesten, Aktionen, die im Theater der Einbildungskraft zur Er-innerung verhelfen. Es sind die Orte der Begegnung, des Verbergens, der Angst,
der Freude, des Verrats, der größten Zuneigung angesichts des Endes. Es sind
theatral skizzierte Lebensräume, kunstvoll montierte flüchtige Elemente, die
über- und hintereinandergeschichtet sind, sich überlagern, überlappen. Sie
sind gleich-zeitig mit unseren Blicken, unserem Gehör. Sie geben uns Geschichte zu denken, indem wir gefordert sind, sie aus disparaten Elementen
immer wieder neu zusammenzufügen. Durch all dies zeichnet sich Schrift im
Raum, entsteht Bewegung im Vorgarten des Denkens, im eigenen tulpen-

umkränzten Ghetto, das wir nur ungern verlassen. Die komponierte Gleichzeitigkeit heterogener Materialien verwandelt die Bühne in einen dynamischen Gedächtnisraum. Wir sind gefordert, uns unsere An-sichten der Geschichte selbst zu formulieren, uns unser eigenes Bild zu machen, indem wir
zweifeln, fragen, vergessen, uns erinnern und unsrer Phantasie Raum geben.
Möglich, daß in uns etwas entsteht, was dem Bild des Mädchens ähnelt, das
auf dem Krasinskiplatz mit einem Blumenstrauß lächelnd steht und wartet,
dem selben Krasinskiplatz, auf dem sich das Karussell drehte und Czeslaw
Milosz den Gedanken an den Campo di Fiori nahelegte, auf dem Giordano
Bruno verbrannt wurde, während die Leute tanzten wie auf dem Krasinskiplatz, wo sich das Karussell drehte und die Musik spielte und man nahebei
Schüsse fallen hörte, während das Mädchen mit dem Blumenstrauß wartet,
wie die Schauspielerin auf der Bühne neben dem Schrank und uns der Gedanke kommt an ein Mädchen, das niemand von uns kannte und das dennoch erinnert ist.

Das Bedürfnis nach Erinnerung wächst mit der Distanz.

Nachgedanken

Die Frage nach einem möglichen Umgang des Theaters mit Geschichte,
speziell mit der Ermordung der europäischen Juden durch die Nazis findet in
dieser Art theatraler Erinnerungsarbeit eine mögliche Antwort. Sie zeigt, daß
es sich um einen differenzierten und weitreichenden Prozeß handelt, der
sowohl die Frage nach dem Gegenstand des Erinnerns als auch nach dem
Vorgang selbst umfaßt. Die Menschen, die hier Geschichte er-innern, indem
sie den Versuch wagen, sie auf theatrale Art erneut zu schreiben, sind Männer und Frauen, die diese Geschichte nicht er-lebt haben. Sie ist ihnen durch
Literatur und Medien vermittelt, möglicherweise auch noch durch lebende
Zeitzeugen. Diese Distanz gilt es mitzudenken. Nicht der Versuch einer
Rekonstruktion dessen, was war, und, damit einhergehend, einer theatralen
Identifikation mit den Opfern steht zu Gebot, sondern eine Haltung zu Ver-
gangenem und die Frage nach der Notwendigkeit des Erinnerns als eines
aktiven Vorgangs, der Geschichte und damit Geschichten von lebenden
Menschen in Erscheinung treten läßt, ist hier von Belang. Erinnern geschieht
an Ort und Stelle, wird im Theater in actu vollzogen – sowohl von den
Spielern und Spielerinnen, als auch vom Publikum. Theater schafft sich so
einen Erinnerungsraum, der nicht an Jahrestage gebunden ist, sondern an das
Bedürfnis, ein menschliches Antlitz der Geschichte(n) zu wahren, indem es
ohne besonderen Anlaß immer wieder an ihre Fratze gemahnt.

Nachtrag. Berlin, November 1997

Erinnern und Vergessen gehen Hand in Hand. Wie es scheint, handelt verkehrt, wer sich dieses Thema zur Aufgabe macht. Wovon ist die Rede? Vom Vergessen, das mit dem Erinnern einhergeht.

Jörg Laue überschrieb seine letzte Performance-Arbeit mit dem mehrdeutigen Skriptum "was/war".[8] Was war? War Krieg? War was? Der Bühnenraum war klar strukturiert in mehrere aufeinanderfolgende Ebenen: nahe am Publikum lagen vier Pflastersteine in einer Reihe, links dahinter befand sich ein Mikrofon. Weiter im Raum hing auf halber Bühnenhöhe ein durchscheinender Vorhang, transparente Fältelung. Dahinter auf dem Boden vier Monitore, die ein schwaches Licht abgaben, auf denen jedoch keine Bilder erschienen; in Augenhöhe kleine blaue Strahler, die auf das Publikum gerichtet waren. Material, das seine eigene Sprache spricht, sein eigenes Bedeutungspotential erzeugt. Auf dem transparenten Vorhang, der dennoch verbarg, was sich dahinter abspielte, zeigten sich unterschiedliche Bilder: auf der linken Hälfte, in schwarz-weiß gehalten, allmählich das Gesicht einer Frau: zunächst nur Linien, dann ein überdimensionierter Mund, Nasenlöcher, Augen, ein Gesicht, von einer Fellmütze umrahmt. Überscharf, zu nah gezeichnete Details, die gerade durch die Nähe be-fremden. Auf der anderen Seite, leuchtend rot, gelb, warm, unscharfe Umrisse, Schemen männlicher Profile, in ständiger Wandlung begriffen, nichts Festes, nichts Klares, kein bekanntes Gesicht. Ein Gegenüber unterschiedlicher Weisen der Bildherstellung und -wahrnehmung, konfrontiert mit dem Ausbleiben der bekannten Bilder – die Monitore waren leer. Von der linken Seite kommend, dem Mund zuzuordnen, ein Text um eine Schlacht, die Schlacht bei Philippi im Jahre 42 v.Chr. Namen sind vernehmbar: Tertia, Cassius, Caesar, Brutus, die Rede ist von Mückenstichen, die Schlacht bleibt fern. Worum ging es? Zeitgleich zum Vortrag hört man Klavierakkorde, die allerdings so weit auseinanderliegen, daß erst mit dem Verklingen des einen der andere anhebt. Man könnte sagen, hier wird auf unterschiedliche Weise der Zuschauer in allen theatralen Bereichen bewußt ent-täuscht: es zeigt sich kein bekanntes, kein klares Bild, wir hören keine bekannte Melodie, der Vorhang ist transparent und entläßt dennoch nichts aus seiner Fältelung. Es handelt sich hier weder um Theater, wie wir es kennen, noch um Film, wie er vielleicht sein könnte. Schließlich wird die gesamte Bühne dunkel, der Zuschauerraum dagegen etwas heller, und aus der Tiefe der Bühne erklingt Musik. Zwischenspiel. Eine Performerin tritt nach vorne an das Mikrofon.

---

8 *was/war*, Theater am Halleschen Ufer, Premiere am 13. November 1997.

Nachrichtensprache, ein Hüsteln, "Verzeihung", sie fährt fort, um irgendwann zu enden.

Was war? War was? War Krieg? Die Frage zu Beginn tatsächlich als Frage ernst zu nehmen und diese als Leitfaden zu benutzen, der die Wahrnehmung der Ereignisse konturiert, ist Voraussetzung, um dem Spiel der Signifikanten auf der Bühne folgen zu können. Das Konkrete, das Vorhandene erzählt in seiner Beschaffenheit. Es gibt uns darin zu denken, daß wir versuchen, es zueinander in Beziehung zu setzen. Die Frage nach dem, was war, bedeutet auch, das eigene Vergessen von Geschichte als Gegebenheit einzugestehen, ebenso ihre Ignoranz als Entscheidung. Wenn Kritik so wenig Distanz zu sich selbst hat, daß sie schreiben mag, daß die Musik nicht schön war, daß es auf der Bühne nichts Interessantes zu sehen gab[9], dann zeigt sie ihr Unvermögen, sich dieser Frage zu stellen, ihre Begrenztheit im Umgang mit theatralen Phänomenen, die uns das Denken nicht abnehmen, sondern es in Bewegung bringen wollen. War Krieg? Einmal fielen die Worte: "civil wars". Ob das etwas mit Robert Wilson zu tun habe, wurde gefragt. Die Frage nach dem,was war, nach *was/war* ist so mit dem Theater auf-gegeben/ist somit dem Theater aufgegeben.

Literatur

Benjamin, W. (1977). "Der Erzähler". In: Ders. *Gesammelte Schriften.* Unter Mitw. v. Th. W. Adorno und G. Scholem hg. v. R. Tiedemann u. H. Schweppenhäuser. Bd. II.2. Frankfurt/M. 1977. S. 438–465.
Celan, P. (1982). *Atemwende.* Frankfurt/M. 1982.
Kristof, A. (1990). *Das große Heft.* München 1990.
Leeker, M. (1995). *Mime, Mimesis und Technologie.* München 1995.
Schlagenwerth, M. (1997). "Die erhoffte Traurigkeit will nicht aufkommen". In: *Berliner Zeitung,* 15./16. November 1997. S. 9.
Todorov, T. (1993). *Angesichts des Äußersten.* München 1993.
Young, J.E. (1992). *Beschreiben des Holocaust.* Frankfurt/M. 1992.

---

9   Vgl. Schlagenwerth 1997.

Der glücklose Engel[1]

Arroyos, Grübers und Semprúns Projekt *Bleiche Mutter, zarte Schwester* auf dem Kunstfest Weimar am 28. und 29. Juli 1995

Friedemann Kreuder

Der "blinde Fleck" der Erinnerung

Kann das Theater an das Leiden der Opfer des Nationalsozialismus angemessen erinnern? Kann es von den Nazi-Verbrechen überhaupt eine theatrale Darstellung geben? Und wenn ja, sollte diese in eingängigen Formen der Fiktionalisierung erfolgen? Oder stehen einer echten Würdigung der Opfer eher ästhetische Formen zu Gebot, welche die Aporien des Gedenkens – dessen Flüchtigkeit etwa oder auch das Dilemma der Zeugenschaft – miteinbeziehen? Inwieweit ist eine Darstellung des besagten Abschnitts der deutschen Geschichte auf dem Theater, so sie tatsächlich vollzogen wird, ethisch zu rechtfertigen, wo das Medium Theater doch per se durch seine extravaganten Mittel das Eigentliche, das zu Erinnernde permanent zu verstellen droht, die exaltierten Gesten sich selbst darstellender Schauspieler der körperlichen Regungslosigkeit, ja oft schon fast paralytischen Lähmung eines einer Erinnerung ganz hingegebenen Menschen doch so unähnlich sind? Und wie läßt sich eine auch für die Zuschauer "miterlebbare" Erinnerungsarbeit auf dem Theater herstellen? – Mit solchen oder ähnlich schwierigen dramaturgischen Fragen sahen sich die deutschen Theaterschaffenden im Jahr 1995 anläßlich des fünfzigsten Jahrestages der Befreiung der Konzentrationslager konfrontiert. Die meisten von ihnen lösten sie für sich, indem sie sich ihnen erst gar nicht stellten. Die wenigen Theaterkünstler, die im Jahr 1995 die zur Erinnerung anstehende dunkelste Phase der deutschen Geschichte nicht tabuisierten, verdienen daher besondere Beachtung.[2] Um das Theater als wichtige Institution der Erinnerung zu behaupten, mußten sie Konzepte finden, geschichtliche Ereignisse möglichst selbst zum Sprechen kommen zu

---

1   Der Titel zitiert Heiner Müller, dessen gleichnamiger Text mich für Engel als Reflexionsfiguren der Geschichte sensibilisierte. Vgl. Hörnigk 1990, S. 7.

2   S. den Beitrag von Christel Weiler im vorliegenden Band.

lassen, die Kraft ihrer Faktizität durch die Art ihrer Darstellung möglichst nicht zu mindern oder gar zu verstellen. Eines dieser Konzepte führte folgerichtig an einen geschichtsträchtigen Ort, den Sowjetischen Friedhof, welcher in Oberweimar am Nordabhang des Schlosses Belvedere liegt, der Sommerresidenz von Goethes einstigem fürstlichen Mäzen und Dienstherren Carl August. Während der südlich gelegene Bereich des Schlosses ein beliebtes Ausflugsziel in der näheren Umgebung Weimars ist, wird der vor dem Schloß liegende nördliche Teil in Publikationen kaum erwähnt. In der Erinnerung der Weimarer spielt dieser Teil des Parks keine Rolle. Und Besucher sind hier nur selten anzutreffen. Es handelt sich bei dieser Nordseite des Parks, Spielstätte für Grübers Inszenierung *Bleiche Mutter, zarte Schwester*[3] (Abb. 31–35), offenbar im wahrsten Sinne des Wortes um einen "blinden Fleck" der Erinnerung, über den das Wissen verdrängt und vergessen worden ist, fanden hier doch in den Jahren 1938 und 1939 unter starker Anteilnahme der Bevölkerung großangelegte Trauerfeiern der Nationalsozialisten und seit 1946 nicht viel weniger spektakuläre Bestattungen sowjetischer Bürger statt.[4]

Thüringen und Weimar kommt der traurige Ruhm zu, bereits vor dem Untergang der in Weimar begründeten ersten deutschen Republik durch Hitlers Machtantritt 1933 "legal" nationalsozialistisch regiert worden zu sein. Wenige Wochen nach den Goethefeiern im Frühjahr 1932 bildete sich nach vorzeitigen Landtagswahlen eine Regierung unter Führung des NSDAP-Gauleiters Fritz Sauckel, der 1946 als Kriegsverbrecher in Nürnberg gehenkt wurde. Als 1938 sein Vater, Friedrich Sauckel, starb, nutzte er den Tod des Vaters und dessen Beisetzung auf der privaten Begräbnisstätte am Nordhang des Parks zur Demonstration nationalsozialistischer Macht, die sich denn auch in der Trauerfeier im neu errichteten Kreishaus, dem Trauerzug durch Weimar nach Belvedere, der Beisetzung unter den "Eichen von Belvedere" und den Trauerreden so offenbar ausstellen ließ, daß die Bestattung des hochdekorierten Friedrich Sauckel den Auftakt für weitere nationalsozialistische Totenzeremonien für hohe Führungskräfte bildete.

Im Sommer 1947 wurden zwei der Gräber, erkennbar an den mehr als zwei Meter hohen Granitsteinen, von der Roten Armee beseitigt, so daß von der Begräbnisstätte der Nationalsozialisten nichts erhalten blieb. Im April 1946 hatte die Sowjetische Militäradministration den Befehl zur Errichtung eines sowjetischen Friedhofs in Belvedere gegeben. Dieser war von Anfang an als Bestattungsstätte für verstorbene Bürger der UdSSR angelegt, die auf dem

---

3   Zu dieser Produktion vgl. Michaelis 1995; Wille 1995; Iden 1995 und Spiegel 1995.
4   Vgl. hierzu Boettcher 1995.

Gebiet der DDR gelebt haben. Seit 1946 wurden hier vorwiegend Soldaten der Roten Armee, aber auch Zivilpersonen und seit 1968 bis 1990 nur noch Kinder bestattet.

Der sowjetische Friedhof von Belvedere trägt noch heute an seinem Eingangstor die Symbole der untergegangenen Sowjetunion: Hammer und Sichel sowie den Sowjet-Stern. Als offenbar eher gemiedenes Denkmal erinnert er nicht nur an die militärische und politische Präsenz der UdSSR in Ostdeutschland bis zum Mauerfall, sondern auch – unter nachforschend-historischem Blick – an die schmerzhafte nationalsozialistische Vergangenheit Weimars.

Ineinander von Zeiten und Räumen

Diesen "blinden Fleck" der Erinnerung sucht Grübers Bühnenbildner Eduardo Arroyo nun für die Zuschauer wieder zum Leuchten zu bringen, wobei er das zeitliche Ineinander diachroner totalitärer Gewaltherrschaften, das sich schon in der Totenerde dieses Ortes "inhumiert", durch die Art seiner Rauminstallation zusätzlich betont, verstärkt und sogar noch analogisch doppelt.

Nachdem der Zuschauer abends bei einsetzender Dämmerung das schmiedeeiserne Friedhofstor mit den eingearbeiteten Emblemen an der Westseite des Friedhofs passiert hat, fällt sein Blick zunächst auf einen weißen Obelisken aus Travertin, der seinen Gang wie ein weit übermannshoher Wegweiser an vereinzelten Gräbern vorbei zu sich hinlenkt. Hat der Zuschauer diesen Obelisken erreicht und wendet er sich rechter Hand in Richtung Schloß, eröffnet sich ihm der Blick in einen kleinen Waldhain, der sich, leicht ansteigend, nach hinten zum Nordabhang von Belvedere hin öffnet. Hier umarmen in einem schlanken Oval angepflanzte Eichen und Buchen ein linker Hand gelegenes mehrreihiges Gräberfeld samt Vorplatz (rechts). Auf den Grabsteinen flackern vereinzelt Totenlichter. Ferner hat Arroyo die im wild wuchernden Gras linear angeordneten verwitterten Einheits-Grabstelen aus weißem Travertin, an deren Kopfende über den kyrillischen Buchstaben zumeist noch leuchtend rot der Sowjet-Stern prangt, mit individuellen Erinnerungsstücken versehen: vereinzelt schmücken ein leuchtend rotes Moosröschen, ein Stück hellblaues Tuch oder auch ein kleiner Kranz aus Tannengrün mit roten Schleifen den Kopf eines Grabsteins, liegen blauer Rittersporn oder auch ein Geflecht aus Laub zu seinen Füßen, umgibt eine Kette aus getrockneten Rosenblüten seine imaginären Schultern, markiert ein beleuchtetes lila Kunststoff- oder auch aus Astern geflochtenes Herz sein "Herz", oder ist auch einfach nur etwas Schiefer oder eine alte Fotografie samt Holzplatte an seinem unteren Ende angebracht. Auf einem Grabstein sind einige Tannenzapfen angeordnet, am Fuß lehnt ein Stück Baumrinde, ein anderer ist in ähnlicher Weise mit verschiedenen kleinen Steinen des vom Gras überwachsenen Wegschotters belegt. Mit Hilfe dieser unterschiedlichen, sowohl von ihrer spezifischen Materialität wie auch von der Art ihres Arrangements her voneinander geschiedenen Objekte verwandelt Arroyo das anoyme Gräberfeld aus uniformen Namensstelen in eine liebevolle Ansammlung von individuellen Zeugnissen verschiedener einzelner vergangener Leben, löst er die für ein menschenverachtendes, die Individualität des Einzelnen ignorierendes politisches System symbolische Einheitsgräberstruktur in ein die Individualität jedes einzelnen Grabsteins betonendes Kunst-Arrangement auf und gewinnt auf diese Weise das Gräberfeld gleichsam der individuellen Erinnerung zurück. Diffuses, weiches Licht hinter den einzelnen Grabsteinen und vom Fuß einzelner Bäume gleitet die Stämme hinauf in die Baumwipfel und bringt die durch Arroyos je individuelle Zutaten gleichsam anthropomorphen Grabstelen in ihren besonderen Konturen zum Leuchten. Es scheint, als hätten sich auf diesem Friedhof erst vor kurzem noch liebevolle Angehörige einer bestimmten Lebenssituation mit dem jeweiligen Verstorbenen erinnert und diesem Erinnern durch ein entsprechendes, für die erinnerte Situation charakteristisches Objekt Ausdruck verliehen.

Dem Zuschauer, welcher gegenüber diesem Gräberfeld (Vorplatz) auf grünen Holzklappstühlen Platz nimmt, fallen neben dessen das Dunkel des Vergessens durchdringendem Leuchten bei zunehmendem Einbruch der Dunkelheit noch zwei weitere Lichtfelder im räumlichen Arrangement auf: Und zwar ist das linke Fenster der Nordfassade des etwa zweihundert Meter entfernt rechter Hand liegenden Schlosses Belvedere von gleißendem Licht erhellt und bildet so den Lichthintergrund für einen überlebensgroßen Schattenriß der Goethe-Schauspielerin Corona Schröter, – auf den ich allerdings erst später zu sprechen kommen möchte. Zunächst ist hier die kleine Lichtquelle von Wichtigkeit, die seitlich dieses Schattenrisses aus eben jenem Fenster in Richtung des Friedhofs strahlt und deren Lichtkegel sich (durch einen Trick in der Lichtinstallation) in einer kreisrunden, mondförmigen hellen Lichtfläche auf dem weißen Obelisken, der den Hain aus der Zuschauerperspektive linker Hand begrenzt, abzuzeichnen scheint. Durch das Ziehen dieser Lichtachse im Environment suggeriert Arroyo eine Verbindung zwischen den Räumen 'Schloß Belvedere' und 'sowjetischer Friedhof', die zunächst aufgrund der unterschiedlichen historischen Entstehungszeit und auch der oppositiven Funktionen der beiden Orte nicht so leicht plausibel ist. Der von Arroyo nahegelegte Zusammenhang zwischen der Wirkungs- und Erholungsstätte Goethes und einem Ort faschistoider Toten-Zeremonien erscheint aus der Perspektive eines Ineinanders diachroner totalitärer Gewaltherschaften, das sich in der Erde des Friedhofs geradezu materialisiert, jedoch gerechtfertigt: Denn allen verklärenden Arbeiten der deutschen Historiographie und Germanistik über den angeblichen Erfolg des "aufgeklärten" Absolutismus im "klassischen", "humanitären" Weimar zum Trotz blieb auch das Herzogtum Weimar ein absolutistischer Staat, dessen Herrscher Carl August – wie Daniel Wilson erst vor kurzem aufgezeigt hat[5] –, sobald er unter politischen Druck geriet oder sein Regime von freiheitlichen Bewegungen bedroht wähnte, vom moderaten, jovialen Landesvater in den kompromißlos seine herrschaftlichen Interessen durchsetzenden Despoten zurückverfiel. Carl August entspricht in dieser Hinsicht ganz dem von der DDR-Historiographie gezeichneten – wenn auch nicht auf ihn angewendeten – Bild des absolutistischen Herrschers, welcher versucht, die Aufklärung zu absorbieren, die aufgeklärte Intelligenz also zu vereinnahmen, um sie für oppositionelle Zwecke unschädlich zu machen. Der Fürst des "aufgeklärten" Absolutismus versuchte möglichst "aufgeklärt" zu erscheinen, blieb jedoch in seinem wesentlichen Sein an feudalabsolutistische Interessen gebunden. Indem er auf aufgeklärten Reformkurs umzulenken schien und vor allem die Intelligenzschicht oberflächlich förderte, entzog er einem möglichen antifeudalen Umsturz die Stoßkraft. Unter solcher Motivation ist auch Carl Augusts Beitritt zum Weimarer Illuminatenorden zu sehen, der nicht aus Engagement, sondern zum Zweck der Überwachung dieser geheimen Organisation der Intelligenz erfolgte, welche als Fernziel die Abschaffung von Staaten und Monarchen auf ihrem Programm hatte. Bei dieser "geheimen Mission" wurde er – wie bei der Unterdrückung und Einschüchterung progressiver intellektueller Kräfte im Herzogtum Sachsen-Weimar überhaupt – von seinem damaligen Geheimrat Goethe tatkräftig unterstützt.[6] Die zu dieser dunklen Seite der angeblich so liberalen Regierung im Herzogtum Weimar vorgelegte Studie Daniel Wilsons läßt Arroyos "Gedankenstrahl" aufgrund der Nähe des absolutistischen Despotismus zum Totalitarismus, was die prinzipiell gemeinsame, wenn auch graduell unterschiedliche Repressivität der beiden Systeme anbetrifft, nicht unbegründet erscheinen. Abgesehen von in Richtung von Wilsons Rekonstruktionen gehenden Gedanken weckt Arroyos die ohnehin schon räumliche Nähe von Schloß Belvedere und sowjetischem Friedhof zusätzlich markierende Lichtinstallation aber noch eine andere, selbst wiederum rein räumliche und für den Weimar-Besucher aufgrund ihrer traurigen Berühmtheit sehr naheliegende Assoziation: Das von Arroyos Lichtbogen besonders betonte

---

5   Wilson 1991.
6   Vgl. ebd., S. 9–16.

Nachbarschaftsverhältnis eines Ortes des "klassischen Weimar" zu einem Nicht-Ort seiner faschistischen Vergangenheit läßt sich auf dem Plan von Weimar und seiner Umgebung nämlich noch einmal wiederfinden in der räumlichen Nähe von Schloß Ettersburg zum Konzentrationslager Buchenwald.

Dem Zuschauer, der, während Grübers Aufführung besagtem Gräberfeld gegenübersitzend, diese beiden anderen historischen Stätten ziemlich genau im Rücken hat, fallen in der Tat, wenn er diese etwa acht Kilometer entfernt liegenden Orte besucht, einige deutliche, wenn nicht sogar frappierende Parallelen zwischen den genannten räumlichen Paarungen auf. Ebenso wie Belvedere war auch Schloß Ettersburg zur Goethe-Zeit ein Treffpunkt für das literarisch-kulturelle Leben. Hier fand sich im Sommer das berühmte Gelehrten-Kränzchen der Herzoginmutter Anna Amalia ein, in dem sich Goethe und Herder mit Mitgliedern der kleinen Hofhaltung der Herzogin in unverbindlichem Scherz, ernsthaftem philosophisch-ästhetischem Gespräch und literarisch-musikalischer Kunstausübung ergingen. Im nahegelegenen Konzentrationslager Buchenwald hingegen, auf beharrliches Betreiben des bereits erwähnten Gauleiters Sauckel in der Nähe Weimars situiert, quälten Hitlers Schergen in den Jahren 1937–1945 tausende von Menschen zu Tode. Kaum vier Wochen nachdem die letzten der Überlebenden nach der Befreiung durch amerikanische Truppen das Lager verlassen hatten, zogen in dessen Baracken erneut Häftlinge ein. Für viereinhalb Jahre wurde das "Speziallager 2" Buchenwald erneut ein Ort der Isolierung und des Sterbens für Gegner des stalinistischen Regimes.[7] Die Geschichte des Speziallagers 2 und das Vorhandensein von Massengräbern war zu Zeiten der DDR tabu. Obwohl zum Teil bekannt war, daß unterhalb des Lagerkomplexes Gräber lagen, gab es keinerlei Form der Gestaltung oder Erinnerung. Auf dem Weimarer Ettersberg, auf dem Goethe so gerne gesprächsreiche Ausflüge mit Eckermann unternahm, hinterließen also ebenso wie auf der gegenüberliegenden Anhöhe Belvedere in Oberweimar nicht nur letzterer, sondern auch die Täter verschiedener totalitärer Systeme ihre Spuren. Die schlagendste, diesmal wiederum rein räumliche Parallele zu Grübers Spielort in Weimars näherer, dem Zuschauer der Aufführung im Rücken liegender Umgebung, geht diesem allerdings beim Besuch der Gedenkstätte Buchenwald selbst auf: Gelangt dieser bei seinem Rundgang durch die abhängige Steinwüste des Lagers zum Jüdischen Mahnmal, einer innerhalb der Abmessungen eines ehemaligen jüdischen Häftlingsblocks angelegten, mit weißen, unterschiedlich großen,

---

7   Vgl. hierzu Stein/Stein 1993, S. 73.

findlingsartigen Steinen ausgefüllten Senkgrube, von Lage und Anordnung der
Steine an ein Massengrab erinnernd, und läßt er – wie am Aufführungsabend,
als er durch das gleißende Lichtfenster auf Schloß Belvedere aufmerksam
wurde – den Blick etwa zweihundert Meter den Abhang aufwärts schweifen,
so trifft er auf das Torgebäude des Konzentrationslagers, das in seiner Glie-
derung in Turm mit Kuppel und paarige Seitengebäude gewisse architektonische Äquivalenzen zur Nordseite des Schlosses Belvedere aufweist, –
insbesondere wenn von dieser – wie in Grübers Aufführung der Fall – ausschließlich die Kuppel seitlich angestrahlt ist und der Rest des Gebäudes bei
zunehmender Dunkelheit lediglich noch eine Silhouette bildet, – die wiederum den skizzenhaften Umrissen von Tuschzeichnungen des Torgebäudes von
Buchenwald-Häftlingen verblüffend ähnlich sieht; aber hiervon später. Auf der
kleinen Steinmauer an der Frontseite des Jüdischen Mahnmals haben Hunder-
te von Menschen jeweils einen kleinen Stein vom Wegschotter hinterlassen,
auf diese Weise die Gedenkstätte jeder für sich geringfügig verändert, in ihr
eine persönliche Spur hinterlassen, die hindeutet auf eine Geste des Sich-
Erinnerns, des Ich-war-da-und-habe-nicht-vergessen. Jeder Stein auf dieser
Mauer mag auch – ebenso wie die in gleicher Weise auf eine der Grabstelen
plazierten Steine Arroyos – in seiner je individuellen Form auf einen bestimmten geliebten Menschen hindeuten, ihn so der Anonymität des Massengrabs,
des Mahnmals entheben. Am Fuße der Mauer findet sich in der Mitte der
verdorrte Kranz des fünfzigjährigen Gedenktags der Befreiung; an Arroyos
räumliches Arrangement auf dem Sowjetischen Friedhof in Belvedere erinnernd, säumen ihn vereinzelte Totenlichter, verloren lehnt ganz links die
Grabgabe einer ungarischen Gemeinde, ein kleiner Kranz aus Tannengrün mit
rot-weiß-grünen Schleifen. Dem Besucher, der die Gedenkstätte betroffen
verläßt, begegnet auf der Rückfahrt noch einmal der riesenhafte sowjetische
Obelisk, der bereits auf der Hinfahrt das Gebiet der Gedenkstätte angekündigt
hatte.

Wie aus der vorherigen Beschreibung erhellt, stehen Arroyos Wahl und
Gestaltung des Environments für Grübers *Bleiche Mutter, zarte Schwester* in
starker Beziehung zur räumlichen Paarung 'Konzentrationslager Buchenwald'
und 'Schloß Ettersburg'. Indem Arroyo so gleichsam die gesamte Umgebung,
denkbare räumliche Parallelisierungen in die Auswahl und Gestaltung des
Spielortes miteinbezieht, verstärkt er durch analogische räumliche Dopplung
das bereits durch seine Lichtinstallation betonte Ineinander diachronischer
totalitärer Systeme, das dem Environment schon durch die sterblichen Überreste der in der Erde von Belvedere ruhenden Toten eingegraben ist. Zugleich
erscheint vice versa das von ihm gestaltete Environment im Hinblick auf die
äquivalenten Elemente des durch Licht markierten Obelisken, der ebenfalls

durch spezifische Beleuchtung besonders hervorgehobenen Kuppel, der wiederum durch Licht fixierten Raumkonzeption[8] sowie der Art der künstlerischen Gestaltung des Gräberfeldes als analogische räumliche Dopplung des Konzentrationslagers Buchenwald. Hierbei geht mit dieser räumlichen Dopplung eine gewisse Irritation einher: Im Gegensatz zu der Gedenkstätte Buchenwald, welche der Öffentlichkeit im hellsten Licht präsentiert wird und jüngst anläßlich des fünfzigsten Jahrestages der Befreiung zum Schauplatz in den Medien demonstrativ ausgestellter theatraler Erinnerungsgesten von Politikern wurde, ist der Sowjetische Friedhof, welcher nicht weniger eine Ruhestätte politischer Opfer darstellt, ein aus der Erinnerung gestrichenes Denkmal, dessen Vergessen auf die gleichsam unter den theatralen Erinnerungsgesten und unter dem medialen Gedächtnis-Programm zum Jahrestag tatsächlich ablaufende Verdrängung des Phänomens Faschismus verweist. Indem Arroyo gerade diesen Ort zum Leuchten bringt, macht er auf einen "blinden Fleck" der Erinnerung, die "offene Wunde" eines nicht bewältigten, verdrängten Faschismus in Deutschland, in Europa aufmerksam und eröffnet auf diese Weise diesen Ort dem Zuschauer neu zu einem Sich-Erinnern, das hier auch in der Tat noch außerhalb der besagten Selbstinszenierung stattzufinden vermag.

Wiederkehr der Toten

Aus ähnlichen Gründen mag auch der spanische Autor Jorge Semprún sein Drama *Bleiche Mutter, zarte Schwester* auf eine Aufführung an diesem Ort hin entworfen haben, obwohl größere Teile seines Traumspiels im Konzentrationslager Buchenwald situiert sind. Die Ortsangaben im Dramennebentext Semprúns, der von Anfang an in das Gemeinschaftsprojekt Grübers mit Arroyo eingebunden war und so gewissermaßen Textmaterial für eine thematisch vorkonturierte Aufführung am vereinbarten Ort produzierte, verweisen auf einen Ort mit "Grabsteinen"[9], auf denen "Lichter" wie Irrlichter "flakkern" (S.18), und "einem Schloß in der Ferne", einen Schauplatz, auf dem "die Last von Jahrhunderten" (S.11) liegt. "In die Gegend des Ettersbergs" sei er zurückgekehrt, "um hier in Ruhe zu sterben" (S. 32), gesteht der Überlebende, gewissermaßen das Double des Autors auf dramatischer Figurenebene,

---

8   Diese ist ja gewissermaßen von der Anlage des Schloßparks her gegeben, wird aber in ihrer Dimensionierung erst durch Arroyos gedachte Lichtachse Schloß/Obelisk klar umrissen.

9   Semprún 1995a, S. 9. Alle weiteren Zitate aus bzw. Beschreibungen von *Bleiche Mutter, zarte Schwester* gehen auf diese Ausgabe zurück. Die entsprechenden Seitenangaben erscheinen in Klammern im Text.

am Ende des Stücks. Vor dem "Medien-Ereignis", das man um ihn als "letzten Überlebenden der Lager" habe veranstalten wollen, sei er hierher "geflohen" (S. 32). In dieser Hinsicht ist das Prinzip der Präsenz des Absenten – wie es sich aus der analogischen räumlichen Dopplung ergibt –, der uneigentlichen Verortung, die schon für Arroyos Auswahl und Gestaltung des Environments kennzeichnend war, auch für Semprúns Text bestimmend. Ferner ist auch das Ineinanderzitieren mehrerer verschiedener Räume und Zeiten, wie es sich in Arroyos Gestaltung eines Environments zeigt, welches aufgrund der in seiner Erde hinterlassenen diachronen Erinnerungsspuren bzw. seiner landschaftlichen Lage auf subtile Weise das Konzentrationslager bzw. den räumlichen Komplex Buchenwald-Ettersburg doppelt, für Semprúns Drama charakteristisch. So versammelt Semprúns Drama als Personal unterschiedliche Figuren aus drei verschiedenen historischen Epochen, fast allesamt Zitate populärer Persönlichkeiten der (kultur)geschichtlichen Wirklichkeit: Zunächst Corona Schröter, Goethes "Iphigenie"-Darstellerin in der Uraufführung seines gleichnamigen Stücks in Weimar, sowie Goethe selbst; dann den letzten Ministerpräsidenten der französischen Volksfront Léon Blum, den die Nazis im April 1943 nach Buchenwald deportierten und der dort zwei Jahre außerhalb des eigentlichen Lagerbereichs in einer Villa der SS-Siedlung gefangengehalten wurde, wo ihm, wenn er im Frühling das Fenster öffnete, der sonderbare Geruch (wie er erst später erfahren sollte: der Krematoriumsöfen) auffiel, ferner die Brecht-Schauspielerin Carola Neher, die auf der Flucht vor den Nazis 1933 nach Prag emigrierte, 1936 der Welle Stalinistischer Säuberungen und Prozesse als "trotzkistische Spionin" zum Opfer fiel und vermutlich 1942 in Stalins Gefängnissen starb[10], sowie einen Trupp "Muselmänner" – so wurden im Konzentrationslager Buchenwald die kaum noch lebensfähigen Häftlinge genannt, die von den regulären Arbeitskommandos als Todgeweihte abgelehnt wurden; schließlich den alten Überlebenden des Lagers, der gewissermaßen den Autor Semprún selbst doppelt, sowie einen jungen Muselmann, der sich am Ende aus dem Chor der Muselmänner heraus als "echter" Muselmane entpuppt, als Inhaftierter eines bosnischen Lagers. Das Ineinanderzitieren verschiedenster Räume und Zeiten vollzieht sich im Stück auf Figurenebene dann so, daß die Figuren der "klassischen" Goethezeit, der Zeit des nationalsozialistischen/stalinistischen Terrors und der Gegenwart über jegliche "Zeitbarrieren" hinweg miteinander kommunizieren

---

10 Für beide Frauenfiguren, Corona Schröter und Carola Neher, ist eine einzige Darstellerin vorgesehen, deren Rolle aber noch eine zweite fiktive Figurenebene, nämlich die einer "Schauspielerin" (S. 9) umfaßt. Die Darstellerin spielt also eine Schauspielerin, die wiederum Corona Schröter bzw. Carola Neher darstellt.

und sich dabei imaginär an den verschiedensten Orten befinden: der Überlebende trifft die mit dem Ausheben und Vermessen von Gräbern beschäftigten "Muselmänner", die sich gerade eine Machorka, eine aus Krülltabak in Zeitungspapier selbstgedrehte Zigarette, teilen, auf dem Gelände des Konzentrationslagers; Léon Blum führt nach guter Eckermannscher Tradition auf dem Ettersberg eine politische Diskussion mit Goethe, welcher wiederum in der sich anfangs in die Rolle der Iphigenie begebenden Schauspielerin Corona Schröter zu sehen glaubt, die sich bei ihrer Begegnung zu seinem Entsetzen allerdings als Carola Neher zu erkennen gibt, die sich daran erinnert, wie sie im Exil in einer Sommernacht 1935 in der Datscha Friedrich Wolfs in Peredelkino, einer Feriensiedlung sowjetischer Schriftsteller, aus Heimweh aus Goethes *Iphigenie* rezitierte.

Die ersten Sätze des Überlebenden rahmen dieses Ineinander von verschiedenen Zeiten und Räumen in der Begegnung der unterschiedlichen Figuren/Figurengruppen als assoziative Verkettung eines Tagtraums (S. 15), in dem – wie der Alte mehrfach erklärt – die Toten, die "Geister" seiner Vergangenheit, für kurze Zeit wieder ins Leben zurückkehren (S. 20, 32). Entsprechend werden in dem Environment von Grübers Aufführung nach dem Muster heterogenste Wirklichkeitselemente synthetisierender surrealistischer Traumdarstellungen den verschiedenen Personen verschiedene, diesen jeweils entsprechende Auftrittsorte zugeteilt: Goethe (Ulrich Wildgruber) steigt, gekleidet in einen mausgrauen Reisemantel, eine bordeauxrote Weste, ein weißes Hemd sowie eine preußischblaue Kniebundhose und weiße Strümpfe seiner Zeit, feist und schwitzend, vor Atemnot hechelnd, den Hang von Schloß Belvedere hinunter, welches ja in räumliche Analogie zu Schloß Ettersburg gesetzt zu werden vermag, auf welchem Goethe mit Corona Schröter *Iphigenie*-Proben abhielt, – letztere prangt durch Arroyos Lichtinstallation nun überlebensgroß als Schattenriß im gleißenden Lichtfenster des Schlosses; Léon Blum (Robert Hunger-Bühler) hingegen geht, von linker Hand aus Richtung Buchenwald kommend, gemessenen Schrittes, im schwarz steifen Paletot mit Gamaschen und Hut eines französischen Bürgers der Vorkriegszeit, vom Rheumatismus gebeugt, am Stock den Abhang hinauf; die Darstellerin, die später zuerst die (aber sofort wieder verschwindende) Corona Schröter und dann Carola Neher verkörpern wird (Hanna Schygulla), berührt, gekleidet in ein langes weißes Kleid, mit ihrer Hand zärtlich den weißen Stamm einer im Paar gepflanzten Birke im nahen Hain-Hintergrund des Gräberfeldes, welche die im Text erwähnten Birken in der Gegend um die Datscha Friedrich Wolfs doppelt – als Verweis auf die zweite fiktive Ebene ihrer Figur, die der 'Schauspielerin', ist zwischen dem vereinzelten und insofern räumlich exponierten Birkenpaar des Hains ein Schminktisch mit leuchtenden Glühlampen aufgestellt, dessen näheres Umfeld ebenso wie die Schauspielerin selbst durch einen einzelnen gelben Lichtkegel hervorgehoben wird –. Alle Figuren treffen sich auf dem zu allen Auftrittsorten zentral gelegenen Gräberfeld, wo sie dann in der Tat im diffusen Licht zwischen den Grabsteinen wie auferstandene Tote "geistern". Den ihnen zugewiesenen Orten im Environment korrespondieren teilweise entsprechende Klang-Räume: Zu Beginn der Aufführung dringt vom Schloß her barocke Tanzmusik, durchmischt mit freudigem Gelächter, wie von einer Goetheschen Festgesellschaft herrührend; die Aktionen der in verschlissene Klamotten und gebrauchte Uniformteile gekleideten, das Gräberfeld immer wieder langsam und schemenhaft erfüllenden, dann alsbald wieder verlassenden Muselmänner hingegen (diese sind schon bei Einlaß der Zuschauer mit dem Ausheben eines Grabes sowie dem Entwurzeln einer riesenhaften Zypresse am rechten oberen Ende des Grabfelds beschäftigt, die Geräusche ihres Hackens und Spatens sind bereits am Friedhofstor zu hören) werden durch eingespielte leise Akkordeonmusik, Windgeräusche sowie das vom nächsten Dorf zeitweise heraufdringende Hundegebell, noch an einen anderen als ihren sichtbaren Schauplatz verortet. Sie doppeln die einmal von Semprún auf dem Appellplatz des Konzentrationslagers gehörte Akkordeonmusik, den von ihm in seinen Romanen immer wieder beschriebenen "Wind von Buchenwald" sowie das Gebell der SS-Wachhunde des Lagers.[11]

Alle sich auf dem Grabfeld versammelnden Figuren treten in einen gemeinsamen Bezug durch die Figur des Überlebenden (Bruno Ganz), der, in einen abgenutzten dunkelbraunen Anzug mit hellbeigem Hemd ohne Kragen wie ein Clochard gekleidet, mit diesen in Dialog tritt oder auch nonverbal kommuniziert, indem er beispielsweise mit Carola Neher in ein Gestenspiel des Verehrens und Begehrens eintritt. Auch proxemisch schafft der Überlebende eine Verbindung zwischen den verschiedenen Figuren und den von ihnen im Spiel jeweils eingenommenen unterschiedlichen Positionen auf dem Gräberfeld, so zum Beispiel wenn er der Diskussion Blums und Goethes nachdenklich lauscht und sich anschließend zu den Totengräbern in die Runde setzt. Alle Aktionen der unterschiedlichen Zeiten entstammenden Figuren sowie visuellen oder auch akustischen Räume des Environments werden auf diese Weise als assoziierte Tagtraum-Elemente eines einzelnen erlebenden Ichs, nämlich des tagträumenden Überlebenden gerahmt.

---

11 Vgl. hierzu Semprúns Romane *Was für ein schöner Sonntag!* (Semprún 1981) und *Schreiben oder Leben* (Semprún 1995b), bes. *SoL*, S. 75 und *So*, S. 281. Alle Verweise auf diese Romane beziehen sich auf diese Ausgaben.

Persönliche Erinnerungsspuren

Persönliche Situation und Trauminhalt des Überlebenden schließen an eine authentische Lebenssituation sowie Träume des ehemaligen Buchenwald-Häftlings Jorge Semprún aus der Zeit an, als dieser im März 1992, siebenundvierzig Jahre nach seinem letzten Tag im Lager, zum ersten Mal wieder nach Buchenwald zurückkehrte – die in seinem autobiographischen Roman *Schreiben oder Leben* (1995) erwähnten Traumelemente des Schnees auf dem Ettersberg oder der Stimme Zarah Leanders, deren Liebeslieder einer der wachhabenden SS-Männer des Konzentrationslagers immer wieder sonntags über die Lautsprecheranlage abspielte, kehren im Drama wieder (S. 13–15).[12] Dieser persönlichen Erinnerungsspur behutsam folgend und wie aus Pietät gegenüber den Toten, die sie für kurze Zeit in die Erinnerung zurückrufen, verwandeln sich die Darsteller überwiegend den von ihnen gesprochenen Texten kaum an, benutzen sie diese in erster Linie als Material für ein distanziertes, leises, dem ruhigen Sehnsuchtsstrom des Erinnerns hingegebenes Sprechen, das durch die Übertragung der Stimmen durch Mikroport ermöglicht und in seiner Distanziertheit verstärkt wird, indem die mikrophonverstärkten Stimmen sich von den Körpern abzulösen scheinen. Einzig die Darsteller des Léon Blum und Goethes konturieren durch Stimme und Gestik Figuren, allerdings nur mit Hilfe der für Grübers Personenregie charakteristischen reduzierten Mittel eines akzentuierten Sprechens/Gestenspiels im Falle Robert Hunger-Bühlers bzw. eines für den Schauspieler unverwechselbar typischen Stimmduktus', der gleichsam wie ein ready made im Falle Ulrich Wildgrubers in den Aufbau der Figur integriert wird. Insbesondere Bruno Ganz und Hanna Schygulla – letztere mit Ausnahme derjenigen Szenen, in denen sie in der Rolle der Corona Schröter, nach Goethes *Regeln für Schauspieler* gestikulierend, aus *Iphigenie* rezitiert bzw. als Carola Neher in der Manier einer politischen Chansonnière Brechts Gedicht *Lob des Kommunismus* karikierend vorträgt – führt Grüber verstärkt auf die Rollenebene[13]

---

12 Vgl. *SoL*, S. 328–364, bes. S. 329 u. 358.

13 Bei der Verwendung des Begriffs 'Rollenebene' gehe ich mit Klaus Schwind davon aus, daß in einer Aufführung eines Dramentextes wie der Grübers reale Schauspieler in einem realen Theaterraum (Environment) mit und in ihrer jeweiligen Körperlichkeit vor den gleichzeitig anwesenden Zuschauern – zwischen den Ebenen vermittelnde – Rollen spielen, die fiktive Figuren in fiktiven raum-zeitlichen Kontinuen '(re)präsentieren'. Es ist also bei der Aufführungsanalyse zwischen den verschiedenen Untersuchungsebenen: *Schauspieler* vs. *Rolle* vs. *Figur* zu differenzieren, denen eine Wahrnehmungsstrukturierung in *Wirklichkeits*- vs. *Spiel*- vs. *Fiktions*ebenen entspricht. (Vgl. Schwind 1995, S. 11f.) Als *Rollenebene* ist damit jener zwischen dem internen und dem externen Kommunikationssystem der Aufführung ausgrenzbare reale Kommunikationszusammenhang zu definieren, der sich ergibt, wenn ein Schauspieler in seinem Rollenspiel sich der zu '(re)präsentierenden' Figur kaum anverwan-

ihrer Figur. Sie nähern sich der von ihnen dargestellten gestorbenen Person durch ihre zurückhaltende, zarte Art der körperlichen Anverwandlung mit eben jenem liebevollen Gestus, der auch Arroyo die anonymen Grabsteine des Gräberfeldes in Zeichen persönlich anteilnehmenden Erinnerns verwandeln ließ.

Der glücklose Engel

Diesem Gestus entspricht auch der Habitus der Figur des Überlebenden, welcher im Text zusätzlich dadurch hervorgehoben wird, daß der Alte am Schluß des Stückes solches Sich-Erinnern von dem ihm im Tagtraum erscheinenden jungen bosnischen Häftling (Cornelius Obonya) als Liebesdienst fordert (S. 32) (in Grübers Aufführung zählt diese Forderung zu den wenigen Textstellen, bei denen der Darsteller des Überlebenden, Bruno Ganz, seine Stimme laut in die Nacht erhebt), – was schon aufgrund des "Message"-Charakters der stellungsexponierten Passage ein eingehenderes Fragen nach der Bedeutung des Sich-Erinnerns auf der Figuren-Ebene des Dramas bzw. für die Produzenten/Rezipienten einer Aufführung nahelegt, welche aus Anlaß des Weimarer Kunstfestes im fünfzigsten Jahr nach der Befreiung Buchenwalds auf dem besagten Friedhof stattfindet.

Werfen wir zu diesem Zweck einen näheren Blick auf Semprúns Drama (dessen Interpretation ich im Folgenden aber immer wieder durch Ausblicke auf seine Weimarer Inszenierung kontextualisieren möchte). Hier kommt dem Tagtraum des Überlebenden eine besondere Bedeutung zu, insofern es dessen letzter sein soll: "In die Gegend des Ettersbergs" ist dieser nämlich zurückgekehrt, "um hier in Ruhe zu sterben" (S. 32). An seinem von ihm ersehnten "letzten Tag" ist er nun von dem Wunsch besessen, alle seine "Geister" zusammenzurufen (S. 20), um sich ähnlich wie Orest in Goethes *Iphigenie* von der Last einer verdrängten Vergangenheit (im Gegensatz zu Orest aber der eines Opfers, nicht eines Täters) zu befreien. Ähnlich wie der Erzähler am Ende des autobiographischen Romans *Schreiben oder Leben*[14] verfällt er, aus

---

delt, ohne dabei allerdings gleichsam "privat" zu werden. Der Schauspieler, welcher sich im Rollenspiel weit stärker der eigenen realen Person mit ihrer ganz realen Körperlichkeit annähert als der fremden Person und Körperlichkeit der von ihm zu '(re)präsentierenden' fiktiven Figur, spielt wie "beiläufig", ohne die "Mittel" des "Handwerks" einzusetzen, aus einer distanzierten Haltung zu "seiner" Figur heraus, ohne diese allerdings – wie im Brecht-Theater – überdeutlich auszustellen.

14 Es fällt nicht leicht, Texte Semprúns wie *Schreiben oder Leben* (1995) oder *Was für ein schöner Sonntag!* (1981) als "Romane" zu bezeichnen, da hier Ich-Erzählerinstanz und Autor so gut wie gar nicht voneinander distanziert sind. Semprúns eigene Hinweise darauf, daß er keine bloße Zeugenschaft ablegen wolle, daß dieses Ich der Erzählung sich zwar von seiner

einem Traum erwacht, durch dessen Impuls in einen Tagtraum der Erinnerung, der ihn auf die Spur seiner verdrängten persönlichen Vergangenheit als
Überlebender der Lager zurückführt.[15] Typische Szenen des Lagerlebens in
Buchenwald, wie sie Semprún auch in seinen autobiographischen Romanen
beschreibt, grundieren denn auch das heterogenste Wirklichkeitselemente
vereinigende Erinnerungsbild: Männer jeden Alters in Häftlingskleidung
stehen im Kreis zusammen und teilen, pausierend von der Arbeit als Toten-
gräber, eine Machorka, einen der wenigen Genüsse, die den Lagerinsassen
blieben, immer auf der Hut vor dem unter Umständen todbringenden Kon-
trollblick des Kapos. An einer anderen Stelle sitzen sie in der Runde, wartend
auf Befehle, und jeder taucht einen mit einem Stückchen Schnur an seinen
Gürtel geknüpften Löffel in einen Blechnapf. Am Ende nehmen sie auf schrille
Pfiffe und die Marschmusik des Lagerorchesters hin ihre Schaufeln und
Hacken auf und rennen zum Morgenappell davon. Diese Lager-Szenen werden kontrastiert durch feingeistige Gespräche Goethes mit Léon Blum, in
denen die beiden Honoratioren über den Verlauf der Geschichte theoretisieren. Diese Dialoge stellen gleichsam eine aktualisierte, personell "umbesetzte"
Variante der von Blum auf dem Höhepunkt der Dreyfus-Affäre veröffentlichten *Nouvelles conversations de Goethe avec Eckermann* (1901) dar, in
welchen dieser imaginierte, was Goethe über die Lage der Welt fünfzig Jahre
nach seinem Tod zu sagen gehabt hätte[16], und bilden gleichsam die intellektuelle Vision des Tagtraums, in der die Gespenster der Theorien und Ideologien
geistern. Hier erscheint Goethe als ein typischer Vertreter der Intellektuellen-
schicht seiner Zeit (Semprún fordert in seiner Regieanweisung für Goethes
Kostüm ausdrücklich, hier Goethe nicht als individuelle Person mit dem
"Umhang" und dem "breiten Hut" aus dem Tischbein-Gemälde zu zitieren,
sondern ihn, in ein "unauffälliges Kostüm seiner Zeit" (S. 11) gekleidet, als
typischen Zeitgenossen auftreten zu lassen), indem er nachdrücklich (wenn
auch in eigenwillig aristokratisch-konservativer Auslegung!) für Hegels entele-
chetisches Geschichtsmodell einsteht, wohingegen Blum weniger ideologisch

---

Erfahrung speise, jedoch über sie hinausgehe, Imaginäres, Fiktives miteinbeziehe, um die
Wahrheit der Erfahrung für den Leser überzeugender, bewegender zu machen (*SoL*, S. 199f.),
sowie seine kunstvoll distanzierende *flashback*-Erzähltechnik rechtfertigen allerdings eine
solche Bezeichnung. Sie könnte ebensogut 'poetische Autobiographie' lauten

15   Vgl. *SoL*, S. 361–364, bes. S. 362.

16   Blum 1955. Die "eigentliche" Variante dieser Gespräche, d.h. deren Fortsetzung in "Original-
besetzung", liefert Semprún in *Was für ein Sonntag!* im Rahmen eines Tagtraums Léon
Blums in seinem Gefängnis in der SS-Villa in Buchenwald (*So*, S. 283–304). Dieser Kontext
wirft ein erhellendes Licht auf die teilweise stark verknappten, zahlreiche Gedankensprünge
enthaltenden Figurenreden im geschichtsphilosophischen Dialog des Dramas.

verblendet die Welt auf die realen Umsetzungsmöglichkeiten der kommunistischen Utopie hin befragt. Wie wenig beide der geschichtlichen Wirklichkeit von ihren theoretischen Standpunkten aus gerecht werden, zeigt sich,
wenn Goethe aus seiner "Philosophie des Weltgeists" (S. 21) heraus, welchen
er als notwendige höchste geschichtsbewegende Instanz setzt, die totalitären
Systeme des zwanzigsten Jahrhunderts mit ihren gewaltsamen Ausschreitungen gleichsam als notwendige Übel herunterspielt, ohne die sich "der große
imperiale Entwurf" (S. 22) der Geschichte nun einmal nicht realisieren lasse,
und, von dieser geschichtsphilosophischen Warte aus auch jede autoritäre
Gesellschaftsordnung rechtfertigend, als eigentliche Ursache der politischen
Fehlentwicklungen in Blums Zeitgenossenschaft einen "Überfluß an Freiheit",
eine "übertriebene, unkontrollierte Demokratisierung des öffentlichen Lebens" (S. 24) bestimmt. Freiheit besteht für Goethe in der Einsicht in die
geschichtsphilosophische Notwendigkeit, nach der jedem Individuum eine je
individuelle, von einer höchsten göttlichen Instanz qua Stand und Talent
zugeteilte gesellschaftliche Aufgabe zufällt, durch deren Erfüllung es dieser
ähnlich zu werden vermag (S. 24f.). Dem Indifferentismus Goethes, den sein
Denken als Verdrängungs-Diskurs der despotischen Züge des absolutistischen
Herrschaftssystems, mit dem er sich im Laufe seines Lebens mehr und mehr
arrangierte[17], mit sich bringt, setzt Blum einen desillusionierteren Blick auf

---

17 Besonders diesem Aspekt der Goetheschen Persönlichkeit, seiner beschränkt konservativen
    Gesinnung, seiner in vieler Hinsicht reaktionären Haltung gegenüber brisanten freiheitlichen
    Fragen, seinem Sich-Arrangieren mit den Mächtigen trägt die Besetzung der Rolle Goethes mit dem
    Schauspieler Wildgruber Rechnung: Goethe erscheint in Grübers Inszenierung wie ein eitler,
    selbstgefälliger alter, in aristokratischer Geisteswelt befangener Popanz, dessen Auftritte passender-
    weise von Pfauenlauten vom Schloß her begleitet werden. In Wildgrubers Darstellung ist Goethe
    "ein elegantes Monstrum, von hochfahrender Ignoranz und unmäßiger Eitelkeit, ein Riese des
    Ressentiments", wie einer der Kritiker ausgesprochen treffend bemerkte (Spiegel 1995).
    In ihrer klaren Identifikation des vom Regisseur/Schauspieler bei der Darstellung der Figur des
    Goethe eingesetzten ironisch-distanzierenden Grundgestus' läßt diese Kritikeräußerung
    erfreulicherweise die Fähigkeit des Schreibers erkennen, zwischen der überwiegend über ihre
    sprachlichen Reden vermittelten Figur eines Dramas und ihrer schauspielerischen Darstellung
    bzw. der weltanschaulichen Position dieser Figur und der spezifischen Kontextualisierung
    dieser Position durch die Art der Inszenierung/Darstellung zu differenzieren. Diese Fähigkeit,
    zwischen dem internen und dem externen Kommunikationszusammenhang einer Aufführung
    (Position einer Figur in dialogischer Spannung zu anderen Figurenpositionen des Dramas vs.
    durch die Art der Inszenierung zum Ausdruck gebrachte Haltung des Regisseurs zu den
    einzelnen Figurenpositionen) unterscheiden zu können (welche getrost als Zulassungsvorausset-
    zung theaterwissenschaftlicher Proseminaristen geltend gemacht werden könnte), scheint dem
    Kritiker Peter Iden hingegen gänzlich abzugehen. In seiner Besprechung von Grübers In-
    szenierung wirft er denn auch munter in völlig unangemessener Weise die politische Position
    der dargestellten Figur Goethe und die ihres Autors bzw. des ihre Darstellung auf der Bühne
    anleitenden Regisseurs "in einen Topf":
    "Die Veranstaltung an dem merkwürdigen, von Geschichte belasteten Ort will also nicht nur
    der Klage, nicht allein der Trauer Raum geben über die Opfer von Gewaltherrschaft [...].

die historische Wirklichkeit entgegen: Der Kommunismus habe nicht als politische Idee reussiert, sondern als Befriedigung eines massenhaften Bedürfnisses nach einem "Traum" (S. 21); Freiheit müsse zwar im Sinne Goethes an gewisse "Normen" und "Regeln" gekoppelt sein, diese "notwendigen Einschränkungen" müßten aber gleichwohl, "unter einem sozialen und rechtlichen Gesichtspunkt, in dem Wunsch nach Gleichheit verankert sein", den die reale Ausformung des Marxismus als "Karikatur" (S. 25) seiner selbst allerdings verraten habe. Im Gegensatz zu Goethe, der sich den Widersprüchen des Realen aus taktischen Erfordernissen der Gegenwart beugt, sie verherrlicht in der Utopie, in der Idee von den treibenden Kräften der Geschichte, und auf diese Weise zum Theoretiker des Despotismus wird, repräsentiert Blum den Typ des Intellektuellen, der die Widersprüche der sozialen Realität aufgrund einer wesensgemäß fortschrittlichen und verständnisvollen Vorstellung in den Griff zu bekommen versucht, sich dabei aber immer noch der Illusion hingibt, die Werte des Kommunismus trotz der kommunistischen Partei oder sogar gegen sie aufrechtzuerhalten und weiterzuentwickeln, das nachstalinistische politische System im Sinne eines sozialistischen Humanismus zu reformieren. Sowohl er als auch Goethe theoretisieren die Realität, um sie sich erträglich zu machen, verdrängen sie auf diese Weise. Der Verdrängungscharakter der Gespräche Goethes und Blums wird in Grübers Inszenierung durch deren szenische/akustische Kontextualisierung besonders deutlich hervorgehoben: Zum einen politisieren die beiden Honoratioren geistreich, bei einem wie zum Picknick mitgebrachten Glas Rotwein auf grünen Gartenstühlen sitzend, zwischen den Gräberreihen von

Vielmehr behaupten Semprún und Grüber, sich dabei anlehnend an Goethe, auch Gründe benennen zu können, die Ursache für die gesellschaftlichen Prozesse, welche Stalin wie Hitler möglich werden ließ: Sie liege, das ist hier die Auskunft, in der 'unkontrollierten Demokratisierung des öffentlichen Lebens'.
Diese demokratie-kritische Tendenz der Veranstaltung ist aber außerordentlich problematisch, und zwar sowohl in der (denn doch zu unscharfen, wenn nicht falschen [sic!]) historischen Ableitung wie vor allem in der Gleichsetzung der 'Schuld' von Kommunismus und Nationalsozialismus [sic!]. Mit den entsprechenden Passagen verirrt sich das Unternehmen auf dem sowjetischen Friedhof in ein fragwürdiges politisches Raunen. Was als Requiem beginnt, wird plötzlich revisionistisch-reaktionär.
Er habe, sagte Grüber nach der Premiere, 'etwas mitteilen wollen über Deutschland, einen kurzen Schmerz'. [...] Wenn dann aber Goethe und Blum sich, weder in dem Text noch in seiner Darstellung irgendwie kritisch gebrochen [sic!], zu einem Bekenntnis gegen die Demokratie verständigen, ist der "kurze Schmerz" von ganz anderer Art." (Iden 1995)
Was an diesem Kommentar vor allem schmerzt, ist, daß Iden, der doch zumindest des Lesens mächtig sein müßte, auch die schier unübersehbaren ironisch-distanzierenden Kommentare Semprúns zu Goethes und Blums Figurenpositionen im Nebentext seines Dramas (Verweis auf die Unangemessenheit, Indezenz ihres Dialogs, S. 24; Vergleich der beiden Figuren mit Flauberts Bouvard und Pécuchet, ebd.; – um nur die expliziten zu nennen) offenbar einfach überlesen hat.

Opfern wenigstens einer extremistischen Bewegung dieses Jahrhunderts, zum
andern werden insbesondere die Äußerungen Goethes immer wieder durch
von Schloß Belvedere her eingespielte durchdringende Pfauen-Schreie unterbrochen, die zum ersten Mal bei Carola Nehers Beschreibung des Schicksals
der exilierten deutschen Künstler in Peredelkino erklungen waren und insofern als akustische Leitmotive einer verdrängten Vergangenheit, als Schreie
der Opfer aus der Verdrängung semantisiert werden können.[18] Sowohl die
Umgebung wie auch die akustischen Unterbrechungen des Gesprächs werden
von den Darstellern bezeichnenderweise im Spiel ignoriert bzw. nach einem
kurzen Moment der Irritation überspielt. Ferner werden die Dialoge in einem
insbesondere von Ulrich Wildgruber unvergleichlich hergestellten, für den
Spielort vollkommen indezenten Konversations-Ton geführt, der sie in die
Nähe der in Semprúns Regieanweisungen angeführten Späße Bouvards und
Pécuchets (S. 24) geraten läßt.

Wenn Goethe und Blum über den historischen Verlauf zu theoretisieren
beginnen, hört der Überlebende, von beiden unbemerkt dabeistehend, zunächst gelassen zu, um bei Blums These vom Kommunismus als der Befriedigung eines massenhaften Bedürfnisses nach einem Traum einen langen,
bedeutsamen Blick über die, von den Darstellern ebenfalls unbemerkten,
Gräberreihen zu werfen, – auf diese Weise deren Gespräch als eigentlichen
Diskurs der Verdrängung, der Verfehlung der historischen Wirklichkeit rah-
mend. Vice versa weist das Gespräch der beiden historischen Figuren den
tagträumenden Blick des Überlebenden, dessen visionäres Produkt es ja
gewissermaßen darstellt, nicht nur als Blick persönlicher, lebensgeschicht-
licher, sondern auch als Blick überindividueller, historischer Erinnerung aus.
Dieser Blick der historischen Erinnerung gewinnt eine persönliche Dimension,
wenn er sich in den verliebten Blick zu Carola Neher wandelt, die der Überlebende nicht gekannt hat, die er sich aber, ähnlich wie Pygmalion seine Geliebte, anhand von künstlichem Material: Brecht-Gedichten, denen ihr Körper
eingeschrieben ist (*Rat an die Schauspielerin Carola Neher, Ich habe dich nie
so geliebt, ma sœur...*), Zeitungsphotos und -artikeln sowie Aufzeichnungen
über ihre Leidenszeit in den Gefängnissen Stalins imaginär erschafft (S. 24).
Den Lebenslauf dieser Schauspielerin, die im Tagtraum des Überlebenden die
Gespräche Goethes und Blums zweimal für längere Zeit durchkreuzt, brach-

---

18 Die Pfauen-Schreie von Schloß Belvedere her vermögen also nicht nur auf Goethes Eitelkeit
(vgl. Anmerkung 17) bezogen zu werden. Solche vielfältige Beziehbarkeit eines theatralen
Zeichens, seine von der Inszenierung her angelegte Polysemie, ist für Grübers Theater charakteristisch. Zu anderen Inszenierungen Grübers s. den Beitrag von Joachim Fiebach im vorliegenden Band.

ten gleichermaßen eben jene beiden extremistischen Bewegungen in ein am Ende tödliches Stolpern, deren brutale, unmenschliche Ausschreitungen die beiden historischen Alt-Herren in ihrem Gespräch verdrängen bzw. in ihrer himmelschreienden Faktizität theoretisch "verbrämen". Die vom Überlebenden angestrebte Entlastung von der eigenen verdrängten Vergangenheit erfüllt sich dadurch, daß er, imaginär der Spur dieser Frau folgend, an der sich die Gewaltherrschaften des Nationalsozialismus und des Stalinismus gleichermaßen vergriffen, in seinem Tagtraum am Ende eine besonders intensive Konfrontation mit dem eigenen Opfer-Bewußtsein erlebt (die schicksalhafte Begegnung Orests und Iphigenies aus Goethes Drama wiederholt sich in Semprúns Traumspiel so noch einmal auf dem Gräberfeld unseres Jahrhunderts): Nachdem er Carola seine Liebe gestanden hat, eine Liebe aus "Schmerz und Mitgefühl" für die "widersinnige Ungerechtigkeit, die sie erdrückt hat" (S. 26), schreitet er, sie am Arm nehmend, nochmals die Stationen ihres Lebens ab: Geburt, Theaterarbeit, Emigration, Aberkennung der deutschen Staatsbürgerschaft durch die Nazis, Verhaftung durch Stalins Polizei, Verurteilung, Tod – von all dem legt er Zeugenschaft ab, während er mit ihr durch imaginäre Zeit-Räume geht. Zu diesem Defilée des verliebten Chronisten und seines objet de désir versammelt sich, Opfer totalitärer Gewaltherrschaft wie sie beide, eine Gruppe Muselmänner, denen Carola ihr letztes Lebenszeichen, einen Brief an die Leiterin des sowjetischen Waisenhauses, in das ihr kleiner Sohn verschleppt wurde, Wort für Wort selbst mitteilt, bevor sie zusammenbricht. Grüber hat diese Szene, die der Verdrängung der Opfer totalitärer Systeme in den Dialogen Goethes und Blums diametral entgegensteht, indem sie in engstem assoziativem Ineinander zweier Zeit-Räume Opfer beider extremistischer Bewegungen unseres Jahrhunderts zusammenbringt, durch die Art seiner Inszenierung in ihrer emotionalen Wirkung zusätzlich verstärkt: Auf dem diffus erleuchteten Grabfeld des Sowjetischen Friedhofs in Weimar, der das zeit-räumliche Ineinander der Opfer totalitärer Systeme in Semprúns Szene gleichsam durch die in seiner Erde hinterlassenen historischen Spuren doppelt, stehen zwischen den Grabsteinen einige KZ-Häftlinge Spalier. Während der Überlebende für sich allein ihre Lebensstationen abschreitet, drücken diese der ihnen zuvor zugeführten Carola Neher einzeln, unbeweglich, stumm die Hand, ein alter Mann nimmt, als er an der Reihe ist, seine Mütze ab, den letzten in der Reihe, einen schlanken jungen Mann mit langen blonden Haaren, nimmt sie während der Mitteilung der letzten Worte ihres Briefes an die sowjetische Heimleiterin in den Arm. Während der Szene ertönen zunächst Windgeräusche, die ihren sichtbaren Ort in die Welt des Konzentrationslagers aufheben, bei Carola Nehers Lebensschau erfüllen die Klänge des Moldau-Motivs aus Smetanas musika-

lischem Sehnsuchts-Gemälde *Mein Vaterland* den Friedhofshain, diesen für
kurze Zeit akustisch mit einem emotionalen Innenraum der Sehnsucht einer
Vertriebenen nach der verlorenen Heimat, dem entrissenen Kind überlagernd.
Die intensive Begegnung mit dem eigenen Opfer-Bewußtsein, die der Überlebende in dieser (in Grübers Aufführung zusätzlich emotional aufgeladenen)
Szene erfährt, beschleunigt seinen Tagtraum der Erinnerung in ein stür-
misches träumerisches Treiben in die Gegenwart. Poetische Bilder der Ruhelosigkeit, des einsamen, traurigen, sinnlosen, "sehnsuchtstollen" Getriebenseins
durchziehen seine Figurenrede am Schluß des Dramas (sie sind einem Liebes-
gedicht Bertolt Brechts entlehnt: *Mein Herz ist trüb wie die Wolke der Nacht
/ Und heimatlos, oh Du!*, das Bruno Ganz in der Aufführung wild in die
Nacht bellt), in welche die ersterbende Stimme Carola Nehers wie auch die
Muselmänner miteinfallen (in Grübers Aufführung immer wieder vorangetrieben durch das sehnsuchtsvolle Drängen der nochmals intonierten Smetana-
Musik). Der Zweifel des Überlebenden zu Beginn seines Tagtraumes: "Was
bin ich: der Traum oder der Träumer?" (S. 15) regt sich erneut (S. 30). Ähn-
lich wie der Erzähler in *Schreiben oder Leben* aus einem Leben, welches
nicht mehr anders lebbar ist als aus der Verdrängung der traumatischen
Lagererfahrung, durch den "Störfall" eines Traums in einen Tagtraum der
Erinnerung involviert, treibt ihn dieser Erinnerungsstrom wiederum dem
eigentlichen, bewußten Leben seiner selbst und damit jenem Punkt zu, an
dem Erinnerung gegenwärtig, d.h. Erinnerung an die Jetztzeit oder auch:
Gegenwartserinnerung wird.[19] Diese stellt sich im Stück ein in Gestalt eines
jungen Mannes, der sich aus der Gruppe der Muselmänner heraus als "echter" Muselmann entpuppt, als Häftling eines bosnischen Lagers (S. 31). Er
wird für den Überlebenden zu einer Begegnung mit einem weiteren Opfer,

---

19 Diesen Bewußtseinsprozeß beschreibt der Erzähler am Ende von *Schreiben oder Leben* so: "Ich
    bin aufgewacht, [...]. Ich träumte nicht mehr, ich war in den Traum zurückgekehrt, der mein
    Leben gewesen war, der mein Leben sein wird." (*SoL*, S. 362) Den sich daraus ergebenden
    totalen Realitätszweifel formuliert er an anderer Stelle auf diese Weise:
    "Ein Traum im Traum, zweifellos. Der Traum des Todes im Traum des Lebens. Oder vielmehr:
    der Traum des Todes [die im Traum zurückkehrende traumatische Buchenwald-Erfahrung] als
    einzige Wirklichkeit eines Lebens, das selbst nur ein Traum [weil aus der Verdrängung dieser
    traumatischen Realität gelebt] war." (*SoL*, S. 287, Anm. F.K.)
    Wenn der Überlebende am Ende des Stückes aus der psychischen Disposition eines solchen
    Realitätszweifels heraus den jungen Muselmann fragt, aus welchem "anderen Traum" er
    komme (S. 30), deutet dies darauf, daß er, in seinem Tagtraum in einen Bewußtseinsstrom
    "hineingesogen", von dem er aufgrund von dessen reißender Kraft nicht mehr sicher ist, ob er
    ihn als Subjekt noch aktiv "produziert" ("Bin ich der Traum oder der Träumer?"), aus eben
    dieser Bewußtseinslage heraus auch seine Jetztzeit, die ihm zeitgenössische Gegenwart als
    Tagtraum, als Erinnerung erlebt. In diese Richtung weist auch sein späterer Vorwurf an den
    jungen Bosnier, daß er sich in seinen Traum "eingeschlichen" habe (S. 32).

Tagtraumgebilde seines Opferbewußtseins wie die übrigen, diesmal aber gleichsam seinem Nachfolger in der Zeit. Von diesem mitleidvoll befragt, was er für ihn tun könne, antwortet der Alte, der sich nach einem Leben aus der systematischen Verdrängung der Todes-Erfahrung nur noch nach dem Tod sehnt, der für ihn aber paradoxerweise befreiende Rückkehr ins eigentliche Leben, ein Leben jenseits jeder Verdrängung, bedeutet: "Sich erinnern ..." (S. 32).

Hinsichtlich der jedes produktive Tun negierenden Ausschließlichkeit dieses sich erinnernden Blicks, den der Überlebende seinem Tagtraumgebilde als Liebesdienst abzunötigen, ja ihm geradezu wie eine Obsession zu übertragen sucht, erinnert die zentrale Person von Semprúns Drama an die allegorische Figur des "Engels der Geschichte" in Walter Benjamins geschichtsphilosophischen Thesen[20] (eine Assoziation, die sich wohl auch aufgrund der Besetzung der Rolle des Überlebenden mit Bruno Ganz, dem populären Darsteller eines der Engel in Wim Wenders' Film *Der Himmel über Berlin*, bei mir einstellte[21]). Jener starrt in die Vergangenheit, von der er im Begriff ist, sich zu entfernen, indem ein Sturm aus dem Paradies, der in seine Flügel hineinbläst und ihn hindert, sie zu schließen und zu verweilen, ihn unaufhaltsam in die Zukunft vorwärtstreibt, ohne daß er sein Gesicht umwenden könnte. Den Überlebenden, den ein Erinnerungsstrom ruhelos der Gegenwart zutreibt, scheint dieser Engel gleichsam wie einen seiner Flügel verlustigen Begleiter fern am Erdboden mit sich zu führen. Der Perspektive des Engels entsprechend, erscheint auch dem rückwärtsgewandten Blick des sich erinnernden, tagträumenden Überlebenden Geschichte und Vergangenheit als eine einzige große Katastrophe, die in stoßweisen unheilvollen Ausbrüchen "unablässig Trümmer auf Trümmer"[22], Tote auf Tote häuft. Demgemäß besteht sein größter Wunsch auch darin, die Geister seiner Vergangenheit zusammenzurufen (S. 20, 32), ähnlich dem Wünschen des Engels, "die Toten *(zu)* wecken und das Zerschlagene zusammen*(zu)*fügen." Eine Erfüllung dieser Aufgabe bleibt ihm wie dem Engel aber versagt: Den Engel treibt unerbittlich der besagte Sturm, der in profaner Sprache "Fortschritt"[23] heißt, vor sich her, – ein Sturm vom Paradies immerhin, das bedeutet im über-

---

20 Benjamin 1974a.
21 Daß Benjamin zu der Erfindung dieser allegorischen Figur unter Umständen durch ein von der Benjamin-Forschung bislang nicht berücksichtigtes Baudelairesches Vorbild angeregt wurde, welches wiederum eine frappante Affinität zu den in einer großstädtischen Menschenmenge einsam und sich selbst überlassen vagierenden Engeln in Wenders' Film aufweist, darauf hat mich Doris Kolesch dankenswerterweise hingewiesen. Vgl. Kolesch 1995.
22 Benjamin 1974a, S. 697.
23 Ebd., S. 698.

tragenen Sinne: ein Fortschritt, der als blinde Kraft nach Benjamins Ge-
schichtsauffassung dennoch ins Paradies als "Ursprung und Urvergangenheit
des Menschen wie auch utopisches Bild der Zukunft seiner Erlösung"[24]
zugleich führt, so daß es am Ende aller Tage erst einem "Messias"[25] zukommt, die Toten zu erwecken und das Zerschlagene, Zerbrochene, die
unerlöste Vergangenheit zusammmenzufügen, zu erlösen. In ähnlicher Weise
wird der Überlebende am Verweilen verhindert durch einen Erinnerungsstrom, der ihn, sobald er aus einem blinden Leben aus der Verdrängung in
diesen eintritt, ruhelos der Gegenwart zutreibt bzw. jedes neue Gegenwartsmoment seines (aus der Perspektive der Verdrängung: fortschreitenden)
Lebens bereits wieder als *erinnertes* erleben läßt. Beide Male erscheint ver-
meintlicher Fortschritt als eigentliche Wiederkehr des Gleichen, die Benjamins Engel als "äußere", überindividuelle Kraft auf eine messianische Endzeit
zutreibt, wohingegen sie sich beim Überlebenden, der nicht weniger, zumindest körperlich, vom Fortschreiten der Zeit mithinweggerissen wird, im
Inneren, als Er-innerung eben, ereignet. Dessen erinnerndem Blick fehlt jener
"blinde Fleck" der Utopie, der dem, rückwärtsgewandt blickend, in die
Zukunft fliegenden Engel Benjamins zukommt. "Der Kreis der Zeiten schließt
sich!" (S. 31) ist das Bekenntnis dieses Blicks, der jede neue Gegenwart als
erinnerte, als déjà-vu, als Wiederkehr des bislang verdrängten Vergangenen,
welches die Gegenwart überblendet[26], erlebt, dem die Zeit so gleichsam
stehenzubleiben scheint (ich erinnere an dieser Stelle an die beiden Anmerkungen im Nebentext von Semprúns Drama, die auf einen solchen Zeit-
Stillstand, das Lasten, das zähe, schwere Vergehen von Zeit verweisen –
S. 11, 15). Semprúns Engel – ich nenne ab hier die zentrale Person von
Semprúns Drama so aufgrund ihrer Affinität zu Benjamins allegorischer Figur,
begreife sie also gleichsam als Allegorie der Allegorie, – ein Gedankensprung,
der mir auch insofern nicht allzu abstrus erscheint, als die Hauptfigur von
Semprúns Stück ein *Überlebender* ist, das bedeutet nicht nur: jemand, der
dem Tod entgangen ist, sondern auch: jemand, der eine traumatische Todes-
Erfahrung überlebt hat, der also gewissermaßen ein *Leben nach dem Tode*
führt – wie die Engel in der christlichen Vorstellung. Semprúns Engel also
treibt kein Sturm vom Paradies, seine Flügel sind zerbrochen, am Erdboden
treibt seinen Körper der Wind des Ettersbergs vor sich her, der als Isotopie

---

24 Zur Interpretation von Benjamins IX. Denkbild aus *Über den Begriff der Geschichte* vgl.
Scholem 1983, S. 62–68 (Zitat: S. 65).
25 Benjamin 1974a, S. 704.
26 Die Traumgestalt des Bosniers "entpuppt" sich ja aus dem anderen Tagtraumgebilde eines
früheren jungen KZ-Häftlings!

durch die Signifikanten von Semprúns Romanen, seinem Drama (S. 17, 21) wie auch Grübers Inszenierung "weht" (bezeichnenderweise tritt der Überlebende dann auf, als die vom jungen Muselmann aufgeworfene theologische Frage der Auferstehung von den andern Häftlingen unter Protest abgeschmettert wird – S. 14f.). Der erinnernde Blick dieses Engels ist obsessiv. Aus ihm gibt es kein Entrinnen, es sei denn das der noch weniger zu ertragenden blinden Verdrängung "einer Erinnerung, die sogleich ihre Arbeit wiederaufnehmen würde, offenkundig oder unterirdisch, explizit oder heimlich"[27]. Wenn der Überlebende am Ende von Semprúns Drama der Tagtraumgestalt des jungen Bosniers als Liebesdienst abfordert, sich zu erinnern, teilt er ihr dies aus einem Nicht-mehr-anders-Können heraus wie ein Stigma mit, wie eine Obsession, die er ihr zu übertragen versucht, aber auch als Aufforderung, in den im Vergleich zu noch kränker machender Verdrängung heilenden eigenen Erinnerungsstrom einzutreten (einer solchen Deutung entspricht auch der eindringlich appellative, verzweifelte, fast gequälte Ton, in dem Bruno Ganz als Überlebender in Grübers Inszenierung an dieser Stelle seine Stimme, auf die vier Silben des Textes verteilt, laut durch die Nacht dringen ließ). Entsprechend verfällt der junge Bosnier, nachdem er nachgedacht und versucht hat, "in seinem Gedächtnis all das festzuhalten, dessen er sich erinnern müßte" (S. 32), in seiner Figurenrede in eben jene Bilder der Ruhelosigkeit, die der Überlebende vorher artikuliert hatte. Letzterer wiederum stimmt daraufhin in diese Verse seines Tagtraumgebildes ein, erleichtert, für diese Momente sein Schicksal teilen zu können. In Grübers Inszenierung schließt der Alte den Jungen in den Arm, und beide verharren so, lange Zeit, bis sie Hand in Hand zwischen den Gräberreihen in die Nacht abgehen. Semprúns Überlebender verläßt so als glückloser Bruder des Benjaminschen Engels den Schauplatz. Anstatt erfolgreich die Toten zu erwecken, d.h. mit seinen Erinnerungen abzuschließen, das Zerschlagene zusammenzulegen, um in Ruhe sterben zu können, treibt ihn sein Erinnerungsstrom unaufhörlich weiter, ruhelos, läßt ihn – um es mit einem Wort Semprúns zu sagen: "Wiedergänger"[28] bleiben aus einem im Sterben der Nächsten mit-erlebten Tod. Ähnlich wie dem Erzähler am Ende von *Schreiben oder Leben*, der bei seiner Rückkehr an den Ort einstiger Qual zuerst schon fast Orestsche Befreiungsgefühle beim vielfältigen Gezwitscher der Vögel auf dem Ettersberg, dann aber wieder einen Rückfall in einen Erinnerungsschub erlebt[29], bleibt ihm

---

27 *So*, S. 262.
28 *SoL*, S. 110.
29 Ebd., S. 348, S. 362f.

jede Beruhigung versagt, – ähnlich wie der Überlebende in Semprúns Drama
sieht auch der Erzähler des Romans eine Möglichkeit der Bewältigung seines
Schicksals darin, einem künftigen Zeugen "eine Hand auf die Schultern" zu
legen, ihm sein "Gedächtnis" zu übertragen[30], im Unterschied zum Überlebenden im Drama allerdings einem real fortlebenden Zeugen, nicht dem
eigenen Tagtraumgebilde.

Hinsichtlich dieses in Semprúns Roman wie auch in seinem Drama auf
der Ebene des internen Kommunikationssystems erteilten Erinnerungsauftrags
stellt sich nun die Frage, was er, wird er auf der pragmatischen Ebene auf den
Rezipienten bezogen – denn letztlich kann nur dieser im Gegensatz zu den
Traumgebilden des Alten den Auftrag im eigentlichen Sinne "erhören" –, für
den Rezipienten zu bedeuten vermag. Denn wenn er sich dem Rezipienten
auch nicht in seinem vollen obsessiven Charakter mitteilt (es sei denn, der
Leser/Zuschauer ist selbst Opfer der Konzentrationslager), so nimmt der
Rezipient doch als Leser des Romans/des Dramas bzw. als Zuschauer der
Aufführung an einem Erinnerungsvorgang teil, und zwar von der distanzierten Position eines Betrachters aus, welcher beobachtet, wie eine Roman-/
Dramenfigur, eine Figur auf der Bühne sich erinnert bzw. von den Tagtraum-
gebilden ihrer Erinnerung überwältigt wird. Indem er auf diese Weise nicht
nur das Erinnerte, sondern auch den sich Erinnernden ständig vor Augen hat,
kommt ihm gegenüber den Personen des Romans/des Dramas und gegenüber
der Figur auf der Bühne – nicht gegenüber dem Darsteller dieser Figur!,
hiervon später – eine zusätzliche Reflexionsebene zu, welche im Anschluß an
die Widmung von Semprúns Roman *Was für ein schöner Sonntag!* (1981) mit
"sich – später, danach – an diese Erinnerung erinnern"[31] umschrieben werden kann. Die auf diese Reflexionsebene abzielende Darstellung eines Er-
innerungsvorgangs im Roman/Drama hat nun zunächst einmal dokumentari-
schen Charakter. Semprún hat diese dokumentarische Funktion seiner Literatur in *Schreiben oder Leben* indirekt thematisiert. Hier weist er nachdrücklich darauf hin, daß einmal der Tag kommen würde,

> relativ bald, an dem es keine Überlebenden von Buchenwald mehr gäbe. Es
> würde kein unmittelbares Gedächtnis von Buchenwald mehr geben: niemand
> könnte mit Wörtern der körperlichen Erinnerung sprechen, nicht nur mit den
> Worten einer theoretischen Rekonstruktion sagen, wie der Hunger, der Schlaf,
> die Angst gewesen war, die gleißende Gegenwart des absoluten Bösen [...].
> Niemand mehr hätte in seiner Seele und in seinem Gehirn unauslöschlich den

---

30 Ebd., S. 344f.
31 *So*, S. 5.

Geruch von verbranntem Fleisch der Verbrennungsöfen. [...] Es wird nur noch eine Phrase sein, ein literarischer Beleg, eine Idee von Geruch. Geruchlos also.[32]

Was aber nicht bedeutet, daß in einer solchen zukünftigen Situation der besagte literarische Beleg, in den sich die körperliche Erinnerung eingeschrieben hat, als einzig übrig bleibendes Zeugnis der Vergangenheit nicht von höchster Bedeutung wäre, – dies umso mehr, als dieser über seine dokumentarische Funktion hinaus dazu angetan ist, im "Kampf des Menschen gegen die Macht", der auf kollektiver Bewußtseinsebene ein "Kampf der Erinnerung gegen das Vergessen" ist[33], als Stärkung des "Menschen" zu fungieren. In dieser über eine dokumentarische Funktionalisierung hinausreichenden Auffassung von Literatur reicht Semprúnsches Denken heran an die hier nochmals ins assoziative Spiel meiner Interpretation zu bringenden geschichtsphilosophischen Überlegungen Walter Benjamins, in denen Geschichtsschreibung und Erinnerung als strukturanaloge Tätigkeiten beschrieben werden. Im Februar und März 1940, unmittelbar nach dem Schock des Hitler-Stalin-Paktes, nach Benjamins Entlassung aus einem französischen Flüchtlingslager verfaßt, fordert die sechste seiner geschichtsphilosophischen Thesen den Geschichtsschreiber dazu auf, in jeder Epoche die geschichtliche Tradition jenem überwältigenden Konformismus zu entreißen, der sich aus ihrer Instrumentalisierung "zum Werkzeug der herrschenden Klasse"[34] ergibt. Wodurch wäre dies aber möglich? – Zum Beispiel durch die literarischen Zeugnisse Semprúns, denen sich historische Erinnerungen eingeschrieben haben, die ständig in Gefahr schweben, in ein inakzeptables Vergessen zu versinken. Ein solches Bild der Vergangenheit festzuhalten (wie beispielsweise Semprún es literarisch fixiert), gelte es insbesondere "im Augenblick der Gefahr", ja im Augenblick der Gefahr "blitze" eine solche "Erinnerung" dem "historischen Subjekt" geradezu "auf". Solche Artikulation des historisch Vergangenen, "sich einer Erinnerung bemächtigen, wie sie im Augenblick einer Gefahr aufblitzt", geschehe im Dienste eines gewandelten Begriffes von Geschichte, von Geschichte nämlich als "Tradition der Unterdrückten".[35] Eine solche Vorstellung von Geschichte werde insbesondere die eigene "Position im Kampf gegen den Faschismus" verbessern, indem dieser nicht länger als historischer "*Ausnahmezustand*", sondern als "historische Norm"

---

32 *SoL*, S. 344f. Eine Parallelstelle hierzu findet sich auch im Drama in der Figurenrede des Überlebenden (S. 32).

33 So das Milan Kundera entlehnte erste Motto von *Was für ein schöner Sonntag!* S. *So*, S. 7.

34 Benjamin 1974a, S. 695.

35 Ebd., S. 697.

begriffen und dadurch weniger leicht unterschätzt wird. Ferner verabschiede ein solcher Begriff der Geschichte die Vorstellung ihres "eine homogene und leere Zeit durchlaufenden Fortgangs"[36], die als geistige Voraussetzung nur den in höchstem Maße kritikwürdigen Fortschrittsideologien der Mächtigen zudiene, und setze an die Stelle einer solchen korrumpierten Geschichtsvorstellung den kritischen Begriff von Geschichte als "Gegenstand einer Konstruktion, deren Ort nicht die homogene und leere Zeit sondern die von Jetztzeit erfüllte bildet." Die bei dieser Konstruktion einer Vergangenheit vom Standpunkt der Jetztzeit aus (von dieser Horizontverschmelzung her: einer "mit Jetztzeit geladenen Vergangenheit") durchgeführte Heraussprengung der Vergangenheit "aus dem Kontinuum der Geschichte" stellt bereits einen revolutionären Bewußtseinsakt dar, in dem vom Begriff einer Gegenwart aus, in der in Opposition zur Fortschrittsideologie der Herrschenden "die Zeit einsteht und zum Stillstand gekommen ist"[37], die "Rettung" des unterdrückten "Gewesenen" vollzogen wird, – um es mit Worten Walter Benjamins aus *Zentralpark*[38] auszudrücken. Auf solche *Rettung des Gewesenen* im Bewußtsein des Rezipienten zielt die Darstellung von Erinnerungen in Semprúns Romanen, seinem Drama und in dessen Aufführung durch Klaus Michael Grüber im eigentlichen Sinne ab. Auf der Reflexionsebene eines Betrachters, der im Gegensatz zu der in ihren Erinnerungsstrom involvierten Figur des Überlebenden im Roman/im Drama/in der Aufführung zu den erinnerten Ereignissen in Distanz zu treten vermag, gleichsam "von außen" beobachten kann, wie diese sich erinnert, soll er jedes "dialektische Bild", d.h. jedes "im Jetzt der Erkennbarkeit aufblitzende Bild"[39] der Erinnerung bzw. des sich Erinnernden perzeptiv "festhalten", um es so gleichsam vor der Unterdrückung zu retten. Eine solche Rezeptionshaltung, das Vergangene im Rezeptionsakt gleichsam mit der eigenen, augenblicklichen, persönlichen Jetztzeit "aufzuladen", wird dem Leser von Semprúns Romanen durch dessen Erzähltechnik einer "Rückkehr nach vorne"[40], dem Zuschauer von Grübers In-

---

36 Ebd., S. 701.
37 Ebd., S. 702.
38 Benjamin 1974b, S. 682.
39 Ebd.
40 *So*, S. 164. In Semprúns Romanen nehmen flashbacks in die Erinnerung häufig ihren Ausgang von gegenwärtigen Erlebnissen, d.h. Objekten des Alltagslebens oder auch gegenwärtigen Bewußtseinsmomenten, wie beispielsweise dem ausgefallenen Namen eines New Yorker Zimmermädchens (*So*, S. 356–367). Der nach einer solchen Rückkehr in die Vergangenheit zumeist vollzogene Gedankensprung nach vorne, d.h. wieder zurück in die Gegenwart, erzeugt einen "Bruch", der den Leser nie völlig in den Erinnerungsstrom eintauchen, sondern ihn diesen vielmehr distanziert betrachten und nicht selten auch auf das Gegenwartsmoment beziehen läßt, von dem die Erinnerung ihren Ausgang nahm.

szenierung durch die distanzierte, sich der Figur aus der Vergangenheit kaum anverwandelnde, die eigene Person, die eigene Haltung zur Figur ins Spiel miteinbringende Darstellung der Schauspieler fast nahegelegt. In ähnlicher Weise bleibt auch das durch die Figurenrede wie das Spiel des Überlebenden als fiktive Tagtraum-Landschaft "gerahmte" Environment von Grübers Inszenierung immer zugleich als Environment eben, als von Arroyo in der besagten künstlerischen Weise veränderte historische Stätte, wahrnehmbar, "sprengt" so permanent den sprachlich/kinesisch konstituierten Theater-Rahmen und provoziert den Zuschauer durch diese ambivalente Präsenz, die dargestellten Erinnerungen auf die eigene, augenblickliche Gegenwart zu beziehen.

In dieser Hinsicht läßt sich der Raum von Grübers Inszenierung in der Wahrnehmungsstrukturierung des Rezipienten ebenso als *Spielebene* begreifen wie die dominant auf der *Rollenebene* ihrer Figur sich bewegende Darstellung der Schauspieler. Nicht nur als fiktive Tagtraum-Landschaft, welche sowohl die Tagtraumgebilde des Überlebenden aufnimmt als auch den "realen" Boden darstellt, auf dem sich der Tagträumende bewegt, läßt sich der Sowjetische Friedhof wahrnehmen, sondern zugleich immer auch als Arroyos Environment, das als vollkommen autonomes Element der Aufführung zu Semprúns Text in Bezug tritt und in das der Zuschauer selbst mitintegriert ist. Auf diese Weise entzieht sich der Raum ähnlich wie die Spielweise der Darsteller in hohem Maße dem Aufbau von Fiktionen, ohne allerdings hinter seinen Status, seine "*Rolle*" als zu künstlerischen Zwecken zugerichtete historische Stätte gleichsam in die Authentizität seines Friedhofsdaseins zurückzufallen. Er hält den Zuschauer so permanent zu der Aufführung in intellektueller Distanz, präsentiert sich im Status einer Spielebene, die den Zuschauer als *Mit-Spielenden*[41] "einrahmt". Eine solche Spielebene der Darstellung sucht Semprún auch seinem Drama einzuschreiben, indem er bei der Gestaltung der weiblichen Hauptrolle von den fiktiven *Figurenebenen* der Corona Schröter/Carola Neher die zweite fiktive Ebene der "Schauspielerin" absetzt, die im Grunde auf die *Rollenebene* verweist, auf deren Basis die beiden *Figuren* in der Aufführung '(re)präsentiert' werden. Auf diese Rollenebene der beiden Frauen-Figuren wird sowohl in der Aufführung als auch im Drama durch das durchgehend präsente dekorative Element des Schminkti-sches bzw. auf dieses verweisende linguistische Zeichen (S. 9, 33) kontinuierlich verwiesen. Ferner deuten ein in den Nebentext eingestreuter Hinweis auf den *Spiel*charakter der Handlung (S. 19) sowie ein *Spiel*kommentar in der

---

41   Schwind 1995, S. 11ff.

Figurenrede des Überlebenden (S. 31) auf die Rollenebene auch der anderen Figuren hin. Und auch der auf die besondere Bedeutung des "Mediums der Rolle" hinweisende Abschlußmonolog der Schauspielerin im Stück (S. 33) läßt sich in diese Richtung interpretieren. Die besondere Betonung der Rollen-ebene in der schauspielerischen Gestaltung der Aufführung, die Semprúns Drama auf diese Weise gewissermaßen bereits eingeschrieben ist, läßt die Figurenreden in erster Linie als Material für das Sprechen/Zuhören erschei-nen. Ebenso wie die Texte Semprúns als Material aufgefaßt werden können, lassen sich auch die Figuren und der Raum der Aufführung aufgrund der starken Betonung ihres ambivalenten *Spiel*charakters vom Rezipienten als Material zum *Mit-Spielen*, als *Spiel-Figuren* bzw. *Spiel-Raum* zur eigenen Selbstbegegnung, zum Rückbezug auf die eigene Gegenwart betrachten. Hinsichtlich des Zurücktretens ihrer referentiellen Funktion zugunsten dieser *Spiel*-Funktion bewegt sich die Aufführung sowohl auf der Grenze zur zeitge-nössischen Performance Art[42] (wie schon ihre Annoncierung als gemein-schaftliches 'Projekt' Arroyos, Grübers und Semprúns andeutet) als auch auf der zwischen Theater und anderen Arten von "cultural performances"[43].

Nicht von ungefähr verglichen vereinzelte Kritiker Grübers Weimarer Aufführung mit einer "Totenklage" (Michaelis) bzw. einem "Requiem" (Iden). Denn in der Tat weist Grübers Inszenierung einige Gemeinsamkeiten mit solchen der Stabilisierung kollektiven kulturellen Gedächtnisses dienenden Gedenkfeiern auf. Ähnlich wie eine übliche deutsche Totengedenkfeier an Allerheiligen/am Totensonntag ist sie von kurzer Dauer (ca. 70 Minuten) und findet auf einem Friedhof statt, dessen Gräber – hier liegt eine weitere Parallele zur deutschen Tradition – eigens für sie mit sogenannten "Ewigen Lichtern" beleuchtet sowie mit Blumen und Kränzen geschmückt werden. Ebenso wie zu einer deutschen "Feierstunde" finden sich auf dem Sowjeti-schen Friedhof in Belvedere die Zuschauer still ein (ähnlich wie an vielen deutschen Orten zu Feierbeginn ist am Anfang der Aufführung das Glocken-geläut einer fernen Kirche zu hören) und verlassen diesen auch wieder ruhig. Wie in Anlehnung an eine deutsche Totenfeier ist die Aufführung von den Tätigkeiten des Sprechens bzw. Zuhörens dominiert, liegt ihr akustischer Haupteindruck im "metallischen" Klang sich im Friedhofsrund verlierender,

---

42 Daß die Reduktion der referentiellen Funktion von Theater zugunsten einer emphatischen Betonung seiner performativen Funktion ein distinktives Merkmal von Performances darstellt, hat Erika Fischer-Lichte herausgearbeitet.Vgl. hierzu ihren Beitrag im ersten Teil. Zu weiteren Merkmalen von Performances vgl. hier auch die Beiträge von Gabriele Brandstetter, Petra Maria Meyer und Willmar Sauter.

43 Vgl. den Begriff der cultural performance bei Singer 1959, S. XIIf.

von Erinnerungen schwerer Stimmen. Ähnlich wie in den Reden staatlicher
und kirchlicher Vertreter zu Allerheiligen/zum Totensonntag wird auch in
Semprúns Text geschichtliche Erinnerung als Pulsschlag der Gegenwart und
Impetus der Zukunftsgestaltung eingefordert, wird dieser Erinnerungsauftrag
durch erschütternde Lebenszeugnisse von Opfern oder Erinnerungen an das
menschenverachtende Vorgehen totalitärer Gewaltherrschaften bekräftigt.
Auch wenn Grübers Aufführung damit einige deutliche Bezüge zur *cultural
performance* der deutschen Totengedenkfeier aufweist, läßt sie sich aufgrund
ebenso gewichtiger Differenzaspekte dennoch nicht als solche begreifen
(beispielsweise als Trauerfeier mit den Mitteln des Theaters o.ä.). Denn zum
einen findet die Aufführung (aus der Perspektive der überwiegend deutschen
Zuschauer) nicht über den Gräbern von Angehörigen der eigenen Nation
statt, sondern über den Gebeinen Gefallener bzw. Verstorbener eines ehemals
als Gegner bekämpften Regimes. Zum andern greift Arroyo bei seiner Aus-
schmückung der Gräber auch noch auf andere Traditionen als die deutsche
zurück, so z.B. auf die jüdische Tradition bei der Markierung des Grabes mit
einem Stein oder auf die russische bei dem Anbringen einer Photographie am
Grabstein. Wahl des Ortes und Form seiner Gestaltung dekonstruieren so den
nationalistischen Diskurs, der nicht zuletzt auch durch Trauerfeiern, welche
nach nationaler Tradition durchgeführt werden, bekräftigt wird. Des weiteren
erfolgt die künstlerische Gestaltung des Ortes wie auch die schauspielerische
Darstellung auf derart subtile, auf dem schmalen Grat zwischen Fiktion und
Wirklichkeit artistisch balancierende Weise, daß die Aufführung in jedem
Moment als Kunst-Ereignis kenntlich ist. Was dieses Kunst-Ereignis sich auf
seinem Grenzgang zur *cultural performance* gleichsam "unverzollt" aneignet,
ist die Evidenzbeweiskraft des Ortes, an dem eine Gedenkfeier üblicherweise
stattfindet. Die in den Reden zu einer solchen Gedenkfeier zitierten Dokumente, die Mahnungen der Redner, die Erinnerung an die beiden Totalitarismen in Europa zu bewahren, um vom abschreckenden Beispiel dieser Erinnerung aus eine friedvollere Zukunft gestalten zu können, erfahren durch
die sterblichen Überreste der Opfer – und nur aus diesem Grund versammeln
sich Menschen zu einer Totenfeier auch auf einem Friedhof bzw. an seinem
Kriegerdenkmal oder auch auf einem Soldatenfriedhof – eine nicht zu leug-
nende Substantiierung. Indem Grübers Inszenierung den Theater-Rahmen in
Richtung der *cultural performance* der Totengedenkfeier erweitert, gewinnt
sie dem Theater eine Evidenzbeweiskraft, die ihm gewöhnlich nicht eignet.
Diese Wirkung wird zusätzlich dadurch potenziert, daß die Aufführung an
einem Ort stattfindet, welcher von der Routine alljährlich abgehaltener Toten-
zeremonien unberührt geblieben ist, den Arroyo durch seine künstlerische
Gestaltung dem Totengedenken erstmals bereitstellt. Die zum Teil vom Gras

überwucherten, verwitterten Grabsteine des Sowjetischen Friedhofs, auf
denen die kyrillischen Namenszüge der Toten teilweise kaum mehr zu lesen
sind, beglaubigen nicht nur frühere deutsche Schuld, sondern zugleich auch
deren Verdrängung in der Gegenwart. Was verdrängt wird, über das "wächst
Gras", das fällt der allmählichen Verwitterung im Gedächtnis anheim. Die
stark überwiegende Tendenz der Aufführung, Fiktionalisierungen des Rezipienten zu unterlaufen, die Darstellung der Schauspieler auf Spielebene zu
bringen, die Figurenreden als Material für das Sprechen zu verwenden, mit
einem Wort: das So-Tun-als-ob, das Symbolische des Theaters zu hintergehen,
zu ent-symbolisieren, verweist für mich auf den absolut nicht symbolischen
Ort dieses Gräberfeldes wie auf den Magnetpol der Aufführung zurück. Die
Aufführung zielt in dieser Hinsicht beim Rezipienten auf eine Art von Gedächtnis, wie sie in der zuvor zitierten Semprún-Passage zum Ausdruck kam:
Nicht allein um das geistige 'Projekt', das Gedanken-Spiel mit wie als Spiel-
Materialien zur Selbstbegegnung bereitgestellten Figuren, Texten, ist es der
Aufführung zu tun, es geht ihr auch um den nicht-diskursiven, körperlichen,
sinnlichen Teil der Erinnerung.[44] Nicht nur an die in Semprúns Stück erinnerten Leben, den gleichsam aus dem Schrei der Unterdrückten erwachsen-
den Erinnerungs-Auftrag soll der Zuschauer sich später erinnern, sondern
auch und vor allem an die Atmosphäre des Friedhofs, der einzelnen Gräber,
welche als die wohl stärksten Formen "sozialer Energie"[45] in der Aufführung
den letzteren substantiieren, bekräftigen. Weitere Formen sozialer Energie in
der Aufführung sind die autobiographischen Erinnerungen Semprúns an das
Lagerleben, Carola Nehers Biographie, insbesondere ihr letzter Brief, oder
auch das in der Figurenrede Carola Nehers anzitierte, unter dem Eindruck des
Nationalsozialismus entstandene Brecht-Gedicht O Deutschland, bleiche
Mutter!, kurz: die Stimmen der Toten, die in Semprúns Drama eingingen und
in den Körpern der Schauspieler Resonanz finden. Ferner die der Aufführung
"einverleibten" atmosphärischen[46] Elemente und Praktiken von Trauerfeiern.
Alle diese Formen, in denen die soziale Energie der Trauer encodiert ist,
schließen sich zu einem Ensemble zusammen, das beim Zuschauer in hohem
Maße Ergriffenheit auslöst. Indem die Aufführung sich nicht gegenüber der
umgebenden Kultur "abschottet", sondern vielmehr durchlässig ist für Be-

---

44 Zur Problematik geschichtlicher Erinnerung im Theater vgl. auch den Beitrag von Freddie
    Rokem im vorliegenden Band.
45 Ich argumentiere hier und im Folgenden im Sinne der Kulturpoetik Stephen Greenblatts. Vgl.
    Greenblatt 1993, S. 9–33.
46 Die Begriffe 'atmosphärisch' und 'Atmosphäre' werden gemäß den Ausführungen Gernot
    Böhmes verwendet. Vgl. Böhme 1995.

standteile von deren Geschichte, es ihr also weniger um Repräsentation von Geschichte geht, als vielmehr einen Rahmen zu setzen, sich mit einem geschichtsbelasteten Ort zu konfrontieren, Schauspielerkörper bereitzustellen, in denen die Stimmen der Toten Resonanz finden, umgeht sie die eingangs skizzierten dramaturgischen Probleme einer theatralen Darstellung der traurigsten Phase der deutschen Geschichte, macht sie Geschichte, Erinnerung zu etwas Erlebbarem. Erinnerung bleibt hier nicht "geruchlos", gefühllos. Sie wird als unmittelbare Wahrnehmung, Empfindung vollzogen, welche nicht schon durch die moralische und politische Kultur gefiltert ist. Das Gedanken-Spiel der Aufführung erweist sich so als bitterer Ernst. Arroyo, Grüber und Semprún legen dem Rezipienten so gemeinschaftlich jeweils eine eiskalte "Hand auf die Schultern". In dieser Hinsicht läßt sich die Aufführung letztlich auch nicht mit dem angeführten *Spiel*-Begriff fassen. Die Rezeptionshaltung des Zuschauers oszilliert vielmehr ständig zwischen dem kurzfristigen Aufbau fiktiver Ebenen, intellektuellem Gedanken-*Spiel* und ganz realem Unbehagen angesichts der Grabstätten, welches die Notwendigkeit des Gedanken-Spiels bekräftigt. Indem Grüber in der Aufführung die referentielle Funktion von Theater weitgehend reduziert, das "Theater" überwiegend zum Verschwinden bringt, dekonstruiert er also den traditionellen Blick des Zuschauers. Während dem Zuschauer im traditionellen dramatischen Theater die Möglichkeit eröffnet wird, durch Empathie mit verschiedenen Rollenfiguren, die von Schauspielern verkörpert werden, probeweise neue Rollen zu übernehmen und so imaginativ neue Identitäten auszubilden, wird ihm in der Weimarer Aufführung diese Haltung teilnehmender Einfühlung (mit Ausnahme von Carola Nehers Lebensschau) verweigert, ihm stattdessen die Rolle der für die Konstitution kulturellen Gedächtnisses notwendigen Öffentlichkeit, des mitverantwortlichen Zeugen zugewiesen, der aus seiner Ergriffenheit heraus gar nicht mehr anders kann, als das Wahrgenommene auf seinen eigenen geschichtlichen und lebensgeschichtlichen Hintergrund zu beziehen. In dieser Hinsicht fließt in der Aufführung die *soziale Energie* der Trauer, wie sie sich in den besagten integrierten Bestandteilen materialisiert, vom Theater aus nicht nur in die Ergriffenheit des Zuschauers über, sondern auch in den energetischen intellektuellen Prozeß der "Aufladung" der Vergangenheit mit Jetztzeit.

Was diese "Aufladung" der Vergangenheit mit Jetztzeit anbetrifft, legt die Aufführung dem Rezipienten in erster Linie zwei Anknüpfungsmöglichkeiten nahe: Zum einen, die Kontinuität der beiden extremistischen Bewegungen dieses Jahrhunderts, wie sie sich der Erde des Spielorts oder auch dem Körper der im Spiel erinnerten Carola Neher eingeschrieben hat, in Konstellation zur augenblicklichen Gegenwart zu setzen, beispielsweise im Sinne von Benja-

mins "Tradition der Unterdrückten" eine kontinuierliche Linie von den
beiden Totalitarismen des zwanzigsten Jahrhunderts, dem Nationalsozialismus
und dem Bolschewismus, zu den derzeitigen Menschenrechtsverletzungen,
den "ethnischen Säuberungen" der Serben in Bosnien zu ziehen, nicht länger
darüber zu erstaunen, "daß die Dinge, die wir erleben, im zwanzigsten
Jahrhundert *noch* möglich sind."[47] Zum andern die diskontinuierliche Linie,
den Bruch zwischen deutscher Geistesgeschichte im Zeichen der Humanität
und deutscher Realgeschichte im Zeichen der Barbarei, wie sie durch Arroyos
"Gedankenstrahl" Belvedere-Sowjetischer Friedhof im Environment, dessen
räumliches Doppel Ettersburg-Buchenwald, den Gegensatz Corona Schröter
vs. Carola Neher auf Figurenebene[48] oder auch die Opposition "zarte Schwester" vs. "bleiche Mutter"[49] im Text markiert wird, in eine ebensolche Konstellation treten zu lassen. Natürlich mag er in der eben angenommenen
Diskontinuität auch wieder die "unterirdische", durch Arroyos Lichtinstallation, die Raumkonzeption des Environments, die Darstellung der beiden
diachronen Schauspielerinnenpersönlichkeiten durch dieselbe Schauspielerin
scheinbar ebenso vorgezeichnete kontinuierliche Linie erblicken, indem er
den deutschen bürgerlichen Humanismus gerade als adäquaten diachronen
Verdrängungsdiskurs gewaltherrschaftlicher Barbarei ansieht[50], die Idee einer

---

47 Benjamin 1974a, S. 697.

48 Diese Betrachtungsweise läßt sich dadurch unterstützen, daß in der Aufführung zu dem realen,
    menschlichen, materiellen Körper der Carola Neher darstellenden Schauspielerin das über-
    lebensgroße, immaterielle Licht-Bild Corona Schröters wie ein "unkörperlicher Traum", ein
    "Phantom des bürgerlichen Humanismus" in Opposition tritt. Vgl. *So*, S. 194ff.

49 Der Bruch zwischen deutscher Geistes- und Realgeschichte spiegelt sich besonders signifikant
    in der Figurenrede Carola Nehers, wenn diese sich in ihren Exil-Erinnerungen einerseits nach
    ihrer deutschen Kultur-Heimat sehnt ("zärtliche Schwester"), andererseits zugleich das von den
    Nazis verwüstete Deutschland als politische Heimat verabscheut ("bleiche Mutter") (S. 16).

50 Seit der erwähnten Studie Daniel Wilsons ist es für mich wenig zweifelhaft, daß die Propagie-
    rung der humanitären Ideale der Weimarer Klassik in Goethes schönen (und manchmal sehr
    konservativen) dichterischen Werken in gewisser Hinsicht der Bemäntelung der tatsächlichen
    anti-liberalen Machtbestrebungen in Weimar diente, – ein public-relations-Effekt, den Carl
    August bei der mäzenatischen Förderung Goethes wahrscheinlich bewußt einkalkulierte, so daß
    letztere eigentlich eine Vereinnahmung von Goethes Person für die Zwecke seines autoritären
    Regimes darstellt. Goethe arrangierte sich mit dem Herzog, gab sich mit dem bloßen Anspruch
    zufrieden, aufgeklärte Reformen in die Wirklichkeit umzusetzen. Damit aber täuschte er sich
    und untermauerte den autoritären Staat, indem er ihm seine Befürwortung verlieh. Seine
    Dichtung diente Goethe als Alibi, womöglich aber auch als Verdrängungsmöglichkeit der realen
    absolutistischen Machtverhältnisse, in die er im Laufe seiner Tätigkeit als leitender Beamter im
    Herzogtum Sachsen-Weimar immer stärker involviert wurde. Inwieweit der aus seiner Poesie
    leuchtende ästhetische Schein geglückter Fürsten-Aufklärung, verwirklichter Liberalität, den er
    sich zum Trost entfachte, spätere deutsche Generationen, die diesen für bare Münze nahmen,
    in gefährlicher Weise blendete, bleibt im Bereich der Vermutungen. "Ob z.B. die in der
    Geschichtsforschung gestreifte Tatsache, daß sich im 20. Jahrhundert der Totalitarismus in
    ausgerechnet den Ländern entwickelte, die im 18. Jahrhundert den aufgeklärten Absolutismus

"vernünftigen" Geschichte, von Geschichte als "langsamem, aber unwiderstehlichem Aufstieg zur Aufklärung" als "ideologische Heuchlerei", welche die Vision der Lager enthüllt.[51] In jedem Fall aber wird das von Grübers Inszenierungsweise nahegelegte reflektierende Umgehen mit erinnerter Vergangenheit, das In-Bezug-Setzen erinnerter Vergangenheitsfragmente zur eigenen, augenblicklichen Gegenwart, das "Aufladen" der Vergangenheit mit Jetztzeit, das Umstrukturieren des Bedeutungshorizonts des Vergangenen aus dem gegenwärtigen Bedeutungshorizont und vice versa, das Begreifen von Vergangenem nicht als Vergangenem sondern als reprojizierendem und reprojiziertem Gegenwärtigem nicht der verblendenden Fortschrittsgläubigkeit entsprechen, wie sie in den Dialogen der beiden historischen Alt-Herren in der Aufführung im doppelten Sinne des Wortes "vorgeführt" wird. Ob der besagte Rezeptionshaltung einnehmende Zuschauer von Grübers Inszenierung allerdings glücksgewisser den Schauplatz verläßt als Semprúns glückloser Engel – immerhin bleibt es ihm ja vergönnt, Zerbrochenes, Zerschlagenes in der beschriebenen Weise wiederzusammenzusetzen (hieraus möglicherweise den Impetus für eine zuversichtliche Mitgestaltung der gesellschaftlichen Zukunft zu gewinnen)[52] –, sei einmal dahingestellt. Wie wir aus Benjamins

kannten [...], aussagekräftig ist", ob der tragische Irrtum Martin Heideggers, "den 'Führer führen' zu wollen, auf altetablierte Vorstellungen des Fürstenmentors im aufgeklärten Absolutismus zurückgeht und damit die oft beschworene Nähe Buchenwalds zu Weimar zu mehr als einer geistreichen Pointe macht" (Wilson 1991, S. 13f.), bleibt dahingestellt. – In Grübers Aufführung entspricht dem von Arroyos Lichtstrahl auf den großen Obelisken des Sowjetischen Friedhofs gemalten, an einen Mond erinnernden Lichtkreis auf der gegenüberliegenden Seite die Sonnenscheibe auf der Spitze der seitlich angestrahlten Schloßkuppel. Der Nordabhang des Schlosses, auf dem sich der Friedhof befindet, läßt sich im Anschluß an die Symbolik dieses Arrangements als Produkt der "Nachtseite" des Menschen semantisieren, die durch "lichtvolle", aufklärerische Diskurse, wie sie u.a. auch auf Belvedere geführt wurden, verdrängt wurde und wird.

51 Vgl. *So*, S. 134, 323 u. 389.

52 In diesem Sinne besteht auch laut Semprún in der Konfrontation mit einem solchen Ort, dem die beiden Totalitarismen des 20. Jahrhunderts gemeinsam ihren Stempel aufgedrückt haben, die Chance, die dort vermittelten Erfahrungen kritisch zu übernehmen und zu akzeptieren, "um so die demokratische Zukunft Deutschlands zu bereichern" (Motto von *Zur Geschichte des Sowjetischen Friedhofs in Belvedere*, Anm. 4): Das deutsche Volk sei nämlich seit seiner Wiedervereinigung das einzige Volk Europas, das sich mit den beiden totalitären Erfahrungen des 20. Jahrhunderts auseinandersetzen könne und müsse: dem Nazismus-Faschismus und dem Stalinismus. In seinem Kopf und Körper habe es diese Erfahrungen erlebt und könne sie nur überwinden durch kritische Übernahme und Akzeptanz dieser Erfahrungen. (Vgl. ebd.) In *Schreiben oder Leben* äußert er, daß unter der Voraussetzung einer solchen kritischen Übernahme und Akzeptanz "dieselben politischen Erfahrungen, die die Geschichte Deutschlands zu einer tragischen Geschichte machen, es ihm auch erlauben können, sich an die Spitze einer demokratischen und universalistischen Entfaltung der Europa-Idee zu stellen." In diesem Zusammenhang schlägt er vor, "die Stätte Weimar-Buchenwald zu einem Ort des Gedenkens und der internationalen Kultur der demokratischen Vernunft zu machen." (*SoL*, S. 360f.)

Schriften erfuhren, erfolgt das "Aufblitzen" dialektischer Bilder, das bedeutet auch: das "Aufblitzen" als ästhetisch besonders stark erfahrener Bilder einer Inszenierung wie der Grübers, besonders im Augenblick der Gefahr. Als am Ende von Grübers Aufführung die Darsteller auf einem Pferdekarren, welchen die Darsteller der KZ-Häftlinge im Laufschritt mitbewegten, den Abhang hinauf Richtung Schloß abfuhren, wozu der Darsteller Goethes eine monotone Akkordeon-Melodie spielte, die, sich mit dem Karren entfernend, nach und nach in der Dunkelheit verklang, erinnerte mich diese Schlußszene wohl aufgrund des räumlichen Doppelcharakters des Spielortes wie auch der spezifischen Beleuchtung des Schlosses an das Einrücken eines Arbeitskommandos ins Torgebäude von Buchenwald, wie ich es von einer stark silhouettierenden Grau-in-Grau-Tuschezeichnung des Häftlings Karol Konieczny in Erinnerung hatte[53], im gleichen Moment aber auch wahrscheinlich wegen der im gleißenden Licht des Schloßfensters zu sehenden Umrisse einer Frau, die noch lange nach Verschwinden des Karrens beleuchtet blieben, wie der zuvor aus dieser Richtung gehörten spitzen, hohen Pfauenschreie an das brennende Haus von Solingen. Ich erlebte *Bleiche Mutter, zarte Schwester* zum ersten Mal im Rund der nach stundenlangem Regen vom Wind durchfahrenen Birken und Buchen des Friedhofshains vor einem grauen Himmel mit ziehenden dunklen Wolken, am nächsten Abend nach mittäglicher Gluthitze in feuchtem, schwülem Dunst mit tanzenden Glühwürmchen auf den Grabstelen. Immer schienen mir am Ende, im Dunkel der Nacht, wenn die Wahrnehmung des "natürlichen" Zeitablaufs der einzelnen Lichtstufen der Dämmerung aussetzte, unterschiedliche Räume und Zeit-Räume ineinanderzustürzen, die Zeit gleichsam stillzustehen. Immer teilten sich mir in der Atmosphäre des Raumes die Zärtlichkeit wie auch die Beunruhigung mit, die der Umgang mit Zeugnissen der Trauer von Opfern Nazideutschlands mit sich

---

53   Vgl. Stein/Stein 1993, S. 24. Diese Assoziation erwies sich später, als ich Semprúns Drama gründlich durchlas, als nicht ganz so abwegig, wie ich noch am Abend der zweiten von mir besuchten Aufführung glaubte und den Gedanken zunächst deshalb verwarf. Beim intensiveren Durchlesen des Dramas fiel mir nämlich auf, daß Semprún in seinen Regieanweisungen am Ende vorsieht, daß auf "schrille Pfiffe" sowie Marschmusik des Lagerorchesters die Muselmänner und der Überlebende aufstehen und mit "Schaufeln und Hacken" zum "Morgenappell" davonrennen (S. 33). Diese auf den kommenden Lagerappell und das Ausziehen der Arbeitskommandos verweisende Szenerie hat Grüber gestrichen und durch die besagte wesentlich subtilere szenische Variante ersetzt. Meine Assoziation läßt sich ferner dadurch stützen, daß zum Schluß von Grübers Inszenierung Akkordeonmusik gespielt wird, die noch lang nach dem Verschwinden des Pferdekarrens auf dem Schloßplatz verhallt. (Das im Drama am Schluß vorgesehene jiddische Gedicht der Schauspielerin wurde in der Premiere noch unter Akkordeonbegleitung gesungen, dann aber ebenfalls gestrichen.) Wie bereits erwähnt, ist Akkordeonmusik in Semprúns *Schreiben oder Leben* stark mit dem Konzentrationslager assoziiert, ein "Leitmotiv", das hier nochmals gezielt eingesetzt worden sein könnte.

bringt. Die Zärtlichkeit, die dazu erforderlich ist, in den behutsamen, bildneri-
schen Erinnerungsgesten Arroyos, der sanften Anverwandlung Bruno Ganz'
und den die Grabsteine mit feinen Lichtfäden schmückenden Bewegungen
der Glühwürmchen. Die Beunruhigung, die er nach sich zieht, in dem grauen
Himmel mit einem Wind, der Wolken trieb, durch Bäume strich, welche die
poetischen Bilder der Ruhelosigkeit in der Figurenrede des Überlebenden
atmosphärisch zu erwidern schienen, aber auch wiederum in den unruhigen
Zuckungen der lebendigen Irrlichter, im Knarren der eisenbeschlagenen
Holzwagenräder des Pferdekarrens. Alle diese atmosphärischen Elemente aber
schienen sich zusammengeschlossen zu haben, um mich auf das hinzuban-
nen, was Roland Barthes ein "punctum" nennt: ein Detail, eine empfindliche
Stelle, deren metonymische Kraft in der Lage ist, den theatralen Rahmen
aufzuheben, "nicht mehr Zeichen, sondern die Sache selbst zu sein"[54]: die
Gräber, die Gräber, die Gräber ...

Literatur

Barthes, R. (1989). *Die helle Kammer. Bemerkung zur Photographie.* Übs. von D. Leube.
    Frankfurt/M. 1989.
Benjamin, W. (1974a). "Über den Begriff der Geschichte". In: Ders. *Gesammelte Schriften.*
    Unter Mitw. v. T.W. Adorno u. G. Scholem hg. v. R. Tiedemann und H. Schweppen-
    häuser. 7 Bde. Bd. I.2. Frankfurt/M. 1974. S. 691–704.
–   (1974b). "Zentralpark". In: Ders. *Gesammelte Schriften.* Unter Mitw. v. T.W. Adorno
    u. G. Scholem hg. von R. Tiedemann und H. Schweppenhäuser. 7 Bde. Bd. I.2. Frank-
    furt/M. 1974. S. 655–690.
Blum, L. (1955). "Nouvelles conversations de Goethe avec Eckermann". In: Ders. *L'Œuvre
    de Léon Blum.* Bd. 1. Paris 1955. S. 193–336.
Boettcher, J. (1995). *Zur Geschichte des Sowjetischen Friedhofes in Belvedere.* Heft der
    Stiftung Weimarer Klassik zum Kunstfest Weimar 1995.
Böhme, G. (1995). *Atmosphäre. Essays zur neuen Ästhetik.* Frankfurt/M. 1995.
Greenblatt, S. (1993). *Verhandlungen mit Shakespeare. Innenansichten der englischen
    Renaissance.* Aus dem Amerikanischen übs. von R. Cackett. Frankfurt/M. 1993.
Hörnigk, F., Hg. (1990). *Heiner Müller Material. Texte und Kommentare.* Leipzig 1990.
Iden, P. (1995). "Dämmerreigen zwischen Gräbern und Zeiten". In: *Frankfurter Rundschau,*
    17. Juli 1995.
Kolesch, D. (1995). "Baudelaires lächerlicher Prophet und Benjamins Engel der Geschichte.
    Zu einer bislang unbeachteten literarischen Quelle von Benjamins neunter geschichtsphi-
    losophischer These". In: *Germanisch-Romanische Monatsschrift,* N.F. 45 3 (1995).
    S. 355ff.

---

54   S. Barthes 1989, S. 53ff.

Michaelis, R. (1995). "Stimmen aus dem Totenwald". In: *Die Zeit* 30, 21. Juli 1995. S. 39.

Scholem, G. (1983). Walter Benjamin und sein Engel. Vierzehn Aufsätze und kleine Beiträge. Hg. v. R. Tiedemann. Frankfurt/M. 1983.

Schwind, K. (1995). "Schau-Spiel im Theater. Darstellende und zuschauende Mitspieler bei der Berliner Aufführung von Botho Strauß' *Kalldewey, Farce*". In: *Forum Modernes Theater* 10.1 (1995). S. 3–24.

Semprún, J. (1981). *Was für ein schöner Sonntag!* Frankfurt/M. 1981.

– (1995a). *Bleiche Mutter, zarte Schwester*. Aus dem Französischen übersetzt von H. Zischler. Programmheft des Kunstfestes Weimar 1995 zu Eduardo Arroyos, Klaus Michael Grübers und Jorge Semprúns Projekt *Bleiche Mutter, zarte Schwester*. Limitierte Ausgabe. Weimar 1995.

– (1995b). *Schreiben oder Leben*. Frankfurt/M. 1995.

Singer, M., Hg. (1959). *Traditional India. Structure and Change*. Philadelphia 1959.

Spiegel, H. (1995). "Schaufeln und Schatten". In: *Frankfurter Allgemeine Zeitung*, 17. Juli 1995.

Stein, S., H. Stein. (1993). *Buchenwald. Ein Rundgang durch die Gedenkstätte*. Weimar-Buchenwald 1993.

Wille, F. (1995). "Zwielicht der Freiheit. Klaus Michael Grüber richtet Jorge Semprúns 'Bleiche Mutter, zarte Schwester' ein – zwischen Gräbern am Weimarer Belvedere". In: *Theater heute* 36.9 (1995). S. 4–7.

Wilson, W.D. (1991). *Geheimräte gegen Geheimbünde. Ein unbekanntes Kapitel der klassisch-romantischen Geschichte Weimars*. Stuttgart 1991.

Register

Namenregister

Sachregister

Werkregister

Bildnachweis